U0883373

# 现代外语教学与研究
# （2020）

北京市高等教育学会研究生英语教学研究分会

主　编　吴江梅　彭　工　鞠方安
副主编　张永萍　罗凌志　程子殊　闫佳风
校　核　闫佳风

中国人民大学出版社
·北京·

# 前言

今年我们北京市高等教育学会研究生英语教学研究分会的年度论文集《现代外语教学与研究（2020）》在经历史无前例的特殊情况后终于又问世了，真是令人兴奋。让我们真正感受到“山重水复疑无路，柳暗花明又一村”。疫情伊始，很长时间没有投稿，我们曾经担心今年的论文集可能会遭遇难产。及至网课伊始，我们抓住机遇，迅速补发征稿通知，但也仅仅期望能够开辟一个网课“论坛”，增加文章数量，因为深知老师们要探索各种在线技术，重新设计虚拟空间的互动课堂，一蹴而就写出论文谈何容易。

但出乎意料，疫情转机初显端倪，一批教学与研究的论文便纷至沓来；网上授课告一段落，一组研究网课教学理论与实践的文章便应运而生。这完全得益于学会老师一如既往的竭诚支持。这种支持源于老师们常年不懈的努力与积累，更源于老师们发自内心的探究真理的热忱。这还得益于网课的全面实行，它将新兴的网课瞬间发展成全新的常规教学手段，开辟了广阔而丰富的领域让学会老师进一步展示自己的教学热情和充分的创造力。

北京林业大学武立红老师在她提交的论文中引用该校教务处对开学第一天的描述：“2020 年 2 月 17 日星期一，……大规模在线教学真正落地开花，原本一个平平常常的日子，就这样写入了校史。虽然教室楼前‘静悄悄’，但线上学习‘很热烈’，老师们使出百般神通变身网络‘主播’‘大咖’，……学生则以‘弹幕’‘献花’等方式为老师们精彩的在线教学点赞。今天的课堂是令人感动的。”我们的论文集又何尝不是在 2020 年 6 月平平常常的日子里静悄悄地顺利编辑成集，我们的老师又何尝不是在很热烈的百变神道的创造中享有接受献花和点赞资格的大咖？广大老师的集思广益又何尝不是令人感动的？

今年的论文集根据投稿的内容共有五大部分：1. 在线教学探索，14 篇；2. 教学研究与教学新模式，20 篇；3. 学术英语教学与研究，11 篇；4. 翻译教学与研究，14 篇；5. 语言、文化、文学研究与教学，14 篇。稿件来自北京 23 所院校和科研院所，以及京外 4 所大学。其中有 10 篇为校级科研成果论文、5 篇为国家级或兼为国家级及校级成果论文。

中国人民大学出版社外语分社在特殊时期一如既往地给予我们诚挚友好的支持与帮助，我们在此表示真诚的谢意。我们也真诚地感谢各位投稿的老师，感谢分会的工作人员。愿我们在疫情过后变得更加健康活跃、激情四射、才思敏捷、前途无量！

北京市高等教育学会

研究生英语教学研究分会

彭　工

2020 年 6 月

Contents

# 目录

## 第一部分 在线教学探索

## 第二部分　教学研究与教学新模式

## 第三部分　学术英语教学与研究

## 第四部分　翻译教学与研究

## 第五部分 语言、文化、文学研究与教学

# 第一部分

# 在线教学探索

# 疫情之下在线教学的实践与反思
## ——以中国政法大学为例
# Practice and Reflection of Online Teaching under the Epidemic Situation: A Case Study of China University of Political Science and Law

中国政法大学外国语学院　张　清　商天然

**摘　要：**突如其来的疫情迫使春季学期延期开学，“停课不停学”成为当下教师和学生在家进行教与学的新措施，也成为热门话题。在此背景下，中国政法大学外国语学院对疫情期间学生的在线学习情况进行了调查，发现网络教学过程中存在或潜存着网络环境质量、平台稳定性和硬件设备质量问题，教师技术能力和课堂设计以及在线理论指导等问题。通过对这些问题的分析，提出了在线教学过程中可进行全媒体教学和以学生为中心的实施建议。在此次疫情给教学带来的挑战与变革中，教育教学工作者更需要对线上教学有深刻的反思，以期更好地促进线上教学的实践。

**关键词：**停课不停学　在线教学　全媒体　以学生为中心

**Abstract:** The opening day of the spring semester was delayed because of the sudden outbreak of Covid-19, and therefore “suspension of classes and non-stop learning” has become a new measure to teach and learn at home. Since it has become a hot topic, the School of Foreign Language Studies of China University of Political Science and Law did a survey on the student online learning during the pandemic and found that there were some problems in the process of online teaching and learning, including the quality of network environment, the stability of platforms, the quality of hardware equipment, teachers’ technical ability, classroom design and online theoretical guidance. Through the analysis of the problems, this paper suggests implementation of omni-media and student-centered approaches in the process of online teaching. In the challenges and changes brought by the Covid-19 pandemic, educators and teachers should have a profound reflection on online teaching in order to better promote the practice of online teaching.

**Key words:** suspension of classes and non-stop learning　online teaching　omni-media　student-centered

# 一、引言

由于新冠肺炎疫情的特殊性和传染性，为避免疫情进一步扩散，中央及各级政府高度重视，并迅速开展疫情防控工作。全国各地相继启动公共卫生事件一级响应机制，政治、经济等领域和个人生活无不受到影响，教育界也面临着前所未有的考验。1月27日，教育部发布了关于2020年春季学期延期开学的通知[1]，全国各地各级院校开学时间另行通知。紧接着在2月5日，教育部又印发了《关于在疫情防控期间做好高校在线教学组织与管理工作的指导意见》[2]，要求各高校做到“停课不停教，停课不停学”。随后，各教育行政部门纷纷行动，出台并落实线上教学方案。由此可以看出，国家和各地方对疫情形势下的教育非常重视，但“停课不停学”措施如何实践、情况如何，笔者将结合所在高校的具体落实情况进行分析，对高校线上教学提供建议并进行反思。

# 二、“停课不停学”在线网络教学学习质量及效果调查结果及分析[3]

为了解疫情期间学生在线网络学习效果及质量，中国政法大学外国语学院以问卷星为主要调查工具进行线上问卷调查。问卷于2020年3月6日至7日发放，共回收477份问卷，填写率约为93%。

**2.1 调查对象样本分析**

参与调查的共477人，其中本科生有448人，占93.92%，研究生有29人，占6.08%。其中大一学生占比24.32%；大二学生占比22.43%；大三学生占比23.06%；大四学生占比23.27%；研一学生占比6.71%，研二学生占比0.21%。下图可以更加直观地看到样本数据。

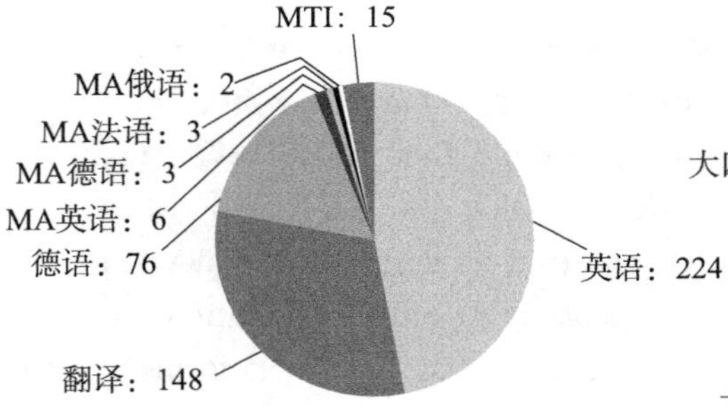


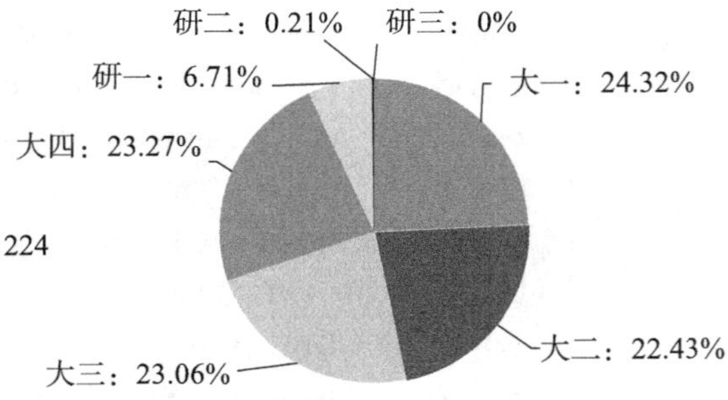


**图1　中国政法大学“停课不停学”在线网络教学学习质量及效果调查样本数据**

**2.2 教学平台和终端使用情况**

使用率最高的两款学习软件分别为学习通（90.99%）和腾讯会议（87.84%）。在平台

1　http://www.moe.gov.cn/jyb_xwfb/gzdt_gzdt/s5987/202001/t20200127_416672.html，最近访问日期2020年4月15日。

2　http://www.moe.gov.cn/jyb_xwfb/gzdt_gzdt/s5987/202002/t20200205_418131.html，最近访问日期2020年4月15日。

3　感谢中国政法大学外语学院学工办、教科办、研工办以及相关教师的工作和付出，对问卷进行设计、发放、回收及统计，才使得笔者获得了一手数据，在此鸣谢。

满意度上，Bilibili 满意度最高，为 90.3%。其次为腾讯会议和 Zoom，均在 70% 以上。腾讯课堂满意度为 67.1%，钉钉满意度为 52.1%，而微信、QQ、学习通的满意程度不足五成。其中作为校方指定的平台，学习通的满意程度只有 28.1%，是唯一一个不满意程度大于满意程度的平台。此外，有 99.16% 的同学选择了使用手机在线学习，电脑和平板的使用率分别为 85.53% 和 47.17%，其中有 85% 的同学同时使用手机和电脑进行学习，甚至有 32% 的同学三种设备一起使用。

**2.3 流畅性情况**

根据调查，八成以上的同学表示可以顺利学习录播和直播内容，有不到两成的同学提出了直播出现的问题，如因网络等原因导致直播卡顿，且不能回放，导致有同学错过了课上老师讲授的内容。由此可以看出网络的流畅性和平台录播回放功能对线上教与学的重要性。

**2.4 网络教学效果**

43.61% 的同学不论直播或录播都能够认真学习，32.49% 的同学认为录播可以更加专注学习，仅有 18.66% 的同学觉得直播更能专注，甚至还有 5.24% 的同学认为直播和录播均不能使自己认真学习。我们基本可以认为，五成以上的同学认为直播与录播形式多少影响了学习质量。而在影响网络教学效果因素一题中，认为平台稳定性是主要原因的占大多数，为 82.39%；认为家中网速影响教学效果的同学也有一多半，占 62.26%；也有同学认为老师的讲解质量和信号质量均会影响教学效果，分别占 35.43% 和 38.36%。总的来说，平台方面原因、自家网络方面原因和老师方面原因三分天下，均有不小的占比。

**2.5 课堂趣味性、互动性与作业量**

认为网络课堂趣味性与平时相比降低和差不多的同学均占 30.4%，另有 39.4% 的同学认为并未降低。此外，有四成多（40.25%）的同学因不熟悉网络教学的授课方式，减少了和老师的互动，其余不到六成（59.75%）的同学和老师互动并未减少。在作业量上，有 48.43% 的同学认为作业量适当，49.69% 的同学认为作业留得过多，仅有 1.89% 的同学认为作业留得过少。因此，可以说，在课堂趣味性、互动性上，有一半甚至一半多的同学都能够很好地适应网络教学带来的变化。在作业量上，认为适当和认为不适当（过多和过少）的同学分别约占一半，但认为作业过多的同学还是略多一些。但不管作业量如何，89.52% 的同学都能保证按时完成作业。

**2.6 网络教学方式**

依据我们的调查可知，目前有三种主要的教学模式，直播、录播和 PPT 音频。其中大多数同学喜欢录播方式，占 62.68%；喜欢直播方式的同学占 22.43%；有 11.95% 的同学喜欢 PPT 音频；其余 2.94% 的同学表示并不在意网络教学方式如何，只要课程内容质量好，不管任何方式均可接受。可以看出录播教学方式认可度最高。

综合上述调查结果，我们可以看到中国政法大学外国语学院网络教学开展情况是比较成功的，同学们基本可以接受网络授课方式，可以按照平时上课的时间段有序进行学习。但由于平台不同，个人网络信号质量以及老师的讲解质量和其信号质量各有差异，课堂的趣味性、互动性与平时课堂教学有所区别，作业量与平时相比略显多等各种原因，学习效果因人而异。在疫情期间在线教学会存在什么问题、如何在疫情期间保证网络教学效果最大化，不仅成为笔者所在高校面临的问题，更是每个学校都不能避免、必须认真思考的问题。

# 三、在线教学中存在及潜存的问题

### 3.1 网络环境质量、平台稳定性和硬件设备问题

在调查中，虽有八成的同学能够顺利完成直播和录播课，但官方指定的平台学习通的满意率和两成同学对直播的反馈表明，网络环境质量、平台稳定性和硬件设备方面的问题不容小觑。由于此次开展网络教学的人数众多，平台拥挤的局面在所难免，容易出现平台不流畅、网络卡顿的问题，难以承受同一时间大规模进行线上教与学，这就直接导致了线上教学进展不顺利的局面，严重影响网络教学效果。此外，平台功能不完善和不便捷，也会给老师和同学带来一系列麻烦，降低对平台的满意度，进而降低在线教学进程和教学感受，比如平台登录问题、视频等资料上传保存问题、班级管理、窗口切换等问题。

通过此次调查还发现，绝大多数学生使用手机进行学习，电脑和平板使用率也不低。但对于老师来说，由于手机和平板屏幕偏小，快捷键设置不如电脑，若使用手机和平板备课、讲课、批改作业，会给教学环节带来很多不便。

### 3.2 线上教学技术能力和课堂设计问题

由于疫情严重，线上教学任务以突如其来的方式在一瞬间压在了教师身上。很多教师常年进行课堂教学，习惯于在教室中直面学生的环境，对慕课等网络教学形式没有体验或经验，不了解线上教学模式，不清楚有何种网络教学平台，更不知道在线直播技术、平台使用技巧，他们在没有充分了解和准备的情况下被迫充当起直播的角色，要在平台功能的使用和出现问题的应对上花费一番工夫。因此面临着技术压力、网络教学的准备和适应，他们心理准备不足；时间紧，任务重，是教师们面临的重大难题。

此外，线上教学除了带给教师技术和时间压力，同时还给他们提出了更高的要求，带来了更大的挑战。线上教学考察的不再仅仅是教师对学科知识和教学法的掌握，而是如何将二者同线上模式结合起来。“在线教学中，时空分离的本质决定了教学实践的关键是如何实现教与学的再度整合，这依赖于以媒体为中介的教学交互”（王志军、陈丽，2015：30）。但是在线上教学中，教师难以把握学生的学习状态，再加上有学生线上学习的专注度不强，导致教学互动会因此打折扣。“如果缺乏互动，就会导致学习者产生孤独感，阻碍在线学习的参与度”（张婧鑫、姜强等，2019：38）。如此发展，会极大地降低教学效果。在我们的调查中，有 35.43% 的同学提到了教师授课质量会影响教学效果，40.25% 的同学认为线上教学减少了和老师的互动，30.4% 的同学认为线上教学趣味性降低，这些数据都表明了教师在在线教学课堂设计方面的能力问题。

### 3.3 在线教学理论指导问题

在线教学极大地依赖教学者对网络教育的认识和实践。“到目前为止，教师对待线上教学的认识，特别是究竟该如何看待线上教学，如何真正进入到线上教学，如何使线上教学区别于课堂教学等，并未得到真正和全面的梳理”（郭英剑，2020：12）。线上和线下教学活动最大的区别在于学生与教师处在不同的空间，各项教学环节和任务布置都需要依赖平台和网络来实施，学生学习行为更具主动性，教师的直接监管行为以及师生间的相互作用被削弱。因此，对教师来说，线上教学不是线下课堂的简单搬迁，教学环节、教学方式和任务布置需要根据线上环境进行变通，教师“需要对网上教学及其实施有一个正确的认识，包括网络学习与传统学习的区别、典型的网上教学模式及其特点、网上学生的特点、网上教学可能遇到的问题等，并对此做好充分的思想准备”（张家华、张剑

平，2009：75），加强信息化网络教学的理论基础。在我们的调查中，认为作业量偏多的同学略多些，占49.69%，从一定程度上体现了教师对线上教学的认识和实践还有些许欠缺。学生对教学方式的偏好也说明了不同类型的课程需要根据实际情况选择直播或录播的形式。

# 四、在线教学过程中的可实施建议

**4.1 多平台联动，实行全媒体模式**

“全媒体概念倾向于不同种类媒体、不同信息传播方式上的融合、转化或嫁接，以便增加人类对信息的获取途径”（周珺、陈东，2015：82）。由于线上教学中教师和学生处于时空分离的状态，有学者根据时间和空间维度将学习环境分为四种类型，即同位同步型、同位异步型、异位同步型和异位异步型（祝智庭、彭红超，2020：3）。这里的“位”，指的是线上线下的空间维度，“步”指的是时间上是否同步。同位同步型即学生在教室，教师进行当堂授课；同位异步型是指学生在线下教室、图书馆等地自己进行学习；异位同步型是指教师在线上建立班级教室进行授课；异位异步型则是同学自己在网络空间利用论坛、电子笔记、网络讲座等方式进行个人学习。

不难看出，此次线上教学主要是进行异位同步和异位异步型教学。实行异位同步型教学，教师可以利用除了学习通之外的不同平台，比如腾讯会议、Zoom、Bilibili、智慧课堂平台等构建网络云教室进行课堂授课、作业发布及点评、考查出勤、讨论互动等环节，课后运用微信群、QQ群进行答疑，避免平台拥挤带来的卡顿问题，保证基本顺利的课堂教学流程。教师还可运用PPT、小视频、音频等声光图像结合的方法增加课堂的新奇和趣味性。

在异步异位型教学中，教师可以提前或者课后发布任务或习题让学生自主发现探索，整合网络学习资源。可让学生通过查阅除纸质书籍外的其他云盘书籍文章等电子学习资料，或登录论坛、微博查看话题进行讨论，或在学习通等其他平台寻找各类讲座。也可在“智慧法大”平台（其他学校可结合自己学校的平台资源）或者中国高校外语慕课平台中寻找优质慕课，这些都是唾手可得的网络教学资源。在网络教学中，异位同步和异位异步型教学可根据情况在一堂课中进行结合。全媒体的“全”，不仅是教学平台的多样性，同时还是教学方法的多样性，更是网络知识和教学资源获取途径的多样性。

**4.2 以学生为中心，多模式授课，合理进行课堂设计**

霍姆伯格（1980）认为远程教育中交互性至关重要，但他更加看重在这种教育中学习者的自我控制，也就是自主和个性化学习。“以学生为中心是远程教育的教学理论和学习理论的核心内容”（丁兴富，2001：14）。与传统课堂教育相比，不论是学习地点、学习平台、学习工具还是学习资源均有更大的灵活性和选择性，教师在一门课的牵头指引作用和学生的自主能动性越发凸显。以学生为中心首先要进行网络课程的设计和开发，保证学生课程大纲中的课程均有可观看可学习的优质慕课。一堂特定学科的精品课程是保障学生能否继续进行网上自主和个性化学习的基础，“通过为学生提供优质的在线教学激发学生学习动机”（唐燕儿、关淑文，2020：31），也为学生的在线学习提供一个明确的导向，找准符合自己学习目标需要的优质资源，以免在鱼龙混杂的网络资源中迷失方向。在一时间被推上网络平台的老师们，对在线课程开发、设计也许尚未有头绪，或也许因自身课程任务重而无法在短期内做到对一门课进行最优开发和设计，这时可以从教育部组织的 20 多个网络课程平台、教育部发布的第二批在新冠肺炎疫情防控期间支持高校在线教学的课程资源平台和技术平台名单[1]中选择优质资源作为在线教学的参考，也可推荐给同学作为课堂外自主学习的资源和途径。清华大学也宣布将本校负责的学堂在线的 1 600 余门慕课课程免费向全社会开放，不管是对教师还是学生来说，都是难得的学习机会和宝贵资源。

“过去教师总是重点考察自己是否很好地完成了预定教学计划、教学效果是否达到优秀或良好、课堂内容以及有关任务是否讲授到位，然后才会考虑学生是否真正掌握”（郭英剑，2020：007）。因此，线上教学真正以学生为中心不再以教师自己是否完成预期的教学计划、教学目标和教学内容，而是首先考虑学生是否可接受、是否已接受、是否解决了学习中的问题。教师不再是学生直接的、严格的学习行为监督者，而是进一步成为一种咨询者、引导者和辅助者。郭英剑教授（2020）认为“当下的线上课程，应以学生学习为重，线上辅导为主、教师讲授为辅”。因此在线上授课环节中，老师提前布置让学生进行预习和课后拓展的任务显得尤为重要，对学生在线上教学过程中的学习进度、授课模式等多样化需求进行了解也不可缺少。在授课环节中，教师可分出一半的时间进行重点难点讲解，主要以解决学生可能存在的最主要的疑惑为目的，这一环节尽量用生动易懂的语言和方式增加可理解性和趣味性。剩下一半时间可以进行提问、讨论，使学生相互交换自己的观点，并使学生对该学科和相关问题产生兴趣，也可以针对个人的问题进行回答。在课堂结尾处留有一部分时间进行启发性活动，在巩固所学知识的基础上使学生保留对该课堂主题的兴趣，以免学生一下课就条件反射式地产生完成任务般的如释重负感。

以学生为中心需要了解学生的多样化需求。需求的方面虽多，但在网络教学中除了平台外最离不开的一环是网络授课方式。中国政法大学外国语学院在这一题的调查中显示，62.68% 的同学更喜欢录播的方式，但不同类型的课程在直播和录播形式的选择上也有偏好之分。如何根据课程的不同满足学生对授课方式的需求，笔者认为，理论性较强的课适合录播方式，比如语言学概论、语法课、词汇学等。理论课因其科学性、系统性、专业性和逻辑性更强，理解难度更大，学生有不明白的地方需要反复进行暂停、观看和思考，因而录播方式可以极大提高学习效率。此外，不需要太多互动性且知识点多需要做大量笔记的课可以进行录播，比如综合英语、高级英语、第二外语、法律语言与文化、法律翻译与法律文化、外国法律制度等，也可通过教材或网络资源进行自学。一般知识介绍的课程也可以选择录播，如英语国家社会与文化等。语言类专业除了理论课外，语言技能实践类课程也是课程大纲中另一个重要组成部分。因此，像口译类课程、翻译理论与实践类课程，以及基础技能类如口语、听力等课程更适合直播。实践类课程不仅是在课上进行操练，更需要教师授之以渔，以方法加实践的方式让学生掌握语言技能和操练技巧，以方便其在课下进行个人的反复训练。总的来说，授课究竟是以录播还是直播方式不可过于一分为二，教师可根据实际情况进行选择，同时注意不管哪种方式都应注重任务型和启发式教学。在此笔者最主张的方法是每门课保证直播授课，以弥补录播课程互动性不足可能带来的讲解不细致的问题。在直播的同时进行录屏操作，课后以视频的方式上传到微信或 QQ 群以备学生不时之需。

1 http://www.moe.gov.cn/s78/A08/A08_gggs/A08_sjhj/202002/t20200220_422606.html，最近访问日期 2020 年 4 月 21 日。

# 五、启示与反思

### 5.1 正确认识和适应线上教学带来的挑战

教育部高等教育司司长吴岩在 5 月 14 日教育部新闻发布会上说："我们再也不可能、也不应该退回到疫情发生之前的教与学状态，因为融合了'互联网 +''智能 +'技术的在线教学已经成为中国高等教育和世界高等教育的重要发展方向。"[1] 这次疫情给教育教学带来的变革和挑战是巨大的。对教学者来说，习惯了线下面授的方式，到了线上，面对镜头和屏幕，曾经不知所措，大脑一片空白，有着强烈的失控感和焦虑感。因此线上教学模式伊始，有不少教师的反对声高涨。教师不应一味地避免和抵制自己不熟悉的方式，要看到在线教学和慕课的发展趋势，用开放的心态积极迎合，搜索、学习、整合符合自己学科内容的网络资源和网络课程，对所负责科目进行在线课程的设计和开发，并提升自己的信息数字素养，"包括能够利用信息和通信技术查找、评估、创造和交流信息和对于技术的认知和价值取向"（邬大光，2020：4）。

对于教学管理者来说，要做好顶层设计。"管理者承担着体制性责任，他们的排斥和拒绝会带来严重后果"（郭英剑，2020：13）。因此要认识到在线授课绝不仅是疫情期间的权宜之计，需要从全局和长远角度思考线上教学模式对学校学院带来的深度影响，根据学科专业的不同因地制宜地出台实施办法，合理地设计和选择在线教育方案，加强对教师的信息技术培训并提供相关辅导和学习素材，鼓励教师设计自己的个性化精品慕课。同时观察学校学院的网络和平台设施情况，完善在线教学系统的维护，为师生提供技术支持并及时挖掘、整合各方包括各高校、各区域或国家级优质网络课程资源，保障资源利用效率最大化。加强各校之间、教师和学生之间的联动，网络教学不是一方的单打独斗，及时了解在线教学实践过程的情况、明晰存在的问题，保障在线教学的有序进行。最后要注重监管机制，在线教学的每一步骤都被数据化，都可以追寻踪迹，可以根据这些数据进行教学质量的评估与检测，更好地提升在线教学效率。

### 5.2 转变理念，加强线上教学理论指导

和传统课堂授课相比，线上教学打破了时间和空间的限制。授课方式的突然改变也迫使当前有必要将在线教学理论进行创新并加以实践。网络平台和互联网课程的价值和功能需要重新被认识，同时转变将线下课堂进行简单平移的模式，认识到网络教学不是将 PPT、视频和音频通过网络平台的方式播放出来，而是应该注意线上教学的时空特性，发挥教师和学生的主观能动性，改变传统课堂以教师自我评估为主的模式，要借此机会从传道授业解惑者、从学生学习行为的直接监督者变成"引导学生探索发现知识的幕后策划者，或者是学生课堂学习的观察者"（邬大光，2020：4），真正落实以学生为中心的理念。同时综合注意学习环境的特点、互联网要素和技术支持等因素，搭建新型课程框架，创新教学内容和教学方法，运用多种授课模式以及网络课程资源拓展开发途径，也就是将学习者、教学者、教学管理者、网络课程、网络环境与平台等众多可影响网络教学的因素进行梳理、分析，形成理论体系，指导在线教学的实践。

---

1　http://www.moe.gov.cn/fbh/live/2020/51987/，最近访问日期 2020 年 5 月 20 日。

# 参考文献

[1] Holmberg, B. Aspects of distance education [J]. Comparative education, 1980, 16(2): 107–119.

[2] 丁兴富 . 远程教育的微观理论 [J]. 中国远程教育，2001（2）: 11–14。

[3] 郭英剑 . 疫情防控时期的线上教学：问题、对策与反思 [J]. 当代外语研究，2020（9）: 9–13，25.

[4] 郭英剑 . 当学生“隐入”屏幕 教学该怎样进行 [N]. 中国科学报，2020（7）.

[5] 唐燕儿，丁新 . 博瑞 · 霍姆伯格远程教育思想研究 [J]. 中国电化教育，2004（5）: 37–41.

[6] 唐燕儿，关淑文 . 基于霍姆伯格远程教育思想的在线教学创新策略研究——以疫情期间成人高等教育在线教学为例 [J]. 中国电化教育，2020（5）: 27–33.

[7] 王志军，陈丽 . 国际远程教育教学交互理论研究脉络及新进展 [J]. 开放教育研究，2015（2）: 30–39.

[8] 邬大光 . 教育技术演进的回顾与思考——基于新冠肺炎疫情背景下高校在线教学的视角 [J]. 中国高教研究，2020（4）: 1–6.

[9] 张家华，张剑平 . 网络学习的影响因素及其 LICE 模型 [J]. 电化教育研究，2009（6）: 73–77.

[10] 张婧鑫，姜强等 . 在线学习社会临场感影响因素及学业预警研究——基于 CoI 理论视角 [J]. 现代远距离教育，2019（4）: 38–47.

[11] 周珺，陈东 . 全媒体环境下成人网络教育模式探索 [J]. 黑龙江高教研究，2015（3）: 81–84.

# “直播 + 教育”3.0 时代的教学研究

# Teaching Research in the 3.0 Era of “Live Broadcast + Education”

北京林业大学外语学院　武立红

**摘　要：** 教育者心怀使命，“化危为机，主动求变”，开启了远程网络教学直播授课模式，将疫情的阴霾化作为提升教师职业能力和素质的一种特殊机遇和动力。然而，“直播 + 教育”3.0 时代，对于各种教育平台及其特点、远程教学教师角色和学生角色与传统课堂教学中的差异、网络教学教师的能力与素质的要求等问题很多教师并不清楚，论文就这些问题进行了研究论述，以期为教师在“直播 + 教育”3.0 时代更有效地开展教学工作提供参考和借鉴。

**关键词：** “直播 + 教育”3.0 时代　教学平台　教师角色　教学研究

**Abstract:** With mission in mind, educators have launched distance teaching with rapid response, taking the haze of the epidemic as a special opportunity and motivation to improve their professional ability and quality. However, in the 3.0 era of “Live Broadcast + Education,” many teachers have no clear idea of the issues as the characteristics of the educational platforms, the different roles of teachers and students between distance and traditional classroom teaching, the ability and quality requirements of online teachers. This paper studies and discusses these issues in order to bring some insights and provide reference for teachers in the 3.0 era of “Live Broadcast + Education.”

**Key words:** 3.0 era of “Live Broadcast + Education”　teaching platform　role of teachers　teaching research

疫情来临，教育领域以其快速的识变应变能力，“化危为机，主动求变”，向“疫”而行，将教学与信息技术深度融合，迎接挑战，以行动践行着教书育人的使命，做到了‘停课不停教、停课不停学”，开启了在线授课的技术革命，成为这个特殊时期的知识型“主播”，“为学习革命做出了中国贡献”（吴岩，2020）。然而，“直播 + 教育”3.0 时代，适合个性化教育的平台有哪些？其各自有什么特点？教师角色和学生角色与传统课堂面对面教学模式有何不同？网络远程教学直播的教学目的、教学内容、教学方法与传统课堂教学的是否一致？这些问题有待进一步研究，真正了解“直播 + 教育”3.0 时代的教学特点，以便教师们及时进行相应的调整与改革，更好地迎接新时代来临的挑战。

# 一、知识型“主播”异军突起

2020 年 2 月 4 日，教育部应对新型冠状病毒感染肺炎疫情工作领导小组发布《关于在疫情防控期间做好普通高等学校在线教学组织与管理工作的指导意见》。根据指导意见，各个学校立即行动，精心谋划，从实际出发，成立了在线教学技术支持专家组，开展了在线教学技术准备、测试与培训，提供了技术支持，及时解决解答师生遇到的问题。与此同时，各学院成立了技术交流群，安排技术骨干教师分享经验。学校对网络教学平台腾讯课堂、腾讯会议、企业微信、雨课堂、钉钉直播等软件开展线上使用培训，提供简洁直观的使用操作指南及实时在线技术支持；联系多个教育教材出版社，为师生提供电子版教材，为师生开展在线教学提供丰富的教学资源。

北京林业大学的教师根据学校的指示，进行着一场无烟无声的战役，与时间赛跑，与疫情较量。2 月初开始撰写各门课程的自学指导大纲，随后开始参加各类教学平台与软件培训；2 月 17 日，1300 余门课程，如期开课。学校为教师提供了“1+3+X”的平台与技术选择，几乎每个教师都做了不止一个方案，方案背后是对学生的教育尽责，隔离开的是距离，隔不断的是知识和教育。一个伟大的变革就这样实现了，课堂变线上，老师变“网红”；学生学习热情没有变，教书育人初心没有变。大规模在线教学成为了现实，一个浩大的变革就这样实现了。

北京林业大学教务处处长黄国华在开学第一天给全校教师的微信中这样描述：2020 年 2 月 17 日星期一，北京林业大学 251 门次课程顺利在线开课，涉及学生 16 766 人次，大规模在线教学真正落地开花，原本一个平平常常的日子，就这样写入了校史。虽然教室楼前“静悄悄”，但线上学习“很热烈”，老师们使出百般神通变身网络“主播”“大咖”，用腾讯课堂、腾讯会议、企业微信、慕课平台、校内网络教学综合平台、课程群等多种方式组织学生按时开课，组织线上授课、在线问答、师生研讨，教学效果良好，学生则以“弹幕”“献花”等方式为老师们精彩的在线教学点赞。今天的课堂是令人感动的。

传统的直播主体与教育领域的直播主体大相径庭。在大多数人们的思维中，网络直播，其主体主要来源于娱乐领域或商业领域，与严肃正规系统的知识传授者无缘。以娱乐作为文化精神的后现代语境下，秀场类网络直播是以个体表演为主流样式的影像文本，其“营造真实的技术特征，追求视觉快慰的文化表征”（王建磊 & 吴越，2018：112）。当前网络直播的价值属性被高度娱乐化、庸俗化的媒介内容所取代（袁爱 & 清孙强，2017：20）。知识型教师开启网络直播，为直播领域注入了极大的活力，丰富了直播的内容和知识内涵，提升了直播的水平与层次，推动了直播向新时代快速迈进。

基于对“直播 +”不断升级爆发出新的商业模式的相关数据调查，申杰（2017：82）指出：近年来，直播已经经历了三个时代，1.0 时代平台主体是 PC 秀场；2.0 时代出现了游戏直播平台、移动直播平台及社交直播平台；3.0 时代，直播平台数量和种类将呈现爆发式增长，泛生活“直播 +”平台将井喷式出现，教育、新闻、影视、O2O、购物、旅游、音乐、医疗等都将出现一个乃至数个直播平台你追我赶、互相竞争的局面。申杰在三年前描述的景象在 2020 年初由于疫情而急速到来，“直播 + 教育”3.0 时代在 2020 年春季开学时期犹如雨后春笋，竞相争春，助力教育，同时出现的还有“直播 + 医疗”“直播 + 咨询”等等。“直播 + 教育”在 2020 年春季全面实施，成功地为莘莘学子提供了远程教育，教师群体成为了这个特殊时期的知识型“主播”，异军突起，独领风骚。

截止到 4 月 3 日，全国高校学生在线学习人次累计为 11.8 亿。教师、学生、学校、教育做到了"四变"，即教师的教学改变了，成就感普遍上升；学生的学习改变了，获得感大幅上升；学校的管理改变了，信息化水平迅速上升；教育的形态改变了，时时、处处、人人皆可学。这次在线教学规模之大、范围之广、程度之深，前所未有，这是世界高校史上的创举，全球范围内的首次实验（吴岩，2020）。

## 二、教学平台及其他软件的特点简述

为了保证远程教学效果，充分用好课上时间，需要教师严密地设计好每一个教学环节。毕竟绝大多数教师都是第一次正式在网上进行远程授课，要从传统的课堂教学转变为网上教学、变身网络主播，选择最适合自己课程特点的平台而不是最炫酷的平台对于实现教学效果更为重要。每个平台的功能不尽相同，而老师的课程需求也各有差异。目前比较常见的教学软件有腾讯课堂、雨课堂、ClassIn、CCTalk、笔声课堂及办公软件企业微信、钉钉等，下面将对上述教学软件的特点进行简述，为教师找到适合自己课程特点的教学平台提供参考信息。

腾讯课堂操作简单，易于掌握。上课可以进行 PPT 讲解，播放音频和视频流畅，画质清晰，很少出现画面、音频及视频的声音画面卡顿。各种播放功能切转操作方便，可以进行一站式沉浸学习体验。签到功能可以用于上课检查学生是否在线。分享窗口扩大了应用范围，各种文档都可以通过分享窗口展示。画板小工具可以在 PPT 上标注和写字，方便课堂内容的讲解。举手和讨论区可以实现师生互动。

雨课堂基于 PPT 和微信，成功地将手机转变为学习的工具。"雨课堂"就像一个工具箱，而工具的使用却并不复杂。其最大的优点是可以布置预习的内容，可以布置测试与作业。课堂支持功能丰富全面，例如学生签到、发布随堂习题等，并且在课程结束后可以获得诸如习题作答情况、弹幕词等课堂数据，有助于教师进行反思与优化教学设计，适合各个学科开展课堂教学工作。

ClassIn 在线教育直播平台，操作较为简单，可以进行视频授课、在线讨论、发言互动、学习答疑、试题练习等多样化的学习服务，最大限度地实现互动教学理念，还原线下面对面互动式教学的在线教室，一对多直播互动教学模式是它最大的优势。教师可以使用 PPT 课件，也可以开启摄像头授课。ClassIn 具有与多种教学活动相适应的模式，如演讲模式个人聚焦、对话模式双人聚焦、小组讨论 / 视频会议多人场景模式，多元化教学工具有云盘、写字绘画、小黑板、计时器、答题器、抢答器等。

CCTalk 通过多屏终端，提供了实时互动的教学体验。CCTalk 支持在线聊天，并有学习中心模块的直播课堂、在线学习等多种功能。其特色是配备了"我的题库""我的课表""我的教室"等学习工具，功能齐全，可以播放讲义、免费录制、双向视频、双向白板，支持摄像头、屏幕分享，支持播放音乐、影片，提供了 OCS 开放式课件制作系统等功能。CCTalk 配有直播课堂资源库，方便学习者根据具体情况进行自学。

笔声课堂利用交互式白板和视频直播技术提供在线教育服务，以手写交互方面的设计见长。在课程设置方面有三种方式：小班互动课、大班直播课和录播；教学过程中平板触屏笔方便使用，教师白板书写真实再现教学课堂中教师的板书过程。此外还可进行答题卡自动分析结果、弹幕式文字聊天，支持微课录制，支持云盘文档管理、课件存储，支持任意时长的课程回放、课件共享、课件书写、音视频互动等活动。

企业微信和钉钉属于办公软件，也在教学中使用。此类软件并非专门针对教育行业开发的在线直播课堂软件，但其软件操作方便，教师容易上手，部分教师所选的授课方式，如企业微信的语音加课件展示功能，辅助授课的屏幕演示，软件中的视频会议模式可以作为教学工具。钉钉平台与教育企业合作，镶嵌于其中的“爱学班班”，提供了完善的教学功能，可以实现教师的在线备课、直播授课和课后作业复习。

此外，还有多款娱乐性直播软件，如抖音、斗鱼、虎牙、快手、西瓜等，为弹幕式直播软件，直播性能强，可供多数人在线同时观看，主要为用户提供视频直播和赛事直播服务。此类软件主要服务于娱乐，软件内嵌多个广告宣传、游戏推荐、礼物设置等，易导致学生在直播学习过程中注意力分散，或沉迷于游戏直播，不适合直播教学使用。

## 三、直播教师与学生角色的转变

远程直播教学平台关注到了课堂教学的特点，力求模拟课堂教学的各个因素，让远程直播教学再现课堂特点。然而，不得不承认，远程直播教学和传统课堂教学仍然存有差异。许多研究表明，远程教学和学习环境限制了对教学成功至关重要的教学因素（Alsabawy et al.，2016），这些关键因素包括师生互动、生生互动、师生反馈、学习动机、思维方式和社会氛围（social climate）。Park（2015）认为师生互动是学习过程的精髓。Holmberg（1995，2007）指出师生互动是教学成功的关键和最重要的变量。Offir 和 Bezalel（2008 年）发现，教师在学习空间的存在可以给予学生情感支持、鼓励，以及能以知识的权威来引导和指导学生学习。Aryeh Ben-Chayim et al（2019：4, 28）也在其研究中提到，远程教师主要是“内容专家”（content expert），而课堂教师则可以调解学习活动（mediation activities），包括给学生提供支持和鼓励，提高其学习效力意识（sense of efficacy）；讲授传递学习的意义，激发学习动力；规范学习行为，提高思维能力。

直播教学使教与学空间分离，教学过程的“远程性”特点改变了传统基于集体面授教学中以教为中心模式下的师生关系。学生个人与环境的特殊性、教学过程的特殊性都对教师提出了特殊的要求。进行直播的教师必须在课程目标的确立、学习材料的选择、教学过程的组织和师生交互中，做出不同于传统做法的变革，承担新的角色。作为直播教师，善用媒体技术实现教与学为根本技能。其角色是学习资料、学习方式转变的支持者；是从传统的知识权威变为具有共享意识的媒体与学习资源的设计者和重新配置者、优质教育资源的整合呈现者和推送者；是从知识的灌输者变为个性化学习顾问和教学交互的促进者（翁朱华，2013：25–79）。

远程教学具有时空距离，远程学生与在校生情况有所不同。传统课堂教学，教师可以运用表情手势等即时身体语（nonverbal immediacy）、亲社会交际行为（prosocial communication behaviors）、对学生学习和行为的肯定等支持性行为，加强师生关系沟通建设，建立非正式权威（informal authority），鼓励学生增强能力和学习动机，调解规划行为规范，控制学习过程，促进学生的认知和元认知学习，拓展学生思维能力（Aryeh Ben-Chayim et al., 2019：5）。

在远程学习中，学生可以接受教师的知识传授与指导，但没有课堂的氛围，学生可能存在一定的懒散与被动消极情况。此外，学生也许还存在着信息沟通能力和资源获取能力等方面的问题，这也造成远程学生学习效果不佳的情况。远程学生的特点主要表现在自主学习能力、学习动机的自主激发、学习过程自主监控等方面，例如学生的学习动机、学习习惯、学习条件、学习基础、学习支持服务体系是否良好与到位都影响学习效果。

为了提高远程学生的自主学习能力，远程教师需要确立以学生为中心的“支助服务”观，引导远程学生确立自主学习观；提升信息能力和网络信息沟通能力；优化资源供给，制作和提供优质的学习资源。开发丰富的课程学习资源，对远程学生来说至关重要。远程教育的学习资源不仅要便于学生使用，还要吸引学生。远程教师可以综合利用 PPT、flash、VR/AR 等多媒体教学软件开发丰富的课程资源。在 PPT 课件中插入 flash 课件，在一定程度上能降低学生的操作难度，也能够满足学生多样化的需求，更好地激发学生的学习兴趣，促进其自主学习（章坤，2019：22–25）。

显而易见，远程教育有明显的优越性，即消除了时空屏障，更加便利学生不受时间、地点的限制进行自主学习。远程教学，沟通具有灵活性和智能性，通过课堂讨论区或建立课程群进行课堂内容讨论与交流、分享学习心得，能够克服传统教学中的地点、时间、学生心理因素等方面的限制，为教学交流架起沟通的桥梁。因而，远程学生要树立自主学习观，要积极主动地进行学习与交流。

## 四、国外远程直播教育的借鉴

直播教师与传统课堂教师的角色有所不同，直播教师除了教授专业知识外，还要注意起到“支助”（scaffolding）的作用，即为远程学生提供支持和帮助，将“支助服务”作为一种理念渗透到远程教学的整个过程之中。直播教师要主动确立以学生为中心的“支助服务观”，在学习环境的营造、学习材料的设计、学习方式的组织、学习偏差的矫正、学习进程的管理等方面下工夫，并在远程教学的各个环节都成为学生最可靠的支持者和最得力的帮助者（章坤，2019：24–25）。

直播教育的特殊性需要兼顾“内容”与“过程”，教师的角色既是资料的整合者和服务者，又是专业知识的教授者和传播者。这要求学校从多元的、发展的视角来构建多层次的教师发展图景，教师队伍建设需要多元化与弹性化。

目前，大多数教师都进行了直播教学，但这并不意味着教师已经具备远程教学技能知识，绝大多数教师仍需要进一步提升自己的远程教学知识技能。可以肯定地说，教师普遍具有良好的学科知识，但是远程直播教育的特殊性要求教师兼顾学科教学知识和远程教学知识，在学科知识和远程教学技能知识之间找到平衡。国外远程教育对教师能力和素质的提升或许可以给中国直播教师一些经验及启示。

近 20 余年，英国开放大学的教学技能改进模式、美国马里兰大学问题解决模式和澳大利亚 TAFE 的综合发展模式都在远程教育教师发展方面进行了探索并积累了宝贵的经验，形成了多种实践模式。这些模式的重点不同、组织方式各异，但卓有成效，值得学习借鉴（翁朱华，2013：205–213）。

英国开放大学所采用的教师发展体系本身包含着丰富的构成，其中吉利西蒙基于她接近 20 年在英国开放大学从事远程教学的实践经验，开发了“五阶段在线教学模型”（Access and Motivation，Online Socialization，Information Exchange，Knowledge Construction，Development），同时用于教师培训。**新手初入：**教师指导学生安装学习系统，鼓励、激发学生学习的动机。**社交阶段：**教师组织学生发送和接收信息，促使学生熟悉在线学习环境并通过信息的发送和接收彼此熟悉，了解在线沟通规则，协调学生的文化背景、社会背景的差异。**信息交流阶段：**教师指派学生角色和任务，引导学生学习活动，为学生使用学习材料提供支持，并鼓励学生之间的交流、讨论和反思。学生进行资料搜索，并相互交流所收集到的信息。**知识建构阶段**：学生围绕前述主题或任务，在线进行以知识建构为目的的交流（在线会议），进行与课程内容相关的讨论及批判性思考。**自我发展阶段**：教师鼓励学生对学习过程进行反思，把学习经验与其他形式的学习结合起来，并学会对媒介进行批判性的思考和选择。

美国马里兰大学大学学院作为一个提供纯在线课程的远程高等院校，历来非常关注教师发展，也积累了丰富的实践经验。马里兰大学大学学院的教师发展计划由教学发展中心（Center for Teaching and Learning, CTL）负责，内容相当丰富，包含工作坊、论坛、培训等多种形式，其中的教师发展工作坊（Faculty Development Workshop）有周密系统的安排，涉及的六大领域是固定的，包括有效教学的方法、评估策略、课程设计与实施、课堂中技术的应用、政策准则和资源、学院与特定学科。每个领域内都安排有具体的研讨内容，一般是一次制定一年的活动日程，所有工作坊对教师都是免费开放的，采用线上和面对面的形式。

澳大利亚 TAFE（Technical and Further Education）即职业技术与继续教育，是澳大利亚全国通用的职业技术教育形式，从中央管理机构到各教学点层级分布，这个体系分为三个层级。**教师发展规划和设计的参考因素**：资金投入、教师资格制度、教师教学专业标准、教师发展框架、企业行业标准、专门机构的支持服务、信息技术发展和教育改革与政策影响。**教师发展**：教学发展、个人发展和组织发展。**教师发展途径**：发展项目、发展活动、构建共同体和反思。

TAFE 为了让教师更好地跟上科技发展的步伐，并且能在教学中加以应用，提高教学的质量，积极开展以学院为本位的教师发展活动，“热门话题讨论”值得借鉴。热门话题讨论由一系列网上论坛组成，以面对面的、在线的或混合的方式对学院所有教师开放。对技术的应用始终是培训的主要内容，从设计学习教材，到利用网络课程管理系统协助授课及基于多媒体学习的开展，再到善用科技的教学技术应用，都显示了对教师善用先进科技手段于教学的重视。

## 五、结论

这次远程直播授课，为数不少的教师，尤其是女教师从“技术恐”变成“技术通”，从“抵触”心理变为“愉悦”心理，从以前不敢触碰网课到现在的欣然接受状态，更加增强了自信，这是远程授课给教师们带来的收获。北京林业大学外语学院院长史宝辉在学院微信群中感言：通过这一次特殊的教学，老师们增长了才干，打破了技术壁垒，得到了教育技术运用上的提高，取得了很大的收获，也为面向新技术发展积累了宝贵的经验和财富。

教育领域的直播及其目的、内容、受体与商业及娱乐领域的大相径庭。教育领域的受体是学生，学生的学习动机激发、学习过程监控等方面与传统课堂教学表现出诸多显性差异，直播教师必须在课程目标的确立、学习材料的选择、教学过程的组织和师生交互中，做出不同于传统课堂教学的变革，承担起新的角色。疫情终将结束，然而疫情带来的教学方式的革命将会使更多的课程进入“混合式教学”模式之中（于歆杰，2019），发挥各自的优势，将“战时措施”转化为“平时机制”，将“临时教改”转化为“质量行动”，实现中国高等教育的“变轨超车”（吴岩，2020）。

# 参考文献


[1] Alsabawy A Y, Cater-Steel A & Soar J. Determinants of perceived usefulness of E-learning systems[J]. Computers in human behavior, 2016: 843–858.

[2] Aryeh B-C, Iris R, Roger M et al. Mediating teacher for distance teaching and learning model an exploration. Education and information technologies[J/OL]. 2019: 1–36 [2019–06–22]. https://doi.org/10.1007/s10639–019–09938–8.

[3] Holmberg B. The evolution of the character and practice of distance education[J]. Open learning, 1995(2): 47–53.

[4] Holmberg B. A theory of teaching-learning conversations[A]. // Moore M. Handbook of distance education (2nd ed). Mahwah, NJ: Lawrence Erlbaum Associates Publishers, 2007: 69–75.

[5] Offir B, Bezalel R. Surface and deep learning processes in distance education: synchronous versus asynchronous systems[J]. Computers & education, 2008(3): 1172–1183.

[6] Park J Y. Student interactivity and teacher participation: an application of legitimate peripheral participation in higher education online learning environments[J]. Technology, pedagogy and education, 2015(3): 389–406.

[7] 申杰 .“互联网 +”时代看直播市场如何风卷云涌 [J]. 中国质量万里行，2017（2）: 80–82.

[8] 王建磊，吴越 . 断裂的真实：秀场类网络直播的文化反思 [J]. 学习与实践，2018（8）: 112–118.

[9] 佘朱华 . 远程教育教师角色与素养研究 [D]. 华东师范大学年博士论文，2013.

[10] 吴岩 . 应对危机化解危机主动求变，做好在线教学国际平台及课程资源建设 [R/OL]. 2020 :4–11. https://www.sohu.com/a/387202524_654808.

[11] 袁爱，清孙强 . 回归与超越：秀场直播形式下的传播心理阐释 [J]. 新闻与传播研究，2017（3）: 20–23.

[12] 于歆杰 . 论混合式教学的六大关系 [J]. 中国大学教学，2019（5）: 14–19.

[13] 章坤 . 论远程教育学习者自主学习能力的缺失与培养 [J]. 高等继续教育学报，2019（6）: 22–25.

# 智慧教育环境下混合式英语教学研究

# Research on Blended English Teaching in Smarter Education Environment

中国人民公安大学　王卫平

**摘　要：** 近年来，随着互联网与信息化技术的飞速发展，互联网与教育领域实现了深度融合，促使智慧教育突飞猛进。本文阐述了智慧教育的相关概念、以“雨课堂”为例的混合式英语教学的特点，对线上、线下教学的有效衔接和融合进行了分析，指出在线教学存在的不足，并提出完成深度学习的目标、有效提高教学效果的解决路径。

**关键词：** 智慧教育　混合式英语教学　学习效果

**Abstract:** In recent years, with the rapid development of the Internet and information technology, the Internet and education have integrated deeply, promoting smarter education rapidly. This paper expounds the relevant concepts of smarter education and the characteristics of blended English teaching in the context of rain classroom and analyzes the effective cohesion and integration of online teaching and offline teaching. Meanwhile, by pointing out the shortcomings of online teaching, the corresponding solutions are put forward to achieve the goal of deep learning and improve the teaching effect effectively.

**Key words:** smarter education　blended English teaching　learning effect

## 一、引言

2015 年 7 月 4 日，国务院发布《国务院关于积极推进“互联网 +”行动的指导意见》明确了近年发展目标，涉及 11 个重点领域。由此，互联网与经济社会各领域的融合发展进一步深化，互联网成为提供公共服务的重要手段，网络经济与实体经济协同互动的发展格局基本形成。互联网的发展在驱动经济发展、引领科技创新、颠覆传播方式、推动文化繁荣、全面优化教育方面发挥了先导作用。互联网发展速度之快、普及范围之广、影响程度之深是其他科技成果难以比拟的，世界各国都深刻认识到了它在信息领域关键技术创新中的极端重要性，因此都在积极把握新一轮科技革命的历史机遇，努力抢占技术创新制高点。

“互联网 +”教育的重点行动是探索新型教育服务供给方式，加快推动高等教育服务模式的变革，鼓励学校利用数字教育资源及教育服务平台，逐步探索网络化教育新模式，扩大优质教育资源覆盖面，促进教育公平。2016 年 7 月 26 日，《光明日报》教育周刊载文《教学信息化必须面向教改实际》（夏鲁惠，2016），将高校教学信息化分为两个阶段：一是“互联网 + 网络课程 + 平台”阶段，主要是满足高校开展网络远程教育和学生进行网络学习的需要；二是“互联网 + 网络视频教学 + 师生互动”阶段，主要是着眼于优质教学资源共享以及网络学习的需要；并指出，清华大学推出的智能教学工具——雨课堂，将PPT、MOOC、手机微信融为一体，预示着我国高校教学信息化正在进入一个新的发展阶段。

## 二、信息化教学的发展

进入21世纪后，信息化教学从电教化、多媒体教室的应用开始转向教学社区的发展。对远程学习的研究进入纵深领域，远程学习是由三个不同层面的教学交互共同作用完成的：学生与媒体界面的操作交互；学生与教学要素的信息交互；学生的概念与新概念的概念交互。三种教学交互之间密切相关，并相互作用（陈丽，2004）。于是，当时很多高校提出了一种教学信息化整体解决方法：即在一个大学内对其开设的所有课程进行统一的教学活动信息化管理与信息服务，并与校园其他信息系统（如网络教学系统等）实现数据共享与应用集成，这就是教学社区系统。教学社区系统建立在校园网络平台基础上，为全校所有课程建立统一的网上教学、网上教学服务、网上教学管理和网上师生交互的环境。学生在课堂教学之外，能通过教学社区系统进行课程的网上学习，并能获得丰富的网上教学资源，与教师进行广泛的交流。教师则可利用教学社区系统中提供的网络环境、工具、资源及其服务，开展课程辅助教学、进行课程资源开发和建设成果展示。教学信息化整体解决方案，对当时高校提高教学质量和办学水平起到了显著的促进作用（陆鑫 & 罗克露，2005）。

影响高校教学信息化的因素，过去主要指在教师信息化和学生信息化中存在的问题，这主要体现在：教师掌握的信息技术知识和实际操作技能参差不齐，且与学科专业和年龄有一定关系。与教师信息化相对应，还存在着学生信息化问题，同样也包含着观念和技能两个层面。大学生技能水平从整体上要高于教师的整体水平。但是，在信息化观念方面，大学生同样存在着严重的问题，当时主要表现在：大多数学生依然习惯于老师讲、学生听的传统教学方式；大学生的信息化技能虽然很高，但普遍缺乏利用信息技术手段主动进行课程学习的积极性，远远不能适应信息化教学所提倡的“以学生为本”的教学模式（庞海芍，2006）。后来，“智慧教育”逐渐成了信息化教育的代名词，并被赋予了更多的新含义。智慧教育是教育信息化的新境界、新诉求（祝智庭 & 贺斌，2012）。同时，混合式教学（blended learning）模式逐渐成为高校教学改革的研究对象，将混合式教学理论与慕课、翻转课堂教学方式融合运用到教学中（张其亮 & 王爱春，2014），以英语课程为例，有研究探索并分析了混合教学方式在英语教学中的应用模式及其特点（杨芳，魏兴 & 张文霞，2017）。

“雨课堂”于2016年发布并广为使用，为教学带来了一场全方位的革命。“雨课堂”是信息技术推动课堂教学的新型智慧教学工具，将现代信息技术手段融入到PPT和微信，搭建了课外学习与课堂教学间的沟通桥梁，让课堂互动永不下线。雨课堂应用于教学的研究日渐增加，仅仅在中国知网上通过关键词“雨课堂”搜索的论文数量就有两千多篇。运用“雨课堂”教学工具进行混合式教学的研究成为教育全球化和信息化的背景下运用信息技术推动课堂教学改革的必然产物。

2020年初，疫情爆发后，教育部门“停课不停学”的要求使得传统面授教学快速实现线上教学的转型，在这一过程中，“雨课堂”这一智慧型教学工具构建了“线上＋线下”的混合式教学模式，全球 10000+ 所大学使用“雨课堂”，实现了线上线下教学的无缝对接，实现了视频直播教学的全面展开。

## 三、智慧教育

“智慧”指辨析判断、发明创造的能力，而“智慧教育”，从目的上而言是通过构建技术融合的学习环境，创造高效的教育学习方法，让学习者获得适宜的个性化学习服务和美好的成长体验，使其由不能变为可能。智慧教育（英文名为：smarter education）的起源可以追溯到 2008 年，IBM 在《智慧地球：下一代领导议程》中提出的“智慧地球”概念。当时 IBM“智慧地球”的愿景是：借助新一代信息技术（如传感技术、物联网技术、移动通信技术、大数据分析、3D 打印等）的强力支持，让地球上所有东西实现被感知化、互联化和智能化（新浪 VR，2019）。

教学是教育的重要组成部分，智慧教学更聚焦于教学场景与教学资源的改善。智慧教学是综合运用移动互联网、大数据、人工智能等前沿技术，通过对师生教学行为数据全方位全周期的收集和分析，构建形成的具有多元化互动、泛在化感知、精准化评价、数据化决策、个性化引导的教学环境。多元化互动通过智慧教学，实现在多个维度连接师生，不论是面对面，还是在线课程，或者是信息化的教学工具，多种方式都可以实现师生的互动连接。泛在化感知指的是智慧教学在每个教学环节都配置了反馈的传感器和质量的晴雨表，可以用音视频来记录课堂，也可以用现实的一些答题测试、弹幕投稿等方式来实现师生互动、精准评价。在智慧教学的过程中，如在使用雨课堂时，实际上是用全流程的评价来精准指导教学过程，既可以采用形成性评价的方法，又增加了评价的频率，改善了仅用期中、期末考试两次考试决定一个学生成绩的评价体系。数据化决策指的是在智慧教学过程中，对教学过程与结果数据持续进行采集，动态汇聚成教学大数据，提高教育管理、决策与评价的智慧性，个性化引导智慧教学，也为因材施教和个性化学习提供支撑、引导个性化的学习路径和学习方向、实现大规模教育中的个性化学习（刘美凤，2020）。

## 四、混合式英语教学

混合式学习是在课堂内结合各种方法、技术和在线工具（Halasa & Abusalim, 2020）的学习方法，是传统学习和在线学习中最佳的结合。混合式教学通常指的是传统教学和在线教学的结合。混合式教学是传统教学（Face to Face）与网络化教学（E-Learning）优势互补的一种教学模式，

混合式教学必不可少的四项核心技能：

开展混合式教学，教师需要具备四项核心能力：

1. 在线融合能力——可以有效地将在线指导与面对面指导相结合的能力。

2. 采用数据实践能力——使用数字工具监控学生活动和表现以指导学生成长的能力。

3. 个性化教学能力——实施学习环境的能力，允许学生自定义目标，步调和 / 或学习路径。

4. 在线互动能力——促进师生之间以及学生之间在线互动的能力（Graham C. R. &

Borup J. & Archambault L. & Cecil & R. Short）

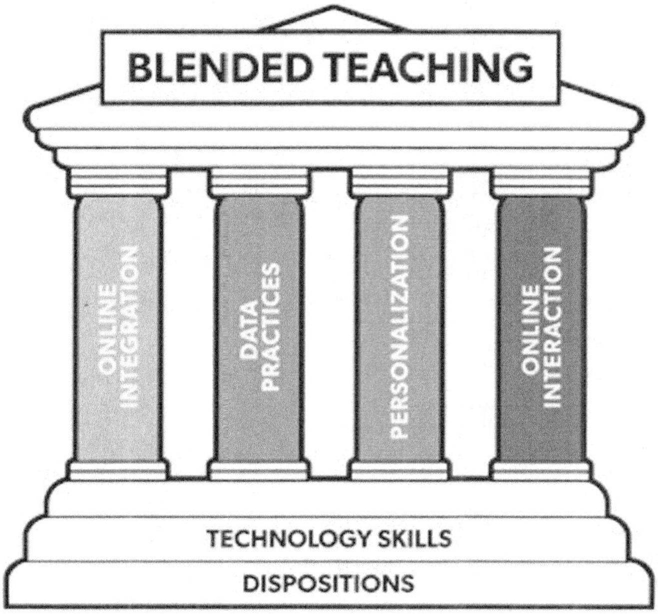


**图 1　混合式教学必不可少的四项核心技能**

（Graham C. R. & Borup J. & Archambault L. & Cecil & R. Short）

**4.1 以“雨课堂”为例的混合式英语教学的优势及问题**

混合式教学成功的最重要因素是从以教师主导的教学模式转向以学生为中心、内容为中心、任务为中心的教学模式的转变，师生之间的交互更加频繁，学生不再是被动地学习，而是更加积极地参与线上、线下的学习活动。

运用“雨课堂”进行混合式英语教学，可以做到由以教师为主导的教学模式向以学生为中心、内容为中心、任务为中心的教学模式的转变。利用“雨课堂”可以把慕课、练习题、测验、语音插入 PPT，可以以预习资料的形式推送到学生的微信群里，学生可以随时随地打开老师布置的学习任务。也可以在课堂上，针对某个知识点，运用“雨课堂”发送习题，要求学生限时完成，这样可以立即得到对学生的形成性评价。针对学生所完成习题的具体情况，可以有针对性地对学生进行实时反馈，由此，教师掌握了学生的学习情况，学生也对自己学习情况及时做到心中有数。

在“雨课堂”上进行师生互动，主要由学生发送弹幕的形式来完成，发送弹幕的形式在一定程度上提高了学生的线上学习积极性。“雨课堂”对每一次测验、练习的电子化有助于教学的信息化，便于教师保存、归档。“雨课堂”对教学内容、过程、交通、测验等的保存功能有助于学生课下进行回看和复习，这些都是传统的教学模式不可比拟的。运用“雨课堂”便于师生操作。教师和学生一人一个手机就可以操作成功，“雨课堂”不需要专业的技术技能，便于任何一个教师使用。同时，“雨课堂”全部免费的功能也节省了学校的开支。

**4.2 “雨课堂”线上教学的问题及解决路径**

当进行面对面授课时，由于教师与学生同处于一个教室，师生之间的互动比较方便开展，教师可以随时提问学生，学生即使不回答，教师也可以从学生的表情和神态看出学生的学习状况。在这个过程中，教师可以根据学生的反应及时调节教学进度和内容，同时，教师可以对学生的学习直接进行管理。因此，在面对面的课堂教学中，教与学的这两个过程更加顺畅，浑然一体（陈丽，2020）。

当教师与学生身处异地、采用全部在线直播的方式代替课堂教学的时候，教与学的过程便有所不同，过程之间的相互作用便受到了局限。由于教师看不到学生的面部表情，教师只能通过学生发送的信息、弹幕来了解他们对教师所传递的知识的掌握情况。在这种情况下，教师可以适时发送小练习题、问卷调查等形式来考核学生的掌握程度。在线上教学过程中，也会产生意料不到的问题，如由于网络技术造成网络卡顿、学生听不到教师的声音、看不到教师发送的内容，由此，教与学的过程会出现延迟的情况，师生之间的互动比较弱，教学的时间也会拖延。

以使用“雨课堂”教学为例，笔者承担的硕士研究生英语教学授课过程中，采用了以“雨课堂”为主、腾讯会议、微信群为辅的混合教学模式，运用雨课堂直播授课，同时，运用腾讯会议进行师生音频交互，营造了一个师生全方位互动的氛围，促进了线上、线下教学的有机结合和教与学形式的多样化、教与学内容的拓展和学生自主学习能力的提高。

在线上教学过程中，曾出现网络卡顿情况，影响了教学的正常进行。当时因采用了腾讯会议辅助雨课堂的教学形式，通过与学生语音交流及时了解到学生当时的感受和面临的问题，因此，及时采取了应对方法。因此，当我们运用高科技所带来的教学上的超越时空的便利和迅捷时，也应该预知由此可能带来的新问题，以便能及时采取应对措施，有效保障教学的顺利进行。

## 五、结束语

教育的本质是促进每个学生的发展，发挥每个学生的潜力，而每个学生都有个体差异，因此，在教学过程中更应注重教学方式、教学模式的多样性。在智慧环境下，如“雨课堂”等形式的混合式教学模式可以为每个学生提供自主学习的丰富多样的学习资源、在不同时空下与其他学习者共同学习和交流、从纵深角度开发学生各方面的潜力和能力，从而培养出更多具备核心素养的人才。运用混合式教学模式开展多样化的英语教学旨在提高学生的英语应用能力和无限发展的空间，作为教师，更应为实现这一教学目标做好迎接各种挑战的准备。

## 参考文献

[1] Barry A., Abdullah Alhazmi F A. Blended learning model used to prepare Saudi Arabian doctoral students to be knowledge-based educational leaders. //Proceedings of the 9th International RAIS Conference on Social Sciences and Humanities, 2018.

[2] Graham C R, Borup J, Archambault L et al. 4 skills essential for effective blended teaching [OL]. https://www.blendedlearning.org/4–skills–essential–for–effective–blended–teaching/.

[3] Halasa S, Abusalim N. Comparing student achievement in traditional learning with a combination of blended and flipped learning [J]. Nursing open, 2020, 7(4): 1129–1138.

[4] Hockly N. Blended Learning [J]. ELT journal, 2018, 72(1): 97–101.

[5] Tomlinson B, Whittaker C. Blended learning in English language teaching: course design and implementation. British council, 2013.

[6] 奥威亚已将智慧二字融入到教学全过程 [OL]. http://vr.sina.com.cn/news/hz/2019–08–30/doc–iicezueu2165881.shtml.

[7] 陈丽 . 远程学习的教学交互模型和教学交互层次塔 [J]. 中国远程教育，2004（5）：24–28.

[8] 陈丽 . 在线教学与面对面教学的本质区别 [OL].（2020–05–28）[2020–06–26].https://study.enaea.edu.cn/viewerforccvideo.do?courseId=283590&circleId=54412.

[9] 夏鲁惠 . 教学信息化必须面向教改实际 [OL]. 光明日报 .（2016–7–26）[2020–06–26].http://epaper.gmw.cn/gmrb/html/2016–07/26/nbs.D110000gmrb_13.htm.

[10] 吕秋亮 . 基于雨课堂的智慧教学设计与实践 [OL]. 2020. https://study.enaea.edu.cn/viewerforccvideo.do?courseId=280023&circleId=54412.

[11] 刘俊 . 智慧教育环境及其实现方式设计 [J]. 中国电化教育，2013（12）：26–32.

[12] 刘美凤 . 在线教学模式：原理与实施 [OL]. (2020–05–28）[2020–06–26].

[13] 陆鑫，罗克露 . 精品课程教学网站系统建设与教学信息化整体解决方案探索 [J]. 电子科技大学学报（社科版），2005（1）：57–59.

[14] 杨芳，魏兴，张文霞 . 大学英语混合式教学模式探析 [J]. 外语电化教学，2017（1）：21–28.

[15] 庞海芍 . 高校教学信息化的现状及影响因素分析——以北京某大学为例 [J]. 电化教育研究，2006（5）：34–37.

[16] 张其亮，王爱春 . 基于“翻转课堂”的新型混合式教学模式研究 [J]. 现代教育技术，2014（4）：27–32.

[17] 夏鲁惠 . 教学信息化必须面向教改实际 [OL]. 光明日报 .（2016–07–26）[2020–05–26]. http://epaper.gmw.cn/gmrb/html/2016–07/26/nbs.D110000gmrb_13.html.

[18] 国务院关于积极推进“互联网 +”行动的指导意见 .(2015–07–04) [2020–05–26].http://www.gov.cn/zhengce/content/2015–07/04/content_10002.htm.

[19] https://study.enaea.edu.cn/viewerforccvideo.do?courseId=280023&circleId=54412.

[20] 新浪 VR. 奥威亚已将智慧二字融入到教学全过程 [OL].(2019–08–30).[2020–05–26]. http://vr.sina.com.cn/news/hz/2019–08–30/doc–iicezueu2165881.shtml.

# 研究生英语教学如何进行线上课程思政[1]

# How to Conduct a Civics-Prone Online Course for Non-English Major Postgraduates?

中国人民大学外国语学院　龙　艳

**摘　要：** 本文以研究生法政英语教学为例，探讨研究生英语教学如何进行线上课程思政，主要涉及精读教材的选择、音视频选讲、翻转课堂的使用、教学软件 APP，以及考试考核。

**关键词：** 研究生英语教学　法政英语　网络课程思政

**Abstract:** With the case study of teaching English for non-English major postgraduates in legal and political studies, this paper explores how to carry out a civics-prone online course in regards of selective reading, audio-visual materials, flipped classroom, teaching App, and exam.

**Key words:** teaching English for non-English major postgraduates　political and legal English　civics-prone online course

新冠疫情期间，外研社 2020 年 3—4 月间推出“高校外语课程思政教学理念与实践”系列公益课程。杨鲁新、田朝霞、廖华英、吴鹏等教授通过网络直播的方式与大家分享了高校课程思政的理念与实践。笔者所在学院也积极行动，在四月初开展了外语学科“课程思政”建设专题研讨。

本文以中国人民大学法政类研究生英语拔尖班为例，采用线下线上、疫情前和疫情期间课程的比较，就研究生英语网络课程思政谈谈个人的一些具体做法。

## 一、显性的专业课程和隐性的思政教育有机结合，是课程思政成功的关键

习近平总书记 2016 年在全国高校思想政治工作会议上指出，课程思政就是“使各类课程与思想政治理论课同向同行”。2019 年习主席进一步指出，课程思政要“挖掘其他课程和教学方式中蕴含的思想政治教育资源，实现全员全程全方位育人”。也就是说，“通过各种专业课程、专业课堂和教学方式中蕴含的思想政治教育资源进行的教育教学活动，如同春风化雨润物无声，实现思想和价值引领，实现立德树人的目的”（于向东，2019）。习近平总书记还提出思想政治理论课改革创新要坚持“八个相统一”，其中包括“坚持显性教育和隐性教育相统一”（习近平，2019）。

1　中国人民大学科学研究基金项目（20XND015）。

对于疫情期间的线上课程思政，笔者认为，要卓有成效，必须将显性的专业课程知识和隐性的思政教育有机结合在一起，这是研究生英语课程思政成功的关键。

## 二、疫情前的线下教学：中国人民大学法政类研究生英语拔尖班

中国人民大学法政类研究生英语拔尖班项目从 2019 年 9 月开始运行，一直是面对面授课。疫情前，课程方案如下（龙艳，2018）：

**2.1 选课说明（略）**

**2.2 课程简介（略）**

**2.3 课程宗旨**

这个课旨在使学生以精读英语版《法律的概念》为例，感受智慧型英语的语言特征和语言技术；通过对《法律的概念》英语的学习，打下坚实的法政领域英语基础，为自己在法政领域中使用英语创造良好条件；通过研究《法律的概念》英语和以自己的专业视角用英语论述和演讲中国当代法政语言训练，在密切相关的语言输入和输出过程中把握英语语言的实质，掌握英语语言的生成机制，在创造性地使用英语的道路上拾级而上。

**2.4 教学内容和进程**

教师带领学生精细研读英语版《法律的概念》(*The Concept of Law*)(H. L. A. Hart, 2nd edition)，讲述智慧型英语语言风格和语言技术，“插播”并解读关于当代中国法政的英语声像材料，指导学生撰写研读报告，指导学生以专业视角进行学术写作和演讲，批改和点评学生研读报告和论文习作；学生在教师的指导下用所学英语风格和语言技术撰写和演讲英语研读报告、以自己的专业视角论述和演讲中国当代法政。具体教学进程如下（略）：

**2.5 教学方法**

本课以研读和实践相结合的方法进行，研读为主，实践为辅，目的是让学生在教师的带领下向自己专业领域中的“榜样”英语学习并进行实践，通过学习和实践把握自己专业领域中智慧型英语的定位、水平、叙事方式、描述方式、揭示方式、论证方式以及总体语言风格。研读以精读英语版《法律的概念》为主，以研读英语版写作理论著作和期刊论文写作著作为辅（具体见“研读教材”）。学生在研读的基础上把学到的理论和语言技术运用到表达自己专业思想的现场口头演讲和书面文章写作中。教师精细指导学生的研读和实践，对学生的口头和书面语言实践进行精细批阅和评点并提出细致的改进建议。

**2.6 学生任务（略）**

**2.7 学生考试考查和成绩构成（略）**

**2.8 研读教材**

2.8.1 研读主教材

H. L. A. Hart. 1997. *The Concept of Law* (2nd edition) . OUP Oxford, Clarendon Law Series.

2.8.2 研读辅教材

(1) H. L. A. Hart. *Positivism and the Separation of Law and Morals.*

(2) Lon L. Fuller. *Positivism and Fidelity to Law—A Reply to Professor Hart.*

2.8.3 中西法律相关视频（略）

## 三、疫情期间的线上专业课程教学和课程思政的结合

疫情期间，本课程由线下转为线上。教学手段的现代化，倒逼教学内容的改进、教学方式的改进。鉴于疫情期间线上教学的实际情况和课程思政的全新要求，任课教师对课程方案做了较大调整。主要表现在以下几个方面：

### 3.1 显性的专业课程教学

专业课程教学的主教材仍为 *The Concept of Law* (H. L. A. Hart, 2nd edition) 。因为学生分散在全国各地，疫情期间无法外出购买或打印纸版教材，所以给学生提供电子版的英文教材，以及同版本的中文译本作为教辅参考书，即《法律的概念》（第二版）（英）哈特，许家馨、李冠宜译，法律出版社 2011 年版。

现以 H. L. A. Hart 的第 5 章和第 6 章为例，谈专业课程教学。第 5 章是关于法律的初级规则（即命令理论）的三个缺陷和以“承认规则”为前提的三种补救方式（91—99）。第 6 章重点谈“承认规则”（Rule of recognition）是法律体系的基础。“承认规则”是第一位的，是不证自明的事实，无须证明（100—110）。也就是说必须承认法律的事实存在，依法治国。主教材的教学内容可以运用软件，做成思维导图（Mind Map）如下，有利于学生尽快掌握教学内容。

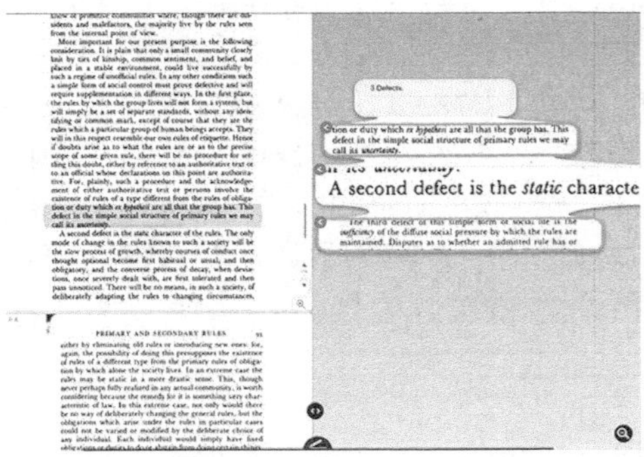

初级规则的三个缺陷

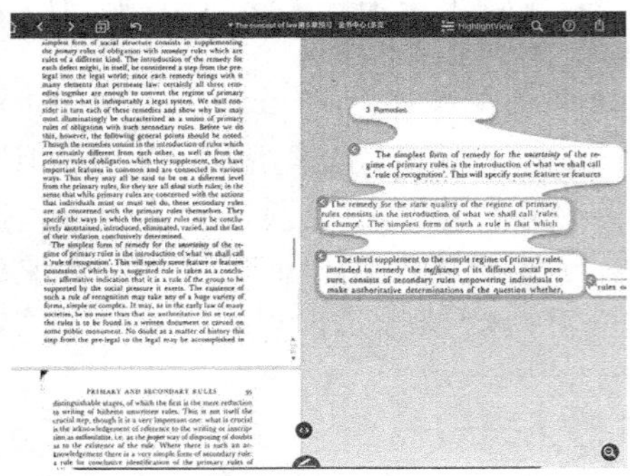

三种补救方式

**图 1**

增加防疫期间依法治国的相关法律新闻，与中国法治实践相呼应，例如：

China's top procuratorate clarifies law application for epidemic-related crimes

China to amend Wildlife Protection Law to protect public health

Prevention, control measures must be in accordance with law: NPC official

China battling coronavirus epidemic in accordance with law

### 3.2 隐性的思政教育

视听说部分的教材由侧重西方法律的英美司法相关音视频，改为疫情期间中外法政类音视频，包括但不限于法律视频。用“抗疫”故事来引导学生树立正确“三观”。

中国出品的音视频：

Resource allocation ｜中国经验（CHINA DAILY）

Test, treat and isolate ｜中国经验（CHINA DAILY）

Social distancing ｜中国经验（CHINA DAILY）

Command system ｜中国经验（CHINA DAILY）

Battle continues｜中国经验（CHINA DAILY）

（以上为 China Daily 独家策划的“中国经验”栏目）

“Mask diplomacy” a tool to bash China（CGTN）

首部武汉“抗疫”英文纪录片（CGTN：“THE LOCKDOWN”: one month in Wuhan 武汉战疫记）

中国日报社总编辑周树春：全世界必须对任何形式的“政治病毒”说不！

社评：加强入境管控，不等于歧视和排外｜No discrimination against foreigners

“Mask diplomacy” a tool to bash China（CGTN）
Test, treat and isolate｜中国经验（CHINA DAILY）
“THE LOCKDOWN”: one month in Wuhan 武汉战疫记

**图 2**

中外两种音视频比较，有利于学生进行批判性思维，得出正确的结论。因此，还应该选播国外出品或主要由外国人出境的音视频（包括自媒体），如：

《自然》杂志致歉：曾将病毒与武汉关联｜Nature: Stop the coronavirus stigma now（CHINA DAILY）

谭德塞回应美方质疑：别政治化病毒 除非你想要更多尸袋

外媒质疑中国举措没人权？英专家：中国的人权就是让人们活下来！｜外媒说（CHINA DAILY）

美知名“中国通”库恩：在抗击疫情上没有哪一个国家比中国做得更好（CHINA DAILY）

没有疫苗没有特效药 中国靠什么逆转局势？（世界卫生组织专家在记者招待会上）

（个人）新冠肺炎治疗上百万费用，中国全额报销，美国副总统沉默了

外媒新冠肺炎疫情报道套路有多深？这部调查纪录片全部告诉你（CHINA DAILY 19 分钟）

《纽约时报》记者：请中国医生帮忙吧！我们可能真的需要中国（CHINA DAILY）

疫情影响下的纽约 富人区和穷人区差别有多大，央视频

95 后“中国通”体验疫情中的美国境内航班，全程 OMG｜海外连线（CHINA DAILY）

美国学生为啥上不了网课？华人漫画家记录中美疫情众生相，搞笑又让人心疼｜海外连线（CHINA DAILY）

此外，可以寓教于乐，用一些比较轻松的学习方式灵活调剂，比如改放《病毒往事》

（*Once upon a Virus*）（赵挪亚，2020），日本导演拍摄的《南京抗疫现场》英语版，湖南卫视“声临其境”栏目的儿童英文配音版武汉宣传片《武汉加油》等。

*Once upon a Virus*

《南京抗疫现场》英语版

**图 3**

### 3.3 翻转课堂

本课程长达半天（8：00—11：30），前半场以教师为主体，运用现代教育技术手段讲授主教材。后半场引入翻转课堂，以学生为主体，训练视听、写作。

3.3.1 视听训练中的词汇学习翻转

视听训练的内容是上述有关国内外抗疫的音视频；目标是通过翻转课堂，运用现代教育技术，将学生变成老师，而老师本人则退到后台，隐身成助教和引导者。也就是说，翻转课堂（flipped or inverted classroom）升华成为更高一级的翻转课堂（Conversed Classroom）。这部分的具体做法是，要求学生自主运用历史语言学的知识进行词汇学习，找到相关单词的词根，用这个单词造句并且讲解给其他同学听。

周流溪教授（2017）认为“要把语文学提升到历史语言学的当代高度，也要重视普通语言学（及其不同路线）的指导作用；在具体操作中要注意克服各分支学科互相隔绝的偏狭态度，还要进而达于微观和宏观的会通考察。若语文学家能发扬语言研究的高远旨趣，传统语文学仍可有新的作为（包括可使语言研究更好地服务于一般文化研究的大目标）”。笔者也曾对历史语言学在英语教学中的运用有过一些探讨（2008）。

以下用 troll（网络水军、出动水军）、stigma（stigmatize 污名化）、contain COVID-19（containment policy 遏制政策）举例说明。

3.3.2 写作练习翻转

英语说、写是学生的弱项。网课教学是虚拟课堂，在分组讨论、练习口语方面，很难操作。笔者使用的腾讯会议软件，亦是如此。只得做一些变通，写作优先，兼顾口语。运用微软“爱写作”智能软件手机端 APP，采取作文接龙的方式，设立一个作文题目，每一个学生说一句，最终合成一篇完整的英语作文。当场由软件给这篇作文打分，软件进行自动批改，然后学生和教师人工纠错。这样可以灵活进行口语练习和写作练习。

可以用优秀演讲稿作为范文进行讲解。例如本校研究生黄炯豪参加 2019 年北京市研究生英语演讲比赛的命题演讲“China Dream，My Dream”，用作课程思政、范文讲解。学生对这位获奖选手的范文很感兴趣，主动要求将范文输入机器，看看能得多少分。设定作文类型为考研作文，满分 20 分，软件智能打分，得分 19 分，近乎满分。

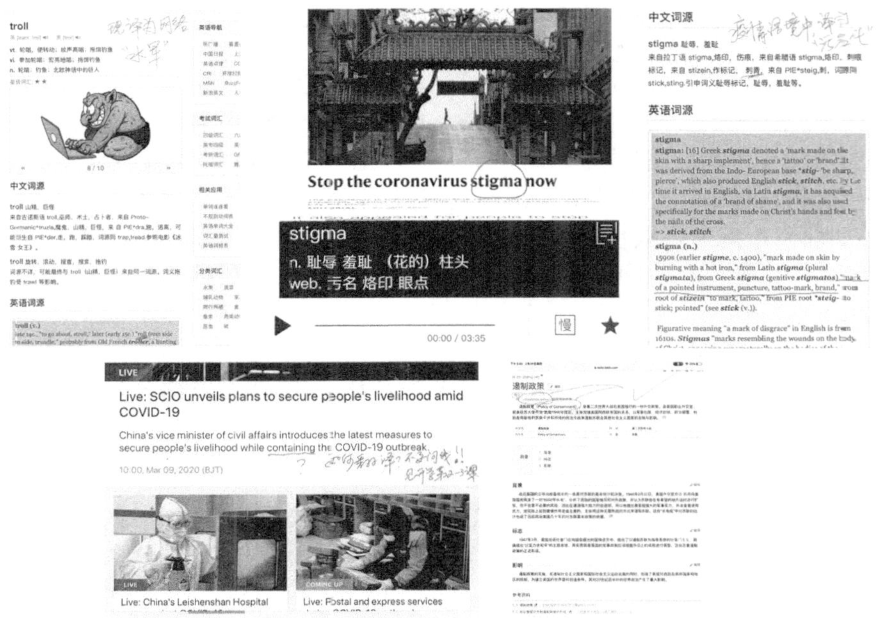


troll, stigma, contain（containment policy）

**图 4**

一项针对非英语专业研究生的英语教学研究表明，“在线写作平台与课堂教学相结合，学生获得更多写作训练，通过自主修改提升写作质量”（王奕凯、刘兵，2019）。国内外写作软件还有不少，参见本文参考文献所附英语教学及论文写作 12 个语法检测工具。大多数软件在网页端操作，由软件打分、给出评语、自动标错并给出修改建议……笔者线上教学时没有尝试过网页端，一则因为在键盘上打字键入速度太慢，远远落后于一分钟 400 个汉字或英语单词的手机语音输入；二则因为手机端更便捷，对用户更有吸引力，可以随时随地在手机上练习，学生们更感兴趣。

“China Dream, My Dream” 范文讲解 作文接龙练习

**图 5**

## 四、专业课程、课程思政相关内容的考核

考试是考查学生学习是否扎实、是否深入的最重要一环。对课程思政的教学内容也需要进行相应考核，以达到巩固学习、内化于心、外化于行的预期教学效果。

2020 年春季学期的研究生期末考试注定非同寻常。如果北京高校不能如期复学，则学生无法参加北京市统考。我校预案为本校自命题，进行线上笔试，硕士生只考写作（占总成绩的 35%，命题作文，可以查字典）。中国人民大学法政类研究生英语拔尖班的作文暂定一篇小论文，题目：谈谈“承认规则”（Rule of recognition）与新冠疫情期间的依法治国。学生可以事先查找论文资料。

平时成绩 30%，随堂进行的口语和听力成绩 35%。本课程口语题目：各国战疫大比较（暂定）。听力考试内容：中外战疫（暂定）。

这样，线上笔试、口语、听力考试均与专业课程、课程思政所学内容关联，且为开放性试题。所学即所考，学考一致，形成一个完整闭环。

## 五、结语

目前，线上教育在中国方兴未艾。线上教学与课程思政的结合可以为立德树人和爱国主义教育提供新平台；绵绵用力，则善做善成，久久为功。

## 参考文献

[1] H.L.A. Hart. The concept of law (2nd edition) .[M]. OUP Oxford, Clarendon Law Series, 1997.
[2] 哈特 . 法律的概念（第二版）[M]. 许家馨、李冠宜，译 . 北京：法律出版社，2011.
[3] 黄炯豪 . 北京市研究生英语演讲比赛演讲稿“China Dream，My Dream”, 2019.
[4] 龙艳 . 历史语言学与口译学习［J］. 英语知识，2008（1）：35–37.
[5] 龙艳 . 历史语言学语音研究与英语学习［J］. 英语知识，2008（5）：6–7.
[6] 龙艳 .（法政类）硕士生学术英语拔尖班大纲 //（中国人民大学）非英语专业硕士研究生和博士研究生英语课学术英语拔尖班说明 [OL]. 2018.
[7] 王奕凯，刘兵 . 研究生学术英语线上线下混合教学实践研究 [J]. 外语与外语教学，2019（5）：10–19.
[8] 习近平 . 习近平在全国高校思想政治工作会议上强调把思想政治工作贯穿教育教学全过程开创我国高等教育事业发展新局面 [OL]. 2016.
[9] 习近平 . 习近平主持召开学校思想政治理论课教师座谈会 [OL]. 2019.
[10] 于向东 . 围绕立德树人根本任务探索思政课程与课程思政有机结合 [N]. 光明日报，2019–03–27（6）.
[11] 周流溪 . 传统语文学仍可有新的作为 [J]. 民俗典籍文字研究，2017（2）：1–20.
[12] 英语教学及论文写作必备的 12 个语法检测工具 [OL].
[13] 北京外国语大学杨鲁新谈“外语教学中的课程思政：理念与实践”[OL] .
[14] 南京师范大学田朝霞教授：从外语教学到外语教育——几门英语课程的思政育人探索 [OL]. https://mp.weixin.qq.com/s/tmWPf_MxODtmfWdt7lClvg.
[15] 东华理工大学廖华英院长：基于“网络 + 课堂 + 实践”三位一体的外语类课程思政创新模式探索 [OL].
[16] 江苏大学吴鹏副院长：基于课程思政理念的“一体两翼式”大学英语教学模式探索与实践 [OL].

[17]（中国人民大学）外国语学院召开党委理论学习中心组专题学习研讨会 [OL].
[18] 春天来了，微软“爱写作”手机端也来了 [OL].
[19] 赵挪亚 . 兵马俑 VS 自由女神！新华社视频《病毒往事》在国外火了 [OL] .2020.
[20] http://grs.ruc.edu.cn/info/1087/1498.htm.
[21] http://news.cctv.com/2016/12/08/ARTIihpHZs56dGPSnK5b5x5y161208.shtml.
[22] http://news.cctv.com/2019/03/18/ARTIQfuAgYriqdIP8wfUszCe190318.shtml.
[23] https://mp.weixin.qq.com/s/lB3EHG6NW1Xm9SMiMvaLzA.
[24] https://mp.weixin.qq.com/s/1CrndlFYNyI89ZR-p1ZerA.
[25] https://mp.weixin.qq.com/s/ogn1dfRWVsm6p4fQ6FZiBQ.
[26] https://mp.weixin.qq.com/s/Mjp1CQY4U7tH8zfVvOiVyQ.
[27] https://mp.weixin.qq.com/s/3PPUjzDYmwIUJyQfkgWyTQ.
[28] https://mp.weixin.qq.com/s/mSzi473ILkgBTLvPp3MYAA.
[29] https://www.guancha.cn/internation/2020_05_02_549053.shtml?from=singlemessage&isappinstalled=0.

# 学生线上学习体验和态度实证调研

# An Empirical Study on Students' Online Learning Experience and Attitude

北京交通大学　王　冰　周红红

**摘　要：**本问卷调查了高校学生疫情期间居家线上学习情况、学生的网课体验和态度，结果显示高校学生网络学习情况和效果总体较好，直播课和录播课在教学上各有优势，但网络教学也存在易受家庭环境和氛围影响、长时间网络学习影响身心健康等问题。家、校、生要三方面共同协作，以求达到最佳学习效果。本次调查结果为今后的网课教学提供启示。

**关键字：**线上教学　学生居家学习　网课体验　网课态度

**Abstract:** This questionnaire investigates the university students' online home learning situation, online learning experience and attitudes during the COVID-19 outbreak. The results show that university students' online learning situation and effect are generally good. Live class and recorded class have their own advantages in teaching, but online teaching also has problems such as being easily affected by the family environment and atmosphere, and long-term online learning affecting students' physical and mental health. In order to achieve the best learning effect, the family, the university and students should work together. The results of this study will be helpful for future online teaching.

**Key words:** online teaching　students' online home learning　online learning experience　online learning attitude

## 一、前言

新冠疫情突然来袭，中国大学积极应对，化危为机，主动求变，进行了一场空前的大规模在线网络教学实践（高教司司长吴岩，2020），做到“离校不离教、停课不停学”，确保了教学活动的正常进行。网络教学实践已实施三月有余，陪伴着老师和同学们走过了将近一个学期的路程。疫情正在好转，学生返校之日可待，为了了解高校学生将近一学期的居家网络学习情况和效果、网课体验和态度以及以后网络课程建设如何发展，本调查对北京交通大学的学生（研究生为主）进行了问卷调查，以期调查结果能为今后的网课教学和建设提供启示。

## 二、实证调查研究

本调查从学生角度出发，旨在调查三个月的线上教学效果和学生对线上教学的体验和态度，以便为今后网络课程的建设和发展提供参考。以下是问卷的具体设计、数据统计和对分析结果的讨论。

### 1. 问卷的设计

本次问卷调查关于线上教学期间，学生居家学习情况及网课体验和态度。本问卷包括五个部分，共 30 道单项选择题，2 个开放性填空题。

第一部分的基本信息仅由教育程度 1 项组成；第二部分调查学生和家庭在网课教学中的基本情况，共 12 题，细分为两个部分：第一小节调查学生在网络课堂的具体表现，共 6 题；第二小节调查居家学习期间，学生是否会受到家庭环境等方面的阻力以及学生居家学习的行动力如何，共 6 题；第三部分调查学生对不同形式的网络课堂的上课体会，共 12 题，细分为直播课和录播课两个小节，每个小节各 6 题；第四部分旨在了解学生对网络教学的综合体会和态度，共 7 题，最后一题为开放题。最后一部分是一个开放题，以便受访学生能够在此处畅谈自己对网络教学的体会和想法，同时弥补问卷单选题可能存在覆盖面不够完全的问题，让调查更饱满。本问卷采取李克特五级量表，1 代表“非常同意”，2 代表“同意”，3 代表“不确定”，4 代表“不太同意”，5 代表“非常不同意”。

### 2. 数据分析

这一部分是对 738 份答卷单选题和开放题的数据分析和结果。

**2.1 学生、家庭在网课教学中的基本情况分析**

2.1.1 学生端：课堂表现

通过 SPSS25.0 对 738 份问卷数据进行分析，由表 1 可以看出，五个问题的均值均保持在 2 分左右，数据表明：在课堂表现方面，学生认为课程内容预告和预习资料的发放、线上教学中的 PPT 展示环节，均起到督促学习的作用。学生为了保证学习效果，会认真完成预习，还会自主搜集更多学习资料，深度学习。数据表明，学生在居家网络学习期间，总体的学习主动性很高。同时也从学生的角度说明，在网络教学中，教师们依然很好地保留了完整的教学过程，使得教学质量得到了保证。

值得注意的是本小节第 4 题（按时完成作业和学习报告）和第 6 题（能保持专注力，和线下学习感受相似）的数据。第 4 题的均值为 1.60，标准差为 0.658，是整组数据的最低值，说明参与调查的学生基本上都选择了“非常同意”“同意”两个选项，即能够按时完成课后作业和及时提交学习报告，也同意作业和学习报告帮助巩固和检验了学习效果。第 6 题是关于学生线上学习专注力的调查，均值为 2.26，标准差为 0.103 4，是整组数据的最高值，说明大部分学生在网络课堂能保持专注力，且上课感受与线下学习无异，但是同时标准差也说明，在专注力和上课感受这个问题上，同学们的感受还是存在较大差异的，小部分学生的上课体验和感受并不太理想。

从总体来看，居家学习期间，学生的学习主动性、课堂表现呈积极态势，网络课堂的开展效果比较乐观。

表 1　学生的线上课堂表现

| 题号和题目 | 均值 | 标准差 | 个案数 |
|---|---|---|---|
| 1 课程预告和资料有助于督促学习 | 1.82 | 0.770 | 738 |
| 2 会认真完成预习 | 2.06 | 0.837 | 738 |
| 3 会自行搜索资料加深学习和理解 | 2.05 | 0.841 | 738 |
| 4 按时完成作业和提交学习报告 | 1.60 | 0.658 | 738 |
| 5 PPT 展示有助于督促自主学习 | 1.70 | 0.729 | 738 |
| 6 能保持专注力，感受和线下学习相似 | 2.26 | 0.103 4 | 738 |

2.1.2 家庭端：居家学习的阻力和行动力

这小节的问题设置主要调查了在线上教学中，学生居家学习的主动性、自制力和效果，居家学习是否会受到家庭氛围、家庭琐事、个人因素的影响。

居家线上学习期间，学生的学习环境和在校课堂的学习环境完全不同。在校课堂学习，课堂内只有学生和教师两个角色，课堂环境纯净，教学和学习活动不易受到外部环境的干扰。而居家学习，学生身处家庭环境，难免会有各种因素干扰学习。表 2 的居家学习阻力和行动力的调查数据证实了这一情况。

这个调查小节的均值处于 2.39~3.07，说明学生居家线上学习期间，受到了家庭氛围、家庭琐事、个人因素的影响。第 1 题和第 2 题的数据说明家庭琐碎事务会打断、影响专注力和深度思考。处于家庭环境之下，个人的角色也发生了转变，每个个体都担任了学生和家庭成员两个角色，学生的角色要求完成学习工作，家庭成员的角色同时又要求参与家庭活动，比如承担家务。这一点也从第 3 题的调查数据中得到了证实。家务可以是事先安排好的日程，也可以是随时来自父母兄弟姐妹的要求和请求，不论是哪种家务，都不可避免地侵入了每日的学习日程，占用了学习时间和精力。第 4 题的数据显示，居家学习期间学生的学习行动力受到了影响。家庭的学习环境和氛围一般来讲，不论是在心理上还是生理体验上，都比在学校要舒适轻松。另外，居家学习拉开了师生之间、同学之间的物理距离，由于缺少来自老师和同学的压力和激励，学生难免会在心理和行动上降低自我要求，拖延学习任务的完成。但令人欣慰的是，第 5 题和第 6 题的数据显示，虽然是居家学习，但是学生的作息时间仍然比较规律，学习主动性也比较高，课后会给老师发邮件或提问来解决学习疑问。

从标准差来看，整个调查小节的标准差处于 0.942~1.207，说明由于各个家庭的具体情况和个人的具体情况千差万别，学生受家庭因素和个人因素的影响差别较大。

表 2　居家学习的阻力和行动力

| 题号和题目 | 均值 | 标准差 | 个案数 |
|---|---|---|---|
| 1 总会被家庭琐事打断学习 | 2.73 | 1.200 | 738 |
| 2 各种外界因素影响专注力和深度思考 | 2.63 | 1.142 | 738 |
| 3 家务占用学习时间和精力 | 2.70 | 1.207 | 738 |
| 4 行动力变差，拖延懒散 | 2.39 | 1.134 | 738 |
| 5 居家作息 | 3.07 | 1.109 | 738 |
| 6 课后邮件或留言提问 | 2.83 | 0.942 | 738 |

总之，研究生群体有主动学习意识和自制力，但在居家学习期间，仍然受到了家庭氛围、家庭琐事和个人因素的影响。为了给学生营造良好的学习环境和学习氛围，学校可通过合适的方式提醒和建议家长做出相应的努力，家、校、生三方面通力合作，共同保证线上教学的有效进行。

**2.2 上课形式体会分析**

这部分主要调查学生对直播网课和录播网课的看法和体会，通过答卷的数据判断直播和录播课网络教学的利与弊，进而得出在今后的网络课程建设方面该怎么保持优点和改进不足。

2.2.1 直播

表 3 的数据表明第 1 题到第 4 题的均值在 2.08~2.48，学生认为直播课的实时性和临场感与教室上课无差别，听课时能保持注意力并记笔记，直播课特有的实时互动功能，可以满足学生随时在留言区提问的需求，有助于高效解决问题。在实时互动的过程中，也可以调节课堂气氛，老师的权威压迫感被降低。这种轻松活泼的学习氛围让学生的心理更放松，知识接受度更高。直播课堂，师生之间虽然互不见面，但是心理距离拉近，听课体验更像一对一教学，学生的自制力更高，注意力更集中。标准差在 0.877 到 1.07 之间，证明针对以上四个问题，学生的回答差异不大，观点趋同度高。

**表 3　直播课的体会**

| 题号和题目 | 均值 | 标准差 | 个案数 |
|---|---|---|---|
| 1 实时性和临场感与线下学习无异 | 2.31 | 0.962 | 738 |
| 2 互动能高效解决问题 | 2.08 | 0.877 | 738 |
| 3 互动使课堂氛围更活泼 | 2.15 | 0.959 | 738 |
| 4 直播课，我的自制力和专注力更好 | 2.48 | 1.070 | 738 |
| 5 直播课时会一边听课，一边做其他事情 | 3.20 | 1.124 | 738 |
| 6 无课间休息，非常容易精神疲惫 | 2.64 | 1.110 | 738 |

第 5 题的均值是 3.20，标准差是 1.124，关于在上直播课时是否有过边听课边完成其他任务的“一心多用”问题上，数据显示学生的意见相差较大，答卷同学的回答趋近于“不确定”。图 1 非常直观地展示了每个答案的占比：11.25% 的同学明确表示完全没有过“一心多用”的行为，34.69% 的同学表示不太同意，22.9% 的同学不确定自己是否有过此行为，31.17% 的同学则明确回答自己有过此行为。这个结果说明近三分之一的学生在上直播课时的专心程度明显堪忧。

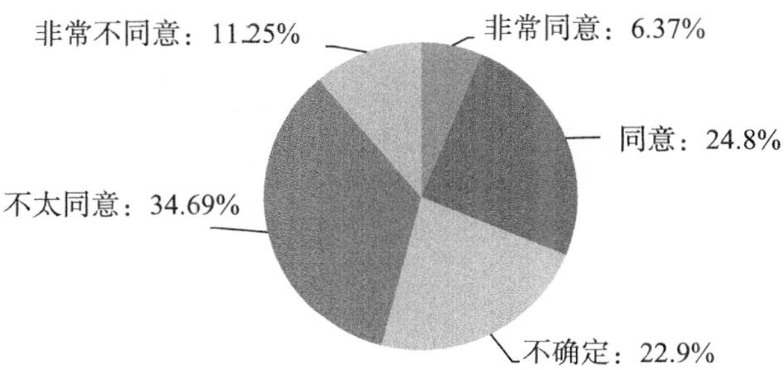


**图 1　“直播 5”选项占比**

“直播 6”均值是 2.64，标准差为 1.110，说明虽然参与调查的同学在课间休息问题上的看法具有多样性，但大多数同学反映直播课的连续上课时长过长，没有课间休息容易导致精神疲累，影响学习效果。

2.2.2 录播

表格 4 的数据显示，在六个问题中，第 1~4 题以及第 6 题的均值在 1.86~2.02 之间，标准差在 0.778~0.833 之间，说明参加调查的学生认为录播课可回放的功能，使得课上难理解的内容可以反复观看，弥补线下课堂中个人注意力不集中的缺陷；思考时间、组织提问的时间、查阅资料的时间都很充足，有助于加深对知识的理解，学习更有质量；可根据自己的具体需要拖动进度条，或设置倍速播放，让学习更具备个性化和针对性，节约时间。学生可在规定的任务周期内，根据自己的时间和状态完成学习任务，避免外界因素影响学习效果。

第 5 题的均值为 2.39，标准差为 1.016, 说明参加调查的学生在没有实时互动、不用时刻关注留言区时，不容易分心，但是观点差异较大。

**表 4　录播课的体会**

| 题号和题目 | 均值 | 标准差 | 个案数 |
|---|---|---|---|
| 1 回放功能可弥补上课时的“走神”问题 | 1.93 | 0.833 | 738 |
| 2 回放功能 思考时间充足 | 1.87 | 0.788 | 738 |
| 3 可根据需要拖动、设置倍速 | 1.86 | 0.818 | 738 |
| 4 自己选择时间，根据自己的状态完成学习 | 1.87 | 0.778 | 738 |
| 5 无实时互动，不易被实时留言分心 | 2.39 | 1.016 | 738 |
| 6 组织提问和查资料的时间充足 | 2.02 | 0.789 | 738 |

**2.3 综合体会和态度分析**

表 5 的数据显示，综合体会和态度部分 1~5 题的均值为 1.92~2.13，标准差为 0.741~0.995，即参与调查的学生选择“非常同意”和“同意”的占比很大，说明参与调查的学生普遍认为网课节省了去教室的走路时间，碎片时间积少成多，提高了做事效率。在居家学习期间，网课资源共享程度增加，学生接受了大量的课程之外的知识，丰富了认知，同时也促进了个人素质的全面发展。在网络课堂的后续发展和建设问题上，同学们也给出了积极回答，希望疫情过后能够保留特别适合线上学习的课程（文史类、艺术类课程等等），并且希望增加学生对课堂教学内容、方式和课程质量的评分和反馈环节，以学促教，以教促学。在开放题部分，有同学反映线上考核方式不如线下，课程分数评定缺少参考的情况，说明学生认为评分和反馈环节的建设很有必要。

**表 5　综合体会和态度**

| 题号和题目 | 均值 | 标准差 | 个案数 |
|---|---|---|---|
| 1 节省去教室的时间，做更多的事情 | 2.02 | 0.956 | 738 |
| 2 网课资源共享，个人学到的知识更丰富了 | 2.13 | 0.930 | 738 |
| 3 学习了课外兴趣课程，个人素质全面发展 | 2.11 | 0.870 | 738 |
| 4 希望疫情后保留特别适合线上学习的课程 | 2.13 | 0.995 | 738 |
| 5 希望增加学生对教学内容、方式和课程质量的评分和反馈环节 | 1.92 | 0.741 | 738 |

第 6 题以单选题的形式，收集了学生的课型偏好的相关数据。如图 2 所示，41.19% 的人对两种课型都喜欢，二者选其一的学生在数量上差别不大，分别占 27.37% 和 25.61%，直播课排在第二位和录播课第三位，对网络教学完全不接受的学生只有 5.83%，说明居家学习期间，学生对网络教学这一措施总体上表示接受和赞同。

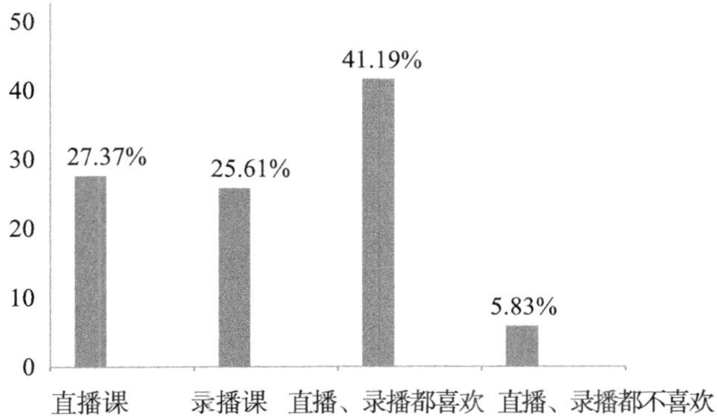


**图 2 课型选择占比**

**2.4 开放题分析**

在调查了学生课型偏好的基础上，综合体会和态度小节还设置了一道开放题，用于调查同学们的偏好或不喜欢某种课型的原因。问卷第四部分也是一个开放题，用于调查同学们居家线上学习期间对网络教学的更多体会和想法，以便同学们能够各抒己见，让整个调查的问题覆盖面更全面。由于两个开放题收到的有效答卷数量较多，总数为 418 份，且存在词频重叠、表达方式不同的问题，软件对关键词的词频分析并不科学到位，也不能对同义词组进行归纳和总结，导致数据呈现杂乱无序，无法直观地反映出学生的态度。为了更清晰客观地呈现数据，所有的开放题答卷的词频均为人工统计。

2.4.1 直播的优点和不足

表格 6 是直播课的词频统计，“实时互动”的词频高达 33 次，直播的最大优势是即时的互动性。良好的互动性可以增加与课同学的临场感，活跃课堂气氛，使课程体验和在教室上课相似或一样。老师的“监督”有助于同学们保持注意力集中。直播课和线下授课的一个共同点是实时性，老师的讲解随着课堂的进展转瞬即逝，有助于学生在听课时时刻保持专注，在规定时间内认真学习。所以，直播课对线下课堂的还原度很高。“积极参与”和“课堂展示表现好”的词频总共为 9 次，直播的强互动性拉近了师生的心理距离。“上直播课，由于老师的权威压迫感降低，课堂气氛比较轻松，学生会比在传统课堂内更愿意发言，课堂融入感增强，在留言区的提问频率也比在线下高。并且在做课堂展示的时候心理上更放松，更加自信，放得开，表现更好。“这些转变有效解决了中国高等教育的老大难问题，即从满堂灌的“单声道”到互动交流式的“双声道”的转变（高教司司长吴岩，2020）”。

直播课也存在不足之处，如表 6 所示，“技术问题”的词频为 6 次，直播课对网速和网络状态的要求比较高，在一定程度上影响了课内的顺畅交流和教学活动的正常开展，不能按时上下课。还有同学因为忘记闭麦，扰乱课堂秩序。直播过程中，老师和同学互不见面，老师无法观察课堂上每一位同学的听课反应，可能会被意料之外的提问打断讲课思路，继而影响到同学们的听课节奏。教师由于没能快速适应线上教学方式，也存在忽略课堂互动的情况。

同学之间也互不见面，无法及时完成课堂讨论，课堂的考核性实时互动会造成一定的心理压力。居家学习的许多不可控因素，也会导致有时候不能认真听课。直播课很少有课间休息环节，对于课业比较繁重的同学来说，长时间地专注于直播课，会导致疲惫感，危害视力健康。

**表 6　直播课的词频**

| 实时互动 | 注意力集中 | 临场感 | 课堂氛围轻松 | 参与积极 | 学习和教学灵活 | 课堂展示表现好 | 技术问题 | 不能按时下课 | 缺乏互动 |
|---|---|---|---|---|---|---|---|---|---|
| 33 次 | 10 次 | 3 次 | 6 次 | 6 次 | 2 次 | 3 次 | 6 次 | 2 次 | 6 次 |

2.4.2 录播的优点和不足

表格 7 是录播课的优点词频统计，"可回放"的词频高达 45 次，其次是"自主安排"，词频为 24 次，再次是"可调整播放进度和速度"，词频为 15 次。这三个特点是学生喜欢录播课的主要原因，录播课可以自学，对于课程的重点、难点和没有听懂的部分可以反复回放，查漏补缺，有充足的时间独立思考，有利于巩固知识，加深对问题的认识。也可以根据自己的需要调成倍速模式或拖拉进度条，找到自己最有需求的部分进行学习，课程内容可以自己取舍，利于有针对性的学习和复习。学生还可以根据自己的时间和精力，自主安排上课时间，自由度和灵活性较高，相对来说受家庭氛围、网络状态等不可控因素的影响较小。录播课的可回放性也可能会助长学生敷衍了事的坏习惯，"收藏了等于看过了学会了"的心理容易导致拖延上课，最后不了了之，因此录播课在今后的课程建设中，应增加后台对学生学习进度的管理和监督，如增设课时签到功能。

**表 7　录播课的词频**

| 可回放 | 自主安排 | 可调整播放进度和速度 | 不受家庭等不可控因素的影响 | 避免网络状态影响 | 独立思考时间充足 | 学习针对性强 | 更容易敷衍了事 |
|---|---|---|---|---|---|---|---|
| 45 次 | 24 次 | 15 次 | 1 次 | 1 次 | 2 次 | 2 次 | 1 次 |

2.4.3 网络课堂的共同优点和不足

大规模开展网络教学是一次全新的体验和挑战，开放题数据中"各有优势，效果可观"的词频出现了 27 次，其他的积极词汇也证明无论是直播还是录播，同学们都比较能接受网络教学，因为网络教学具有如下共同优点。

网络教学打破了上课场地和地点的限制，学生不用再花费去教室的时间，只要有网络就能听课，学习活动变得更加方便自由省时高效。不用到教室抢座位也能获得最佳位置的听课体验，网络教学可以近距离地看清屏幕上的板书内容和 PPT，弥补了线下教学中听课位置不好、影响学习效果的短板。网络教学也摆脱了传统课堂的空间和地域限制，使得学生在家里也能积极参与到距自己千里之外的学术讲座中，进行学术交流，提升学术水平。

**表 8　网络课堂的共同优点**

| 各有优势，效果可观 | 方便自由省时高效 | 氛围轻松 | 新鲜有趣 | 可录屏截图 | PPT 和板书清晰 |
|---|---|---|---|---|---|
| 27 次 | 73 次 | 11 次 | 2 次 | 1 次 | 2 次 |

网络教学的不足之处也不容忽视。如表格 9 所示，学生居家学习最大的阻力是自律和自主性降低，容易被家庭环境（做家务、家人之间随时的交流和请求等）打扰。特别复杂、需要公式推演及更正的科目（如数学、物理等）和难度较大的专业课，学习效果不如公共课。网络教学期间课程任务和作业比在学校更为繁重，长时间盯着电脑使人容易疲惫，影响身体和视力健康。

**表 9　网络课堂的共同不足**

| 自律自主差效果有限 | 没有学习氛围 | 注意力不集中 | 沟通交流受限 | 网络卡顿 | 面授 | 易被家庭环境打扰 | 疲惫感影响视力 | 情况特殊无奈之举 | 作业多、课业繁重 |
|---|---|---|---|---|---|---|---|---|---|
| 25 次 | 5 次 | 11 次 | 7 次 | 1 次 | 10 次 | 14 次 | 7 次 | 2 次 | 3 次 |

同学们在经历了将近一个学期的网络学习后，对网络学习产生了好感，希望开学后能继续保持网课的形式（词频为 3 次），此结果和“综合体会和态度”的第四题“希望保留部分线上课程”相呼应。另外，虽然网课解决了在特殊时期的教学燃眉之急，但同学们依然非常向往重归校园上课（面授，词频为 10 次），热切期盼开学的呼声也比较高（词频为 10 次）。

# 三、讨论和总结

单选题的调查结果和开放题部分的词频反映出来的问题基本一致。参与调查的学生，总体课堂表现良好，能够做到主动预习和学习，能够完成课程作业、学习报告和 PPT 课堂展示。

同学们对直播课和录播课的优点和效果给予了充分的肯定。直播课更具备课堂的实时性、真实性和临场感，直播课中同学们的自制力和专注力都比较高。特有的互动功能成为学生青睐直播课的重要原因，良好的网络课堂互动让学生感觉课程氛围轻松，大大增加了课堂的参与感和活跃性。在完成 PPT 课堂展示任务时，更加自信，发挥更好。同时直播课也决定了实时性问题，但它可能不太适合难度较大的专业课。专业课往往知识点密集，只看一遍对大部分同学来说存在知识吸收率不一定高的问题。

录播课对于同学们来说，时间安排更自由，可反复回放，根据自身需要调整学习进度和速度，学生在学习过程中能拥有更多的独立思考时间，加深对知识的理解，且学习效果不易受家庭环境的影响。但是录播课对于特别需要互动的课程可能不太适合。

应当注意的是，无论采取哪种上课方式，居家学习期间，学校需要注意课程数量的科学安排，教师应当寻求更加科学的教学效果和检验方式，以免造成同学们课业压力过大、居家久坐时间过长、看电脑时间过长等问题，以免影响学生的身体和视力健康，使学生在学习上产生抵触心理。

居家学习期间，学生无论是上直播课还是录播课，普遍都受到了家庭环境和家庭氛围的影响。部分同学也存在因没有学习气氛、自制力差等个人因素导致的学习效果不佳。居家学习期间，教师对学生的督促相对减少，虽然参加调查的基本上都是具有自我意识的成年学生，但家长也应该及时注意学生在家的学习状况，主动营造宜学氛围，主动督导，家校合作，保证学生的学习效果和进度。学生应在积极参与家庭活动的基础上，主动和家长协商，尽量避免在学习过程中受到过多的打扰。

受调查的学生普遍认为网课节省了大量的时间，提高了学习效率。在居家学习期间，网课资源共享程度增加，学生会主动寻找自己感兴趣的课程进行学习，学习的自主性有所提高，同时也促进了个人素质的全面发展。因此，今后的课程建设应更加注重“从‘教师中心’向‘学生中心’的转变，引导学生探究式与个性化学习，从单纯的知识传递向知识、能力、素质的全面培养转变”（高教司司长吴岩，2020）。在网络课堂的后续发展和建设问题上，同学们也给出了积极回答，表达了疫情过后能够保留特别适合线上学习的课程的愿望。线上教学是新生事物，老师和学生都缺乏经验，因此应该增加学生对线上教学反馈和教学评价环节和研究，努力提高线上教学的质量（王小平，马婷，2020（3）：69）。

尽管本次调查也显现出来网络课堂存在缺陷，但经过这次大规模网络教学的伟大尝试，“我们再也不可能、也不应该退回到疫情发生之前的教与学状态，因为融合了‘互联网 +’‘智能 +’技术的在线教学已经成为中国高等教育和世界高等教育的重要发展方向，”引导网络教学从“新鲜感”向“新常态转变”（高教司司长吴岩，2020）。

网络课堂的建设和完善还有很长的路要走，完备的网络课堂建设不是一朝一夕建成的，需要科技领域、学术领域的通力合作，也需要每一位老师，每一位同学，甚至每一位家长的协同合作和努力。

## 参考文献

[1] 王小平，马婷 . 浙江省疫情期间中学线上教学情况调查研究 [J]. 教研视点，2020（3）：69.

[2] 吴岩 . 中国高校在线教学国际平台建设工作视频会议上的报告——《应对危机 化危为机 主动求变 做好在线教学国际平台及课程资源建设》[OL]. 凤凰新闻：凤凰新高教公众号，2020–04–10.

[3] 吴岩 . 疫情期间大中小学生在线教育发布会上的发言 [OL]. 中国教育新闻网，2020–05–14. http://www.jyb.cn/rmtzcg/xwy/wzxw/202005/t20200514_326280.html.

# 网络教学与自主学习课程设置反思

# An Online Teaching Effort Geared to Self-Study Needs

北京大学 陆蓉蕾

**摘 要：** 本文探讨了网络教学环境下笔者的课程准备和实施情况。准备过程中，笔者对课程设置进行了大幅改动，强调课前学习和学习日志的撰写，重点放在培养学生的自主学习能力上；实施过程中，笔者为学生搭建脚手架，令学生的自主学习有方法、有方向，并督促他们做好自我评估与总结。同时，笔者也对网络教学的利弊，师生角色的变化进行了反思。

**关键词：** 网络教学 课程设置 学习日志 自主学习

**Abstract:** This paper explains how the author's course was planned and taught online. The teaching plan was tailored to address the students' self-study needs, focusing on their preparation before class and the writing of learning journals. During real-time online teaching, the author gave students detailed instructions and examples about what they were expected to do, encouraged them to reflect on and evaluate their performance, and ultimately moved them progressively toward greater efficiency and independence in their learning. The pros and cons of online teaching, and the changes in teacher-student relationships are discussed too.

**Key words:** online teaching teaching plan learning journals self-study

2020 年春季一场突如其来的疫情导致学生不能返校，教师必须展开各种形式的远程网络教学，以保证教学任务的顺利进行，做到停课不停学，标准不降低。从传统教室授课转为网络教学，无疑给教师带来了极大的挑战。本文中，笔者将对这学期的课程设置与教学过程进行反思，探讨网络教学中如何促进学生自主学习。

## 一、准备工作

### 1. 参加培训，选择网络平台

开学之初学校组织了各种线上培训，介绍如何使用在线直播软件上课，经过尝试和比较，笔者最终选择了 ClassIn 作为直播软件，Blackboard 教学网用来发布教学资料、收集作业、学生提问、小组讨论、测试等，批改网用来收集学生讲稿，并建立微信群与学生直接交流。这也反映出，虽然无法在教室面对面上课，但师生的交流渠道比以往增多，交流方式也变得更为多样化。

## 2. 大幅改进课程设置

### 2.1 所授课程及目的、教室上课时的课程设置

笔者所授课程为“新闻英语视听说”，面向非英语专业研究生开设，每周一次课 2 学时，在教室授课时，每次课需要听一段英美电视新闻报道，当堂完成听力练习，学生需要随时回答教师提出的问题，并针对本单元主题进行多种讨论活动；课程还要求分组进行相关话题的课堂展示，以训练学生就某个话题进行深层次的英语探讨，培养其基本的英语演讲技巧。教室上课时，平时成绩占 40%（含听力小测 20%、课堂展示 20%），期末听力笔试占 60%。

### 2.2 网课对课程的挑战及改变课程设置的必要性

因师生网络情况均无法预测，网络直播可能面临各种意外断线情况，原课程设置的一些项目在有限的网络条件下无法保证顺利实现，如随堂听新闻做练习和听力小测可能会因为网络问题而无法进行，教师无法像在教室里那样随意走动，实时监控小组讨论情况等，这部分的课程设置需要进行改变。此外，考虑到学生因疫情原因长期待在家中，有更多的闲暇时间投入到学习中来，而语言学习是一个长期坚持的过程，因此课程要特别注重课外学习这方面的设置，给学生提供具体学习方法，让学生有方向、有动力、有效率地投入到长期自主学习中去。

### 2.3 修改后的课程设置更注重学生自主学习

修改后的课程设置取消了随堂听力小测，代之以需要课后完成的学习日志，并提高了平时成绩的占比，具体如下：学习日志 20%，课堂小组展示 20%，课堂小组讨论 10%，期末考试 50%。

笔者首先对上课的流程做了一些改变，提前将每次课的新闻视频、练习答案与讨论题目、背景材料放至教学网，要求学生提前预习视频，找出自己的问题，上课前在教学网提出问题，上课时教师帮助解答。而学生提前熟悉材料，有所准备，上课时能节省看视频对答案的时间，重点讨论有疑问的内容，更加高效，学生讨论相关话题时也可以更加自信，有话可说。

设置学习日志时，笔者特别重视为学生提供切实可行的方法在课外提高英语听力。在以往教学中，学生最常提出的问题包括“新闻语速太快，听不懂”“词汇量太少”“词语放到句子中不认识”“笔记记不下来”“经常听 VOA，BBC 新闻为何还是没有提高”“课后怎么自学提高听力”等等，都反映出二语听力是学生极为欠缺的一个能力，与说、读、写能力密不可分，而且很难短期内提高。第二语言听力理解是一个复杂的过程，从对语音信息的接受到意义的构建，听者需要接受声音信号并加工，切分语音流、识别词汇、运用语法规则构建句子的意义，还要通过句子之间的逻辑关系，理解语篇的整体含义，甚至还要根据语境听出说话者的真正意图（王艳，2012），因此为了提高听力理解，只在“听”一个方面下工夫是远远不够的。基于听力理解的基本过程，笔者将学习日志分为以下几个部分：1）选择合适的材料听写；2）对照答案在语音、语法、拼写、生词等方面分析自己的错误；3）总结生词的释义和例句；4）模仿并将自己的朗读录音；5）现阶段学习心得体会。本学期需要上交 4 次学习日志，计入平时成绩。笔者期望用这样的形式来提高学生的听力水平，同时让他们意识到听力理解是语言综合水平的体现，想要提高听力就要从英语学习的各个方面入手进行训练。

课堂小组讨论也与以往教室讨论的形式不同。在教室时教师可以实时监控学生讨论情

况，随时旁听并给予指导，讨论完毕还可以挑选小组向全班展示，由于展示的压力，学生参与讨论时会有较高的积极性。而笔者本学期使用的直播软件没有分组功能，学生只得使用其他软件自行小组讨论，教师无法全程监控每个小组的讨论情况，也无法判断哪个小组适合展示讨论成果。因此笔者要求各小组将每次讨论过程录音，讨论完之后派一人撰写讨论小结，提交至教学网，教师在课后收听并提出反馈，将这一部分计入平时成绩。

## 二、学期中的实施

### 1. 网络技术的利弊

线上直播授课面临的最大问题是硬件问题造成的各种突发状况，因此师生都要在课前做好各种预案。比如网络拥堵使得学生频繁掉线，那么教师应该确保上课时进行课程录制，以便学生课后观看课程回放；老师上课或者学生演讲时突然没有声音，那么应及时换用备用软件；PPT 等文件在网课软件中播放时会发生格式错误的现象，应提前转换成其他格式等等。

技术带来的好处也是显而易见的，比如笔者使用的 ClassIn 直播软件，可以设置上课抢答，给学生发奖杯来提高学生参与课堂的积极性，小黑板功能可以用于老师课堂提问与回收答案，文本协作可以让师生同时在屏幕上输入文字，讨论问题十分便捷。在整个课程期间，笔者还经常利用该软件提供的问卷功能收集学生对课程的反馈，及时了解学生需求，调整课程内容与形式。

### 2. 预习环节的利弊与改进

笔者每次课前将视频、练习与答案发给学生自学，在练习的设计上，除了保留原先的大意理解、词汇填空、句子结构等听力微技能练习部分，还着重增加设计了平时没有太多时间讨论的策略类问题，促使学生 1）预测、假设和推断所听材料的内容，包括主题、信息类型、人物关系、结构、词汇等；2）监控自己的听力过程，能否通过主题句、语义标记等预测上下文；3）评估自己的听力过程，如听懂了多少，哪部分最难。4）听后对新闻进行总结、联想。设计这些内容的目的在于帮助学生熟悉使用常被他们忽视的听力策略，变被动听取信息为主动了解信息，激发学习动机，促使总结思考。笔者在实际上课以及学习日志中，也发现学生越来越重视策略的使用，并感受到了策略使用的有效性。比如有一位学生在一次学习日志的心得部分写道：“这篇文章题材是外交……由于题目告诉读者是美国和俄罗斯之间的冲突，所以能够提前推测会讲俄罗斯与美国对待媒体的不同……启示我以后听之前多做预测，有利于推理故事发展”。

预习环节的主要问题在于，教师可以在教学网监控学生预习材料的次数，但无法监控学生的具体预习情况。笔者注意到，学期初，学生在教学网上针对预习内容的提问比较踊跃，到了中后期提问频次明显降低。未来教学中应考虑对预习要求进行详细说明，加入前测、不定期抽查、计分等设置，激发学生的学习积极性。

### 3. 学习日志的实施

#### 3.1 搭脚手架的过程

首先，笔者在学期初花了一些时间为学生讲解听力过程中最常遇到的难点问题，如语音方面的连读、弱读、不完全爆破等现象，听的步骤，语义标记与语义群的辨认，记笔记的方法等等。然后，笔者找了一个视频作为例子，向学生具体介绍了学习日志的撰写方法，比如选择何种难度的材料、选择多长的材料、如何预测内容、听写时注意什么、如何列表分析自己的错误、如何模仿发音等等，使得学生充分了解学习日志的要求。

### 3.2 学习日志的效果

笔者在本学期设置了四次学习日志，贯穿整个学期。从学习日志的提交情况来看，学生的进步是十分明显的。比如有的学生一开始挑选过难或过易的材料，后来能够选择适合自己水平的难度适宜的材料；学生在分析听写错误的时候，认识到自己在语音、语法、拼写、词汇等各个方面的不足，下次能够避免犯同样的错误；有的学生模仿音频时，认真地在文稿中注明了各种发音的注意事项，朗读效果非常好，还有的学生开始有非常明显的发音问题，经过几次学习日志之后有了很大的改善。

在学习心得这部分，学生提出了各种英语学习的问题和总结自己使用的方法、策略，比如"要做好听力必须要多听多总结，在做完听力训练后可以将老师曾经指导过的地方与原文稿进行对比，然后再听一遍，留意这些地方，这样才能够对一些连读有更快速的反应"，"认识的单词在听力材料中不能立刻识别出来，我在阅读的时候喜欢把单词翻译成中文，我应该用英文思考来提高阅读速度"，"我看了 6 场完整的白宫记者会，总统和幕僚的语速不会太快，我大概能跟上七成，也学到很多防疫、医疗器材的英文，像是 lockdown、ventilator，很有收获"……总体而言，整体语言水平较高的学生更灵活多样地运用听力策略，并适时地对自己的听力活动进行监控和调整，在了解英语国家文化方面动机更强，语言水平较低的学生在听的过程中常受到生词的干扰，较多依赖母语及翻译策略，对自己的听力活动很少总结或不总结，这也证实了之前一些学者的结论（王宇，2002）。如何帮助学生辨别听力学习中的有效策略，进行针对性的训练，也是笔者在未来教学活动中需要思考的一个方向。

学习日志促使学生记录自己的学习过程，不断总结、进步。教师在批阅学习日志的时候，能够针对不同学生提出的问题进行解答，实现个性化的辅导。同时，学习日志也是师生沟通的桥梁，有些学生不但分享了学习上的感受，对教学提出意见和建议，也会分享自己在疫情中的心理状态和生活状态，使得教师在特殊时期能够及时发现学生的困难，对他们进行安抚或者提供资源解决问题，促进了师生之间感情的交流。

### 3.3 课堂讨论的实施

本学期，由于学生在课前学习视频音频、完成练习，直播课上有更多的时间进行小组讨论。以往在教室授课时，由于时间有限，在某些话题如演讲技巧的学习上，多由教师直接讲解分析范文，单向传递，本质上还是以教师为中心，学生被动地接受知识。本学期，笔者每次讲解完演讲技巧之后，会让学生在小组讨论中就本节课所学要点自行分析范文，进行总结，这样，学生对于范文的印象更为深刻，小组讨论时各抒己见，对于范文的技巧分析更为深入全面，既是一种自主学习，也实现了同学间的互相促进。小组讨论后学生需要将讨论录音和书面总结提交至教学网，教师可以了解到学生的讨论细节和对知识的掌握情况，对于讨论的不足之处教师还会给予反馈，进一步促进学习。

### 3.4 教师的作用和师生的角色变化

网络教学的实施过程中，教师的反馈非常重要，并且与传统课堂相比，教师的角色发生了巨大的变化。

首先，教师对于学生的作业与问题需要及时反馈，网络教学环境下更是如此。积极的反馈使学习者的知识能形成一体化不间断，从而提高学习效率，相反，反馈太慢，学习者在反馈之前又学习新的知识，使知识的学习发生断层，造成学习者学习兴趣的衰减，此外，为学生提供全程、全面、及时、便捷的学习支持服务，有助于保持学习者积极的情感（章国英、胡继岳，2005）。笔者本学期使用多种网络平台与学生联系，反馈及时，形式多样，除了使用直播平台，还使用批改网、教学网、微信群，甚至打电话与学生交流，在此过程中，笔者也发现，学生对于文字类反馈的吸收情况，远不如教师直接讲解时吸收情况好，也提醒笔者，教学活动中的师生实时互动仍然是必不可少的。

其次，在混合式学习中，师生的角色在发生变化。在直播课堂中，教师仍然占中心地位，是知识的传授者和课堂管理者；在学生自主讨论和课后自主学习时，他们可以自由支配时间，控制自己的学习，成为主动研究者，这时教师是他们学习的指导者和促进者（刘震、曹泽熙，2013），这个过程强调师生之间的互动反馈，学生和学生之间的协作。

## 三、小结

教学的最终目的是促进学生成为学习的主体，让他们有动力使用科学的方法进行自主学习。教师需要及时改变课程设置来适应网络教学环境，为学生的自主学习搭好脚手架，对其学习情况及时反馈，提供资源、指导和帮助，促进学生经常总结反思。网络教学有其独特的优越性，也具有一定的弊端，短时期仍无法完全代替传统教室授课。未来教学过程中，笔者将进一步探索如何结合传统教室授课与网络教学的优势，以便在课堂可以更高效地利用时间进行知识传递、师生交流，在课外可以令学生产生深入的自主学习。

## 参考文献

[1] 刘震，曹泽熙．“翻转课堂”教学模式在思想政治理论课上的实践与思考 [J]. 现代教育技术，2013（8）：17–20.

[2] 王艳．英语听力教学与研究 [M]. 北京：外语教学与研究出版社，2012：xiii.

[3] 王宇．关于中国非英语专业学生听力策略的调查 [J]. 外语界，2002（6）：5–12.

[4] 章国英，胡继岳．网络教学环境中情感交流的缺失及解决策略 [J]. 现代教育技术，2005（1）：15–20.

# 网络教学环境下英语学习适应性研究

# A Study on College Students' Adaptation to Online English Learning

北京大学　于　莹　钱　清

**摘　要：** 学习适应性是影响学习者学习效果的重要因素。网络化教学环境下，英语学习者的适应性受到学习动机、网络环境、学习策略和学习能力等诸方面的影响。本文对于 2020 年新冠疫情影响下大学本科生对于完全网络环境下的英语教学模式的适应性、遇到的具体困难、教师引导帮助的策略展开调查，并在问卷数据和访谈资料的基础上，提出对策和建议。

**关键词：** 网络化教学　英语学习　适应性

**Abstract:** Learners' adaption plays an important role in the learning effect and result. In the on-line learning environment, English learners' adaptation is influenced by motivation, web environment, learning strategies and learning ability. Faced with the impact of the 2020 novel coronavirus pandemic, all the colleges and universities in China have changed into a totally web-based teaching mode. To understand how Chinese college students adapt to this new way of learning, in what aspects they feel frustrated about the online instruction, and in which way teachers guide and help their students, this paper tries to give suggestions accordingly by analyzing questionnaire and interview data collected.

**Key words:** on-line instruction　English learning　adaptation

## 一、研究问题

学习适应性是指主体根据环境及学习的需要，努力调整自我以达到与学习环境平衡的行为过程（陈肖生，2002）。近几十年来，研究者从适应性的概念、影响因素、量表编制等方面，对各个层级的学生群体进行了广泛研究。国内早期的研究者冯廷勇等（2006）从学习动机、教学模式、学习能力、学习态度和环境方面，对影响大学生学习适应性的因素进行了分析。近些年，随着网络和多媒体技术在教育领域的广泛应用，研究者开始关注网络学习者的适应性问题。陈肖生（2003）、蒋成凤（2005）、王军芬等（2010）从适应性影响因素、各因素之间的关系模型和适应性量表编制等方面，对完全依托网络模式的成人学习者进行了深入研究；刘萍（2009）、张泳等（2009）、张进良（2010）、邓隽等（2012）、刘淑君（2014）、张雅（2016）、张成龙等（2017）则以全日制大学生为对象，探讨了网络环境下学习者、特别是英语学习者的适应性状况。

2020 年春季开始肆虐全球的新冠疫情，使得原本仅以网络为辅助手段的大学各学科教学模式发生了重大转变：全国所有高校的全部课程都要完全借助网络手段实现，这与以往借助网络实现部分教学目标的授课方式完全不同。所有的教师、学生都要迅速在短时间内学会并熟练使用腾讯课堂、ClassIn、Zoom等主流教学平台。在突如其来的挑战面前，大学生群体对完全网络化教学方式的适应程度如何？他们的网络化学习策略和学习能力怎样？教师应该从哪些方面进一步引导和帮助学生？基于此，本文拟采用问卷调查和个别访谈的形式，以本科段“英语名著与电影”的学生群体为研究对象，探讨完全网络环境下，学习者对大学英语课的适应状况并提出改进建议。

## 二、研究方法

### 2.1 受试与访谈对象

本文调查的对象是北京大学本科一、二年级非英语专业学生，他们本学期都选择了英语名著与电影课，并完全通过网络平台上课。受试的具体情况分布见表1。施测时共发放问卷180份，回收有效问卷129份；访谈对象为填写过本调查问卷并愿意接受访谈的6位学生。调查结果显示，电脑是网络英语课的主要设备，使用率达到95.31%，使用手机的比例只有3.13%。另外有1.56%的学生同时使用电脑和手机，理由是“设备经常出问题”。学生每周使用网络学习英语的时间集中在4~5小时，占比54.69%；其次是使用1~3小时的学生群体，占比25%；使用6~7小时的群体占比14.84%。使用时间在8小时以上的比例仅为5.47%。

表1　受试情况分布表

| | 性别 | | 专业 | |
|---|---|---|---|---|
| | 男 | 女 | 文 | 理 |
| 人数 | 72 | 57 | 43 | 86 |
| 比例 | 55.81% | 44.19% | 33.33% | 66.67% |

### 2.2 测量工具

本研究采用量化与质性相结合的研究方法。在冯廷勇等编制的《大学生学习适应性量表》的基础上，结合疫情之下完全网络化英语学习的特点，设计了本研究问卷。根据研究目的，问卷分客观题（单项、多项选择题）和主观简答题两个部分；客观题部分共有22题，主观题2题。客观题分别涉及学习动机、网络环境、学习策略、学习能力、线上课与线下课的比较等维度，主观简答题涉及网络化英语学习的感受、遇到的困难和期望。问卷调查的结果表明：整体信度Alpha = 0.788，表明问卷具有较高的可信度。

在问卷调查结束一周以后，基于问卷调查的初步结果，笔者先后对6名学生进行了半结构式访谈，以便从更微观具体的层面了解网络化英语学习者的适应程度。

### 2.3 数据分析

本文用社会统计学软件SPSS22.0对问卷结果进行了分析，主要的统计方法是描述性统计。

# 三、研究发现

### 3.1 学习动机

“您通过网络学习英语的主要目的（多选题）”这一问题的调查结果显示，80%~96%的学习者使用网络的目的都集中在“在线上课”、“完成作业或测试”或“浏览、下载课件”。31.01%的学生以“准备四、六级或托福雅思等英语考试”为目的。21.71%的学生以“提高听说读写能力”为目的。以“了解英美文化”为目的的比例只有18.6%。2.33%的学生选择了“获得英语媒体信息”。这一发现与以往研究结论相似，即学习者选择工具性动机的比例远高于融合性动机的比例。值得注意的是，选择“下载或欣赏英语短视频、电影或歌曲”的比例较高（41.09%），这说明较高比例的学生利用网络学习英语有一定的融合性动机；也可能是因为受到“英语小说与电影”课的影响，在教师的引导下，对英文电影等多媒体素材产生了更浓厚的兴趣。另外，只有7.75%的学生以“了解本专业领域的最新进展”为目的；选择“用英语交朋友”的比例最低，只有0.78%；访谈结果也显示，学生缺乏通过网络使用英语进行真实交流的途径：“（用微信）聊天的时候当然不会用英语了，都是中国人嘛”“（网上）不知道哪里能找语伴儿”。

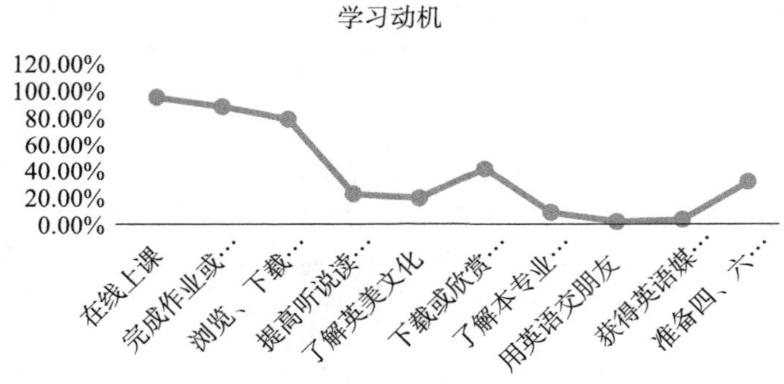


**图1　学习动机**

### 3.2 网络环境

网络环境方面，绝大多数学生对网络便捷性的满意程度较高，81.25%的同学认为“上网方便”，但对网速的满意度较低，认为“网速快”的比例只有39.06%。除了硬件设备问题，疫情之下网络学习者数量暴增也可能是使网速变慢的主要原因。网络设备的满意度不高，只有35.94%的学生认为“电脑、手机、打印机等学习设备完备”。访谈中，4名学生表示没有打印机，2名学生的电脑比较老旧。来自偏远地区的学生表示“只有用手机上网，电脑太慢”。学生对网络学习平台的满意度较高，71.09%的同学认为“ClassIn或Zoom等教学平台界面友好，操作方便”；但是对校内教学网的评价不高，只有39.06%的比例认为“北大教学网界面友好，操作方便”。对英语网络资源的利用率也不高，“能够便捷使用国内英语相关学习网站”的比例只有16.41%，“能够便捷登陆国际英文网站”的比例只有10.16%。

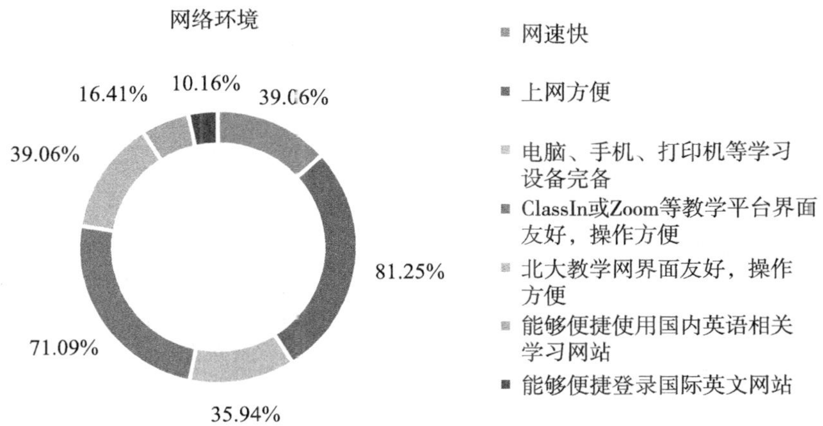


**图 2　网络环境**

### 3.3 学习内容

在学习内容方面，78.13% 的学生认为自己适应网络环境下的英文阅读训练，60.94% 的学生认为自己适应网络环境下的英文听力训练。但适应“口语”、“写作”和“翻译”训练的比例却分别只有 14.84%、35.94% 和 31.25%。这说明，学生对网络环境下的英语“输入”训练比较适应，但对需要互动和反馈的“输出”性训练则不太适应。写作的适应度较高（35.94%），可能与本课程使用了具有机器批改功能的“批改网”作为作文提交平台有一定关系。访谈中，学生也表示“批改网还可以，可以帮我扫清一些语法的搭配的错误”“可以反复修改，直到满意为止（才提交）”“除了网络批改，老师也改，能看到完整的（批改）记录和评语”。学生对网络口语训练的了解和适应度很低，“从来都没试过在网上找语伴”“不了解啊，怎么在网上练口语呢？用 QQ 或者微信聊天吗？”“好像有练口语的软件吧，但是要花钱的，没试过”。

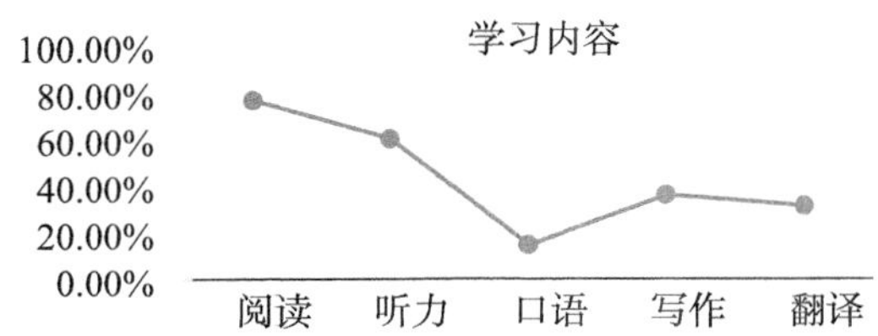


**图 3　学习内容**

### 3.4 学习策略

在网络学习策略方面，问卷结果表明大多数学生（66.67%）“能够自我监控，有效率地完成任务”。只有 18.61% 的比例“经常与同学或朋友合作学习”，其余的学生则不能够在网上开展合作学习。能够“合理、灵活地安排学习时间”的比例较高，达到了 74.42%。访谈中，也有学生表示：“网课比在学校更灵活，可以自己排顺序，还可以看回放，挺好的”。“有明确的学习计划并付诸实施”的比例是 61.24%，对这一问题持不确定或不同意态度的比例仍有 38.76%；访谈中，学生表示：“在家太随意了，有计划也可能实现不了，拖延症更严重了”。“网课遇到困难，知道如何获得帮助”的比例较高，达到了 81.39%，但仍有

18.61% 的学生对于网络辅助教师或资源不够了解；有受访者表示："第一次用网络平台上课，刚开始很晕，不知道找谁帮忙"。

**表 2　学习策略**

| 选项 | 完全同意 | 同意 | 不确定 | 不同意 | 完全不同意 |
|---|---|---|---|---|---|
| 您能够自我监控，有效率地完成任务 | 8.53% | 58.14% | 27.91% | 4.65% | 0.78% |
| 您经常与同学或朋友合作学习 | 3.88% | 14.73% | 40.31% | 33.33% | 7.75% |
| 您善于合理、灵活地安排学习时间 | 13.18% | 61.24% | 18.60% | 6.20% | 0.78% |
| 您有明确的学习计划并付诸实施 | 9.30% | 51.94% | 28.68% | 9.30% | 0.78% |
| 您遇到困难时，知道如何获得帮助 | 7.75% | 73.64% | 12.40% | 5.43% | 0.78% |

### 3.5 学习能力

对于网络化教学设备，学生的适应程度很高，95.35% 的学生表示能够"熟练使用电脑、手机或其他设备上网学习"。对于网络学习平台，86.05% 的学生表示能够"熟练使用相关软件或平台，辅助英语学习"。在网络学习资源的获取方面，90.70% 的同学表示能够"熟练使用搜索引擎，获取有用资源"，说明绝大部分学生的自主学习能力较强。但是，"熟悉并使用优质的国内英语学习网站"的比例（34.88%）却不高，"熟悉并使用国外主要的媒体或教育类网站"的比例（19.38%）则更低。能够"自主浏览国外原版英文网页"的比例也只有 24.81%。能够"熟练借助网络用英文与别人交流"的比例仅为 18.61%。

**表 3　学习能力**

| 选项 | 完全同意 | 同意 | 不确定 | 不同意 | 完全不同意 |
|---|---|---|---|---|---|
| 您熟练使用电脑、手机或其他设备上网 | 29.46% | 65.89% | 2.33% | 1.55% | 0.78% |
| 您熟练使用相关软件或平台，辅助英语学习 | 25.58% | 60.47% | 11.63% | 1.55% | 0.78% |
| 您熟练使用搜索引擎，获取有用资源 | 24.03% | 66.67% | 5.43% | 3.10% | 0.78% |
| 您熟悉并使用优质的国内英语学习网站 | 6.20% | 28.68% | 37.21% | 23.26% | 4.65% |
| 您熟悉并使用国外主要的媒体或教育类网站 | 6.98% | 12.40% | 27.91% | 39.53% | 13.18% |
| 您自主浏览国外原版的英文网页 | 3.10% | 21.71% | 24.03% | 41.86% | 9.30% |
| 您熟练借助网络用英文与别人交流 | 3.88% | 14.73% | 34.88% | 37.21% | 9.30% |

### 3.6 线上与线下课的比较

与线下真实课堂相比，学生认为网络英语课的优点依次是"网络课可以重复播放，有利于巩固复习（92.97%）"、"网课时间更灵活（71.09%）"、"网课更节约时间（30.47%）"、"网课上，回答问题更放松（25%）"以及"网络课更有利于师生交流（12.5%）"。只有 1.56% 的学生认为，网络课在以上各方面都不如传统的课堂。访谈中，学生表示"网络课，感觉跟老师更亲近了，老师还经常发一些好玩儿的表情""回答问题时，感觉只对着老师一个人，不会那么紧张""不用跑来跑去啊，能吃上早饭了""有问题，随时可以跟老师用微信联系，很方便""我一般用 1.5 倍速的声音（播放课件），很快就（上）完了；不懂的地方，还能再听一次”“老师给的资料很全，比平时（在教室上课）全”。

另一方面，与真实课堂相比，学生认为完全网络化教学的缺点依次是“网课更容易走神（72.09%）”、“网络课缺乏与老师、同学间的交流（59.69%）”、“网络课缺乏监督（55.81%）、“网课更伤害视力（55.04%）”。主观题的回答显示“缺少很多人一起学习的氛围”、“网络不稳定，容易卡顿，浪费时间”以及“考试测验不方便”等也是学生认为影响教学效果的因素。访谈中，学生表示“网课缺少仪式感，精力总是不集中”“在家里，总是感觉处于失学状态，家里人（的活动）也会影响我”。

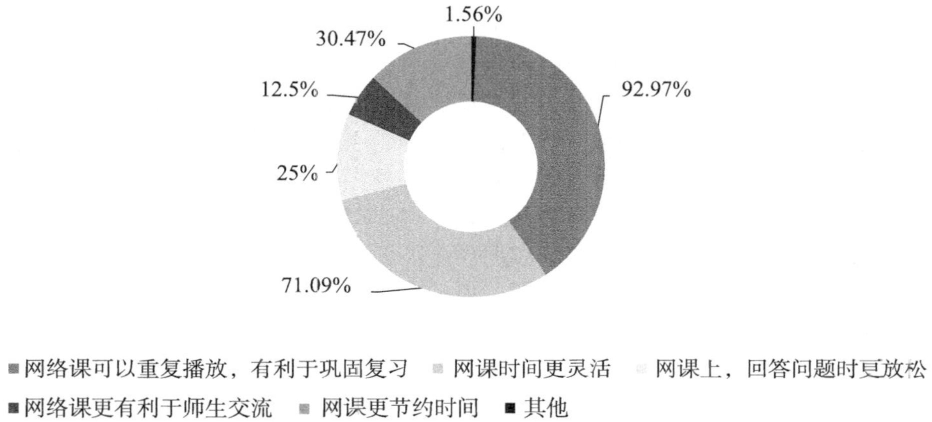


**图 4 网络课优点**

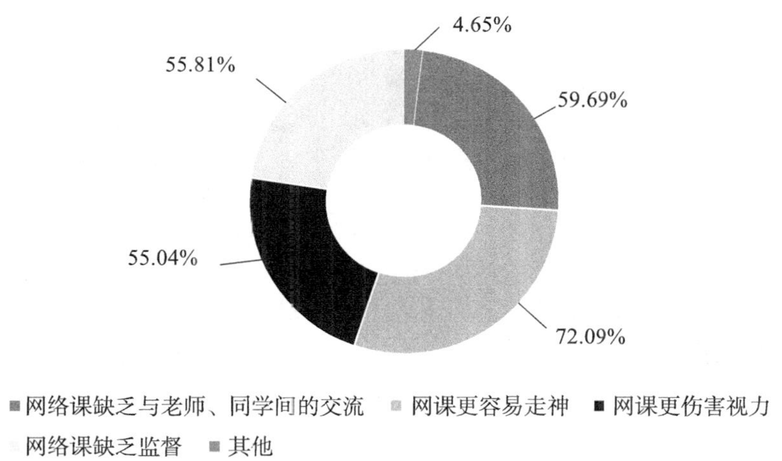


**图 5 网络课缺点**

### 3.7 总体适应度

66.89% 的学生对完全网络化英语教学的总体感觉是“比较适应”，感到“非常适应”的比例为 7.75%，感觉“基本适应”的比例为 22.48%，感到“不适应”的比例只有 3.88%。总体来看，学习者对网络英语课的总体适应程度较好。主观题和访谈的结果显示，有学生认为“单纯网络还是不好，应该线上线下结合”、“网课时间长了，尤其是从早到晚都隔着屏幕上课，会有种疲倦的感觉”、“太单调了，有种与世隔绝的感觉”、“（完全网课）还是觉得是虚拟的，有点儿像打游戏”。

# 四、讨论与建议

总体而言，学生对完全网络化英语教学的适应度较好。绝大多数学习者具有良好的网络设备使用能力，网络平台应用能力和网络化学习情境下的自我监督、管理能力。在学习动机方面，工具性动机仍然是主要的行为驱动因素，但对于英文电影、歌曲和短视频的喜爱，反映了一部分学生对英语语言文化的内在兴趣有所增强。作为英语教师，应该尽可能提高自身对于网络多媒体素材的鉴赏能力，这样才能进一步引导学生接触到更新鲜、立体、丰富的网络学习资源。另外，专业课教师也应在日常教学中，多为学生提供专业文献的获取途径，尽早使学生接触到本领域的最新研究成果，同时也能够增强学生对本专业的学习兴趣。同时，完全网络化教学情境下，学生口语训练方面的欠缺非常明显，绝大多数学生没有途径实现口语输出和交流。这一问题，不仅需要英语教师在课堂上提高口语互动频次，同时也需要学校管理层在经费方面加以支持，购买商用口语软件或聘请更多外教、助教增开口语课。写作训练，则可以通过开设英语写作中心，增加专门教师在线上为学生批改作文。

本次调查显示，在硬件和平台设施方面学生的满意度和适应性较高。一方面，说明高校在网络化技术支持方面的工作进展良好；另一方面，也说明学生的网络化学习技能已经达到了较高程度，能较为迅速地学会应用各种平台和软件。但是，仍有一定比例的学生因为中学阶段学习条件的限制，接触的电子化教学平台和应用较少，对于完全网络化教学相对排斥。这部分同学需要负责技术的教师特别关注；学校管理层面，也可以尝试把全校各院系有困难的学生集中起来，专门培训，以减少他们的自卑感和焦虑感。同时，学生对校内教学平台的评价仍然不高，技术部门和英语教师都应从各自的角度，继续完善平台的人性化程度，并继续扩充、打磨电子教学资源。

完全网络化环境下，大部分学生自我管理监督能力较好。但在合作学习策略和制定学习计划方面，大部分学生表现欠佳，能够经常与同学或朋友合作学习的比例只有 18.61%，有明确的学习计划并付诸实施的比例仅达到了 61.24%。网络化环境其实为合作学习提供了非常方便的虚拟空间，譬如 Zoom 或腾讯会议等平台，都可以便捷地实现小组会议，会议过程的音视频也都可以完整记录。在这种情况下，英语教师应做好合作学习的组织者和规划者。在平时的作业或学期考试中，可以增加需要小组合作完成的任务，并把学生合作学习的成效、感受和反思等纳入形成性考核的范畴，促使学生积极尝试、体验合作学习模式。另外，教师应在学期初，根据课程的目标和特点，帮助部分基础较差的学生制定细化的学习目标，并加强在网络教学环境下对这一群体的监督，譬如利用微信或 Zoom 平台，与学生单独交流，比较学生一段时间的成绩变化、与学生共同考察他们的目标实现度，了解他们的困境并实施具体的帮助。当然，这一部分工作量也应被学校的管理部门认可，否则难以激发教师的工作动力和积极性。

完全网络化的教学环境，学生与老师、学生与学生之间，在物理空间上是完全分离的。这给教师监督学生、管理课堂和师生交流带来了很大的挑战。学生长时间在家，缺乏同龄人一起交流学习，容易产生放松、倦怠情绪。在这样的情况下，教师可能更需要在网络课堂上，加强对学生的要求，加强课堂互动，增加提问次数，并在课间与学生适度讨论学习以外的生活话题，让学生感受到更强的归属感。另外，网络化教学环境，拓展了传统课堂的空间和时间，教师可以有更多机会与学生单独交流；教师也可以尝试用各种动漫，增强课堂的活跃程度，拉近师生距离。访谈中，就有学生表示“感觉比上学时，跟老师更亲近了，因为可以随时跟老师私信……她特别喜欢给我们发小红花（作为奖励），可能有点儿幼稚吧，但很可爱啊”。

## 参考文献


[1] 陈肖生 . 网络教育与学习适应性研究综述 [J]. 中国远程教育，2002（3）：6–8，13.

[2] 陈肖生 . 网络学习适应性研究 [J]. 中国远程教育，2003（11）：36–40.

[3] 邓隽，黄昌朝，李娜 . 网络环境下大学英语学习者自主学习的适应性分析 [J]. 外语电化教学，2012（1）：47–51.

[4] 冯廷勇，苏缇，胡兴旺等 . 大学生学习适应性量表的编制 [J]. 心理学报，2006，38（5）：762–769.

[5] 蒋成凤 . 网络学习者学习适应性的影响因素及其关系模型 [J]. 开放学习，2005（01S）：33–36.

[6] 刘萍 . 学习适应能力培养机制在大学英语教学中的应用研究 [J]. 外语界，2009（5）：26–32.

[7] 刘淑君 . 多媒体网络环境下大学生英语自主学习适应性研究 [J]. 山东外语教学，2014（4）：66–71.

[8] 王军芬，周春儿 . 成人高教网络课程学习适应性量表编制 [J]. 浙江社会科学，2010（12）：66–74.

[9] 张成龙，李丽娇，李建凤 . 基于 MOOCs 的混合式学习适应性影响因素研究——以 Y 高校的实践为例 [J]. 中国电化教育，2017（4）：60–66.

[10] 张进良 . 大学生网络学习适应性影响因素分析 [J]. 远程教育，2010（4）：37–39.

[11] 张雅 . 教师干预对互联网环境下大学新生英语自主学习适应性的影响 [J]. 英语教师，2016（17）：8–13.

[12] 张泳，郭润玉 . 大学生英语网络自主学习适应性实验研究 [J]. 教育学术月刊，2009（10）：41–42.

# 基于疫情背景视角下的研究生公共英语网络教学模式初探

# Teaching Mode of Online English Teaching for Non-English Major Graduates Based on the Background of the COVID-19

云南师范大学外国语学院　沈家贤

**摘　要：**一场突如其来的新冠肺炎影响了全国人民的生产、生活和教育等方方面面，为了抗击疫情和降低病毒的传播，全国广大师生和教育工作者积极响应教育主管部门的号召，停课不停学，认真开展网络在线教学。本文以我校外语学院公共研究生英语网络在线教学为例，论述了在疫情背景下，如何积极有效地开展网络在线教学。并针对公共研究生英语教学的特点，提出了从传统英语的课堂教学向更高效便捷，突破时间、空间和地域的网络在线教学的转变的紧迫感和必要性。文章中提出了一些英语网络教学的新模式和有效方法以及网络在线教学中需要解决的一些问题和未来的发展前景。

**关键词：**英语网络教学　多媒体技术　网络资源　传统英语教学

**Abstract:** The sudden and unexpected spread of the COVID-19 has caused bad impact on every aspect of our social life. In order to reduce the damage caused by the pandemic, or keep the normal social life and the school teaching going, we teachers take all measures to instruct our students on the Internet. This article illustrates the Teaching Mode of online Teaching for the Non English Major Graduates under the background of the COVID-19. Some of the teaching methods of the on-line Teaching are discussed, especially the teaching mode for the Non English Major Graduates as well as their advantages or disadvantages of the on-line teaching .

**Key words:** English Internet teaching　Multimedia technology　Internet resources　traditional English teaching

## 一、前言

2020 年初，一场席卷全国的新冠肺炎袭来，使我们的生产、生活和教育受了极大的影响。为了保障全国广大师生的生命安全和身体健康，面对新冠肺炎对我们各类各级学校造成的严重影响和损失，教育部印发了《关于在疫情防控期间做好普通高等学校在线教学组织与管理工作的指导意见》，鼓励高校依托各级各类在线课程平台、校内网络学习空间等，积极开展线上授课和线上学习等在线教学活动，保证疫情防控期间教学进度和教学质量。我校为了响应教育部和各级教育主管部门的号召，也积极支持和鼓励全校教师参与网络线上授课，把疫情带来的对正常教学秩序的影响降到最低。

## 文献综述

网络在线直播教学就是老师们依托现代通信设备，采用视觉互动的形式，老师和同学们在某个 App 内进行授课。参照美国“在线学习协会”对在线学习的定义，“在线学习是指教学活动与教学内容主要通过网络传递的教育，包括基于网络的资源，媒体，工具，互动活动，课程，教学方法等。”(NACOL，2011) 网络在线教育平台围绕课堂授课，互动讨论，测试评价，答疑解惑等教学活动，可以充分发挥教师为主导，学生为主体的学习自主性和积极性。我们常用的网络在线教学直播平台例如：钉钉、Zoom 或腾讯……这种网络在线直播教学课程既方便又实用，无论何时何地，只要你拿出手机，打开电脑登入某个网络，便能进行学习；使我们能在特殊时期停课不停学。多媒体和网络技术为特征的信息技术的发展，给当前我们的公共研究生英语教学改革带来了契机。“在信息技术与课程整合的过程中，网络技术可以为解决这些问题提供了一个极好的途径，利用网络教学可以真正实现以学生为主体，教师为引导，面向全体学生，尊重个体差异的需求。”（原小芳，2016（15）：51–54）把现代教育技术运用到我们的英语教学过程中来，结合校园网络技术在教学中充分发挥信息技术的数字化、网络化、智能化和多媒体的优势，为进一步提高网络英语教学的效率和质量探索更好的教学模式。

研究生公共英语教学的主要目标是，在本科英语教学和学习的基础上，进一步把研究生培养成为能够基本听懂英语学术讲座和英语授课以及可以用英语进行较为流畅的学术交流，培养研究生能精准、流畅地阅读本专业英语文献，让学生能够借助专业字典较流畅地翻译主要英语文献资料，能够较熟练地用英语与他人进行电子邮件、书信等方面的交流以及用英语撰写专业论文摘要。为了实现这个目标，我们的英语教学实践活动更多的是通过传统的课堂教学来开展，尽管也利用人大云窗数字教学平台和批改网来辅助我们的英语教学。很少有机会利用和实践各种网络在线直播教学平台来进行教学。随着信息技术的发展和互联网网络平台的广泛应用，网络在线教学直播平台技术将会在我们的生活和教学中发挥越来越大的作用，特别是在我们的研究生公共英语教学中。目前面临的主要改革和挑战是：研究生英语的学术化和专门用途化越来越普及和深入；研究生英语课课时数缩减及对应的课堂教学模式改革；传统英语课堂教授模式向学生自主和自觉学习的方向转变；最后是教师准备课程和组织课堂的能力标准极大提高。只有充分利用和发挥网络在线直播教学平台资源的优势，结合线上直播教学和线下课堂英语教学的优势，才能真正提高研究生英语教学的效率和建构模式。建构主义认为“学习是一种构建过程，是一种活动过程，知识不仅是通过教师传授就能得到，而是学习者在一定的情境和社会文化背景下，借助其他人（教师或学习伙伴）的帮助，利用必要的学习资源，通过建构的意义的方式而获得”。（肖宇迪，2009：57–60）我们面对的是非英语专业的专业硕士和学术硕士，而在他们当中又有不同的专业领域学习，对于文科类如教育、哲政等专业的研究生来说，教师们更注重对他们进行英语人文、背景知识、跨文化交际、课文分析理解和翻译写作方面技能的训练，而对理科类如物理、化学以及体育和艺术等英语基础较为薄弱的研究生而言，除了课文背景知识介绍之外，更加注重课文单词的拓展分析、语言点的运用和课文阅读理解能力的提升，句型翻译理解技能等……

## 二、作业练习、教学活动的设计

在设计练习中，无论是在传统的英语教学课堂或是网络在线课堂，由于有限的教学课时限制，教师可以利用网络资源设计出适合不同专业学生的活动，以实现学生课后或是线下的自主和自觉学习。例如，我们利用人大教学共享等教学平台——人大芸窗发布最新课堂信息布置作业，对不同专业研究生，英语基础较好和综合能力较强的，一般布置作业以除词汇练习之外的阅读理解、英汉互译和英语写作为主，特别是英语写作和文献综述。我们会利用强大的教学网络平台——批改网来辅助完成传统课堂教学和网络在线教学，能及时高效地进行师生互动和信息反馈。而与之相对的英语基础较差的研究生则以客观性练习为主，如：英语词汇拓展练习、综合性阅读理解、英汉句子和段落翻译等。这种网络平台的高效和信息量极大地提升了我们网络教学的效率和实用性，促成了师生网络教学中的积极互动和交流。

评价就是评实力教与学的教学质量标准，在教学中我们可以充分利用网络教授的视频功能，除了在线上课的事实打卡签到，对每个学生的学习情况进行实时了解，并针对他们的学习情况和问题及时给予关注、回答和评价。课堂在线的考勤和表现将作为学期评价和考核内容的一部分。当然也可以利用网络论坛、留言簿和BBS功能通过不同的反馈方式进行在线课堂学习的评价，从而激发学生的兴趣，充满信心。

提高英语教师的综合素质是时代发展的迫切需要。英语教师在传统英语课堂中的角色转换随着时代的快速发展和互联网教学的快捷高效而发生转变，过去的以教师为中心、学生为主体的课堂书本传授知识外加英语语言实验室听力的训练教学模式也将发生改变。互联网拓宽了人类教育，将我们带进多媒体现代教育时代。一场疫情的爆发，影响和改变了我们现代生活的方方面面，冲击是巨大的。这突如其来的变化让从事传统课堂外语教育多年的教师不知所措，焦虑而迷惘，而对网络在线教学深感陌生而惶恐。之前，除了一些有限的教育培训结构利用网络远程在线教学和培训之外，很少有老师有机会尝试这种全新的网络在线教学模式。在这种背景下，我们广大英语教师响应号召，积极开展网络线上教学，从最初因不熟悉这种现代网络技术教学产生思想抵触到熟练操作具体的App平台，掌握线上英语教学的主动权，实现从传统英语课堂教学到网络在线教学的有效转变。最终实现在线教学的师生互动，提高网络在线教学的效率和质量。这场疫情下的网络在线教学对我们英语教师的要求更高，让我们既懂传统英语教学的实践，又掌握网络技术操作，同时又有开拓创新精神，“英语教师急需更新观念，学会使用现代化信息网络技术进行英语教学，使用电脑进行智能化、无线化、一体化办公已势在必行。”（何克抗，2005(9):37–38）英语教师和学生充分利用各种网络资源为英语教学服务，以增强积极性并丰富学习内容，又向前迈进了一步。

## 三、结语

此次突如其来的新冠疫情影响和改变了我们的传统教学模式和方法，网络在线教学成为教学主流。在我们的公共研究生英语传统教学中，教师们通过多年的课堂教学实践不断探索新的方法，除了以往的传统课堂听说读写译训练外，还不断尝试一些新的英语教学模式和方法，例如：慕课、英语的翻转课堂、沉浸式教学法等，这些教学模式和方法都取得较大的成功和发展；但是面对快速发展的网络在线教学，“我们英语教师要努力提升自己的专业综合素质和能力，更新教育理念和教学实践，积极学习新的“互联网 +”背景下的各种网络在线教育和教学方法，充分发挥和利用传统英语教学和网络在线教学的优势和特点，积极开展线上线下的高效、快捷的英语教学，使二者优势互补，相得益彰。”（郭丽萍，2018（35））

## 参考文献

[1] NACOL. NACOL’s Definitions[EB/OL]（2011–03–07）http: www.inacol.org/research/docs/NACOL.

[2] 甘哗 . 基于在线直播课的混合式大学英语教学研究 [J]. 教育学术月刊，2017（11）.

[3] 郭丽萍 .“线上线下”混合式教学模式在高中英语教学中的应用 [J]. 教育理论与实践，2018（35）.

[4] 何克抗 . 从 Blending learning 看教育技术力量等新发展 [J]. 国家教育行政学院学报，2005（9）：37–38.

[5] 刘畅 . 学生自主学习探析 [J]. 教育研究，2014（7）：132.

[6] 刘媛 . 体验式外语教学理论与实践 [M]. 北京：高等教育出版社 .

[7] 王俊俊 . 基于手机 APP 的在线直播教育应用研究 [D]. 天津：天津大学，2017.

[8] 肖宇迪 . 浅谈建构主义教学理论对课堂教学的启示 . 时代教育，2009：57–60.

[9] 原小芳 . 场景传播视域下的网络直播探析 [J]. 新闻界，2016（15）：51–54.

[10] 曾庆锋 . 公共英语课程线上—线下形成性综合评价体系构建研究 [J]. 教育现代化，2017，4（18）：82–83.

[11] 中国互联网信息中心（CNNIC) 第 40 次《中国互联网络发展状况统计报告》[R].2017–08–03.

[12] 周露 . 教育直播渐升温，专而精成主流 [N]. 通讯信息报，2017–2–15（Bo2）.

# 翻转课堂与研究生公共英语阅读教学

# Online English Reading Based on Micro-Course and Flipped Class

云南师范大学外语学院　苗澍昌

**摘　要：**在新冠流行的近半年时间里，国内大部分高校不能进行线下教学。本文主要探讨省属普通高校在学生英语基础差、课时有限、不能面对面上课的情况下，通过网络直播，把基于微课的翻转课堂用于研究生公共英语阅读教学，提高教学效率，改善教学效果。

**关键词：**研究生公共英语　阅读教学　微课　翻转课堂

**Abstract:** For nearly six months, most colleges and universities in China have not provided off-line courses because of the COVID-19. This essay focuses on the way to combine the micro-course and the flipped class techniques in the online English intensive reading course for the learners of non-English major postgraduates in the provincial universities in order to achieve high efficiency and effectiveness in limited time.

**Key words:** English for non-English major postgraduates　intensive reading　micro-course　flipped class

## 一、研究生公共英语的主要问题

### 1.1 教学目的

国家教委的《硕士、博士学位研究生英语教学大纲》（以下简称《大纲》）规定："硕士研究生英语教学的目的是培养学生具有较熟练的阅读能力，一定的写、译能力和基本的听、说能力，能够以英语为工具进行本专业的学习和研究。对听、说能力要求较高的专业，可根据需要，加强听、说能力的培养"（重庆大学出版社，1993：2–5）。

### 1.2 面临的问题

目前省属普通高校研究生公共英语教学面临的问题很多。一方面，研究生扩招以后，学生的英语水平普遍下滑。另一方面，研究生招生类别增多，有学术硕士、专业硕士和农村教育硕士等。在 40~50 人规模的大班中，对不同类别学生进行统一教学确实是不小的挑战。

### 1.3 教与学的问题

各类研究生的英语基础不同。我校教育学、心理学和汉语国际的学生英语基础最好，这与导师平时要求学生大量阅读英文原著有关。数、理、化等专业学生的英语基础也不错，学习很刻苦，很踏实。体育类和艺术类学生的英语基础最差。基础好的吃不饱；基础差的跟不上，上课分神、玩手机、看微信等。表面上学生都在上课，实际上根本就没有进入角色，以至于有的高校规定：学生在进入教学楼上课时必须上交手机，由专人保管，下课时再归还本人。研究生都是成年人，严格禁止上课使用手机似乎也不大可行。

影响学生成绩的因素很多，既有学生的原因，也有老师的原因。如何把英语课讲得生动有趣、有吸引力？在这方面私立培训机构的网红老师确实有值得我们学习借鉴的地方。他们个个都是段子手，妙语连珠，口若悬河，学生们听得如痴如醉，愿意为之付出高昂的学费。

**1.4 课时严重不足**

《大纲》中规定：研究生公共英语教学分为基础英语和专业英语两个部分。“基础阶段的教学时数一般为 144~216 学时。安排在第一和第二学期，各校可根据大纲的教学要求和实际情况设置不同课程，如阅读、写译、听说等”。

为强化专业教学，最近几年我校给研究生公共英语课分配的课时大幅减少。20 世纪 90 年代初，我校研究生英语课开设时间为一年，每周 6 学时（精读课 4 学时，听力课 2 学时），总学时为［（4 × 18 × 2）+（2 × 18 × 2）=］216 学时；现在学术硕士开课一年，周学时为 3 学时，总学时为（3 × 18 × 2=）108 学时；专业硕士只开课一学期，周学时为 3 学时，总学时为（3 × 18=）54 学时。取消了听力课，只开阅读课。在课时有限、大班授课、学生英语基础参差不齐的情况下，如何让每个学生的英语水平都有较大的提高？多媒体网络教学无疑是现代教学的利器。

**1.5 疫情的冲击**

2020 年 1 月底湖北出现新型冠状病毒，很快向全国蔓延，2 月底大部分高校无法正常开学上课。在无法面对面授课的情况下，教师只能用现代教学法理论，打破常规，开拓全新的教学方法，其中就包括用微课进行翻转课堂教学，打破时空限制，确保教学计划的顺利完成。

## 二、基于微课的翻转课堂

**2.1 微课的主要特征**

早期的广播电视大学就是通过电视转播教学实况录像，让学生对相关专业课程进行学习，但总体效果很差，因此不得不设立面授点，聘请优秀教师对学生进行面对面的定期辅导。究其原因，一是课时太长，一节课 45 分钟的录像，学生容易犯困，很难聚精会神将一节课从头认真看到尾；二是缺少互动性。老师像讲单口相声，只顾自己讲课，全然不知学生的反应，不可能及时回答学员的问题（赵丽、张静，2003：30–31）。

20 世纪 90 年代出现的新东方网络课堂，最初的改进方法是将一小时的教学内容切分为 4 个片段，每个片段只有 15 分钟。学生看完一个片段后，如果感到疲劳，可以暂停，休息片刻再继续往下看。效果有所改进，但仍然不太理想，因为其切分录像的依据是时长，而不是知识点。实践证明，只有目标明确、自制力强的学生，才能通过观看新东方的网课录像，达到预期的学习目标。

针对学生容易疲劳的特点，2004 年起源于美国的微课（宋光辉，2019：7–9），将每个视频讲座严格控制在 5~15 分钟，并按知识点切分教学内容，每个片段只解答一个问题，便于学生理解和记忆。微课的主要特点是短小精悍、生动有趣，能够激发学生的积极性，但对教师的要求很高。教师必须非常熟悉所要讲述的课程，在课前花大量时间和精力，对整个课程内容进行精心切分，按要点编写讲义，录制微课。美国可汗学院（Khan

Academy）的创始人 Salman Khan 在自己的卧室里，用一台电脑、一个写字板、一款录屏软件，录制了涉及多个学科的几千个微视频讲座。每天在全世界范围内收看其讲座的人数多达几万人。比尔·盖茨称其微课“预见了教育的未来”（萨尔曼·可汗 TED 演讲 2011）。

微课对学生理解和记忆新知识非常有用，但是从理解、记忆到活用知识还有很长的过程（黎彦辰，2020：28–30）。观看微课也需要大量的时间和精力。课堂时间非常有限，而且同班学生之间在认知方式和认知能力上差异很大，在自主学习过程中会遇到各种问题。教师需要及时发现和解决学生的问题。最好的办法是把微课与翻转课堂（邱宜干，2020：170–172）结合起来，督促学生把课前课后的时间用于学习。教师把有限的课堂时间用于答疑解惑，引导学生进行探索性的学习。

**2.2 翻转课堂的关键**

翻转课堂的关键是：教师把预先录制好的微课提前发给学生，让其自主安排学习的时间、地点和进度，把学习的主动权还给学生。在有限的课堂时间里老师重点解决学生在学习过程中发现的各种问题，有的放矢地进行教学（张金磊，2013：59–64）。

翻转课堂不仅是教学任务在时间安排顺序上的颠倒，而且是师生身份角色的颠倒。教师不再是课堂教学的主角，要给学生更多的机会进行讨论、登台表演、分享其围绕教学主题所做的 seminars 或小组汇报。教师更像辅导员或裁判。表面上看似即兴表演的课堂教学活动，实则是经过教师全盘规划、精心设计，积极引导学生朝着既定目标迈进，不是信马由缰。

虽然可利用的课堂时间不多，但工作量一点也不少，因为教师需要花大量的时间去熟悉教材，总体规划，按知识点切分主题，起草教案，制作微课。必须熟悉各种多媒体软件和网课平台，确保其制作的微课生动有趣，能激发学生的主动性，甚至突破教科书的局限，在课外大胆进行相关课题的拓展性学习和研究，并乐于与学生分享自己的劳动成果。

**2.3 经验和资源的积累**

教师不仅要收集优秀教材和教参，还应该养成边上课边同步录像的习惯。一则可以监督自己的教学过程，不断改进教学方法，二则课后可以编辑自己的教学录像，发给学生作为自学的参考。本人坚持用录屏软件录制自己的教学内容，讲一遍录一遍。十多年下来，自己的视频已达到几百 G。

目前我国在校的大学生多达 4 000 多万，每年的毕业生有 900 多万，在职教师应该有几百万之众。最大的浪费莫过于很多老师都在讲同一门课，但自己不录像，也很少与别人交流。中国是发展中国家，人口众多，资源匮乏。教师不仅需要不断地学习新知识、新理论，还要及时总结经验，收集优质教学资源，避免重复劳动。

**2.4 用好直播平台**

网课平台是打破时空限制的利器。疫情期间，几乎所有学校、所有老师都在用网课平台进行直播教学，因此网课平台经常因为服务器过载而宕机。如果某一网课平台服务器突然瘫痪，教师需要立刻切换到另一平台，继续自己的网络直播，以免影响教学计划。

从今年二月份到现在，本人已经用过的直播系统包括 QQ、腾讯会议、Zoom、钉钉、雨课堂、OBS+B 站。相比较之下，QQ 是国内出现最早的免费社交平台，操作简单，容易上手，但用户太多，拥挤不堪。腾讯会议、Zoom、钉钉、雨课堂只在疫情期间提供免费试用。试用期一过就要付费，我们教研室没有专项拨款，不能长期使用。“OBS+B 站”是很好的选择。OBS 是一款推流软件。B 站则是动漫网站，用户多，效益好，有足够的财力配备较多的服务器，因而运行稳定，本人从未遇到掉线或无法登录的情况。教师只需在 B 站注册一个免费账号，就可以把自己的视频发送到 B 站供学生观看，或者进行网络直播。学生收到教师发送的推流地址后，可用手机或电脑登录观看直播，无须注册、下载和安装任何软件。

OBS 虽是免费软件，但其功能非常强大。可选择三种影像捕捉形式：显示器，摄像头或软件窗口。可同步录制和分享显示器、摄像头、QQ 或微信窗口里的内容，并将三种场景以合成画面实时显示在电脑屏幕上。教师可随时提问班上的学生，弄清其是在听课、还是挂在网课平台上，却在一旁看手机。直播一结束，就自动生成 mp4 格式文件，随后可对视频进行编辑，添加字幕和特效。

**2.5 用好网络资源**

2.5.1 抓主要矛盾

《大纲》中说："硕士研究生英语教学的主要目的是培养学生具有较熟练地阅读有关专业书刊的能力。因此教学重点必须强调应用，结合专业英语的特点，突出读、写、译训练。"（重庆大学出版社，1993）

虽然我校研究生公共英语只开阅读课，但听、说、读、写四种技能密不可分。发音不准的人听力就差，理解和记忆词汇的能力受限。词汇量小，语法规则不熟的人阅读和写作都很困难。问题成堆的情况下，解决的办法有二：一是缺啥补啥。把语音、语法和词汇方面的优质教学资源推介给学生，让其自己去恶补。二是抓主要矛盾。每学完一课书就给学生布置笔头做业，要求用英语写读书报告或就某一话题做 seminar。教师手动批改的工作量太大，忙不过来，可以让学生上传到批改网，由机器批阅。虽然学生经常叫苦不迭，但很有效。写作是综合能力的体现，写作能力提上去，其他问题就迎刃而解。

2.5.2 用好互联网资源

互联网上可用的英语资源很多。教师要学会搜索、下载、整理和收藏。BBC、PBS、美国国家地理等机构拍摄的纪录片、TED 演讲等，题材多样，很权威，很客观，几乎不带任何偏见。而且语速不快，一般都有英文字幕，是极好的教学素材。

微课与慕课的区别之一在于：前者只给学生提供微视频，开展课堂讨论；后者需要给学生提供大量优质网络学习资源，并借助互动软件，设置闯关式的学习环节，建立互助学习社区或论坛（刘志军、冯永华，2015：3）。

2.5.3 用好出版社资源

目前出版社提供的教材很多，教师可根据本校实际情况选择合适的教材。选择标准包括教材的难易度、质量和配套资源。我们教研室目前使用的是中国人民大学出版社的《研究生英语阅读教程提高级 / 第三版（数字教材版）》。该教材的一大优点是：在"人大芸窗"网站上能找到配套多媒体教学资源，附带强大的统计功能，为教学和考评提供依据。

教师只需注册账号，建立课程和分班。学生收到课程和分班信息后即可登录观看视频课件，完成课后练习。练习分主观题和客观题两类。做完客观题后，只要点击"提交"，立刻就能看到成绩。主观题则需等教师批阅后才能显示得分。该平台能统计出学生的成绩分布曲线、对知识掌握的情况、强项和弱项，教师可以有针对性地进行教学。教师还可以将自己的 PPT、视频或习题上传到网站，让学生在规定时间内完成。学生的上网次数，做题所用时间等统计数据一目了然。人大芸窗的统计分析功能与钉钉非常相似，但后者目前没有提供研究生英语教材的配套资源。

教学工作琐碎而复杂，其中最费时费力的工作是备课，切分要点和制作教师满意、学生喜欢的微课。人大芸窗上已有北京交通大学老师们分享的教学视频。任课教师可根据自己的理解，制作更为满意的课件，上传到网站与其他师生共享。在一定程度上，人大芸窗把老师从机械性、重复性的劳动中解放出来，可把更多的时间和精力用于创造性的工作，改进教学方法，提高教学效率，改善教学效果。

# 三、课程评价

### 3.1 学生成绩评定

本人计算期末成绩的方法是：平时成绩占 30%，期末卷面成绩占 70%。平时成绩包括：考勤（10%）；随堂提问（5%）；课后练习（10%）；读书报告（5%）。

考勤所占比例不低，主要是监督学生不能缺课，因为过程决定成败。提问是经常性的活动，是启发式教学的关键，也能检查学生听课是否认真，是否存在问题。课后练习占比不少，因为课后练习能巩固前面所学的内容，也能发现学生的薄弱环节。本人要求学生每学完一课都要用英文写一篇读书报告或做一次 seminar，这可能是学生们感到最难的部分。要写出像样的文章，学生所花的时间和精力不少，但效果很明显。期末卷面成绩的占比最高，因为它是一学期学习情况的总检查。

语言是音义结合的有机体系。一个声音代表一个含义，体现为一个符号。音、形、义之间构成一个三角关系。说它“有机”是因为这种结合是约定俗成的，不是随意的，有一定的规律可循。社会和文化内涵的复杂性决定了语言的复杂性。有的人外语学得快学得好，有的人学得慢学得差，这既有主观因素，又有客观因素；既有智力因素，也有非智力因素。总体来讲，大部分人的智商差异不大，关键问题是学习动机是否明确，投入的时间和精力是否足够多。期末成绩的评定重在学习效果，但也要兼顾学习过程和学习态度。学得好与差是能力问题，不想学则是态度问题。

在社会竞争日趋激烈的大形势下，要想不被淘汰，学生必须一专多能，做到人无我有，人有我优。学习外语既是改革开放的需要，是国策，也是教育民主化赋予每个公民的权利。如果不珍惜这种机会或权利，迟早都会后悔，都会为之付出代价。

### 3.2 教学效果反馈

本人负责 2019 级 5 个研究生班公共英语的阅读教学，总人数 198 人。发放调查表 198 份，收回 186 份。统计结果如下：

**表 1**

| | 答案选项 | 样本数 | 百分比（%） |
|---|---|---|---|
| 您认为基于微课的翻转课堂教学效果如何？ | 很好 | 31 | 16.7 |
| | 较好 | 135 | 73.3 |
| | 一般 | 20 | 10.7 |
| | 较差 | 0 | 0 |
| | 很差 | 0 | 0 |
| 您对基于微课的翻转课堂教学满意度如何？ | 非常满意 | 25 | 13.4 |
| | 比较满意 | 140 | 75.3 |
| | 一般 | 21 | 11.3 |
| | 不满意 | 0 | 0 |
| | 很不满意 | 0 | 0 |

因为对学生要求较高，刚开始时学生们非常不习惯，特别是差生，一提到要用英语写作，抵触情绪比较突出。但从期末调查统计结果来看，大家对教学方法和教学效果还是比较满意的。

# 四、总结

语言既是一种知识，也是一种技能。从知识属性来看，每种语言都有其系统性的语音、词汇、语法和文化背景知识。从技能属性来看，学生必须在听、说、读、写、译等方面的技能齐头并进，进行大量训练，才能熟练运用相关规则。到英美国家的留学生英语进步非常快，究其根本原因，就是听得多、说得多，读得多、写得多。

在高中、大学本科或研究生阶段，英美国家的老师每学期都给学生开出长长的书目，一边读原著，一边写论文，很少有国内常考的词汇、语法等语言知识点考题。论文要求言之有理，顺理成章。只要能写出像样的论文，词汇、语法等方面也就没有太大的问题。我国的英语教学，从小学到大学，再到研究生，战线拉得很长，而且投入大，产出低，饱受诟病。一方面是许多中小学老师英语水平太低，方法有限；另一方面是教材中规定学生必读的英语文章数量太少。输入的语言样品有限，很难达到预期的效果。

同理，如果指望研究生在有限的课堂时间内读懂《研究生英语阅读教程》中收录的十五篇文章，就能熟练地掌握海量词汇，写出高水平的英语论文，这是非常不现实的。因此，本人给学生追加了许多有关语音、词汇、语法和文化背景方面的教学内容。既然课堂时间有限，只能把大部分学习任务交给学生在课外完成。

实践证明，基于微课的翻转课堂用于研究生英语阅读教学不仅可行，而且有效。使用该方法的必备条件是有宽带网可用，而且熟悉多媒体软件，能制作出高质量的微课。最大的障碍是克服以教师为中心的传统教学方法对师生的影响，消除畏难情绪（别敦荣，2019：1–7）。

如何在微课的基础上建立庞大的自主学习资源库，用多媒体软件设置闯关式的学习、检测控件，实时数据统计和反馈学习情况，这需要集体的力量，甚至需要跨专业协作。这次新冠病毒的爆发是坏事，但却使广大教育工作者充分意识到多媒体网络教学的巨大潜力。

# 参考文献

[1] Khan S. Salman Khan's speech at TED [OL]. (video from ted.com), 2011.

[2] 别敦荣．大学课堂革命的主要任务、重点、难点和突破口 [J]. 中国高教研究，2019（6）：1–7.

[3] 国家教委研究生教学指导委员会“非英语专业研究生英语教学大纲编写组”．硕士、博士学位研究生英语教学大纲 [M]. 重庆：重庆大学出版社，1993：2–5.

[4] 黎彦辰．“慕课 + 翻转课堂”多模态教学下的大学英语教学效果评估方法探讨 [J]. 外语教育与翻译发展创新研究，2020，9：28–30.

[5] 刘志军，冯永华．“颠覆论”下的慕课反思 [J]. 课程·教材·教法，2015（9）：16–23.

[6] 邱宝干．翻转课堂起源时间问题探讨 [J]. 知识经济，2020（7）：170–172.

[7] 宋光辉．微视频、微课、微课程的本质与定位分析 [J]. 中国教育技术装备，2019（5）：7–9.

[8] 张金磊．翻转课堂教学模式的关键因素探析 [J]. 中国远程教育，2013（19）：59–64.

[9] 赵丽，张静．我国远程教育的起源、现状和发展趋势 [J]. 新疆广播电视大学学报，2003（4）：30–31.

# 在线教学之英语阅读课初体验

# Online Teaching of English Reading Course

北京中医药大学人文学院　李梦茹　李怡然

**摘　要：**今年以来中小学包括高校实行“停课不停学”，全国大中小学教师纷纷加入在线教学的大军。此番教学过程完全通过线上展开，是一次史无前例的授课体验。文章总结分析了笔者在英语阅读课开展在线教学 10 周以来的教学实例，发现在多元多样的教学实践中教师、学生在教与学的过程中体验较好且师生互动更加密切紧密，收获了意想不到的效果。文章简要总结三个方面的情况，以期对之后的教学工作进一步开展和改进提供经验。

**关键词：**在线教学　英语教学　阅读

**Abstract:** Schools at all levels in China are organizing online teaching in this spring semester. Teachers of all subjects have conducted an unprecedented online teaching experiment all around the country. A brief summary of a ten-week online teaching practice is to be presented in this paper, including the responses from both the teacher and the students, as well as the unexpected positive influence on participation and interaction. The paper intends to provide valuable experience for future reform and improvement of teaching.

**Key words:** online teaching　English teaching　reading

## 一、概述

“互联网 + 教育”的发展催生了全新的教学模式和人才培养模式，也带动了高校英语教学改革（吴颖，2018）。《教育信息化 2.0 行动计划》指出，“教育信息化是教育现代化的基本内涵和显著特征”（http://www.moe.gov.cn/srcsite/A16/s3342/201804/t20180425_334188.html）。因此，近年国内外广大教师纷纷利用互联网及在线平台辅助教学，包括借助慕课（MOOC, Massive Open Online Course）、翻转课堂（flipped classroom）、微课（micro lectures）等网络课程形式，充分发挥网络时代的便捷与优势。当下，全国上下全面开展在线教学，保证“停课不停教、不停学”，实现“教师们在网上教、孩子们在网上学”（http://www.gov.cn/xinwen/2020-01/30/content_5473048.htm），各大中小学教师经历了一次“史无前例”的在线教学挑战与实践。

## 二、英语阅读在线教学

### 2.1 混合式教学经历

提及在线教学，许多教师或许联想到近年热度不减的混合式教学模式。混合式教学作为一种将在线教学和传统教学的优势结合起来的新实践，已引起各国研究者的重视（管恩京、张鹤方、冯超，2020）。在线教学与互联网教育时代下热烈展开的混合式教学模式不同，后者依然保留传统的线下课堂教学，师生仍然可以通过面对面的课堂交流发挥传统课堂优势；而在线教学相当于人们所说的“网课”，师生借助互联网在不同的时空开展教学过程。

笔者所教授的课程为《英语人文阅读》课（以下称“英语阅读课”），曾在之前的教学中进行了混合式教学的尝试，即线上线下教学模式相结合，将部分学习任务发布至校内Blackboard（以下简称BB平台）在线平台供学生自主学习，打破教学时间和空间的限制，方便学生依据自己的学习进度和条件自主选择学习的时间、地点及学习次数等；将教学中的重难点安排在线下课堂，充分发挥传统教学中师生面对面交流互动的优势，及时了解学生的学习进度并进行反馈。

因此，师生双方对于该课程的在线学习部分并不陌生，并且能够较为熟练地操作应用相关在线平台及软件，为此次在线教学奠定了一定基础。

### 2.2 在线教学经历

英语阅读课有别于其他知识性课程，除阅读技巧的讲解、文本理解外，更加侧重学生的阅读思维训练及技能掌握，属于实践型课程。因此，相应的阅读实训部分必不可少，这也为阅读课在线教学带来了不小的挑战。

笔者的英语阅读课在线教学目前已经开展了10周的时间，学习内容与原教学计划一致，包括课文学习与分析、阅读技巧学习、快速阅读训练等，主要借助微信群和BB平台，辅以录播视频、音频文件、腾讯会议、问卷星、金山文档、WELearn等各类在线工具和平台。其中，BB平台用以上传课前课后学习任务及布置测验、自主学习任务；使用FSCapture软件和手机录音机提前对教学中重难点进行视频及音频讲解；课上利用班级微信群和（或）腾讯会议进行文字或语音直播授课，实现即时交流互动；通过问卷星开展随堂快速阅读训练；此外，金山文档多人编辑功能使得整班同学的思维过程和作答情况一目了然，教师逐一反馈的同时便于学生进行同伴学习。

## 三、在线教学特点及意义

大多数教师自执教以来，主要通过传统课堂面对面方式进行授课，少数通过混合式教学模式作为辅助来为教学注入新的活力，几乎没有以线上方式完成全部课程的讲授。以笔者所在学校为例，课程通常包括36学时的教学任务，如果完全以线上方式开展几乎难以保证教学效果。而学生方面，他们之前或许有上“网课”的相关经历，但是多为专业外或辅导性的课程，而非学校的专业课程，心理上会比较不适应。因此，此次全面开展在线教学对于师生双方都是一次全新的挑战。

### 3.1 教师层面

开展在线教学前，教师的准备工作不亚于传统教学，甚至前期需要投入更多时间和精力，以思考和设计以下（包括但不限于）问题：1）以何种方式、媒介进行在线教学；2）教学内容是否按原计划进行（大多数学生没有课本）；3）如何尽量保证在线教学的学生参与度；4）如何尽量保证并检测学生在线教学的效果。

在线教学正式开始后，笔者通过建立班级微信群作为教学主媒介，并选择BB平台作为辅助在线平台。由于大学生已经具备较强的自主学习能力，并且在之前的教学过程中曾布置过自学任务，因此教学内容仍然按照课程原计划不变。在确定了教学计划和内容后，笔者将课文及练习转换成电子文档提前上传至平台供学生预习和学习。

课堂上，教师通过制定包括考勤、课堂表现、在线练习、线上作业和测验、App自主学习等形成性考核内容保证和鼓励学生积极参与课堂，并通过丰富多样的问答、测试形式提高课堂活跃度。如阅读课重要的实训之一为每单元的快速阅读练习（Fast Reading），教师为便于在线课堂管理而采用问卷星实名测试的方式开展，效果较传统课堂的答题情况更加理想。一方面教师可实时查看学生是否提交、是否全员完成答题，同时更可直观地获取学生答题结果统计、正确率等信息，利于教师针对学生重难点及错误率高的问题进行讲解和反馈，这都是传统课堂教学下利用课本训练不曾采取的方式，从而也就难以便捷获取信息数据。

**3.2 学生层面**

笔者所带班级学生对于在线学习接受度良好。学生反馈显示，他们可以很好地接受在线学习的方式。除网络、平台操作等外界不稳定因素，学生表示在线课堂的形式基本不妨碍自己获取知识，课文学习、课后练习、快速阅读等教学内容均能通过在线方式获得较为理想的学习和反馈。此外，教师为解决重难点问题所录制的音视频和文本讲授，更便于回看和复习，这是相比传统课堂的优势所在。

同时，教学手段的多样化及网络化更加促使学生完成自主学习，使得学生对于学习任务管理更加自律，如教师从BB平台、问卷星平台和自主学习App上均可以随时查看学生自主学习任务的学习进度、完成情况和完成结果，因此学生更能自我约束，按时保质保量完成学习任务。

**3.3 师生互动**

在线教学中不确定性较大的便是学生的参与度及师生互动性，这直接影响到在线授课的效果，也是笔者开展在线教学前较为担忧的问题。然而，通过数周的教学实践，笔者惊喜地发现在线的方式反而带来了意想不到的师生互动效果。

学生在面对电脑或手机屏幕进行学习时，更加能够抛开顾虑和不自信因素，踊跃参与课堂。同时由于微信一直以来都是日常沟通的常用工具，其自然而然成为教师与学生自主、交互学习的交流平台（王宝川，2017），学生在面对微信交流时更加能够毫无保留地参与。无论是通过文字直播上课还是通过音视频讲解，学生的回应、反馈和提问相比面对面传统课堂参与度更高、更加积极活跃，包括平时较为内向、被动参与课堂问答的同学，在线学习时更能够受整体氛围影响而纷纷积极互动。

因此，这也增强了师生互动性。即便是来自学生简短的回应也能够拉近师生距离，但同时也要求教师及时给予肯定和反馈。在传统课堂中，多名学生同时参与问答时，教师常常受时间限制难以对每一个学生做出回应，然而在微信群中通过文字、语音形式或者文档编辑内容，教师可以在课程结束后依然对学生回答的内容进行反馈和评价，尽可能与更多学生产生连接。且师生互动形式较传统课堂更加丰富，传统课堂面对面的Q&A形式在线上可转化为文字、表情、视频、语音消息、测验等多种形式，为学生提供更多元的渠道表达自己，从而加强师生互动。

## 四、总结

全面开展在线教学对于教师和学生而言是全新的体验，然而也意外地为教师改革、改进教学带来了宝贵经验。在线教与学的过程中，教师更能够熟练应用在线平台及网络工具开展教学、保证教学质量，而学生在屏幕后更加积极热烈地与教师互动，都为将来更多地推动信息时代背景下的教学改革、提高混合式教学实践做了良好铺垫。

## 参考文献

[1] 管恩京，张鹤方，冯超等 . 混合式教学有效性的实证研究——以山东理工大学的 68 门多学科课程为例 [J]. 现代教育技术 , 2020（30）: 39–44.

[2] 王宝川 . 微信小视频在语音课外教学的应用及反思 [J]. 海外英语，2017（4）: 54–55, 57.

[3] 吴颖 . “互联网 +” 背景下大学英语教学的现状及创新改革路径 [J]. 教育理论与实践，2018（24）: 57–58.

[4] 教育部关于印发《教育信息化 2.0 行动计划》的通知 .[EB/OL].http://www.moe.gov.cn/srcsite/A16/s3342/201804/t20180425_334188.html, 2018–04–18.

[5] 教育部：利用网络平台，“停课不停学” . http://www.gov.cn/xinwen/2020–01/30/content_5473048.htm, 2020–01–30.

# 基于腾讯文档的在线协作写作模式探究[1]

# A Tentative Exploration of the Online Collaborative College English Writing Based on Shared Documents

北京师范大学外文学院　李　航

**摘　要：**新冠疫情期间，传统的课堂写作教学转为在线教学，传统的小组写作模式也转为在线进行。本研究探索借助腾讯共享文档开展在线小组协作写作模式，并分析这种模式对大学生英语写作自我效能感的影响及效果。结果表明腾讯共享文档可以有效提升学生们的写作自我效能感，促进其小组协作学习与互动评阅交流，增强学生作者的读者意识。

**关键词：**写作　自我效能感　协作写作　同伴互评　大学英语写作

**Abstract:** This study explores the feasibility and benefits of building an EFL collaborative writing model via Tencent Document during the COVID-19 on-line instruction period and examines the effects of such a writing model on college students' writing self-efficacy. Results show that such a collaborative writing model based on Tencent Document enhances students' writing self-efficacy and facilitates peer review and interaction between teacher and students as well as writers with reader awareness.

**Key words:** writing　self-efficacy　collaborative writing　peer review　college English writing

## 一、引言

2020 年由于新冠肺炎疫情的影响，大规模教育被迫转为在线进行，从而使得老师们迅速拥抱现代信息网络技术，探究各种可以支持在线教学效果的有效模式。事实上，外语教学与现代教育技术的发展与应用，“有着一种天然的亲和力”（杨永林，2008：21）。因此，在特殊时期，依然可以充分利用现代信息网络技术彰显外语教学的最大效益。

目前的很多类似研究都采用混合式或者翻转课堂设计，是把网络多媒体平台当成线下面授课堂教学有效补充。在今年的特殊疫情背景下，如何在线上远程教学过程中采用简便、有效、可靠的写作交互平台或软件是写作课教师需要解决的问题。

写作应该是一个互动的、交际的、认知的、真实的“意义交流”过程，在新冠疫情影响下，师生、生生面对面的写作交流反馈只能完全转为线上模式进行，探究现代网络技术的有效平台渠道以保障小组协作写作交互活动，给在线写作教学提供及时同步的师生、

1　资助项目：北京师范大学 2019 年通识教育核心课程建设项目“学术英语读写”（310510005）。

生生写作互动，可以支持学生主动习得语言和积极输出语言，摆脱疫情限制下写作交流反馈的困局。

## 二、文献综述

### 2.1 混合式写作教学研究

迄今为止，已经有诸多研究者开展了结合网络多媒体与写作教学的研究（张艳红等，2007；倪清泉，2009）。比较突出的研究有朱铭（2010）利用Ning.com网络社区开展的辅助英语教学的研究，于兰（2010）基于QQ平台的网络辅助英语写作教学研究，俞婷（2010）基于Wiki协作式写作系统的大学英语写作教学实证研究，以及李航（2011）利用Blackboard开展小组协作模式的探索实践。这些研究都试图借助网络多媒体配合课堂教学，促进写作交互性与学生的写作实践性与积极性。不过这些研究都是依托于线下实体课堂展开的混合式教学模式，如何在疫情影响下大规模在线教学背景下实现简便高效的师生—生生写作互动是值得探究的尝试。

### 2.2 写作自我效能感

根据Pajares（2003），写作自我效能感是自我感知的对运用各种写作知识和技能完成不同写作任务的能力判断。综合已有国内外研究，普遍达成共识：写作自我效能感可以独立显著预测写作成绩，因为其可以作用于学生的内部动机系统，从而直接影响到学生对于写作的投入、兴趣、坚持以及写作练习的频次质量等（Pajares & Cheong，2003），而这些因素共同作用最终可以促进学生写作能力水平的提升（李航，2017）。

根据孟彦莉（2014），结合在线网络和线下课堂的混合式英语写作教学模式可以促进学生的写作自我效能感，那么在实体课堂缺位的情况下，如何通过有效的在线协作写作交互模式提升写作自我效能感也是一项有待探究的课题。

### 2.3 腾讯文档

腾讯文档是一款可多人同时编辑的在线文档，可以在电脑端（PC客户端、腾讯文档网页版）、移动端（腾讯文档App、腾讯文档微信/QQ小程序）、iPad等多类型设备上随时随地查看和修改文档。打开网页就能查看和编辑，云端实时保存。其最突出优势特点有如下两点：1）在线快捷编辑，支持多人随时随地在线编辑，可查看编辑记录；2）实时保存，多端同步，多类型设备皆可顺畅访问，随时随地轻松使用；编辑文档时内容实时云端保存，离线也可编辑，网络恢复后自动同步云端。

因为在疫情期间，师生都依托QQ群搭建了教学生态圈，利用QQ群文件自带的腾讯共享文档作为写作交流的平台媒介，构建小组协作写作模式并探究其对于在线写作交流互动的效果以及对于学生写作自我效能感的影响，应该是值得尝试的教学实践。

## 三、研究设计

### 3.1 研究目标与问题

本研究在笔者执教的“学术英语读写”课程中，拟通过腾讯文档实现小组协作师生交互模式，探究这种基于腾讯共享文档的交互写作模式是否有助于实现写作过程教学从写前构思、初稿写作提交、小组成员自评互评、师生互动反馈直到最终成果的展示，从而调动师生之间的互动参与，提升学生的写作兴趣和写作自我效能感。

本研究的具体研究问题为：

基于腾讯文档的小组协作写作模式能否有效提升学生的写作自我效能感？

学生对这种在线小组协作写作模式有何评价？

**3.2 研究方法与研究对象**

本研究利用自然教学班开展生态化的行动研究，解决在线教学中小组协作写作的现实问题。研究对象为志愿参与腾讯共享文档小组协作写作活动的 35 名学生。

**3.3 研究工具**

本次研究工具为:《大学生写作自我效能感问卷》，访谈，腾讯文档在线编辑记录。

（1）大学英语写作自我效能感的测查采用李航（2015）编制的《大学生英语写作自我效能感问卷》,包括 18 个项目,由“写作任务效能感”和“写作技能效能感”两个部分组成。

（2）方便抽样，随机抽取 6 名学生进行在线访谈，了解他们对腾讯文档在线协作写作模式的态度与看法。

（3）利用腾讯文档的文本编辑记录，采集学生们的互动批注参与频次。

## 四、研究步骤

本研究的第一步是在 2020 年春季学期开学初施测写作自我效能感问卷。

第二步是对腾讯共享文档的相关功能进行介绍，培训学生们正确按照格式把完成的作文粘贴，按照规定的要求进行目录编订，提供写作流程的参考模板。让学生熟悉各环节的操作指令，如上传文本、粘贴文本、修改字体大小、突出重点等类似于 Microsoft Word 的编辑功能；同时重点强调小组协作学习的重要性与意义；最后培训学生的评价反馈能力。

第三步是实施行动计划。在为期 6 周的在线教学过程中，以小组为基础开展网络写作活动。教师会提供写作导入活动，参与成员首先按照要求完成写前构思、写作提纲、初稿写作、自我修改，然后进入小组互评阶段；最后老师再汇总集中反馈，学生在腾讯文档提交最终成稿。明确告诉学生他们在腾讯文档参与写作活动的投入程度与写作质量将决定他们的写作成绩。

第四步是在行动计划结束后再次施测写作自我效能感问卷，随机方便取样对学生进行在线访谈，整理学生在线网络写作数据。

## 五、研究结果及分析

**5.1 学生在线小组写作活动统计与示例**

**表 1　在线写作任务以及学生参与批注统计表**

| 教师导入写作活动 | 学生人数 | 批注记录（人次） |
|---|---|---|
| 1. Self-introduction | 35 | 95 |
| 2. What is critical thinking? | 35 | 106 |
| 3. Cause and effect essays | 35 | 259 |
| 4. Comparison and contrast essays | 35 | 264 |

目录　　　　教师统一反馈　　　　小组互评反馈

**图 1　腾讯文档示例**

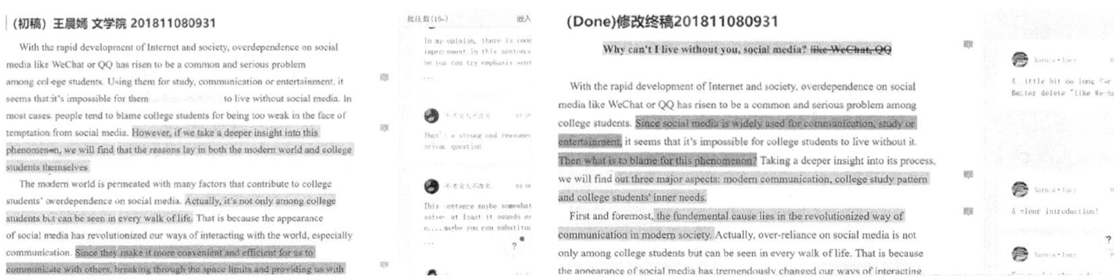

学生初稿与小组同伴反馈　　　　教师反馈与学生终稿

**图 2　腾讯文档学生过程写作示例**

### 5.2 学生写作自我效能感变化

在 2020 学年春季学期初对参与学生施测问卷，测查他们的英语写作效能感。然后在半学期后第 7 周再次施测问卷，考察通过腾讯文档进行小组协作互动写作对写作自我效能感的影响，结果见表 2。

**表 2　在线小组协作写作对写作自我效能感的影响**

| | 前测 | | 后测 | | T-value | P(2-tailed) |
|---|---|---|---|---|---|---|
| | Mean | SD | Mean | SD | | |
| 写作技能效能感 | 3.42 | 0.76 | 3.81 | 1.06 | –2.239 | 0.033 |
| 写作任务效能感 | 3.32 | 1.40 | 3.45 | 1.97 | –2.063 | 0.053 |
| 总体写作任务效能感 | 3.40 | 0.98 | 3.79 | 0.97 | –2.337 | 0.040 |

从表中数据可以看出，实验结束后实验班学生的英语写作任务效能感没有显著差异（t=2.063, p>0.05），不过英语写作技能感（t=2.239, p=0.033<0.05）与总体英语写作效能感（t=2.335, p=0.022<0.05）有了明显提升，与实验前存在显著差异。

虽然从结果看，学生的写作任务效能感（t=2.063, p=0.053>0.05）没有达到统计学上的显著意义，但也是边缘显著。因为在本学期的教学中主要涉及说明文写作，对于描写、记叙文和议论文等写作任务没有突出关联，所以写作任务效能感没反映出明显提升。但是从学生整体写作自我效能感和写作技能效能感来看，学生们对于写作的整体掌握已经显著提升，对与写作相关的基本写作范式和结构、段落扩展、句式多样化等已经在同伴交流反馈评阅中得到强化和促进，对自己的英语写作更有信心。

### 5.3 访谈结果分析

根据方便取样原则，从参与腾讯文档小组协作写作活动的学生中随机抽取了 6 名学生进行在线访谈，了解他们对通过腾讯文档进行小组协作的体验和感受，征询他们的反馈建议。通过对访谈文本的编码和文本分析，发现他们都普遍认为这种基于共享文档的小组协作写作可以有效促进他们的写作参与度与交流意愿，提升他们的读者意识，乃至写作思路和写作水平。下面是部分访谈同学的回答节选：

*“……尤其是互评很有效益，在互评的过程中我们既修改这同伴的作文，也在某种程度上转换了思维，学着站在阅读者的角度思考什么样的作品给人以最佳的阅读体验，这样一来，我们自己在写作时就会有更强的读者意识，写作水平也在无形中提高了。”——袁同学*

*“……反复修改是过程写作的必然要求，不会觉得是负担，……不管能力强弱，只要态度端正，积极参与，都能从同伴评阅中受益。腾讯文档的形式很好，大家可以同时看到大家的作文以及不同小组的互评反馈，也能看到老师和助教师姐的示范点评和总结反馈，效率很高。”——晨同学*

总体来说，学生对腾讯文档支持下的在线小组写作交互模式比较认可。从学生的访谈中得知，他们都比较喜欢这种新颖的开放式的写作交流模式，在这个过程中他们学会了欣赏、评阅小组成员的作品，养成了良好的写作意识与读者意识，对自己的英语写作交流能力也有了更强的信心。

## 六、讨论与启示

通过腾讯共享文档开展的小组协作写作模式效果体现在写作自我效能感的提升对学生英语写作可以产生影响。

### 6.1 写作自我效能感提升

问卷结果表明，经过 6 周 4 次基于共享文档的小组协作互评写作练习，35 名参与的学生写作产出量比较丰富，参与互动评价反馈批注的频次稳步上升，各种与写作技能相关的自我评价都明显提高，反映了写作自我效能感的提升。已有写作自我效能感的研究都证明学生的写作效能感对写作成绩有非常强的预测作用，高效能感的学生更容易取得理想的写作成绩（李航，2017）。所以我们可以乐观地预测这种基于共享文档的小组协作写作模式从长远来看对于提升学生的写作成绩也会有积极的影响。

### 6.2 写作意识和自我调节能力增强

从问卷与访谈结果可以看出，学生通过腾讯文档参与小组互评和观摩教师、助教提供的反馈批注，提升了自己的写作评价与反馈能力，尤其在语言、内容结构等方面的评价能力有明显提升。因为与传统的通过纸质实现的小组写作项目相比，基于共享文档的小组写作活动有更多的读者，每篇作品的修改反馈意见都可以实时动态同步呈现在所有读者面前，可以给他们提供最真实最有说服力的反馈示例，提高他们自我修改与调节的能力。而且依托共享文档展开的小组成员间的相互评价和批改建议还可能比面对面的交际更让学生感到放松，心理压力更小，焦虑也更少（蒋宇红，2005）。学习者在阅读其他同学的“半成品”以及教师、同伴的评阅反馈意见时，不但可以提升自己的读者意识，也逐渐学会使用批判的目光来阅读和反思自己的作品，从而又可以提高自己的写作逻辑思维能力与自我调节能力（蔡基刚，2011）。

## 七、结语

本次研究利用腾讯文档在新冠疫情时期开展远程在线异地同步的英语小组协作写作活动，促进了师生写作交互以及同伴互评，为学生营造了多维交互的写作交流平台，有效提升了学生的写作投入与写作互动。本研究结果证明，基于腾讯文档的网络小组协作写作模式可以非常明显地提升学生的写作自我效能感，增强学生的协作意识和写作交流意愿，有望提升他们的写作动机与写作表现。

## 参考文献

[1] Pajares F. Self-efficacy beliefs, motivation and achievement in writing: a review of the literature [J]. Reading & Writing Quarterly, 2003(19), 139–158.

[2] Pajares F, Cheong Y F. Achievement goal orientations in writing: a developmental perspective [J]. International journal of educational research, 2003(39): 437–455.

[3] 蔡基刚 . 中国大学生英语写作在线同伴反馈和教师反馈对比研究 [J]. 外语界，2011（2）: 65–72.

[4] 蒋宇红 . 在线同伴评价在写作能力发展中的作用 [J]. 外语教学与研究，2005（3）: 226 –230.

[5] 李航 . 大学生英语写作自我效能感量表的编制 [J]. 北京第二外国语学院学报，2014，36（12）: 70–76.

[6] 李航，刘儒德 . 基于网络平台的英语协作写作模式效果研究 [J]. 电化教育研究，2011（7）: 67–72, 77.

[7] 李航 . 英语写作自我效能感对非英语专业大学生写作成绩的影响研究 [J]. 外语教学理论与实践，2017（3）: 57–63, 79.

[8] 孟彦莉 . 基于网络和课堂的大学英语写作效能感及其提升 [J]. 沈阳师范大学学报（社会科学版），2014，38（04）: 190–192.

[9] 倪清泉 . 网络环境下基于协作学习的大学英语写作教学研究 [J]. 外语电化教学，2009（5）: 64–68.

[10] 杨永林 . 面向全球化、信息化、数字化时代的英语教学——基于“体验英语写作”训练系统建设的研究 [J]. 外语与外语教学，2008（5）: 20–26.

[11] 于兰 . 基于 QQ 平台的网络辅助英语写作教学 [J]. 中国电化教育，2010（5）: 84–87.

[12] 俞婷 . 基于 Wiki 协作式写作系统的大学英语写作教学实证研究 [J]. 电化教育研究，2010（3）: 78–82.

[13] 张艳红，程东元 . 网络环境下英语写作能力培养模式的设计与实践 [J]. 外语电化教学，2007（8）: 26–31.

[14] 朱铭 . 网络学习社区辅助英语写作教学的研究——以 Ning.com 平台为例 [J]. 中国电化教育，2010（4）: 91–94.

# 在线翻转课堂教学模式的探索与反思——以“西中文明比照”课程为例

# Exploring the Pattern of E-Learning in a Flipped Course

北京师范大学外国语言文学学院　孙晓燕

**摘　要：** 虽然线上教学是疫情防控期间进行的特殊选择，但也可以把它看作一次对全新教学模式的有益尝试。近几年，笔者在所开设的北京师范大学研究生公共英语选修课“西中文明比照”开展了翻转课堂教学。本文基于对翻转课堂教学模式、线上教学的再认识，探索了如何融合优质网络教学平台、实现翻转课堂教学在线上的顺利开展。经过近一学期的教学实践，对翻转课堂线上教学模式有了初步的效果评价及反思。

**关键词：** 线上教学　翻转课堂　课堂教学模式　教学实践

**Abstract:** Given the COVID-19 pandemic, e-learning has become a challenge as well as an opportunity for experimenting with a new pedagogy. This article explores the pattern of e-learning in flipped classroom which has been implemented in recent years in *Western Civilization with Chinese Comparisons*, a selective course targeted at non-English major graduate students at Beijing Normal University. Learning is taking place remotely on digital platforms integrated among those of good qualities. Evaluations on the feasibility and effectiveness of this new pattern are conducted based on one-semester-long teaching practices.

**Key words:** e-learning　flipped classroom　classroom pedagogy　pedagogical practices

## 一、对在线翻转课堂的再认识

### 1.1 对翻转课堂的再认识

翻转课堂教学是近十年间国内外教学改革的重要潮流。有研究者（毛齐明等，2019）指出，国内高校对翻转课堂的实践探索呈现百花齐放的状态，但也存在不少的实践误识，诸如将信息技术当作翻转课堂的本质特征、将课堂翻转理解为把讲授完全“翻出去”、将翻转课堂视为一种固定的教学模式、将课堂翻转视作以课时为单位的翻转等。

什么是翻转课堂的本质特征？有研究者（Flipped Learning Network, 2014）提出要区分翻转课堂和翻转学习（flipped learning）。在他们看来，很多教师虽然在课堂形式上做了翻转，即把文本阅读、视频观看等任务布置给学生课外完成，但是并没有达到让学生完成深度学习的目的。要实现真正的翻转学习，必须满足四个要求：1）教师给学生提供灵活宽松的学习环境（flexible environment），而不是死板地要求学生必须在课前及课堂规定课时内完成学习与知识的内化。2）教师给学生创造主动学习的氛围（learning culture），而不是坚持以教师为主导的传统模式。3）教师精心安排课外翻转及课堂学习的学习内容（intentional content），而不是机械地将部分甚至全部内容翻转到课外。4）教师担当重任（professional educator），积极推动学生进行自主探究和小组合作并适时给予帮助及反馈，而不是成为可有可无的角色。

综合国内外的研究结果，翻转课堂需要包含以下几个核心要素（Flipped Learning Network, 2014; Hall & DuFrene, 2016; Sherrow et al., 2016; Foldnes, 2016; Garner & Chan, 2019; 毛齐明等，2019）：

• 学生深度参与课堂——学生作为主体主动建构知识，形成对知识的深度理解。

• 小组合作、团队学习——通过互动、交流和讨论，提升学生学习的有效性。

• 给学生自主学习提供独立的空间。

• 强调教师的角色转变——教师不再是传授知识的权威，而是学习活动的策划人、引导者及教练，以任务驱动学生的知识建构，促进学生内化知识。

• 强调以学生为主体——把主导权交给学生，真正地以学生的学习为中心。

• 采用多种形式的主动学习策略。

细想之下，笔者发现自己近年来在所开设的研究生公共英语选修课“西中文化比照”中所进行的翻转课堂实践，似乎无意之中将翻转课堂模式化、以课时为单位来实现教学——把一些重要的教材文本化为不同的阅读讨论任务在课前布置给学生小组，在课堂讲授过程中融入某个阅读讨论任务所涉及的问题让某一小组进行观点汇报。这样一来，翻转成为课程教学的固定步骤之一，课堂上仍然以教师教授为中心，没有做到让学生在灵活宽松的学习环境中完成深度学习。

**1.2 对线上教学的再认识**

在疫情防控的背景下，响应教育部“停学不停课”的号召，在线教学在全国整个教育体系迅速得以开展。在线教学看似是在特殊时期做出的无奈之选，实是对教师的一次巨大挑战。而且由于很多人对在线教学很陌生，缺乏在线教学经验以及在线学习设计的知识，只能陷入“直播讲授”的教学困境，因而会产生在线教学不如面授教学的担忧和误解（宫臣等，2020）。

在线教学不是借助网络平台复制面授课堂。冯晓英（2020）指出，目前以直播、微课为主的在线课程本质上都是以学习资源的设计和开发为关注焦点；而多年来的在线教学设计经验表明，要让学生真正有意义地学习、使在线教学真正地有效发生，必须要以学习活动为中心。这其中的关键在于转变设计的视角，以学生为中心，为学生搭建脚手架，促进学生的深度学习。国内外大量实证研究（比如 Spooner et al., 1999; Saba, 2000; Russell, 2001; Steinweg et al., 2005; Fendler, et al., 2018; 陈纯槿、王红，2013）表明，如果教师依循在线学习者的认知规律，通过设计和组织在线学习活动来引导学生自主学习，那么在线教学与面授教学效果无明显差异。

从另一个角度来看，“互联网＋教育”代表着新技术条件下教育最优化探索，正在改变着整个社会的知识生产与演化方式，而知识观的变化是教育变革的起点和关键（陈丽等，2019）。很早之前就有研究者（Lin & Hsieh, 2001）指出，在线教学之所以能够被广泛应用，前提是这样的教学模式能够迎合学生不同的学习风格，增进师生之间、生生之间以及学生与学习资源的交互。如今，国内高校纷纷开展在线教学，在一定程度上推进了从以教师为中心向以学生为中心的教学模式变革。

**1.3 在线翻转课堂**

在线教学研究领域，有学者（Singh, 2003; O'Neill et al., 2004;Evans et al., 2004）指出，单凭在线教学无法做到有效学习，需要借助混合式教学模式创新课堂，给学生带来更优的学习体验。近年来，混合式教学发展迅速，国内高校教师也在开展不同程度的混合式教学实践与研究。尽管如此，已有调查研究发现，目前国内高校教师的线上教学还主要限于"PPT 教学"和"利用网络获取教学资源"，而利用网络促进学生自主学习以及进行翻转课堂的频率较低（纪晓丽等，2018）。大多数在线学习仍然只是辅助、补充和促进课堂面对面教学，传统的教学模式和方法并未发生本质改变（郑静，2018）。

事实上，"互联网 +"时代的混合式教学的设计目标是为了促进学生的学，因此相应的教学模式、策略和方法也需要发生变化。将在线教学和翻转课堂相结合是混合式教学的典型例子。在线翻转课堂，不仅需要应用信息技术及网络平台，还需要秉承以学生为中心来设计组织课前、课中、课后的学习活动，应用学生自主探究、小组合作等策略，引导促进学生完成深度学习。

## 二、在线翻转课堂的教学实施

上文提到，笔者在"西中文明比照"课程中曾经尝试利用翻转任务型教学模式来增强教学效果。2019—2020 学年春季学期，笔者有八个班（单双周平行班）的课程教学任务。突如其来的新冠肺炎疫情，打破了原有的教学计划，居家状态给教学带来新挑战。通过上述文献回顾部分，笔者对相关教学理念有了新的认识，为思考如何将在线教学融入课程既有教学模式奠定了基础。笔者决定借助"长江雨课堂"（由清华大学研发的在线教学辅助工具）、腾讯 QQ 群及"师大云盘"云存储平台，尝试实施在线翻转课堂教学。具体步骤如下：

**2.1 课前阶段**

课前翻转包括两部分。首先，每个单元上课前，会利用 QQ 群的群作业功能给班级每个小组布置任务（教材单元某篇文本 + 一道思考题），小组成员（平均四到五人）一起阅读并讨论。由于课程是单双周平行班交替上课，每个小组至少会有一周时间来完成小组任务。要求小组组长把小组讨论得出相关文本的思维导图以及对思考题的回答放进一个文档里，以所涉及单元 + 小组名来命名，附上小组讨论结束时的屏幕快照，每次课前提交至群作业。这个任务做五次，涵盖前五个单元（总共六个单元），每次六分，共计三十分。

其次，每次上课前一至两天，会把带有语音讲解的课件通过"长江雨课堂"发布，将视频资料上传到师大云盘并通过班级 QQ 群公告的方式发布链接地址，供全班学生查看并学习。希望通过提前发布的方式，尽量给学生提供灵活宽松的学习环境，学生可以根据自身的情况，自己选择学习的时间。

**2.2 课中阶段**

意欲打破"直播讲授"的教学困境，选择把课堂交给学生。前面提到，配有语音讲解的课件已经提早发布给学生。但课堂上还是会给学生一些时间查看课件及视频。之所以选择应用长江雨课堂来发布课件，除了因为它能够让教师给课件配语音讲解之外，还因为它在每页课件下方设置了"收藏"和"不懂"按钮，既方便学生整理收集不懂的知识点，也方便教师实时收集学生"不懂"课件的数据。

课堂前半段，笔者会实时监控学生查看课件的进度和反馈，随时准备针对学生反映的

"不懂"课件做进一步的文字说明并实时发布在QQ群里。希望通过这样的方式，努力实现研究者（毛齐明等，2019）所说的把学生能够自学的浅层知识"翻出去"、把学生难以把握的深层知识"翻进来"，提高教学效果。

反馈完成之后，如果还剩余一些时间，笔者会围绕单元内容的某一难点，在QQ群里发布一道思考题，供学生反思及讨论。从目前学生在班级QQ群的互动表现来看，大家还是很乐意参与讨论的。头脑风暴总能碰撞出火花来，学生的观点分享中有不少真知灼见，笔者也受到不少启发。

**2.3 课后阶段**

设置三项任务，让学生在课后阶段对知识进行反思内化。第一项任务是个人撰写反思日志——要求学生从教材中挑选一些文本进行阅读，就文后思考题用英文写反思，每个单元累计不少于两百字。这项任务贯穿整个学期，期末时候提交。

第二项任务是期末小组论文，要求：1）论文开头必须给出明确的、针对某一单元主题的、有具体限定的中西文化比较观点，切忌简单化和片面性的观点。2）论文内容必须涉及一个具体的文化刻板印象，以及对它的反驳。小组在构思论文的过程中，势必要回顾他们在不同单元所学到的知识点，同时还可以调动小组进行合作探究。

第三项任务是小组PPT展示，要求：1）展示内容要围绕一个具体的例子展开。例子可以涉及教材单元主题中的某一个，也可以自选课外主题。2）要分析例子本身所反映的中西方差异，进而说明该例子是否能体现中西方世界观和价值观方面的差异。要完成这项任务，学生需要对知识点做反思、联想及拓展，在此基础上进行团队分工与协作。

## 三、在线翻转课堂的实施效果

**3.1 课程满意度调查**

课程教学接近尾声时，笔者通过腾讯文档在各班级QQ群里发布"课程教学效果满意度问卷调查"。共有271位同学参与问卷填写。问卷结果显示：对本次课程的总体评价，132人感觉非常满意，130人感觉满意，9人感觉一般，满意率达96.7%。对要求小组完成课前阅读讨论任务的实际体验（5分为最高分，1分为最低分），143人给了5分，93人给了4分，35人给了3分及以下（其中，3分29人，2分5人，1分1人）；对课堂包含学生自主学习课件、答疑反馈及讨论等教学环节的实际体验（分值标准同上），125人给了5分（最高分），114人给了4分，31人给了3分及以下（其中，3分26人，2分4人，1分1人）。说明本学期对在线翻转课堂教学模式的探索与尝试总体来说还算成功。

**3.2 问题与展望**

因为是初步尝试，在具体教学环节的操作方面，还存在不少问题。比如，由于录音设备限制、"长江雨课堂"平台操作经验不足，导致课件讲解配音音量略低，有学生反映听不清，需要改进。再比如，由于课件准备时间有限，课件发布时间未能进一步提前。本学期为了配合线上翻转课堂模式，笔者投入大量精力对课件做了更新。按照以引导学生学习为中心的理念，尽力突出课件内容的逻辑主线，紧紧围绕主线安排语音讲解的内容、直切主题，抛砖引玉，引起学生思考。笔者认为，课件更新的思路是正确的，但是如果要使课前、课中的学生学习更加成功、有效，需要把课件发布时间提前至课前一周，给学生留出更加宽裕的时间。另外，需要想办法进一步加强师生互动及生生互动，一方面要优化课中阶段的讨论环节，在上课伊始就把思考题布置给学生，让他们带着问题去查看课件及视频，这样再进行讨论和观点分享效果会更好；另一方面需要针对小组课前讨论作业做及时反馈，挑选优秀观点在班级内分享，促进相互学习。

总体来说，本学期通过在线翻转课堂模式进行课程教学是顺应“互联网 +”时代教育变革潮流的一次积极有益的尝试，发掘了“长江雨课堂”、腾讯 QQ 这两个优质的在线教学工具，摸索出了基本的“套路”。即便在将来回归课堂面授，这些工具也可以用来保障翻转学习的成功，进而为面对面课堂里更加流畅的师生反馈答疑、生生互动讨论、学生与学习资源的互动奠定基础。

# 参考文献

[1] Evans C, Gibbons N J, Shah, K, et al. Virtual learning in the biological sciences: Pitfalls of simply “putting notes on the web” [J]. Computers and education, 2004, 43 (1–2): 49–61.

[2] Fendler R J, Ruff C, Shrikhande M M. No significant difference—unless you are a jumper[J]. Online learning, 2018, 22(1), 39–60.

[3] Flipped learning network. Definition of flipped learning. Retrieved from https://flippedlearning.org/definition-of-flipped-learning.

[4] Foldnes N. The flipped classroom and cooperative learning: Evidence from a randomized experiment[J]. Active learning in higher education, 2016, 17(1): 39–49.

[5] Garner B, Chan M. Student perceptions of learning and engagement in a flipped versus lecture course[J]. Business and professional communication quarterly, 2019, 82 (3): 357–369.

[6] Hall A A, DuFrene D D. Best practices for launching a flipped classroom[J]. Business and professional communication quarterly, 2016, 79 (2): 234–242.

[7] Lin B, Hsieh, C. Web-based teaching and learner control: A research review[J]. Computers and education, 2001, 37(3–4): 377–386.

[8] O’Neill K, Singh G, O’Donoghue J. Implementing e-learning programs for higher education: A review of the literature[J]. Journal of information technology education, 2004 (3): 313–323.

[9] Russell T L. The no significant difference phenomenon[M]. Montgomery, AL: International Distance Education Certification Center, 2001.

[10] Saba F. Research in distance education: A status report[J]. International review of research in open and distance learning, 2000, 1(1): 1–9.

[11] Sherrow T, Lang B, Corbett R. The flipped class: Experience in a university business communication course[J]. Business and professional communication quarterly, 2016, 79 (2): 207–216.

[12] Singh H. Building effective blended learning programs[J]. Educational technology, 2003, 43(6): 51–54.

[13] Spooner F, Jordan L, Algozzine B, et al. Student ratings of instruction in distance learning and on-campus classes[J]. The journal of educational research, 1999, 92(3): 132–140.

[14] Steinweg S B, Davis M L, Thomson W S. A comparison of traditional and online instruction in an introduction to special education course[J]. Teacher education and special education, 2005, 28 (1): 62–73.

[15] 陈纯槿，王红 . 混合学习与网上学习对学生学习效果的影响——47 个实验和准实验的元分析 [J]. 开放教育研究，2013, 19（2）：69–78.

[16] 陈丽，逯行，郑勤华 .“互联网 + 教育”的知识观：知识回归与知识进化 [J]. 中国远程教育，2019（7）：10–18, 92.

[17] 冯晓英，孙雨薇，曹洁婷 ."互联网 +" 时代的混合式学习：学习理论与教法学基础 [J]. 中国远程教育，2019（02）：7–16，92.

[18] 冯晓英 . 在线教学设计的灵魂：按照学习者认知规律设计学习活动，e 时代的远程教育 .（2020–02–27）. https://mp.weixin.qq.com/s/SjfM7rUbK4j6lV6_lVt_8Q.

[19] 宫臣，张佳伟，宋萑 . 新冠肺炎疫情期间学校在线教学现状、困难与需求的实证研究——基于全国百所中小学校长抽样调查结果的分析 [J]. 中小学信息技术教育，2020（4）：41–44.

[20] 纪晓丽，王妍，方小勇等 . 大学英语教师信息化教学能力现状与发展对策——基于江苏省 76 所高校的调查 [J]. 中国教育信息化，2018（24）：72–76.

[21] 毛齐明，王莉娟，代薇 . 高校翻转课堂的实践反思与超越路径 [J]. 高等教育研究，2019，40（12）：75–80.

[22] 郑静 . 国内高校混合式教学现状调查与现状 [J]. 黑龙江高教研究，2018（12）：44–48.

# “互联网 +”背景下“世界文明史读译”课程改革实践与探索[1]

# Practical Exploration on Teaching Mode in the Course of History of World Civilization for Reading and Translation under the Background of “Internet+”

北京林业大学外语学院　梁艳春

**摘　要：**信息化时代，尤其在全国抗击新冠肺炎疫情的形势下，各校都开展了线上教学，学生获取知识的途径改变了。为顺应这一变化，笔者基于北京林业大学外语学院为翻译硕士开设的“世界文明史读译”教学现状和教学特点，通过搭建在线教学资源平台、使用腾讯课堂为教学工具，改变“世界文明史读译”课程教学模式，构建三主式教学策略，实现课程教学的数字化和智慧化，以培养出适合社会发展的具有人文素养的复合型新型翻译人才。课程改革后学生对文明史课程的学习兴致提高了，自主学习能力、思辨能力和翻译实践能力都加强了。

**关键词：**“互联网 +”在线教学　世界文明史　教学改革

**Abstract:** In the era of “Internet +”, especially in the special COVID-19 epidemic period, online teaching has been implemented widely in schools, and the way students acquire knowledge has changed. Therefore, under the background of “Internet +”, curriculum reform is imperative. This paper, based on the problems and characteristics existing in the course teaching for MTI of Beijing Forestry University, constructs the feasible and effective teaching mode of History of World Civilization, a three-centered teaching strategy through setting up an online Ketangpai teaching resource platform and using Tencent Classroom as a teaching tool. The teaching reform has proved that a three-centered teaching strategy can stimulate students’ initiative in learning, improve their practical translation ability and critical thinking ability, enable students to have good professional quality and comprehensive quality to meet the needs of social and economic development.

**Key words:** “Internet +” online teaching　teaching reform　History of World Civilization

1　本研究受北京林业大学科研反哺人才培养研究生课程教学改革项目资助（JXGG19027）。

# 前言

为适应现代社会对高校人才培养的要求，教育部2007年颁发的《全日制翻译硕士专业学位研究生指导性培养方案》中明确指出：“培养德、智、体全面发展、能适应全球经济一体化及提高国家国际竞争力的需要、适应国家经济、文化、社会建设需要的高层次、应用型、专业性口笔译人才。”北京林业大学外语学院2009年将“世界文明史读译”列为学位主干选修课。世界文明史课程内容紧紧围绕着人类历史发展的主旋律，从全球的视角审视人类文明的产生和发展过程，涉及政治、经济和文化层面，知识面宽，综合性和交叉性强，对丰富学生知识、培养跨文化交际能力和思辨能力、提高学生的人文素质有重要的意义（赖晓葭，2014）。

2020年初，我国面临新冠肺炎带来的严峻挑战。为有效抵抗疫情，教育部做出了春季学期延期开学，“停课不停教，停课不停学”的决定。这就要求教师在教育教学过程中要充分利用计算机和网络，将疫情的“危机”变成改变教学模式的“契机”，重新思考教与学、教师与学生、课内与课外的关系，从而适应信息化社会的新需求。

# 一、“世界文明史读译”在翻译硕士教学中的现状

世界文明史课程作为人文素质通识课在很多高校开设，课程体系很完备。但针对北京林业大学翻译硕士所开设的“世界文明史读译”却面临着许多挑战。首先，作为通识课，虽然可供选择的中文教材种类繁多，但没有针对翻译专业硕士生的专门英文教材。第二，长期以来，世界文明史都是以介绍各个时期的重要史实和重大事件为主，教师很少把所讲授内容与中国史实结合起来。第三，“世界文明史读译”是学位选修课，相对于专业必修课来说，它是辅助性的，学生不太重视。第四，传统的教师讲授、学生被动接受的教学模式导致课堂气氛沉闷，学生学习兴致不高。第五，考核方式单一。一般情况下，世界文明史是闭卷考核，内容主要是书本上的知识点。这种考核方式阻碍了学生的主动思考，弱化了批判性思维能力。

基于上述“世界文明史读译”在我校翻译硕士教学中存在的问题，进行世界文明史教学改革势在必行。正好利用疫情这个契机，笔者决定从以下几个方面对该课程进行改革：优化教学内容，转换教学主体，改变课堂的教学手段、方式和方法，建立多元化考核方式，以此来提高学生的历史文化素质、思辨能力和创新能力，真正实现“世界文明史”课程对翻译硕士的教育目标。

# 二、优化教学内容

翻译硕士“世界文明史读译”授课学时为32学时，让学生对所有知识在如此短的学时内完整地接受和认识实属不易。因此，教师围绕“讲什么？怎么讲？怎么考？”这一问题，针对学科需要和翻译硕士学生的特点来优化课程（黄志强，2011）。“世界文明史读译”作为翻译硕士的选修课，课程目的是服务于学生其他专业课来扩大学生的视野，增强人文素质。因此在选择内容时要灵活多变，不仅要突出世界文明史框架内的重点，而且也要联

系该专业的培养目标。选材以文化教育和英语专业素养的提高为中心，因此遵循 3 条原则：第一，以西方文明为主线，以突出各个文明的重点，培养学生对不同文明的理解与包容能力；第二，增加中国文明的比重，让学生进一步思考中华文明在世界文明中的地位；第三，重视中西方文明的比较。通过中外对比，提高学生的爱国主义和民族自豪感。因此，教师将书中内容精简为六个模块，古代东方文明、西方古典文明、西方中世纪文明、中国封建社会与文化、近代西方的崛起、中国近代文明。基于翻译硕士的学科特点，根据教学大纲的重点和难点将这六个板块的知识点以周为单位进行分解，各个小知识点既是独立的，又是相互关联的。

## 三、搭建“互联网 +”资源平台

当今，我们的生活迎来了信息化时代，“互联网 +”、大数据、AI 等技术快速进入我们的视野，尤其在全国抗击新冠肺炎疫情的形势下，开发了很多适合在线教育的丰富逼真的网络平台。教师可以利用互联网建立集在线学习、课堂互动、测试评估于一体的“世界文明史读译”网络辅助教学平台来优化教学。经过比较，本课程教师选择了“课堂派”作为资源平台来给学生上传阅读的资料，资料包括必读和选读两部分。必读资料包括课前阅读材料（里面有详细的本节课的教学计划、教学重难点、教学目标和思考题），方便学生事先了解授课内容，获取有针对性的学习资源。选读资料是对课堂教学的延伸，主要是跟所讲主题相关的文章、参考书单、参考文献和学生每次翻译作业的参考译文。由于课时原因无法完成的环节通过“课堂派”平台给学生提供指导和帮助，学生可以课余浏览和使用有关材料，弥补课堂教学时长的不足。

“互联网 +”环境下，学生获取和学习知识的途径改变了，不再只依靠传统的课堂教学模式，他们可以依赖网络教学平台获取和学习知识（于德晶，2019）。教学资源平台拓展了学生的学习空间，促进了学生自主学习能力与独立思考能力。通过资源平台提供给学生由于课时原因无法完成的环节，学生还可以通过给教师留言得到进一步的帮助。利用网络辅助教学手段，结合现代教育理念，同时可以培养学生独立思考的思辨能力和专业能力。

## 四、转换教学模式

基于翻译硕士的培养目标和“世界文明史读译”教学大纲，课堂采用以教师为主导、学生为主体、网络平台为主线的三主教学策略。具体实施分三个阶段：课前吸收阶段、课中知识内化阶段和课后知识巩固阶段。这种教学模式体现了以学生为中心的理念，课堂不是教师单独灌输、学生被动接受的场所了，而是师生共同交流、对话、沟通和探究学问的互动舞台。

### 4.1 课前吸收阶段——自学自探

教师在建立好的网络教学平台“课堂派”上制定出适合学生自学自探的提纲和前置性的思考题。按照教学周在网上发布相应的自主阅读材料，学生在规定的时间内进行学习，并鼓励学生在课前自主学习阶段提出自己独特的发现和新问题，记录下学习过程中发现的疑点、难点和重点，为课堂中的交流做准备。

### 4.2 课中知识内化阶段——合作交流、展示评价

课内如何引导学生对所要学习的知识进行高效内化，让学习主体更好地参与到教学活动中，教学不僵化、不单向，这是检验教学的关键，也可以说是三主教学的灵魂。为了充分利用在线课堂的及时性和群体性特点，秉承让课堂“活”起来的宗旨，让学习主体积极参与到课堂教学中，消除教师“一言堂”的乏味。根据授课对象，教师设计了以问题为导向的学习任务，让学生进行思考，组织学生开展自主式、协作式、探究式的课堂学习。学生课前根据教学大纲按照自己的兴趣组成不同的话题小组，课上进行小组展示。为了保证每个学生都能积极参与到合作学习中，充分发挥学生的主动性，教师充分利用腾讯课堂讨论区的功能。当一个同学抛出观点时，要求其他同学积极地在讨论区输入自己不同的见解。由于在屏幕背后少了面对面的拘束，那些不爱说话的同学也都变成了学习的主动者，课堂气氛更加活跃了。把文明史教学内容通过小组研讨的方式引向深入，使学生在有限的课堂教学时间内，掌握、接触、了解更多的文明史知识，培养学生的合作意识、创新精神、思辨能力和交际能力，通过生生互动达到共同提高的目的。展示环节完成后，教师要结合学生课堂展示中所暴露出的问题，及时总结、反馈、评价。教师点评要恰如其分地指出学生的优缺点，包括所阐述的观点是否详尽、所举事例是否合理、小组合作是否得当、表达是否流畅、语言是否准确精练、展示技巧是否得体。教师点评体现了教师的指导作用和促进作用，让学生知道自己所存在的问题和需要继续努力的方向。

课堂知识内化阶段的学习，充分展示了学生如何把文化知识的学习和语言技能的运用结合起来，既加深了知识，又培养了技能（王正新，钱龙霞，2020）。两者互为目的，互为方法，相辅相成，共同提高。这种教学方式有助于引导学生通过学习发现问题、探索问题、解决问题，可以起到连锁效应，学生成为学习的主动者，自主学习兴趣被激发出来，自主学习能力也随之加强。

### 4.3 课后知识巩固阶段——反思提升

课后学习是课堂知识学习的延伸，教师对学生的学习情况进行评价和反馈，分析每位同学的优点和不足，然后通过“课堂派”将评价反馈给学生，进行个性化辅导，尽量调动每个学生的潜能，力保每个学生的学习效果。学生根据教师的评价和反馈进行有针对性的复习巩固，可以通过重复看课前的学习资料、看课程回放、做课后思考题和翻译练习来巩固加强，也可以通过和同学相互切磋，订正自己翻译得不准确的地方，加深对所学内容的理解。

## 五、多元化的考核方式

以翻译硕士的专业素质和培养目标为中心，建立切实可行的考核方式。好的教学评价能够激发学生的学习潜能，调动学生学习的内驱力，使他们能够成为卓越的、最好的自己。反之，无效的评价，容易打消学生的学习热情。

本课程采取过程性评价和期末考核相结合的方式，多次全方位考核学生的学习效果（孟君，2016）。加大过程性考核的力度，把学生平时所参与的课前自主阅读、课中的课堂讨论、小组合作、课堂展示和课后的翻译练习等纳入过程性考核中。把过程性考核和期末考核相结合，一方面可以督促学生对知识的学习，另一方面也可以加强学生语言技能的训练，达到将世界文明史知识的考查和语言技能结合在一起，真正体现世界文明史的教学目的，让学生在提高语言技能的同时也能进一步建构自己的文化知识。

总之，信息化时代背景下，在线教育已经成为未来高等教育发展的一个重要途径，笔者会不断更新教学理念，改革传统教学方式，尊重学生主体地位，实现在线教育和线下教育有机融合的独有的“世界文明史读译”教学模式。

## 参考文献

[1] 黄志强．简论文明史课程教学模式的改革与创新 [J]. 大众文艺，2011（16）：208–209.
[2] 赖晓葭．高校英语专业开设《世界文明史》课程的探索和实践 [J]. 吉林广播电视大学学报，2014（8）：144–145.
[3] 孟君．简论世界文明史教学模式改革 [J]. 高教学刊，2016（5）：150–151.
[4] 王正新，钱龙霞．慕课环境下大学“数学实验”课程教学改革思考 [J]. 教育教学论坛，2020（2）：222–223.
[5] 于德晶．“互联网 +”环境下英语翻译教学模式创新研究 [J]. 教育教学研究，2019（12）：109–111.

# 新冠疫情下，对集体主义和个人主义的辨析与反思

# Reflection of Collectivism and Individualism in the Global COVID-19 Epidemic Control

北京工业大学文法学部　凌迎春

**摘　要：**本文从东西方基本的文化根源——集体主义价值观和个人主义价值观的角度，对全球新冠肺炎疫情应对的不同做法作了辨析，指出了个人主义价值观在此次西方国家抗疫中呈现出严重的局限性。同时强调，国际集体主义，即践行人类命运共同体的理念，才是全球合作共赢的根本。

**关键词：**新冠疫情　集体主义价值观　个人主义价值观

**Abstract:** The difference in the control of COVID-19 between China and some Western countries is illustrated and compared, based on the principles of collectivism and individualism. The author indicated that the lack of responsibility partially caused the failure in the fight against the epidemic in the West. The author concluded that the idea of "a Community of Shared Future for Mankind" proposed by President Xi is the key to global cooperation.

**Key words:** collectivism　individualism　COVID-19

## 一、引言

从 2020 年 1 月 23 日武汉"封城"，到 3 月 19 日中国政府宣告清零，中国人民付出巨大经济和社会代价的抗疫战斗终于取得了阶段性胜利。可是，当中国国内疫情趋缓时，新冠病毒却在全球肆虐蔓延，已演变成全球性大流行。截至北京时间 4 月 19 日，中国以外新冠肺炎确认病例超过 200 万例，其中美国、西班牙、意大利、英国等国疫情尤为严重。

如果把此次抗击疫情比作全球的一次大考，相比欧美国家，中国并不占优势。首先，中国是与这一新型病毒对抗的第一国，对病毒的认知、治疗全部从零开始。其次，处于疫情中心的武汉人口密度大，居住密集。而众多欧美国家享有更优良的医疗资源，地广人稀，民众居住分散、独立。但是，从抗疫伊始，中国就及时与世界卫生组织和其他国家保持密切沟通，分享疫情信息，为其他国家争取了 2 个月的宝贵窗口时间。中国的抗疫举措和成效被世界卫生组织专家高度肯定，他们认为中国的抗疫方式可以被复制，各个国家要做的就是"监测、测试、治疗、隔离、追踪和动员民众"。按理说，这份大考的标准答案，世卫组织已经给出，做题的思路中国也在时时分享，一些欧美国家占尽天时、地利，"照抄

作业”即可，可为什么还做得这么差？究其原因，此次疫情的高传染性，以及疫苗及特效药在治疗上的缺失，决定了这是一场必须由政府主导、全民参与的集体抗疫行动。而不同国家之所以会对抗击疫情采取不同做法，其根源在于东西方根本价值观的不同，即人和的差异。

东西方根本价值观的不同，是指西方社会的个人主义和东方社会的集体主义之间的巨大差异。

Hofstede（1991）最早把个人主义—集体主义定义为：“在个人主义的社会中，人际关系松散，人人各自照顾自己和自己的家庭；相反，在集体主义的社会中，人们从一出生开始就与强大而又具有凝聚力的内部集团结合在一起，而这种内部集团又对这些忠诚的成员提供终生的保护”。Triandis（1995）等对集体主义文化群体的特征作了如下的概括：（这个文化群体）强调群体身份高于个体身份，群体权力高于个体权力，内群体（in-group）需求高于个体需求，注重相互依赖的人际关系，内群体的和谐，以及内群体相互合作的精神。而以个人主义为价值取向的文化群体强调个体身份高于群体身份，个体权力高于群体权力，个体需求高于群体需求，注重自我效率、个体责任以及自主精神。

集体主义与个人主义价值观影响着个体在思维方式、个人行为及社会生活的各个方面。而疫情在全球的暴发，将这两种价值观的具体表现彻底、鲜明地呈现在世人面前。

## 二、疫情下的集体主义价值观

新冠疫情的暴发，使武汉成为疫情最严重的地区。封城令的颁布正值春节假期的前一天，武汉这个千万级人口的大城市以“壮士断腕”的勇气自我隔离，切断了与外界的人员流动，同时更是切断了病毒向外扩散的途径。武汉人为此付出了巨大的牺牲，但武汉的抗疫之战并不孤独。“一省包一市”援鄂名单一出，16个省份派出大量医疗力量不断支援武汉和湖北。4万多名“白衣战士”义无反顾向着疫情“逆行”，与湖北医护人员日夜奋战在抗疫一线。各地物资保证了武汉市民的生活需求。“守望相助，共克时艰”，“一方有难，八方支援”，“众志成城 ”体现了个体与个体之间相互信赖、相互合作的精神。

疫情使全国各地每个中国人目标一致、行动统一，严格遵守居家自我隔离的规定。因为他们知道，只有每个个体积极参与配合，才能够最大限度地降低传染风险，阻断病毒传播。这实际上是对整个国家抗击疫情，贡献自己的一分力量。所有的举动，都在强烈地表达着人们浓厚的集体意识和高度的责任感。据《人民日报》记者张朋辉（2020）的报道，世界卫生组织总干事高级顾问布鲁斯·艾尔沃德在结束对中国的抗疫考察时表达了他的震撼，他表示：“每一个中国人都有很强烈的责任担当和奉献精神，愿意为抗击疫情作出贡献”。而这正是集体主义文化的核心思想。

所以，集体主义文化又被称为“WE”文化，在这种群体文化意识中，人们注重共性而非个性，保持群体的统一和谐是每个个体所应尽的义务，个人利益应融入集体利益，必要时可以忽略或牺牲个人利益。因为人们懂得，“维护公共秩序、公共安全、公共利益，才能有自己的利益”（马克思，恩格斯，2012）。

其实，集体主义在强调集体利益高于个人利益的同时，也强调个人正当利益不可忽视的重要性，即集体利益与个人利益的辩证统一。集体应当尽最大可能来关心个人的正当利益，保证集体中每个成员的正当利益的实现。在此次武汉的抗疫行动中，中国采取了“应收尽收，应治尽治”的政策，把被感染的人员全部收进医院予以治疗，同时为没有被传染的人员做好防护，救治费用全部由国家负担。这个措施最大限度地保护了病人的治病权益和普通群众的生命安全。正如中国驻美国大使崔天凯在接受美国记者采访时所说："对中国来说，人民的福祉特别是生命安全和身体健康是第一位的，我们将不惜一切代价、尽最大努力予以保护。"（胡宇齐，2020）

对于集体利益与个人利益的相互关系，马克思和恩格斯（2012）很早就给出了诠释，国家集体面对个人不是无情无义的，它不是要求个人一味地牺牲付出，而是致力于维护个人的正当利益，并力求使个人的个性和才能得到最好的发展，因为"只有在共同体中，个人才能获得全面发展其才能的手段"。

## 三、疫情下的个人主义价值观

个人主义文化又被称为"I"文化，在这种文化群体模式中，构成社会的基本单位是个体。人们相信：每个人都是能够做出理性判断和理智选择的个体，在平等和互不干涉的前提下，有权利对社会事件表达自己的态度和看法；人们尊重和倡导个人独立性，保护自我利益；反对国家、社会、集体以及任何其他外在因素以任何方式干涉和阻挠个人的发展。

疫情在武汉暴发 2 个月后，病毒开始在欧洲肆虐。随着确诊人数飙升，欧美各国经历了从开始的大意轻视，到慌乱无助，到学习中国做法的转变。意大利是中国以外第一个宣布"封城"的国家，可是就在政府宣布"封城"的第二天，人们就在附近另一城市举行了 15 000 人参加的橘子狂欢节。2 天后，哲学家阿甘本在意大利《宣言报》上发表社论，谴责意大利政府以"安全"为借口对个人自由进行了"疯狂、不合理、毫无依据的"限制（诗婷，2020）。意大利民众在街头举行"归还自由"的游行，认为戴口罩限制了他们的人身自由。民众对政府的政策不信任、不配合，助长了病毒的传播，在短短 20 天内，意大利确诊人数从最初的 3 例飙升至近万例。

美国是目前全世界确诊新冠肺炎患者最多的国家，面临逐渐失控的疫情，白宫曾考虑把纽约州强制隔离，以防止新冠肺炎从纽约向全国扩散。但这一措施遭到纽约州长的强烈反对，他认为这是"不合法"的，是"对纽约的宣战"。特朗普总统最后不得不放弃这一措施。

更有甚者，美国密歇根、马里兰等多个州的民众因为对居家隔离令不满，还发起大规模游行抗议活动。抗议者无视居家隔离和 2 米社交距离的规定，成群结队涌上街头，很多人用枪支弹药武装自己，却没有想到要戴上基本的防护工具——口罩。抗议者高呼"宁愿死于新冠也要自由！"的口号，打着"要去教堂做礼拜""要去理发"的借口，将街头堵塞，甚至拦住要去救人的救护车。美国的"抗疫"最终演变成了他们最擅长的"抗议"。

尽管世卫组织一再强调，应对新冠肺炎疫情最有效的方式就是检测、隔离、治疗。要做到这一点，需要全政府应对、全社会动员。但欧美一些国家部分民众的行为却在传递个人行为无视与对抗政府政策的思想意识，体现了个人自由与社会责任之间的矛盾和冲突。美国思想家多诺休（1990）曾这样评判个人主义：当代美国文化的标志是著名的没有限制的、自由的思想。自由是纯粹的个人主义术语，其中不包含公共利益的观念，也不包括对公共利益的尊重。个人只要不明确地、强烈地侵害另一个人的权利，他就有权利做他喜欢做的任何事。个人的权利没有止境，也没有任何与之相伴的责任。对与错都是相对的，没有对它们进行区分的标准。个人的任何责任都被看作是不公平的，任何约束个人选择的事情都是应当受到责难的。这些是社会和个人心理无序的核心和灵魂。

时隔 30 年，多诺休对于个人主义危害的评判再次得到映照和验证，只不过这次是换了疫情的背景而已。媒体根据意大利1号病人被隔离前的行动轨迹做了统计，发现至少有5万人受到他的影响（白紫文，2020）。人类热爱自由，病毒也同样追求“自由”。某些欧美民众在抗疫期间的做法，实际上助长了病毒的扩散传播，是否可以认为是“助纣为虐”呢？是否是对易感人群、对奋战在一线的医护人员的“犯罪”呢？基于这种崇尚个人自由、信奉“法无禁止即可为”的思想，对于某些欧美国家抗疫的做法，也就不难理解了。

疫情恶化后，意大利总理进一步宣布封闭全国所有城镇。他不得不呼吁民众要负起责任，改变生活方式，必须遵守禁令，甚至提及要为国家作出一些牺牲。英国首相约翰逊在疫情初期的记者会上传递信息：“我们生活在一个自由的国度。自由是我们生活的一大特色，我们不会限制英国人民的自由。”（赵璧，2020）约翰逊一直担心强行推行相关措施会遭到大量民众的无视或反对，反而收不到预期的效果。他甚至提出，让英国民众通过集体患病的方式来获得“群体性免疫”。但事实证明，这种消极做法并不能控制疫情，而约翰逊首相本人也被病毒无情地攻击，成为第一个被新冠病毒感染并进入重症监护室治疗的国家领导人。

个人主义对西方世界人们的思想和行为习惯带来诸多长远的不利影响。在个人主义支配下，西方资本主义社会呈现出唯利是图、不思长远的社会风气。军火商只想多卖武器；议员的眼光只看到下一届自己还能不能当选；董事会里的股东们只想着今年和明年还能不能赢利。信用的缺失、责任的虚无，导致自私自利的风气弥漫在空气中的每个角落（沈永福、王茜，2014）。

美国人享用的医疗资源接近中国的10倍。但疫情暴发以来，美国从总统到议员，不是直面问题，而是推卸责任，将新冠病毒污名化，甚至污蔑中国及世卫组织。对于始终将股市上涨视为主要政绩的美国总统来说，美股的暴跌才是让他备感焦虑的事，因为这直接关系到他的选票，尤其2020年是美国的大选年。这也折射出主导美国疫情防控的无情逻辑：资本重于生命。《纽约时报》的一篇文章直接怒斥：美国一些政客的手上沾满了病患们的鲜血（乙图，2020）。

或许，这种民众不信任、不配合、政府不作为的做法已经深入人心，见怪不怪了。这也就解释了为什么特朗普总统在3月份的民意支持率竟然是上升的。在疫情较为严重的纽约州、加州、华盛顿州等地，民众除了抢购生活必需品之外，竟然掀起抢购枪支弹药潮，以对抗疫情恶化可能带来的骚乱等情况。

## 四、疫情下的价值观反思

其实，自2008年美国次贷危机爆发，继而引发全球性的金融危机以来，不少西方学者对个人主义进行了深刻的反思。美国著名经济学家理查德·沃尔夫教授认为，美国和欧洲的经济动荡不应被理解为金融危机或债务危机，而应被理解为资本主义的制度危机，而这场制度危机的背后价值根源就在于个人主义。个人主义是西方的文化之根，金融危机的深重根源就是个人主义文化的危机（沈永福，王茜，2014）。

时隔12年，欧美疫情大规模暴发再一次凸显了个人主义价值观的严重局限性。西方国家疫情危机的根源也在一定程度上是个人主义价值观的危机。此次疫情不仅给全球公共卫生安全带来巨大挑战，还对全球经济、金融、政治产生了巨大负面影响，被称为自第二次世界大战以来人类陷入的最大灾难。病毒面前任何一个国家都不能独善其身，全球是一个“命运共同体”。

今年4月16日，习近平总书记在《求是》杂志上发表题为《团结合作是国际社会战胜疫情最有力武器》的重要文章。文章强调："人类是一个命运共同体。战胜关乎各国人民安危的疫病，团结合作是最有力的武器。"在国家层面，人类命运共同体的本质就是国际社会的集体主义。本着负责任大国的原则，截止到3月底，中国已经向80个国家或地区提供援助，并向6个国家派医疗队提供技术等方面援助。构建人类命运共同体表明中国集体主义价值观在新时期有了更大的张力和内涵，这不仅是中华文明的表达，还是世界文明的价值追求。

## 参考文献

[1] Hofstede G. Culture and organizations: software of the mind [M]. London, Norfolk: McGraw-Hill Book Company (UK)Limited, 1991: 51.

[2] Triandis H.C. Individualism & collectivism [M]. Boulder: Westview Press, 1995.

[3] Donohue. W A. The New freedom: individualism and collectivism in the social lifes of Americans [M]. Transaction Publishers, 1990: 23.

[4] 白紫文 . 意大利"1号病人"酷爱运动，影响10城5万人 [EB/OL]. 观察者网 .https://www.guancha.cn/internation/2020_02_25_538284.shtml.2020–2–25.

[5] 胡宇齐 . 美媒质疑抗"疫"经济代价大，驻美大使崔天凯：在中国，人民福祉第一 [N/OL]. 北京日报客户端 http://www.bjd.com.cn/a/202002/15/WS5e47eb6be4b009494868107a.html.2020–2–15.

[6] 马克思，恩格斯 . 马克思恩格斯选集（第1卷）[M]. 北京：人民出版社，2012：609.

[7] 马克思，恩格斯 . 马克思恩格斯全集（第2卷）[M]. 北京：人民出版社，2012：199.

[8] 沈永福，王茜 . 金融危机引发西方学者对个人主义的深刻反思 [J]. 红旗文稿，2014（4）.

[9] 诗婷 . 阿甘本的坚持：哲学家们在瘟疫中爆发，但是哲学呢？ [EB/OL]. (2020–03–31). https://www.dushu.com/news/13069.

[10] 习近平 . 团结合作是国际社会战胜疫情最有力武器 [J]. 求是，2020（8）.

[11] 乙图 . 美国确诊超42万死亡超1.4万，美媒斥：一些政客手上沾满了鲜血 [EB/OL]. (2020–04–09). https://baijiahao.baidu.com/s?id=1663450968237726634.

[12] 张朋辉 . 世卫专家：最让我震撼的是，每一个中国人 [N/OL]. 人民网 . (2020–03–01). http://m.haiwainet.cn/middle/3544611/2020/0301/content_31730916_1.html.

[13] 赵璧 ."英国为何还不"封城"？约翰逊在等什么？"[EB/OL]. 东方网 . (2020–03–22). https://baijiahao.baidu.com/s?id=1661842662939718685.

# 第二部分

# 教学研究与教学新模式

# 复合型外语专业研究生培养模式探析
## ——以中国政法大学为例

# An Analysis of the Training Mode for Postgraduate Majoring in Compound Foreign Language: A Case Study of China University of Political Science and Law

中国政法大学外国语学院　张艳萍

**摘　要**：随着中国参与国际竞争与合作的日益密切，要求外语专业研究生教育顺应时代发展，为社会经济发展和国际交流提供涉外国际化人才。为此，结合外语专业研究生培养质量的新问题，改革传统外语专业研究生培养模式，根据学校学科优势和社会需求，建设复合型外语专业研究生培养模式，将成为高校外语专业研究生培养的应有之义。

**关键词**：复合型　外语专业　研究生　培养模式　建设

**Abstract**: As China involves increasingly more in international competition and cooperation, professional postgraduate education of the study of languages is even needed to meet the development of the times and to provide international talents for social and economic development and international exchange. This article follows the new goal for postgraduate training in the study of languages, and suggests a way to reconstruct the traditional model according to a university's disciplinary advantages and social needs. Developing a training model of compound foreign language will become the priority for postgraduate training in the study of languages.

**Key words**: Compound foreign language　Major in the Study of Languages　Postgraduate Training Model Development

## 一、建设复合型外语专业研究生培养模式的必要性

### 1.1 高等教育的发展趋势

随着研究生教育面向国际化培养目标的明确，高校各学科都将培养学生国际化视野和沟通能力作为人才培养质量的关键因素。在大学生外语水平普遍提高的背景下，非外语专业学生将外语尤其是英语，作为沟通工具的掌握能力大幅提高。这对原有以“工具”意识为培养目标的外国语言文学专业的生存和发展带来了极大挑战，外语专业研究生培养模式

改革已经势在必行。

**1.2 社会需求的要求**

较长时间以来，高校外国语言文学专业“工具”意识较为突出，人才培养目标更多的是提高外语学生对外语使用的熟练性和技能性。为此，外语人才培养模式主要集中于单一语言和文化领域，形成“外语＋文学”和“外语＋语言学”两个主要培养方向，这一培养模式一直延续到研究生培养阶段。（杜国英、秦怡，2018：168）随着社会需求的多元化，原来外语专业学生语言技能的优势和特点日益减弱，外语专业学生的市场竞争力受到较大的挑战。因此，如何培养跨学科、跨文化交际能力的特色化、复合型外语专业人才，充分发挥外语专业学生在某一专业领域的语言专长，成为外语专业研究生培养的思考命题。

**1.3 国家战略的需要**

随着中国参与国际竞争的日益深入，国际交流和交往愈加活跃。国家急需一大批涉外专业人才，以帮助中国企业或个人更好地适应和利用国际规则，参与国际事务，而目前熟悉和擅长这一领域的人才少之又少。为适应国家和社会需求，随着中国政法大学成为复合型、应用型、涉外型“卓越法律人才”教育培养基地，无论是国家战略层面还是社会各行各业需求，都急需外语水平高、通晓法律的高端人才。学院近年来开展研究生专业培养模式改革，逐步形成了以立足学院雄厚的外语教学资源，依托学校法学优势学科教育，以培养传承中西文化、语言基础扎实、知识结构完善、具有跨文化交流能力的“外语＋法律”的复合型人才培养模式，并在人才培养方案、社会实习、实践和学术研究等各方面进行了改革和设计。通过几年来的教学科研实践和社会用人单位对学生社会满意度的反馈，也进一步证明了建设跨学科、复合型外语专业研究生培养模式的合理性和必要性。

## 二、“外语＋法律”复合型研究生培养模式的特点

作为具有外国语言文学专业一级硕士点授予权的教学科研单位，学院的研究生人才培养主要包括学术型研究生（MA）和专业型研究生（MTI）两类，近年来学院着力于研究生专业培养模式改革，逐步形成了具有跨文化交流能力的“外语＋法律”的复合型人才培养模式的学科特色。

**2.1 MA 学术型研究生培养模式的特点**

2.1.1 MA 学术型研究生培养实行“双轨并行制”

作为语言文学学科，向其他语言类名校看齐，努力夯实外国语言文学学科本体，持续发展语言学科基础和传统方向；同时结合我校法学优势，深入培育和发展“外语＋法律”交叉学科群，主要包括法律语言学、法律翻译、法律文学研究等，以打造鲜明的学术亮点和有潜力的学科增长点。

2.1.2 注重学科之间的交融与并行发展

近年来 MA 学术型研究生培养主要着力于开展语言学、翻译学、文学与法学之间的跨学科、多视角研究，注重学生外语语言基本素质培养与法学专业研究的融合，其中学院的法律语言学、法律翻译方向的研究生培养模式已经在学术界形成了自己的特色，产出了一批在国内学术界比较有影响力的学术成果，在国内学界处于领先地位。

2.1.3 建设一批具有外国语言文学与法学的跨学科、复合型学术背景的师资团队

“外语＋法律”复合型人才培养模式“要求外语教师既要具备优秀的语言基本素质，又要有过硬的法律专业知识和能力”（李立，2011：139），使教师能够开展国际法律语言、

翻译与文化领域的创新研究。目前学院已经培养了一支具备外语和法学双教育背景的师资团队，也产出一批较有影响的学术成果，今后还将大力培养兼备"外语＋法律"复合型教师队伍。

2.1.4 具备开展"外语＋法律"复合型研究生培养的条件

学院处于浓郁的法学学术氛围中，能够充分利用法学优势资源，与法学教师联合培养并进行学术合作的条件比较便利，外语教师进行法学知识的培训和学习比较容易；学院具有丰富的研究生培养经验。学院承担全校的法学专业研究生英语教学，使得学院在很早以前就注重研究生外语教学与法学的结合，这给外语专业研究生的"外语＋法律"特色培养提供了客观基础；在外语专业学生的培养中，学院也具有培养英语、德语、俄语、法语等多语种优势，有活跃的教学研究队伍和丰富的研究生培养经验，能够在跨学科研究和教学方面顺利开展工作。

**2.2 MTI 专业型硕士培养模式的特点**

2.2.1 聚焦法律翻译人才培养

在提高学生翻译技能的同时，注重培养专业化、职业化的高端法律翻译人才。MTI 专业硕士学制 2 年，通过 2 年的研究生培养，努力使学生获得从事翻译工作所必需的中英文语言知识和文化知识；习得正确的翻译方法、翻译标准和翻译规范；具备从事翻译所需的百科知识和信息技术知识；使学生掌握从事法律翻译所必需的中国和西方法律文化、法律专业基础知识，以及其他翻译活动经常涉及的相关背景知识和文化；使学生具有较强的团队协作能力和可持续发展的学习能力，能够主动适应国家经济、文化和法治建设的需要。

2.2.2 课程设置突出法律翻译专业特色

课程设置在符合《翻译硕士专业学位研究生教育指导性培养方案》要求的基础上，突出法律翻译特色，注重法律知识、翻译技能、英语语言和文化的融通。半数以上课程与法律翻译相关，如："英美法律制度""法律案例阅读与翻译""法律术语翻译""法律文书翻译""合同翻译""法律专题笔译""法庭口译"等，其中"法律案例阅读与翻译"为校级精品课程。（参见教育部 MTI 教育指导委员会关于中国政法大学 MTI 学位点简介）

2.2.3 注重学生的实践性培养

MTI 专业型硕士主要致力于培养学生法律翻译口笔译能力，在培养环节中大多采用实践研讨式、辩论式、职场模拟式教学方式，强化案例教学；除传统教学手段外，运用现代化电子信息技术如网络技术、口笔译实验室、多媒体教室等设备开展教学；法律笔译课程采用项目式授课，将法学类职业翻译工作内容引入课堂，加强法律翻译技能训练的真实感和实用性；聘请有实践经验的高级译员或与法律翻译相关的专业人士为学生上课及开设讲座；重视实习实践环节。强调翻译实践能力的培养和翻译案例的分析，翻译实践贯穿教学全过程；学院利用社会力量建立了十余个实习基地，要求学生在基地有 4 个月的集中实习和 2 个月的个人实习，将此作为学生课程考核的重要指标，提高学生的实践能力。（参考 2019 年中国政法大学翻译硕士专业学位研究生培养方案（专业代码：055100））

2.2.4 强调专业融合

MTI 在人才培养中注重引入社会力量，聘请了多领域、跨学科的专业人士作为校外导师与学院共同培养学生。学院现有兼职导师包括（法律）翻译界资深人士、法学家、翻译家、联合国译员、国际组织代表、法学类双语杂志译审、资深涉外律师、企业涉外法律顾问、语言服务机构专职译员等。兼职导师长期从事翻译实务或法律翻译服务，熟悉翻译市场，专业经验丰富；兼职导师以讲座、集中授课、实习指导、合作承担项目、合作指导论文等不同方式，直接参与我校 MTI 人才培养的全过程。

# 三、建设复合型外语专业研究生培养模式的几点建议

当前以夯实基础、凸显特色为内容的外语专业培养模式改革，成为很多高校外语专业研究生培养的重要路径和提升学科影响力的重要手段。以作者所在学院为例，近年来积极建设“外语＋法律”复合型研究生培养模式，强调外语学科主流地位的同时彰显法律特色。在建设过程中，我们认真调研兄弟单位的成功经验，咨询国内外同行专家建议，总结出一些经验和建议，力图为外语专业研究生培养工作提供些启示和帮助。

**3.1 处理好本位与特色的关系问题**

凸显外语与法律“双轨并行制”培养的优势，注重高水平建设工作。首先要强调外语本位，学生要精通专业外语，熟练掌握一门第二外语，掌握利用外语从事文献调研、资料查询、调查研究、数据分析等所需要的工具性知识。其次，使学生具备较深厚的人文素养，掌握法学基础理论知识，培养能够从事学术研究、翻译、涉外法务等方面的工作且具有国际交往能力的复合型人才。要始终坚持以“入主流，显特色”作为贯穿研究生人才培养以一贯制的理念。

**3.2 提升教师跨学科领域的科研能力和科研水平**

要加强法律外语教师队伍培训和建设；制定切实可行的激励机制，鼓励骨干教师及学科带头人投入更多的精力研究高水平研究论文和科研课题；组织课题策划、统筹学术团队申请国家与省部级的科研项目，促进高水平科研成果的产出，争取更多的省部级以上科研奖项。

**3.3 调整学科布局，平衡各语种之间的发展**

充实外国语言文学的主流方向建设，进一步加强德、俄、法语言文学学术队伍建设，进一步拓宽法律外语特色方向，增强法律外语服务能力；以学科研究领域设置学科研究方向，以寻求各研究方向师资力量和各语种的均衡发展。鼓励打破语种界限，在一级学科层面上设置部分课程、跨语种策划高水平的团队项目。

**3.4 增强研究生教育的国际化水平**

学生的国际化水平是衡量研究生培养质量的重要指标。要加强国际交流与合作平台建设，进一步提高研究生教育的国际化程度，拓展学生国际视野和参与国际组织的机会和能力；加强教师的国际学术影响力，给教师创造更多出国交流学习的机会，推荐教师在国际学术舞台上发声；积极参与和筹办有影响力的国际学术会议，提升学科在语言和涉外法律领域的影响力。

# 参考文献

[1] 杜国英，秦怡 . 外语专业研究生创新能力的跨学科培养探究 [J]. 开封教育学院学报，2018（04）：168.

[2] 李立 . 法律英语教师发展模式探析 [J]. 中国 ESP 研究，2011（02）：139.

[3] 中国政法大学翻译硕士专业学位研究生培养方案（2019 年，专业代码：055100）.

[4] 教育部 MTI 教育指导委员会关于中国政法大学 MTI 学位点简介（http://cnti.gdufs.edu.cn）.

# 着眼改革　提升军队院校研究生英语实际运用能力

# Reform of Postgraduate English Teaching in Military Universities to Develop Students' English Communicative Competence

国防大学国际防务学院　高　波　边菲斐

**摘　要**：本文针对军队院校研究生英语教学的现状，结合英语教学的基本规律和学员实际情况，提出了“着眼英语综合运用能力，推动军事英语教学改革”的教学思路。具体做法主要有：1. 明确教学改革方向，突出英语综合运用能力；2. 探索新的教学模式，推行“四步融合式”研究生军事英语教学；3. 突出能力测评，建立多元化评价体系；4. 优化校园英语环境，拓宽交际能力实践平台。

**关键词**：军队院校研究生　英语教学改革　英语实际运用能力

**Abstract:** Aiming at the existing problems in postgraduate English teaching, this paper presents innovative teaching thought and brought forward concrete method to develop students' communicative competence in applying English, so that military postgudates will meet the needs of military modernization.

**Key words:** Postgraduates in Military Universities　English Teaching Reform　English Communicative Competence

军队院校的研究生英语教学和全国其他地方院校的同类教学同属于学位教育的范畴，但是在教学定位、教学对象、教学需求、教学条件和教学重点等方面都有其自身的特点。这些年，军队院校在英语教学中引入了许多先进的教学理念，借鉴地方的成功经验在一定程度上提高了教学效果。然而，各军队院校在研究生英语教学中仍然普遍面临着一些突出的问题，如课堂教学时间有限、学员的英语基础参差不齐、教材缺乏规范性、学员自主学习能力较弱、课堂外的教学互动严重不足、教学评估的科学性有待提高等。这些问题形成了制约进一步提高军事英语教学质量的瓶颈，军队院校的研究生英语教学在新形势下面临着新的困境（金开龙，2010）。英语教员也不得不重新思考自己的角色定位，重新审视传统的教学思路，积极探索如何完善自己的知识结构，实现向“复合型军事外语人才”的转型。

## 一、明确教学改革方向，突出英语综合运用能力

针对军队院校研究生英语教学的现状，我们结合英语教学的基本规律和学员实际情况，制定了具有国防大学特色的英语教学整体构想，提出了“着眼英语实际综合能力，推动军

事英语教学改革”的工作主线，借助校园网提供的信息平台努力构建以学生为中心的“军事英语综合实践课程”教学体系。传统教学中条条框框划分过细，把英语听、说、读、写、译五种技能的训练人为地分割开。教学设置上过于偏重精读，对于需要投入大量时间和精力去实施的听说课程重视不够，导致学员学习压力大、应用能力弱，难以激发英语自主学习的兴趣和热情。外语组对国防大学研究生院2019级三个学员队进行了细致的调研，并设计了专门的针对性很强的调查问卷以最大范围了解教学对象对英语教学的意见和建议。随后，我组召开专题讨论会，集体对问卷提供的反馈信息进行研读和分析，最后选定“提高学员的交际能力”为教学改革的切入点，逐步把现有课程改造成军事英语综合实践课程。我们认为在英语教学中绝不能把“交际”的概念局限于口语交际，而是全方位的，主要可以概括为三个方面：运用英语口语和书面的交际能力、运用英语进行查找信息的能力和通过英语学习培养自身的人文精神及人文素质（Stryker，1997）。

确定了教学目标，我们又把焦点对准了广大研究生学员。如果把课堂比作一个大舞台，教员的角色更接近于编导，真正的主角永远都是学员。无论剧本看上去如何精彩，如果不能点燃每个演员心中学习的火焰，这个舞台都不会绽放出光彩。点燃火焰的前提只有一个：真正了解学员的特点、需求和感受，实现教员与学员之间的“心灵互动”（林骊珠，2007）。国防大学的研究生学员多数来自我军各基层部队，客观条件使得他们在工作期间没有合适的语言环境学习，所掌握的知识主要来自大学所学和考研突击，比照《研究生英语教学大纲》，他们在英语学习各个方面（听、说、读、写、译）都存在着急需解决的瓶颈问题，主要体现在以下几个方面：第一、知识侧重于实战，口语表达能力、听力水平相对较差；第二、缺乏英语文字功底，写、译能力较差（主要体现在：书写错误、语法错误、词汇量不够、表达单一）；第三、词汇储备、语法知识相对薄弱，影响着学员对英文文章的阅读理解。这些教学对象具有一定英语基础，但记忆力已逐渐减弱；对英语学习有热情、有期待，“面子观念”强，在课堂上不容易放松地参与教学活动；由于所考专业的不同，学员英语基础差距较大，入学英语成绩差距在二十分左右。

原因并不难找。学员的英语主要来自大学的学习，为了考研，绝大多数学员需参加补习班、突击班。在某种程度上，我们应该把考研的成绩理解为突击的成绩，而不是学员的真实成绩。突击的成绩大都存在片面性、临时性，最显著的表现是：学员具备了一定的答题能力、应试能力，但在听说、写译、阅读的基本能力上确有欠缺。

最初，我们有些教员一谈到教学就抱怨学员存在的种种不尽人意之处，总希望通过招生政策的调整来消除学员英语基础薄弱的教学障碍。教学组领导多次在教学讨论上引导大家站到更高的层面去看待问题和对待工作。最终大家逐渐统一了思想，认识到军事英语教学中遇到的许多问题不是英语教员造成的，也不可能通过我们的批评和抱怨就得以解决。我们能做的是运用自己的专业知识和英语学习经验去帮助不同基础的学员确定不同的学习目标，引导他们摸索适合自己的自主学习方法，在规定的学时中切实地使他们的综合英语交际能力得到不同程度的提高。

## 二、探索新的教学模式，推行“四步融合式”研究生军事英语教学

教学改革的关键是观念的改变和工作态度的转变。经过几轮的调研和思想碰撞，教学组人员结合本校实际情况分别提出了符合现代教育思想的“以学生为中心”“以人为本”“分

层次、个性化、自主式”教改理念，提出充分利用多媒体和现代化的教育手段，创新教学方法，推行“四步融合式”研究生军事英语教学。所谓“融合”首先是通过充分的教学互动实现教员与学员的融合；其次在课程设计上淡化精读、听力、口语和写作课程的界限，使之转化为“交际能力”培养链条中紧紧相扣的环节，实现教学内容的融合。该教学法分为四个步骤实施。第一步，使用难度适当的军政题材的听力材料把学员引入英语课堂。经过主要词汇讲解、重点句子的反复播放、基本信息问答和主要内容复述等环节，努力使学员对该专题有基本的了解，对重点词汇达到基本掌握的程度。第二步，结合操练过的听力材料，教员提供相关专题的精读材料，其中应体现听力材料中所学的重点词汇。此外，精读材料的难度应比听力材料高一个层次，语法现象丰富，以便学员在此教学环节中最大化规避新词汇的困扰，集中精力学习语法知识。有人认为传统的英语教学在语法讲解上投入的时间和精力过多，这种看法在成人英语教学中有失偏颇（顾忆华，2001）。语法是英语知识体系中最为理性、最有规律可循的部分，也是最能发挥成年学员的理解能力、归纳能力和分析能力优势的部分。同时，语法还是决定一个人英语综合交际能力的“隐形倍增器”，在听、说、读、写、译操练中都会潜移默化地提高学习效果。在该教学环节，教员结合材料重点讲解语法现象，引导学员学会在翻译操练中运用相应语法规则，切实提高其阅读外文材料获取信息和笔头翻译的交际能力。第三步，经过前两个环节的反复操练，学员对相关专题的背景知识和重点词汇已有初步掌握，具备了交流的基本能力。教员在此基础上选取某些角度提出几个讨论题，学员分组讨论后推选代表充当“发言人”在全班做口语交流汇报。该教学环节的重点是学员的口语交际能力，教学组织可以灵活多样，基本原则是鼓励所有学员都积极参与，如有可能可同时安排一至两名教员辅助主讲教员引导小组讨论。第四个教学环节的核心是学员在教员的引导和帮助下进行有效的自主学习。教员借助校园网的信息平台不但可以及时答疑解惑，还可以更快更便利地批改作业。教学组在学校的支持下加强了英语学习网站的建设，添加了大量的文本、音频、视频内容，常设的栏目包括“学习园地”“视听资料”“考试指南”“在线答疑”等。这样就实现了课堂教学与开放式自主学习的融合，文字教材与多媒体网络教学课件的结合。新的教学模式为学员提供了更多的选择，包括对学习内容的选择，以及对学习顺序、学习方式甚至学习时间的选择。这就为学员根据自己的英语基础和时间多少调整自己的课后学习计划提供了方便。

“四步融合式”研究生英语教学减轻了学员课堂上的压力，增强了听力、精读和口语教学内容之间的相互支撑，使课堂教学重点内容突出，学员操练更加充分，切实提高了教学效果。校园网上丰富的辅导材料，教师的及时答疑与课堂教学相辅相成，增强了学员学习英语的兴趣和积极性，提高了语言运用能力。

## 三、突出能力测评，建立多元化评价体系

考试是评价学员学习效果和教员教学效果的重要途径。无论教学模式怎样改革，如果离开了科学规范的评价体系，都无法保证改革取得预期的教学质量。英语水平考试名目繁多，以前各院校普遍要求学生参加大学英语四级和六级考试，现在也有的院校要求参与国家考试中心的 PETS 或教育部组织的大学英语六级考试。在认真研究各类考试的特点之后，我们结合课程改革对原有的评估体系进行了完善。首先我们根据学员的层次和课时总量进行分级教学和分级评估：军事学专业硕士在校时间短，培训要求比较宽泛，我们要求他们结业时英语达到“一般”应用水平；师团研究生的英语基础和军事学专业硕士接近，但是

英语的课时量明显增加，有条件在某些方面有所突破，因此我们要求他们在“读”和“译”的能力上达到“较高”水平；统招硕士和博士是学员的主体，也是衡量院校研究生教育质量的重要评估群体。他们普遍具有较好的英语基础，在校学习时间充裕。我们要求这类学员通过学习在英语综合应用能力上达到“较高”水平，尤其是口语交际能力要达到更高的要求。在平时的教学中，我们针对各类学员的评估重点设计教案、布置作业，力求使考试和施教两个环节顺畅衔接。其次，我们改变了传统的“终结性评估”为主的做法，强调“形成性评估”与“终结性评估”相结合，把简单地给出一个考试成绩变为分项评估，以便为学生的自主学习提供个性化的帮助。“形成性评估”主要依据学生的课堂考勤、课文预习、课堂表现、作业情况评定，占课程总成绩的 30%。这一规定不仅避免了考试中的偶然性，还起到督促学员平时认真学好每一课的作用。“终结性评估”的主要形式是学校举办的课程考试，其中的主观题型所占比例不低于 50%，着重考查学生的翻译和写作能力。统招硕士和博士生班还加入了北京市高等教育学会研究生英语教学研究分会组织的标准化英语考试。课程考试和标准化考试成绩各占课程总成绩的 40% 和 30%。

## 四、优化校园英语环境，拓宽交际能力实践平台

英语是一门实践性很强的课程，尤其是英语综合运用能力的提高离不开良好的英语学习环境。以前，国大研究生学员都是按照“学员队”的建制实施管理，上课也是各队分开施教，学校也没有系统化、制度化的第二课堂活动，学员普遍感到缺少英语实践的机会。针对这些不足，我们在研究生队积极营造浓厚的英语学习氛围，定期组织学员收看英语大片，结合电影赏析举行“电影对白比赛”；利用晚上的自习时间举办英语专题讲座，介绍英语学习方法、外军著名将领、英语典故、词汇溯源等知识，拓宽学员的视野，提升他们的英语素质；利用节假日，组织学员参观奥运村、世界公园等景观，开展“谁是最佳导游”评比等活动。这些措施不但激发了学员学英语、练英语的热情，还在不知不觉中提高了他们的人文素质。

着眼“培养一流的联合作战指挥人才，建设世界一流的综合性联合指挥大学”的长远目标，国防大学领导非常重视提高教员的综合素质，包括外语素质，举办了“在职干部英语学习班”，同时还将外请北京外国语大学、“新东方”的知名教师来讲课或研讨，并组织高级班的参训人员到我校负责培训外军学员的国际防务学院进行学术交流，逐渐实现内训与外训的良性互动。每年，我校承担的外事接待任务很重，这也为广大教员和学员提供了一个很好的英语交流平台。我们将继续探索更多更好的途径，充分整合各种教学资源，引导和帮助学员切实提高英语综合应用能力，使国防大学的英语教学适应新形势和新要求。

## 参考文献

[1] Stryker S B, Leaver B L. Content-based instruction in foreign education [M].Washington: Georgetown University Press, 1997: 269–275.

[2] 顾忆华 . 基于 CBI 教学理念的高职高专 ESP 教学模式探讨 [J]. 外国语文，2011（10）：134–137.

[3] 军校学员英语学习应有“军 ”味 [J]. 海军工程大学学报，2010（1）：73–76.

[4] 军队院校大学英语教学新理念 [J]. 高等教育研究学报，2007（3）：51–53.

# 非英语专业博士研究生英语教学大纲研究——以中国疾病预防控制中心博士研究生英语教学大纲为例

# The English Teaching Syllabus for PhD Candidates of the Chinese Center for Disease Control and Prevention

中国疾病预防控制中心研究生院 殷红梅 罗会明 戴 政 朱永芳
刘学通 屈水令 张 甲 成 遥 何 敏

**摘 要：** 本文从教学和教学大纲制定 / 修订等实际工作经验出发，应用定性的方法，对非英语专业博士研究生英语教学大纲制定 / 修订进行实证研究，探索和总结了制定 / 修订博士生英语教学大纲工作的有效路径，为优化大纲和利用资源提供了参考和依据，也可为承担非英语专业博士研究生大纲任务的其他院校提供参考。

**关键词：** 博士生 公共英语 专业英语 教学大纲制定 / 修订

**Abstract:** Based on the previous practical experience of teaching and syllabus planning, empirical researches are conducted for its further development, formulation and revision of general/public English teaching syllabus and ESP/professional English teaching syllabus for non-English majored PhD candidates by using qualitative method. The study has explored and summarized an effective way for developing and revising the English syllabus, provided references for optimizing syllabuses and utilizing resources. It may also supply implication for other universities and institutions to undertake the tasks of doctoral program for non-English majors.

**Key words:** doctoral candidate general English professional/specialized English teaching syllabus development and revision

## 一、博士研究生公共学术英语和专业英语教学大纲研究与工作回顾

### 1.1 背景

中国疾病预防控制中心（The Chinese Center for Disease Control and Prevention，以下简称 CDC）博士生英语教学属于非英语专业博士生 ESP 英语教学，博士生英语学位课程

包括以学术英语为导向的公共英语和专业英语两个部分。其专业背景分别属于基础医学和预防医学专业背景，主要包括基础医学、流行病学与卫生统计学、卫生学和放射医学等3大类。

CDC研究生院一直都极为重视研究生英语教学大纲的制定/修订和更新工作，从2004年首次制定自己的硕士、博士研究生英语教学大纲起，每3~5年左右更新一次，并且持续进行相关的调查和统计工作，形成连续的数据库，为后续修订大纲提供支持。特别是2010年，我们将博士研究生公共英语课程改为学术英语写作（English Academic Writing，EAW）之后，逐步完善和建立了一套较为完善、科学和规范的硕士、博士研究生公共英语和专业英语教学大纲的研究、制定、修订与更新机制，力图使大纲既有宏观格局又具备微观特色，并以此为依据构建和完善CDC研究生公共卫生领域公共英语和专业英语教学体系。

本文从2017和2018年CDC博士研究生公共英语和专业英语教学大纲的工作经验出发，对非英语专业博士研究生英语教学大纲的制定/修订的研究作简要介绍，其目的一是探索和总结制定/修订博士生教学大纲工作的有效路径，二是为优化大纲和利用资源提供参考和依据，三是为承担非英语专业博士研究生大纲任务其他院校提供参考。

**1.2 方法**

1）在制定和修订大纲之前，本研究中使用了三种数据收集工具：对二年级研究生进行问卷调查，安排语言教师和学科专家进行访谈，同时进行课堂观察，收集必要的数据，并对数据进行定性分析。

2）针对北京市高校研究生英语教学大纲制定和实施情况进行调研。

3）执行规范、科学的大纲编写和修订过程，主要包括起草、函审、研讨、定稿和发布等步骤。

**1.3 结果**

1.3.1 问卷与访谈

2014—2016年，分别在博士研究生二年级第二学年末，每级随机选取50名博士生进行了问卷调查，这一时期，他们已在第一学期经完成了公共学术英语学习和考试，大部分博士生已经结束或将要结束专业英语课程，并且进科室进行学科课题研究也有一年半（三个学期）的时间，因此他们对英语学习已经有了较为深刻的了解和体验。问卷调查的目的是了解博士生所学专业、专业英语需求和英语技能等情况（见表1）。数据显示，被调查的学生需要ESP学习（即基础医学和预防医学专业英语），以完成他们的学业。从表1中可以看出，由于CDC工作的特殊性，很多博士生在对专业英语的需求上并非仅仅局限于其所学专业，特别是预防医学专业博士生很多也需要基础医学专业英语。以2014级博士生为例，虽然基础医学的博士生只调查了24人，但需要基础医学专业英语的博士生高达36人；而在英语技能需求上，他们需要发展所有的听说读写四项技能（翻译穿插其中），阅读和写作两项需求人数最多，这两项应该是阅读和探索科学出版物和撰写科学报告的首要任务，同时他们也需要良好的口语以进行国际会议或其他国际交流。研究结果也证实了任务型教学大纲更能适合CDC博士生的英语学习的假设，因为这种教学大纲可以为他们提供大量的靶向性任务，整合所有的语言技能，提高准确性和流利性。

表 1　2014—2016 年度二年级博士研究生问卷调查结果

| 调查内容<br>调查年度 | 所学专业（人数） | | 专业英语需求（人数） | | 英语技能需求（人数） | | | | |
|---|---|---|---|---|---|---|---|---|---|
| | 基础医学 | 预防医学 | 基础医学 | 预防医学 | 阅读 | 写作 | 听力 | 口语 | 翻译 |
| 2014 | 24 | 26 | 36 | 28 | 40 | 44 | 38 | 36 | 30 |
| 2015 | 25 | 25 | 34 | 28 | 46 | 48 | 36 | 32 | 31 |
| 2016 | 25 | 25 | 34 | 24 | 45 | 47 | 37 | 38 | 25 |
| 合计 | 74 | 76 | 104 | 80 | 131 | 139 | 111 | 106 | 86 |

在对语言教师进行的结构化访谈中，他们首先了解和讨论了本研究对博士生的问卷和课堂观察情况，结合教学要求和经验，赋予了在基础 / 公共学术英语教学和专业英语教学中，阅读、写作、听力、口语、翻译等五种技能的不同权重，以实现五种技能在 2 个不同阶段教学中的有机结合和侧重（见表 2），并且提出博士生基础课阶段的基础学术英语教学和专业课题研究阶段的专业英语教学要循序渐进、各阶段的特点要突出，两个阶段进行有机的系统化统一。语言教师赞成设计基于纲领性与任务性的教学大纲，他们认为这种教学大纲有利于组织教学，也最适合研究中的 ESP 语境。同时，仍然一致赞同原国家教育委员会首次、也是唯一一次于 1992 年 10 月发布的教学大纲的经典性、权威性和远瞻性，建议可以以此为蓝本。

表 2　基础学术英语教学与专业英语教学权重

| 分类 | 基础学术英语教学 | | | | | 专业英语教学 | | | | |
|---|---|---|---|---|---|---|---|---|---|---|
| | 阅读 | 写作 | 听力 | 口语 | 翻译 | 阅读 | 写作 | 听力 | 口语 | 翻译 |
| 权重 | 0.7 | 0.5 | 0.8 | 0.6 | 0.2 | 0.3 | 0.5 | 0.2 | 0.4 | 0.8 |

（注：五种技能在基础学术英语教学和专业英语教学中的权重之和均为 1。）

从表 1 中可以看出博士生在两个阶段对各项技能的实际需求变化。以阅读为例，在基础学术英语教学和专业英语教学中的权重分别为 0.7 和 0.3，说明阅读教学应更多地在基础学术英语教学中进行。值得关注的是翻译，在基础学术英语教学和专业英语教学中的权重分别为 0.2 和 0.8，说明 80% 的翻译教学工作应在专业英语教学阶段开展，这也在一定程度上契合了本阶段的特点，即在此阶段，博士生需要大量的阅读英文文献和部分英译汉工作，汉语论文的摘要也需要英文，同时还要撰写和发表英语文章，有时需要进行英-汉互译或转化。

与学科专家进行了另一次结构化访谈，前面的语言教师一起在座，他们都认为这将是非常有益的一步。这些学科专家都是博士生导师，有的专家还负责专业英语课教学工作，他们了解培养学生的专业需求、愿望和短板；同时，他们工作中使用英语，并且亲身体验了自己的职业成长生涯，这些都非常有利于本研究的顺利开展。学科专家们认为，博士生不仅需要用英语阅读和理解科学出版物和文章，还需要参加英语口语讨论，用于与外国同事的交流或参加国际会议等，还需要在国际专业刊物上发表文章。此外，学科专家对于与语言教师合作的想法表现出了高度的积极态度，他们相信这一步无疑会带来有益的结果。参与本研究的学科专家也主张设计一种纲领性和任务性相结合的教学大纲，他们认为这种教学大纲综合了所有的语言技能，能有效提高 ESP 的准确性和流利性。

1.3.2 针对北京市高校研究生英语教学大纲制定和实施情况进行调研

2017 年 3—7 月，对国内的 21 所高校博士研究生英语教学大纲情况的调研结果显示，公共英语课大多转型为公共学术英语，在已经制定博士研究生英语教学大纲的院校中，基本存在两种情况：66.67% 的高校（14/21）直接采用课程教学基本要求和计划来代替课程统一的教学大纲，只有 33.33% 的高校（7/21）结合本校课程教学的基本要求，以 92 国大纲为依据，制定了博士研究生英语教学大纲。专业英语教学大纲，各校的情况不太一样，但是有博士专业英语教学大纲的也是参照了 92 国大纲的专业英语部分进行了重新设置，大多比较简洁。

1.3.3 大纲修订 / 更新和制定过程

Hutchinson and Waters（1987）认为 ESP 教学大纲有多种类型以适应不同的学习情境，但是“不管是什么类型的教学大纲，都必须在一定的标准基础上制定”（Harmer, 2001），以确定如何选择大纲类型以及组织、排序和合理阐述大纲内容等（Dubin & Olshtain，1986）。Harmer（2007）认为 ESP 教师 / 教学大纲设计者应考虑四个标准：教学大纲的内容不应超过学习者的能力水平；教学大纲的语言必须是真实、有效的；大纲的内容必须符合提出的目标和目的；教学大纲的内容应该能激发和提高学习者的兴趣。

大纲以纲要的形式规定了课程的教学目的、任务，知识、技能的范围、深度与体系结构和教学法的基本要求；无论是教材的编写、教学参考书和备课内容的选编，授课计划和教学进度的制定，还是学生成绩考核，教师教学质量检查及课程评估都要以教学大纲为依据。制定教学大纲的基本原则是：结合科学体系和教学法特点，建立系统的学科体系；体现科学性与思想性结合、理论联系实际的原则；要有相对的稳定性，又要不断更新。

在学习制定大纲理论和调查研究的基础上，CDC 研究生院英语教研室负责大纲的起草工作，对将博士公共英语和专业英语综合在一起的 2014 年版的大纲修订和更新，并且重新起草了博士专业英语教学大纲；随后成立了由同属北京市研究生英语教学研究会会员单位的十几所高等院校的语言专家和 CDC 学科专家组成的专家组，用德尔菲法（Delphi）进行了两轮专家函审；然后分别召开了专家研讨会和定稿会。最终由 CDC 研究生院发布了《中国疾病预防控制中心博士研究生公共英语教学大纲（2017 年版）》（见附录一）和《中国疾病预防控制中心博士研究生专业英语指导性教学大纲（2018 年版）》（见附录二）。两个大纲彼此相辅相成又相互独立。

1.3.4 大纲的执行

无论是基于内容与结构的、基于任务与功能概念的教学大纲，还是教学过程中的重要文件，ESP 教学大纲都应该是灵活的、开放的、不断修改的。教学大纲，从其制定、修订 / 更新到实施，是一项严肃的系统工程，博士公共学术英语和专业英语教学大纲中都规定：教师或课程设计人必须选择合适的教材，并且每一学期教师都必须根据本大纲要求，制定详细的任务性教学计划和教学进度。这些是整个博士生英语教学大纲的有机组成部分。

**1.4 讨论**

1.4.1 制定大纲的理论基础和学科跟进

研究生英语教学是研究生整个培养过程中的一个重要组成部分，教学大纲的制定 / 修订是一项具备科学性及严肃性的工作，需要具有相关的理论基础如语言研究理论、大纲编写理论、教学法理论和测试理论等（殷红梅等，2017）。同时，英语作为支持专业学科发展的语言交流工具和载体，需要跟进学科发展的步伐，及时或适时进行修订，为教师的教学和教改提供指导和依据，满足博士生的学术和专业需要。

1.4.2 以读促写的教学策略

虽然我国目前对 SCI 论文的发表存在很多争议，但现阶段在 SCI 收录杂志上发表论文仍然是衡量个人、单位学术水平的一个重要标志，从促进发表 SCI 论文以及提高研究生科研能力的角度出发，公共英语和专业英语大纲都体现出要从注重培养研究生阅读能力的教学模式，转化为以读促写的教学策略（姜琳琳、殷红梅，2018），通过写作视角的阅读来学习和掌握医学英文摘要、学术报告、会议交流论文、SCI 论文篇章等不同类型英语写作的步骤、方法、语篇构建和文体风格等相关学术论文的写作特点，把阅读作为开展 EAW 教学的重要的辅助和基础环节。

1.4.3 以专业拓展为方向的教师"转型"

学术英语实际上应该介于公共英语和专业英语二者之间，在研究生中开展学术英语教学，其侧重点还是在英语语言技能，而非纯粹"学术"，是借助学术论文开展英语教学，但这也仍然需要教师完成某种程度的"转型"。

## 二、附录一：中国疾病预防控制中心博士研究生公共英语教学大纲（2017 年版）

**2.1 总则**

按照《中华人民共和国学位条例暂行实施办法》的要求，依据教育部《关于全面提高高等教育质量的若干意见》（教高 [2012] 4 号）的精神，参照原国家教育委员会《非英语专业研究生英语（第一外语）教学大纲（试行稿）》，结合中国疾病预防控制中心博士研究生的学习现状和学科发展形势，为进一步规范博士研究生英语教学工作，保证英语教学质量和提高博士研究生的英语水平及其应用能力，特制定《中国疾病预防控制中心博士研究生公共英语教学大纲（2017 年版）》。

中国疾病预防控制中心博士研究生（以下简称博士生）英语教学属于非英语专业博士生英语教学，旨在使博士生能够更好地掌握英语，能够用英语进行专业学习、研究和国际交流，从国外引进先进的理念和技术，向世界推出自己的科研成果，以满足新世纪对高层次人才英语能力的要求。

**2.2 教学对象**

中国疾病预防控制中心博士生（英语入学水平原则上应达到或高于硕士生学位英语的水平）。

**2.3 教学目的**

学习和习得在英语语境中进行实用交流和基本科研活动的语言能力，提高英语技能，即培养博士生具有熟练的听说能力和阅读能力、较好的写译能力，熟练地应用英语进行专业研究、较好地进行学术交流。进一步在拓展英语文化背景知识的策略上，习得得体的语言行为。

**2.4 教学安排**

博士生公共英语课程的教学和考核由中心研究生主管部门组织实施。

2.4.1 课程性质

公共英语是博士生必修学位课程。不得申请免修或免考。

2.4.2 教学时数

博士公共英语教学时数为 60 学时，共 3 个学分。

博士公共英语课程包括三大模块（课型）：阅读、学术论文写作、听说，原则上按 1∶1∶1 比例分配授课学时。

2.4.3 授课方式

根据博士生英语水平的实际情况和培养目标，教学采取分课型授课的方法，并注重各课型之间的互动，提高博士生英语的综合能力。

2.4.4 教学内容

博士公共英语教学内容主要包括：人文名篇阅读、生物医学论文写作与国际会议交流、医学健康听说等。教学内容以教学计划中指定的教材和教学资料为主，教学要求根据教学形式、专业特点、教师专长和博士生的需求另行补充教学内容。

**2.5 课程主要内容**

2.5.1 阅读课型

1. 阅读资料要体现先进性、针对性、实用性、知识性与学术性。应在医学人文，特别是基础医学、公共卫生与预防医学人文方面有所侧重。培养博士生娴熟地使用英语，拓展视野，提高其阅读英语文献的能力，使其能够较好地运用英语进行学术交流。

2. 通过阅读，扩展词汇量，了解跨文化知识。通过语篇分析，提升语篇学习与应用能力。通过体裁多样的阅读，结合文章分析评论报告、口语讨论和辩论等听说活动，从而为模拟学术研讨提供话题、为学术论文写作练习提供素材。

3. 阅读实践需研读和博览并重，即准确理解与大量获取兼顾。博士生在学习期间，总文献阅读量不低于 50 万词，理解性掌握至少 8 000 个常用词及 700 个词组，复用性掌握至少 4 000 个基本词。至少认识 200 个词根和词缀，并能根据构词法识别派生词。

2.5.2 写作课型

1. 博士生的写作主要涉及应用文、学术论文及国际信息交流等方面。

2. 博士生英语写作能力的培养主要通过组句成段、组段成章等循序渐进的训练，强化语篇能力和学术写作能力（如国际函电基本类型、论文的各章节及相关的功能篇章、主要的论文结构类型、会议研讨中各种功能用语、评论或评估报告等），使博士生能够较熟练地进行英语基本写作，在一小时内写出 300 词以上的短文或尝试用英语撰写学术论文，并且语法正确，语言流畅，基本符合英语表达习惯。

2.5.3 听说课型

1. 提高博士生在科研工作和活动语境下的听说技能。听力和口语这两个技能之间的关系很紧密，口语训练是听力训练的延伸和发展。要求博士生在课堂上积极参与，教师做必要的指导。

2. 博士生听说教学侧重国际会议程序模拟，如：预读试讲、演讲开场、展开表达、结束演讲、现场提问、即席答辩、专业交谈，乃至组织会议、主持讨论、会后电话联系等，在这些过程中基本上能用英语表达自己的见解。

3. 能一遍听懂语速为每分钟 150 个词的一般性题材和科普材料，理解中心思想和主要内容；对一般原版视频节目能听懂大意；能基本听懂一般性的专业学术报告，并做简要笔记；能进行一般性的学术对话，基本上能表达清楚自己的学术见解。

此外，在阅读和写作两大课型的教学内容中，通过适当的翻译训练，巩固并掌握基本的英译汉 / 汉译英的翻译技巧，了解以应用文和学术论文为重点的文体翻译，逐步提高翻译的“信、达、雅”综合水平。具体包括：

英译汉：能借助词典将难度较大、结构复杂的英文文章译成汉语，要求理解正确、译文通顺达意、速度每小时 350 个英文单词左右；汉译英：能借助词典，将中等难度的短文译成英语，要求语法正确、语言流畅、基本符合英语表达习惯、速度每小时 300 个汉字左右。

**2.6 考核方式和标准**

博士生需在修完公共英语课程后，参加学位课程考试和北京市研究生英语学位课统考（以下简称北京市统考）。学位课程考试采取笔试、口试与过程测评相结合的方式。

1. 博士生的公共英语考试或考核均为水平测试，全面反映本大纲的各项教学要求，其目的在于科学、客观、公正地测试和评价博士生掌握和运用英语语言的实际能力。

2. 博士生英语的总成绩采用百分制，70 分为及格。成绩合格者取得相应学分；不及格者需申请重修重考。

3. 成绩评定标准

总成绩（100%）= 期末课程考试成绩（50%）+ 北京市统考客观题成绩（35%）+ 听说口试成绩（5%）+ 课堂表现与平时作业成绩（10%）。

其中，课堂表现与平时作业包括小组交流 / 讨论、小组集体创作、个人陈述、个人展示、总结发言、平时作业、课堂笔记、论文写作、平时测验、课堂表现等。

**2.7 教学要求**

教师应根据本大纲要求，制订教学计划、教学进度，认真备课和授课，并根据博士生的培养目标和各班博士生的实际需求，在教学过程中调整教材内容、设计教学方案并补充教学内容。

2.7.1 总体要求

英语能力的提高关键在于构建各种概念和理念，通过理论学习和兴趣盎然的语言活动，内化语言，习得技能；通过积极的教学改革，将教与学静止的过程转变为动态过程。在教与学的各种活动中提高博士生主动分析、归纳、总结的语言能力，提高博士生的自我语言活动能力和活动中的团队合作精神。

2.7.2 具体要求

博士公共英语教学需要综合、多层面地利用教材在语言理论学习、语言技能训练等各方面的互动作用；要通过课堂教学、多媒体辅助教学以及其他各类教学手段，使其听、说、读、写等语言技能得到均衡发展，并使其英语综合运用能力得到提高。

在博士生公共英语教学中应以语言共核理论为指导，引导不同专业背景和专业方向的博士生研究学习并掌握通用学术英语。

**2.8 教学注意事项**

博士生公共英语要在巩固博士生语言基础知识体系的同时，进一步从跨文化视角培养博士生的交际能力、扩展博士生的学术视野。学习公共英语的博士生来自不同的专业，这对公共英语教师提出了很高的要求，教师要努力结合专业英语的共性特点，探索积极可行的教学途径和方法。

2.8.1 正确处理读、写、译、听、说的关系

在博士生公共英语教学中，读、写、译、听、说各部分是相辅相成的，例如：较好的阅读和听力（输入能力）是提高写作、口语和翻译（输出能力）的基础；翻译要创造性地转换两种语言，综合地融入语言、文化等各层面的因子，因此在一定程度上是读、写的升华等。随着博士生在对外交流和科技文化共享方面的机会增多，对英语综合技能要求更高。因此，在整体英语教学中注重读、写、译、听、说的有机融合与相互促进具有重要作用，在教学上应正确处理以上各项技能培养之间的方式方法，而不能将其割裂开来。

2.8.2 注重课堂教学与课外学习活动相结合

课堂教学和活动时间有限，课堂教学须带动课外学习活动。课堂教学为课外作业等其

他语言活动奠定基础，课外学习活动延伸了课堂教学的内容。因此，要注意课堂教学与课外学习活动之间的衔接和互动。

2.8.3 改进教学方法

博士生英语的教学方法应从实际出发，讲究实效，博采众长，并在加强理论研究和不断实践总结的基础上，努力探索适合需求、科学、合理的英语教学方法方式。要根据不同对象、不同阶段和不同教学要求，采取不同的教学方法。但不论采用何种教学方法，都要以学生为中心，注重调动博士生的积极性和主动性，培养博士生的英语自主学习能力。

## 三、附录二：中国疾病预防控制中心博士研究生专业英语指导性教学大纲（2018 年版）

**3.1 总则**

按照《中华人民共和国学位条例》、《中华人民共和国学位条例暂行实施办法》及教育部《关于全面提高高等教育质量的若干意见》（教高 [2012] 4 号）要求，以教育部颁布的《非英语专业研究生英语教学大纲》为依据，结合中心博士研究生课程教学实际情况和学科发展需要，为进一步规范中心博士研究生专业英语教学工作，保证教学质量，提高博士研究生的专业英语水平及应用能力，特制定本指导性教学大纲。

**3.2 教学目的**

中心博士研究生（以下简称博士生）专业英语教学属于基于学科背景的非英语专业博士生专业英语教学性质，其教学目的是培养学生能够熟练地运用英语进行相关学科专业的学习、研究和学术交流，提高学生的实际应用能力。具体来说，即具有熟练的阅读和分析英语原文专业文献等资料的能力，能够用英语较好地撰写自身研究领域的学术性文章和论文，并且具有较好的英语听说等能力，可较流畅地进行本专业的国际学术交流等。从而使得博士生既能够汲取国外先进的理念和技术，为国家的科技发展做贡献，同时也能对外推广自身的科研成果，提高国际影响力。

**3.3 教学安排**

1. 课程编号：由中心研究生院审核后统一设置。
2. 课程类别 / 性质：专业课程（必修）。
3. 课程组织：博士生专业英语课程的教学和考核均由中心各单位（部门）承担。
4. 教学对象：中心在读博士生。对于暂未开设学术型硕士生专业英语课程的单位（部门），其学术型硕士生可选修博士生专业英语课程，但选课硕士生须已通过中心开设的公共英语必修课程考试。
5. 开课学期：由各单位（部门）根据实际情况确定，但应相对固定开课学期和时间安排。
6. 教学时数与学分：博士专业英语教学时数为 40 学时或以上；选课博士生通过考核可获得 2 个学分、硕士生 1 个学分。
7. 选课研究生须按规定参加专业英语课程的学习和考核，不得申请免修或免考。
8. 选课研究生须在按要求完成课程学习后方可参加考核。

**3.4 教学内容和要求**

对于基于中心学科背景的博士生的专业英语教学，应在教学中贯彻因材施教、学以致用的原则，从侧重于语言层面的教学理念转移到以培养结合学科背景并适应国际学术交流环境为主的思维层面，即以思维模式为切入点，了解英美族人在科学研究和管理活动中是如何组织和表达的思维层面，把握专业英语教学的内容和方法等。在教学中要注意更新教学内容，实时选用 *Science*、*Nature*、*Lancet* 等国际学术期刊上近期发表的专业文献进行欣赏、评析和模块模拟。

1. 读写

博士生专业英语读写教学的具体目标是使学生通过对学术性文章的阅读和分析，学会用英语撰写所在研究领域的学术性文章，以提高学生运用英语进行学术性书面表达的能力。

教学中所使用的语言材料（教学中师生进行分析的学术文章等），应选取在相关学科领域中国际一流期刊上的英语原版文章和专著。这些文章应既是博士生在自身研究领域中用英语表达学术思想所需要的语言材料（英文专业词汇、专业思想的习惯性英语表达等）的重要来源，又是博士生撰写英文学术论文所依从的典范。同时，通过阅读训练，使得博士生掌握相关检索系统的特点和使用方法，以及科技论文写作基本模式，从而培养博士生获取和利用英文文献信息、进行科技论文写作的能力，为发表本专业学术论文及进行国际学术交流打下良好基础。

2. 听说

博士生专业英语的听说教学内容都应针对相关学科专家、学者和决策者在工作实践中经常遇到的主题。

通过听力训练，博士生应达到以下要求：对所在学科领域语速为每分钟 140~160 词的学术报告等可一遍听懂、理解其主要思想和内容，并能做简要笔记。

口语训练是听力训练的自然延伸和发展。在教师的指导下，博士生进行课堂或自主学习“模拟国际学术会议”训练，用英语进行国际会议各程序的模拟演练，如预读试讲、演讲开场、展开表达、结束演讲、现场提问、即席答辩、专业交谈，乃至组织会议、主持讨论、会后电话联系等，从而使得博士生在以上过程中能够较好地用英语进行自我表达。

3. 翻译

通过翻译训练，使得博士生能借助词典，对本专业文献或资料进行汉英互译，要求忠实原意、较为通顺、表达得体。

**3.5 教学方法**

博士生专业英语教学应以人为本，从实际出发，讲究实效，博采众长，不断提升教学方法的针对性和有效性，探索和构建适合博士生培养需求的、科学、合理的专业英语教学体系。

博士生专业英语的基本教学方法应是以学生为主体、教师为引导的交际型教学方法，辅以其他有效的教学方法（如：过程体裁分析教学、互动研讨教学和模式化教学等）。在教学中应注重开展以任务为中心的、形式多样的教学活动，充分发挥博士生的主观能动性，激发学生的学习动机，培养学生主动运用英语表达自己专业思想的能力。

教学期间，教师应鼓励和指导博士生在课外加强听说训练、文献阅读和论文仿写等自主学习，从而达到延伸课堂教学的良好效果。

**3.6 考核要求**

1. 博士生专业英语课程的总成绩采用百分制，70 分为及格。及格与以上者取得相应学分；不及格者，可申请在下一学年重修课程并参加考试（有关要求参照中心研究生管理规定执行）。

2. 博士生专业英语课程考核为水平测试，应全面反映教学大纲的各项教学要求，其目的在于科学、客观、公正地测试和评价选课研究生掌握和运用专业英语语言的实际能力。

### 3.7 参考资料的选择与使用

博士生专业英语教学使用和推荐给博士生自主学习的语言材料，应为相关学科领域国际一流期刊或业界有影响力刊物上的文章和专著，如来自于 *Science*、*Nature*、*Cell*、*New England Journal of Medicine*、*Lancet*、*PNAS* 等。另外，可建议博士生根据自身的研究方向长期跟踪一至两个本专业领域学术性期刊的最新报道，加强自主学习。

## 参考文献

[1] Dubin F, Olshtain E. Course design [M]. Cambridge: Cambridge University Press, 1986.

[2] Hutchinson T, Waters A. English for specific purposes: a learning-centered approach[M]. Cambridge: Cambridge University Press, 1987.

[3] Harmer J. The practice of English language teaching[M]. UK: Longman, 2001.

[4] Harmer J. How to teach English (new edition) [M]. Essex: Pearson Education, 2007.

[5] 中国疾病预防控制中心研究生学位申请与论文答辩规定（2011 年 8 月修订）. http://edu.chinacdc.cn/jjxpy/xwsy/201712/t20171219_156960.html.

[6] 姜琳琳，殷红梅．学术英语教学改革的思考——基于医学学术学位研究生 SCI 论文发表的调查 [J]. 中国医疗管理科学，2018（6）：62–65.

[7] 殷红梅，罗会明，戴政．非英语专业研究生英语教学大纲制（修）订工作体会 [C]. // 吴江梅，彭工，鞠方安．现代外语教学与研究．北京：中国人民大学出版社，2017：60–67.

# 传统与现代教学手段下英语教学的课堂形态分析

# An Analysis of the Class Structure of Traditional and Modern English Teaching

清华大学语言教学中心　张　英

**摘　要：** 本文借助信息科学和认知心理学的基本思想，运用比较研究法，研究了英语传统教学、多媒体教学和网络教学的课堂形态，分析了三种课堂教学形态中信息存储和信息传递的相似性与差异性，探讨了三种课堂教学形式的优势和局限。最后，本文也简要分析了一种最新出现的网络课堂形态——网络直播课堂。本文的研究有助于英语教员有效利用各种课堂教学形态，发挥各个课堂教学形态的优势，避免其不足，取长补短，达到最佳教学效果。

**关键词：** 传统教学手段　现代教学手段　课堂形态

**Abstract:** In accordance with Cognitive Psychology and System Science, this article studies the class structure in conventional English class, multimedia English class and online English class. By comparing the different kinds of class structure, the article analyzes the similarities and the differences of the information storage and information transfer, and discusses the strengths and weaknesses of the three different classes. In addition, the paper presents the most recent long-distance class, online live-broadcasting class. This study may help English instructors to better manipulate the different classes.

**Key words:** traditional teaching method　modern teaching method　class structure

## 一、前言

本文致力于研究传统和现代教学方式下英语教学的课堂形态。

二十年前，传统教学方式控制着英语教学的课堂。这里的传统教学方式，是指以“粉笔＋黑板＋纸片”为载体的英语教学方式。传统英语教学方式下的课堂，简称为“传统课堂”。

二十年来，传统教学方式逐渐退出历史舞台，现代教学方式几乎在所有语言教学的课堂上占据了主导地位。这里的现代教学方式，有两种具体形式，一是基于多媒体的教学方式，二是基于网络的教学方式。基于多媒体的教学方式，简称为“多媒体教学方式”；基于网络的教学方式，简称为“网络教学方式”。多媒体教学方式下的英语教学课堂，简称为“多媒体课堂”；网络教学方式下的英语教学课堂，简称为“网络课堂”。

本文借助信息科学和认知心理学的基本思想（王甦 & 汪安圣，1992；魏宏森 & 曾国屏，

1995；马特林，2016），致力于研究三类课堂教学形态中的信息存储和信息传递的相似性与差异性，尤其是三类课堂教学形态中本质性的差异之处。可以预料，这些差异会对师生产生多方面的影响。限于篇幅，本文重点分析三类课堂的形态差异，而将差异带来的影响放在后续的文章中讨论。

## 二、英语教学的传统课堂与多媒体课堂形态的比较

英语教学的传统课堂与多媒体课堂，在基本形态上，没有本质性的差别。前者的构成，是“教员＋学员＋粉笔＋黑板＋纸片”；后者的构成，是“教员＋学员＋计算机＋投影仪＋屏幕”。从时空结构看，二者都具有刚性：上课的时间是固定的，教员和学员都不能对其随意改动；上课的地点（教室）是固定的，教员和学员都不能对其随意调整。从课堂组成看，二者均具有群体性，都包含了两个基本组成部分，即（一个）教员和（一群）学员。从师生关系看，二者均具有实在性：教员和学员是“面对面”的，或者说，师生之间是“零距离”的。

二者有一个很大的共性，即教员主导性：课堂教学的内容主要由教员操控，课堂教学的进程主要由教员操控，教学信息展示载体主要由教员操控（王甦 & 汪安圣，1992）。总之，从英语教学的形式到内容，教员都处于绝对的主导地位。

二者还有一个共性，即空间约束性。对师生而言，教室的约束，不仅是物理空间上的，而且是心理空间上的。也就是说，教室的空间约束是一种客观实在。正因为其客观实在性，才会有我们耳熟能详的名词——英语教学的课堂纪律和课堂秩序。

二者之间也存在些微差异。这主要体现在教学信息的展示载体上：前者的载体是粉笔、黑板和纸片，后者的载体是计算机、投影仪和屏幕。然而，这个差异，只是形式上的差异，或手段上的差异。这个差异虽然也会带来很多影响，但这种影响，大都是非本质性的。

基于上述分析，作者有如下命题：就英语教学课堂的基本形态而言，多媒体课堂，并没有从根本上颠覆传统课堂。

这里需要说明的是，虽然多媒体课堂与传统课堂在课堂形态上具有高度的一致性，但在其他方面，二者仍然存在不小的差异性。限于论文的篇幅，本文暂不涉及二者的差异性。

## 三、英语教学的网络课堂形态的颠覆性

不同于传统课堂和多媒体课堂，网络课堂出现颠覆性变化（霍恩 & 斯特克，2016）。

网络课堂的基本构成，是“学员＋网络终端（或手机）”。从时空结构看，网络课堂具有“柔”性：上课的时间，取决于学员，可随意改变；上课的地点，取决于学员，可随意调整。从课堂组成看，网络课堂具有个体性，可以是只有“一个”学员的“个人课堂”。从师生关系看，网络课堂具有虚拟性：活生生的英语教员不复存在，学员从屏幕看到的，是视频中的“虚拟英语教员”。换言之，师生之间的“面对面”，彻底消失了，或者说，师生之间是“超距离”的。

网络课堂还有一个鲜明的特性：学员半主导性，即学员可以部分地操控课堂进程。这里之所以说“部分操控”，是因为学员并不能完全自主地操控课堂。具体地讲，英语教学的视频是事先录制好的，英语教学的内容是已经确定的，是不可更改的；播放速度是固定

的，是不可调整的。当然，学员可以自由地操控教学信息的展示载体：他可以暂停播放视频——当他需要自己思考一下的时候，他可以按下暂停按钮。他也可以反复回放视频——如果他没能听懂，他可以返回去，再听一遍或多遍。

如上所述，英语教学信息的载体和展示，只是教学形式（而不是教学内容）的组成部分。因此，对于学员所具备的部分主导性，主导的只是部分教学形式。而占据重要地位的英语教学内容，则是由虚拟英语教员主导。

需要强调的是，英语教学的传统课堂和多媒体课堂所具有的空间约束性，在网络课堂上消失了。与此对应，课堂纪律和课堂秩序等观念，也就不复存在了。

可以说，从刚性到柔性，从群体性到个体性，从实在性到虚拟性，从教员主导性到学员半主导性，我们看到了巨大变革。这样的英语教学课堂，在人类历史上，还从来没有出现过。于是作者有如下命题：就英语教学课堂的基本形态而言，网络课堂颠覆了人类历史上所有的课堂。

上述颠覆性的影响，既广泛又深刻。作为一篇小文章，很难做出全面分析。本文主要聚焦于师生之间“零距离”与“超距离”的差异及其影响。

## 四、从英语教学的课堂形态看网络课堂的优势

与传统课堂和多媒体课堂相比，网络课堂的优势很突出。柔性、个体性、虚拟性（或数字化）和学员半主导性，带来了多方面的突破。

网络课堂不仅突破了时间限制，而且突破了空间限制，再加上半主导性，学员获得了空前的自由度。可以说，从来没有哪一个课堂，能够像网络课堂那样，让学员拥有如此之高的学习自由度。

除此之外，网络课堂上英语教学视频的信息量，几乎没有上限；网络信号可传输的距离，几乎没有上限；学员的注册人数，几乎没有上限。这些优势，是传统课堂和多媒体课堂，永远不可企及的。

然而，优势和劣势是相对的，也是可以相互转化的；优势能否发挥出来，是有先决条件的，不满足条件，优势就会转化为劣势。

学员自由度大，虽然是网络课堂的优势，但要发挥优势，必须满足一个先决条件：学员有足够的自我约束能力。如上所述，空间约束性的不复存在，意味着外部约束的丧失。没有课堂纪律的“束缚”，学员就只能依靠自觉性。

网络上的海量语言教学信息，虽然是网络课堂的优势，但要发挥优势，必须满足一个先决条件：学员能够自觉地聚焦于英语教学目标，准确地选择课程内容相关信息，明智地避免让自己淹没在英语语言信息的汪洋大海中。

很显然，不能指望所有的学员都具备自我约束能力。大多数年轻的学员，都很难驾驭网络课堂的自由度，都很难长时间地保持高度的注意力。也不能指望学员能够自发地抵御海量英语语言信息的诱惑。大多数年轻的学员，都很容易迷失在网络链接的迷宫之中。

鉴于上述分析，作者向英语教员提出如下建议：

（1）虽然英语教员不在网络课堂的现场，但要利用一切机会，引导学生自觉地提升自我约束能力。

（2）每次只上传一节课的英语教学视频。也就是说，人为限定一节课的信息量。

（3）限定时间段，要求学员在限定的时间段内看完英语教学视频。这样的限定，会让

学生感受到时间压力，进而努力地提高学习效率。

上述措施虽然不能治本，但确实可以起到一定的正面效果。

结束本节时，关注一下网络课堂中学员的“学习自主性”。人们常常把学员的“高自主性”视为网络课堂的重要优势。作者的看法是，不可过高估计自主性的重要性。理由是：上述自主性只是“形式自主性”，而非“内容自主性”。毫无疑问，“内容自主性”永远掌握在英语教员的手中——不论是实在的英语教员，还是虚拟的英语教员。与形式自主性相比，内容自主性要重要得多。

## 五、从网络课堂到直播课堂

2020 年，冠状病毒来袭，导致全国各大院校延期开学。但是，各院校停学不停课，由此催生了一种新的教学形式——基于网络直播的远程教学。与之对应的课堂可称为直播课堂。目前，尽管在技术手段方面还存在着各种各样的问题，但是从总体来看，英语教员已经能够借助直播课堂，比较顺畅地完成英语教学（朱永新，2020）。

直播课堂虽然借助网络，但与上述网络课堂并不完全相同：有相同之处，也有不同之处。直播课堂与多媒体课堂或传统课堂之间，有不同之处，但也有相同之处。

直播课堂的英语教员，是“半实在、半虚拟”，这既不同于传统课堂或多媒体课堂的真实教员，也不同于网络课堂的虚拟教员。

直播课堂中的学生，可以是一个人，这与网络课堂相同；可以是全班级，这与传统课堂或多媒体课堂相同。可以是虚拟分组，这既不同于传统课堂或多媒体课堂，也不同于网络课堂。

直播课堂上课的时间是固定的，这与传统课堂或多媒体课堂相同。但地点不同，这与网络课堂相同。

直播课堂师生之间，并不是零距离，也不是超距离。这既不同于传统课堂或多媒体课堂，也不同于网络课堂。

直播课堂的基本构成，与网络课堂类似，也是“学员 + 网络终端（或手机）”。

直播课堂教员具有主导性。教员可以控制教学的全部进程。这与传统课堂或多媒体课堂完全类似。

一个有趣的问题值得关注。如果将直播课堂的技术潜力都发挥出来，则多媒体课堂所具有的功能，似乎都能够在直播课堂上实现。这是否意味着，直播课堂能够替代多媒体课堂或传统课堂？问题是从课堂形态比较中提出来的，但问题的答案，却不在“形态分析学”中。要回答这个问题，还是需要借助信息科学和认知心理学的思想。我们在后续的文章中，会尝试给出问题的答案。

## 六、结束语

限于篇幅，本文仅仅涉及了三类课堂的形态，且研究结果仍然是很初步的。在后续的论文中，作者会将本文的主题进一步深化下去。另外，本文主要讨论了英语教学的三类课堂。之所以要限定“英语教学”，是因为作者主要熟悉英语教学。作者相信，本文的分析也适用于其他语言的课堂教学，部分分析甚至适用于一般意义上的课堂教学。

# 参考文献

[1] 马持林 . 认知心理学 [M]. 北京：机械工业出版社，2016.
[2] 霍恩，斯特克 . 混合式学习 [M]. 北京：机械工业出版社，2016.
[3] 王甦，汪安圣 . 认知心理学 [M]. 北京：北京大学出版社，1992.
[4] 魏宏森，曾国屏 . 系统论—系统科学哲学 [M]. 北京：清华大学出版社，1995.
[5] 朱永新 . "疫情下的在线教育，最大挑战不是技术，而是教育" . 网易新闻 在线教育 校长派 [J/OL]. [2020–03–05].

# 法律英语课程的“新模型”建设

# A “New Model” on the Construction of the Legal English Curriculum

中国政法大学　史红丽

**摘　要：** 法律英语课程建设在实现法律英语人才培养目标中发挥关键作用。然而，现有的课程体系却不足以支撑新时代法律英语人才培养目标的实现。本文参照《本科专业类教学质量国家标准》要求，从法律英语课程建设的宏观和微观要素两个方面，详细探讨了法律英语课程的设置方向和目标以及课程具体实施的几个关键步骤，尝试建构法律英语课程的“新模型”，为业内一流法律英语人才培养提供些许新思路。

**关键词：** 新模型　法律英语课程建设

**Abstract:** The current legal English curriculum no longer meets the demands of the ever-changing requirements for legal English professionals. Guided by the *2018 “National Standard for Teaching Quality of Undergraduate Majors in Ordinary Institutions for Higher Learning,”* this paper attempts to construct a “New Model” for the present legal English curriculum with careful evaluations and assessments of the orientation of course goals and the adjustment of course set-ups from both macro and micro perspectives, aiming towards some constructive suggestions for the legal English program.

**Key words:** A New Model　Legal English Courses

## 一、前言

法律英语课程可以指单门课程，也可以指法律英语专业的课程体系（叶洪、王凯伦，2019），本文主要关注后者，旨在为隶属于英语专业的法律英语方向的课程体系寻找可行性“新模型”建设方案，以适应新时代对法律英语复合型人才培养的新要求。在过去 40 多年里，国内各高校开设的法律英语课程大幅度增加，从最初的只有个别法学类院校开设零星的法律英语课程，到如今全国超过 400 所院校在本科和研究生阶段都开设有法律英语课程（张法连，2019），法律英语课程的开设目的、内容设置、课程结构、教学教材等各个方面都在随着法律英语专业人才培养大纲要求的不断更新而调整。尤其是在教育部 2018 年颁布《本科专业类教学质量国家标准》（以下简称《国标》）之后，质量成为高等教育改革和发展的关键词（潘鸣威、冯光武，2015）。在此背景下，再思考法律英语人才培养目标，再反思法律英语的学科定位，重新调整现有法律英语课程设置，建立科学合理又符合时代发展特征的“新模型”课程体系既符合国家培养一流法律英语人才的要求，又顺应了新时代下对于对跨学科、多元化复合型国际人才的客观需求。

本文拟从法律英语本质是什么、法律英语学科定位、法律英语人才培养目标等三要方面考察其对法律英语课程建设的作用与意义，并尝试搭建法律英语课程的优化模型。

## 二、法律英语课程建设的宏观要素

法律英语课程建设要考虑宏观和微观两个部分。宏观上，起到导航性作用的因素包括人才培养目标、学科性质和定位、《国标》中对相应专业教学质量的具体要求等；微观上，课程大纲、课程内容、课程测试等都是法律英语课程体系的具体承载要件；两者相辅相成，缺一不可。

### 2.1 法律英语的界定

对法律英语这一概念的阐释和理解会直接影响到对法律英语课程的定位。首先，法律英语本质上是英语国家法律领域里的行业用语，是一种行话（张法连、张建科，2013）。由于英语法律语言的晦涩难懂以及出于从业的需要，英美国家都开设有专门的法律英语课程（杜金榜，2006），以服务于法律人才培养的需求。

然而，在我国，法律英语并非法律行业之工作语言。它仅是一种在对外交流与合作过程中才能使用到的工具语言。更多时候，法律英语只是中国法律学习者用来学习和了解英美国家法律和法律制度的有效途径和方法。在日常法律事务处理中，法律汉语（杜金榜，2006）才是惯常使用的语言。鉴于此，对于国内法律英语课程的设置不应该照搬照抄英美模式，而是应该充分考虑中国法律界的生态环境，结合国情制定适合国内法律行业发展与交流的优化课程模式。

### 2.2 法律英语学科的定位

学界通常把法律英语简单定义为法学与语言学的交叉学科。但实际情况要复杂得多。首先，法律英语是专门用途英语（ESP，English for Specific Purpose）的重要分支之一（张法连，2019）。龚茁（2014）认为，ESP 研究是法律英语的认识和定位基础，对 ESP 的理解和定位决定了“法律英语的大纲设置、教学目标、测试模式、学科建设”等。的确，如何定位法律英语学科决定了法律英语课程建设的方方面面。如果强调的是法律英语的跨文化交际功能，法律英语课程就以英汉翻译为导向；如果注重的是学生思辨能力的培养，法律英语课程就要多安排难度大、内容复杂的教学内容；如果注重的是学生专业（法学）知识的增长，法律英语课程就要采取以内容为依托的教学方式（张清，2019a）。

其次，在中国语境下，法律英语实际上具有了二语习得的特征。必须充分考虑国内法律英语学习归属于二语习得范畴的事实。中国学习者学习法律英语既表现出二语习得的共性，如二语习得者的学习动机、心理环境等因素同样会影响法律英语习得的有效性（崔童庶、郭鑫华，2007），又具有专业学习的特性，如同时具备法律专业和英语专业知识学习特征（张清、商天然，2019）。这也是国内法律英语专业隶属于英语专业而不隶属于法学专业的原因之一。要处理好语言知识教学与法律知识教学的关系，就要使二者有机地结合起来（张法连，2018）。

### 2.3 法律英语专业人才培养

现阶段法律人才培养具有国家战略意义（李凤霞、张法连、徐文彬，2015）。目前，法律英语人才培养途径主要有英语专业和法学专业两种。尽管专业不同，但都基本延续了“英语＋法律”复合型人才培养模式。例如，法学专业中“法律＋英语”模式的优化（金利峰、何长文、丁利明，2019）；以及英语专业中以“外语＋”模式与其他法律类课程的结合与交叉（张法连，2018）。可见，法律英语人才的培养需要法学与英语两个专业的合力，在最大程度上发挥两个专业的优势。尤其是随着法律英语学科地位的确定，法律英语专业的设立，法律英语专业人才的定义将更加清晰。

中国法律英语人才培养要符合中国国情需要，同时也要兼顾国家层面的“中国文化走出去”战略（冯光武，2017）。根据2018年颁布的《普通高等学校本科专业类教学质量国家标准》（以下简称《国标》），“外语类专业可与其他相关专业结合，形成复合型专业”，法律英语专业建设正是符合这一要求。《国标》中明确了教学应“融合语言知识与知识学习，以能力培养为导向”。法律英语也正是“语言＋知识”类型学习。据此，在《国标》指导下，制定以能力培养为导向的法律人才培养新模式是法律英语课程建设的首要任务，以保障学生能“实现国家主张在国际舞台上的准确表达”（华裕涛，2017）。

## 三、法律英语课程建设的微观要素

### 3.1 法律英语课程的性质与定位

法律英语课程是以内容为依托的课程类型，但它并不能完全等同于法学同类课程的英语版，进而有可能取代相关的法学课程。这种情况大抵是由于法律英语这一概念本身边界的模糊性造成的。这样的模糊性也有可能与法律英语课程本身的服务目的和性质有关。准确论证法律英语与法学专业课以及双语课程之间的异同才能准确阐释法律英语课程的性质和定位。

### 3.2 法律英语课程设置的现状

目前，外语专业的法律英语课程庞杂而不成体系，难以构成一个递进式的完整的有机体系。部分课程直接参照了法学专业的课程设置，与英语专业课程的可融合性尚待进一步论证。由于受到学制年限限制，这些课程并不能像法学专业课程一样全面铺开，有些课程不得不舍弃。这就要求充分论证保留课程的合理性及其与其他课程的关联性与阶梯性，以确保学生所获得知识的系统性和递进性。

此外，英语专业的法律英语教学也存在类似问题，如缺乏“统一的教学大纲、具体的教学目标、师资建设标准、高质量统编教材”等问题（刘国生，2012）。这说明国内法律英语的教学现状远远跟不上日益增长的国际化法律英语人才需求。鉴于此，全方位调整及优化教学大纲、课程设置、教材编写、教学模式、师资配置、评估测试、学生分级等方面的工作势在必行。

### 3.3 法律英语课程设置的实践要素

本文认为主要应该在以下几个方面进一步改进。

#### 3.3.1 制定以能力培养为导向型法律英语教学大纲

法律英语教学大纲也应该以“语言＋知识”类型学习为目标。中国学习者要考虑法律英语应用的实践服务环境。法律英语是一个伞式术语，包含多个分支。它涵盖了法律制度、法律体系、部门法、程序法等多项内容（何家弘，2019）。其中任何一个领域的深入研究都离不开大量专业知识的学习。这就意味着法律英语在高级阶段学习的必然分流。考虑到学生未来的服务领域，就要平衡好学生语言知识、一般专业知识以及专业研究方向知识的关系。法律英语学习要结合中国法律文化元素。西方法律制度与中国法律传统各有其优势所在。既要借鉴国外先进的制判模式，也要从我国本土法律传统中汲取营养（张清，2019b）。让法律英语与法律汉语学习形成有益的互补，才能帮助学生成长为立足本土、通晓国际的新时代国际复合人才。

3.3.2 设计递进式法律英语课程体系

“英语专业应在《国标》指导下坚定不移地走内涵式发展道路，……以质量为核心，坚持专业内涵建设与发展”（仲伟合，2015）。法律英语专业发展亦是如此。鉴于此，法律英语课程体系首先应该在尊重本学科基本规律与原则的前提下，以内涵发展为指导，着重开发法律英语的基本内容，并以此为基点递进式形成一个完整的法律英语课程有机体系，在纵向上实现法律英语课程从初级、中级到高级的过渡，在横向上实现各个法律英语课程之间的互补性分布，让法律英语课程体系逐渐趋于科学化、标准化。

3.3.3 编写以学生为中心的法律英语教材

法律英语课程的实践性很强，相应的教材编写要尽可能照顾到学生的实践需求。法律英语课程是以内容为依托的课程（张清，2019a），在教材编写上要由既懂法律又懂英语的专业人员共同协商完成（李剑波，1999）;在教材内容选择方面，要突出案例新、时效性强、理论经典、连贯性强、多模态应用、实用性强等特点；在教材设计上，还应注意与学生的契合度，因材施教。简言之，法律英语教材应注意多样化、层次化、系统化、专业化，以取得更好教学效果（刘国生，2012：131）。

3.3.4 完善评价标准与方法

按照《国标》要求，形成性评价与终极性评价是英语专业教学评估的两项重要指标，但前项评估标准在我国重视程度尚不及后者（潘鸣威、冯光武，2015）。形成性评估之所以不及终极性评估那样具有强大的决策效应，大抵与其客观化、标准化不足有关。我校法律英语课程一直同时执行形成性评估与终极评估两项标准。在今后，还要进一步研发形成性评估的客观评估标准，以提高形成性评估的效度和信度。

## 四、建设法律英语课程“新模型”

在综合考虑上述因素的基础上，法律英语课程体系建设还应该充分考虑中国国情。要植根于中国语境且服务于中国语境。这并不意味着闭门造车，而是在横轴与纵轴、广度与深度、点与面全方位探测中国语境下法律英语课程体系的内涵性质与特征，形成“外部内涵式 + 核心内涵式” = 法律英语课程体系“新模型”，建立既集国内外法律英语课程优点于一身、又彰显中国语境下法律英语课程之特殊性、且被国际国内高度认可的一流课程体系。具体如下图所示。

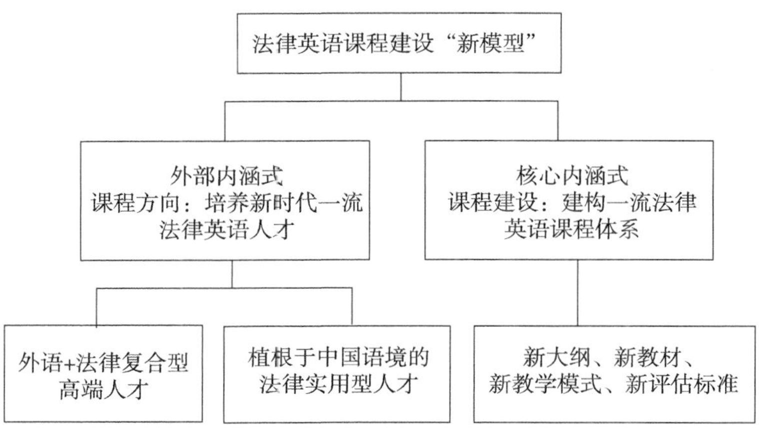


**图 1　法律英语课程建设的“新模型”**

## 五、结语

法律英语课程建设任重道远。随着国内外对法律英语人才需求的增长，高水平法律英语人才培养已成当务之急。只有结合宏观、微观两个方面，既考虑法律英语课程建设的方向性问题，如《国标》要求和中国法律环境等，又考虑法律英语课程建设的微观方面，如课程大纲、教材、测评等，同时参考在不断完善中且随时代不断跟进的法律英语课程建设“新模型”，才能有效促进法律英语课程的建设与发展。

## 参考文献


[1] 崔童鹿，郭鑫华．试论二语习得理论指导下法律英语教学中和谐心理环境的创设 [J]. 河北法学，2007（11）：142–144.

[2] 杜金榜．法律语言学 [M]. 上海：上海外语教育出版社，2006：166–167.

[3] 冯光武．把握国标精神、找准学校定位、突出专业特色——《高等学校英语专业本科教学质量国家标准》的实施建议 [J]. 外语界，2017（1）：2–6.

[4] 龚茁．国内法律英语研究二十年 [J]. 河北法学，2017（11）：113–120.

[5] 何家弘．法律英语 [M]. 北京：法律出版社，2019：Ⅰ–Ⅸ.

[6] 华裕涛．基于需求导向的法律英语课程建构研究 [J]. 外语学刊，2017（6）：95–99.

[7] 李凤霞，张法连，徐文彬．国家战略视域下的法律英语人才培养 [J]. 外国语文，2015（5）：134–137.

[8] 李剑波．论确立“法律英语”学科地位的必要性 [J]. 西南政法大学学报，1999（1）：49–51.

[9] 金利峰，何长文，丁利明．“法律＋英语”复合型人才培养模式探析 [J]. 大连民族大学学报，2019（2）：188–192.

[10] 刘国生．法律英语课程设置和教学模式研究 [J]. 西南政法大学学报，2012（1）：130–135.

[11] 潘鸣威，冯光武．质量是核心，评价是关键——论《高等学校英语专业本科教学质量国家标准》中的评价要求 [J]. 中国外语，2015，（5）：11–16.

[12] 叶洪，王凯伦．《国标》视域下法律英语专业课程需求与建构研究 [J]. 外国语文，2019（6）：1–10.

[13] 张法连，张建科．法律英语学科发展规划研究 [J]. 中国 ESP 研究，2013（1）：36–43.

[14] 张法连．新时代法律英语复合型人才培养机制探索 [J]. 外语教学，2018（3）：44–47.

[15] 张法连．法律英语学科定位研究 [J]. 中国外语，2019（2）：4–9.

[16] 张清．以内容为依托的法律英语教学探索 [J]. 中国外语 a，2019（2）：13–17.

[17] 张清．中国古代判词与当代刑事判决书对比研究 [J]. 比较法研究 b，2019（3）：131–141.

[18] 张清，商天然．新时代法律英语专业建设刍议 [J]. 山东外语教学，2019（5）：66–72.

[19] 仲伟合．《英语类专业本科教学质量国家标准》指导下的英语类专业创新发展 [J]. 外语界，2015（3）：2–8.

# 基于效果评价与实例分析的英语课堂讨论设计与有效性研究[1]

# Research on English Class Discussion Task Design and Effectiveness Based on Effect Evaluation and Case Analysis

中国人民公安大学国际警务合作与执法学院　杜　芳

**摘　要：** 信息技术的飞速发展以及与教育的紧密结合，催生出"翻转课堂"（flipped classroom 或 inverted classroom）、"混合式教学"（E-learning）、"探究式学习"（Hands-on Inquiry Based Learning 或 HIBL）等现代教学方式，引发了教师角色、课堂模式、教学评价等一系列变革。新的教学模式仍将课堂讨论置于重要位置，以其为载体进行教学设计与实施，课堂讨论依然是使用最为普遍的手段之一。但在教学模式变革的语境下，如何重新定位和评价课堂讨论的效果便成为不可回避的议题。特别是如果讨论式教学在实践过程中操作不当，常常收效甚微。论文以大学英语的教学改革为例，基于课堂讨论效果评价的问卷调查和实例分析，结合大学英语课堂讨论的四个核心环节，即话题设置、任务分工、观点分享、效果评价，对应提出可操作的原则与策略。

**关键词：** 大学英语　课堂讨论　设计与有效性

**Abstract:** The rapid development of information technology and its close integration with education have led to modern teaching methods such as flipped classroom or inverted classroom, e-learning and hands-on inquiry based learning or HIBL. This trend has triggered a series of changes in teacher's role, classroom model and teaching evaluation. The new teaching mode still places the classroom discussion in an important position, and takes it as the carrier to carry on the teaching design and the implementation; meanwhile, the classroom discussion is still one of the most commonly used means. However, in the context of the reform of teaching mode, how to reposition and evaluate the effect of classroom discussion becomes an unavoidable issue. Especially, if the discussion teaching is not done properly in practice, it often has little effect. This paper takes the teaching reform of college English as an example, based on the questionnaire survey and case analysis of the effectiveness evaluation of classroom discussion, combined with the four core links of the classroom discussion of college English, namely topic setting, task division,

1　资助项目：中国人民公安大学 2019 年教学研究项目"我校基础英语教学课程建设改革研究"（2019JY28）。

opinion sharing, and effect evaluation, corresponding operational principles and strategies are proposed.

**Key words:** College English Class　Class Discussion　Design and Effectiveness

# 一、课堂讨论的效果评价与实例分析

课堂讨论在大学英语教学中的重要性无须赘述，尤其在提升学生参与意识、参与度、语言表达能力与质量上发挥独特作用。但课堂讨论作为一个笼统概念，并无统一标准，施教者在具体操作过程中处理方式也千差万别，学生喜好与感受很难量化，为了解学生对于大学英语课堂讨论的认识和评价，笔者在学期末对本班学生进行了“关于大学英语课堂讨论”的问卷调查。内容主要围绕学生参与讨论的愿望、感受、评价与建议等方面。阈于篇幅，以下选取三个最有代表性的问题，就问卷结果和相关解析作一阐述。

## 1.1 关于课堂讨论的参与意愿分析

调查问卷中有一个兼顾“参与课堂讨论意愿”和“激励价值”的题目：即“如果讨论后的自愿发言或者小组展示没有平时成绩激励加分，你还愿意参与吗？对于加分，你有什么建议？”在回收的 40 份有效问卷中，回答“愿意参与”的 17 人，回答“不愿意”的 16 人，回答“会减少参与次数”的 7 人。一些学生表达了“不愿意参与”的原因是感到自己的付出得不到老师的肯定和鼓励。还有部分学生提出了希望教师根据参与讨论的难度和发言质量来决定是否加分或加分权重，更盼望听到老师的点评，而非简单的次数累计。这些建议令调查问卷的设计者感到惊喜，背后折射出学生对课堂讨论环节的重视和对评价多元化的期待。

## 1.2 关于参与课堂讨论的压力成因分析

调查问卷中有这样一个题目，“在课堂分组讨论后，如果由你代表小组发言，你是否有压力？如有，请详述。”在回收的 40 份有效试卷中，回答“有压力”的 32 人，其余 8 人回答“没有”或“基本没有”。这个题目设计的初衷来源于对课堂讨论的观察，在实践中我们发现，对于课堂讨论的形式，大部分学生是欢迎的，这可以直观地从课堂气氛中感知，尤其是“有话可说”或“受关注度较高”的话题，学生讨论起来往往“欲罢不能”。但是，假如我们理性观察，会发现“看似热闹”的讨论存在几个明显的问题：一是习惯用母语交流。遇到需要表达的关键词时学生第一反应是使用母语，交流不畅时迅速切换为母语等等。二是讨论无序。你一言我一语，缺乏条理和提炼。三是沉默的边缘学生占有一定比重。这些学生或因口语较弱，或因对话题不感兴趣等原因，在讨论中参与度低。结合以上观察，在课堂讨论中，需要教师提前提出讨论要求，例如在讨论中只能使用英语，遇到不会表达的词汇可以同义替换或查字典；小组讨论指定组长，负责组织本组同学发言，提炼观点。与此同时，教师对于边缘学生和沉默学生给予协助、激励和提醒，将游离于课堂活动之外的学生减少到最低。我们回到问卷中“是否有压力”的核心问题，在回答“有压力”的同学详述的原因中，可以归纳为三点，一是性格问题，尽管知道这是锻炼自己的机会，但还是感到紧张，不愿意展示自己；二是不自信，因为口语太差，害怕丢人；三是时间仓促，担心准备不足。那么，针对学生的顾虑，反思我们在讨论话题设置环节，是否需要更加细化，比如，需要查找文献、难度较大的话题就不适宜当堂进行，最好课前布置。或者给出关键词或基本思路，降低讨论难度。在分组环节，兼顾学生的性格特点、口语程度等因素，此外每组人数也不宜过多。

**1.3 研究问题关于课堂讨论的评价分析**

在针对课堂讨论展示后的评价环节，问卷设计的题目是“你是否期待教师的评价？你是否期待同学的评价？”所有参与问卷的 40 个学生均回答“期待教师评价”。18 个学生表示期待同学评价，14 个学生明确表示“不期待同学评价”。其他 8 人未作回应。回答“不期待”的学生比例之高出人意料，分析原因，归纳为三点：一是认为同学评价笼统、敷衍、没有参考价值；二是请同学评价，双方都感到尴尬；三是更看重老师的评价。回答“期待同学评价”的学生提到“希望听到同学中肯的、有质量的建议，希望得到同学的认可，期待同伴激励和共同进步”。期待的声音是饱含正能量的，也是教师希望看到的，那么怎样矫正部分学生对于“同学评价”的误解，笔者认为，单纯的说教显然无益，需要在课堂讨论的第四个环节——讨论效果的评价与激励上精细化、人性化。引导学生擅长倾听、懂得表达、提出有质量的中肯的建议，使“同伴评价”成为学生提升情感、取长补短、共同进步的重要手段。大学英语教学中的课堂讨论不仅仅是培养学生学习英语、使用英语的能力，也是锻炼学生语言表达能力、逻辑思维能力、团队合作能力的有效途径和方法，更是引导学生学会倾听、学会尊重和欣赏的情商教育。

## 二、《大学英语》课堂讨论的四个环节与实例分析

在课堂教学中，课堂讨论是大多数教师采取的师生互动或生生互动的一种教学方法。尤其在以学生为核心的教学理念（Student-centered Teaching）中，课堂讨论成为最便于组织和操作的课堂活动之一。随着信息技术的飞速发展以及与教育的紧密结合，催生出“翻转课堂”（flipped classroom 或 inverted classroom）、“混合式教学”（E-learning）、“探究式学习”（Hands-on Inquiry Based Learning 或 HIBL）等现代教学方式，引发了教师角色、课堂模式、教学评价等一系列变革。新的教学模式仍将课堂讨论置于重要位置，以其为载体进行教学设计与实施，课堂讨论依然是使用最为普遍的手段之一。所谓课堂讨论，就是在教师的指导下，学生围绕事先设计好的问题或话题，在课堂上各抒己见、相互讨论、相互启发，从而使学生在深刻理解知识的同时，培养学生运用所学知识分析问题、辩证思维、解决问题的能力。有研究表明：大学英语课堂教学中讨论的次数、频率都远远多于或高于其他学科。然而，在实际教学过程中，很多老师在讨论话题的设置、讨论任务的分工、讨论观点的分享、讨论效果的评价等四个关键环节存在各种困惑，精心设计的讨论话题却达不到预期的效果，以下围绕课堂讨论中这四个环节分别分析。

**2.1 讨论话题的设置**

话题设置是课堂讨论中最关键的环节，其科学合理与否直接决定了课堂讨论能否顺利开展。话题设置需要掌握以下几个原则：（1）话题与单元主题紧密相关；（2）话题具有开放性和争议性；（3）话题设计要契合学生的口语表述能力，让大部分学生有话可说；（4）问题设计要循序渐进、由浅入深。

以《新编大学英语》第二册第一单元为例，单元主题是 Career Planning。在教学之前，教师可以设置如下讨论话题：

—Are you planning your future career?

—If so, what is the career you are aiming for?

—How to prepare for your future career?

—What factors will influence you in choosing a job?

这四个问题环环相扣，具有开放性，学生有话可说，短时间内就可以使全体学生进入良好的准备状态、激发他们的讨论兴趣、从而产生一种探求知识的渴望。

除了常见的问题设置之外，还推荐采取集体评价的讨论方法。可以选取班级里学生的测试或作业作为范例，将精彩的表述和常见的典型错误都梳理罗列出来，让学生进行课堂讨论——如果换成老师的角色，你将如何评分？这种讨论方式的优势是采用了心理学中的“同理心”原理，在审视同伴的考卷或作业时，鼓励换位思考，学生的注意力也会大幅提升，对照此类表述是否也出现在自己的作业中，在期待鼓励的同时，对错误的印象也将更加深刻。建议教师在讲评后标注出表述较好的学生的名字，同时隐去表述较差的学生的名字。

**2.2 讨论任务的分工**

这个环节的重要性在于提高学生的参与度，鼓励尽可能多的学生开口说话。有些老师担心，如果任务分工不合理，那么只有少部分程度较好的学生主导发言，程度中等的学生随声附和，程度较差的学生保持沉默，这不就背离了课堂讨论的初衷吗？我的建议是，把任务分工交给学生自己组织。在我看来，作为大学教师，没有必要事无巨细、大包大揽，而应放手让学生自己组织并相信他们的能力。老师顾忌的事情越多越细，自己筋疲力尽，学生的自主学习能力必将越来越弱化。有的时候，老师越是放手，学生的主动性和个性越是会被激发和调动。尤其当我们面对 95 后、00 后的年轻人，旧有的以教师为主导的课堂模式已经远远满足不了他们的需求和节奏了，那么，是不是所有环节都要交给学生呢？当然不是，老师需要限定每组人数，分组后的话题讨论环节由每组自己推荐代表发言，但是这个代表阐述的是该组观点的归纳总结，其表现得分也将是所有组员的分数。从心理学角度讲，“组群压力”和“同伴期望”是短期内提升表现能力最有效的两个指标，这对参与讨论的所有学生将都是一个不小的挑战。那么老师需要提前强调，课堂讨论小组在该学期内是固定的，代表发言的学生轮流进行。也就是说，按照课堂讨论的频率，一个学期内每个组员都有至少一次的机会代表本组发言。而在学生分组讨论环节，老师们可以观察学生的参与度、专注度，鼓励较为沉默的边缘学生参与小组讨论，并将成绩计入学生平时成绩。

**2.3 讨论观点的分享（时间限制、过程不纠错、观察与速记）**

研究问卷均在受试者的听说课上发放。分享环节因讨论话题而异——如果话题较大（例如《大学英语》综合教程第二册第二单元关于“二战”的话题设置），需要学生课前查找资料，做充足的准备，那么可以在第二次上课时由小组代表分享讨论意见，同时，鼓励学生借助实物、课件、黑板等辅助手段帮助演示。如果是随堂讨论，那么这个环节可以采取主题发言辅以组员补充的方法。建议在发言之前，由教师限定每组发言时间，并有同学负责计时，严格执行时间约定。这一点可能会有老师提出异议，学生有话可说岂不是好事吗？为何要规定时间呢？其实，只要我们留意，身边的很多人在公开发言时往往没有控制时间的概念。心理学、传播学等研究显示，普通人的注意力极限是 10 分钟，即使再精彩的分享也会被拖沓的时间观念抹杀。这也就是为什么大多数“微课”和“慕课”视频的演示时间都在 10 分钟以内，而今天被越来越多的年轻人接受和喜爱的“TED”演讲者都会把分享时间控制在 5~8 分钟以内。

此外，特别需要强调的是，在发言的过程中，即使学生出现了语音、语调和语法的错误，老师也不要打断他们，因为您的纠错不但会挫伤发言者的自信心，还会影响其思路和节奏。教师可以在学生分享的过程中做笔记，分栏快速记下优缺点，这将为下一个评价环节做好充足的准备。建议老师写下需要评价的内容，而不要完全依靠自己的记忆力。随着年龄的增长，越来越多的老师发现，在做课堂讨论评价时自己的记忆力不如从前，常常想要表达的学生发言中的闪光点会因为自己的遗忘无法弥补而非常遗憾，因此，在课堂讨论中，教师的观察与速记是至关重要的。

**2.4 讨论效果的评价与激励（同伴评价的必要性探讨、言之有物、教师评价的少而精原则、师生良性互动、获得感提升）**

课堂讨论的评价环节是被很多很有经验的老师轻视甚至忽视的环节。当以学生的角色坐在讲台下，听到学生分享了非常精彩的观点，可是授课老师却只是轻描淡写说一句"Thank you, go back to your seat."之后没有任何点评，这让人感到遗憾。因为作为分享者，当他代表全组尽力做了展示，他此刻最期待的便是听者的评价，评价的优劣既可以体现听者的关注，更能够体现听众的水平，是绝不容小觑的重要环节。

在评价环节，建议采取同伴评价和教师评价相结合的方式。前者可以自愿，也可以采取提问。一来检验学生是否认真听讲，更重要的是引导学生学会倾听，尊重同伴的付出，同时合理表达自己的观点。在一些较为活跃的班级，学生之间的评价甚至比讨论本身还要精彩，有些学生很单纯，直接提出批评意见，比如"他的口音太重，我听不懂"，这时老师可以引导学生学会看到别人的优点，而不是一味地指责；有的学生敢于表达异议，但方式过于直接，老师也可以借此分享表达异议时常用的一些句式。而对于只是简单说"Very good"的学生，老师要鼓励他解释好在哪里。曾经听过同行的一节课，每次简单的提问后那位老师都会画龙点睛地给出简短有力的评论，比如"I like your pronunciation""How did you get this idea? It is amazing!""Your answer is a good example of critical thinking. Well done!"看到学生自信又兴奋的表情，我相信老师的评价和反馈让他们体会到了学习的乐趣，而这是自学得不到的，这也正是课堂学习的魅力。总之，讨论评价环节不是可有可无，重视这一环节会使课堂讨论事半功倍，甚至有意外惊喜。

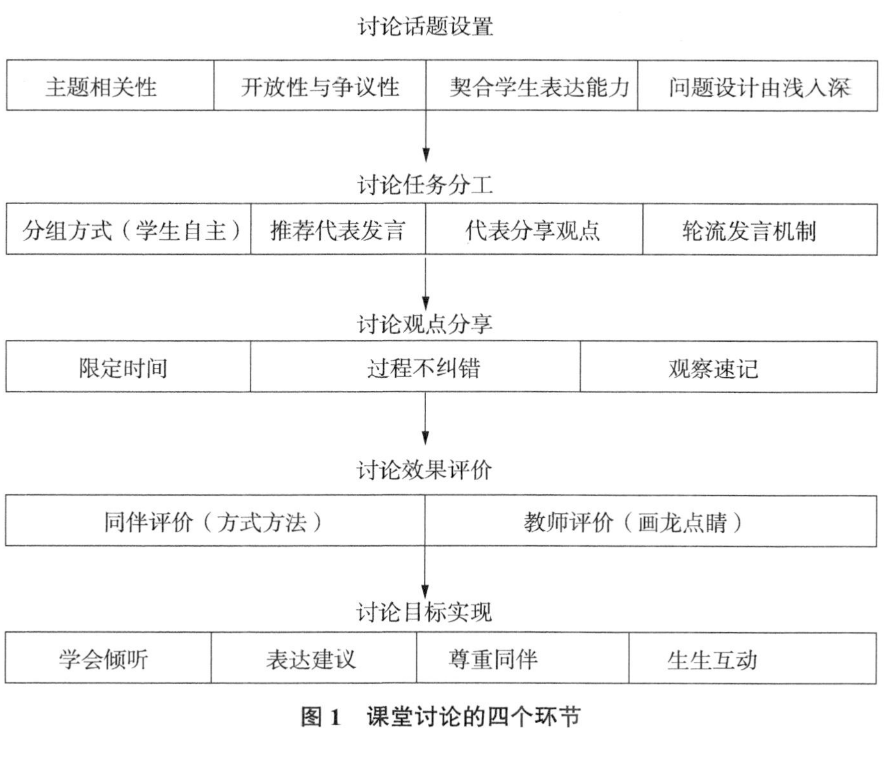


**图 1　课堂讨论的四个环节**

# 三、小结

教学模式变革和《中国英语能力等级量表》对提升学生语言能力设置新目标，提出新要求。基于课堂讨论效果评价的问卷调查和典型实例分析，紧紧围绕大学英语课堂讨论的四个核心环节，即话题设置、任务分工、观点分享、效果评价，对应提出可操作性策略与原则，例如：话题需兼顾开放性与争议性，讨论过程中不纠错，时间限制性原则，观察与速记方法，同伴评价“言之有物”，教师评价“少而精”，良性互动的实现与收获感的提升等等，以达到培养学生会倾听、擅表达、提升语言表达自信和跨文化交际能力的教学目标。

# 参考文献


[1] Lambani. English teaching strategies for senior phase selected English teaching strategies for first additional language (FAL) senior phase learners[J]. International journal of educational sciences, 2015, 15(3).

[2] Tatyana G, Beckisheva G A, Gasparyan et al. Case study as an active method of teaching business English[J]. Procedia – social and behavioral sciences, 2015: 166.

[3] 何晓斓 .“以学生为中心”的大学英语课堂创设 [J]. 中国大学教学，2010（7）：36–37.

[4] 巩向飞 . 用输入与输出理论指导大学英语听说教学——《全新版大学英语听说教程》的课堂教学设计 [J]. 首都师范大学学报（社会科学版），2008（S4）：70–72.

[5] 许岚峰 . 大学英语课堂提问方式分析 [J]. 课程教育研究，2016（38）：116–117.

# 通过研究生英语课程培养中国视角的批判性思维能力

## ——以《研究生英语读写教程》（基础级）为例[1]

# Cultivating Critical Thinking from a China Perspective in Graduate English Class: Using the English Reading and Writing for Graduate Students as an Example

北京化工大学 樊 玲 孙 绯 长春市第一中学 李鹏雁

**摘　要：** 作为素质教育的核心，批判性思维对于当今世界创新人才的培养的重要性越来越突显，在研究生英语课上培养学生的批判性思维能力是提高研究生读写能力的有效途径。本研究以《研究生英语读写教程》（基础级）为例，从培养学生理性和对新信息和新视角的开放发展的素质两方面入手，将从中国视角的批判性思维融入研究生英语课堂。通过实例与分析说明采用以思促读、以思促写方法提升学生的读写水平，同时完成研究生英语课程的育人功能。

**关键词：** 批判性思维　中国视角　以思促读　以思促写

**Abstract:** As the core of quality education, the importance of critical thinking should be emphasized. Cultivating graduates' critical thinking skills is an effective way to improve their reading and writing abilities in graduate English classes. Using the textbook *English Reading and Writing for Graduate Students* as an example, this paper expounds how teaching critical thinking from a China perspective concentrates on two aspects: rationality and openness to new information and perspectives. We demonstrate by the analyses and examples of critical thinking-based reading and critical thinking-based writing that it can enhance graduates' ability in reading and writing and in the meantime fulfil the task of educating the whole person.

**Key words:** critical thinking　China perspective　critical thinking-based reading　critical thinking-based writing

1　2018 北京化工大学教研究生教育教学改革项目项目名称：研究生英语的动态混合学习教学模式改革与实践项目编号：G-JG-PT201920。

# 一、引言

2010年中共中央和国务院联合发布的《国家中长期教育改革和发展规划纲要（2010—2020年）》和2013年中共十八大，都提出了“全面实施素质教育”的要求和“卓越人才教育培养计划”。为了“实现中华民族伟大复兴”，中国高等教育要承担起培养高端人才的使命。我们在长期的观察和研究生英语教学实践中发现，目前我们的研究生培养在理性思维和开放性思维能力方面有突出不足：思考不严密，宽广度不够，缺乏客观求真和反思精神，融会贯通和推理能力训练不足，缺乏对问题和意义进行清晰而有力的解释和表达的能力。原因之一是中国的传统教育更强调知识的灌输和积累，大多数研究生还在被动地接受静态的、积累的，固化的知识，思考是凭借直觉和直观感受，而不是通过批判性思维主动地获取创新知识。不能够很好地将获得的知识转化为用于获取更多知识的手段。随着知识经济的到来，知识成为经济发展的重要推动力量。研究生需要不断地学习才能够适应不断变化的、不确定的未来职场发展和国家对人才的需求。2020年7月29日习近平主席在研究生教育工作会议中指出“在迈向建设社会主义现代化国家新征程，党和国家事业发展迫切需要培养造就大批德才兼备的高层次人才。”因此，人才与知识，特别是创新知识的重要性越来越突显。作为培养创新人才的高校教育，应该培养学生的批判性思维，学会以批判的方式获取知识。为了适应这一变化，“公共英语有必要进行范式转移，从强调厚实的语言基础，偏向人文素质和跨文化交际的倾向朝公共英语的专业性、工具性和科学性发展”（蔡基刚，2019：3–16）。我们赞同蔡教授提出的这个转向。针对研究生而言，批判性思维教育的目的并不意味着我们要在教学中全盘照搬教授西方的内容，而是必须把培养学生中国视角的批判性思维融入教学实践。

读写作为研究生英语学习基本技能，在培养学生批判性思维方面起着不可或缺的作用。然而，传统的研究生英语读写课上，教师只注重语言形式讲解，写作与阅读是分离的，对阅读和写作材料缺乏自主的思考，这就导致了学生缺少批判性思维方面的培养，更谈不上重要的读写能力的培养。目前很多院校都针对不同层次和水平的研究生开设了不同类型的课程，研究生英语读写课一直作为研究生学习阶段的必修课程，我们认为这门课理应承担起培养学生中国视角批判性思维能力的重担。因此以2020年6月由中国人民大学出版社出版的《研究生英语读写教程》（基础级）为例，说明研究生英语读写课在培养学生的中国视角批判性思维的重要性。该书是由北京市高等教育学会研究生英语教学研究分会和全国各有关院校共同研发，作为主编之一，很荣幸地参与了这本教材的构思到完稿的整个过程。该教材依据最新《非英语专业研究生英语教学大纲》和《非英语专业研究生英语词汇大纲》，充分体现了主题统领、内容依托、专业结合这样的转变和教学理念。我们的编写指导思想是：通过该教材的教学使研究生掌握各项较高的阅读技能和写作技能，并通过阅读与写作实践运用这些技能，使学生真正具有熟练的英语阅读能力和写作能力，为以英语为工具进行本专业的学习和研究打下坚实的基础。我们将探讨如何在研究生英语课中，通过以思促读、以思促写培养中国视角的批判性思维能力，贯彻落实教育部《高等学校课程思政建设指导纲要》（高教[2020]3号），把思想政治教育贯穿于研究生英语课程思政教育，发挥其育人作用。

# 二、中国视角的批判性思维

2010 年美国耶鲁大学校长理查德·莱文在南京举行的第四届中外大学校长论坛上曾指出中国学生缺乏批判性思维教育，认为学生需要的是思考框架，让他们不断适应变化的环境，找到解决问题的方案。同时，牛津大学校长安德鲁·汉密尔顿认为，美国大学注重通识教育，英国大学则有严谨的学术传统，中国大学应该结合国情，根据社会需求和制度环境，发展符合自己特点的人才培养模式。由此可见，批判性思维能力的培养是研究生培养的核心能力之一，立足于中国的历史和现状，以中国视角进行这一能力的培养是由我们的培养目标和需求决定的。

**2.1 批判性思维**

批判性思维最早是古希腊哲学家苏格拉底提倡的探究性质疑，其本质是对已有的观点或结论质疑、分析和批判，以达到更为深刻、准确和全面地认识事物的目的。在批判性思维的诸多定义中，我们采用罗伯特·恩尼斯（Robert Ennis）的定义，他认为“批判性思维是旨在决定我们信念和行动的合理的、反思性的思维”，是“决定我们的信念和行动”所需要的一切思维活动（Ennis R. 1991, 14(1): 5–24；1998, 21(1): 15–33；2011, Retrieved November 8, 2012）。批判性思维由习性和能力两大部分构成。批判性思维的习性是指具有批判性思维的精神和愿意、运用批判性思维的个人品质和倾向。在批判性思维能力方面，恩尼斯认为下面的 12 项是必要的、构成性的：（1）问题的判定；（2）论证的分析；（3）概念的澄清；（4）证据来源的判别；（5）观察报告的判断；（6）演绎推理及其评估；（7）归纳推理：a）构造和评估归纳推理；b）构造和评估解释性假说（最佳解释推理）；（8）价值判断的构造和评估；（9）词义的定义和评估；（10）辨别在意义和推理中的隐含假设；（11）作出和自己立场观点不同的假设推理；（12）结合批判性习性和技能来作出决定和对此论证。这反映了一种构造性、探索性和认知性的批判性思维的观点，是对推动人类科学、文化、社会创造发展的“主体性要素”的综合概括（欧阳康，2012，33(11)：71–75）。概括起来，批判性思维能力是指能够进行辨别区分的一种能力，能够澄清一个论述的真正含义，并判断其正确与否，对概念产生的语境和过程进行评价，通过评价整合事实产生真理。“强调经过审慎思考并利用先前知识和多方面证据来阐释、分析、评估、推理、论证、自我调节并做出判断和决策的过程。”（田社平等，2020（1）：54–59）

**2.2 中国视角的批判性思维**

在这个全球竞争的时代，培养批判性思维，是我们民族复兴的要求，也是实现中国复兴梦的必备条件。在恩尼斯列出的批判性思维 12 项必要能力中，我们认为研究生已经接触到了一些批判性思维的内容，例如传统逻辑、概念澄清、论证分析和推理评价等。研究生培养普遍缺乏或较少触及的内容有创造知识、解决问题、合理决策等能力。批判性思维最独特和核心的理性（求真）和开放两大点没有突出。我们认为中国视角的批判性思维有两层含义。一是所谓中国视角的批判性思维就是从上述问题出发，培养学生具有理性和对新问题和新视角的开放发展的素质，应该以培养学生理性（对证据、理由的可接受性的考察技巧和合理判断的标准）、开放性（质疑、开放和实践的精神）的自我反思和自律的意识。这就是一个真正起作用的课程应该覆盖的内容范围。二是除了关注技能的训练，还注意精神和品德的培养。是理性、公正和开放的人的培养，真正提升人的精神、伦理、人格、道德观、价值观和世界观。随着中国国际地位的提升，需要我们以开放的心态和理性看待其他文化并更好地与之交流。我们培养的研究生不仅仅是懂技术的高精尖人才，还要成为有家国情怀和国际视野的爱国青年。

## 三、通过研究生英语课程培养中国视角的批判性思维能力

理性是对可接受的技巧给出证据、理由，做出合理判断，在英语学习中就是要掌握读写技巧的组成部分并理解其作为技巧的原因和组成部分的关系。开放性是一种综合分析的能力，是学会如何运用所学新知识和新视角。有了这个新工具，学生就可以在写作和阅读中更加开放地学习和运用新知识，学会去分析不熟悉的文章。《研究生英语读写教程》（基础级）选用了以说明和议论为主的文章，文章题材具有时代性、知识性与思辨性。共涉及 10 个主题（语言；文化多样性；工作与就业；生命与健康；科学与技术；经济与管理；环境与能源；文化与教育；能源与人类可持续发展；成功与幸福）24 篇文章，分为 12 个单元。每课有阅读技巧介绍，课文导读问题，A 和 B 两篇课文，课文对应处列出包括音标、区分超纲词汇（以 * 号标出）的生词表，课文后给出注释、作者及文章背景介绍等，并且针对阅读技巧和写作技巧编写了大量的实用练习。下面通过实例分析探讨教程如何体现在以思促读和以思促写两个方面培养中国视角批判性思维能力，从而提高读写能力。

### 3.1. 以思促读

本教材充分体现英语阅读的真实性和思辨性。其阅读材料均选自英语原文，观点新颖独到，富有逻辑。选择文章的标准为知识性、思想性、可思性、教化性、趣味性、前沿性、通俗性。所选择的文章均通俗易懂，体现了人文性与学科性相结合。学习者通过学习，为提升人文素养和专业学习能力奠定基础。介绍完阅读技巧，在课文的导读部分是三个阅读前的思考题，引发学生的好奇心和阅读兴趣，带着问题去阅读，在阅读中，找到信息差，寻求答案。在阅读后回答客观题，并给出文章的框架结构图，培养学生归纳和总结的能力。在学习完本单元的主题后，有 5 个围绕主题展开的更为宏观的讨论话题，可以通过小组谈论完成。以第八单元为例，单元的主题是文化与教育。

阅读前的三个问题：

1. If one suffers from long-term loneliness, what possible negative consequences can it bring to the person?

2. In the text, the author repeatedly mentions the importance of community in relieving loneliness. How do you understand the author’s concept of a “thick” community?

3. From the last paragraph, can you figure out the author’s purpose in writing this article?

阅读后的五个问题：

1. Why is it that even though we are more connected today, loneliness is worse than ever before?

2. Are there any positive impacts that loneliness might bring to a person?

3. To what extent, do you agree with the author’s claim that loneliness will tear a nation apart?

4. Apart from the author’s suggestions, do you have any other suggestions that help reduce or recover from loneliness?

5. What kinds of people are more likely to suffer from loneliness, young people or old people? What might be possible reasons for their loneliness?

以上问题都是开放式问题，要求学生依据已有的知识储备和相关专业知识进行理性分

析，通过讨论组里同学们不同的观念，学习开放式的心态，从不同视角综合分析问题。

**3.2 以思促写**

Anson（2015：205）确定了六个跨课程写作的基本概念：1. 把写作定义为学科的活动；2. 写作的社会本质再概念化和修辞本质再概念化（reconceptualizing the social and rhetorical nature of writing）；3. 区分写作是为了学习还是交流；4. 建立提升的共享目标和责任；5. 理解写作的基于情景的本质和问题的迁移；6. 把学生的写作看成是发展的。我们认为上述写作的基本概念反映了写作的批判性思维的理性与开放性内容。理性方面：写作作为一个学科，有着与学科内容相关的写作技巧，我们在教材中较为系统地涉及了从段落到篇章的说明文、议论文和应用文的写作，以适应不同研究生群体的需求。例如，专业硕士可以侧重应用文写作。我们在学生用书中通过填空的形式，要求给出文章的框架结构，使学习者掌握文章作者的谋篇布局技巧，理解为什么作者会采用该写作技巧。接着指定课文中出现的一段经典段落，要求学习者根据给出的提示词进行背诵，为开放式写作提供了包括基本的词汇和核心句型的范本。开放性方面：写作的社会本质再概念化和修辞本质再概念化是本教材的一个侧重点。每个单元从课文中找出适合用于写作的 5 个句子结构，要求学生改写，发挥学生的创新性，通过用不同的句型和词汇进行意译，也是培养学生开放性思维的训练。这样就为他们的写作技能提升打下基础。下面以第八单元课文 A 为例说明从理性到开放性的写作过程。首先确定文章是问题—解决方案类型的议论文。需要从课文找出问题，分析该问题产生的原因，再到解决方案。

Part 1 (Paras. 1–4): Loneliness is worse in each successive generation. (the problem) Read this part and consider:

How did Mr. Sasse explain loneliness is a problem and who should be concerned about it?

How do you understand the so-called “angry politics” in Paragraph 4?

Part 2 (Paras. 5–8):Why are people getting increasingly lonely or even turn to angry politics? (Reasons)

Part 3 (Paras. 9–13): Finding “a thick community” can help create a sense of belonging or even bridge their political differences. (Solutions)

通过以上的课文分析，让学生从理性上理解作者为什么采用了问题—原因—解决方案这样的篇章结构，并在分析文章后在课后阅读理解中填写完整信息。还要求对课文（B）的 5 个原句子进行改写。

1. Academic excellence is not a strong predictor of career excellence.

2. Research shows that the correlation between grades and job performance is modest in the first year after college and trivial within a handful of years.

3. For example, at Google, once employees are two or three years out of college, their grades have no bearing on their performance.

4. But career success is rarely about finding the right solution to a problem — it’s more about finding the right problem to solve.

5. Recognize that underachieving in school can prepare you to overachieve in life.

让学生从理性知识（了解为什么和怎样写）拓展到开放式的写作（综合分析能力）。以下为本单元的写作任务中给出的开放式写作问题。

Choose one of the following topics and write an essay in which you are supposed to justify your points with examples. You should write at least 250 words but no more than 350 words.

1. Loneliness is not only just for old people.

2. The downsides of social media.
3. How does technology impact one's emotional wellbeing?
4. Academic excellence is not the only way to achieve career success.
5. How should a graduate student better set himself up for the future?
6. Is a gap year necessary before the postgraduate study?

## 四、结语

综上所述，中国视角的批判性思维能力的培养是建设具有中国特色的研究生教育的路径之一。具体到研究生英语课程，中国视角的批判性思维能力培养有助于读写能力的提高。在读写技能训练的同时，选择有关介绍中外文化的文章，例如教材的第八单元，使学生深入学习中外文化内容，认知各自文化的价值观，采用理性与开放性的态度，引发对自身文化的认知。因此要求教师在人文素养方面不断提升自身传统文化的修养和对英美文化的辩证认识，加强多元文化对比能力，树立正确价值观。同时要提升、改善教学质量，增加那些对理性和多样文化发展必要的和我们学生急需的素质内容。在教学方法方面，通过慕课、学习平台，提升学习效果。坚持中国视角批判性思维能力培养这一远大目标和原则，激发学生的主动、自主思考和探索的欲望，培育理性和发展的思维能力，并能实际运用，推动研究生教育深度转型。

## 参考文献

[1] Anson C M. Naming what we know: Threshold concepts in writing studies Crossing thresholds: In What's to know about writing across the curriculum.[C]. Adler–Kassner L, Wardle E. 203–19 Logan, UT: Utah State University Press, 2015.
[2] Ennis R. Critical thinking: a streamlined conception [J]. Teaching philosophy, 1991，14(1): 5–24.
[3] Ennis R. Is critical thinking culturally biased [J]. Teaching philosophy, 1998，21(1): 15–33.
[4] Ennis R. The nature of critical thinking: an outline of critical thinking dispositions and abilities [EB/OL]. 2011. Retrieved [2012–11–08]. http://faculty.education.illinois.edu/rhennis/documents/The Nature of Critical Thinking_51711_000.pdf.
[5] 蔡基刚 . 新时代背景下《大学英语教学指南》的修订及理论依据 [J]. 北京第二外国语学院学报，2019（3）：2–16.
[6] 欧阳康 . 批判性思维的前提性反思 [J]. 高等教育研究，2012，3（11）：71–75.
[7] 田社平，王立科，邱意弘 . 培养 CT 能力是世界高等教育改革的共同目标 [J]. 上海教育评估研究，2020（1）：54–59.

# 英语专业研究生批判思维能力的培养——以“美国政治、外交和思想史”课程为例[1]

# Cultivation of Critical Thinking Abilities among English-Major Postgraduates: The Course of American Politics, Diplomacy and History of Ideas as an Example

北京林业大学外语学院　祖国霞

**摘　要：** 批判思维是英语专业研究生从事科学研究必备的基本能力，也是创新能力的重要基础。笔者依据批判思维的相关理论，尝试对“美国政治、外交和思想史”课程进行了改革，重新制定了课程目标、扩充了教学内容、改革了教学方式、更新了评价体系，探索如何将批判思维的培养有机融入教学。本文认为，该门课程为锻炼学生的批判思维提供了一个良好的平台，同时也对学生和教师提出了挑战。新时代的外语教师唯有不断探索和实践，打造以学生为中心的教育，才能适应我国在新时代建设新文科的要求。

**关键词：** 批判思维　教学模式　翻转课堂　派迪亚思辨教学模型

**Abstract:** Critical thinking is a basic ability for English-major postgraduates to engage in scientific research and it is also an important foundation for innovation ability. On the basis of critical thinking theories, the author attempts to reform the curriculum of “American politics, diplomacy and history of ideas,” and explores how to integrate the cultivation of critical thinking abilities into the teaching process by redesigning the curriculum objectives, expanding the teaching contents, reforming the teaching methods, and updating the evaluation system. This article holds that this course provides an excellent platform for training critical thinking, which is a major challenge for both students and teachers. Foreign language teachers ought to explore and practice new teaching methods continuously so as to adapt to the requirements of building new liberal arts in our country in the new era.

**Key words:** critical thinking　teaching model　flipped class　Paideia model

1　资助项目：北京林业大学研究生课程建设项目——“美国政治、外交和思想史”课程建设（GK1313O5O04）。

# 一、前言

党的十九大报告强调，创新是引领发展的第一动力，加快建设创新型国家是我国现代化建设的重要战略举措。在我国建设创新型社会的过程中，研究生无疑担负着推动者和主力军的作用。教育部、国务院学位委员会2017年印发的《学位与研究生教育发展“十三五”规划》明确指出：“研究生教育作为国民教育体系的顶端，是培养高层次人才和释放人才红利的主要途径，是国家人才竞争和科技竞争的重要支柱。……没有强大的研究生教育，就没有强大的国家创新体系。”对英语专业的研究生而言，创新的前提和基础是批判性思维。研究表明，批判思维能力是英语专业研究生创新能力的重要基础，是其从事科学研究必备的基本能力，批判思维能力与研究生的学术语篇的构建能力之间存在着明显的正相关关系（朱海璐、赵华威，2018：138）。因此，如何在教学中进一步提升学生的批判思维引起了众多教授英语专业研究生课程的教师们的关注。笔者在教授英语国家社会文化研究方向的学位必修课“美国政治、外交和思想史”的过程中，积极探索培养学生批判思维的教学模式，激发学生的自主性和创造性。

# 二、批判思维能力的内涵和特征

批判思维的概念（也译作思辨能力、批判性思维等）来源于西方，是在美国教育家杜威在20世纪初提出的反思式思维的基础上发展而来的，之后学者纷纷给出自己的阐释，构建培养批判思维的理论框架，如特尔斐项目组提出的双锥模型（Facione,1990）和Paul & Elder（2008：7）提出的三元结构模型。从20世纪80年代起，我国教育者也开始关注对批判思维能力的研究和培养，外语学界在考察学生的批判思维能力时，经常参考的是Paul & Elder（2008：2）所提出的五大能力：1. 提出并清楚、准确地表达重要的问题；2. 收集并评价相关信息，利用抽象的思想或概念有效地对其进行阐释；3. 得出合理的结论或解决之道，并用相关的原则或标准对其进行检验；4. 对不同的思想观点保持开放的心态；5. 和其他人进行有效的沟通交流，共同找到解决复杂问题的方案。基于国外学者的理论，我国学者也对批判思维的特征进行了总结，认为批判思维具有以下特点：一是主动性和开放性，即思维主体对于所涉及的问题能够积极地进行建设性的思考。二是反思性和对话性。通过反思，人们可以避免程式化的思维，不断发现新问题，获取新知识，对话则是思维主体的沟通交流形式。三是创造性和超越性。即思维主体敢于质疑、敢于批判，不断超越已有理念，不断求真，探索未知，创造新思想（陈爱梅、枫叶，2006：47–48）。

基于上述理论，并结合“美国政治、外交和思想史”课程的内容及授课对象的情况，本人对该课程的内容、授课形式和评价方式等都进行了改革，探索如何将批判思维的培养融入教学。

# 三、“美国政治、外交和思想史”批判思维培养模式的实践

### 3.1 修订教学目标，确立批判思维能力的主体地位

自2008年我校英语语言文学专业开始招收硕士生起，本课程便是英语国家社会文化

研究方向的学位必修课，语言学、应用语言学、翻译研究方向硕士生的选修课，在该方向研究生的培养中发挥着巨大的作用。该课程以美国历史为背景，介绍和分析美利坚民族的形成与思想文化传统，美国宪法和政治制度的产生和嬗变过程，美国政治思想的主要思潮及其核心理念，美国思想史上代表人物的政治思想，美国外交决策的基本过程，美国各个时期外交指导思想和理论，以及冷战后美国外交政策的基本走向，使学生从思想、政治和文化等方面对美国传统有深入的了解和掌握。课程的授课语言为英语，在开始学习之前，学生应对主要英语国家的社会与文化背景，如地理、历史、政治、经济、社会生活和文化传统等方面的知识有大致的了解。

由于在以往的本科英语教学中，学生和老师都更关注语言能力的打磨，导致英语专业学生普遍比较缺乏思辨能力。在进入研究生阶段的学习后，学生们的分析、概括、综合、判断、推理、思考、辨析等能力依然比较薄弱，不善于主动思考，因此必须重视对这一能力的培养，将其置于教学的主体地位。笔者认为，“美国政治、外交和思想史”是培养学生思辨能力的最佳“阵地”之一，因为美国政治、外交等本身就是观念开放、充满悖论、可以多角度进行阐释的领域。因此，在 2018 年修订的新教学大纲中，该课程调整了教学目标，不仅要求学生对美国历史上的政治、外交和思想中的重要专题有比较深入的了解，还要求他们可以就某一专题进行学术探讨和研究，学会辩证地观察、分析历史与现实问题，从历史中汲取智慧，用历史的深邃眼光来审视现实问题；在对美国问题进行探究的过程中，能够有意识地将之与中国的相关问题进行对比研究，了解其优势和不足之处，从而能够对我国的社会、政治、思想等方面有所启迪和思考。总而言之，课程的目标不再局限于育“知”，而是要育“智”、育“思”，激活学生的思路，培养问题意识。

**3.2 增扩教学内容，为批判思维的开发提供充足的原料**

虽然有关批判思维的理论构建不胜枚举，然而良好的批判思维能力的基础和原料并不是抽象的原理，而是丰富的知识；系统的知识储备是理性批判的前提，若没有充足的知识背景做支撑，批判思维只会是空中楼阁，因为只有博览才能深思。在该课程中，笔者通过三个途径对教学内容进行了扩充。

一是注重课程内容的广度与深度，拓宽学生的视野。由于许多学生本科阶段已经学习过部分美国历史和文化，在本次改革中，笔者舍弃了那些他们相对比较熟悉的部分，增加了对历史的更深层面的考察，深入挖掘美国政治形态的成因和发展，外交理念形成和演变、重要思想家的思想内涵及对美国政治的影响等；在每个单元的内容中，都注意点面结合，略讲课本上学生自己可以读到的宏观层面的内容，重点剖析影响美国历史走向的政治思潮、历史事件等。在注重课程深度的同时，笔者也关注学习内容的广度。在 2018 年的新大纲中，围绕党中央关于新时代生态文明与美丽中国建设的伟大目标，配合外语学院新成立的“外国文学与生态文化研究中心”，增加了有关美国环境政治和环境思想的内容，为同学们对具体问题的思考和研究提供了一个新的视角。

二是邀请专家举办讲座，引导学生关注学科前沿发展态势。本课程每一轮的教学都会邀请美国研究领域的专家到课堂上来，分享他们的最新研究成果。这样的讲座可以拓展学生的知识视野，帮助学生获取新知识、新经验，同时也可使他们了解专家们如何将基本知识与实际问题相结合。讲座过程中，笔者会要求学生认真做笔记；讲座结束后，鼓励学生大胆提问和质疑，在交流和探讨中锤炼自己的思维能力。

三是借助网络上优秀的在线课程资源，鼓励学生多渠道获取知识。互联网时代，学生可以在网络平台上学习到与本课程相关的内容，拓宽知识面。在第一次上课时，笔者会给学生推荐一些课程，包括国际知名学校的视频课，如斯坦福大学的“美国研究”，密苏里州立大学的“1788 年以来的美国史”和耶鲁大学的“美国内战与重建”，以及国内知名院校开设的慕课，如中国政法大学的“美国宪法”，天津师范大学的“西方政治思想史”，这些在线资源无论在语言上还是在内容上都是对课程教学的有益补充。上课时，会让学生分享自己的学习心得和收获，不断积累相关领域的基础知识，为思辨提供充足的“粮食”。

**3.3 改革课堂教学模式，为批判思维的训练营造最佳的氛围**

课堂是教学的中心环节，也是引导学生“思”与“辩”的重要场所，在新一轮的教学改革中，笔者果断放弃以教师为主导的讲座式课堂教学模式，采用翻转课堂和提问式教学方法，改变学生被动接受知识的局面，营造促使学生不断思考的氛围，提高其主观能动性、分析表达能力和与他人有效沟通的能力。

翻转课堂自 2012 年传入中国以来，引起了众多教育者的关注，是当前高校教学改革的一个重要潮流。翻转课堂要求将一些学生可以自学获得的知识翻转到课外，在课堂中根据学生所暴露出的问题组织教学活动，从而达到深度学习的目的（毛齐明、王莉娟、代薇，2019：78）。

在本门课程的教学中，翻转课堂体现在课前、课中和课后三个阶段。在课前阶段，笔者利用“课堂派”教学平台课前一周发布课堂所要讨论和深入思考的内容，内容有三类，一是笔者制作的详细的教学课件，二是扩充的阅读材料，三是相关的音视频文件，这些原本在课堂讲授或展示的内容要求学生在课前学习阅读，其中课件提供的是课程大纲规定的章节基本内容，要求详细学习，熟练掌握其中的知识点；阅读材料的难度较大，选取的是有关美国政治、外交或思想的经典著述，要求学生读懂大意，并回答笔者针对材料所提出的问答题；视频旨在增加对某一专题的感性认识，难度不大，只需观看一遍即可。

在完成课前基础性的自主学习后，课中的教学以提问式展开，教学问题的设计遵循美国哲学家莫蒂默·阿德勒（Mortimer Adler）的派迪亚思辨教学模型（Paideia Model）分为三种类型：探索发现（Exploration），细致审视（Examination），外部延伸（Extension）（李莉莉，2014:64）。第一个环节为探索发现，围绕课前提供的课件和阅读材料，通过提问的形式了解学生都掌握了哪些知识点，鼓励他们对于疑惑的地方提出问题，由大家进行讨论，教师在此过程中可以给予适当的解释和讲述。这一环节主要考察的是思辨能力中的理解能力和提出问题的能力。例如，第一章“导论”部分的主要内容是美利坚民族的独特性，包括美国特殊的地理位置、特殊的人口构成、独特的民主模式、独特的民族特征、强烈的宗教使命感、独特的思想方式等，课前的阅读材料是托克维尔《论美国的民主》的第 17 章。在课堂上，针对该材料，笔者提出了以下问题：

1. What does Tocqueville say about the physical circumstances of the US?
2. What caused the Westward Movement in the US?
3. How does religion contribute to the maintenance of American democracy?
4. What made religion powerful in the US and why?
5. What is the education of America like? Is it important for a democratic republic?
6. What does the comparison between the US and other peoples in America tell us?
7. What does the comparison between eastern states and western states of the US tell us?
8. Should all other countries follow the example of American democracy?

这些问题基于学生对材料的理解，在回答的过程中，可以帮助进一步梳理材料的内容和要点。第二环节为细致审查，是对上一环节的延续和追问，考察学生的分析和评价能力。例如，针对上述阅读材料，在引导学生完整了解托克维尔的思想后，笔者会鼓励学生围绕下面一个中心问题展开讨论：Do you agree with Tocqueville’s conclusions in this chapter?

这个总问题可以衍生出许多分问题，例如：Do you think that religion is an important factor in the formation of American forms of democracy? 这个环节鼓励学生根据自己的知识体系，发表自己的想法和答案，对托克维尔的观点进行反思和批判。第三个环节为外部延伸，笔者提出的中心问题是：Are Tocqueville's observations and conclusions in this chapter still valid and effective today? 通过这个问题，帮助同学们将所阅读的历史材料同现实世界建立起有意义的联系，对于文本本身和美国的现实政治形成更为全面深刻的认识。同时，鼓励学生大胆发言，提出不同的观点，让他们意识到各种观点的并存有助于对某一问题的全面掌握，促进开放和包容态度的形成，在讨论和辩驳的过程中提高批判思维能力。

收集并评价相关信息的能力也是批判思维能力中重要的一项内容。在课后环节，该课程设计的任务是文献收集和评价。在学完每一章的内容后，要求学生通过网络等途径收集和该章内容相关的研究论文或书籍，并对其给出自己的评价。这项任务的目的有两个，一是让学生充分了解国内外相关研究的发展状况，辩证地看待前人的研究成果，找到自己可以创新的空间；二是学习学术论文的撰写方法，为以后发表论文和撰写学位论文打下基础。在课程的最后阶段，会在课堂上留出时间让学生进行口头陈述，将自己收集和整理的资料有条理地陈述出来，这些教学活动在很大程度上考验和锻炼了学生收集、分析和阐述信息的能力。

**3.4 细化考核评分标准，充分调动学生运用批判思维的积极性**

作为教学活动的一部分，课程考核和评分对提高学生学习积极性、保障人才培养质量有着重要的作用。这门课传统的考核方式较为简单和死板，仅考虑了学生的考勤情况和期末课程论文，没能兼顾学生在其他教学活动中的表现。在本轮改革中，笔者对评分体系进行了细致的修改，更加注重学生课前、课中和课后的思考与反馈，将成绩细化到每一项学习任务中。具体的评价项目见下表：

**表 1　课程考核评分项及占比**

| 给分项 | 提交方式 | 截止日期 | 分数占比 |
|---|---|---|---|
| 课前阅读 | 课堂派 | 每次课前 | 20% |
| 课堂参与 | 回答问题、参与讨论 | 每堂课 | 20% |
| 文献综述 | 口头 +PPT 陈述 | 最后一次课 | 10% |
| 课程论文 | 纸质版 | 期末 | 50% |

此外，对分值占比最高的一项（课程论文）的评分标准也进一步细化：与课堂内容相关度 20%，说服力 40%，逻辑性 30%，写作规范 10%。其中第二和第三项考察的是学生得出结论和解决问题的能力，这也是思辨能力运用价值的最终体现，要求学生的论文必须建立在充分的论据之上，有理有据，并注意行文和表达的逻辑，从而使论文有较强的说服力。课程评分标准的细化可以帮助笔者更好地了解学生的学习状况，以便及时调整未来的教学方法和内容，并且使学生的学习也有更明确的目标。

# 四、结语

作为创新能力的核心要素，思辨能力的培养对英语专业硕士研究生具有重要的意义，美国政治、外交和思想史是可以充分激发学生思考能力和分析能力的领域，这门课的开设为锻炼学生思辨能力提供了良好的契机。在教学改革中，笔者对课程教学目标、教学模式和评分模式进行了全面的修改，改变了学生被动接受的局面，促进了他们批判思维情感和能力的提升。不过，笔者在教学中也发现，以培养批判思维为导向的教学不仅是对学生的挑战，也对教师的知识储备、思维能力和教学能力提出了更高的要求。新时代的外语教师唯有不断探索、不断实践，打造以学生为中心的教育，才能适应我国建设新文科的要求，提高英语专业研究生的综合素质，使得他们在思想引领和实践创新方面发挥更大的作用。

## 参考文献

[1] Facione P. Delphi report [OL]. 1990. http://assessment.aas.duke.edu/documents/Delphi_Report.pdf.

[2] Paul R, Elder I. The miniature guide to critical thinking: concepts and tools [M].Dillon Beach, CA: Foundation for Critical Thinking, 2008.

[3] 陈爱梅，枫叶 . 批判的思维方式——中西哲学融通之路 [J]. 社会科学战线，2006（5）: 47–48.

[4] 李莉莉 . 英语专业文学课程与思辨能力培养 [A]. // 王镇平，金利民 . 英语知识课程教学与思辨能力培养研究 [C]. 北京：外语教学与研究出版社，2014.

[5] 毛齐明，王莉娟，代薇 . 高校翻转课堂的实践反思与超越路径 [J]. 高等教育研究，2019（12）: 75–80.

[6] 朱海璐，赵华威 . 英语专业研究生批判思维能力现状及培养策略 [J]. 黑龙江教育学院学报，2018（2）: 138–140.

# 英语文学文化课程中的思政教育探究

# Ideological and Political Education in English Literature and Culture Courses

中国政法大学外国语学院　蔺玉清

**摘　要：** 课程思政将思想政治教育纳入专业文化课教学，如何将两者有机融合在一起，丰富课程的思想内涵，给外语教育提出了新要求。本文从中国政法大学通识选修课“美国多元主义文学与文化”出发，探讨如何在英语文学文化课程中加强思政教育。首先要根据课程的特色，规划思政教育的目标，寻找思政与外语课的契合点；其次，在课堂教学中，采取有针对性的教学方法发挥学生的主动性，提高教师的综合教学能力，为外语教育培养全面发展的人才。

**关键词：** 思政教育　外语教育　文学文化课

**Abstracts:** The ideological and political education can be integrated into curriculum studies in higher institutions. Foreign languages education is faced with the demand to integrate the two organically together and to enrich the ideological content of the curriculum. By illustrating how “American Multicultural Literature and Culture” is taught in Chinese University of Political Science and Law, this essay explores the right way to enhance ideological and political education in English literature and culture courses. Firstly, based on the characteristics of the course, ideological and political education should be strategically designed and enforced. Secondly, in class, multiple ways should be applied to foster students’ interest; teachers should be trained to improve their theoretical capacities.

**Key words:** Ideological and political education　foreign languages study　literature and culture courses

## 一、前言

习近平主席（2018）主张扩大中外人文交流，“构建人类命运共同体，讲好中国故事、传播好中国声音，向世界展现真实、立体、全面的中国，提高国家文化软实力和中华文化影响力”，给外语教育提出了国际人才培养的方向和要求。具体来说，外语教育的目标“培养全面发展的人”，有“熟练的语言应用能力”和“正确的价值观、人生观和世界观”，“良好的合作能力、人际沟通能力”（文秋芳，2019）在外语教育课程中融入课程思政教学理念、方法和内容，以“隐性教育”推进思想政治教育，把外语教育和对学生素质培养结合起来，能够提高大学生的思想素质，推进社会主义核心价值观的建设，共同构建全面育人格局。

合理的课堂教学是立德树人的主渠道主阵地，必须充分利用课堂教学这个主渠道，探索思政教育体系的新课程设计。本文以中国政法大学通识选修课“美国多元主义文学与文化”为例，分析思政教育和英语文学文化课如何科学设计，才能调动各方面的积极性，真正推动课程思政教育。

## 二、从课程特色出发，规划思政教育目标

为了加快推进高校“思政课程”走向“课程思政”的教育教学改革，高校课堂应当根据专业课程的特点制定思政教学的具体实践方案。英语文学文化课程与思政教育结合，要注重外语教育规划下的教学内容和学生需求，针对课程本身的特点。英语文学文化课有其自身的情感和价值观教育要求，这正是思政教育的落脚点和切入点。

### 2.1 课程特色

“美国多元主义文学与文化”是针对中国政法大学全校学生的通识选修课，从教学目标上来看，该课程首先是文学阅读课，提高学生的语言水平和阅读能力；其次，要帮助学生理解他者的文化语境，在了解其社会和历史的基础上提高跨文化交流能力，促进对美国文化在内的他者文化的批判性认识。因此，课程选取的作品和作家具有多样性，体现美国文学和美国族裔文化群体的复杂性。通过文化和文学教育来进行中美文化对比和剖析，以文本阅读的形式探索美国族裔和性别文化并存和摩擦中体现的历史和社会问题，该课程涉及文学、文化和历史、政治研究，通过文本阅读和专题讲座让学生了解美国的多元主义文化，包括各族裔的历史，以及美国政治和族裔身份之间的互动，从而为学生的海外交流和文化沟通树立正确的价值观和国家民族意识。

和大多数文学文化课一样，该课程在介绍他者文化传授专业知识的同时，强调培养学生的综合素养，更重要的是促进学生对中华民族文化的传承。第一，通过阅读，学生理解他者文化形成的历史和社会背景，通过文学作品阅读来透视文本背后的社会机制，第二，深度目标是要提高学生的批判性能力，避免文化交流中的错误，避免刻板认识，第三是让学生在学习他者文化的同时，回顾自身的中华文化传统，以正确的历史文化观念面对全球化进程中的交流。

从思政教育的切入点来说，英语文学文化课利用了比较教学法，在高校思政课程建设中有得天独厚的条件。该课程涉及广泛的跨文化知识，从而不可避免地要对他者文化进行批判性解读。因此，课堂教育要鼓励学生尊重其他文化，接受差异化的表达，反对偏见，避免简单的二元对立思维模式，鼓励学生坚守自己的文化身份，同时具备跨文化交流能力和广阔的国际视野。同时，学生在专业课学习中潜移默化受到思想政治和道德伦理的教育，在学习他者文化的同时，更重视中华优秀历史文化传统，对于培养以爱国主义为核心的民族精神有重要意义。

### 2.2 课程德育目标

课程思政教学过程中应充分尊重学生意愿，调动学生的积极性和独立思考能力，把德育教育和课程本身结合起来。在思政教育中，培养学生以自信的态度、清晰的方式表达自己的文化、社会、道德和政治理念，能够正确地看待不同的价值观，与他者能够交流，讲好中国故事。

首先，思政教育的目的是在意识形态领域内塑造健康积极的文化观念，强化思想教育和价值引领，加强学生的国家和民族意识，弘扬以爱国主义为核心的民族精神。英语文学

文化课程并不过分强调意识形态的对立，而是在和而不同、求同存异的基础上突出积极向上的文化和民族观，培养有立场有政治觉悟和沟通能力的青年学生。就“美国多元文学与文化”来说，美国是学生留学的热门国家，同时美国还不断地以好莱坞等大众传媒方式对我们的青年学生进行文化输出，学生在文化交流中很容易被美国大众文化、消费文化的表面现象迷惑，认为美国的民主促成了各种族的和平共处，但是通过学习美国文化多元化背景下来自不同群体的族裔作家（而非仅限于传统的白人男性作家）的作品，能够让学生了解美国多元文化背后的种族压迫、文化排挤、白人至上主义和仇恨犯罪等问题，避免盲目的崇洋观念。同时，通过文化比较还能够塑造学生更积极的爱国精神。

更重要的是，思政教育要提升学生的道德和人文素质，重视中华优秀传统文化，传承中国文化，从而对中国特色社会主义和中华民族伟大复兴中国梦充满信心。“美国多元文学与文化”课程选择的文本都是由族裔作家所撰写的，他们在美国盎格鲁-撒克逊文化和白人种族主义政治的压制下，力图保留和强化自己的族裔身份特征，传承自己的文化，才能避免被白人主流文化全盘同化。在了解美国各族裔多元文化特性的同时，学生们能够认识到，在全球化的语境下，只有传承并强化自身文化，才能在交流中求同存异，立于不败之地，进而更好地发扬自身的文化传统。

课程思政不是理论说教，而是要尊重课程所依托的学科的科学性和系统性，将育人目标融入专业教学和课堂实践，有机结合而非生搬硬套。只有将课程的专业内容和思政教育的目标有机结合，才能充分调动学生的主动性，既强化外语教学的专业性深度教育，又把思政教育做足做深。

**2.3 思政教育契合点**

课程思政教学中，教师要在尊重学科专业性的基础上，在教学中融入思政元素，努力成为先进思想文化的传播者，学生健康成长的指导者和引路人。“课程思政设计的关键和核心在于找准契合点，以无缝对接和有机互融的方式，建立生成性的内在契合关系。”（陆道坤，2018）英语文学文化课是中西方文化交流的前沿阵地，如何在文学和文化课程中激发学生的文化自信，培养学生身为中华儿女的共同理想和精神追求，需要深入挖掘课程的思政教育资源。

既然文化文学课涉及的是两种文化之间的对比和交流，在教学中可以强调以社会主义的文化价值观来看中西文化之间的差异，贯彻习近平主席提出的加强文明交流互鉴的“中国方案”。习近平（2019）指出，“文明只有姹紫嫣红之别，但绝无高低优劣之分”。我们研究美国文学和文化的同时，要批判性看待中西差异和交流。例如，看到美国作家也学习中国的优秀传统文化，例如意象主义对于中国古诗的借鉴。同时，利用马克思主义唯物主义的历史观来回顾历史，把握现象和本质，以辩证的思维来评价美国的种族政策和文化机制。例如，重新审视美国内战的真正原因，了解墨西哥裔由于疆域划分造成的身份问题，海外华工在美国建设铁路过程中遭受的种族歧视和驱逐，以此对美国多元文化表象下的历史有更深刻的认识。

其次，激发学生的文化自信，培养中国文化价值观，尊重自身的文化传统，才能在世界交流中拥有一席之地。中国的文化根植于华夏大地，脱胎于中国历史和中国的民族精神，学生应当在学习他者文学文化的同时更好地把握自身的文化传统。外语教育要坚持开放包容，文明之间开展平等对话、交流互鉴。学生在提高对中西文化差异的敏感性的时候，培养跨文化交际能力、文化鉴赏与批判能力，也强化了他们的自信心。

# 三、采取针对性教学方法，实施课程思政教学

课程思政的实施要尊重该课程所依托的人文学科的特点，将德育目标融入文化研究和文学研究的理论和实践体系，不生搬硬套，尊重学生的独立思考能力。在“美国多元文学与文化”课中，引导他们对美国文化批判性认识的同时，培养有立场、有政治觉悟和沟通能力的国际化人才。英语文学文化课不仅要学习英语，还要通过英语学习拓宽视野和眼界，将“多元文化与本土文化并重，尤其增强了本土文化内容”。（文秋芳，2019）因此，需要对文学文化课的具体教学内容和思政教育契合点进行梳理，进而形成系统科学的总体性安排。

**3.1 教学方法**

学生是课堂的主体，在英语的思政教育中，应增强学生的学习主动性，课程和文化的自信心，对于文化交流的意愿和使命感，从而帮助他们内化外语教育的意义。英语文学和文化课程对教学资源和教材进行整合开发，确保教学内容和深度，在外语教学理论的指导下，安排恰当的教学模式。文学和文化课程中，采取文化比较的方式和跨学科的交叉方法，突出历史对文化和文学的影响，研究经济、政治和文化政策对个人身份的影响，可以采取案例分析、对比研究和专题讲座等形式，引导学生逐步深入学习。

3.1.1 案例分析：组织学生对文本进行阅读和讨论，文本不仅包括传统文学形式，还包括社会新闻、政治演讲和歌曲、电影等多媒体材料，引导学生对于西方文化具有美学的鉴赏力和政治审美的敏感性。尤其要针对当下文化现状进行分析，能够从现实的角度出发，调动学生的积极性，让思政学习更有针对性。

3.1.2 对比研究：在文化交流和传播中，鼓励学生用对比的视角去分析问题，换位思考，自我剖析，能够兼听则明。例如，在“美国多元文学与文化”课程中，将美国作家笔下的种族、身份、政治问题和中国话语中书写进行对比，例如对于华裔海外劳工的身份问题，黑人摆脱奴隶制并争取民权的历程，土著人被白人侵占土地的遭遇，通过不同意识形态下话语的差异，让学生体验文化表面下的深层次的意识形态差异。

3.1.3 专题讲座结合学生深度参与：教师以专题的形式将与社会主义核心价值观紧密相关的部分以系统科学的方式传递给学生，突出课程的理论性，做好学生的引路人；同时尊重学生的兴趣和差异，让学生通过查阅资料和小组展示的形式，对一些社会实践相关的问题进行分析，鼓励学生对美国社会中的文化和政治政策进行批判性解读。

**3.2 教师的综合能力**

外语教育在过去往往被误以为是简单的语言教学，外语类课程也受功用性的影响，被认为缺乏人文深度，把思政教育纳入到课程中有助于课程的生动性和人文深层次分析。英语教师要恰当地把握思政教育和专业课程之间的关系，加深对于课程育人和价值的理解，首先需要提高教师个人理论修养，通过常态化的培训帮助教师掌握思政教育的能力。

首先，教师要进行理论学习，从思想上把握思政教育的意义和总体要求，搞清楚培养什么样的人才，把自己的课堂放到学校和国家教育整体布局中，坚持教书育人相统一，坚持言传与身教并重，深化思想政治教育认识。

其次，教师建设好课程体系，优化设计课程内容。课程与教材的设计关系到最终的教学效果，需要教师个人的积极探索，积累经验，也需要外语教育理论和思政教育理论的指导。英语文学文化课的跨文化特色和思政教育有天然的联系，为了更好地推动思政教育进教材、进课堂，把社会主义核心价值观贯穿教育全过程，需要对课程阅读大纲进行优化，挑选能

更好贯彻思政教育的英语特色文本。同时，要对教材进行深度开发，把思政融入到课程中，开发教学内容的思想政治因素。

最后，加强教师的整体教学与管理能力，教师要善于反思、交流和总结。授课中，突出思政教育的思想性、理论性和针对性。在传授专业知识的过程中，明确将外语教育专业性和思想道德教育融为一体，给学生正确的价值观指导。授课外，加强与其他学科专业的教师交流，邀请校内外研究历史学、社会学的专家学者为学生做讲座，通过学术交流、实践研修的方式，拓展学生的国际视野和学术视野，从深度上挖掘思政教育与学术课堂结合的魅力。此外，在评价体系中综合性地考察学生的整体素养，建设在线开放课程为目标，展示思政教育的成果，探索建设公开示范课，并积极编写、出版特色化的教材，增强思政教育的社会影响力。

教师在教学过程中要善于反思和总结，创造性地解决问题，将思政教育浸润到课堂学习中，不刻意将意识形态对立，而是引导学生在对比的过程中确立正确的民族国家意识。

## 四、结论

总之，专业课程和思政教育结合体现了重要的内容创新和课程体系创新，需要针对课程特色寻找恰当的切入点，探讨思政教育实践的可行性。在“美国多元文学和文化”为代表的英语文学文化课中，我们以隐性教育的方法，将课程设计、实施和评价与思想政治教育的要求和内容结合起来，在思政教育原则下对文学文化专业课进行了深度开发，发掘两者的契合点，以有机融合的方式实现知识传授和价值引导的有机统一，科学规划和发展思政教育，把外语全人教育的目标和社会主义核心价值观融入专业教学。

合理的思政教育不仅不会减弱教学效果，相反，还可以提升教学的思想性和人文性。把思政教育和英语文学文化课结合起来，不仅有助于课堂教学的思想深度，还能够有助于教师的发展，帮助教师优化教学能力。如何更好地进行实践，是我们教学中值得不断探讨的问题。

## 参考文献

[1] 陆道坤 . 课程思政推行中若干核心问题及解决思路 [J]. 学科与课程建设，2018（3）：64–69.

[2] 文秋芳 . 新中国外语教育 70 年：成就与挑战 [J]. 外语教学与研究，2019，51（5）：735–746.

[3] 习近平 . 习近平：文明只有姹紫嫣红之别 绝无高低优劣之分 [OL]. http://news.sina.com.cn/o/2019– 05–15/doc–ihvhiews2030734.shtml.

[4] 习近平 . 习近平出席全国宣传思想工作会议并发表重要讲话 [OL]. http://www.gov.cn/xinwen/2018–08/22/content_5315723.htm.

# 基于文化促进模式的“中西文化对比课”教学模式探讨——以 ReadWorks 网站为例[1]

# Discussion on Teaching Mode of *Comparing Chinese and Western Cultures* Based on CFM: Taking the Example of ReadWorks Website

北京中医药大学人文学院　李怡然　熊淋霄　李梦茹　赵　霞

**摘　要：** 目的语文化教学是中西文化对比类课程的重点。作为一种专门针对目的语文化教学的教学模式，文化促进模式协助师生转变其在文化教与学中的角色，并为学生提供使用英语进行批判性思考的机会。本文简要介绍了文化促进模式和“中西文化对比”课，将美国 ReadWorks 网站上的文章“Grandma's House”作为文化证据，详细描述文化促进模式在“中西文化对比”课中的运用，分析其他文化证据在该课程中的使用以及使用目的语文化证据的优缺点，并讨论如何将该模式应用于不同课程类型和不同英语能力的学生，以期为目的语文化的教学提供参考。

**关键词：** 文化促进模式　中西文化对比　文化教学　ReadWorks 网站

**Abstract:** The teaching of target language culture is the focus of the courses concerning the comparison of Chinese and Western cultures. As a teaching model specifically targeted at teaching of target language culture, the culture facilitation model (CFM) assists teachers and students in changing their roles in cultural teaching and learning, and provides students with the opportunity to use English for critical thinking. This article briefly introduced CFM and the course of *Comparing Chinese and Western Cultures*, used the article “Grandma's House” on the ReadWorks website in the United States as cultural evidence to describe the application of CFM in the course in detail, analyzed the use of other cultural evidence in the course and the advantages and disadvantages of using cultural evidence of target language, and discussed how to apply the model to students of different course types and with different English competence, with a view to providing a reference for the teaching of target language culture.

**Key words:** culture facilitation model (CFM)　Comparing Chinese and Western Cultures　cultural teaching　ReadWorks website

---

1　资助项目：北京中医药大学 2017 校级教育课题项目“基于 PBL 的《中西方文化比较》选修课课程设计与实践研究”（XJY17009）。

“美国家庭成员间的关系亲密吗？”“美国孩子孝顺父母吗？”“美国老人是独居吗？”想要回答这些与西方文化相关的问题对于英语为非母语的英语教师来说并不是一件容易的事情。他们有时会根据自己有限的经验、固定印象或是缺乏依据的概括来回答学生的问题，更有甚者可能会回避问题。再者，即使是英语为母语的英语教师也很难代表西方文化，因为不同的年龄、性别、国家、种族以及社会阶层使他们对自身所代表的英语文化有着不同的文化认同。因此，无论是英语为非母语还是英语为母语的英语教师，如果仅仅是从其个人的文化经验出发来回答学生提出的文化问题，那么他们的回答势必会过度简化这个问题并且有损文化的多样性。目的语文化教学是中西文化对比类课程的重点，如果授课教师脱离语境地向学生灌输中西文化的不同或相似之处，这将剥夺学生在语境中提高英语能力的机会，也将抑制学生利用语境发展批判性思维的热情。本文将探讨文化促进模式在《中西文化对比课》中的应用，以美国文化中的家庭关系为例阐述教师在此模式中的文化促进者的角色与学生的文化探究者的角色，介绍如何在课堂上使用其他文化证据和使用目的语文化证据的优缺点，以及如何将该模式应用于不同课程类型和不同英语能力的学生。

# 一、文化促进模式简介

文化促进模式(cultural facilitation model, 以下简称CFM模式)是Eleanor Kashmar Wolf和David Gasbarro Tasker（2018）提出的针对目的语文化教学的教学模式。CFM模式的目的在于发展学生成熟的文化意识，尽力为学生提供自然地使用目的语的机会，并帮助教师完成从“文化专家”到“文化促进者”以及学生从“文化新手”到“文化探究者”的身份转变。此模式认为作为文化促进者的教师需在教学中承担以下任务：1. 仔细选择文化证据（cultural evidence）并将其呈现给学生；2. 帮助学生完成以文化证据为基础的文化分析；3. 鼓励学生作为文化探究者进行批判性思考。

**1.1 选择文化证据**

Adaskou、Britten和Fahsi（1990）将文化分为四个维度：美学维度（aesthetic sense）、社会维度（sociological sense）、语义维度（semantic sense）以及语用维度（pragmatic sense）。美学维度的文化主要体现在一个国家的文学、电影、音乐等艺术形式中；社会维度的文化主要体现在一个国家的传统和风俗习惯中；语义维度的文化主要体现在一个国家特殊词汇的使用中，如美语中的yellow journalism, Big Three, Big Stick Diplomacy等（Sandra, 2000）；语用维度的文化主要体现在文化如何影响语言的恰当使用。在CFM模式中，文化证据是指作者与目标受众拥有相同文化背景和文化理解的并包含以上四个维度的文化材料。例如，在教授美国文化时，相关的文化证据包括作者为美国人的针对美国受众的报刊、小说、新闻、讲座、电视剧、采访、脱口秀等。文化证据的作用在于向学生提供通过语境与真正的目的语文化接触的机会。大多数目的语文化都隐藏在这些材料中，学生需要在教师的帮助下自己去探索。

**1.2 帮助学生自主分析文化**

由于文化证据中蕴含了丰富的目的语文化知识，因此教师不需再像以前那样扮演文化专家的角色，而是成为文化促进者带领学生分析文化证据，这在一定程度上缓解了教师作为“权威”的文化专家的焦虑。正如Kramsch（1993）所说，“语言教师有责任教授文化，因为文化存在于语言传播中，而非社会科学家和人类学家的实验室里”。这意味着文化教学应立足于课堂材料所提供的文化信息、文化价值和文化证据，而不是脱离课堂材料的抽象的文化概念或文化现象。因此，教师应该尽量让所使用的文化证据“说话”，即让文化证据体现所教授的文化，并减少自己对文化证据所携带的文化因素的过度解释和补充。在此过程中，学生根据教师提供的文化证据，将其与自身拥有的本国文化知识作比较，自主地分析和理解目的语文化。

**1.3 发展学生的批判性思维**

语言课堂是发展学生批判性思维能力的理想场所 (Yang & Gamble, 2013)。细致分析目的语文化是培养学生批判性思维的方法之一。Kramsch (1993) 提出目的语文化教学不是单纯地向学习者灌输目的语文化的信息，而是需要学习者同时有意关注与思考目的语文化与本国文化，以此来理解目的语文化与本国文化的不同。在 CFM 模式中，学生作为文化探究者有意识地关注与比较本国文化与目的语文化的差异，从而更了解双方文化（Gilmore, 2007）。在此过程中，学生可以有意识地培养自身的解释、分析、评估、反省等批判性思维。

## 二、“中西文化对比”课程简介

“中西文化对比”是北京中医药大学人文学院公共外语部自 2016 年秋季学期开始面向全校非英语专业硕士研究生开设的一门人文素质类选修课。该课程主要通过讨论“什么是文化”“言语交际中的社交语用失误”“非语言交际”等 11 个方面的内容帮助学生了解中西文化异同和背后所折射出的原因，减少跨文化交流中的失误，避免造成不必要的误解，提高学生的跨文化交际能力，促进东西方文化交流与沟通。选课学生均已通过大学六级英语考试，属于英语的中高级学习者。

## 三、CFM 模式在中西文化对比课中的运用

**3.1 ReadWorks 网站介绍**

ReadWorks 是一个致力于解决美国的阅读理解危机和学生成绩差距的网站。该网站创建了世界一流的阅读内容，现在有超过 100 万名教师和 1 300 万名学生正在使用它来改善课堂教学和学习。ReadWorks 囊括的阅读话题涉及西方数学、社会研究、艺术、诗歌、文学等十几个领域，符合文化证据的选取条件，难度接近于大学英语四六级阅读的水平，因此非常适合用作中国大学生和研究生的英语泛读材料。

**3.2 选取 ReadWorks 的文化证据**

本文探讨的“中西文化对比”课的教学目标是通过运用 ReadWorks 所提供的适合研究生阅读水平的文章，帮助学生发展发现文章中隐藏的文化信息的能力。具体来说，ReadWorks 是学生作为文化探究者的起点，学生通过阅读该网站提供的与美国文化相关的文章能够逐步学会辨别课堂以外的文化信息。他们在课堂中的任务是：1. 阅读教师提供的摘自 ReadWorks 的文章；2. 找出与中国文化不同的内容以及不熟悉的文化证据并提出问题；3. 探究所提出的文化问题。

**3.3 CFM 模式在“中西文化对比”课中的具体实践**

本文以社交语用失误章节中的“中美家庭关系”为例，选取 ReadWorks 上题为“Grandma’s House”的文章，探索如何将 CFM 模式融入课堂教学。“Grandma’s House”讲述了 Emily 和 Hannah 两姐妹被母亲送到外婆家和外婆相处一天的故事，全文约 900 字，

语言难度接近大学英语四级考试。故事中的五个文化证据被学生提取出来，学生作为文化探究者对其进行逐一探讨。

文化证据一：Emily groaned and looked over at her twin sister, who was rubbing her eyes. "I don't want to go to Grandma's house," Emily said grumpily.

文化证据二："Yeah, maybe," Emily said. She hated going to their Grandma's house. It smelled like an old person, and there was plastic on all the couches, which stuck to their legs whenever they wore shorts and tried to get up.

文化证据三："Hi, Mom." Emily pulled out the cereal she and Hannah liked and poured two bowls before sitting at the table next to their mom.

文化证据四："I really appreciate you guys going over to Grandma's today. I have a ton of Christmas presents to buy, and I know Grandma will appreciate the company," Mom said.

文化证据五："Bye!" their mom called, waving from the car before she drove away. Emily and Hannah walked up the long driveway to their grandma's house.

五个文化证据被提出后，学生通过小组讨论探究这些文化证据不符合他们个人的本国文化认知的原因，并提出相关问题。

**表 1　学生常见文化问题与所对应的文化证据**

| | |
|---|---|
| 1. 美国人不喜欢拜访长辈吗？<br>2. 美国人和长辈的关系很疏远吗？<br>3. 美国人会公开表达对长辈的喜爱吗？<br>4. 美国人对待兄弟姐妹很粗鲁吗？ | 文化证据一<br>I. "I don't want to go to Grandma's house,"…<br>II. Emily said grumpily.<br>文化证据二<br>I. (Emily) hated … |
| 1. 为什么外婆的房子闻起来像老年人？<br>2. 为什么外婆的沙发要用塑料纸包起来？<br>3. 所有的美国人都喜欢把沙发用塑料纸包起来吗？还是只有老年人喜欢？ | 文化证据二<br>II. (grandma's house) smelled like an old person…<br>III. …plastic on all the couches… |
| 1. 美国家长不给孩子做早饭吗？<br>2. 美国人早上吃什么？ | 文化证据三<br>Emily pulled out the cereal… |
| 1. 美国家长需要对孩子说谢谢吗？<br>2. 美国家长和孩子之间说话很客气吗？<br>3. 美国的家庭成员之间需要经常表示感谢吗？ | 文化证据四<br>I. (Mom said:) I really appreciate…<br>II. (Mom said:) Grandma will appreciate… |
| 1. 美国家长的安全意识很薄弱吗？<br>2. 美国很安全吗？ | 文化证据五<br>Emily and Hannah walked up the long driveway to their grandma's house. |

通过小组讨论、全班观点分享以及教师少量讲解，这些问题都会得到答案。不可避免的是，有些答案可能会"概括（generalize）"中美文化的不同之处，例如一些学生会从文章中的文化证据概括出美国人的家庭关系很松散。由于 CFM 模式主要关注语境提供的文化证据，不强调社会调查或是文献研究，因此"概括"在该模式中的应用会比较广泛。值得注意的是，教师需让学生知道"概括"是不可避免的，但是他们应该正确认识到"概括"的存在，而不是将其视作理所应当。再者，CFM 模式中的文化证据是基于语境的文化证据，而且概括应基于一定数量的证据，因此，学生对其的理解可以通过进一步分析其他类

似的文化证据逐步从“概括”向更深入的文化理解过渡。例如，教师可以为学生提供更多的阅读材料作为课后补充的文化材料，学生通过阅读这些材料进一步理解美国的家庭关系。

**表 2　学生总结的文化问题答案**

| |
|---|
| 较美国人而言，中国人更喜欢拜访长辈、和长辈的关系更加亲密。<br>较中国人而言，身处低语境文化中的美国人更倾向于直接表达对长辈的喜恶、对待兄弟姐妹的态度也更加直接。 |
| 外婆的房子闻起来像老年人的原因可能是房子的历史比较悠久。由于很多美国人的房子是木质结构，所以闻起来可能有木头腐朽的味道。<br>美国的老年人为了保护沙发会用塑料纸把沙发包起来，久而久之就成为了美国老年家庭的传统。 |
| 为了培养孩子独立自主的性格，美国家长较少干涉孩子的饮食习惯，也鼓励他们选择自己喜爱的食物。<br>美国人早上喜爱吃方便快捷的食物，如燕麦配牛奶等。 |
| 美国家长和孩子之间经常使用“谢谢”“请”等礼貌用语。<br>美国家庭成员之间会经常表示感谢，如接受对方的帮助时。 |
| 美国家长的安全意识并不薄弱，但是为了培养孩子的独立生活能力，他们会要求孩子做一些力所能及的事情。<br>较中国而言，美国并不安全。 |

## 四、其他文化证据在“中西文化对比”课程中的使用

ReadWorks 是适合《中西文化对比课》的文化材料，原因在于：1. 它符合选课学生的英语语言能力；2. 师生可以在网站注册之后免费使用网站上的文章；3. 文章由美国人用纯正的美式英语撰写，不会出现不同英语变体和不同国家文化混杂的情况。但是，ReadWorks 并不是唯一适合该课程的学习材料。TED Talks、纽约时报的“Room for Debate”、*This American Life* 网站等听力和阅读材料都能为学生提供丰富的基于语境和证据的关于政治、社会、经济、环保等方面的西方文化素材。

## 五、使用目的语文化证据的优缺点

Cortazzi 和 Jin(1999) 将文化材料分为三类：目的语文化材料、本国文化材料、多国家文化材料。他们认为使用目的语文化材料有利有弊。优点在于这类文化材料可以激发那些对于目的语文化感兴趣的学习者的学习热情。弊端在于由于文化差异，一些目的语文化材料会和学习者的本国文化产生冲突。例如“Grandma's House”中描述的两姐妹不喜欢去外婆家的情节就与中国文化中的孝道相冲突。教师在使用这类文化材料时必须查阅大量目的语文化的信息，这也加重了教师作为文化促进者的负担，增加了教师的备课压力。再者，目的语文化材料中过多的文化差异和冲突会强化教师在课堂上的“权威”地位，教师语言将占据课堂，因为教师需要用大量的语言来解释两种文化的不同，学生作为文化探究者的身份可能会被剥夺。

## 六、CFM 模式应用于不同课程类型和不同英语能力的学生

虽然本文着重介绍了 CFM 模式在“中西文化对比”课中的应用，主要面对的学习者是英语的中高级使用者，但是该模式却不限于在该类课程和该英语水平学习者中使用。英语阅读课、听力课、写作课等都可以尝试该模式。例如在英语听力课上，教师可以选取主要来自于主流英美媒体的蕴含文化证据的听力素材，作为课堂的文化材料。一方面可以训练学生的听力能力，另一方面可以帮助其培养英语国家文化的文化素养。再者，零基础的英语学习者和英语的初级学习者也可以尝试该模式。针对英语能力较薄弱的学生，教师可以自主选择一些词汇、语法与句法较简单的文化材料，在课堂中更多地加入“辅导”元素，如帮助学生归纳总结文化问题，为他们提供语言上的帮助。

## 七、结语

文化促进模式是一种以教师为主导学生为中心的文化教学模式。英语教师作为文化促进者为学生选择文化证据、协助学生分析文化和使用英语展开相关的文化讨论、培养学生的批判性思维。学生作为文化探究者探索隐藏在材料中的文化证据，以此更加深入地理解中西文化。作为文化的促进者和探究者，师生协同合作理解和分析材料中的文化信息，最终达到文化共识并能最大限度地使用英语。

## 参考文献

[1] Adaskou K, Britten D, Fahsi, B. Design decisions on the cultural content of a secondary English course for Morocco [J]. EFL journal, 1990, 44 (1): 3–10.

[2] Cortazzi M, Jin L. Cultural mirrors, materials and methods in the EFL classroom [A]. //Hinkel E. Culture in second language teaching [C]. Cambridge: Cambridge University Press, 1999: 196–219.

[3] Gilmore A. Authentic materials and authenticity in foreign language learning [J]. Language Teaching, 2007, 40 (2): 97–118.

[4] Kramsch C. Context and culture in language teaching [M]. Oxford: Oxford University Press, 1993.

[5] Sandra L. M. Teaching English as an international language, implications for cultural materials in the classroom [J]. TESOL Journal, 2000, 9 (4): 7–11.

[6] Wolf E K, Tasker D G. “This American English class,” a new model of cultural instruction [J]. English teaching forum, 2018, 56(3): 1–11.

[7] Yang Y C, Gamble J. Effective and practical critical thinking-enhanced EFL instruction [J]. ELT journal, 2013, 67 (4): 398–412.

# 新时代背景下英语教学跨文化交际意识的培养

# Cultivation of Cross-Cultural Awareness in English Teaching in the New Era

中国人民公安大学涉外警务学院　田　颖

**摘　要：** 在新时代世界经济与现代科学技术日趋国际化和全球化的背景下，各民族文化不断突破本民族文化的界限，互相渗透、补充和融合。英语课程作为高等学校人文教育的一部分，培养跨文化意识，增强跨文化交际能力，提高学生综合人文素养，保持中国文化的主体意识是其首要任务。本文将探讨英语教学中跨文化意识的重要性、跨文化意识的原则以及培养跨文化意识的策略，摸索培养具有国际视野、中国情怀和跨文化交际能力的国际化人才的可行性途径。

**关键词：** 跨文化意识　跨文化交际能力　跨文化能力

**Abstract:** Against the background of global economic development and modern technological advance, every country keeps breaking the limits of its national ethnic culture. Diverse ethnic cultures supplement, permeate and integrate with each other. Since English is a part of higher education, English teachers shoulder the responsibility of cultivating students' cross-cultural awareness and the ability to communicate with people from diverse cultural backgrounds, and improving their humanistic quality. English teachers should give top priority to maintaining the subject consciousness of Chinese culture in their teaching. The article discusses the importance of cross-cultural awareness in English teaching, principles of cross-cultural awareness and strategies in cultivating cross-cultural awareness, creating feasible approaches to cultivating global vision, Chinese sentiments and communicative skills in college students.

**Key words:** cross-cultural awareness　ability to communicate with people from diverse cultural background communicative skills

## 一、引言

### 1.1 背景

2018 年 9 月，习近平总书记在全国教育大会上明确指出，要把立德树人融入思想教育、文化知识教育、社会实践教育各个环节。教师要围绕这个目标来教，学生要围绕这个目标来学。外语教育作为学校教育的重要组成部分，在立德树人和综合素质培养方面具有不可替代的优势。

2018 年 9 月 17 日，教育部召开的加强高校外语教学改革工作会议明确提出，外语教学要纳入国家战略，主动服务“一带一路”建设，加强国际组织人才培养，培养“一精多会（精一门外语，会多门外语）”、“一专多能（懂专业，能多语种沟通写作）”高素质国际化复合型人才。

2018 年《中国外语教育年度报告》中指出：过去几年里，涉及外语教育价值和意义的讨论主要围绕两个主题展开：一是外语教育的人文性与工具性问题，二是外语与国家需求的关系问题。英语的知识和能力作为跨文化能力的基础，主要是通过教学完成的。英语教学承担了提高学生综合人文素养的任务，即学生通过英语课程能够开阔视野、丰富生活经历，形成跨文化意识，增强跨文化能力。因此，英语教学在跨文化能力培养方面具有举足轻重的作用。

**1.2 指导思想**

教育部高等学校大学外语教学指导委员会在总结高校英语课程建设和教学改革经验的基础上，编制了《大学英语教学指南》，对高校的英语教学的意义、定位与性质、教学目标与要求、课程设置、教学方法与手段、测试评价等内容进行了全新的定义和描述，清晰阐明了新时代大学外语教学的新使命和新理念。

《大学英语教学指南》明确指出：挖掘和发挥大学英语课程所具有的丰富人文内涵，将其工具性和人文性有机统一，落实立德树人的任务，实现培养核心素养和全面发展人才的教育目标是新时代全面深化课程改革的要求。大学英语课程是高等学校人文教育的一部分，开展跨文化教育，提高跨文化交际能力是新时代高校英语教学的首要任务。在教学过程中跨文化交际能力培养的关键是提高学生的跨文化意识，通过加强语言学习过程中的文化对比性，帮助学生提高对文化差异的敏感性和感知度。本文将从下列三个方面进行探讨：

（1）跨文化意识的重要性；

（2）跨文化意识培养应遵循的原则；

（3）如何培养跨文化意识。

## 二、理论基础

**2.1 文化**

文化是一个非常抽象的概念。从广义上讲，它是指一个社会所具有的独特习惯、制度、目标和技术的总模式。从狭义上讲，它是指所学语言国家的历史地理、风土人情、传统习俗、生活方式、文学艺术、行为规范、价值观念等。接触和了解英语国家的文化有利于对英语的理解和使用，也有利于加深对本国文化的理解与认识，有利于培养跨文化意识。学生综合语言运用能力的形成建立在学生语言技能、语言知识、情感态度、学习策略和文化意识等素养整体发展的基础上，文化意识是得体地运用语言的保证。所以，文化与语言的关系是密不可分的。语言是文化的一部分，是文化的载体，文化对语言的发展又起着制约作用。

Edward Sapir（1921）提出：语言背后是有东西的，那就是文化，而且语言离不开文化而存在。其实，语言不仅包含着一个民族的历史和文化背景，而且还蕴藏着该民族的生活方式和思维方式以及对人生的看法。学习一种语言，就必须了解有关这种语言的文化，否则就无法正确地理解和运用这种语言。

### 2.2 跨文化能力

在众多的跨文化能力概念模式中，Kim（2014）指出：跨文化能力包含认知能力、情感态度和行为能力三个维度。具体来说就是：

Cognitive: 文化知识的学习是基础，它既包括对目的语文化的学习，也包括对世界其他文化的了解，还包括对本族文化和目的语文化的社会习惯和成果的知识的深入理解和反思。

Affective: 情感态度的培养是重点，在广泛接触和了解不同文化差异的基础上，增强对本族文化的确信和认同，对世界其他文化的开放，以及悬置对其他文化的怀疑。

Behavioral: 行为技能是目标，将文化知识和跨文化情感态度转化为能力，形成善于观察、分析、比较、评价、批判性思维和自主学习的能力，并在真实的交际和交往制约中运用知识、实施技能和表明态度的能力。

张红玲（2007）认为，跨文化外语教学的目的有两个：提高学生的外语交际能力和跨文化交际能力。其中，跨文化交际能力培养应被视为外语教学的高级培养目标。

### 2.3 跨文化交际能力

跨文化交际是指本族语者与非本族语者之间的交际，也是任何在语言和文化背景方面有差异的人们之间的交际。跨文化交际不仅是语言形式的沟通，而且是不同文化之间的沟通。从交际的种类来看，跨文化交际可以是人际间的交流，也可以是个人与公众（群体）间的交流。Kim（1995）对跨文化交际能力做出更为具体的界定：跨文化交际能力是个体所具有的内在能力，能够处理跨文化交际中的关键性问题，如文化差异、文化陌生感、本文化群体内部的态度，以及随之而来的心理压力等。

跨文化交际能力作为语言学习的最终目的，包括听、说、读、写、译五项技能以及社会能力，对综合素质具有一定的要求。跨文化交际是非常直接的实践交流形式，通过跨文化知识的学习，学生能够明确在各种情况下的语言运用形式，形成跨文化交际能力，实现外语教学的核心目标。

### 2.4 跨文化意识

Hanvey（1979）将跨文化意识定义为跨文化交际中参与者对文化因素的敏感性认识，即对本国文化与异文化的异同和对它们之间的关系的领悟与敏感，是对文化现象、模式、特征以及不同文化之间关系的洞察和批判性的理解。它是根据异文化来调整自己思维、语言理解及语言产出的自觉性，是语言能力的一种表现。一般分为四个层次：一是对那些被认为是怪异的表面文化现象的认识；二是对那些与母语文化相反而又被认为是不可思议、缺乏理念的显著文化特征的认知；三是通过理性分析取得对文化特征的认知；四是从异文化特有者的角度感知异文化。这四个层次是跨文化意识的最高境界，要求参与者“移情”和“文化融入”两方面的技能。

所以，跨文化意识要求参与者对文化差异存在敏感性认识；对表面不可思议或与本民族文化相反的现象要有客观认识；在他人文化背景下理解对方，产生共鸣，具备“移情”的能力。

## 三、英语教学中培养跨文化意识的必要性

2017 年 5 月“一带一路”国际合作高峰论坛的召开昭示着“一带一路”倡议成为真正的全球化合作平台，语言沟通和文化交流也会随着平台的扩大而日益增多。在新时代

背景下，高校的英语教学应更加注重学生的跨文化意识的培养，以适应新世纪国家对人才的需求。

**3.1 有利于培养学生的综合语言运用能力**

文化作为外语教学的有机组成部分，为语言学习提供了真实而丰富的语境，使语言学习与真实的人和事物联系起来，帮助学生充分理解语言的文化内涵和外延，提高学生对所学材料的深层理解，有利于促进外语教学，提高教学效果。学生通过了解异国的风土人情和文化背景知识，扩大了知识面，为更好地达到国际间的相互了解和信息交流奠定扎实的基础。从而，语言综合应用能力得到相应提高。

**3.2 有利于培养学生的跨文化交际能力**

周秋琴（2009）指出：作为国际通用语言的英语势必要承载丰富的多元文化。这就要求英语教学工作者在语言教学过程中要注重培养学生的多元文化意识以及跨文化交际能力，以发扬本民族优秀文化传统，并汲取其他民族先进文明成果，以提升学生的跨文化交际能力。

**3.3 有利于加深对本族文化的理解**

学生通过所学的语言材料了解其中的民族文化。一方面，可以受到国外文化的浸润，在潜移默化中感受中外文化差异；另一方面，也有利于学生对本国传统文化的认识。只有对本民族文化充满自豪和自信，才可能在跨文化交往中更好地求同存异、保持自我，表现出较高的文化素养和独立的文化人格。

## 四、跨文化意识培养应遵循的原则

**4.1 意义性原则：**教育者提供学习者感兴趣的语言材料。所导入的文化内容与学生所学的语言内容密切相关，与日常交际所涉及的主要方面密切相关。要突出语言的生动性、情景的真实性、材料的生活性，激发学生的兴趣，培养学生的情感，激起学生的求知欲，以提高学习效率，加快学习过程，培养学生对自己民族的了解和热爱，对其他民族文化的理解和尊重，从而使其形成合理的跨文化心态。

**4.2 阶段性原则：**文化内容的导入应遵循循序渐进的原则，从介绍英语国家人民的日常生活开始，逐步涉及他们的文化背景、历史传统、人文地理等，以至更深入地探讨人生态度、道德价值观等。

**4.3 交际性原则：**培养跨文化意识的目的是提高学生的跨文化交际能力。教师有责任提高学生的跨文化意识。让学生在学习语言基本知识的基础上，学会了解所学语言国家的文化、背景、风土人情和生活方式。有了了解、理解的基础，可以使跨文化的交流得以顺利开展。

**4.4 渗透性原则：**培养跨文化意识的过程不是简单的教学灌输，而应在语言的交流中、情感的表达中、举手投足中、待人接物中体现出来。跨文化意识的培养应渗透在每一次课堂中、每一次活动中，与知识相结合，与活动相联系，创设情境，形成一种文化氛围。

## 五、英语教学中跨文化意识培养的建议

为适应新时代发展需求，当今英语教学更应注重提升学生的跨文化意识和培养其跨文

化交际能力。英语教师要指导学生改被动地记忆为敏锐地发现、主动地获取，培养独立鉴别能力，弘扬本族文化的意识。

首先，注重本民族传统文化传承。我国台湾地区教育家高振东在演讲时曾提出：英语教学理念要传爱国之道，授英文之业。他主张以教育尽现国学精粹，传承中国传统文化精髓；上大学之前的英语学习注重打好学生的英语语言基础，而上大学后，英语教学则要注重提升学生的语言文化素养。而认识文化差异要立足于对本土文化传统的了解，即以发扬本民族文化优秀传统为先导，方能激发学生的爱国情怀和外语学习热情。因此，英语教学内容要增加跨文化素材，给学生以清晰的有关外国文化或双语文化异同的概念，增强学生的中国文化身份的认同。中西礼仪、中华民族文化精粹如茶文化、功夫文化、饮食文化、节日文化、地方文化等中华传统文化，都可以融入英语课堂教学。

其次，加强多元异文化导入。开辟“世界文化之窗”，感受世界文化的多样性，尤其是“一带一路”沿线国家的文化故事。让学生有机会接触和了解世界各国文化及其特点。通过音频或视频、角色扮演、小组讨论、案例分析等多种形式，从情感、认知和行为三个维度来全面培养学生的跨文化意识。同时，教师要不断“充电”，使自己成为多元文化的接纳者。在教学过程中，教师可以结合教学目的，将跨文化交际意识融入实际教学中，在活动和任务中为学生提供机会，进行跨文化经验反思并发掘探索文化差异。

最后，重视文化对比。文化实践应有意识地关注、对比不同文化之间的差异。英语教学中，注重培养学生的跨文化意识，就要有意识地引导学生倾听、观察、分析、阐释、对比、评价文化差异，有效地拓展他们的国际视野。培养创新、批判性思维和自主学习能力，为讲述中国故事，参与中外人文交流，促进人类命运共同体建设做好准备。

## 六、结束语

培养具有国际视野、中国情怀和跨文化交往能力的国际化人才已成为高校人才培养的核心任务。大学生在跨文化交往和公共外交中既要吸收国外优秀的文化，又应保持中国文化的主体意识、展现文化自信，已成为新时代的要求。高校的英语教学中，加强学生的跨文化意识，提高学生跨文化交际能力任重而道远，需要广大教师的辛勤投入以及学生的积极配合。

## 参考文献

[1] Spitzberg B H. Human communication: motivation, knowledge and skills [M]. Belmont: Thomson Higher Education, 2007.

[2] Edward Sapir. Language: An introduction to the study of speech [M]. New York: Harcourt, Brace and Company, 1921.

[3] 金荣渊 . 跨文化能力：交际与跨文化适应的综合理论 [M]. 上海：上海外语教育出版社，2014：126.

[4] 张红玲 . 跨文化外语教学 [M]. 上海：上海外语教育出版社，2007：68.

[5] 周秋琴 . 大学英语教学中文化意识的培养和研究 [D]. 中南大学，2009.

# 基于跨文化交际能力培养的研究生听说教学实践[1]

# A Practice of Implementing Listening and Speaking Teaching for Graduate Students Based on the Cultivation of ICC

中国政法大学外国语学院　杜洁敏

**摘　要：** 培养研究生在跨文化背景下用目的语进行交流的能力是研究生英语教学的一个重要目标。根据研究生英语听说教学的特点，本文在顾晓乐跨文化交际能力教学实践环形模型的基础上，构建并实践了跨文化交际能力培养的五个环节，通过听说教学的实践探讨了介入跨文化交际教学的途径。

**关键词：** 跨文化交际能力　教学实践模型　研究生听说教学

**Abstract:** Cultivating students' ability to communicate effectively with the target language in a cross-cultural context is an important goal of English teaching for graduate students. According to the characteristics of English listening and speaking teaching for graduate students, this paper, based on the practical model of cultivating intercultural communicative competence (ICC) put forward by Gu Xiaole, constructs and implements five links of ICC training, and probes into the ways to incorporate ICC training into listening and speaking teaching.

**Key words:** ICC teaching model　listening and speaking　teaching for graduate students

## 一、引言

经济全球化拉近了我们与世界的距离，我们与世界上不同国家、不同文化背景和不同语言的人们交往日益增多，跨文化的国际交流日益频繁。培养具有竞争力的国际化人才成为高等教育的一个重要任务。具体到外语教学，其主要有两个目标：语言文学目标和社会人文目标（张红玲，2012）。前者指学习者学习目标语系统，把外语作为一种工具来学习，而后者指学习者社会技能和人文素养的培养，学会在跨文化的环境下有效、得体地与人沟通合作。经过多年的英语学习，研究生已具备一定语言知识的积累，同时，与本科生相比，他们有更多的机会去参与国际间的学术交流和合作，因此，培养研究生在跨文化背景下用

1　本研究是中国政法大学 2019 年研究生教育教学改革项目《基于混合式教学模式和学习通平台的研究生公共英语网络学习课程探究》（项目编号 YJLX1915）的成果之一。

目的语进行交流的能力是研究生英语教学的一个重点。本文旨在通过听说教学的实践探讨介入跨文化交际教学的途径。

## 二、跨文化交际能力

学界对于跨文化交际能力的概念和具体内容见仁见智，有许多不同的看法。例如，贾玉新（1997：3）认为，跨文化交际能力是恰当运用语言文化知识与异文化成员进行有效而得体交际实践的能力，是跨文化交际活动中的决定因素。Spitzberg 的定义是："广义上说，可以把跨文化交际能力理解为一种印象，即这一行为在特定的语境中是恰当、有效的（2000：357）。"张红玲把跨文化交际能力定义为"掌握一定的文化和交际知识，能将这些知识应用到实际跨文化环境中，并且在心理上不惧怕，主动、积极、愉快地接受挑战，对不同文化表现出包容和欣赏的态度（2007：70）。"Deardorff 通过一项对教育机构和跨文化交际专家的调查研究，发现最受认可的跨文化交际能力定义是："在跨文化交际实践中表现出来的基于跨文化知识、技能和态度的有效、恰当的沟通能力"（转引自顾晓乐，2017：80）。尽管学者们对跨文化交际能力概念的表述不尽相同,但共识是大家一致认为"有效性"和"得体性"是跨文化交际能力的衡量标准，且跨文化交际能力的构成要素至少应包括足够的跨文化知识、积极的交际态度以及有效的交际技能。

跨文化知识维度指交际者对目的国的语言、历史和文化的掌握程度，缺乏对目的国的宗教信仰、价值观念、思维方式、生活方式以及风俗习惯的了解，深入、有效的跨文化交流无法开展。与此同时，交际者还需积累深厚的本国文化功底，在比较学习中了解两种文化的异同，能对不同的文化现象进行阐释和评价，学会批判性地看待文化差异，从而构建更加广阔的文化观和世界观。

态度维度包括交际者对自我身份意识、社会角色、社会责任等的认识，具体反映在对不同文化显示出好奇和敏感、尊重文化的多样性、具有跨文化的同理心等方面。一个具有跨文化能力的人应该了解和尊重世界文化的多样性，耐心、真诚地倾听不同文化的声音，积极体验不同文化的魅力，感同身受地理解不同文化的逻辑，以一种开放的心态去参与跨文化活动。对自身身份、角色和责任的认识有助于交际者在交际实践中做到理性客观、不卑不亢，并在与对方协商合作的过程中不断进行自我调适。同时，他 / 她还需具备批判性的反思能力，能够对本国文化和外国文化进行客观公允的评价，避免"文化失语症"，既不妄自尊大，也不妄自菲薄，消除文化偏见。

技能维度涉及运用语言知识和交际策略进行得体、有效的跨文化沟通。这种沟通既可以是口头的，也可以是书面的，例如学生在申请国外学校时撰写的文书、与校方沟通的邮件等。"得体性"和"有效性"是衡量跨文化交际的两个标准。在实践中，交际者需要运用学到的跨文化知识，尊重对方的价值观念和行为规范，最大限度地确保言行得体，同时，在交际遇到障碍的情况下，运用策略，达到跨文化沟通的目的。

## 三、基于跨文化交际能力培养的教学实践

根据研究生英语听说教学的特点，本文在顾晓乐（2017：85）的跨文化交际能力教学实践环形模型的基础上，构建并实践了跨文化交际能力培养的五个环节。这五个环节并非

非此即彼的孤立存在，而是互相渗透，互相依托。

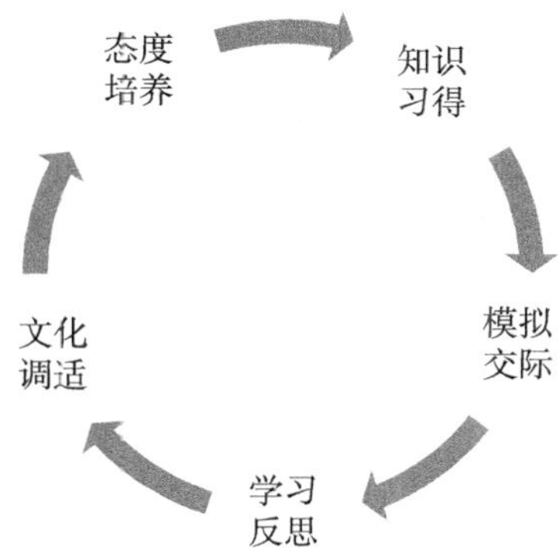


**图 1　跨文化交际能力教学实践模型**

**3.1 态度培养**

培养对跨文化交际的积极态度是提升跨文化交际能力的入手点，教师需要引导学生进入跨文化沟通对象的物质和精神世界，用平和的目光去审视不同的事物，以一种同理心去感受对方的情境，以理性的大脑去理解对方的逻辑。引导学生学会尊重、接受甚至欣赏文化的不同，学会换位思考，避免偏见和文化定式的束缚，避免急于进行价值判断。一个具有积极开放态度的交际者不会畏惧文化的差异，相反会把这种差异视为挑战自我、开阔视野的良机，他不断吸收和学习来自这个多元世界的丰富资源，最终超越自我文化的边界，形成包容开放的跨文化人格。

在教学中，教师可采用视频观看、角色扮演、课堂讨论等方式推动学生进行文化比较和深层次的思考。我校的研究生听说课程采用中国人民大学出版社的《新英语视听说教程》，例如，在讲授第一单元“文化差异”时，教师布置学生课前观看电影“刮痧”的部分视频，并由指定小组的学生在课堂上角色扮演“听证会”这一片段。之后，教师提出两个问题请学生讨论：1）为什么许大同请并不熟悉家庭法的约翰作为其律师？如果换作你，是否会有同样的选择？ 2）约翰在听证会上“罢工”了，你如何看待他的行为？学生们的讨论很自然地集中在两种文化的比较上，例如，有学生表示如果自己遇到同样的事情，一定会请个更专业的律师，同时，他也对许大同的行为表示理解，因为如果换作他的父母，遇事肯定会首先找亲朋好友帮忙。通过这样的课堂活动，教师欣喜地发现，学生们并不是用一种非黑即白的态度看待不同的文化，而是学会用一种推己及人的同理心去分析。

**3.2 知识习得**

丰富的跨文化知识是跨文化交际成功的重要因素。教师可以利用音视频、课堂讲授等多模态显性手段将不同语言的文化差异展现出来，用“润物细无声的方式将跨文化交际能力培养融于语言教学的各个环节”（陈建文、刘正光，2016：116）。例如，由于母语负迁移的缘故，学生们总是用说汉语的方式去表达英文，如针对“Do you like fishing?”这样的提问，英语本族人在说话时有很明显的循序渐进的特点，与我们“非黑即白”的表达方式有很大的差别，他们会根据喜爱的不同程度，选择不同的回答方式，如：Yes, I really like fishing…/I guess I'm quite fond of fishing…/To some extent, I would say I like fishing…/Do I like fishing…well, it's hard to say 等。教师向学生们对比讲授英汉语言口语表达的差异，并在每个单元的训练中强化英语口语的特点，学生们获益匪浅。

建构主义学习观认为，学习者的知识获得依赖于学习者的主动感悟和建构，学习者的主动建构不仅涉及结构性的客观知识，更涉及大量非结构性的主观理解和感悟。因此，要强调学习者的认知主体以及知识主动建构者的作用，强调学生的自主学习能力的培养，使他们在面对真实的跨文化场景时知道如何快速寻求资源，获取信息，创造性地解决具体问题。在听说教学中，为了进一步培养学生积极探索、主动建构的能力，教师针对每个单元的主题，提出了一些富有挑战性的文化比较研究课题，学生以小组为单位，选择自己感兴趣的课题进行研究，研究成果最后以口头报告的形式进行展示。

### 3.3 模拟交际

以跨文化交际能力培养为目标的教学应该创造跨文化体验的机会以促成跨文化能力的内化。教师要根据教学目标设置不同的模拟交际任务和场景，使学生能通过完成不同的交际任务，在行动中协商交际意义，培养运用技能。在这个环节，教师可以设计不同的角色扮演场景，帮助学生在协作学习中提高跨文化交际能力。例如，在学习“职业和工作”这个单元时，在完成“一个好员工的基本素质”“求职信”“面试 101”等环节的操练后，教师组织学生以六人小组为单位模拟面试的场景，要求扮演求职者的学生在面试前准备求职信，着装正式且对应聘单位背景有一定了解，而扮演面试官的学生同样需要专业的着装，要对不同的求职者准备有针对性的问题。在课后进行的访谈中，学生们纷纷表示有身临其境的感觉。

### 3.4 学习反思

大量的研究表明，作为一种深层学习，反思可以促进学习者在人格、心理、情感和认知上的成长。学习者通过对自己的跨文化实践进行总结和反思，更好地发现自身的优点和缺点，更好地理解所失所得。笔者要求学生在每个单元的学习结束后写一篇反思日志，形式不拘，希望他们能真实地记录下每个单元学习的收获、不足以及感受，目的是帮助他们能静下心来审视自己。例如，有学生曾写道：“……我大概真的不是个合格的求职者，不知道为啥那么紧张，可 HR 问的问题也很奇怪，问我是否准备在三年内生小孩……明明老师讲过西方的人权意识超强，这样的问题也可以？”学生在日志中提出的类似问题让笔者感慨不已，他们有能力在文化习得的基础上去质疑不同的价值和观念，有能力通过跨文化反省培养批判性文化自觉。

### 3.5 文化调适

在反思的基础上，学生对态度、知识、技能维度中不恰当的表现进行调适，进一步提升交际能力。学习“旅行和观光”这个单元时，笔者布置学生课堂上就“就餐”这一主题进行小组角色扮演活动，要求活动须包括电话订餐、餐厅迎客，以及点餐、投诉和结账几个环节。令笔者印象深刻的是一个学生在反思日志中的描述：“……结账时我们为是否给小费争执起来，想想 S 是对的，W 够贴心，上菜慢也不是她的错啊，老师曾说西方服务员的收入基本上靠小费了……幸亏咱醒悟得快，W 一个劲儿地道谢，我倒不知道该说啥了。”课堂上的每一次讨论、辩论、角色扮演都为学生们提供了文化调适的契机，他们在各种模拟真实场景的操练中不断去磨合、提升交际技巧，交际能力不断提升。

这五个环节并非是线性的发展关系，它们环环相扣，互相渗透融合。例如，学生在跨文化知识习得、模拟交际和学习反思的基础上能够更好地理解世界文化的多样性以及中外文化表层和深层的异同，从而培养一种积极、包容的跨文化人格，更好地适应跨文化的交流。

## 四、结语

在研究生听说教学的基础上，通过态度培养、知识习得、模拟交际、学习反思以及文化调适五个环节将跨文化交际能力培养融入其中，引导学生进行文化学习、文化对比和文化探索，在他们收获文化知识的同时，培养了跨文化交际的意识，逐步掌握了跨文化交际的技能。授人以渔，如果我们能在教学设计上坚实地做好每一步，用先进的教学理念去引导学生发挥主观能动性，我们的收获一定比我们想象的多。

## 参考文献

[1] Spitzberg B. A model of intercultural communication competence [A] //Samovar L., Porter R. Intercultural communication: a Reader ( 9th Ed.) [C]. Belmont: Wadsworth, 2000: 375–387.

[2] 陈建文，刘正光 . 跨文化交际能力培养应该融于语言教学各环节 [J]. 外语学刊，2016（6）：116–120.

[3] 顾晓乐 . 外语教学中跨文化交际能力培养之理论和实践模型 [J]. 外语界，2017（1）：79–88.

[4] 贾玉新 . 跨文化交际学 [M]. 上海：上海外语教育出版社，1997.

[5] 张红玲 . 跨文化外语教学 [M]. 上海：上海外语教育出版，2007.

[6] 张红玲 . 以跨文化教育为导向的外语教学：历史、现状与未来 [J]. 外语界，2012（2）：2–7.

# 频率和关联度对中低水平中国英语学习者程式语加工的影响[1]

# Influence of Frequency and Association Strength on Lexical Bundle Processing by Chinese Intermediat English Learners

中国科学院大学外语系　洪　雷　北京十二中　何淑菁

**摘　要：** 对于程式语加工，人们关注其中的频率效应，少有研究考察关联度的影响。本研究以 20 名非英语专业大二的学生为被试，探查频率和关联度对中低水平二语学习者程式语加工的影响。研究发现，程式语加工受频率影响，不受关联度的影响，但会受到频率和关联度交互作用的影响。频率效应为基于使用的语言习得观提供了有力的支持，而频率效应与关联度的交互作用说明语言习得观存在局限性，学习者对不同关联度的程式语，或有不同的认知加工策略。

**关键词：** 程式语　频率　关联度

**Abstract:** One line of research on lexical bundles from a psycholinguistic perspective is to investigate what factors influence the representation and processing. Previous studies mostly focused on the influence of frequency, ignoring the influence of association strength. The present study used 20 non-English major Chinese college students as subjects to investigated the influence of both frequency and association strength on the processing of lexical bundles. The results show that frequency, but not association strength influences the processing, although there exists an interactive effect of frequency and association. The main effect of frequency provides evidence for usage-based models of lexical bundle processing, while the lack of the main effect of association strength might imply a later acquisition of it in language learners.

**Key words:** Lexical Bundles　Processing　Frequency　Association Strength

## 一、引言

Sinclair（1999）发现，人们的话语和书面语当中存在大量反复出现的多词组合，如：*I want you to, let us, nice to meet you* 等。这些反复出现的多词组合形式较为固定，语义和功

1　资助项目：中国科学院大学外语系 2019 年资助项目“中国英语学习者程式语加工影响因素研究”。

能也比较明确，涵盖了习语、谚语、公式语、惯用语、词汇短语、词串等众多概念，被Wray（2002）统称为“程式语”。对程式语的研究可以追溯到19世纪中叶（Wray，2002），而随着20世纪90年代语料库语言学的兴起和认知语言学构式语法的发展，程式语的研究再度成为语言学研究的重点。

程式语是自然语言的重要组成部分（Biber & Quirk，2012），与语言能力显著相关。中国英语学习者程式语使用能力还有待提高（刁琳琳，2004），因此有必要对影响中国英语学习者程式语加工的因素进行研究，从而了解程式语的加工机制，改进教材编写方式，以促进中国英语学习者程式语的习得，提高其语言的流利性和地道性。

## 二、程式语加工影响因素研究

### 2.1 频率

程式语的频率是语料库语言学中的概念，在研究中一般指形频（token frequency）（张建琴，2013），即程式语在语料库中出现的次数。程式语的频率可由软件直接算出。钟志英（2015）用在线语法判断任务研究中偏高水平中国英语学习者对程式语加工机制，发现中偏高二语学习者对程式语加工受频率因素影响，高频程式语加工速度快于低频程式语。许莹莹、王同顺（2015）通过语法判断任务研究了中高、中低水平中国英语学习者程式语的加工机制，发现中高水平和中低水平学习者的程式语加工都具有频率效应。Valsecchi et al.（2014）运用眼动追踪范式研究了中低水平的德国英语学习者对程式语的加工机制，研究发现中低水平二语学习者加工程式语过程中不具备频率效应，即频率因素不影响中低水平二语学习者程式语加工过程。

因而，针对二语学习者程式语加工是否具有频率效应这一问题，尤其是中低水平二语学习者加工程式语过程中是否具备频率效应，现有研究结论尚有出入。

### 2.2 关联度

关联度也是语料库语言学中的一个概念，指程式语各个词一起出现的可能性大小，即词间的搭配强度（张建琴，2013）。如“avoid accident”在一起出现的概率就比“avoid discovery”高，因此“avoid accident”的关联度值高于“avoid discovery”。程式语的关联度可由软件直接算出。需要指出的是，频率和关联度是两个不一样的概念，有的程式语频率高，而关联度弱，有的程式语频率低，而关联度强。目前研究关联度对不同水平二语学习者程式语书面理解加工过程影响的文献不多，得出的结论也不尽一致（Ellis et al.，2008；张建琴，2013）。

### 2.3 在线语法判断任务

学界普遍采用在线语法判断任务（Grammaticality Judgment Task）来研究程式语书面理解加工的机制（李更春，2016）。该任务可在电脑上用e-prime或DMDX软件实现，受试需要判断所呈现的程式语是否符合语法，并做出反应。由软件记录受试完成语法判断任务的时间和错误率，数据分析时只分析判断结果正确的项目（张萍 & 俞建耀，2017）。该实验的逻辑是，如果受试对程式语有较强的心理表征，那么他们在进行语法判断时，能够更快地通达该程式语，因此反应时间会更短。

综上，以往针对二语学习者程式语加工影响因素的研究多单独考察频率对加工的影响，少有研究将关联度纳入考察范围，同时考察频率和关联度因素的研究多以高中生（张建琴，2013）和有国外生活学习经历的高水平英语二语学习者（Ellis et al.，2008）为研究对象，目前尚无研究考察非英语专业本科生程式语的心理加工机制，而本科生在学习过程中，初步接触英文学术文献，与其他学生群体有很大不同，以他们为研究对象，有助于更全面地了解二语学习者英语程式语的加工机制，研究结论或许能为 EAP 教学带来启示。

本研究试图以中低水平的非英语专业本科生为研究对象，通过在线语法判断任务，考察程式语频率和关联度对中低水平英语学习者程式语加工的影响。具体来说，本文提出了以下研究问题：（1）程式语的频率是否影响非英语专业本科生对于程式语的加工？（2）程式语的关联度是否会影响非英语专业本科生对于程式语的加工？（3）程式语的频率和关联度是否存在交互效应？

## 三、研究设计

### 3.1 实验设计

本研究采用 2（程式语频率：高频、低频）*2（关联度：高关联度、低关联度）的实验设计。频率和关联度值为组内变量。受试程式语判断的反应时和错误率为因变量。

### 3.2 受试

受试为 20 名非英语专业大二的学生，均属于中低水平二语学习者，四级分数在 430~520 之间。受试均为右利手，无出国生活经历，年龄在 18~20 岁之间，学习英语年限均在 12~15 年之间，AOA（Age of Acquisition）在 6~10 岁之间。

### 3.3 实验材料

由于程式语种类繁多，本文为了明确研究重点，控制词长这一变量，借鉴了 Biber and Quirk（2012）和 Stubbs（1995）的研究结果，将研究内容限定为每百万词频率达到或超出 10 次且 MI 值大于 3 的四词程式语，如 a wide variety of, a great deal of 等。

选取 BNC baby 中的学术英语部分，运用 collocate 软件（Barlow，2004），从中提取每百万词中至少出现 10 次、MI 大于 3 的四词程式语。首先将程式语按频次排序，依据频率标准，在排名前 30% 的高频程式语中，分层抽取关联度值大于 15 的 10 个高关联度高频四词程式语和关联度值低于 10 的 10 个低关联度高频四词程式语，再在排名的后 30% 的低频程式语中，分层抽取关联度值大于 15 的 10 个高关联度低频四词程式语和关联度值低于 10 的 10 个低关联度低频四词程式语，共计 40 个四词程式语。其中，设定 10 和 15 为低关联度值和高关联度值零界点是人为设定，是通过分析提取出的四词程式语得出的结果。最后，从中国英语学习者语料库（CLEC）中抽取 40 个不合语法的词串作为填充材料。最终，实验材料包含 10 个高频高关联度的四词程式语、10 个高频低关联度的四词程式语、10 个低频高关联度的四词程式语、10 个低频低关联度的四词程式语，40 个填充材料，共计 80 个条目。部分实验材料举例见表 1。

**表 1　实验材料举例**

| | 高频程式语 | 低频程式语 | 填充材料 |
|---|---|---|---|
| 高关联度 | *a great deal of* | *it has been shown* | *all of the person* |
| 低关联度 | *in the case of* | *the length of the* | *it is commonly that* |

所有刺激经 Tom Cobb 的 Vocabprofile（http://lexturor.ca/）检测，保证材料难度适宜（98% 以上的单词属于 2 000 高频词）。经初步测验，删除受试错误率达 20% 的项目。

### 3.4 实验程序

本实验采用在线语法判断任务的研究范式。该任务要求受试判断呈现的程式语是否为正确的英语表达，“是”按“J”键，“否”按“F”键。实验使用 E-Prime2.0（Psychology Software Tools, 2002）编程，材料随机在电脑屏幕上呈现。受试首先阅读中文指令，再进入可反复操作的 10 题练习板块。受试自觉熟练后，可选择开始实验。当受试看到屏幕中央呈现的红色“+”注视点，提醒实验开始，注视点呈现 1000ms 后消失；接着呈现一个测试项目，受试需对其尽快进行判断并做出反应；随后进入下一个项目，直至实验结束。E-prime 软件自动记录受试对每个实验项目的反应时和正误情况。每位受试单独花 10 分钟左右完成实验。

## 四、结果与讨论

### 4.1 实验结果

计算反应时均值时，本实验只考虑正确反应的反应时，删除小于 400ms 大于 4 500ms 的反应时数据，每个受试过快和过慢的反应也被删除（平均反应时±2 个标准差）（表 2）。

**表 2 反应时和错误率的描述统计量**

| | 反应时 | | 错误率 | | |
|---|---|---|---|---|---|
| | 平均值 | 标准差 | 平均值 | 标准差 | 样本量 |
| 高频高关联度 | 2 106.20 | 530.72 | 0.13 | 0.13 | 10 |
| 高频低关联度 | 2 422.60 | 336.89 | 0.43 | 0.26 | 10 |
| 低频高关联度 | 2 673.40 | 247.68 | 0.45 | 0.20 | 10 |
| 低频低关联度 | 2 497.00 | 342.05 | 0.45 | 0.40 | 10 |

对反应时进行的方差分析（见表 3），结果显示频率因素主效应显著，$F(1,19)=17.72$, $p<0.01$, 关联度的主效应不显著，$F(1,19)=0.342$, $p>0.05$；频率与关联度的交互效应显著，$F(1,19)=4.24$，$p<0.05$，这说明对于中低水平学习者来说，频率对反应时有显著影响，频率越高，反应时越快。关联度对反应时无显著影响。但频率和频率与关联度的交互作用对反应时有显著影响。就高关联度程式语来说，高频程式语的加工速度显著快于低频程式语的加工速度（MD=–567.2, $p<0.05$）；就低关联度程式语来说，高频程式语的加工速度和低频程式语的加工速度无显著差异（MD=–74.4，$p>0.05$）。就高频程式语来说，高关联度程式语的加工速度明显快于低关联度程式语的加工速度（MD=–316.4，$p<0.05$），就低频程式语来说，高关联度程式语的加工速度快于低关联度程式语的加工速度，但差异不显著（MD=–176.4，$p>0.05$）（图 1）。

**表 3 频率和关联度的主效应和交互效应**

| | 反应时 | 错误率 |
|---|---|---|
| | F（1,19） | F（1,19） |
| 频率 | 17.72** | 14.22* |
| 关联度 | 0.34 | 3.1 |
| 频率 * 关联度 | 4.24* | 3.85 |

** $p<0.01$, * $p<0.5$

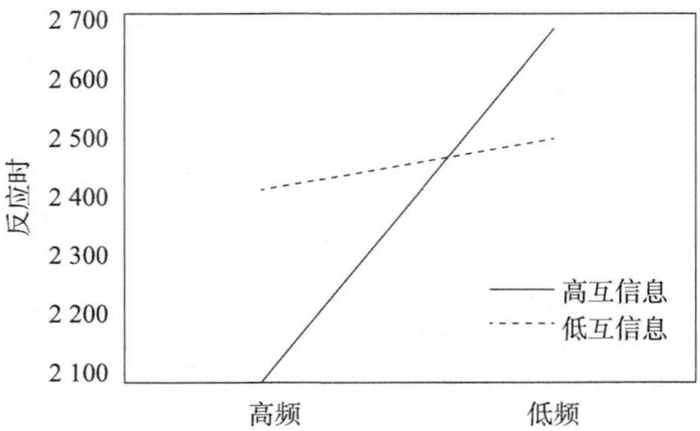


**图 1　频率和关联度对反应时的交互作用**

错误率方差分析结果显示，频率因素主效应显著，$F(1,19)=14.22$，$p<0.05$，关联度的主效应不显著，$F(1,19)=3.1$，$p>0.05$；频率与关联度的交互效应不显著，$F(1,19)=3.85$，$p>0.05$，这说明对于中低水平学习者来说，频率对错误率有显著影响，关联度和频率和关联度的交互作用对错误率无显著影响（见表 3）。

**4.2 讨论**

实验结果显示，中低水平的非英语专业本科生在加工程式语时受到程式语频率的影响，高频程式语加工速度更快，准确率更高，这与许莹莹、王同顺（2015）的研究结论一致，也为基于使用的语言习得观提供了实证支持。基于使用的语言习得观认为高频词因为接触的频率效应，学习者会记得更牢，因此学习者对高频程式语印象通常会更深刻，加工速度也就会快于低频程式语。反观 Valsecchi et al.（2014）的研究结论，低水平二语学习者程式语加工过程中不具备频率效应，本文认为这可能与受试以及实验材料的选择有关，如受试英语水平太低，实验材料中混入了频率低于每百万 10 词的低频非程式语等。

中低水平的非英语专业本科生在加工程式语时没有受到程式语关联度的影响，即关联度值在中低水平的非英语专业本科生中不具备心理现实性，结合 Ellis，Simpson-Vlach，and Maynard（2008）的研究结论，高水平二语学习者对程式语的关联度不敏感，本文大胆推论，关联度效应出现在二语习得较晚阶段。

中低水平的非英语专业本科生在加工程式语时，会受到频率和关联度交互作用的影响，对于高关联度值的程式语，频率对于反应时影响更大，这可能和二语学习者的学习习惯有关。当程式语语义越不透明时，对于初学者而言越是学习的难点，想要掌握这类语义不透明、高关联度值的程式语，需要增加接触频率，学习者会逐渐将程式语当成整体记忆，加工速度迅速变快；而对于低关联度值的程式语，频率对于反应时的影响稍弱，也就是说程式语语义越透明，对初学者而言不会造成太大的困难，反而随着频率的增加，二语学习者可能还是习惯用语法分析，加工速度也不会有太多的提高。

## 五、结语

程式语在学习过程中大量出现，研究中低水平非英语专业本科生群体程式语的加工机制有着实践和理论的双重意义。从理论上来说，基于使用的语言习得观认为，语言知识源于语言使用体验，语言习得的成功与否是由接触语言的频率决定的，一个表达式接触频率越高，其固化程度就越高，加工速度也会越快（王初明，2011）。本实验验证程式语的加工存在频率效应，为基于使用的语言习得观提供了有力的支持证据，而研究发现频率效应仅存在于高关联度程式语中，却不存在于低关联度程式语中，这说明基于使用的语言习得观存在局限性，学习者针对不同类型的程式语，或有不同的认知加工策略。

## 参考文献


[1] Barlow M. Collocate (Version 1.0) [Computer software]. 2004. Available from http://athel.com/product_info.php?products_id=29.

[2] Biber D, Quirk R. Longman grammar of spoken and written English [J]. TESOL quarterly, 2012, 34 (4): 787–788.

[3] Ellis N C, Simpson–Vlach R, Maynard C. Formulaic language in native and second language speakers: psycholinguistics, corpus linguistics, and TESOL [J]. TESOL quarterly, 2008, 42（3）: 375–396.

[4] Psychology software tools. E–Prime (Version 1.1) [Computer software]. 2002. Available from http://www.pstnet.com/products/E-Prime/default.htm.

[5] Sinclair J. Corpus, concordance, collocation[M]. 上海：上海外语教育出版社，1999.

[6] Stubbs, M. Collocations and semantic profiles: on the cause of the trouble with quantitative studies [J]. Functions of language, 1995, 2(1): 23–55.

[7] Valsecchi M, Kuenstler V, Saage S et al. Advantage in reading lexical bundles is reduced in non-native speakers [J]. Journal of eye movement research, 2014, 6(5): 1–15.

[8] Wray A. Formulaic language and the lexicon. Formulaic language and the lexicon [M]. Cambridge: Cambridge University Press, 2002.

[9] 刁琳琳 . 英语本科生词块能力调查 [J]. 解放军外国语学院学报，2004（4）: 35–38.

[10] 李更春 . 程式语加工研究：现状、问题及展望 [J]. 现代外语，2014（2）: 252–260.

[11] 李更春 . 论程式语加工的实验方法 [J]. 山东外语教学，2016（4）: 29–34.

[12] 王初明 . 基于使用的语言习得观 [J]. 中国外语，2011（5）: 1–1.

[13] 许莹莹，王同顺 . 语块频率、结构类型及英语水平对中国英语学习者语块加工的影响 [J]. 外语教学与研究，2015（3）: 393–404.

[14] 张建琴 . 中国英语学习者公式化语言加工心理机制研究 [J]. 外语界，2013（5）: 76–85.

[15] 张萍，俞建耀 .《在二语研究中开展反应时研究》介述 [J]. 当代外语研究，2017（2）: 99–102.

[16] 钟志英 . 中国学生英语高频程式语的视觉和听觉加工优势研究 [J]. 现代外语，2015（3）: 396–406.

# 二语词汇习得过程中的注释干预研究：回顾与展望[1]

# Effects of Glosses on Second Language Vocabulary Acquisition: Review and Prospect

北京林业大学外语学院 林 曜 李文清 肖 蕾 贺宇锐 韩潇娴 李 芝

**摘　要：**本文简要回顾了国内外有关二语词汇习得的注释干预研究，重点回顾了注释语言、注释数量、加注模式、位置和动态性对二语词汇习得的影响。此外，本文还提出了二语词汇注释研究尚待解决的问题，提出需进一步探讨不同注释方式的效度，尤其是动态注释对于提高产出性词汇习得程度的有效性。本研究为二语词汇习得研究提供了可行的思路。

**关键词：**注释　二语词汇习得　注释模态　注释位置　动态注释

**Abstract:** This paper offers an overview of research on glosses and their effects on L2 vocabulary acquisition. The study focuses on gloss language (L1 or L2), number (single gloss or multiple-choice gloss), type (textual, pictorial, audio, video or multimodal), location (margin, bottom, etc.) and dynamicality (dynamic or non-dynamic). Then, the limitations of previous studies and recommendations for future research are illustrated.

**Key words:** Glosses　L2 vocabulary acquisition　gloss modality　gloss position　dynamic glosses

## 一、引言

"词汇是语言的核心"（Lewis, 1993）。由历时观点来看，词汇自古以来就受到语言学家们的重视。古希腊时期的"规则派"认为语言的结构受规律支配，制定词性变化表，以纠正个别不规则现象，强调"规则"的重要性，而"异常派"则侧重研究不规则词汇的情况，强调"用法"的重要性。中世纪的思辨语法学家们认为世间万物都有几种不同的存在方式，反映客观事物的语言词汇是表示事物存在的特定方式；德国的莱布尼茨则认为词性和词汇有利于探索语言之间的历史关系（刘润清，2013：18，26–27，49）。

直至今日，词汇仍受到人们（尤其是二语学习者）的重视。在学习二语词汇时，学习者往往通过注释来理解词义。注释（gloss）十分重要，它为生词提供简要解释，有助于学习词汇、理解文章（Jacobs, Dufon, & Hong, 1994; Nation, 2001）。本文主要讨论注释在二

1　基金项目：2020年度北京林业大学大学生创新创业训练计划"基于移动技术的多模态非动态注释和文本动态注释对二语词汇习得效度的影响"。

语词汇附带习得（L2 vocabulary incidental acquisition）中的应用，从注释语言、数量、模态、位置、状态等几个方面进行了综述，并对未来研究进行展望。

## 二、国内外二语词汇注释干预研究回顾

近三十年来，国内外二语词汇习得的注释干预研究主要涵盖以下几个方面：注释语言、注释数量、加注模式、位置以及动态性（静态或动态）。以下将从这五个方面进行综述。

### 2.1 注释语言对二语词汇习得的影响

通过比较有无注释、母语注释和二语注释对二语词汇习得的影响，研究者所得出的结论各不相同。有研究者发现，相比于无注释，注释对词汇习得具有显著效果（如 Watanabe, 1997；段士平、严辰松，2004；孟春国、陈莉萍，2015），且母语注释比二语注释更有利于二语词汇习得（孟春国、陈莉萍，2015；武卫、许洪，2009；张文忠等，2017）。而另一些研究者则发现，母语注释和二语注释对词汇长短期记忆效果无显著差异（曹佳学、宋娇，2014）。除此之外，还有研究表明母语、二语注释对短期词汇学习的效果无显著差异，但从长期记忆来看，母语注释更有效（Choi, 2016）。上述研究结论不一，究其原因，可能与学习者自身二语水平有关。二语水平较低的学生可能因为理解二语注释存在障碍，因此不能有效利用注释（Chen & Yen, 2013; 武卫、许洪，2009）。

### 2.2 注释数量对二语词汇习得的影响

根据释义数量，注释可以分为单项注释（single-gloss format）和多项选择注释（multiple-choice format）（Nagata, 1999）。多项选择注释在提供一项正确释义的同时，还会提供错误释义作为干扰（段士平、严辰松，2004）。许多研究表明，相比单项注释，多项选择注释对二语词汇附带习得的效果更好（Hulstijn, 1992；段士平、严辰松，2004；曹佳学、宋娇，2014）。而还有研究显示，单项注释和多项选择注释无显著差异（Watanabe, 1997）。除此之外，还有研究者发现，和低水平学生相比，高水平学生更能有效地利用多项选择注释（康德英，2006）。

然而，上述研究的注释都是建立在传统的纸媒基础之上，纸媒不能对学习者的学习过程提供反馈。在多项注释条件下，学生可能因选择错误的释义而导致对词汇学习产生副作用。因此，Nagata（1999）指出，可通过计算机对学生进行即时反馈，从而充分发挥多项选择注释的作用。其研究表明，基于计算机的多项选择注释比单项注释的效果显著得多。

总体来看，多数研究表明了多项选择注释比单项注释更有效。但需要注意的是，在后测环节考查单词释义时，接受多项选择注释干预的学生会更容易受到错误释义的干扰，该缺点已在许多研究中得以证实（如 Nagata, 1999）。此外，上述研究都是采用文本注释进行干预，而没有选用图片注释。图片多项注释是否比图片单项注释更有利于词汇习得？图片多项注释对学生回忆单词释义造成的干扰是否比文本多项注释造成的干扰要少？这些问题有待研究者进一步探究。

### 2.3 加注模式对二语词汇习得的影响

#### 2.3.1 文字注释

传统的文字注释在文本中给出目标词释义。大量研究表明，文本注释比无注释更有助于词汇学习（如 Nagata, 1999; 段士平、严辰松，2004）。除此之外，文字注释还有单词卡片（word cards）、词汇表（word list）、语义场（semantic field）和语境（context）等呈现方式（Nakata, 2008; 何家宁，1998）。Crow & Quigley（1985）对词汇表和语义场（提供与

生词相关的关键词）这两种呈现方式对被动词汇习得的影响进行了实证研究，研究结果发现，从短期来看词汇表呈现方式比语义场呈现方式更有效，然而从长期来看，两种呈现方式无显著差异。

语境可分为两类，即句子语境（例句）和篇章语境（柯葳、董燕萍，2001）。赵平（2007）研究了句子语境对二语词汇习得的影响，利用多媒体投影对学生进行词汇教学，发现有无例句对词汇记忆效果无显著影响，这可能是因为多媒体分散了学生注意力，且认知加工不够深。何家宁（1998）对篇章语境、词汇表、语义场进行研究，发现篇章语境对单词短期记忆的效果不如词汇表和语义场，但是篇章语境对单词长期记忆效果最好。而刘凌、秦晓晴（2014）则发现篇章语境和词汇表（附带例句）对于形容词短期记忆、名词长短期记忆的影响无显著差异，但词汇表更有利于形容词长期记忆。柯葳、董燕萍（2001）则选取了不同难度的篇章语境，在为目标词提供母语释义的情况下，探究篇章语境和词汇表对词汇习得的影响，发现难度程度较低的篇章有助于短期记忆词汇拼写、长短期记忆词汇释义，而难度程度较高的篇章和单词表对记忆词汇释义、拼写的效果无显著差异。

Hulstijn, Hollander & Greidanus（1996）对母语页边注释、双语词典和词汇重现对词汇习得的有效性进行研究，结果显示词汇重现能够更加显著地促进二语词汇习得，但是在学习过程中，会出现学习者不主动查阅字典甚至以错误的理解继续阅读的现象，降低了词汇习得的效率，因此对词汇习得施加不同的干扰方式以引导学生更加有效地记忆单词可能会更有效率。回顾文字注释研究，可以发现目前对文字注释的研究已经趋于成熟。但由于受到学习材料不一致、学习者个人水平差异以及霍桑效应（即受试者意识到自己处于被关注状态时，行为会不自觉地发生变化）等影响，各研究结论不一。

2.3.2 图像、音频、视频注释以及多模态注释

有研究表明，采用"文字＋图片"注释模式的学习者在对目标词汇的短期和长期记忆上都比接受单一的文本或图片注释更好（Kost, Foss, & Lenzini, 1999; Yoshii & Flaitz, 2002; 武卫、许洪，2009）。刘凌、秦晓晴（2014）对文字注释（词汇表注释、语境注释）和图像注释（图片、动画或影片）进行了研究，发现从短期来看，这几种注释手段对于词汇记忆无显著差异，而从长期来看，图像注释优于文字注释。Plass, Chun & Mayer, et al.（1998），研究了文字注释（verbal annotation）、视觉注释（visual annotation）（即使用图片或视频进行注释）以及"文字＋视觉"注释对二语词汇习得的影响，引导学生选择偏好的注释模式进行测试，结果表明"文字＋视觉"的注释方式下学生学习效果更好。而李红、李于南（2007）则研究了"文字＋音频"注释和"文字＋音频＋图片"注释对英语专业学生词汇记忆的影响，结果显示在有图模式下在长短期记忆词汇方面比无图模式更有效。这印证了 Paivio（1986）的双码理论（dual coding theory），即"人的记忆和认知过程包含语言和非语言两个符号系统"，当人接收到外界信息刺激时，负责记忆与认知的语言和非语言两个符号系统会同时对信息进行处理。"图片＋文字"注释能够使语言与非语言系统之间产生联系，从而增强记忆（武卫、许洪，2009）。

以上研究证明了图片注释有助于提高二语词汇习得效果，而且多模态注释优于单模态注释。但到目前为止，对于哪一种结合方式（如"文字"＋"视频"、"文字＋图片"）更为优越却没有定论。Chun & Plass（1996）研究了在以阅读理解为目标的附带词汇习得的效果，并采用多种模式相结合的多媒体方式对词汇加以注释，结果发现"文字＋图片"注释比"文字＋视频"注释效果更佳。Al-Seghayer（2001）在研究中设置了三种注释干预手段，即文字注释、"文字＋图片"注释以及"文字＋视频"注释，发现采用"文字＋视频"

注释的学习者的记忆效果最好，这与 Chun & Plass（1996）的结果相矛盾。造成不同结果的原因是多方面的。首先 Chun & Plass（1996）的注释为母语，并且图片的呈现时间较视频长。而 Al-Seghayer（2001）的研究中，受试者来自不同的国家，因此注释采用二语注释，同时图片和视频内容都尽量避免了与某种特定文化相关。最后，两个研究测试的方式也有所不同，前者侧重于记忆，而后者则包含了认知和产出的检测。

此外，还有一些研究指出单模态注释之间以及单模态与多模态注释之间对词汇习得的效果并无显著差别。例如，Akbulut（2007）的研究结果表明，图片注释与视频注释在对词汇附带习得的影响方面没有显著差别。Yanguas（2009）对文本注释、图片注释、“文本 + 图片”注释以及无注释进行对比，探究各种注释在二语阅读理解以及词汇习得方面的作用，并进一步探究不同注释手段是否加强了被试者对目标词汇的注意，进而促进二语词汇习得。研究发现，在注意与识别词汇（选择二语词汇的母语释义）方面，所有注释手段的效果都强于无注释；然而在产出方面（写出母语词汇的二语），各组之间没有明显差别。

总体而言，上述研究之所以结果不同，与学习者的学习风格和水平有关。Rassaei（2017）在研究中首先将被试者分为视觉型学习者与听觉型学习者两组，然后再对每组被试进行文本注释、音频注释、以及无注释的干预。其研究结果表明，两种注释模式均有助于二语词汇习得，并且音频模式的效果要好于文本模式。值得注意的是，听觉型学习者与音频注释的结合被认为是最有效的。Plass et al.（1998）也取得了相似的研究结果，发现学生若选择自身更喜欢的注释模式，会对学习产生更好的影响。

综上所述，很多研究表明了多模态注释比单模态注释对词汇习得的效果更显著。但是，仍难以得出一个较为概括的结论，因为上述研究在词汇习得方面侧重于记忆方法，而忽视了认知层面的操作性。此外，注释语言及学习者个人因素，如学习风格、学习水平、认知负荷、工作记忆容量等也会对多模态注释的效果产生一定的影响。与此同时，各研究所采用的理论、试验方法不尽相同，因此难以得出哪种模式的注释对词汇习得更有益的结论。

### 2.4 注释位置对二语词汇习得的影响

根据分布位置，可将传统的纸质文本注释分为文前注释、文内注释、页脚注释、页边注释等。目前，国内外对注释位置的研究为数不多。

Cheng & Good（2009）发现，文内注释比无注释效果更好，而页边注释和无注释并无显著差异。孟春国、陈莉萍（2015）则发现在注释语言相同时，页边注释比页脚注释效果更好。而张文忠等（2017）发现，不同注释位置（文内、页脚、页边）对词汇习得的影响并无显著差异，但注释位置和注释语言之间存在交互效应，其中，页边中文注释最有利于中国学生学习英文词汇。

除了纸质文本注释之外，有研究者还对超媒体注释进行了研究，发现超媒体注释更有助于词汇习得，且紧随单词后面进行注释对单词学习的效果最好，而屏幕底部注释的效果最不明显（AbuSeileek, 2011；陈毅萍等 , 2013；兰国帅、张一春 , 2013），这可能是因为注释离单词越远，越会分散学习者的注意，验证了 Mayer（2008）的“空间邻近呈现原则”（Spatial Contiguity Principle）。但也有研究者发现，超媒体注释仅对中高水平学习者学习单词具有明显促进作用，且不同位置的超媒体注释对词汇习得的影响无显著差异（Chen & Yen, 2013）。上述研究之所以得出不同结论，可能与各实验选取的阅读材料长度不同有关，相比于其他研究，Chen & Yen（2013）选取的材料较短，每篇仅 150—200 字，因此从空间上来看，不同位置的注释离目标词的距离差距并不大，因此推测学习者的专注程度不会有明显差异。

### 2.5 动态注释与非动态注释对二语词汇习得的影响

Vygotsky（1978）的社会文化理论认为，个人的发展是一个中介过程，人们逐步从他人调节转向自我调节，在这期间，社会互动所带来的认知作用转换成了个人的认知能力，基于 Vygotsky（1978）的社会文化理论，有研究者（如 Lantolf & Thorne, 2006）提出了动态评估，即向学生提问、提供循序渐进的提示等，引导学生完成学习任务。

此前，已有研究将动态评估用于检测儿童的词汇学习（如 Burton & Watkins, 2007; Camilleri & Botting, 2013）。而 Rassaei（2020）则创造性地基于动态评估理论，提出了动态注释这一概念，并将其引入了二语词汇习得当中。目前，国内外对动态注释和非动态注释的研究仍在起步阶段。Rassaei（2020）认为，传统注释都是固定不变、非动态的，无法引导学生对单词进行深度学习，因此，可为学生提供动态注释（dynamic glossing, DG），即向学生逐步进行提示（从最不明显到最明显），帮助学生理解词义，而非直接提供释义（即非动态注释）。研究结果表明，基于移动技术的文字动态注释（mobile-mediated textual DG）比基于移动技术的文字非动态注释（mobile-mediated textual non-DG）更有助于学习词汇（ibid.）。

然而，目前对于动态注释的探索仅停留在文字层面，尚无研究探讨其他模态动态注释对于二语词汇习得的有效性。由此可见，动态注释将会成为未来二语词汇注释研究的焦点。在未来，可以将其他模态的动态及非动态注释进行对比研究，从而得出更佳的二语词汇注释干预手段。

## 三、总结

本文对注释语言、注释数量、加注模式、位置以及动态性（静态或动态）五个方面进行了回顾。母语注释和二语注释对词汇习得的效果与学习者个人水平有关，因此研究结果不一。在注释数量方面，多数研究发现多项选择注释更有利于词汇习得，但与此同时，多项选择注释会对学习者造成干扰。在加注模式方面，研究者发现多模态注释比文字注释更有效，至于何种结合方式更好，目前暂无定论。在注释位置方面，研究者普遍发现，注释离目标词越近，对词汇学习效果越好，验证了 Mayer（2008）的“空间邻近呈现原则”。而有关注释动态性的研究则处于起步阶段，目前已有研究者发现基于移动技术的文字动态注释比文字非动态注释更有利于二语词汇习得。

基于对先前研究的回顾，本研究发现绝大多数二语词汇注释研究只考察了学习者的对单词的记忆，即接受性词汇知识（receptive vocabulary knowledge），却没能考察其产出性词汇知识（productive vocabulary knowledge），且大部分研究并没有区分词性，探讨适用于不同词性的注释手段。此外，较少研究探讨了注释对于二语语块（chunk）学习的效果。正如 Lewis（1997: 3）所说，“语言不是由传统语法和词汇组成的，而常常是由多词的预制语块组成的。”由此可见，语块在二语习得中同样占有重要地位。因此，未来研究可从产出性词汇知识、语块入手，探讨不同注释对二语习得的影响。此外，本研究还发现有关动态注释的研究正处于起步阶段，未来研究可以探讨不同模态的动态注释对词汇习得的有效性，从而探索出最佳的词汇注释干预手段。

# 参考文献


[1] AbuSeileek A F. Hypermedia annotation presentation: The effect of location and type on the EFL learners' achievement in reading comprehension and vocabulary acquisition [J]. Computers & education, 2011, 57(1): 1281–1291.

[2] Akbulut Y. Effects of multimedia annotations on incidental vocabulary learning and reading comprehension of advanced learners of English as a foreign language [J]. Instructional science: An international journal of the learning sciences, 2007, 35(6): 499–517.

[3] Al–seghayer K. The effect of multimedia annotation modes on L2 vocabulary acquisition: A comparative study [J]. Language learning & technology, 2001, 5(1): 202–232.

[4] Burton V J, Watkins R V. Measuring word learning: Dynamic versus static assessment of kindergarten vocabulary [J]. Journal of communication disorders, 2007, 40(5), 335–356.

[5] Camilleri B, Botting N. Beyond static assessment of children's receptive vocabulary: the dynamic assessment of word learning (DAWL) [J]. International journal of language & communication disorders, 2013, 48(5): 565–581.

[6] Chen I–J, Yen J–C. Hypertext annotation: Effects of presentation formats and learner proficiency on reading comprehension and vocabulary learning in foreign languages [J]. Computers & education, 2013, 63: 416–423.

[7] Cheng Y H, Good R L. L1 glosses: Effects on EFL learners' reading comprehension and vocabulary retention [J]. Reading in a foreign language, 2009, 21(2): 119–142.

[8] Choi S. Effects of L1 and L2 glosses on incidental vocabulary acquisition and lexical representations [J]. Learning and individual differences, 2016, 45: 137–143.

[9] Chun D M, Plass J L. Effects of multimedia annotations on vocabulary acquisition [J]. Modern language journal, 1996, 80(2): 183–198.

[10] Crow J T, Quigley J R. A semantic field approach to passive vocabulary acquisition for reading comprehension [J]. TESOL quarterly, 1985, 19(3): 497–513.

[11] Hulstijn J H. Retention of inferred and given word meanings: Experiments in incidental vocabulary learning [A] // Arnaud P, Bejoint H. Vocabulary and applied linguistics [C]. London: Macmillan, 1992: 113–125.

[12] Hulstijn J H, Hollander M, Greidanus T. Incidental vocabulary learning by advanced foreign language students: The influence of marginal glosses, dictionary use, and reoccurrence of unknown words [J]. Modern language journal, 1996, 80(3): 327–339.

[13] Jacobs G, Dufon P, Hong F. L1 and L2 vocabulary glosses in L2 reading passages: their effectiveness for increasing comprehension and vocabulary knowledge [J]. Journal of research in reading, 1994, 17(1): 19–28.

[14] Kost C R, Foss P, Lenzini J J. Textual and pictorial glosses: Effectiveness on incidental vocabulary growth when reading in a foreign language [J]. Foreign Language Annals, 1999, 32(1): 89–97.

[15] Lantolf J P, Thorne S L. Sociocultural theory and the genesis of second language development [M]. Oxford: Oxford University Press, 2006.

[16] Lewis M. The lexical approach [M]. Hove: Language Teaching Publications, 1993.

[17] Lewis M. Implementing the lexical approach: Putting theory into practice [M]. Heinle ELT, 1997.

[18] Mayer R E. Applying the science of learning: Evidence-based principles for the design of multimedia instruction [J]. American psychologist, 2008, 63(8): 760–769.

[19] Nagata N. The effectiveness of computer-assisted interactive glosses [J]. Foreign language annals, 1999, 32(4): 469–479.

[20] Nakata T. English vocabulary learning with word lists, word cards and computers: implications from

cognitive psychology research for optimal spaced learning [J]. ReCALL, 2008, 20(1): 3–20.
[21] Nation I S P. Learning vocabulary in another language [M]. Cambridge: Cambridge University Press, 2001.
[22] Paivio A. Mental representations: A dual-coding approach [M]. Oxford University Press, 1986.
[23] Plass J L, Chun D M, Mayer R E, et al. Supporting visual and verbal learning preferences in a second language multimedia learning environment [J]. Journal of educational psychology, 1998, 90(1): 25–36.
[24] Rassaei E. Computer-mediated textual and audio glosses, perceptual style and L2 vocabulary learning [J]. Language teaching research, 2017, 22(6): 657–675.
[25] Rassaei E. Effects of mobile-mediated dynamic and nondynamic glosses on L2 vocabulary learning: A sociocultural perspective [J]. Modern language journal, 2020, 104(1): 284–303.
[26] Vygotsky L S. Mind in society: The development of higher psychological processes [M]. Cambridge, MA: Harvard University Press, 1978.
[27] Watanabe Y. Input, intake, and retention: Effects of increased processing on incidental learning of foreign language vocabulary [J]. Studies in second language acquisition, 1997, 19(3): 287–307.
[28] Yanguas I. Multimedia glosses and their effect on L2 text comprehension and vocabulary learning [J]. Language learning & technology, 2009, 13(2): 48–67.
[29] Yoshii M, Flaitz J. Second language incidental vocabulary retention: The effect of text and picture annotation types [J]. CALICO journal, 2002, 20: 33–58.
[30] 曹佳学，宋娇．不同注释方式对词汇附带习得的影响 [J]. 外语学刊，2014（01）：117–120.
[31] 陈毅萍，兰国帅，杨胜楠．超媒体注释的不同位置对大学生英语阅读理解及词汇习得效果的影响 [J]. 电化教育研究，2013，34（5）：85–89，96.
[32] 段士平，严辰松．多项选择注释对英语词汇附带习得的作用 [J]. 外语教学与研究，2004（3）：213–218.
[33] 何家宁．词汇呈现方式对词汇记忆影响的实验研究 [J]. 山东外语教学，1998（2）：61–64.
[34] 康德英．词汇注释方式对不同水平外语学习者词汇附带学习的影响 [D]. 福建师范大学，2006.
[35] 柯葳，董燕萍．上下文在二语词汇直接学习中的效果研究 [J]. 现代外语，2001（4）：353–358，352.
[36] 兰国帅，张一春．合理利用超媒体注释技术促进英语阅读理解及词汇习得——梅耶多媒体信息设计“临近原则” 的实验验证 [J]. 中国远程教育，2013（9）：40–45.
[37] 刘凌，秦晓晴．词汇呈现方式对英语词汇学习影响的实证研究 [J]. 外语界，2014（2）：67–75.
[38] 刘润清．西方语言学流派 [M]. 外语教学与研究出版社，2013.
[39] 孟春国，陈莉萍．生词注释对限时阅读理解与词汇附带习得的影响 [J]. 外语与外语教学，2015（1）：50–55，61.
[40] 李红，李于南．多媒体词汇注释模式对英语新词词义学习和记忆的影响 [J]. 外语与外语教学，2007（12）：8–11.
[41] 武卫，许洪．多媒体环境下不同形式的注释对二语词汇附带学习的影响 [J]. 解放军外国语学院学报，2009（32）：44–49.
[42] 张文忠，徐承萍，刘浩等．注释位置、注释语言和自注释对英语阅读中词汇学习效果的影响 [J]. 解放军外国语学院学报，2017，40（6）：11–19，61，157.
[43] 赵平．传统教学模式下与多媒体教学模式下词汇呈现方式之比较 [J]. 外语界，2007（6）：53–58.

# 微视频在英语教学中的应用分析

# Application of Micro-Videos in English Teaching

中国人民公安大学国际警务合作与执法学院　罗　赞

**摘　要：** 作为一种广泛普及的媒体形式，微视频在教学领域得到越来越多的应用。微视频短小精悍、生动形象的信息传达方式使其得以在英语课堂教学过程中发挥独特的作用。微视频在英语教学中的应用模型包括课前设计开发、课堂播放使用及用后评价反馈三个阶段，以服务教学目标和支撑教学内容为根本出发点和落脚点。

**关键词：** 微视频　英语教学　应用

**Abstract:** As a widely popularized media form, micro-videos are frequently used in the teaching process. Micro-videos are short, powerful and vivid, which enables them to play a unique role in the English teaching process. The application of microvideos in English teaching process includes three stages: the stage of designing and developing before class, the stage of using in class and the stage of evaluation and feedback, with serving teaching objectives and supporting teaching content as primary principles.

**Key words:** micro-videos　English teaching　application

## 一、前言

技术革新促进社会进步，影响人们的生活、工作、娱乐等方方面面，同样对教育领域也产生巨大的冲击，并且这些新的形式会随着网络信息技术的发展而在教育领域占据越来越重要的地位。近年来，随着微视频的网络热潮出现，慕课、翻转课堂、微课等新的教学理念和模式受到了各界的高度青睐。无论是慕课、微课还是反转课堂，其核心内涵都是微视频的应用。在可以预见的将来，微视频将在学习领域发挥越来越大的作用。本文拟将探讨微视频在英语教学中的应用。基于本文的探讨主题，文中提到的微视频学习不同于微课、慕课，这里的微视频不是独立的教学模块，而是教学组织过程中的一个环节。

## 二、微视频及微视频学习

微视频的概念，在整个网络视频行业、学术界至今仍无统一界定。一般是指时间较短、内容广泛、形态多样、互动性强、可通过多种视频终端摄录或播放的视频短片（黄冠、刘倩倩，2015）。鉴于本文的讨论内容，这里的微视频是指长度在 30 秒至 10 分钟的短视频。

微视频“短、快、精”的特点使其在学习领域发挥独特的作用。根据建构主义学习理论（袁艳玲、戈玲玲，2019），人的学习过程就是认知加工的过程，具有建构性质。它包括两个过程：首先是基本过程，指主体受到外部经验刺激时马上发生的，这个阶段只是粗略地转换信息，以便根据储存信息形成想法，这一阶段基本上是自动发生的；其次是二级过程，它涉及有意识的控制，是比较精致地转换和建构观念和映像。相比之下，这一过程受储存信息、个体的意图和期望的影响程度较大些。

人的认知学习过程需要心理资源的支撑，而资源有限理论认为人的认知资源是有总量限制的，具体而言就是学习时有限的工作记忆容量。工作记忆每次只能加工 7 个左右的信息组快，而且工作记忆还承担比较、组织、合成或加工信息的责任，因此学习者只能同时记住 2~3 个信息模块。学习过程中的记忆、思考程序都会占用认知资源，当占用的认知资源超过了学习者的认知资源总量，即产生认知负荷，学习效率将会受到影响（葛军，2017）。因此，在教学过程中要关注控制认知负荷，使学习者有限的认知资源得以效果最大化，使资源消耗最小化与效果产出最大化达到最佳匹配。微视频的利用可以使特定学习内容聚焦在有限的学习时间内，它符合人类的认知方式，可以提升学习效果。

## 三、微视频在英语教学中的应用模型

在英语教学过程中利用短视频进行辅助教学，必须明确的是：短视频的应用只是工具、途径，其目的是为了实现特定的教学目标，因此短视频的选择、制作、编辑及应用都要围绕教学目标展开。结合课程开发的 ADDIE 模型和英语的教学目标，本文尝试构建微视频在英语教学过程中的应用模型。

### 3.1 课程开发模型

课程开发设计一般是按照 ADDIE 模型进行，它是一套系统地发展教学的方法，主要包含：学习目标的制定、学习策略的运用及学习评量的实施。ADDIE 五个字母分别指：Analysis（分析）、Design（设计）、Develop（开发）、Implement（实施）和 Evaluate（评价）（秦克飞、王美玲，2019）。在 ADDIE 模型的五个阶段中，分析与设计属前提，开发与执行是核心，评估为保证，三者互为联系、密不可分。分析是对教学所要达到的目标、任务、环境、教材、学习者等一系列学习过程中要素的分析；设计是对将要进行的教学活动进行课程设计；开发是针对已经设计好的课程框架、评估手段等，进行相应的课程内容撰写、页面设计、测试等；实施是对已经开发的课程进行教学实施，同时进行实施支持；评估即对已经完成的教学课程及受众学习效果进行评估。英语教学微视频的开发同样可以按照 ADDIE 模型进行，但同时又在自身课程的独特维度展开。根据课堂教学特点，微视频应用开发可分为课前、课中使用和用后反馈三个阶段。

### 3.2 英语微视频应用模型

基于微视频开发应用的课前、课中及课后三个阶段和教学活动的四要素：教师、学生、教学内容和教学方法，本文尝试构建英语教学中微视频应用模型（见图 1）。通过图 1 可以看到微视频在英语教学过程中的应用主要包括三个阶段：课前的微视频设计开发过程、课中的使用过程及用后反馈过程。

3.2.1 开发准备阶段

在此阶段，首先要对教材、教学对象、授课大纲和进度安排进行认真分析，以确定微视频的内容和长度。根据教育部《大学英语课程教学要求》，大学英语是以英语语言知识与应用技能、学习策略和跨文化交际为主要内容，以外语教学理论为指导，集多种教学模式和教学体系为一体的课程。其教学目的是培养学生的英语综合应用能力，特别是听说能力。因此在选择制作视频时，视频的语言是首先需要考虑的因素。

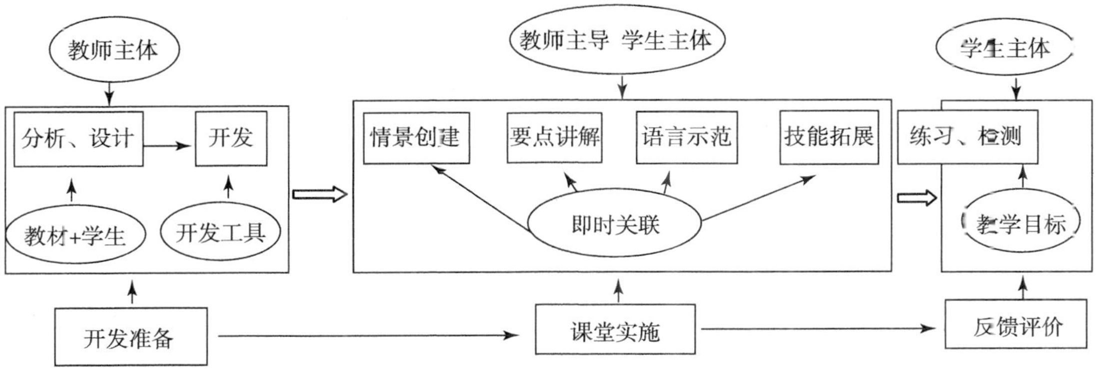


**图 1　微视频应用模型**

为了呈现原汁原味的语言素材，英语课程一般采用原版视频材料或专门为英语课堂开发的学习视频，但是要关注语言的难度与学生现有英语能力的匹配度。根据克拉申输入假说理论（郑银芳，2003），学习者要接触到大量有意义的语言材料即“可理解输入”，语言习得就会产生。克拉申认为“可理解输入”指总体语言难度不超过学习者的学习能力，但又包含略高于学习者现有语言能力的语言结构。其模式为“i+1”，其中 i 为学习者现有水平，“+1”部分是语言信息中包含的新的语言成分和语言形式。因此，视频的语言难度要略高于学生现有语言能力。另外，还要根据课堂内容及节奏确定视频长度，视频的使用可以起到转换课堂节奏，吸引学生的注意力，激发学生兴奋点的作用，但是如果时间太长又容易出现疲劳倦怠，不利于提高课堂效率，因此要根据需要确定合适的视频长度。确定了视频内容及长度，就可以利用视频编辑制作工具对原素材进行加工。

3.2.2 课堂应用阶段

课堂上微视频的使用适应不同的教学环节开展，或进行知识点的讲授，或进行背景介绍或语言技能展示、示范，便于学习者将注意力集中于关键内容，在学习者组织和整合信息的认知活动中起到引导作用。事实表明，缺乏有效控制的视频应用会造成“灌输式”教学，不仅影响教学效果，还造成资源浪费。课堂教学的真正目的是促进学习者的知识建构，因而需要在多种教学资源之间寻求结合点，这个结合点不仅停留在媒体形式上，更应该体现在信息直接形成关联。根据课程特点，笔者认为微视频在英语教学过程中的关联策略主要包括以下四种：

（1）视频讲解策略

视频讲解是指在播放相关视频时，教师对视频中涉及的相关内容进行进一步补充、解释、强调。视频讲解是通过教师，把视频内容与其他知识框架进行衔接、融合。教师的讲解可以促进学生对视频内容的理解吸收，不仅包括对内容的分析，还包括对语言的讲解，对发音要点的强调等。教师可以在播放前进行简要介绍，播放的过程中暂停视频讲解，或播放后进行简要总结。建构主义学习强调通过搭建脚手架为学生建立认知框架与问题解决情景，教师的讲解使得视频内容与整个知识体系及授课目标成为有机的整体，正是搭建认知建构的重要环节。

（2）视频问答策略

视频问答策略即在视频的播放过程中或播放后与学生进行问答交互，引导学生的思路，激发学生的兴趣，还可以检验学生对视频内容的接受程度及相关知识联想，发散思维。问题可以是有关视频内容的封闭式问题，也可以是开放式问题。提问的问题可以在准备视频阶段，预先标定好问题呈现的时间点，在确定的时间点加入包含问题的文档，视频一旦播放至标定的时间位置，相应的问题即可显现出来；问题也可以在视频播放的必要时间点暂停，由教师口头提出，学生进行思考和回答。

（3）重复播放策略

重复播放策略是教师根据教学目标，对视频进行完整或部分的重复播放，主要是在语言示范、模仿环节应用较多。多听、多模仿和多重复语段不但可以完善单个音素的发音，建立起新的重读、节奏和语调模式，还可以加强学生对于句式和语音的理解，从而使他们的语言理解能力和表达能力都得到有效的提高。反复听、反复读、反复模仿是有效的"操练"手段，能使学习者熟悉已经注意到的语言点，使由听觉记忆产生的语言形式在竞争中最终胜过由语法推理产生的语言形式。（杨晋，2013）因此对于视频中学生需要重点掌握的语句、词汇，可以重复播放以强化学习、记忆效果。

（4）信息强化策略

信息强化策略是指对视频中传达的重点信息进行凸显、重点强化，增加记忆。由于视频资源自身的线性序列特点、稍纵即逝，因此对一些重要画面或重要信息可以采用桢捕捉、视频切片、视频标记等方法加以固化。例如在进行语音训练时，需要学生掌握正确的口型及发音方式，而动态的视频会使学生忽略说话人的口型特征。运用桢捕捉方法可以使学生捕捉到口型特点，或者利用视频标记使学生关注口型，进而进行模仿、强化。根据语言交际能力培养的需要，把具有类似情景的视频片段进行对比或是凸显不同人对同一个语言片段的不同表达方式，需要把相关视频进行切片集成，以便学生将注意力集中于关键内容。

3.2.3 微视频的评价反馈

总结评价是教学过程中的重要环节，同样通过对微视频使用效果的检测和总结能起到查漏补缺、扬长避短的作用。通过提问或练习、检测，获知微视频的使用效果，以在随后的教学活动中及时进行调整。微视频的评价和反馈可以通过课堂即时进行和课后检测获得。在进行微视频教学的过程中及教学完成后通过与学生的互动即可获得相关反馈。教师提出相关问题或进行相关活动来查看学生对视频的理解和掌握情况；另外，根据课后的作业和测验也可以获得相关反馈。

获得相关反馈后教师要及时进行总结，可从微视频的内容和形式两方面展开。内容方面主要包括学生对微视频内容的接受程度，例如词汇量的匹配、语速的适中、内容的难易程度等。形式方面包括实际授课过程中视频的长短是否合适，一些操作是否恰当，标记的重点是否引起学生的关注等。对于好的方面可以继续保留，有待改善的方面则需进行相应的调整。

## 四、结语

微视频的使用大大提升了英语课堂的生动性，在进行相关文化背景介绍，对语言进行模仿、反复操练及再现交际场景方面发挥独特的作用。但归根结底，微视频的使用只是手段，是实现教学目的的有效途径，因此微视频的使用要注意与教学内容的有机融合，避免出现喧宾夺主、忽略师生交流的情况。

## 参考文献

[1] 葛军．外语数字化学习资源视觉表征与视觉呈现设计策略研究 [D]. 武汉：华中师范大学，2017：92.

[2] 黄冠，刘倩倩．国内微视频研究热点的领域构成与拓展趋势分析 [J]. 中国教育信息化，2015（11）：14.

[3] 秦克飞，王美玲．微视频教学资源的内涵、开发及应用 [J]. 南方职业教育学刊，2019（9）：106.

[4] 杨晋．模仿与语言学习 [J]. 江苏外语教学研究，2013（11）：56.

[5] 袁艳玲，戈玲玲．基于语料库的学术英语教学平台建设及其教学模式研究 [J]. 西安外国语大学学报，2019（3）：47.

[6] 郑银芳．克拉申输入假说与外语教学 [J]. 广西社会科学，2003（3）：179.

# 自主学习模式下元认知策略在大学英语听力教学中的研究——以北京农学院为例

# Metacognitive Strategies in Teaching College English Listening under the Mode of Autonomous Learning: Take Beijing University of Agriculture as an Example

北京农学院外语部　刘　恒　马修地

**摘　要：** 自主学习模式下大学生英语听力自主学习的过程是元认知意识参与的过程。本文以元认知理论为框架，采用 Vandergrift 等学者的英语听力元认知意识问卷，对北京农学院大学一年级三个本科班学生的元认知策略使用情况进行了问卷调查研究，验证了元认知策略的有效性和关键影响因子，为北京农学院老师的听力教学和学生的学习提供参考。

**关键词：** 元认知意识　英语听力教学　北京农学院

**Abstract:** Under the mode of autonomous learning, the process of college students' learning of English listening is a process involving metacognitive awareness. Based on metacognitive theory, this paper adopted the metacognitive awareness listening questionnaire from Vandergrift and other scholars. Three grade one undergraduate classes from Beijing University of Agriculture participated in the investigation and demonstrated the effectiveness of metacognitive strategies and key factors, which served as references for teachers and students in the university.

**Key words:** Metacognitive Awareness　Teaching English Listening　Beijing University of Agriculture

## 一、研究背景

元认知的概念最先由 Flavell 提出，他提出"元认知（metacognition）是指主体对自身活动的认知，包括对自我的认知能力和对当前正在发生的认知过程的认知，以及对两者相互作用的认知。"（Flavell，1979）Vandergrift 等人（2006）以 Flavell（1979）的元认知知识模型为基础以及 Weden（1998）的四个元认知过程模型，编制了听力元认知意识问卷

（the Metacognitive Awareness Listening Questionnaire），把元认知知识划分为 5 大项：问题解决、计划评价、心智翻译，主题知识和集中注意，作为诊断和考察学习者元认知意识是否增强的工具。自主学习模式下学生如何提高自主学习能力和学习效率成为关键问题。本文以北京农学院学生为研究对象，通过实验研究的方式，验证了元认知策略的有效性，并且分析了关键的影响因素。基于分析结果，提出指导策略，为提高北京农学院自主学习模式下学生的学习效率提供参考。

## 二、研究设计

**2.1 研究对象**

本研究的研究对象是北京农学院 2019 级植物科学班，法学班和食品科学与工程班三个班的大学一年级学生。发放问卷 150 份，经筛选分析了 134 份有效试卷。

**2.2 研究方法**

学生在参加问卷调查以前参加过听力测试，听力考试总分 35 分。根据受试者的听力考试成绩，选取及格组听力考试成绩 21 分以上者进行分析，选取不及格组听力考试成绩低于 21 分者进行分析。本次调查使用的问卷是根据 Vandergrift 等人听力元认知意识问卷（the Metacognitive Awareness Listening Questionnaire）改编而成，共有 21 个选项，该问卷采用了 Likert 六级的标注形式,从“完全不同意”“不同意”“有点不同意”“有点同意”“同意”到“完全同意”。

2.2.1 问题解决 (problem-solving)，指听者对未听懂部分进行推断和调整这些推断所使用的策略意识。

问题因子选项：

用已知的内容去推断不认识词汇的意思（变量 5）。

利用文章的大意推断不认识词汇的含义（变量 17）。

利用自己的经历和知识理解课文（变量 9）。

在意识到理解不正确时能够及时进行调整（变量 13）

调整推断的准确性以与正听到的内容的理解一致（变量 19）。

对所听到内容的理解与自己对话题的知识进行比较（变量 7）。

这些问题代表了解决问题的过程、调动知识的过程和认知调整过程。

2.2.2 计划和评价 (planning and evaluating)，指听者用来为听力做准备并评估自己听力结果的策略意识。

问题因子选项：

对听力有一个计划（变量 1）。

回想类似的文章引导正在进行的听力（变量 10）。

听的过程中脑子里有一个目标（变量 21）。

不断地检查对正在听到的内容的理解是否满意（变量 20）。

评价听力努力结果的策略的有效性（变量 14）。

这些策略反映了理解过程的目的性，体现了对是否实现理解目标的即时评价。

2.2.3 心智翻译 (mental translation)，指要想成为熟练的听者所必须学会避免使用的即时翻译策略意识。

问题因子选项：

听英语时，头脑中把关键词翻译成中文（变量 11）。

听英语时，在头脑中逐字翻译（变量 18）。

一边听一边在头脑中翻译（变量 4）。

2.2.4 主体知识 (personal knowledge)，指听者对英语听力难度以及在二语听力中的自我效能感的意识。

问题因子选项：

对听力难度认识与其他三项语言技能相比较的评价（变量 3）。

学习者对外语听力的信心（变量 8）。

在听力过程中经历的焦虑程度（变量 15）。

学习者认识、焦虑、和自我功效被大量研究证明与学术期望、学习方法和学习上的表现（包括策略使用和对任务的坚持）有直接的显著的关系。

2.2.5 集中注意 (directed attention)，指听者集中精力听下去所使用的策略意识。

问题因子选项：

精力分散时又回到所听的内容上（变量 12）。

听不明白时努力集中注意力（变量 2）。

思想走神后重新集中精力（变量 6）。

对所听内容感到有困难时不放弃，而是继续听下去（变量 16）。

这些策略表明了注意力在听力理解过程中所起到的重要作用。

## 三、结果与分析

### 3.1 北京农学院非英语专业学生整体听力元认知水平分析

表 1 数据统计得知大部分同学对听力元认知意识在自主学习中发挥的作用比较认同。从均值上看，变量 1，2，6，7，8，9，10，12，13，14，17，21 认同度高，均值在 4.2 以上。变量 3，4，5，11，15，16，18，19，20 认同度低，均值在 4.00 以下，这些说明学生基本认同元认知策略对学生听力自主学习的意义。

**表 1　北京农学院非英语专业学生听力元认知意识描述性统计**

| 组别 | 完全不同意 | 不同意 | 有点不同意 | 有点同意 | 同意 | 完全同意 | 均值 | 标准差 |
|---|---|---|---|---|---|---|---|---|
| 变量 1 | 1.49 | 2.99 | 12.69 | 32.84 | 39.55 | 10.45 | 4.373 | 1.031 |
| 变量 2 | 2.24 | 8.21 | 12.69 | 20.15 | 36.57 | 20.15 | 4.410 | 1.293 |
| 变量 3 | 4.48 | 10.45 | 22.39 | 29.10 | 22.39 | 11.19 | 3.881 | 1.310 |
| 变量 4 | 2.24 | 7.46 | 14.18 | 33.58 | 32.09 | 10.45 | 4.172 | 1.167 |
| 变量 5 | 1.49 | 7.46 | 13.43 | 34.33 | 35.07 | 8.21 | 4.187 | 1.105 |
| 变量 6 | 0.75 | 8.96 | 16.42 | 26.12 | 34.33 | 13.43 | 4.246 | 1.192 |
| 变量 7 | 1.49 | 5.22 | 14.93 | 28.36 | 41.04 | 8.96 | 4.291 | 1.089 |
| 变量 8 | 2.24 | 5.22 | 11.94 | 34.33 | 29.10 | 17.16 | 4.343 | 1.183 |
| 变量 9 | 1.49 | 2.99 | 4.48 | 32.84 | 50.00 | 8.21 | 4.515 | 0.932 |
| 变量 10 | 3.73 | 20.15 | 24.63 | 32.84 | 14.18 | 4.48 | 3.470 | 1.200 |
| 变量 11 | 0 | 2.24 | 7.46 | 27.61 | 49.25 | 13.43 | 3.642 | 0.888 |
| 变量 12 | 0.75 | 2.99 | 7.46 | 26.12 | 49.25 | 13.43 | 4.604 | 0.966 |

续前表

| | | | | | | | | |
|---|---|---|---|---|---|---|---|---|
| 变量 13 | 0.75 | 2.24 | 14.18 | 34.33 | 40.30 | 8.21 | 4.358 | 0.953 |
| 变量 14 | 0.75 | 5.22 | 15.67 | 30.60 | 37.31 | 10.45 | 4.299 | 1.069 |
| 变量 15 | 2.99 | 11.19 | 15.67 | 38.81 | 22.39 | 8.96 | 3.933 | 1.209 |
| 变量 16 | 8.21 | 35.82 | 32.09 | 17.91 | 5.97 | 0 | 2.776 | 1.031 |
| 变量 17 | 0.75 | 0.75 | 3.73 | 35.07 | 51.49 | 8.21 | 4.604 | 0.785 |
| 变量 18 | 4.48 | 18.66 | 26.12 | 33.58 | 14.18 | 2.99 | 3.433 | 1.166 |
| 变量 19 | 1.49 | 0 | 9.70 | 44.78 | 39.55 | 4.48 | 3.358 | 0.779 |
| 变量 20 | 4.48 | 17.91 | 23.88 | 32.84 | 18.66 | 2.24 | 3.500 | 1.181 |
| 变量 21 | 1.49 | 5.22 | 12.69 | 38.81 | 35.07 | 6.72 | 4.209 | 1.027 |

### 3.2 独立样本 T 检验

对及格组和不及格组进行独立样本 T 检验，分析不同水平学生元认知策略使用情况的差异，结果见表 2。

**表 2　及格组与不合格组元认知策略平均值、方差比较与 T 检验结果**

| 策略序号 | 不合格组 | | 及格组 | | T 检验结果 | | |
|---|---|---|---|---|---|---|---|
| | 平均值 | 标准方差 | 平均值 | 标准方差 | T 值 | F 值 | P 值 |
| 变量 1 | 4.29 | 1.11 | 4.51 | 0.87 | −1.170 | 1.369 | 0.244 |
| 变量 2 | 4.39 | 1.25 | 4.45 | 1.37 | −0.261 | 0.068 | 0.795 |
| 变量 3 | 4.13 | 1.25 | 3.45 | 1.31 | 2.981 | 8.889 | 0.003** |
| 变量 4 | 4.02 | 1.15 | 4.43 | 1.15 | −1.956 | 3.825 | 0.053 |
| 变量 5 | 4.01 | 1.15 | 4.49 | 0.96 | −2.458 | 6.040 | 0.015* |
| 变量 6 | 4.11 | 1.19 | 4.49 | 1.17 | v1.811 | 3.281 | 0.072 |
| 变量 7 | 4.11 | 1.09 | 4.61 | 1.02 | −2.651 | 7.028 | 0.009** |
| 变量 8 | 4.62 | 1.05 | 3.86 | 1.26 | 3.788 | 14.348 | 0.000** |
| 变量 9 | 4.46 | 1.05 | 4.61 | 0.67 | −1.029 | 0.842 | 0.361 |
| 变量 10 | 3.38 | 1.23 | 3.63 | 1.13 | −1.193 | 1.422 | 0.235 |
| 变量 11 | 3.60 | 0.89 | 3.71 | 0.89 | −0.716 | 0.513 | 0.475 |
| 变量 12 | 4.59 | 0.97 | 4.63 | 0.97 | −0.256 | 0.065 | 0.799 |
| 变量 13 | 4.29 | 0.95 | 4.47 | 0.96 | −1.025 | 1.052 | 0.307 |
| 变量 14 | 4.21 | 1.10 | 4.45 | 1.00 | −1.239 | 1.536 | 0.217 |
| 变量 15 | 4.13 | 1.20 | 3.59 | 1.15 | 2.529 | 6.395 | 0.013* |
| 变量 16 | 2.98 | 1.06 | 2.43 | 0.89 | 3.055 | 9.334 | 0.003** |
| 变量 17 | 4.59 | 0.81 | 4.63 | 0.76 | −0.314 | 0.099 | 0.754 |
| 变量 18 | 3.51 | 1.17 | 3.31 | 1.16 | 0.955 | 0.911 | 0.342 |
| 变量 19 | 3.21 | 0.82 | 3.61 | 0.64 | −2.946 | 8.679 | 0.004** |
| 变量 20 | 3.47 | 1.26 | 3.55 | 1.04 | −0.378 | 0.143 | 0.706 |
| 变量 21 | 4.09 | 1.01 | 4.41 | 1.04 | −1.718 | 2.952 | 0.088 |

**表 3　显著性差异变量**

| 变量 | F 值 | P 值 | 显著性 |
|---|---|---|---|
| 变量 3 | 8.889 | $p$=0.003 | 0.01 |
| 变量 5 | 6.040 | $p$=0.015 | 0.05 |
| 变量 7 | 7.028 | $p$=0.009 | 0.01 |
| 变量 8 | 14.348 | $p$=0.000 | 0.01 |
| 变量 15 | 6.395 | $p$=0.013 | 0.05 |
| 变量 16 | 9.334 | $p$=0.003 | 0.01 |
| 变量 19 | 8.679 | $p$=0.004 | 0.01 |

总结可知：及格组和不及格组对于变量 1, 2, 4, 6, 9, 10, 11, 12, 13, 14, 17, 18, 20, 21, 22, 23 共 16 项不会表现出显著性差异，对于变量 3, 变量 5, 变量 7, 变量 8, 变量 15, 变量 16, 变量 19 共 7 项呈现出显著性差异。

### 3.3 二元 Logistic 回归分析

采用二元 Logistic 回归分析方法分析元认知策略与课程成绩的关系，来分析元认知策略是否影响学习效果，自变量为元认知策略的使用情况，因变量为学习效果（0 表示合格，1 表示不合格）分析结果如表 4 所示：

**表 4　元认知策略与听力成绩之间的二元 Logistic 回归结果**

| 变量 | 因子序号 | 系数 | 标准差 | 显著性概率 |
|---|---|---|---|---|
| 问题解决 | 变量 5 | −0.383 | 0.242 | 0.114 |
| | 变量 17 | 0.981 | 0.394 | 0.013 |
| | 变量 9 | 0.178 | 0.255 | 0.485 |
| | 变量 13 | −0.025 | 0.253 | 0.922 |
| | 变量 19 | 0.984 | 0.362 | 0.007 |
| | 变量 7 | −0.500 | 0.250 | 0.045 |
| 计划和评价 | 变量 1 | −0.089 | 0.207 | 0.669 |
| | 变量 10 | −0.169 | 0.174 | 0.332 |
| | 变量 21 | −0.274 | 0.216 | 0.205 |
| | 变量 20 | 0.123 | 0.182 | 0.500 |
| | 变量 14 | −0.057 | 0.207 | 0.784 |
| 心智翻译 | 变量 11 | −0.021 | 0.236 | 0.931 |
| | 变量 18 | 0.353 | 0.178 | 0.047 |
| | 变量 4 | −0.474 | 0.203 | 0.019 |
| 主体知识 | 变量 3 | 0.149 | 0.185 | 0.420 |
| | 变量 8 | 0.426 | 0.216 | 0.049 |
| | 变量 15 | 0.140 | 0.183 | 0.445 |
| 集中注意 | 变量 12 | 0.315 | 0.248 | 0.205 |
| | 变量 2 | 0.076 | 0.168 | 0.652 |
| | 变量 6 | −0.299 | 0.208 | 0.150 |
| | 变量 16 | 0.594 | 0.221 | 0.007 |

总结分析可知：变量 1, 2, 3，5, 6，9, 10, 11，12, 13，14，15，20, 21 并不会对学生的学习效果产生影响关系。变量 4，7，19 会对学生的学习效果产生显著的负向影响关系。变

量 8，16, 17，18 会对学生的学习效果产生显著的正向影响关系。

## 四、对英语听力教学的启示

本研究结果表明，北京农学院的学生具备一定的听力元认知意识，对大部分的元认知策略表示认同，但是需要教师的进一步唤醒和指导。

1. 教师应有意识地引导学生用已知的内容去推断不认识词汇的意思，对所听到内容的理解与自己对话题的知识进行比较，调整推断的准确性与正听到的内容的理解一致，监控自己的听力过程，及时地进行调整。

2. 回想类似的文章引导正在进行的听力，不断地检查对正在听到的内容的理解是否满意，这两项因子需要特别注意，引导学生进行相似话题的讨论，监控自己的听力过程，改变过去过分关注结果的听力教学模式。

3. 一边听一边在头脑中翻译，实验证明会对学生的学习效果产生显著的负向影响关系，在实际教学中要着重培养学生避免使用即时翻译策略。

4. 对听力难度认识与其他三项语言技能相比较的评价，学习者对外语听力的信心以及在听力过程中经历的焦虑程度都会对学生的学习效果产生显著的影响关系。在实践教学中，教师应该注意培养学生的自信心，减轻学生的焦虑情绪，培养学生的自我效能意识。

5. 对所听内容感到有困难时不放弃，而是继续听下去会对学生的学习效果产生显著的正向影响关系。我们的测试结果中，学生对这项认知策略认同度比较低，在实践教学中，教师应该提高学生对听力过程的认识和反思。

教师将元认知策略引入英语听力教学过程中，在问题解决、计划与评价、心智翻译、主体知识和集中注意等方面把握听力教学过程，培养学生的元认知策略意识，使学生在自主学习模式下，能够自行制定学习目标，监控和评估自己的听力过程，发挥自我效能感，成为成功的听者。

## 参考文献

[1] Flavell J H. Metacognition and cognitive monitoring: A new area of cognitive-developmental inquiry[J]. American psychologist, 1979(34): 906–911.

[2] Mahmoudi E, Khonamri F. The relationship between metacognitive awareness of reading strategies and comprehension monitoring in reading ability of EFL learners [R]. The 8th international TELLSI conference, Tehran: Al-Zahra University, 2010.

[3] O'Malley J, Chamot A. Learning strategies in second language acquisition [M]. London: Cambridge University Press, 1990: 78–103.

[4] Vandergrift L. Relationship among motivation orientations, metacognition awareness and L2 listening[J]. Applied Linguistics, 2005(26):70–89.

[5] Wenden A. Metacognitive knowledge and language learning [J]. Applied Linguistics, 1998, 19(4): 515 –537.

[6] 王容花，杜平 . 高职英语专业学生听力元认知意识调查研究 [J]. 西华师范大学学报，2012（1）：97–102.

[7] 尹立杰，孙斐 . 高职院校移动互联网自主学习的元认知策略 [J]. 南京晓庄学院学报，2019（1[illegible]）：121–126.

# 提高非英语专业研究生英语听力理解能力的策略研究

# Strategies of Improving Non-English-Major Postgraduates' Listening Comprehension

北方工业大学文法学院　刘　敏

**摘　要：** 较之阅读技能，非英语专业的研究生英语听力技能普遍要差一些。诸多因素会影响学生的听力理解能力。如何解决这些问题，应当采取什么样的有效策略去提高研究生的听力理解能力是本篇论文所要探讨的内容。

**关键词：** 听力　策略

**Abstract:** Compared with reading skills, the listening skills of non-English-major postgraduates are generally weaker. Many factors affect their listening ability, but how to deal with these problems and what effective strategies should be put forward to improve their listening are what this thesis is concerned about.

**Key words:** listening　strategies

## 一、前言

学生在研究生阶段的英语学习特点是：读写能力较强，听说水平差；词汇量较大，但有些单词发音不准确；学习动机较强，但缺乏有效的学习方法和技巧。面对研究生英语学习中能力发展的不均衡，如何在有限的课时内帮助学生有效地攻克听力薄弱环节，是我们这篇论文要探讨的问题。

## 二、影响听力理解能力的因素

### 2.1 语音问题

很多研究生欠缺音标知识。曾在任课班级中做过调查，有 2/3 的学生没有音标方面的知识，这就造成了读音不准的问题。学生的读音和正确读音相差甚远，直接影响到学生的听力水平。

### 2.2 词汇问题

很多研究生看起来词汇量很大，实际上只停留在知道单词的汉语释义的层面，对这些单词会在什么语域或场合中使用不甚了解。在听有声材料的实际过程中，学生是一个单词一个单词地听，而不是按照意群去听，一旦出现生词或者不熟悉的词就会卡住，从而大大影响听力的实际效果。

**2.3 技巧问题**

学生缺乏听力技巧训练，不会利用手中的书面信息对听力内容进行预判；在听的过程中，不知道抓关键词和关键信息，注意力集中在单词单句上，忽视对篇章大意的理解和把握；还有学生习惯把听到的内容翻译成汉语句子，大大影响了反应速度和听力效果。

**2.4 心理素质问题**

在听有声材料的实际过程中，有的学生太过紧张，而有的学生是紧张不起来，无法集中注意力。太过紧张，会使大脑出现短暂空白，不利于对听力材料理解的完整性和准确性。注意力集中不起来，对信息的输入会出现断层，也会影响到连贯性和准确率。这就要求学生在平时的训练中要心理放松、注意力集中，要自觉地去调节和控制自己的心理素质。

## 三、提高听力理解能力的策略

**3.1 正音训练**

增加音标知识的介绍和训练。通过掌握的音标知识，督促学生对自己的发音进行正音训练。可以充分利用网络资源，选择合适的有声材料让学生进行跟读和模仿。

**3.2 预判技能训练**

研究生英语学习阶段，学生通常要参加研究生英语学位考试。听力部分包括三方面内容：对话、短文和篇章填空。教师应要求学生在做听力材料之前，对题干、选项快速浏览，也就是应用学生所熟悉的略读技能，抓关键词，尽可能多地从选项或题目中获得信息，根据读到的内容对未听到的内容进行预测。以 2015 年 6 月份的研究生英语水平考试为例，第一部分对话题目中的第三小题，四个选项分别是：“A. Smoking is stupid. B. Smoking one cigarette is enough. C. Smoking in public places is offensive. D. Smoking is cool”。四个选项中有一个共同词 smoking，我们可推断这个对话是有关抽烟问题的，对 smoking 进行修饰的词有三个：stupid、offensive、cool，提示我们在听的过程中要留心对话者对于抽烟到底是怎样的一种态度。

在这个过程中，还要特别提醒学生注意题目或选项中所包含的逻辑关系，比如因果关系、转折关系等。例如 2017 年 6 月份的研究生英语水平考试中，第二部分第 10 题的四个选项为：“A. Due to low incomes after graduation. B. Because of the rising cost of tuition. C. Because of poor academic performance. D. For lack of a high school diploma”。四个选项明显含有因果关系，预先提示学生在听的过程中应注意含有因果关系的话语。

**3.3 寻听技能训练**

学生在实际阅读过程中常用到的另一个技巧是查读。一般研究生使用这个技巧可谓是轻车熟路，教师可以顺势利导，把阅读中寻读的过程转化为听力中的寻听过程。在听的过程中，要求学生做到每个字词、每个句子都认真听、听明白是不现实的。在实听之前，教师可以要求学生划出定位词或关键词，比如专有名词、数字、名词、动词、副词和形容词等，这些词能够帮助学生较好地捕捉到需要的信息。学生通过略读选项、定位等，对所需信息有了较为直观的感觉，这有助于学生略去不需要的冗余信息，只专注于所需信息，这样做可以大大提高准确率。

以 2019 年 6 月份的研究生英语水平考试为例：第二篇短文的第二个问题所设选项为：“A. It became the first national park globally. B. Europeans began to arrive in this park. C.

Hunting grounds and roads were opened. D. It was opened to the public”。四个选项是四个独立的句子，学生可以划出每一个选项中的关键词，比如：选项 A 中的 first 和 globally, 选项 B 中的 Europeans、began 和 arrive，选项 C 中的 hunting ground、roads 和 open，选项 D 中的 open 和 public 等。借助这些关键词，学生在实际听力过程中可以比较容易地听出含有这些关键词的句子。

再以 2013 年 6 月份的研究生英语水平考试为例，第一篇短文设有三个问题，第一个问题的四个选项为：“A. Causes of poverty in many developing countries B. Lack of basic education in many developing countries C. Important skills to be learned in developing countries D. Effective methods of teaching in developing countries”。通过观察，我们发现每个选项中都有 developing countries 这个信息，这个信息可忽略。选项 A 中的关键词是 causes 和 poverty，选项 B 中的关键词是 lack 和 basic education，选项 C 中的关键词是 skills，选项 D 中的关键词是 methods 和 teaching。学生需要把注意力集中在这些关键词上。

在实际听力过程中，教师需要训练学生学会用耳朵去捕捉这些信息词。如果听到信息词，一定要把原文和选项进行进一步的比对，从而进一步确定答案。比如短文的选项中只涉及时间、钱数以及原因，那么学生在寻听的过程中通常只要关注这些信息就够了。

### 3.4 词义推断技能训练

学生在阅读过程中通常会遇到一些生词，教师会建议学生根据上下文语境来猜测词意，最常用的一些上下文线索是同义关系、反义关系、解释关系、定义关系、阐释关系等。这些阅读中常用的猜词方法同样可以用于听力中，尤其是猜测不熟悉的习语的含义。我们知道，习语的含义通常不是构成习语的各个组成部分的意义叠加，而是一个整体。如果不了解习语的意思，脱离语境想要做出正确的判断是比较困难的。以 2010 年 6 月的学位英语考试中的一个对话为例：

M: Would you like to have dinner with me tonight?

W: I'm so tired with the work. May I take a rain check?

对话中“take a rain check”是个习语，很多学生不理解该习语的含义，但是大部分学生非常熟悉“Would you like to ...?”是个表示邀请的句型。对于邀请无外乎两种回答：接受或拒绝。前半句“我工作得很累了”，是导致这个习语出现的原因，从而可以猜测出这个习语大概的意思应该是“拒绝”，而不是接受，即使猜不出准确意思“改天”，但一点不妨碍学生做出正确选择。

再以 2016 年 6 月的学位英语考试中的一个对话为例：

W: My old sister Rachel moved out to Chicago.

M: Oh, it's miles away.

W: So we only see each other once in a blue moon.

对话中“once in a blue moon”是个习语，很多学生不熟悉该习语的含义。对话中的 only 是个线索词，暗示姐妹之间见面的机会很少。学生即使不知道这个习语的确切意思，但是通过 only，他们能够推断出这位女士不经常见到自己的姐姐。

### 3.5 会话含义训练

研究生阶段的听力测试更侧重语言的具体使用，要求学生能够达到听出“弦外之音，言外之意”的水平。这就要求教师在进行听力策略训练的时候，使那些还停留在字面层次的学生能够有意识地关注说话者的真实意图。教师应有意识地加强学生的语用能力的培养，在听说教学中引入和应用合作原则理论，尤其要重点分析会话者如何以及为何要违反合作原则，以及要产生什么样的会话含义。

合作原则（Principles of Cooperation）是美国哲学家格赖斯（Grice）在20世纪20年代后期提出来的。格赖斯认为在所有的语言交际活动中，说话人与听话人之间存在一种默契，一种双方都应遵守的原则，他称这种原则为会话的合作原则。这种默契和合作使整个交谈过程所说的话符合交谈的目的和方向。（何兆熊，1997：147）

格赖斯的合作原则是一条根本原则，具体体现为四条准则：

1. 数量准则（Quantity maxim）。

（1）使自己所说的话达到（交谈的现时目的）所要求的详尽程度；（2）不能使自己所说的话比所要求的更详尽。

2. 质量准则（Quality maxim）。

（1）不要说自己认为是不真实的话；（2）不要说自己缺乏足够证据的话。

3. 关联准则（Relation maxim）。

说话要贴切（与谈话有关联）。

4. 方式准则（Manner maxim）。

（1）避免晦涩的词语；（2）避免歧义；（3）说话要简要（避免赘述）；（4）说话要有条理。

在语言交际活动中，人们有时会故意违反合作原则，从而产生会话含义。如何透过字面意义有效地理解话中含义和说话者的真正意图？这就要求教师在指导学生做口语和听力训练的时候，能够积极运用这一理论，使学生对英语听说学习有更深层次的理解。例如：

Man: The insurance policy has got so expensive. I can hardly afford it.

Woman: Yeah, but you can't afford not to have it, can you?.

Question: What does the woman tell the man?

该范例选自《研究生英语听说教程》第7单元的听力测试题（任林静，罗立胜，2009：55）。在上述对话中，这位男士说保险太贵了，他都买不起了，女士附和说确实贵，但她紧接着用了个反意问句来阐释她的观点。显然，这位女士的回答违反了方式准则，委婉地指出不管保险有多贵，这位男士也得买保险这一个事实。

## 四、结论

影响研究生英语听力理解能力有多方面的因素，比如学生自身发音不准确、缺乏听力技巧训练、忽视对话的内在含义、心态不好、焦虑等等。作者在本学期的教学活动中，针对这些问题，在实际听力教学过程中，进行有针对的训练，收到了较好的教学效果。经过一个学期的训练，学生从满分20分只能得6.3分的情况下，最终平均得分为12.8分，可以说是效果非常显著。

## 参考文献

[1] 何兆熊．语用学概要 [M]. 上海：上海外语教育出版社，1997：147–148.

[2] 刘敏．合作原则在研究生英语听说课程中的应用 [J]. 语言与文化研究（第十辑），2012：137–141.

[3] 任林静，罗立胜．研究生英语听说教程（第三版）[M]. 北京：中国人民大学出版社，2009：55.

[4] 杨洋．合作原则在英语听力中的应用 [J]. 校园英语，2012（20）：121.

[5] 钟文硕．合作原则在大学英语视听说课教学中的应用 [J]. 科教导刊，2012（17）：56–57.

# 英语电影片段配音在研究生口语课上的应用

# Application of English Movie Clips Dubbing to Postgraduates' Oral English Teaching

北方工业大学文法学院　张　娜

**摘　要：**非英语专业研究生在语音语调，尤其是超音段语流上存在很大的问题，而这将会直接影响到他们的口语和听力水平。本文在调查学生对语音语调迫切需求的基础上，在口语课堂上引进英语电影片段的配音活动。通过认真对比分析原版与学生作品，发现学生在音高、句重音、弱式、升降调和降声调等方面存在明显问题。这些问题造成的直接后果就是，他们无法准确充分地传达说话人的感情。文章最后基于发现的这些问题提出相应的建议。

**关键词：**语音语调　超音段语流　电影配音　研究生

**Abstract:** Non-English-major postgraduates have difficulty and problems in pronunciation and intonation, especially in the suprasegmental phonemes, which will pose an adverse effect in their speaking and listening. Based on the survey which demonstrates their urgent need to master this skill, the author introduces English movie clips dubbing in the oral class. After a careful comparison between the original copies and the students' works, it is found that their major problems lie in pitch, sentence stress, weak forms, rise-fall and fall-rise tone, etc. And the direct consequence is that the speakers' emotions not be sufficiently conveyed. Then some suggestions are given to solve the students' phonetical problems.

**Key words:** pronunciation and intonation　suprasegmental phonemes　movie dubbing　postgraduates

## 一、前言

随着网络时代的到来，很多英语学习者选择丰富的视频资料来帮助学习英语。学生对视频资料，尤其是原版英文电影很感兴趣，因为这些资料可使声音与图像、视觉与听觉相结合，对视觉型、听觉型等各类学习风格的学生都有一定的吸引力。有了兴趣，他们便能付出更多的时间和精力去接触英语，这是学好英语至关重要的条件。

既然拥有如此丰富的视频资源，摆在师生面前的任务就是如何进行有效的开发利用。许多教师学者发现，利用英文电影可以帮助学习者在词汇、翻译、语音语调、跨文化等领域得到明显提高（郝东平，2010；温秋科，2010；马毅，钟文硕，2011）。近几年来，利用英文电影片段进行模仿配音已经在各级学校进行尝试（周昆珍、宋学之，1996）。因为一部电影往往长达 1 个半小时左右，所以可以利用简易的视频剪辑软件，只选取几分钟的片段进行配音模仿。网络上也有很多这样的电影片段，利用配音软件，如“英语趣配音”等就可以进行模仿，进行英语配音已经是非常简易的事情了。

语音知识对于中国学生的英语学习非常重要，它直接影响到学习者的口语水平。高晶（2006）认为，英语学习者的语音能力与听力存在正相关的关系。语音学家 A. C. Gimson 认为，要学会讲一种语言，只需要学会 50%~90% 的语法、1% 的词汇就够用了，但语音知识却近乎 100% 的掌握。由此可见，语音知识对于英语学习者的重要性。鉴于英文电影的“原汁原味”的语音特点，利用英文原声电影资源，尤其是电影片段进行语音的模仿学习，值得在大中小各级学校进行尝试。

## 二、我校研究生的语音知识的现状

笔者对所在班级 37 名研究生做了问卷调查，其中，在超音段（suprasegmental phonemes）知识的重要性方面，95% 的学生认为它对英语口语很重要，92% 的学生认为对听力来说也很重要。也就是说，学生对超音段语音知识的重要性基本已经达成了共识。但是对于自己这方面知识的掌握，没有一个人对此感到满意，16% 的同学不知道自己这方面的情况，大部分（84%）同学对自己的语音语调不太满意。甚至在对单词发音方面，高达 84% 的同学认为自己发音不太标准。可见学生对语音领域的学习有很大的需求。

当被问及是否对这样的超音段语音知识有过系统的学习时，只有 5% 的同学的答案是肯定的。相应地，92% 的同学表达了想要进一步学习语音知识的愿望，另有 8% 对英语学习不感兴趣的同学采取无所谓的态度。但没有一名同学坚定地拒绝这方面的了解和学习。

研究生有较长的英语学习历史，他们对超音段语音知识或多或少有一定的意识和了解，例如，73% 的学生认为，他们会注意到别人用升降调表达与字面不同的意思，而只有 35% 的学生认为他们会把这种知识用在自己的话语当中。针对重读音节和单词，虽然有 49% 的同学能注意到说话者这种现象，但承认自己说话时有重读现象的同学只有 41%。当问及是否看英语影视剧时，多达 92% 的学生经常或偶尔看，而且 70% 的同学会关注到上面的语音知识。这说明，学生对这些语音现象有一定的关注和了解，但要把这些知识用在自己的实际话语中还有一定的距离。所以，要给学生提供机会进行操练，从而做到对语音知识的习得。

## 三、英文电影片段配音在口语教学中的尝试及出现的语音问题

考虑到学生对语音知识，尤其是超音段语音知识的需求，上个学期我们在口语教学中使用了英文电影片段的配音任务。要求学生自愿建立由 2~3 个同伴结成的小组，自愿选择配音影片，时间约 5 分钟。考虑到学生初次进行这样的尝试，时间不宜太长。提交作业时规定提供原版和配音两个片段，这样做是因为教师可以对两个版本进行对比。学生配音作品全部提交上来之后，教师进行认真对比评价。作为“语调语言”的英语，语音语调是表意的主要手段，也是听话者了解对方谈话要点的主要根据。但学生在语音语调方面存在很多问题。

**3.1 语音语调的问题——音高**

学生很难表达出剧中人物的感情，这主要是没有充分掌握语调的功用。很多学生在配音时，没能充分放开嗓子，总是压着嗓子说话。而融入感情的真实话语需要一定的音高。因为高降调通常表达强烈的感情色彩，如感兴趣、兴奋等，而低降调往往表达相反的感情。学生普遍以这种压低的降调进行配音，难怪无法传达出剧中人物的感情色彩。例如：

This is so nice!（《冰雪奇缘》）安娜公主含着笑深情地喊出划线的单词，学生低沉的音调无法表达这种感觉。

Whatever you want to say, you can say to both of us.（《冰雪奇缘》）学生在这种重音音节处音高都不够，无法表达出安娜公主那种激动亢奋之情。

反之，剧中人物有时用格外低沉的语调说话，而学生却没有意识到这种语调的变化。例如：

…or is he the workaholic type who says I'll talk to you later, honey, but never really does, I hate that.（《天生一对》）划线部分哈莉的声音在这里开始压低，表达出她越说越不满的心态。但学生的音调较前面没有什么明显变化。

**3.2 语音语调的问题——句重音**

重音的使用不仅能准确传达说话人的意思，有时也能帮助他们表达他们话语背后的感情色彩。

So, this is what a party looks like.（《冰雪奇缘》）学生误把最后一词重读，而调核重音应该在谓语 looks 上。除了 like 作为介词往往不予重读的因素不说，looks 这个实义动词更能表达出艾莎公主第一次看到晚会的样子。

How weird is that!（《天生一对》）调核应该位于最后一个单词上，强调刚刚谈论的内容，而学生则放在 weird 上。

有时，学生即使认识到调核重音的位置，但发音方式只是拘泥于降调的使用。事实上，可以用拉长音等方式予以强调。例如：

Especially for a man in heels.（《冰雪奇缘》）heels 这个单词用拉长的方式说出来，更能表达出安娜公主那种觉得不可思议的感觉。

If it's just a card catalogue, how does it know you name?（《灯泡机器人》）这里的调核词 name 发音被拉长，/m/ 音竟然也能听出来，用以强调说话人的惊奇之情。而学生仍采用特殊疑问句常见的低降调。

**3.3 语音语调的问题——弱式**

Peter Roach (2000) 指出，所有以英语为母语的英美人都使用弱读。如果不熟悉弱读的使用，很有可能会听不懂他们在说什么。但学生在英语弱读上普遍掌握得不是很好。尤其当影片中的人物说话语速较快时，有的学生会手忙脚乱，出现扔词的现象。这主要是因为学生对某些单词没有进行弱化处理。如果每个音节都去顾及的话，不仅速度跟不上原声速度，而且还会使得说话人觉得气短吃力，所以学生只好丢掉一些单词。例如，

None of you are to make one step out of your mushroom without telling me where you are going.（《蓝精灵》）蓝爸爸在愤怒的状态下对不听话的蓝精灵们喊出这句话，语速自然比较快。学生无法在规定时间内说完，便出现了把划线部分单词全部或者部分扔掉的状况，总而言之，划线部分单词几乎无法听清。

Who the heck am I to crush his little dreams, huh?（《疯狂动物城》）狐狸尼克说的这句话虽然不长，但因为其中有许多弱式音节，学生还是跟不上原声速度，所以只好扔掉划线单词。

### 3.4 语音语调的问题——升降调和降声调

学生普遍对英语的声调和平调掌握的不太好，尤其是在话语未完待续的地方，不知道可以运用这种语调来暗示对方。与之相比，升降调和降声调对他们来说问题更大。升降调在不同的语境里可以表达强烈的赞同、不同意、吃惊、挑战、讽刺等等。而降声调除了可以传达礼貌的纠正、警告、建议之外，往往还表达出与字面意思不同的话外之意。例如，

Trying to get out of work ^ again?（《灯泡机器人》）这里的升降调显然表达出路易强烈的不赞同、不满意之情，而学生使用的是平常的低降调。

My mother even never ^ mentions him.（《天生一对》）这里的升降调表达出安妮不解的语气。而学生使用低降调无法传达出这种感情。

You've got dirt in you nose, by the way, did you ᵛ know?（《哈利·波特》）最后的调核用降升调表达出小姑娘 Hermione 的委婉之意，避免常用的低声调的询问语气给对方带来尴尬的局面。

Does seeing me ᵛ fail make you feel better about your ᵛ sad and miserable life?（《疯狂动物城》）此句连续两个降声调不仅传达出英语语句的节奏感，更能表达出兔子警官朱迪委婉的谴责和不满之情。而有的学生第一个单词 fail 没用重音，第二个单词 sad 用普通的降调。

## 四、利用电影片段配音来提高研究生语音水平的建议

### 4.1 参加外语慕课平台语音课程的学习

根据学生在电影配音中出现的问题，建议在安排学生进行配音之前，应该组织学生进行相关语音知识的学习，否则学生可能不会意识到影片中出现的各种语音现象。网络上现在有许多优秀的语音课程学习资源，例如在中国高校外语慕课平台上南京师范大学田朝霞教授的“语音之声——实用发音技巧轻松学”。这个课程顾名思义对于非英语专业的学生来讲非常实用。对于单词发音有问题的同学，建议他们从元音辅音的发音规则开始学习。对于大部分研究生同学，建议他们学习超音段的部分，例如，句重音和弱式、音调、节奏等等。为了保证学习效果，教师可以从课程中把田老师使用的主要例句进行截图汇总，然后让学生模仿朗读，并以作业的形式收集，针对学生出现的问题予以及时反馈。

### 4.2 推荐合适的英文电影片段进行配音

教师要提供给学生挑选配音电影片段的标准。首先，尽量挑选与自己的性别相符的角色，避免女生为男性角色来配音，反之亦然。而且，尽量不要为孩子的角色配音，因为孩子们那特有的尖脆的嗓音成年人几乎无法模仿。上述两种情况下配音者和听众都很难进入情境。建议学生可以选择动画片进行模仿，因为动画片的语音语调比较丰富，学生可以得到较多的练习机会。在初始阶段，教师最好给学生提供固定的几个动画片片段，最好每个片段能突出体现某个语音知识的特点，教师最好也能熟悉每句话的语音特点。

### 4.3 教师对学生配音作品的反馈

教师根据这些电影片段的语音特点，对学生提交的每个作品进行分析，总结学生在语音方面的问题，在全班展示优秀作品。学生的语音问题可能是在单词发音层面，也可能是在停顿、重弱读、语调、节奏等层面。因为配音作品是几个同学合作的成果，不可避免会出现学生语音水平参差不齐的问题。这时，教师根据每个学生所表现的语音水平选取小组长，负责帮助其他同学纠正改善语音问题。把第一次的配音作品发还给学生，根据教师的建议进行修改，小组长最后把关，感觉没问题后提交给教师。这就算完成了第一个循环的

配音环节。

**4.4 进行多循环的电影片段配音**

教师选定的原声动画片配音结束后，可以进入到普通影片的配音环节。这时，教师仍然可以推荐优秀影片，例如，选取那些经典名著翻拍的影片。这样既可以操练语音知识，也可以得到精神层面的熏陶。当然，学生这时也可以自选影片。经过不断的积累，教师可以用收集到的影片片段建立一个影片库。对不同的影片片段所突出表现的语音特点进行标注，并根据不同的难易层度对影片予以分级。至于要进行几个循环的配音，要根据学生口语课的学时和学生的整体掌握情况而定。

## 五、结论和启示

通过把英文电影片段的配音练习引入口语课堂中，我们发现研究生的语音语调水平普遍不乐观，尤其在音高、句重音、弱式、升降调和降声调等方面存在明显问题，这将直接影响他们在说英语时的自信心和口语水平。语音能力的不足也势必对学生的听力产生负面影响，因为他们不去关注由这些语音现象带来的语义和语用的信息。

教师要尽量帮助研究生改善和解决他们的语音问题。教学中发现，学生对语音知识的敏感程度因人而异。对于那些敏感度较差的学生，需要教师和组长额外加以指点和帮助。教师也可以把影片中学生常犯错误的句子收集起来，作为例句在课堂上向学生予以讲解。语音教学不仅仅局限在口语课堂，在精读和听力教学中最好也略有涉及。而且，英文电影片段的配音最好是教研室几位教师共同参与这项工作，尤其是在影片库的收集和建立上，在每个影片语音特点的确定上，在影片难易程度的分类上等都需要集体的付出。一旦这些基础工作完成以后，后继工作就相对会轻松一些。 届时就能根据学生在语音方面的不同需求做到因材施教，为其提供适合的影视片段进行练习。

## 参考文献

[1] Roach P. English phonetics and phonology: A practical course [M]. Foreign Language Teaching and Research Press, 2000: 102.

[2] 高晶 . 大学英语学习者语音与听力理解之间相关性的实验研究 [D]. 山东大学硕士学位论文，2006：78.

[3] 郝东平 . 利用英语电影培养学生跨文化交际能力 [J]. 电影文学，2010（7）：163–164.

[4] 马毅，钟文硕 . 利用原声影视作品培养英语交际能力 [J]. 电影文学，2011（16）：165–166.

[5] 温秋科 . 影视语境下的大学英语词汇互动习得 [J]. 电影文学，2010（5）：150–151.

[6] 周昆珍，宋学之 . 利用现代视听技术进行英语影视配音的尝试 [J]. 外语电化教学，1996（2）：48–52.

# 他山之石，可以攻玉——剧场游戏在英语口语课堂的应用

# Theatre Games and Its Application in Teaching English Speaking

中央戏剧学院基础教学部　侯晓锦　姚　静

**摘　要：** 表演和人类的交际行为具有同质性，用戏剧表演的方法培养英语学习者的交际能力顺理成章。然而，由于通俗意义上的“演戏”是对戏剧表演的误解，英语口语课堂上很多类似表演的教学活动对提升学习者的交际能力收效甚微。表演应该作为一种思维方式和学习方式和现有的语言教学模式结合，实现英语教学在交际能力培养上的突破。

**关键词：** 表演式教学　剧场游戏　交际能力　英语口语教学

**Abstract:** The study of acting is the study of human interaction. To cultivate learners' communicative competence, it is only natural to incorporate acting into the language classroom. However, a common misconception of acting renders the performative approach ineffective. Based on studies of human interaction, improvisational theatre sheds some new light on English teaching and furnishes the language classroom with a series of learner-centered collaborative activities called theatre games. Once adapted for the language classroom, these theatre techniques might lead to a breakthrough in English teaching.

**Key words:** performative approach in TESL　theatre games　communicative competence　teaching English speaking

## 一、英语课堂对戏剧表演的误读

教育戏剧作为通识教育的一种形式，不以培养戏剧专门人才为目标，而以培养学生的综合素养为目标，其发展近年来呈现出蓬勃之势。因为戏剧表演具有提升创造力、想象力、表现力、逻辑思维能力等综合能力的特性，其在教育领域的功用早在 20 世纪初就在欧美国家得到了确立。将戏剧作为一种教育手段，将戏剧表演的元素引入课堂教学之中，对英语教师也并不陌生。外语课堂中广泛使用的交际教学法，以培养外语学习者的交际能力为目标，强调运用目的语学习交际，重视在学习情境中使用真实语篇，并注重创设机会让外语学习者进行体验式学习。这样的英语课堂经常采用“角色扮演”和“情景互动”等课堂活动作为训练学生语言技能的方法。扮演角色在自我形成和人际交流中的重要意义不言而

喻，交际法英语课堂对戏剧表演的自发运用顺理成章，然而，表演的能力并非无师自通，没有接触过表演训练的学生面对这种类似表演的课堂活动，内心往往充满了恐惧与抗拒。典型英语课堂上的“角色扮演”和“情景互动”常常演变为规定了语言内容和形式的、以词汇和语法结构为操练重点的分角色朗读课文。语言交际因此失去了活力，言语变成了类似于“鹦鹉学舌”式的人云亦云（于海阔，2013）。这种宽泛的戏剧教学方法看到了表演对于语言教学的作用，虽然对于活跃课堂气氛、提高学生的学习兴趣起到了一定的作用，但对于提升学生的语言交际能力收效甚微。

排演英文剧也是戏剧表演进入英语口语课堂的一种常见方式。学生通过舞台呈现的方式来构建学习情境，从而加深对语言的理解，提升语言能力和人文素养。其实，不论是作为课堂教学计划的组成部分，还是作为第二课堂的拓展活动，由于教学进度、师资条件以及时间的限制，更是因为学生缺乏基础的表演训练，“演剧式”教学法也常常遭遇教学实效差强人意的尴尬局面，有时甚至步入进退维谷的两难境地。严格说来，这种按照“选剧本—学剧本—背台词—排练—上演”流程进行的“演剧式”的教学法主要还是停留在对剧本文本和文字的赏析之上，对于学习者交际能力的培养效果非常有限。如何帮助学习者将积累的语言知识转化为语言技能？如何帮助他们找到自己真实的声音，不被他人言说？如何帮助他们突破表达的瓶颈，进行有深度的交流？存在诸如此类的教学难题。

作为一门艺术，戏剧表演的实质是对人类行为进行体验性和再现性的探索和研究（高景文，1995），其在教育领域的功用主要体现在表演既是一种思维方式也是一种学习方式，是在体验生活、认识生活的过程中发现自我、展示自我，而不是简单地模仿“他人”和“演戏”这种对表演的通俗性理解。英语课堂上缺乏灵魂的表演正是因为误读了戏剧表演的真意。“全世界是个舞台，男男女女只是演员而已。”正如莎士比亚的这句名言所道出的，广义上的表演，是人类生存的基本方式之一。从人类表演学（Performance Studies）的角度考察，学习表演即研究人类的交际行为，表演和人类的交际行为具有同质性（于海阔，2013）。不仅如此，戏剧表演与交际法教学在理论上也一脉相通。表演学中的规定情境理论对应着语用学和系统功能语言学的语境理论，表演理论中的交流适应说跟语言学的会话合作原则异曲同工。然而，虽然语言学的剖析加深了我们对于人类交际现象的认识，但这种分析式的思维并未给语言教学提供操作性强的交际能力训练方法。英语课堂的表演正是因为缺少场景意识、人物性格模糊、缺乏感情色彩而失去了交际的真实性（于海阔，2013：42）。而表演理论运用的是一种整体性思维，要求学习者在“做”中提高交际能力。表演的训练方法也提供了大量提升场景意识和具化人物性格的实用技巧，可以让语言课堂的教学活动更加贴近现实生活，为语言交际能力的训练注入鲜活的灵魂。

## 二、人人的戏剧——即兴戏剧

被称为“大众的戏剧”的现代即兴戏剧（Improvisational Theatre）起源于文艺复兴时期意大利的即兴喜剧（Commedia dell’Arte），是一种由表演者跟观众现场互动，即兴创作出戏剧的表演形式。与传统戏剧大为不同的是，即兴戏剧的对话、行动、故事和角色是由演员们在即兴发挥的情况下合作完成，事先既没有剧本也不进行排练，表演者也不要求科班出身，只要愿意并接受一定的训练，每个人都可以成为即兴戏剧的演员。即兴戏剧体系内有一套被称为“剧场游戏”的独特训练方法：

提出和接受提议的练习（命名游戏，今天星期二）

叙事技巧练习（一人一词，一人一句，接下来做什么？）
情绪掌控练习（情绪过山车，情绪接龙）
快速设置场景练习（一分钟死亡）
形体化练习（慢动作评论）
说明技巧练习（雕塑游戏）
塑造角色练习（打字机，加字幕）
提升自发性练习（送礼物，词语追击）
身份地位练习（主人和仆人，身份聚会）
增进记忆力的练习（场景倒放）

这些“剧场游戏”数目繁多，它们遵循着信任、合作、接纳、倾听、自发性、叙事、非言语交流等即兴表演的原则，针对一个或几个同人际互动相关的概念，利用游戏、讲故事、民间舞以及其他戏剧技巧作为手段，通过自我发现和自我体验来激发人的创造性，表演者通过参与这些简单的、易于操作的练习和游戏来掌握复杂的戏剧准则和技巧。这些用于训练演员的剧场游戏很多都可以信手拈来地用于英语口语课堂，作为提升学生交际能力的教学活动。

## 三、剧场游戏在英语口语课堂的应用

使用第二语言进行交际很多时候面临的处境跟即兴戏剧表演者相类似：忐忑不安地走向一个未知的世界，去进行一场冒险之旅。心理语言学对语言教学的一个启示就是，焦虑感强的语言学习者情感屏障高，获得的信息输入少（Krashen，1982：30）。很多旨在帮助即兴表演者克服心理障碍的剧场游戏便可以应用于英语口语课堂，帮助英语学习者缓解焦虑，建立能够在当下进行表达的信心。

以“一人一词（Word at a Time）”这个游戏为例，游戏的规则很简单，全体同学一起创作一个故事，按座位顺序，一个人一次只能说一个词（Johnstone，1981：130）。这个貌似“词语接龙”的游戏真正进行起来却充满了玄机。成功创作一个故事必须依赖全体参与者的通力合作，任何个人都无法控制也无法预测故事的走向。虽然最终成形的故事可能颇具后现代的无厘头风格，但并不会超出听众的“期待视野”，而且从深层次上看，故事的起承转合遵循的也是诸如寓言、神话等传统的叙事结构（Garrett，2006：5）。参与者必须仔细倾听同伴的词语，同时放弃个人控制故事走向的意图。游戏通过将参与者的注意力转移到同伴身上，帮助他们停留在当下，忘记对自我的意识，让大脑投入当下的游戏或任务，无暇预计、权衡或者评价自我需要做出的抉择。这种练习将行动置于思想之前，有助于语言学习者战胜胆怯的心理，缓解焦虑，培养他们敢于尝试和冒险的精神，鼓励他们全身心地投入到倾听他人和表达真实自我的人际互动之中，调动他们将储备的语言知识转化为交际技能。同时，这种群策群力、依赖集体智慧完成任务的课堂活动取消了参与者与观看者的界线，有助于培养学生与学生之间以及师生之间的信任感，加强团队合作精神，创造轻松和鼓励的学习氛围。

戏剧教育家基斯·约翰斯通（Keith Johnstone）是当代西方即兴戏剧的开创者之一，他认为“身份地位（Status）”是理解人类交际行为的核心概念，其遵循的是即时动态的“你升我降”的“跷跷板（The See-saw）”原则（Johnstone，1981：33）。他在即兴戏剧教学中开发出的剧场游戏常常通过预设出具体的场景和角色的身份地位，或者预设出角色对周围的人和事物以及环境的态度，或者预设出角色意欲达成的目标，来提升表演者的场景意识，同时具化角色的性格。

比如让学生操练英文寒暄语时，便可以引入“不同身份的聚会（Status Parties）”（Johnstone，1999：221）这个游戏。游戏设定的情境是全体同学都是前来参加聚会的客人：有人见到了久未谋面的老朋友，有人在询问吃的喝的摆在哪儿，有人在交头接耳的聊八卦，有人在寻找举办聚会的主人，等等。正如约翰斯通在其著作里描述的那样，教师一旦发出聚会开始的指令，学生们往往会毫无头绪地聚到一起。聚会这样进行半分钟后，教师打断活动，然后把全体同学分成两组，让其中一组同学说话时添加眨眼的动作，另一组同学则尽量少眨眼，然后让聚会继续。一分钟后，教师可以再次打断活动，让一组同学说话时使用完整的句子，另一组使用破碎的句子，并且说话时采用上气不接下气的方式。这种可供添加的、体现交际行为中姿态高低的肢体动作还有说话时头部保持静止不动或者自然转动，答复他人时刻意迟疑片刻或者迫不及待等等。跟传统英语口语课堂角色扮演练习相比，添加了不同肢体动作之后的“聚会”显然更加生动真实，更加贴近生活，课堂活动也更具趣味性，更容易激发学习者的参与热情，让他们从内心愿意参与活动，从而从被动的学习转化为专注的主动学习。

又比如，在学习用于描述人物品格的形容词时，可以循序渐进地引入聚会游戏的“升级版”——“赋予了态度的聚会（Party Endowments）”（Johnstone，1999：233）。这是一个复杂的练习，较为简单的模式为四名游戏参与者分别在内心赋予另外三名参与者每人一种品质，比如，一名参与者可以认为另外三名参与者一个人傻，一个人身上有难闻的气味，还有一个人魅力四射。然后带着这种态度参加聚会。初次参与这个活动的同学可能会用直白的方式显示出自己的态度，例如，靠近有难闻气味的那个人时，做出用手扇鼻子等动作。教师这时就可以提醒大家，在聚会这样的社交场合，对其他人的态度是隐晦而含蓄的，最多可以故作随意地把窗户打开。像约翰斯通详细描述的那样，英语教师也可以通过给出“介绍两人认识，”“端茶给他喝”这样的提示，帮助学生将聚会进行下去。在态度的基础上，还可以在这个游戏中加入“目标”的维度，例如努力让魅力四射的那个人喜欢上自己。肢体动作在交际中的深层意义是显而易见的。用于描述人物品格的形容词有时非常微妙，其意义往往可意会不可言传，常常不具备可译性。融入了非言语行为和感情色彩剧场游戏有助于语言学习者进行深度学习，提升语言与非言语的交际技能。

## 四、结语

约翰斯通把剧场看作一个非正式的课堂，人生的经历通过协作的方式在此上演，重现真实的交际行为和人际关系（Dudeck，2013：11）。早在19世纪末20世纪初，以约翰·杜威（John Dewey）为代表的教育思想家在西方发起进步主义教育运动，表演式学习的理念和方法被大量应用于儿童教育领域。这种表演式的教学鼓励学生独立思考，注重培养他们自学和探索的能力，将学习的关注点从学习成绩等外部动因转向自我价值的实现等内部动机，跟当时社会上大行其道的以获取知识和技能为目的的工具性学习大相径庭。在英语口语课堂中开展表演式教学体现着“以人为本”的英语教学主体观，服务于“工具与素养合一”的英语教学目的观，也符合“知行结合”的教学过程。随着对教育戏剧的核心价值的认识，随着各学科与表演学跨学科研究的发展，自觉开发表演式英语口语教学时不我待。

# 参考文献

[1] Dudeck T R. Keith Johnstone: A critical biography [M]. Bloomsbury methuen drama, 2013.

[2] Garrett Y. Offer, accept, block, yield: The poetics of open scene additive improvisation [D]. Sidney: University of Sidney, 2006.

[3] Johnstone K. Impro: Improvisation and the theatre [M]. Bloomsbury methuen drama, 1981.

[4] Johnstone K. Impro for Storytellers [M] Faber and Faber Limited, 1999.

[5] Krashen S D. Principles and practice in second language acquisition [M]. Oxford: Pergamon, 1982.

[6] 高景文 . 新时期表演学的学科形象及其学科价值 [J]. 戏剧（中央戏剧学院学报），1995（3）：14–17，30.

[7] 于海阔 . 人类表演理论视角下的对外汉语交际能力研究 [D]. 厦门：厦门大学，2013.

# Chinese Doctoral Students' Challenges and Coping Strategies in Reading English Journal Articles

清华大学语言教学中心　田　园　张为民

**Abstract:** Reading English journal articles is generally viewed as the indispensable competence for most English as a foreign language (EFL) doctoral students. Although considerable attention has been directed to non-native English undergraduate students' perceptions of English academic reading, how EFL doctoral students view reading English journal articles has been surprisingly under-investigated. This research, therefore, is conducted to address this gap by investigating 182 Chinese doctoral students' challenges in reading English journal articles and their coping strategies. A questionnaire was employed to collect quantitative data. Data analysis shows that three top challenges in reading journal articles are identified, including slow reading, difficulty in analyzing and understanding lengthy and complicated sentences, and inadequate technical vocabulary. It also reveals that Chinese doctoral students who lack publishing or research experiences tend to have difficulty in critical reading of English journal articles. Meanwhile, the coping strategies they frequently use to handle the challenges include using translation tools for crucial information, consulting a dictionary for vocabulary meaning, and reading a target journal article more times. The findings of this study may have pedagogical implications for the instructors of English for academic purposes (EAP) and English as the medium of instruction (EMI).

**Key words:** EFL academic reading　English journal articles　Chinese doctoral students　Challenge　Coping strategy

## 1. Introduction

With the increasing internationalization of higher education, English, the lingua franca of the research world, has become the dominant medium of international academic journals. Reading English journal articles seems to be compulsory for most English as a foreign language (EFL) doctoral students. To help them become effective academic readers, it is essential and necessary to understand their difficulties in academic reading and how they handle the difficulties.

Reading occupies "a curious place" in English for academic purposes (EAP) (Hirvela, 2013, p. 77) because it tends to be the "least difficult" in students' language learning in comparison with other language skills (i.e., speaking, listening, and writing) (Jordan, 1997, p. 51). However, reading is also considered as the heart of EAP learning in that without reading as the basis, EFL students could not achieve effective analysis, comprehension and application. The process of reading not only involves acquiring knowledge of target texts but also is in conjunction with the use of other language skills. "Lack of competence in reading can negatively affect the written and spoken output of the student and influence its role as an essential foundation skill in discussing and writing at graduate level" (Singh, 2014, pp. 77–78). Furthermore, reading critically is essential in the context of EAP for students to find, sort, evaluate and choose what they need through the vicarious experience of reading (Atkinson & Longman, 2003, pp. 223–235). In the same vein, Singh (2014) concurs that being a critical reader, "one is expected to distance oneself from the text in an objective way in order to evaluate its validity, biasness and assumptions" (p. 77).

Although academic reading is perceived to be the least difficult language skill, it is apparent that students are not free from difficulties in commanding this skill. Thus, numerous studies have investigated the challenges faced by non-native English students in academic reading practices. Challenges identified in previous studies include recognizing and acquiring academic vocabulary and discipline-specific terminologies at the micro-level (Burke, 1996; Evans & Green, 2007; Phakiti & Li, 2011), extracting and synthesizing information from various sources (Phakiti & Li, 2011), consuming more time to read than native English speakers (Burke, 1996; Reid, Kirkpatrich & Mulligan, 1998; Cheng, Myles & Curtis, 2004), comprehending the cultural implications embedded in reading materials that native speakers can easily understand (Koda, 1995), and lack of critical reading (Borland & Pearce, 2002). As regards challenges in critical reading, Tian and Zhang (in press) identify three salient themes: lack of academic confidence in challenging others' arguments, lack of habit of critical reading, and unclarity of how to read critically.

Meanwhile, much research has been conducted regarding students' coping strategies for their difficulties in academic reading. Some strategies that students frequently use have been identified, including consulting peers and teachers to explain meanings (Evans & Green, 2007), repeated reading to understand the assigned material, and consulting dictionaries (Singh, 2014). Interestingly, Evans and Green (2007), in their survey of Hong Kong undergraduate students, reported that the participants rely heavily on consulting peers and teachers rather than dictionaries when dealing with difficulties in academic reading practices.

The studies reviewed above mostly explored undergraduate students' difficulties in academic reading and their coping strategies. Little research, however, has been conducted from the doctoral students' perspective. Moreover, much of the extant research has focused on short texts used for academic reading. Little attention has been directed to genuine English journal papers as academic reading materials. To address these gaps, this research is designed to examine Chinese EFL doctoral students' challenges and coping strategies in reading English journal articles.

## 2. Methodology

### 2.1 Participants

182 Chinese doctoral students were invited to participate in this study (Table 1). They were

from five classes of the course "Academic English for PhD Students." These participants were from different grades, among whom 65.4% ($n$ = 119) were in their first year of PhD study, 29.1% ($n$ = 53) were in their second year of study, and 5.5% ($n$ = 10) were of Year-3 and above. Most of them (81.3%, $n$ = 148) were majors in science and engineering. The majority of the participants (75.3%, $n$ = 137) were of the straight entry to PhD programmes (i.e., they were enrolled in PhD programmes upon completing their Bachelor Degrees). Almost all the participants (98.9%, $n$ = 180) reported that they needed to read English journal articles for their doctoral studies. 29.6% of them ($n$ = 52) had published academic papers in English journals. 55% of them ($n$ = 100) had taken English as the medium of instruction (EMI) courses.

**Table 1 Demographic Profiles of Participants ($N$= 182)**

| Demographic | Subcategories | Frequency | Percentage |
|---|---|---|---|
| Gender | Male | 125 | 68.7% |
| | Female | 57 | 31.3% |
| Year of Study | Year 1 | 119 | 65.4% |
| | Year 2 | 53 | 29.1% |
| | Year 3 | 6 | 3.3% |
| | Year 4 and above | 4 | 2.2% |
| Student Type | Straight entry to PhD programmes | 137 | 75.3% |
| | Non-straight entry to PhD programmes | 45 | 24.7% |
| Discipline | Engineering | 97 | 53.3% |
| | Science | 51 | 28% |
| | Humanity | 28 | 15.4% |
| | Interdisciplinary Study | 6 | 3.3% |

## 2.2 Instruments and Data Collection

Drawing on the findings from thematic analyses and semi-structured interviews in Tian and Zhang (in press), a questionnaire containing two sections was designed to collect quantitative data. The first section collects participants' demographic information (e.g., gender, the year of PhD study, student type, discipline, and publishing experiences). The second section of the questionnaire involves three sets of items. The first set includes six items of challenges in academic reading. The second set consists of three statements regarding the difficulties that students commonly encounter in critical reading for academic purposes. Each statement in this set employs a 5-point Likert scale (1 = strongly disagree, 2 = disagree, 3 = neutral, 4 = agree, 5 = strongly agree) for data collection. The third set includes six items of students' coping strategies. In the first and the third sets of items, participants were requested to select all the possible items, indicating the challenges that they experienced in reading English journal articles and their coping strategies for these challenges.

The questionnaire was designed in Chinese, the native language of the participants, to ensure that they conveyed their views accurately. The questionnaire was distributed to all participants through the online questionnaire platform (website: https://www.wjx.cn). All the questionnaire data were collected online and were exported for analyses.

### 2.3 Data Analysis

The frequency of participants' responses to the challenges in reading English journal articles and the coping strategies was calculated. Mean score and standard deviation (*SD*) were produced for the 5-point-Likert-scale items focusing on the challenges in critical reading. The data collected were subjected to descriptive statistics, non-parametric statistics (Mann-Whitney U Test), and frequency in Multiple Response Analysis using SPSS 26.0 statistical software.

## 3. Results and Discussion

### 3.1 Challenges in reading English journal articles

Data analysis shows that most of the participants perceived "slow reading" ($n$ = 144), "difficulty in analyzing and understanding lengthy and complicated sentences"($n$ = 118), and "inadequate technical vocabulary" ($n$ = 104) as the most frequent challenges in reading English journal articles (Table 2). Participants also maintained that inadequate general vocabulary ($n$ = 85), inadequate interdisciplinary vocabulary ($n$ = 81), and grasping the logical structure of journal articles ($n$ = 66) are three other challenges in English paper reading.

**Table 2　Challenges in Reading English Journal Papers**

| Challenges in Academic Reading | Frequency |
|---|---|
| 1. Inadequate general vocabulary | 85 |
| 2. Inadequate technical vocabulary | 104 |
| 3. Inadequate interdisciplinary vocabulary | 81 |
| 4. Difficulty in analyzing and understanding lengthy and complicated sentences | 118 |
| 5. Difficulty in grasping the logical structure of journal articles | 66 |
| 6. Slow reading | 144 |

These results corroborate the findings of the previous research conducted in ESL setting with non-native speakers of English in the academic reading practices, including consuming two to three times longer time to read than native speakers (Burke, 1996; Reid et al., 1998; Cheng et al., 2004), and difficulties in extracting and synthesizing information from various sources (Phakiti & Li, 2011). However, as to the challenge in acquiring academic vocabulary identified in previous studies (e.g., Burke, 1996; Phakiti & Li, 2011), it seemed that participants in the current study did not view such vocabulary as the most salient challenge. One explanation for this might be that before they started their doctoral studies, most of the participants had already read a considerable number of English journal articles and some had taken EMI courses. According to Zhang, Zhang &

Liu (2015), a study conducted at the same university, almost all undergraduate students needed to read English papers to work on their thesis, and 88% of master students reported that they needed to read English journal articles for their programme.

As regards the challenges in critical reading, data analysis (Table 3) further indicates that participants slightly agreed that they seldom read English journal papers critically in practice ($M = 3.18$). They also seemed to have neutral attitudes toward their incapability in critical reading due to insufficient disciplinary knowledge ($M = 3.01$) and their unclarity of how to read critically ($M = 3.04$).

**Table 3　Challenges in Critical Reading**

| Statement | Mean (*SD*) |
|---|---|
| 1. I am at the initial stage of acquiring discipline-specific knowledge and not capable of critically evaluating others' points of view. | 3.01 (.952) |
| 2. Even though I am aware of the importance of critical reading, I just seldom put it into practice. | 3.18 (.905) |
| 3. I am not clear on how to read critically. | 3.04 (.962) |

To test whether there are significant differences between gender, the year of PhD study, student type, discipline and publishing experiences in participants' responses for each statement, Mann-Whitney U test, a non-parametric test for two independent samples was conducted. The result reveals a significant difference in student type (between "participants from straight entry to PhD programmes" and "those from non-straight entry programmes") in Statement 1($Z = 2.314$, $p = 0.021$) and Statement 3 ($Z = 3.728$, $p < 0.001$). Mann-Whitney U test also identifies a significant difference with respect to publishing experiences (between respondents with publishing experiences and those without) in Statement 1 ($Z = 2.127$, $p = 0.033$) and Statement 3 ($Z = 3.125$, $p = 0.002$) (Table 4).

**Table 4　Results of the Mann-Whitney U test per condition**

| | Student Type (straight entry to PhD programmes/non-straight entry) | | Publishing Experiences (No/Yes) | |
|---|---|---|---|---|
| Statement | *U* | Z | *U* | Z |
| 1 | 2 407.000 | $-2.314^{*}$ | 2 730.000 | $-2.127^{*}$ |
| 2 | 2 752.500 | −1.231 | 3 260.000 | −0.395 |
| 3 | 1 995.500 | $-3.728^{***}$ | 2 426.000 | $-3.125^{**}$ |

*Note.* $^{*}p < 0.05$, $^{**}p < 0.01$, $^{***}p < 0.001$.

Means and standard deviations of each statement under different conditions of student type and publishing experiences are shown in Table 5.

**Table 5　Means and Standard Deviations of Each Statement Regarding Critical Reading per Condition**

| | Student Type | | Publishing Experiences | |
|---|---|---|---|---|
| | Straight entry to PhD programmes | Non-straight entry to PhD programmes | No | Yes |
| Statement | Mean (*SD*) | Mean (*SD*) | Mean (*SD*) | Mean (*SD*) |
| 1 | 3.10 (.942) | 2.73 (.939) | 3.10 (.963) | 2.79 (.893) |
| 2 | 3.22 (.846) | 3.04 (1.065) | 3.18 (.922) | 3.15 (.872) |
| 3 | 3.18 (.933) | 2.62 (.936) | 3.18 (.992) | 2.71 (.800) |

In terms of Statement 1, the finding indicates that students from the straight entry to PhD programmes ($M$ = 3.10) and students who have not published research articles ($M$ = 3.10) tend to agree more on their incapability of reading critically, since they are at the early stage of acquiring discipline-specific knowledge compared to students from non-straight entry to PhD programmes ($M$ = 2.73) and those with publishing experiences ($M$ = 2.79), respectively. As for Statement 3, the finding shows that students from the straight entry to PhD programmes ($M$ = 3.18) and students that have not published research articles ($M$ = 3.18) tend to agree more on their lack of clear understanding of how to read critically compared to students from non-straight entry to PhD programmes ($M$ = 2.62) and those with publishing experiences ($M$ = 2.71), respectively. These findings suggest that even though they exhibit a neutral attitude in general towards challenges in critical reading, doctoral students who lack publishing or research experiences tend to have more difficulty in critical reading of English journal articles. These results largely corroborate those from semi-structured interviews in Tian and Zhang (in press). Prior studies (e.g., Borland & Pearce, 2002) also have noted that challenges can be ascribed to a lack of time and habit of critical reading for academic purposes.

### 3.2 Coping Strategies

Based on the frequency count (Table 6), the findings indicate that the coping strategies most frequently used by the participants are "using translation tools to translate critical information into Chinese" ($n$ =128), "using a dictionary to check vocabulary meaning" ($n$ =119), and "reading the English journal article more times" ($n$ =109). The least popular strategy is to "use translation tools to translate the whole journal article into Chinese" ($n$=21).

**Table 6　Frequency of Coping Strategies**

| Coping Strategies | Frequency |
|---|---|
| 1. Read the English journal article more times | 109 |
| 2. Read extensively on English journal articles from your field of research | 76 |
| 3. Refer to Chinese materials for reference | 58 |
| 4. Use a dictionary to check vocabulary meaning | 119 |
| 5. Use translation tools to translate critical information into Chinese | 128 |
| 6. Use translation tools to translate the whole journal article into Chinese | 21 |

The findings are generally in line with those reported in Singh (2014). Respondents in Singh's study, i.e., international graduate students in Malaysia, ranked "Read the assigned material more times" and "Use a dictionary" as the most popular coping strategies in academic reading practices, and "Refer to your first language text/material for reference" as the least popular (p.82). However, the findings are in contrast to those reported by Evans and Green (2007) in their survey of Hong Kong tertiary students. Undergraduate participants in their study relied heavily on consulting peers and teachers to explain meanings and were reluctant to use dictionaries when dealing with difficulties in academic reading practices. The evidence emerging from the current study may suggest a rather high level of learner autonomy in PhD students.

## 4. Conclusion

This research investigated Chinese doctoral students' challenges in reading English journal papers and their coping strategies. The findings of this research may provide pedagogical implications for the instructors of English for academic purposes and English as the medium of instruction. For example, since doctoral students perceive slow reading to be the most frequent challenge, EAP teachers may need to concentrate on improving their speed of reading English journal articles. In addition, with the increasing number of interdisciplinary studies, it seems necessary for EMI instructors to address students' problems regarding terminologies from other disciplines. Furthermore, both intensive and extensive readings of discipline-specific journal articles are needed for students to develop solid foundations at the initial stage of their doctoral studies. Finally, instructors need to encourage students to develop strategies that improve reading speed and foster critical reading.

## References

[1] Atkinson R H. Longman D G. Reading enhancement and development[M]. Boston: Thomson and Heinle, 2003: 223–235.

[2] Borland H, Pearce A. Identifying key dimensions of language and cultural disadvantage at university [J]. Australian review of applied linguistics, 2002, 25(2): 101–127.

[3] Burke E. Academic and non-academic differences: Perceptions of graduate non-English speaking background students [OL]. TESL-EJ, 1996, 2(1). Retrieved from http: //www.tesl-ej.org/wordpress/issues/volume2/ej05/ej05a1/.

[4] Cheng L, Myles J, Curtis A. Targeting language support for non-native English-speaking graduate students at a Canadian university [J]. TESL Canada journal, 2004, 21(2): 50–71.

[5] Evans S, Green C. Why EAP is necessary: A survey of Hong Kong tertiary students [J]. Journal of English for academic purposes, 2007, 6(1): 3–17.

[6] Hirvela A. ESP and reading [A] // Paltridge B, Starfield S. The handbook of English for specific purposes [C]. Chichester, UK: Wiley-Blackwell, 2013: 77–94.

[7] Jordan R R. English for academic purposes: A guide and resource book for teachers [M]. Cambridge: Cambridge University Press, 1997: 51.

[8] Koda K. Cognitive processes in second language reading (orthography, cognition, bilingualism) [A] // Taylor I. & Olson D R. Scripts and literacy: Reading and learning to read alphabets, syllabaries and characters[C]. Dordrecht: Kluwer Academic Publishers, 1995: 311–326.

[9] Phakiti A, Li L. General academic difficulties and reading and writing difficulties among Asian ESL postgraduate students in TESOL at an Australian university [J]. RELC journal, 2011, 42(3):227–264.

[10] Reid I, Kirkpatrich A & Mulligan D. Framing reading[M]. Perth: National Centre of English Language Teaching and Research with the Centre for Literacy, Culture, and Language Pedagogy at Curtin University of Technology, 1998: 58–70.

[11] Singh M K M. Challenges in academic reading and overcoming strategies in taught master programmes: A case study of international graduate students in Malaysia [J]. Higher education studies, 2014, 4(4): 76–88.

[12] Tian Y, Zhang W. (in press). Exploring Chinese doctoral students' challenges in reading English journal papers [R]. Proceeding of the 12th international symposium on teaching English at tertiary level.

[13] Zhang W, Zhang W & Liu M. Constructing an integrated English education system at a Chinese research-oriented university [J].Modern Foreign Languages, 2015, 38(1): 93–101.

# 第三部分

# 学术英语教学与研究

# 基于"雨课堂"的博士学术英语教学模式探讨

# Teaching Mode of Academic English for PhD Students Based on Rain Classroom

中国人民大学外国语学院　陈　影

**摘　要：** 作为一款智慧型教学工具，雨课堂近几年对我国的公共英语教学产生了一定的影响。本文聚焦雨课堂在非英语专业博士学术英语教学中的若干优势，从教学设计、教学评价和教学过程三个方面详述基于雨课堂的博士学术英语教学模式，并就此提出并反思雨课堂在教学实践中存在的一些问题。

**关键词：** 雨课堂博士学术英语　教学模式

**Abstract:** As a smart teaching tool, Rain Classroom has recently exerted some impact upon the English education for non-English major students in Chinese universities. This article centers on several advantages of Rain Classroom used in Academic English class for non-English major PhD students and delves into the corresponding teaching mode observed in teaching plan, teaching evaluation and teaching process. Relevant problems and reflections in the actual teaching practice are therefore discussed accordingly.

**Key words:** Rain Classroom Academic English for PhD Students　teaching mode

## 一、前言

2016 年，由清华大学在线教育办公室组织研发的一款智慧教学工具——雨课堂问世。这款教学软件将 PPT、MOOC 与手机微信融为一体，被《光明日报》称为"预示着我国高校教学信息化将进入一个新的发展阶段"，其特征便是"互联网 + 黑板 + 移动终端"（夏鲁惠，2016）。雨课堂是一款嵌入 PowerPoint 的小插件，且与微信平台无缝衔接，可以在课前将预习资源实时推送至学生的微信，课上与学生进行全方位互动，课后进行多样化测试。

雨课堂问世仅两年后，便在全球覆盖超过 60 个国家，18 万个班级，有 298 万师生使用雨课堂（袁博，2018）。雨课堂也从最初以工科课堂为主，逐渐扩展至人文社科、理工农医等诸多学科领域。相关研究表明，雨课堂对学生的学习过程起着正向的激励作用，在教学设计、决策、评估等诸多方面产生了积极的影响（吴玲娟，2019）。本文是笔者近两年将雨课堂与博士学术英语教学相结合的经验性总结，希望对教授非英语专业博士学术英语的教师提供些许借鉴。

## 二、雨课堂在非英语专业博士学术英语课中的优势

非英语专业博士学术英语课的授课对象具有学历层次高、年龄层次与英语诉求多样、英语水平参差不齐等诸多特点，这些特点往往成为博士学术英语课堂教学的难点。而在教学中，这些难点往往可以通过雨课堂的优势得以解决。

第一，雨课堂与微信平台的全方位衔接使得学生在课堂上使用手机和笔记本电脑的情况得到有效控制。禁止博士研究生上课使用手机不但不合理，更不可行；此外，博士研究生课上使用笔记本的比例非常高，他们往往使用笔记本实时查询教师课上所讲解的内容，当然也可以做与课堂无关的事情，这一点教师很难控制。雨课堂的使用，在某种程度上限制了学生使用手机和笔记本电脑的范围，授课的展开取决于学生的手机或笔记本电脑，这成为雨课堂的一大特色。

第二，雨课堂在课下对学生开放教师上课讲义，学生不必在课上用手机拍下教师的幻灯讲义，也无须课下拷贝相关教学资料，所有资料都可以通过雨课堂传到学生微信账号内。当然，这要求教师精心设计幻灯片，而不是上课时简单地读幻灯片。此外，有效使用雨课堂并不意味着学生无须记笔记。实际上，雨课堂的使用能够很好地帮助学生整理学习笔记，并把更多的时间放在对学习内容的思考上。

第三，利用雨课堂记录学生考勤，无须教师点名与学生答到。学生只需在上课时扫描课程二维码（或利用课程暗号），便自动签到，相关数据也会自动进入数据库，供教师随时查阅。这对人数超过 30 人的大班而言，不但节约了课堂的时间，也避免了学生互相签到的情况发生。

第四，雨课堂用户界面友好，只要掌握微信的简单操作便可以使用雨课堂。这对一些年龄偏大的博士研究生而言，非常有利。此外，雨课堂的实时弹幕、多媒体嵌入等功能可以很好地满足年龄偏低学生的要求，使课堂在探讨严肃的学术话题时不那么枯燥乏味，能调动学生的积极性，参与课堂互动。

第五，雨课堂快捷的测验模式，可以通过多种方式即时检查学生的学习效果，并在第一时间生成学生作答情况分析，便于教师在课堂上有选择地根据学生的学习情况讲解习题。教师也可以设置作答时间，在规定时间内又快又准地完成题目的学生，教师可以给予红包奖励。雨堂课的这些特质极大地激励了博士研究生学习英语的热情，使不同年龄层、具有不同学习诉求的博士研究生找到共同的兴趣点，以此展开学术英语的教学。

## 三、雨课堂在博士学术英语教学中的使用

在教学设计环节，根据雨课堂的界面功能，调整传统幻灯片的布局设计，在知识点的讲解上，化整为零，各个击破。举例来说，在讲解学术场景的邮件写作时，对电子邮箱名的写法、学术场合对学者的称呼、学术邮件常用表达方式等难点内容往往被整合在系统讲解中，并在课后习题中体现。借由雨课堂，教师在讲授这些内容时，可以通过单选题、多选题等方式，即时发送到学生的微信，让学生在规定时间当堂作答，并根据雨课堂反馈的作答情况，有重点地在课堂讲解。这样做也可以调整学生的学习节奏，在做到讲练结合的同时，使用雨课堂这一现代化手段，活跃课堂气氛，激发学生的学习热情。教师在教学设计上，就要根据教学大纲，将传统的 PPT 制作与使用雨课堂的时段和方式结合起来。具体

而言，在传统教学中，教师往往把关注的重点放在课堂讲授使用的PPT上，而雨课堂的使用，在某种意义上，将传统意义的PPT细化为预习幻灯片作业、课内讲授幻灯与课后习题幻灯。在设计预习幻灯的时候，尽可能简化问题类型，使学生能够在10分钟内完成预习作业。如在讲解学术论文题目写法的时候，可以通过主观题的形式让学生在所属学科的核心期刊内找出5个中英文题目，并从中总结中英文题目的句法特征，通过选择题的形式总结、提炼这些句法特征。在设计课堂教学课件时，这部分内容可以系统呈现，并在最后利用主观题实时反馈的形式，让学生提交自己的硕士论文中英文题目（或目前正在撰写论文的中英文题目），匿名投射到大屏幕上，学生共同讨论。课后的练习部分可以再次通过主观题形式，借由题目，促使学生挖掘所属学科的前沿课题，并在讨论区布置相关的讨论作业。上述通过雨课堂进行的教学设计，主要针对的是人文社科领域的博士研究生，这一领域的很多问题无法通过选择题、投票题或判断题进行简单界定，因此主观题的使用较多，雨课堂也能即时地将学生的作答结果进行归类反馈。需要注意的是，这部分主观题的涉及不宜过于复杂，字数和时间要进行限定，避免占用过多课堂时间。

在教学评价层面，雨课堂有利于帮助授课教师进行形成性评价。雨课堂授课后，系统会自动向教师发送课后小结，其中包括习题作答情况、课件查看率、到课率、互动次数与内容等。这些信息对教师全面、客观地了解学生的课堂表现非常有帮助。利用雨课堂评估学生的课堂表现，需要在使用初期告知学生，以免学生忽视利用雨课堂进行的课堂活动。此外，利用雨课堂即时反馈答案的特点，可以进行阶段性教学测验，特别是以选择题和填空题为主的测试，更能凸显雨课堂的优势。学生在规定时间作答，并可以在第一时间得到答案。教师不但节省了阅卷的时间，在阶段性测验后，也可以及时根据雨课堂反馈的作答情况（包括每道题每个选项的人数、作答时间等），有的放矢地进行测验反馈。传统上，需要两次课进行的教学活动（测验与反馈），借助雨课堂一次课便可以完成。这对课时量不多的博士学术英语课非常重要。

在课堂教学过程中，雨课堂具有众多引人注目的亮点，这些亮点可以丰富课堂互动形式，提升学生的课堂参与感。作为一款具有强烈时代特点的多媒体辅助软件，雨课堂具有一些颇受学生欢迎的功能，如在教学过程中，学生可以随时发布弹幕，与教师互动；教师也可以在习题中设置红包，鼓励学生准确、快速地完成习题；随机点名功能更是让学生上课不敢有丝毫松懈，教师点名的公正性也在很大程度上得到了保证；学生界面有一个“不懂”功能，教师在讲授完某个知识点后，仍对此知识点有疑问的学生可以使用这个功能，让教师知晓自己的问题；若授课教师有助教，也可以将助教添加为协同教师，帮助教师管理雨课堂班级，在教师授权的情况下，可以布置和批改一些学生作业。

## 四、结语

在使用雨课堂的过程中，笔者还注意到一些问题。有意使用雨课堂进行教学的老师有必要了解这些问题，以便在实际应用过程中做好相应的准备。

第一，签到的形式具有一定的局限性。学生签到主要可以通过课堂大屏幕二维码扫码和输入课堂暗码两种形式实现，但在实际教学中，一些没有出勤的学生可以通过扫描其他已经出勤同学发送的二维码或课堂暗码实现签到。在这种情况下，只能在课堂互动（随机点名回答问题和习题完成情况）中确定真正出勤的学生，即缺席的学生不可能完成习题或回答问题。

第二，对于一些习题，特别是进行阶段性测验的时候，这项任务是否由学生本人完成无从知晓，因为学生可以通过微信分享，请别人代做。或在进行测验的过程中，利用手机网络查询相关答案。因此，在一些学生人数较多的课堂中，教师不能完全依靠雨课堂进行阶段性测验。

第三，雨课堂以学生的手机微信为主要平台，对于一些忘记携带手机或视力不佳、不能长时间使用手机的学生而言，雨课堂存在一些先天的不足。当然，雨课堂有网页版，对于博士研究生而言，经常使用的主观题形式，利用电脑网页版输入答案似乎更加有效。因此，教师可以根据具体教学情况，建议学生携带笔记本电脑上课，以便更好地利用雨课堂的某些功能。

第四，作为一种崭新的教学手段，尽管雨课堂的用户界面非常友好，但它毕竟不同于传统的 PPT 制作，雨课堂多样化的功能使初学者往往不知所措，需要授课教师花一些时间学习并适应。此外，雨课堂对网络稳定性有一定的要求，任何网络问题都可能阻碍雨课堂的授课，因此，雨课堂的使用需要学校在硬件方面做好切实的保障。

经过两个学期 4 个教学班的使用，笔者所教授的学生普遍对雨课堂持肯定态度：92% 的学生认为雨课堂提升了他们学术英语的学习效率；95% 的学生肯定了雨课堂对课堂师生互动的促进作用；84% 的学生认为雨课堂的使用，从整体上促进了其学术英语的学习。当然，学生还罗列了一些笔者没有意识到的雨课堂优势，如坐在后排的学生通过手机雨课堂,可以清晰地看到课堂 PPT ；学生也不用忙于抄 PPT 的内容或用手机拍下 PPT 的内容等。之前笔者担心的学生借由雨课堂使用手机做一些与课堂无关的事情，根据学生的反馈，这种情况并没有出现，因为只要课堂节奏掌握好，学生是无暇利用手机做一些与教学无关的事情的。相反，如果不使用雨课堂，只是通过传统的 PPT 授课，学生反而容易在拍下教师的幻灯片后，利用手机做一些其他的无关事宜。

当然，雨课堂在给课堂教学带来新鲜的体验之余，需要教师进行一些反思。教师要转变传统的教学观念和角色，成为学术英语教学的引导者，而非主导者。学生通过学术英语的学习，最终还是落脚在学术成果上，这一点教师是无法代庖的。雨课堂的使用或许可以加快教师的身份转换，把学术英语的授课重心落在学生身上。此外，雨课堂的使用可以从另一个侧面帮助教师更好地了解现在学生的学习习惯与个性。众所周知，学生在传统课堂中与教师的互动与其在网络平台中的互动非常不同，学生在网络平台上往往更加活跃和真实，教师可以利用雨课堂搭建的这一平台，转换师生的互动模式。例如，一个内向、不善交流的学生在传统的课堂中往往隐藏自己在学习上的困惑，与教师的交流中也不会轻易表露自己的真实想法，而雨课堂的“不懂”、弹幕、课程讨论等诸多功能为这些学生提供了更好地表达自己的平台，教师在这里可以看到学生的另一面，借此可以更好地为学生学术英语的学习提供帮助。此外，雨课堂助力教师的科研发展。雨课堂对课堂活动的详细记录、分析与总结，是教师未来进行相关科研的基础和一手材料。“雨课堂翔实记录着教学过程中的信息数据，为教师开展学习分析提供了数据支持，把教学由经验驱动转变为更为科学的数据驱动”（黄文武，2019）。

雨课堂作为一款兼容性极强的教学软件，可以满足不同教学类型和授课对象的需求，教师可以根据课型特点与学生现状，选择使用雨课堂的一些功能，使之更好地服务于我们的教学实践。

## 参考文献

[1] 黄文武，魏旭 . 基于雨课堂的金融市场学教学改革 [J]. 中国教育技术装备，2019，470（20）：40–41，47.

[2] 吴玲娟，张德禄 . 基于雨课堂的通用英语设计学习模式研究 [J]. 现代教育技术，2019，29（3）：78–84.

[3] 夏鲁惠 . 教学信息化必须面向教改实际 . 光明日报，2016–07–26.

[4] 袁博，赵海媚，张成萍等 . 基于雨课堂的研究生英语学习行为可视化分析 [J]. 现代教育技术，2018，28（5）：68–74.

# 过程体裁教学法中思辨能力的培养——北京工业大学研究生公共英语学术论文教学探讨

# Cultivation of Critical Thinking Ability in Process Genre Approach in Teaching English Academic Papers for Postgraduates

北京工业大学文法学部　郎咸慧　霍晓峰

**摘　要：** 思辨能力的培养在英语教学中的重要性已得到广泛关注，本文以文秋芳（2008）的高级思辨能力理论模型为指导，开发教学材料，优化学习任务，在研究生公共英语学术论文教学中，将思辨能力的培养体现在过程体裁教学法的具体实施中。教学效果调查表明我们的课程在提高学生学术英语水平的同时还可以有效加强思辨能力的培养。

**关键词：** 英语学术论文　思辨能力过程体裁教学法

**Abstract:** The cultivation of critical thinking ability in English teaching has been receiving increasing concern. Based on the advanced critical ability theoretical model proposed by Wen Qiufang (2008), this paper aims to foster students' critical thinking by optimizing teaching materials and tasks in the specific implementation of process genre approach in the teaching English academic papers for postgraduates. The survey shows that our teaching can improve students' critical thinking ability as well as their academic English proficiency.

**Key words:** English academic papers　critical thinking ability　process genre teaching appraoch

## 一、引言

随着人才要求的不断提高，思辨能力的培养已成为高等教育人才培养的一个重要目标。思辨能力培养学生分析问题和解决问题的能力，这种综合性、系统性的能力让学生非常受益。学术英语能力包括语言能力、体裁能力、思辨能力和专业知识四个方面（Snow & Uccelli, 2009），因此，学术英语课程应该重视思辨能力的培养，以思辨能力为导向的学术英语教学是深化改革的必然趋势。近十几年来，思辨能力的研究已经在外语教学中有了广泛开展，如通过优化英语专业课程体系设置和教学任务设计培养思辨能力（孙有中，2011），包含语言能力、学术体裁能力和思辨能力的 3 层级模型研究（马晓雷，2013），学术英语教学中元思辨能力的构成要素（濮实，2018）等，但目前英语学术论文的教学中思辨能力培养的具体实践研究相对较少。笔者根据思维能力理论研究的最新进展，在教学中不断优化教学材料和任务安排，在提高学生学术英语水平的同时加强思辨能力的培养。

## 二、思辨能力的含义

思辨能力（Critical Thinking Ability）的本质是对事物进行深刻且全面反思与评论的一种思维活动（Paul & Elder，2006）。近年来，中外学者逐步清晰地界定了思辨能力的内涵，对其构成要素建构了多个理论框架，其中比较有影响力的有以 Facione（1990）为首的德尔斐项目组的双维结构模、Paul & Elder（2006）的思辨模型以及文秋芳（2008）的高层次思维能力层级理论模型。德尔斐项目组提出的思辨能力包括认知能力和情感特质两个维度，其中认知能力包括阐释、分析、评价、推理、解释、自我调节等 6 项技能；情感特质包括好奇心、开放性、系统性、分析性、寻真性、自信度和认知成熟度等 7 个维度。Paul 和 Elder 的思辨模型界定了思辨性论证的 8 个要素和 10 个标准，认为思维应该是由目的、问题、信息、概念、假设、视角、推理、启示等 8 个元素构成的循环链，每个元素都应该运用清晰性、精确性、准确性、重要性、相关性、完整性、逻辑性、理据性、广度与深度这 10 项标准去衡量。结合以上理论模型的优点，文秋芳（2008）提出了更适用于教学而且更易于操作的高层次思维能力层级理论模型（见表 1）。该模型将思辨能力分为元思辨能力和思辨能力两个层次。元思辨能力位于高层次，监控并影响思辨能力；思辨能力包含认知（分析、推理与评价三项核心技能）与情感（好奇、开放、自信、正直、坚毅五个情感特质）两部分；五条认知标准分别是精晰性、相关性、逻辑性、深刻性和灵活性。

**表 1　高层次思维能力层级理论模型**

<table>
<tr><td colspan="3">元思维能力（自我调控能力）</td></tr>
<tr><td colspan="3">思维能力</td></tr>
<tr><td colspan="2">认知</td><td>情感</td></tr>
<tr><td>技能</td><td>标准</td><td rowspan="2">**好奇**（好疑、好问、好学）<br>**开放**（容忍、尊重不同意见，乐于修正自己的不当观点）<br>**自信**（相信自己的判断能力，敢于挑战权威）<br>**正直**（追求真理、主张正义）<br>坚毅（有决心、有毅力，不轻易放弃）</td></tr>
<tr><td>**分析**（归类、识别、比较、澄清、区分、阐释等）<br>**推理**（质疑、推论、阐述、论证等）<br>**评价**（评判预设、假定、论点、论据、结论等）</td><td>**精晰性**（清晰、精确）<br>**相关性**（切题、详略得当、主次分清）<br>**逻辑性**（有条有理）<br>**深刻性**（逻辑水平高、有广度、深度和难度）<br>**灵活性**（快速变化视角、娴熟自如交替使用不同思维技能）</td></tr>
</table>

笔者根据基于以上高层次思维能力层级理论模型中的思辨元素和标准要求，优化学习任务，开发教学材料，将思辨能力的培养体现在过程体裁教学法的具体实施中。

# 三、过程体裁教学法中培养思辨能力的教学实践

## 1. 过程体裁教学法的具体实施

我国写作英语教学具备较大影响力的教学方法包括结果教学法、过程教学法、体裁教学法和过程体裁教学法。由于过程体裁教学法能兼顾以上各种教学方法的优点，在英语学术论文写作中得到了越来越多的重视。过程体裁教学法由 Badger & White（2000）提出，将写作过程总结为 6 个阶段：1）确立交际情景（situation）；2）明确写作目的（purpose）；3）考虑话语使用（consideration of mode, field, tenor）；4）构思（planning）；5）打草稿（drafting）；6）修改定稿（publishing, text）。这种教学法从写作语境出发，引导学生了解学术论文的语篇体裁结构和语言特征，然后在写提纲、打草稿、定稿等写作过程中完成写作知识和技能的运用和锻炼。国内学者在此基础上提出了可实施的教学建议，如范文分析、模仿写作 / 集体仿写、独立写作和编辑修订 4 个步骤（韩金龙，2001）。根据以上研究，我们将过程体裁教学法明确为以下 4 个部分（图 1）：1）交际情景和写作目的确立；2）语篇模型的构建；3）语言特点学习；4）写作构思、草稿和定稿。学生在完成写作任务的过程中要根据所习得的语篇结构和语言特征对习作不断进行改进。

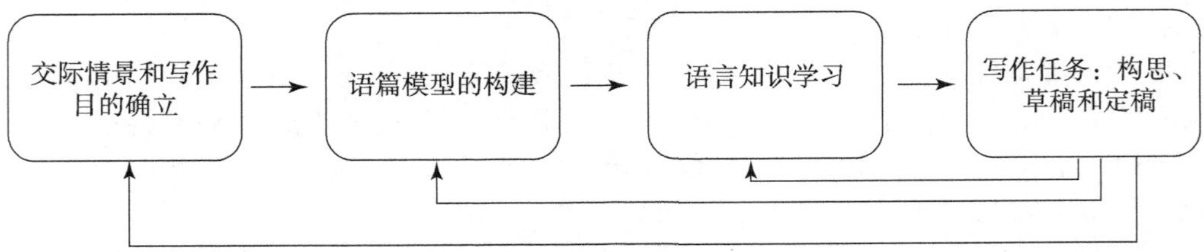


**图 1　过程体裁教学法的具体实施**

在此过程中，我们从语篇模型的构建、语言特点学习和论文写作这三个方面，将分析、推理、评价等思维能力的培养渗透到具体的教学行动中，具体介绍如下。

## 2. 思辨能力在过程体裁教学法中的培养落实

### 2.1 开发学生专业论文，在语篇模型的探究式构建过程中培养思辨能力

现有的学术英语教材一般通过分析经典范文总结归纳该部分的语篇模型，这种安排重视写作知识的教授，缺少一定的开放性和灵活性。我们对多年来学生搜集的来自 SCI、EI 等权威机构的专业论文适当修改删减，把握论文的专业性、难易度和结构的完整性，设计诸如补全信息、语篇句子功能对比以及句子排序等形式新颖的启发性练习任务。所选论文虽然专业性有一定难度，但通过论文词汇分类学习，学生认识到一些晦涩难懂的专业术语基本不会影响体裁知识的学习。此外，所选论文来自学生所在的学院，能最大限度地保证专业相关性。因此，学生在更贴近真实的写作探讨中学习学术语篇的结构会有更大的积极性。比如在论文“结果”部分，关于图表信息如何用文字进行客观描述，教学设计如下：

**Pre-reading questions:**

1) Organize sentences in the following two passages in logical order.

2) Can you find any similarities between the two passages?

**Passage 1**

Multiaxial fatigue damage estimation of structures under random vibrations using Matsubara's criterion

A. Yaich*, A. El Hami

*Laboratory of Mechanic of Normandy, INSA Rouen,76801 St Etienne du Rouvray, France*

① A general trend of increasing pore sizes (both dTPC and dcrit) with increasing aggregate sizes can be easily noticed. …

②Fig. 4a and b show the characteristic pore sizes determined using TPC functions (dTPC) and granulometric density functions (dcrit), respectively for the high-paste and low-paste content pervious concrete mixtures.

③ It can be found that the pore sizes (both dTPC and dcrit) are slightly lower for the low-paste content mixtures.

**Passage 2**

A study on the effects of thermal, luminous, and acoustic environments on indoor environmental comfort in offices

Li Huang, Yingxin Zhu*, Qin Ouyang, Bin Cao

*Department of Building Science, Tsinghua University. Beijing 100084, China*

① Fig. 4 shows the relationship between the satisfaction level of the luminous environment and the illumination intensity.

② When the illumination intensity was above 300 Lux, subjects began to feel satisfied with the luminous environment.

③ The current illumination intensity was satisfactory in general.

④ With illumination intensity below 300 Lux, occupants in offices had negative feedback.

⑤ Their satisfaction level kept increasing when the illumination intensity increased from 300 Lux to 1424 Lux, which is the maximum illumination intensity for subjects' satisfaction.

以上练习可以细化为 3 个环节：1）学生的不同答案及讨论。Passage 1 学生会给出②③①和②①③两个答案，争议基本是图表信息总的概述和具体细节两者间的先后关系；Passage 2 很多学生会把表示信息总概述的第③句放在细节信息之前；2）教师讲解总结（英文写作“先概括后具体”“先总后分”）；3）确立文本模型（Invitation to view results, General statement of results，Specific results）。以上过程同样适用于 Passage 2 另外 3 句描述具体细节的句子排序。绝大部分学生的答案是④②⑤，而论文原文的顺序是②⑤④。经过揣摩原文作者思路的讨论和教师的引导，学生发现自己的排序根据的是变化发展过程，而作者依据的是信息的重要性，两者都有合理性。由此，学生通过对比分析，了解了不同句子之间的逻辑关系，推导出语篇模型的构成层次。这种语篇模型的探究式构建过程能使学生意识到学术语篇动态变化的复杂性，以及不同学术论文的语篇结构可能存在的差异性，从而有效地促进学生分析、判断、质疑和推理等思辨能力的提高。

**2.2 对比学科差异，开发多种资源，在语言特点的内化过程中培养思辨能力**

学术论文表达的内容复杂，概念抽象，理论性强，具有立场客观权威、组织结构严密、词汇精确、抽象、正式等语言特点（熊淑慧，2019）。论文引言、方法、结果讨论等各个部分的词法、句法特征既有共同之处（名词化、扩展的名词短语、非限定动词、被动句、句子的连贯性等），又有各自的突出特点（文献综述部分的转述动词、方法部分对设备或材料的描述等）。鉴于研究生知识积累、分析和解决问题的能力都有一定优势，并且每个学院都有三、四个或者更多不同的研究方向，学生在教师引导下初步了解论文有关部分的词汇、句型特点后，以小组（按专业划分）为单位展开论文语言探究活动。具体操作如下：1) 学生对本专业论文词汇、句型模板进行搜集整理和简单的数据统计；2) 与其他小组发现的结果对比分析。

例如，在文献综述部分转述动词的小组探究活动中，一个研究金属力学性质的小组发现专业论文中出现频率最高的三个转述动词是语篇动词（develop, optimize, improve），而一个研究薄膜及涂层材料的小组发现研究性转述动词（observe, find）出现较多。这表明第一个小组的论文多在文献综述中回顾前人对某些算法的各种研究或改进，其中所用的转述动词是行文中一个必需的言语词汇表达；第二个小组论文此部分更多的是前人具体研究的行为或发现。这个语言探究任务可以帮助学生更好地内化词汇和句型知识，在搜索、评价、综合和相互反馈的过程中，批判性思维能力也得到了充分锻炼。

语言特点的对比分析还可以在引言、方法、结果等论文的不同部分之间进行。例如有的小组会发现表示属性（homogeneity, resistivity, intensity）或行为过程（purification, filtration, crystallization）的名词化词语出现在方法部分的频率相对较高，而引言部分更多的名词化表达会使句式更加简洁正式（is an absolute necessity for…, The presence of …in… leads to）。学生还可以利用 CNKI、BAWE（British Academic Written English 英国学术英语语料库）等工具来比较学习，如 CNKI 翻译助手中建立数学模型的“建立”对应出现的高频英文表达（establish, build, set up）与 BAWE 中的高频词汇（develop, make, construct）有明显差异，这些有意思的发现无疑会引发学生更多的思考和判断。

此外，在写作实践任务中，学生需要根据提供的评价标准分析往年论文的优点和不足，并且对自己的论文初稿进行自评和他评；校园里大量来自“一带一路”国家的留学生提供了在有意义的语境中进行英语调查论文写作的机会。《中国与巴基斯坦高考对比》《“一带一路”国家留学生对北工大宿舍的满意度调查》等论文的写作过程中，我们能感受到学生越来越多的开放自信和深入的跨文化思考。

**2.3 教学结果与讨论**

2020 年初学期结束后，笔者进行了一次简单的教学反馈问卷调查，内容包括思辨能力的认知与情感以及学术论文的学习效果等。共分发问卷 47 份，有效问卷 44 份。调查表明，我们的教学得到了学生很大程度上的肯定。学生认为改编的学习材料和任务设置能引发思考，促进体裁知识的掌握（“非常同意”28%；“同意”48%）；经过课程学习，自己读专业论文时能更加准确地识别和比较不同论文的结构特点（“非常同意”22%；“同意”45%）；词汇和句型搜集整理和对比分析的学习方式更能激发学习动力（“非常同意”20%；“同意”40%），论文实践写作的逻辑性和条理性有进步（“非常同意”35%；“同意”57%）。同时，我们发现本课程还要在开发各类论文素材、提供更多不同学科的语篇特征和词汇表达、提高学生分工合作学习的效率等方面继续改进，以取得更加理想的教学效果。

# 四、结论

国际化人才的培养需求对学术英语教学提出了提高学生思辨能力的要求。本文以文秋芳（2008）的高级思辨能力模型为指导，结合过程体裁教学法设计的四个环节，探讨了如何通过优化教学材料和学习任务，提高学术英语水平的同时强化思辨能力的培养。我们需要不断反思和总结，继续探索如何进一步将语言体裁知识与思辨能力的培养优化整合，为实践教学提供更多参考。

## 参考文献

[1] Badger R, White G. A process genre approach to teaching writing [J]. ELT Journal, 2000, 54(2): 153–160.

[2] Facione P A. Critical thinking: A statement of expert consensus for purposes of educational assessment and Instruction [M]. San Jose: California Academic Press, 1990: 263–270.

[3] Paul R, Elder L. Critical thinking: Learn the tools the best thinkers use [M]. New Jersey: Pearson Prentice Hall, 2006: 53–60.

[4] Snow C E, Uccelli P. The challenge of academic writing [A] //Olson D R, Torrance N. The Cambridge handbook of literacy [C]. New York: Cambridge University Press, 2009: 112–133.

[5] 韩金龙 . 英语写作教学 : 过程体裁教学法 [J]. 外语界，2001（4）: 35–40.

[6] 马晓雷 . 学术外语能力层级模型的理论与实践探讨 [J]. 外语界，2013（1）: 2–10.

[7] 濮实 . 学术写作中元思辨能力的构成要素研究 [J]. 外语界，2018（6）: 28–35.

[8] 孙有中 . 突出思辨能力培养，将英语专业教学改革引向深入 [J]. 中国外语，2011（3）: 49–58.

[9] 文秋芳 . 论外语专业研究生高层次思维能力的培养 [J]. 学位与研究生教育，2008（10）: 29–34.

[10] 熊淑慧 . 基于体裁教学法的理工科研究生学术英语写作教学探索 [J]. 上海理工大学学报，2019（1）: 46–51.

# 以微信微课形式渗透学术英语写作技能教学效果的实证研究

# An Empirical Study of the Effects of the Permeation of Academic English Skills in the Form of WeChat Micro-Lectures

云南大学外语学院　董丹萍

**摘　要：**本研究采取 EGP+EGAP 相融合的学术英语写作技能概念，遵循 x+i 的学习架构理念，为硕士研究生公共英语课程设计了基于微信教学群的英语写作技能微课课程，以《研究生英语阅读教程》所教授课文内容为依托，以学术性写作为目标，设计了 3~5 分钟内可看完的 PPT 知识讲解、融入课文内容为案例、命题写作为测评的教学环节，教学内容模块包括从口语向书面语体转化，包括图尔明在内的三种论辩模式、抽象梯级、文内引用、多源文献阅读中的概述和转述、因果还是相关、增强语 vs 缓和语，参考文献的格式说明等。微课测评以命题作文、批改网评分为依据。基于批改网数据挖掘整理和分析，结果发现：与往年学生的写作成绩相比，学生的英语写作成绩整体明显提高，表现为逻辑性更强、论辩结构更均衡完整、段落结构更连贯，防剽窃意识增强。以上发现对研究生公共英语教学具有较大意义。

**关键词：**微信微课　学术英语写作技能　实证研究

**Abstract:** This study of the teaching of academic English skills in the form of WeChat micro-lectures for non-English-major postgraduates is guided by the integrated theories of EGP +EGAP. Using the concept of scaffolding with the texts of *An English Reading Course of Postgraduates*, and targeting at academic writing, the author designs PPTs that are able to be read through in 3–5 minutes and assimilates the knowledge and skills in the teaching of the texts. The teaching contents include the transformation from oral English to formal written English, three argumentation structures including Toulmin, abstraction ladder, in-text citation, multi-source reading and summary and paraphrasing, causal or correlation, boosters vs. hedges, and various reference requirements. The assessment of the WeChat micro-course takes the form of a writing assignment with the topic given and the scoring by www.pigai.org. Based on the sorting and analysis of the data preserved on the pigai website (www.pigai.org), it is discovered that, compared to the previous students, this class has earned obviously higher scores, showing better logic, more balanced structure of argumentation, more coherence in paragraph organization, and raised awareness against plagiarism. The above study may point to the way of integrating academic skills in the teaching of English to postgraduate students.

**Key words:** WeChat micro-lectures academic English writing skills empirical study

# 一、前言

## 1. 文献综述

### 1.1 国外研究

国际上学术英语教学研究大多都是基于学术英语教学的实践，因而其学术英语的定义范围是根据 EFL 学生的英语水平、以完成西方大学各种学术任务而设计的，以 Swales & Feak 的 *Academic Writing for Graduate Students—Essential Tasks and Skills* 为例，这本教材就是为非英语母语者而设计，在讲解学术英语技能时，随时会附上有关英语语法的讲解和习题，language focus 遍布全书。这是一种强调学术英语是一种语体风格的教学方式，所谓 genre-based teaching，其教学聚焦于正式书面语体（style）、段落连贯性（flow）和各种学术文本的语篇结构（比如 problem-solution, process 等），当然最后会指向期刊科研论文的语篇结构和各种语步。Cargill & O'Conner（2009）在科研论文的语篇结构分析的基础上，从期刊发表的角度出发，将各个部分按照重要性从高到低的顺序排列，仔细讲解了如何用英文写各个部分，当然也不会忘记各个部分可能会用到的语体特色，比如主动和被动语态等。不过从现代移动技术的角度来研究学术英语教学尚属较少人踏足的领域，Tang & Hew（2017：85–104）探讨了移动即时通信（MIM）应用程序，比如微信，在教育和学习中的各种教育、社会和技术作用（affordances），不过如何将 MIM app 高效应用于学术英语技能在通用英语教学中还是一个尚需解答的问题。

### 1.2 国内研究

国内的学术英语教学实践和研究起步较晚，因全世界范围内高等教育和学术竞争越发激烈而应运而生。基于 genre（语体）的研究，特别是 EFL 学者和学习者的语体风格研究有王晶晶，姜峰（2019）等；学术英语教学实践和研究却始终是一个更大的热点。蔡基刚（2019）提出公共英语应从语言和人文以及跨文化素养转向专业性、工具性和科学性定位，也就是学术英语转向，形成通用学术英语课程，旨在提高学生用英语听讲座、读文献、记笔记、写论文、作报告的能力。不过蔡基刚（2018）在为硕博生所开设的国际期刊论文写作和发表课程中，虽然采用了三个视角：语类（genre）、语料库和元话语，但是 EFL 硕博生最关心的还是如何提高他们的英语语言水平，特别是提高英语表达及其逻辑性。可见，对于研究生而言，英语教学必须基于他们的实际英语水平和学术需求，应该将 EGP（通用英语）和 EGAP（通用学术英语）相融。龚嵘（2017）尝试通过微信平台构建一门学术英语批判性思维课程，以 Ted 演讲为内容依托，以微信讨论、随后反思推送讨论结果为模块，以参与式观察笔记、微信讨论语料和团体访谈为方法进行了研究，不过该微信微课定位为非正规课堂学习的公共分享型资源，因而导致了浅学习、高退出的特征，当然全程参与的学生会有不同程度的思维促进效果。但是龚嵘对于微课的定位游离在正规课程之外，效果有限。

### 1.3 研究问题

本研究关注在正规课程《研究生综合英语》中以微信微课的形式渗透学术英语写作技

能（EGP+EGAP）的教学效果，课前提供相关知识点微课 PPT，课中将知识点与课文内容相结合进行讲解，最后以学术性写作为测评手段，并占有课程总评分值比例（30%）。该微课并不对外开放，但学生可以直接下载转发。在布置写作任务之前，该微课会随堂发布 8 周时间，知识技能涉及从口语向书面语体转化，包括图尔明在内的三种论辩模式、抽象梯级、文内引用、多源文献阅读中的概述和转述、因果还是相关、增强语 vs 缓和语，参考文献，QDA（问题—数据—解决）模式的格式说明。PPT 微课示范如下：

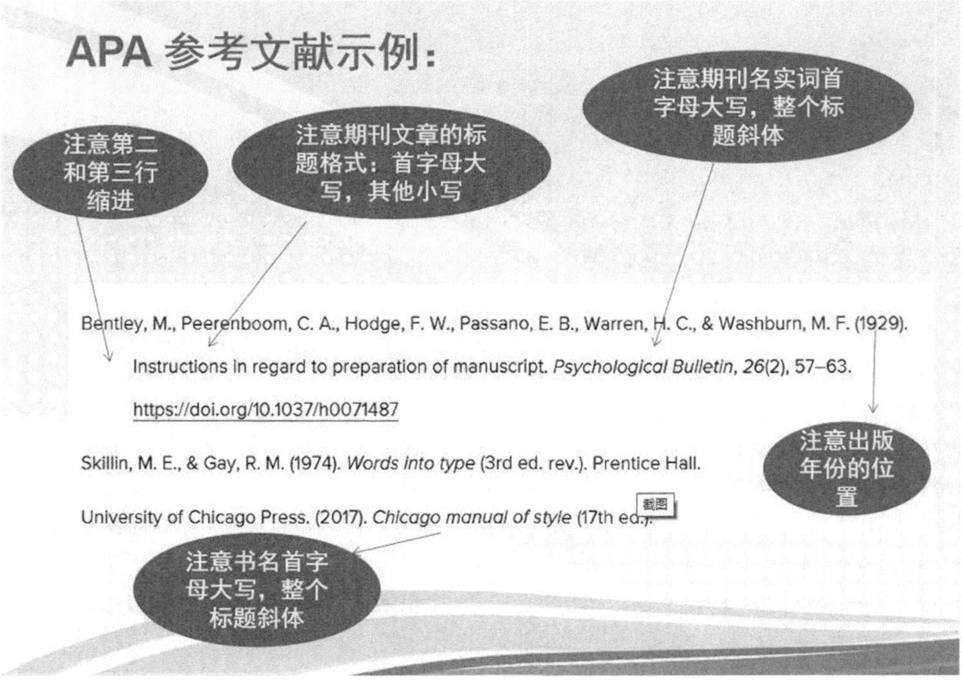


**图 1　微信微课示例**

本研究关注的是在研究生公共英语教学的正规课程中利用微信的免费、即时、多模态、聊天群组织便利、分享性、互动性、隐私性等优势，有效渗透学术英语写作和思辨技能，以便提升学生的学术英语写作水平。本研究试图回答的具体问题如下：

1. 对于正规课程一部分的微信微课，研究生的总体参与行为特征如何？
2. 与往届的研究生相比较，微信微课是否能有效提升学生的学术英语写作？

## 二、研究方法

本研究采取的是混合式研究法，参与式观察法、控制组分数量化对照、控制组文本对照，力求多个数据源彼此印证。

### 2.1 参与者

参与者是 2019 年秋季学期本人所教授三个班的“研究生综合英语”课硕士研究生，开学伊始，分别组成了三个微信聊天群：c1（54 人），c2（54 人），c3（52 人）。对照组是 2018 年秋季学期本人所教授的三个班的“研究生综合英语”课硕士研究生，人数 161 人。对照组和控制组除以下两个因素在其他几乎所有方面都是一致的：1. 2018 年秋季学期的研究生英语课程，是一学年两学期学生必修的课程，学校按照专业分班，几个大专业组成一个英语大班；而2019年秋季学期，研究生英语课程是一学年一个学期的课程，学生可选择秋季学期或春季学期上课，因此，英语大班就由选课学生随机组成，50人一个班。2. 2018年和2019年的“研究生综合英语”课程的教学的重大差异，在于微信微课的推出和使用。虽然2018年有微信沟通和作业，但是2019年则推出了以提升学术英语技能的微信微课PPT。前一个差异在本研究中被忽略不计，因为根据观察，这个因素在不同的教师那里反馈可能不一，有些教师感觉学生因为有了选课的自由从而学习的积极性更高，而又有一些教师感觉学生自由选课的情况下所组成的大班没有了以往的凝聚力。本研究将聚焦于微信微课对于学生认知能力的影响，具体体现在批改网对于学生所提交作文的打分情况。

**2.2 数据采集**

数据采集包括课堂观察和微信群行为观察，批改网分数整理和分析，批改网最高分作文文本比较。首先，综合英语课堂教学的内容和形式对课前微课和课文内容预习本身有要求，如果没有事先的微课和课文预习，学生是无法跟上课堂内容的。课后老师发布一些相关练习，并规定完成日期。这样，通过观察学生的课堂听课行为和微信作业完成情况，来观测学生的微课学习情况。

微信的一个功能是社会互动，年轻人特别喜欢在群里发布各种表情包等来表达自己的感受，和同伴互动。不过，老师组建的这个微信群进行了明确的群聊规定，仅仅用于教学交流，不得进行休闲互动。因此，这个微信群在很大程度上具有网上教室的功能。在这个网络教室里，学生可以询问彼此或老师有关学习的相关问题，而老师则发布微课PPT、课堂所用教案、其他教学资料、作业、反馈、各类通知等。因此，在本研究之中，微信在教学中的作用更多是知识传播功能、作业布置和批改功能、求助热线功能。这是第一个数据源。

批改网上所布置的作文和分数会一直保留，从而形成了一个语料库和数据库，本研究将会对2018年秋季学期的学生作文的提交、修改、离题与否、平均分等与2019年秋季的学生作文进行对照。这是第二个数据源。

批改网上的相同分数级别的作文文本也会进行对照研究，聚焦于论辩结构的均衡性和完整性、英语表达的逻辑性和流畅性、剽窃预防程度、口语化程度vs. 正式化程度。这将形成第三个数据源。以上三个数据源将形成三角互证，对研究的结果提供信度证据。

# 三、结果

教师所发微信微课的内容全部融入到了课堂教学之中，与教材课文紧密结合。通过课堂行为观察，发现学生专注力大大增强，整个课堂时间都会紧密关注和跟随老师讲解的内容，并随时和老师互动答题，甚至会在课后给老师反馈、提问和澄清等。学生的微信行为包括阅读微课ppt和课堂课件，完成微型课后作业，和老师讨论微课等。整体而言，由于微课短小精悍，费时不多，内容和课文本身联系紧密又能扩展知识、增强技能，学生的兴趣较大。围绕微课，形成了一个学习闭环：微课学习（理解和记忆），课堂学习（辨识和讨论），阅读文献和撰写文章（迁移和应用、质疑和反馈），进一步微课学习（澄清和举例说明）。微信体现出深学习、低/零退出的特征。

2018年9月26日，在讲完第一课之后，老师套用了第一课题目：World English：A Blessing or a Curse，改成了：AI: A Blessing or A Curse? 并布置成作文，要求简单，仅仅规定了字数150—200。在2019年第9周，老师布置了相同题目的作文，要求学生在后半学期完成，具体要求如下：1. 多文献阅读和分析整合，要求文内至少引用三处，文献综述要服务于自己的论述目的；文后加参考文献，采用 APA 模式；2. 采用一定的论辩结构，可采用经典结构、图尔明结构或者罗杰斯结构；3. 论辩结构要均衡，不仅要考虑对自己观点有利的证据，还应考虑对自己不利的证据；4. 注意英语语言表达，包括拼写和语法，要求使用 Word 文档的语法和拼写功能消除基本的琐碎语言错误；上传到批改网上，要求根据批改网提示进一步修改作文。要求字数在 300~500 之间。

**表 1　批改网的作文质量对比**

| 2019 年秋季学期作文质量 | 2018 年秋季学期作文质量 |
| --- | --- |
| 90 分以上比例 38%（61/160） | 90 分以上比例 8%（16/183） |
| 最高分 94.1 | 最高分 95.5 |
| 最低分 78.7 | 最低分 62 |
| 平均分 88.5 | 平均分 84.6 |
| 平均修改次数 9 次 | 平均修改次数 8 次 |
| 最高修改次数 63 次 | 最高修改次数 49 次 |
| 疑似机译 3 | 疑似机译 8 |
| 跑题 3 | 跑题 3 |
| 相似 4 | 相似 0 |

从批改网数据可以看出，微信微课的讲解极大地提升了优秀作文的比例，这也给学生的深度学习提供了基于数据的量化证据。

作为本研究的第三个数据源，笔者比较了 2018 年和 2019 年的最高分作文的质量。

**表 2　2018 年秋季学期和 2019 年秋季学期的作文质量对比**

| 2019 年最高分作文质量 | 2018 年最高分作文质量 |
| --- | --- |
| 论辩结构：问题，理据，结论 | 论辩结构：理据，结论 |
| 转述、概述：优秀（没有可以在网上搜到的原文句子） | 转述、概述：较差（直接抄袭原文句子，拼凑成文） |
| 文内引用：4 处引用 | 文内引用：无 |
| 剽窃指控风险：低 | 剽窃指控风险：高 |
| 剽窃实例：<br>（无） | 剽窃实例（在网上可搜到却没有注明出处的句子）：<br>Artificial Intelligence, short for AI, is a new technical science to study and develop the theory, method, technology and application system for simulating and extending human intelligence.<br>AI is a branch of computer science that seeks to explore the essence of intelligence and produce a new kind of intelligent machine that can respond to human intelligence in the similar way, with robotics, language recognition, natural language processing and expert systems in research.<br>等等。 |

续前表

| 2019 年最高分作文质量 | 2018 年最高分作文质量 |
|---|---|
| 参考文献：4 个文献<br>文献格式：接近规范 | 参考文献：无 |
| 批改网评语：作者词汇基础扎实，拼写也很棒；作者在句法层面做得很棒；采用了适当的衔接手法，层次清晰。 | 批改网评语：作者词汇基础扎实，拼写也很棒；作者在句法层面做得很棒；采用了适当的衔接手法，层次清晰。 |
| 提交次数：1 | 提交次数：21 |
| 跑题度 7.32% | 跑题度 12.15% |
| 字数 484 | 字数 387 |

（注：因批改网不接受文献引用格式，所以除了批改网作文版本，学生还需交纸质版，加上所有的文献和引用。）

值得注意的是，虽然批改网批注 2018 年的这篇作文为“没有相似”，但是其实抄袭很多，几乎是拼凑成文。这篇作文被评为 95.5 分，有很大的水分。如果学生在写学术论文的时候按照这个思路来写，那么必然会被发现剽窃的问题。而 2019 年的这篇作文显示了良好的英语语言功底和四六级作文套路，在经过了学习学术英语的相关技能和知识之后，能够形成均衡、完整的论辩结构，进行多源文献阅读而且进行非常漂亮的转述、概述和整合，这体现了 x+i 的学习效果，也铺平了学生走向未来英语学术写作之路，可以预期而且顺利过渡到下一步的“问题—（第一手）数据—答案”的研究写作和报告模式。

# 四、讨论

通过现代移动信息技术将学术英语技能和知识渗透到目前的（硕博）研究生公共英语课程之中是一个非常有效的正面教学途径。本研究采取了三角论证的方法，从三个数据源收集相关定量和定性数据，1. 学生对微信微课的学习呈现出深度学习、知识迁移和应用、反馈和澄清的特征，2. 实验班学生的成绩有了显著的提高，90 分以上人数比例增幅高达 30%，3. 实验班最高分数作文质量分析体现了学术英语技能教学的效果。当然，本研究局限在一个大学之内，也仅仅实验了一个学期，进一步的研究成果还需更大范围、更长时间的研究检验。但是，在宏观课程改革进度较缓的情况下进行渗透性学术英语教学，显然是有成效的。

# 参考文献

[1] Cargill, O’Conner. Writing scientific research articles— strategies and Steps[M]. Wiley Blackwell, 2009.

[2] Tang, Hew. Is mobile instant messaging (MIM) useful in education? Examining its technological, pedagogical, and social affordances[J]. Educational research review, 2017(21): 85–104.

[3] Swales, Feak. Academic writing for graduate students— Essential Tasks and Skills[M]. The University of Michigan Press, 1994.

[4] 蔡基刚 . 国际期刊论文写作与发表：中国研究生必修的一门课程 [J]. 学位与研究生教育，2018（4）：10–15.
[5] 蔡基刚 . 新时代背景下《大学英语教学指南》的修订及理论依据 [J]. 北京第二外国语学院学报，2019，41（3）：3–16.
[6] 龚嵘 . 基于微信微课的学术英语学习者评判性思维概念建构 [J]. 北京第二外国语学院学报，2017，39（3）：117–131, 141.
[7] 王晶晶，姜峰 . 中国理工科博士生学术论文写作立场建构研究 [J]. 外语界，2019（3）：21–31.

# 研究生学术英语写作微课多模态语篇意义研究

# Analyses on Multimodal Textual Meaning for Postgraduates' Academic English Writing

北京交通大学　刘伟超　周红红

**摘　要：** 本文基于系统功能语篇意义理论视角、视觉语法及听觉语法，结合微课评分标准，构建出微课语篇意义分析框架，通过对五个研究生学术英语写作微课的对比分析，考察教师在微课中多模态语篇意义运用的效果。在微课教学语境下，微课教师应根据微课教学体裁结构，正确使用视觉模态和听觉模态以实现其语篇意义。基于此，本研究建议微课设计时参考多模态微课语篇意义分析框架，规范使用各种模态，以提升微课制作的质量。

**关键词：** 微课多模态教学　语篇意义

**Abstract:** Based on textual meaning in Systemic Functional Grammar, Visual Grammar and Auditory Grammar unifying in the multimodal research of Systemic Functional Linguistic perspective, this study attempts to put forward a multimodal textual meaning evaluation framework which takes into consideration the grading criteria of micro video lessons. In this study, five micro video lessons on postgraduates' academic English writing have been compared to evaluate whether the teachers are able to use multimodalities to realize their textual meaning. In teaching process of micro video lessons, visual and auditory modalities should be used based on teaching genres of micro video lessons. This study provides a multimodal textual meaning framework for the design of micro video lessons, which standardizes the application of various modalities and optimizes the quality of micro video lessons' production.

**Key words:** Micro Video Lessons　Multimodal Teaching　Textual Meaning

## 一、研究背景

外语视频教学是将外语教育信息技术与外语类课程融合的一种视频教学（刘润清，2012）。微课作为一种新型教学资源，以微型视频课程为载体，通过网络学习将教学目标和教学内容紧密联系，产生聚焦性学习体验（卢海燕，2014）。学界对于视频教学的研究包括课堂话语的语用分析（朱金兰＆陈新仁，2015），课堂话语有效性的多维度评析（戚亚军，2014；朱彦＆杨红燕＆束定芳，2016）。随着多模态交际的普遍应用，代树兰（2011）指出在多模态课堂中，仅仅关注语言已经不能满足交际的需要。Kress & van Leeuwen（2006）、Jewitt（2014）也将教师的声音、手势和动作等作为构建多模态课堂的有机组成部分。

Halliday 的社会符号和意义潜势理论构成了多模态话语分析的理论基础，系统功能语言学认为实现语言功能意义的三大元理论并非语言系统独有，而是包括视觉符号在内的多模态符号相互配合，构成传递不同信息的“意义潜势”。Kress & van Leeuwen（2006）将语言作为社会符号的概念延伸到诸如图像、动作、面部表情等符号，交际意义产生于多模态配合。将多模态应用到语言教学开始于 20 世纪末，众多学者组成 New London Group 首先提出“多元识读”概念，Stein（1998，1999）随后探讨多模态教学法，在多模态教学中，语篇意义的研究集中在图像模态，忽略了声音、环境等模态的作用（张德禄& 丁肇芬，2013；冯德正，2015）。

2019 年北京市研究生英语教学指导委员会主办的研究生学术英语微课大赛为透视研究生英语教学的多模态使用提供了语料。本文对微课进行体裁结构划分，基于系统功能视角的语篇意义理论，构建出微课多模态语篇意义分析框架。以探寻微课中运用多模态实现语篇意义的教学特征。

## 二、研究设计

本研究主要探讨以下问题：（1）微课中视觉模态和听觉模态如何实现语篇意义？（2）在语篇意义实现过程中，视觉模态和听觉模态在不同教学阶段具有何种关系？

### 1. 研究对象

从制作方法来说，微课包含课堂式和录屏式。课堂式相当于传统课堂的教学实录，侧重知识点引入；录屏式主要通过文字、图像和教师声音等进行全屏式课堂展示。本次微课融合了课堂和录屏特征，既包含传统的教学实录，同时利用全屏式课堂展示充分体现在线学习特征。

此次高校微课比赛具有完整的多模态教学过程，课堂教学的体裁结构分为引入—演示讲解—总结三个阶段，并由专业老师依据评分标准进行等级评定，从高到低分别命名为样本 A、样本 B、样本 C、样本 D、样本 E。但本文不涉及评分，仅采用模态对比分析法，综合探讨微课样本中多模态的使用优劣在语篇意义实现中的表现。

### 2. 理论框架

胡壮麟等（2017）认为概念功能和人际功能最终都要通过语篇功能来实现。在一定语境下，通过把语言组织成为语篇。在多模态研究领域，视觉语法的构图意义是系统功能语法在文字与图像模态的应用，听觉语法的声音质量阐述了诸多声音特征在连贯性声音片段的作用。

本文把视觉模态的 PPT 设计和听觉模态中微课教师词汇、语法及技术使用对整体声音质量的影响称作语篇意义实现过程。Kress & van Leeuwen（2006）将视觉模态的语篇意义对应到视觉语法的构图意义，本文将运用构图意义分析微课中 PPT 设计。运用视觉语法中与声音质量相关的因素综合分析教师话语和其他声音系统对教师话语连贯性的影响。

视觉语法的构图意义和听觉语法声音质量均能实现语篇意义，且均能在微课评分中找到对应，其动态构图如下：

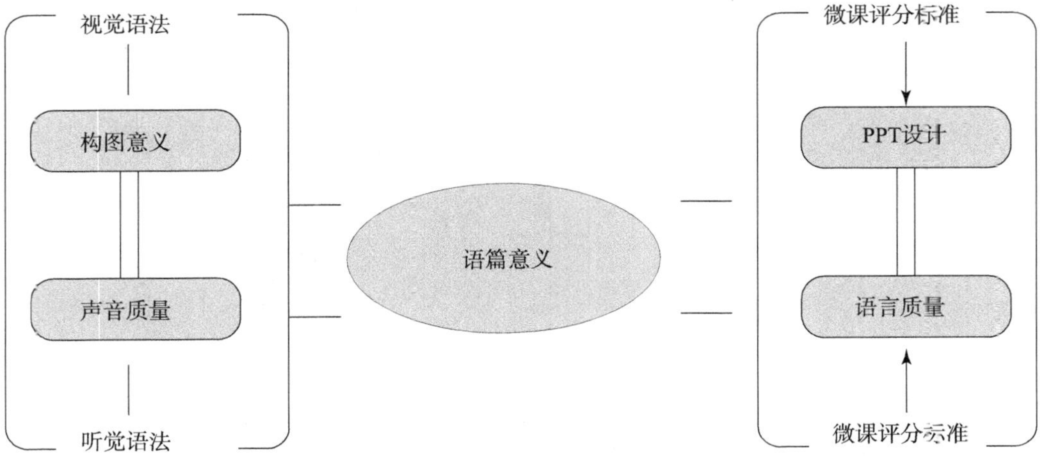


**图 1　视觉模态和听觉模态与语篇意义实现**

微课多模态语篇意义框架基于微课评分标准中 PPT 设计对应视觉语法的构图意义，微课语言质量对应听觉语法的声音质量，视觉语法和听觉语法均能实现语篇意义，其动态构图如下：

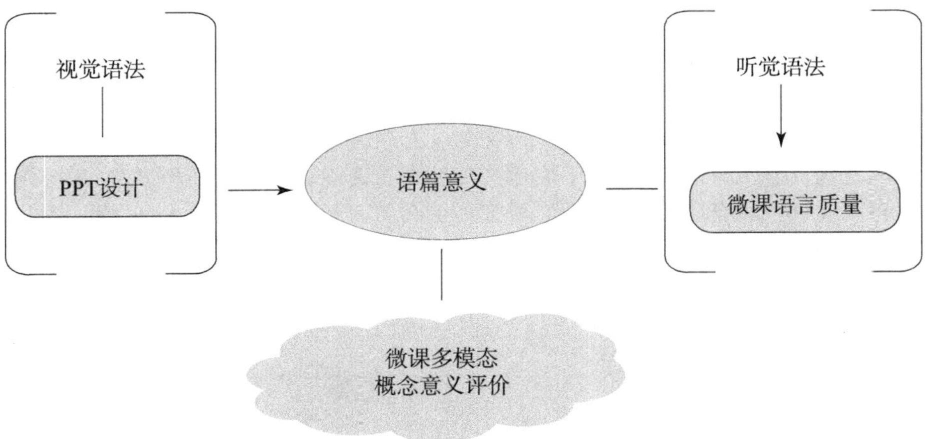


**图 2　微课多模态语篇意义分析框架**

## 三、微课中语篇意义实现过程

### 1. PPT 设计与语篇意义构建

运用视觉语法的构图意义分析 PPT 设计，能够实现 PPT 对语言的补充，更好地传达教师的语篇意义。Kress & van Leeuwen（2006：197）指出页面左边是已知信息，右边是全新信息。教师一般位于 PPT 右侧（从观众角度看），这样教师在授课过程中更接近新信息出现的位置，如下样本 B。

图 3　已知信息—全新信息的视觉排列

提示型 PPT, 帮助学生组织思路，重点突出，下图 4 中，PPT 采用从左向右的排列模式，以帮助学生整理 introduction 的写作逻辑，在提纲挈领部分进行颜色及字体变化，这种 PPT 设计符合将图像当作宏观标点符号，将粗体、斜体等“异形”安排视为对文本中某些内容的深化、强调（Bateman，2008: 103–104）。

下图 4 是样本 A 的 PPT，右下角的“File”信息，Kress & van Leeuwen（2006：197）指出，页面下方为真实信息。这样的页面布局在广告、新闻报道中较常见，表达图片的来源，以表明其真实性（战丽莉 & 王澍，2016）。图 4 右下角标有课程名称、参赛学校等。此信息布局便于观看者了解课程制造信息，使语篇意义完整客观。但此 PPT 设计存在缺陷，蓝底白字或黄字缺乏色调值对比，文字鲜明度不够强烈。Kress & van Leeuwen（2006：205）认为文字应按照垂直、水平或由外向内等方向排列才符合读者的阅读路径，下图 4 中，同一级别的“why”“what”“how”的文本框及后面三个大文本框应垂直对齐排列，有逻辑性的 PPT 设计能充分发挥 PPT 对语言模态的辅助作用，实现语篇意义。

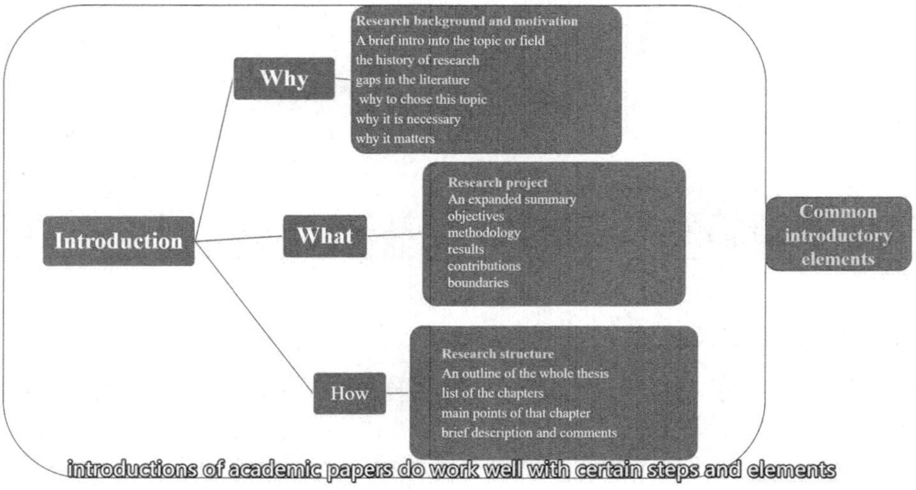


图 4　提示型 PPT

在分析型 PPT 中，老师为了分析某事物或项目的内部关系，便利用图表。下图 5 样本 B 的讲解配合使用了具有分析功能的表格，“Interest rates were lower in 2009 than in 1999 or 1989.”这一结论横向比较了“Interest rate”各年份的高低，同时考虑了“Inflation rate”的影响，语篇意义更加直观形象。

**图 5　分析型 PPT**

形象型 PPT，通过创设真实课堂语境构建语篇意义，在设置 PPT 时，利用电脑技术模拟真实讲课环境，以学生提问—教师解答的话语链形式，弥补了教学过程中缺乏学生互动的缺陷；卡通人物式学生回答能够引导学生思考，使授课具有连贯性。

**图 6　形象型 PPT**

## 2. 听觉模态构建语篇意义

### 2.1 教师话语质量与语篇意义

教师话语质量受微课录制环境和教师词汇语法使用及字幕的影响，课堂阶段微课录制应选择安静的环境，样本 E 存在明显的桌椅移动和教师翻书的嘈杂音，影响了话语连贯性。另外，微课字幕应与口语模态保持一致，并应正确使用标点符号，使其作为口语模态辅助手段具备准确性。样本 A 字幕标点符号使用缺乏准确性，在字幕“when it does not violate the format prescribed by the specific journals however”，和“the change is also acceptable”中，无任何标点符号，使学生对“when”和“however”产生歧义，影响话语连贯性。

**2.2 技术使用与语篇意义构建**

在录制微课时，应选择正规的录制设备和合适的背景音和提示音，样本 E 使用手机拍摄，手机移动产生嘈杂音。样本 C 背景音的前半部分优雅简单，后半部分旋律感较强且音量较大。另外，样本 C 中的提示音量未做减弱处理。因此，应使用正规设备录制，选择优雅合适的背景音，同时最大可能地剔除杂音，以增强教师话语的连贯性。

# 四、教学阶段模态使用与语篇意义实现

**4.1 引入阶段模态使用**

下表 1 中，课堂引入先以纯录屏式微课即 PPT 投射于整个屏幕，以说明课程主题及背景信息，随后以纯课堂式衔接，此时教师口语模态介绍了“generalization”在学术论文写作中的重要性，补充 PPT 文字的关键信息，实现语篇意义的完整衔接。

**表 1　微课模式及模态组合关系**

| 引入阶段微课模式 | 模态组合 | 模态组合及关系 |
| --- | --- | --- |
| 纯录屏式引入 |  | PPT 文字<br>说明<br>⟶<br>课程主题 |
| 纯课堂式引入 |  | 语言模态<br>补充<br>⟶<br>PPT 文字 |

**4.2 演示讲解模态使用**

在演示讲解阶段引入某一主题后，按照概念详解—总结概念—针对性练习的逻辑构建语篇意义。在引入概念时，多使用课堂式微课；在概念详解、概念总结或针对性练习时，多使用录屏式微课。下表 2，通过课堂式引入介绍课程概要，不同颜色的 PPT 文字强化课程重点；录屏式概念详解中，通过语言模态衔接文本框中加红字体的具体内容，PPT 结构图补充内容间的内在逻辑；录屏式概念总结多使用提示型 PPT，虽然此 PPT 设计存在诟病，但通过结构图补充语言模态中的隐性逻辑。录屏式针对性练习中，PPT 加红文字强化训练学生的惯用表达，教师语言模态说明重点部分和逻辑导向。

**表 2　讲解式微课模式及模态组合关系**

<table>
<tr><th>讲解阶段模式</th><th>模态组合</th><th>模态组合及关系</th></tr>
<tr><td>课堂式讲解<br>（引入概念）</td><td>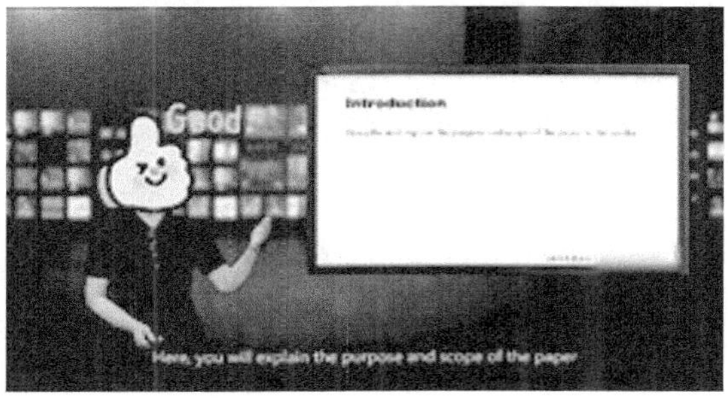
</td><td>语言模态<br>描述<br>⟷<br>强化<br>PPT 文字（课程概要）</td></tr>
<tr><td>录屏式讲解<br>（详细讲解）</td><td>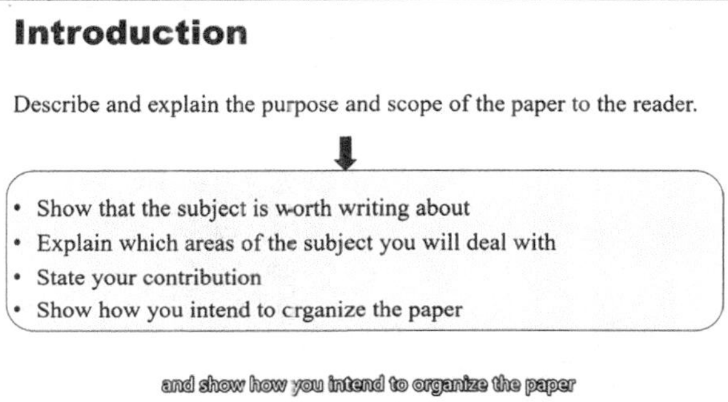
</td><td>PPT 文字 + 结构图<br>补充<br>⟷<br>描述<br>语言模态</td></tr>
<tr><td>录屏式总结<br>（概念总结）</td><td>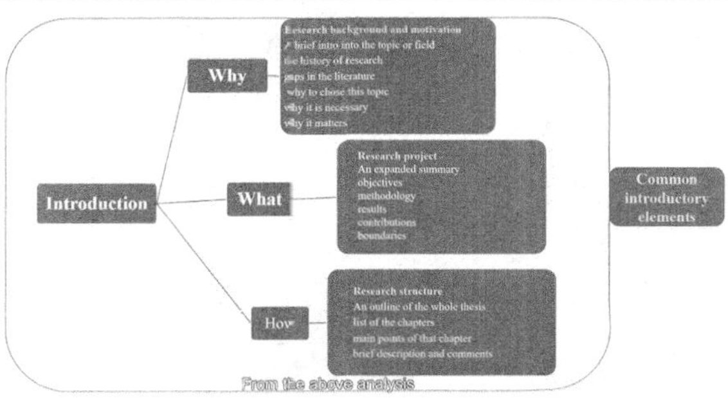
</td><td>PPT 文字 + 结构图<br>补充<br>⟷<br>描述<br>语言模态</td></tr>
<tr><td>录屏式讲解<br>（针对性练习）</td><td>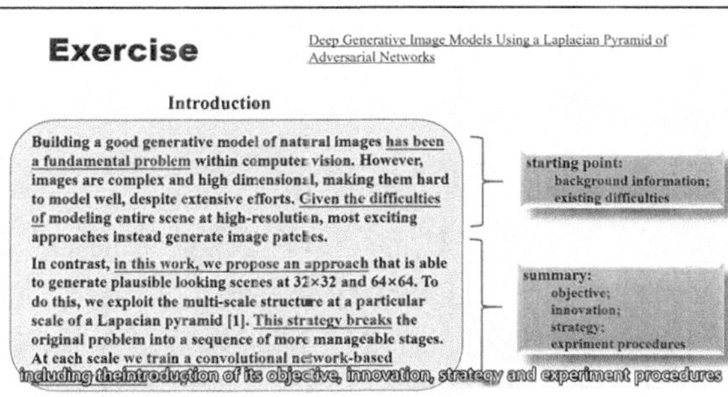
</td><td>加红 PPT 文字 + 结构图<br>强化<br>⟷<br>描述<br>语言模态</td></tr>
</table>

### 4.3 总结阶段模态使用

下表 3 纯录屏式总结中，PPT 文字字体改变强化授课要点，语言模态衔接 PPT，如“Finally, let's summarize what we've learned today. We've talked about....”之后是课堂式总结，通过文字和语言模态组合结束课程或引出下次课程。

表 3　总结式微课模式及模态组合关系

| 总结式微课模式 | 模态组合 | 模态组合及关系 |
| --- | --- | --- |
| 纯录屏式总结 | 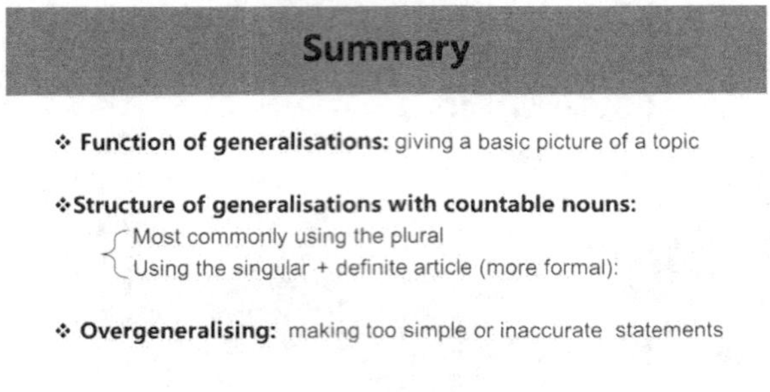 | 不同颜色 PPT 文字强化<br>⟷<br>衔接<br>语言模态 |
| 纯课堂式总结 |  | 语言模态 +PPT 文字说明<br>⟷<br>课程结束 |
| 纯课堂式总结 |  | 语言模态 +PPT 文字引出<br>⟷<br>下次课程内容 |

## 五、结论

本研究基于微课多模态语篇意义框架，对比分析了五部研究生学术英语写作微课。研究发现，为实现语篇意义，微课教师要注重 PPT 设计，以弥补语言模态的不足；在听觉模态上，微课教师应使用精准的词汇、正确的语法；同时规范微课录制设备，对录制过程中产生的噪声做消音处理，以提高声音清晰度，并规范微课字幕使用，以帮助听众理解整体内容。其次，本文基于课堂式微课和录屏式微课特征，分析了模态间的关系，微课设计时要优化模态组合以实现语篇意义。本研究的局限在于仅对五部微课进行分析，微课多模态语篇意义框架的广泛性尚需验证。另外，本研究只关注了课堂中利用多模态构建语篇意义，应进一步探讨利用多模态实现整体话语意义。

# 参考文献

[1] Bateman J A. Multimodality and genre: A foundation for the systematic analysis of multimodal documents. Hampshire: Palgrave Macmillan, 2008.

[2] Jewitt C. The Routledge handbook of multimodal analysis (2nd ed.). London: Routledge, 2014.

[3] Kress G, T Leeuwenvan. Reading images: The grammar of visual design [M]. London: Routledge, 1996/2006.

[4] Leeuwenvan T. Speech, music, sound [M]. London: Macmillan, 1999.

[5] Stein P. Rethinking resources: Multimodal pedagogies in the ESL classroom. TESOL quarterly, 2000(34), 333–336.

[6] 代树兰 . 关注多模态话语教学，提高学生交际能力 [J]. 山东外语教学，2011（3）: 48–53.

[7] 冯德正 . 视觉语法的新发展：基于图画书的视觉叙事分析框架 . 外语教学，2015（36）: 23–27.

[8] 胡壮麟，朱永生，张德禄等 . 系统功能语言学概论 [M]. 北京：北京大学出版社，2017.

[9] 刘润清 . 大数据时代的外语教育科研 [J]. 当代外语研究，2014（7）: 35–39.

[10] 卢海燕 . 基于微课的"翻转课堂"模式在大学英语教学中应用的可行性分析 [J]. 外语电化教学，2014 : 33–36.

[11] 戚亚军 . 从"璞 石"到"美玉"：对话视域下大赛教学的有效性价值追问——基于"外教社杯"教学大赛课堂观察与常态教学思考 [J]. 外语界，2014（4）: 62–70.

[12] 战丽莉，王澍 . 多模态视角下视频新闻分析与研究 [J]. 外国语文研究，2016（6）: 2–10.

[13] 张德禄，丁肇芬 . 外语教学多模态选择框架探索 [J]. 外语界，2013（3）: 39–46.

[14] 朱金兰，陈新仁 . 优秀教师多模态英语课堂话语的语用分析 [J]. 山东外语教学，2015（1）: 44–49.

[15] 朱彦，杨红燕，束定芳 . 外语课堂教学话语有效性的多维度评析——试析第四届"外教社杯"全国高校外语教学大赛教学案例 [J]. 外语教学，2016（1）: 53–57.

# 研究生小组合作写作的行动研究

# Team Collaboration in Graduate Students' English Academic Writing: An Action Research

中国政法大学外国语学院　段　敏　叶　洪

**摘　要：** 随着全球化的发展和教育国际化的深入，国际社会对研究生运用英语进行学术写作的能力提出了更高要求，然而我国高校非英语专业研究生英语学术写作课程的设置中普遍存在班级大、反馈难、教学低效与针对性不强等问题。本文拟采用行动研究的方法探究小组合作写作教学模式对于提高研究生英语学术论文写作水平与能力的有效性。经过两轮教学实践，我们发现：合作写作对于提高研究生论文选题、研究设计、文献综述、论文格式规范及英语学术语言表达等方面都有助益，并在此基础上提出“一个平台、双重监督、三维评价”的研究生英语学术写作教学模式，以期为改进我国公外研究生英语学术写作课堂中存在的问题提出新的思路。

**关键词：** 研究生　小组合作　英语学术写作　行动研究

**Abstract:** The accelerated pace of globalization and education internationalization poses a great challenge for the English academic writing skills of graduate students. However, China's English thesis writing class for non-English majors are plagued with problems such as large class sizes, poor teacher-student interaction, and low efficiency and pertinence. To tackle these problems, we attempted to use team collaboration to improve graduate students' capability of English paper writing. Through two rounds of teaching practice, we found that collaborative writing helped students in topic selection, research design, literature review, academic writing format and language use. We thus proposed a teaching model with "one platform, double supervision, triple assessments," hoping to provide references to the teaching and research of academic writing for non-English-major graduate students in China.

**Key words:** Graduate students　Team collaboration　English academic writing　Action research

## 一、研究背景

随着经济全球化的发展，国内外高校越来越重视研究生的信息素养和科研能力，国际社会对研究生运用英语进行学术写作的能力也提出了更高要求。然而，当前我国高校非英语专业研究生英语学术写作课程的设置中普遍存在如下问题：一是班级大、人数多，教师很难与学生个别互动，难以提供较详细的写作反馈和个性化指导；二是学生来自不同专业，各专业学术写作规范有所不同，导致教学针对性不强；三是课程学习缺乏管理监督，学生积极性和参与度低。在这种情况下，传统以个人写作为主的教学模式无法有效提高研究生英语学术写作能力，容易造成怵写、厌写情绪，影响我国国际化高端研究人才的培养质量。

研究表明，小组合作的教学方式可能为解决上述问题提供新的思路。合作学习是 20 世纪 70 年代初兴起于美国的一种教学理论，与传统教学不同，它强调以学生为中心，通过师生、生生之间的协作会话来积极主动地建构知识（Bolukbas et al，2011）。针对传统写作教学忽视同伴相互作用的弊端，合作学习强调人际交往对于认知发展的促进作用，以增进学生个性与群体性的共同发展（张法科、赵婷，2004）。大量文献表明，合作学习能够有效减少学生的学习焦虑、提高学习成绩、增强学生的思辨能力、提高学生的沟通表达能力等（Parveen et al，2017；吴荣辉、何高大，2014；潘琳琳、宋毅，2016）。因此，本文认为，如果学生按专业分为小组，进行以小组为单位的合作写作，可能会增加学生、师生间的协同互动，提高教师教学的针对性和效率，从一定程度上解决非英语专业研究生英语课班级大、反馈难、教学针对性不强的难题。鉴于目前将小组合作运用于英语学术写作的研究极少，本文尝试采用行动研究的方法，将小组合作教学运用于博士研究生英语学术论文写作课堂，并根据教改中碰到的问题与不足，修改教学方案并再次进行课堂试验，希望据此构建适合我国国情的研究生英语学术写作教学模式。

行动研究（action research）是“一种研究方法和研究类型，旨在使‘行动’与‘研究’科学、有效地结合起来”（李志雪，2015：78），根据教学课堂与教学质量中存在的问题，提出有效的解决途径。行动研究一般是螺旋式的，研究者在进行一轮教学行动后，通常会根据学生反馈和教学效果进行反思，调整下一轮教学计划，从而更好地指导教学活动，如此循环，不断优化教学模式。开展行动研究的研究人员一般会采用如下研究模式：

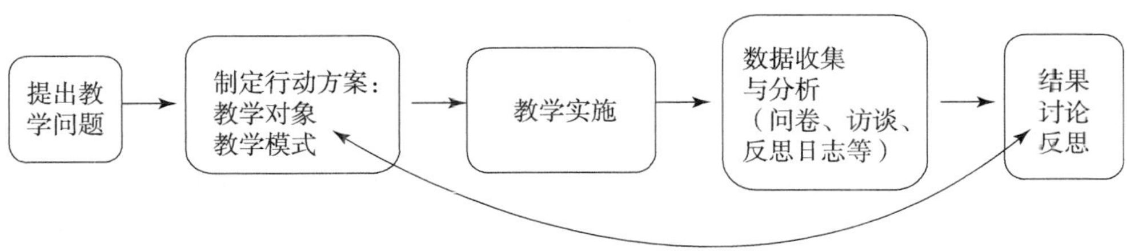


**图 1　行动研究模式**

## 二、行动研究的实施

### 1. 研究对象

本研究对象为北京某重点政法类高校 2018 级和 2019 级博士课程“学术英语写作”学生。第一轮教学为 2018 级 93 名博士生，第二轮为 2019 级 84 名博士生，均采用小组合作教学模式；学生自由组成小组，每个小组 3~8 名学生，研究者承担该课程教学任务。“学术英语写作”是该政法高校一年级新入学博士生的选修课，课程时长为 8 周，每周 4 课时，由 1 名教师教学。本课程的目的是教授英语学术论文写作规范和写作方法，包括学术道德规范、文献搜索、管理及阅读方法、学术论文各部分写作方法、学术论文语言规范等几大主题。撰写并提交四次作业，分别为论文选题、文献综述、研究设计和论文摘要，同步体验研究的各个环节。四次作业均用英文撰写，期末时各组将 4 次作业整合成一份论文开题报告。课程总成绩以开题报告成绩为主，结合平时作业、出勤率、课堂参与度等综合评价。

## 2. 研究实施步骤

### 2.1 教学方案制定

2018 年，根据该校英语学术论文课程教学需要，研究者在 2018 级公外博士生中开始为期 8 周的小组合作写作教学试验，教学具体步骤如下：1）分组建群：2018 级，93 人按照自愿原则，分为 16 个小组，每组选出一位组长；每组成立一个微信群，并邀请教师加入。2）线上 + 线下合作：每两周课后布置一个阶段性写作任务，小组成员通过讨论交流，合作完成写作任务后发到组群；任务完成时间一般为两周。3）组内 + 组间反馈竞争：教师在各组群里进行数次反馈，小组反复修改。任务完成质量高的小组可将作品发到班群中进行展示，接受其他组的点评建议。4）监控与评价：教师参与各组讨论，跟踪各组进展，掌握组员参与情况；对优秀小组作业、组间积极点评和组内突出贡献等进行记录和奖励，计入课程总成绩。

**表 1　学术论文写作课程教学安排**

| 周次 | 教学内容 | 教学目的 | 实践与作业 |
|---|---|---|---|
| 1 | 学术写作规范与学术道德 | 介绍国际学术论文写作范式，强调学术道德培养 | 学生按专业自愿分组，每组 3~8 人为宜，确立大致研究方向 |
| 2 | 中外文文献检索<br>文献管理软件 | 熟练掌握 Jstor、Westlaw 等常用数据库的检索方法，以及 Noteexpress 和 Endnote 等文献管理软件的使用方法 | 开展文献搜索比赛，熟悉文献管理软件的使用 |
| 3 | 学术论文选题 | 介绍学术论文选题方法和标准，指导学生聚焦选题 | 各组通过大量浏览文献和研讨，逐步聚焦选题，撰写选题报告 |
| 4 | 文献阅读与文献综述 | 指导学生阅读权威经典英文文献，总结各专业论文写作规范，介绍文献综述的语步和逻辑结构 | 各组在文献阅读基础上合作撰写一份英文文献综述，根据教师反馈修改后展示 |
| 5 | 研究设计与研究方法 | 介绍研究设计的依据、步骤和类别，了解人文社科研究常用方法 | 各组通过文献阅读和研讨，总结本专业常见的研究方法和研究设计 |
| 6 | 论文各部分写作<br>文献引用格式 | 学习论文摘要、前言、方法、结果、讨论等部分的写作；介绍国际常用引用格式与规范 | 各组通过文献阅读和研讨，总结本专业论文各章节的写作方法；撰写所选研究课题的英文论文摘要 |
| 7 | 学术英语风格 | 讲解学术英语写作常见语言问题，总结学术论文语体特征 | 各组通过阅读权威期刊近期英文文献，总结论文各部分的常见句型、时态语态等 |
| 8 | 国际发表<br>成果转化 | 介绍国际发表流程、国际合作方式、成果转化与宣传等 | 每人准备一份英文简介，学习与期刊编辑如何沟通交流，熟悉投稿流程与规范，端正心态 |

### 2.2 首轮教学实施与反思

在根据上述方案进行 8 周教学后，研究者设计调查问卷，问卷主要涉及学生对“小组合作”形式的整体感受和评价及“小组合作”在学术写作中的效用，并采用半结构化访谈方式了解博士研究生在合作写作中的体验及遇到的困难等。

表 2 2018 级—小组合作写作对论文各部分影响反馈

| | 完全无帮助 | 无帮助 | 不确定 | 有帮助 | 非常有帮助 |
|---|---|---|---|---|---|
| 对论文的选题 | 0% | 12.5% | 6.73% | 42.31% | 38.46% |
| 对文献阅读 | 0.96% | 6.73% | 1.92% | 50.96% | 39.42% |
| 对文献综述的写作 | 0% | 6.73% | 6.73% | 43.27% | 43.27% |
| 对论文整体构思 | 0.95% | 5.77% | 7.69% | 43.27% | 42.31% |
| 对论文理论框架的确立 | 0% | 8.65% | 6.73% | 39.42% | 45.19% |
| 对论文格式规范 | 0% | 4.81% | 8.65% | 37.50% | 49.09% |
| 对提高学术论文英语表达 | 0% | 8.65% | 10.58% | 39.42% | 41.35% |

由表 2 可知，超过半数以上的博士研究生认为，小组合作写作的教学模式对于选题、论文整体框架构思、文献阅读及写作、论文格式规范及英语学术语言表达都有帮助。组内成员分工合作能够更好地发挥个人专长，相互学习，相互促进，从而更好地完成写作任务。后续访谈表明，小组合作形式中同伴意见反馈、论文修改互评等能够有效提高学生的参与积极性，从而提高英语学术论文的质量与水平。2018 级“知识产权组”的组长这样描述他们撰写过程中的分工：

“我们这一组共 5 位同学，其中一人中文写作特别好。我们 5 人首先各自阅读总结一部分中英文文献，再由这位同学进行汇总，对文献进行分类、归类和整合，形成中文稿；然后我们分工，每人翻译一部分。另有一位同学在国外交换过一年，英语特别好，她负责对大家的英文翻译进行汇总、调整和打磨，最后我们一起根据老师提供的自查表和反馈意见逐条检查。人多力量大，大家在这个过程中收获良多。”

学生分组后“化零为整”，教师在有限时间内可以对各组选题、研究设计和思路提出较详细的建议和反馈，对写作文本进行更仔细的批改。由于学生大多按照专业分组，比如法学、政治学、经济学等专业的博士生分成不同小组，有助于组员间互通有无，也方便教师依据不同专业写作规范进行个性化的指导，提高教学的针对性和效果。2018 级“商学院”组的一名成员在访谈中谈道：

“老师能够参与到我们每个小组的讨论之中，可以根据我们的讨论给出意见，也可以在我们没有想法的时候，给我们一些灵感，尤其是在选题的时候，老师的意见更为重要，如何确定一个题目是否是合适的，其中涉及的学问可太多啦。”

但是，2018 级小组合作教改中也出现了一些问题，其中最突出的是“能者多劳，懒人搭便车”现象。学生反映：小组合作实践中存在“分工不明确、合作效率低”的问题。有的小组合作学习缺乏明确分工，导致一盘散沙，没有真正发挥小组合作学习的作用；有的小组“计划不合理”、“小组活动无组织、很混乱”，导致学习进程被拖延，学习效率低下；有的组反映个别组员空余时间与小组共同学习时间冲突，常常无法参加小组讨论，影响全组进展，任务分工无法按时完成；有的组则指出“课堂时间较少”，“并不是每个同学都参与讨论”，严重影响小组合作效率。另外，在集体讨论中，有些组员缺乏交流技巧，各持己见，容易产生矛盾冲突，影响合作学习效果和效率。有学生建议："如果能在一开始小组设定方面做出更多制度设计和规定，可能对后续运作更有助益。""小组内也可以由老师参与来明确分工，会提高效率。""明确各自分工的范围，在限定的时间内完成讨论与整合，促进学习的广度与深度。"

**2.3 方案修订与第二轮实施**

针对 2018 级小组合作写作中出现的问题，研究者在 2019 级第二轮教改时作了如下调整：1）明确组内分工，教师加强监督，课程结束时进行小组贡献排序，奖惩分明；2）设置组长轮换制，发挥每个小组成员的特长、领导力和责任感；3）对小组合作技巧与方法进行培训，指导学生如何讨论、如何倾听、如何抓住要点、如何协调不同意见等，形成均衡的合作型关系；4）鼓励线上和线下相结合的互动方式，面对面的线下讨论有助于大家充分了解和沟通，而线上讨论（如微信或 QQ 群会议）则能有效提高合作效率。

2019 级课程结课后，研究者再次调研了同学们对小组合作教学模式的感受和建议。他们普遍感到每周由不同同学担任组长使得组内成员参与度更高，可以由组长合理、明确地安排组员任务而不是大家"逃避任务"，大家都平等地参与其中而不是"一个人扛大旗"；尤其使同学们感到受益的是对小组合作技能的培训，选择好的沟通方式不仅能够解决问题，还能够增进同学们之间的关系。例如，18 级"法学院"组的一位同学表示：

"每周都有一位同学承担组长的责任，而非只有一个同学全程担当组长之责，使得每个同学的参与度都提高了，大家踊跃地表达自己的想法，而不再是其中一两个人的'一言堂'，想到是大家一起写，而不是一个人孤军作战，我更敢下笔了。"

此外，线上实时沟通模式（微信群）拉近了组内关系及师生关系，充分发挥了教师的监督作用，使得教师随时参与到同学们的讨论之中且能够有针对性地指出每个小组存在的问题并提供修改方案，教师随后将所有同学遇到的问题汇总，在课堂上统一讲解，提高了课堂效率。同时，线上交流也使得组间互动更为便捷，优秀的小组作业发到班群中分享，可以在更大范围内集思广益、资源共享；班级中有的博士生已经在国际核心期刊发表过英语论文，有的已经是某个领域的专业研究人员，他们往往能对示范文本提出很好的建议。

总之，在小组合作教学模式指导下的英语学术写作课堂能够显著增加学生的写作积极性，提高英语学术写作能力。通过此次行动研究，本文提出基于小组合作的"一个平台，双重监督，三维评价"的研究生英语学术写作教学模式。"一个平台"指的是建立在线实时沟通平台（QQ、微信群、学习通等），增加师生、生生之间的远程互动，提高合作学习效率，延伸课堂教学。"双重监督"包括组内监督和教师监督，前者旨在小组成员内部实现有效的"线上＋线下"监督，并通过轮流担任组长职责，真正使得每个同学参与到写作过程；教师监督则是指教师在网络沟通平台参与小组线上讨论与决策，课堂上充分引导同学展示小组作品；双重监督督促学生真正参与到英语学术写作中，从而起到组内支撑、教师支持，帮助学生克服"浑水摸鱼"的惰性思想。"三维评价"指课程总成绩基于学术在个人、小组和班级三个维度的表现。个人维度含小组成员的出勤率、组内参与度和贡献度；小组维度指小组合作写作的总体水平；班级维度则衡量个人和小组对班级其他组的贡献和反馈等。"三维评价"不仅能最大限度地激发个人和集体潜能，而且通过竞争和示范作用，让学习者超越个体独立发展的语言水平，拓展完善思路，发展到更高的水平（Lantolf & Thorne，2006）。

## 三、结语

本研究基于公外研究生英语学术写作课堂中存在的班级大、教师个性化指导弱、学生参与度低等问题，尝试进行小组合作教学的行动研究，提出"一个平台，双重監督，三维评价"的合作写作教学模式，即通过搭建在线平台、明确组内分工和设置多重監督、评估方式，使得每一位成员都参与到论文写作过程中，解决当前学术英语写作困境和合作学习容易流于形式的弊端。但是，本研究是基于研究者本人对课堂教学的观察与总结，研究对象和方法局限；今后可加强对不同专业和层次合作写作的研究，了解微观层面认知交互规律，从而充分了解小组合作英语学术写作的过程及其中可能存在的问题，设计出更加行之有效的教学模式，提高公外研究生的英语学术写作能力和水平。

## 参考文献

[1] Bolukbas F, Keskin F , Polat M. The effectiveness of cooperative learning in the reading comprehension skills in Turkish as foreign language [J]. The Turkish online journal of educational technology, 2011, 10(4):330–335.

[2] Lantolf, J P, Thorne S L. Sociocultural theory and the genesis of second language development [M]. Oxford: Oxford University Press, 2006.

[3] Parveen Q, Imran Yousuf M, Mustafa S. An experimental study on the effect of cooperative learning on students' academic achievement and students' perceptions towards cooperative learning [J]. The anthropologist, 2017, 27(1–3): 69–76.

[4] 李志雪. 外语教学行动研究在中国的发展：回顾与展望 [J]. 解放军外国语学院学报，2015，38（6）：78–84.

[5] 潘琳琳，宋毅 . 合作学习与思辨能力的培养 [J]. 外语与外语教学，2016（2）：97–105，147.

[6] 吴荣辉，何高大 . 合作学习在大学英语写作教学中的应用效应研究 [J]. 外语教学，2014，35（3）：44–47.

[7] 张法科，赵婷. 合作学习理论在大学英语阅读教学中的应用 [J]. 外语界，2004（6）：46–51.

# 基于导向产出理论提高研究生国际学术交流能力——以北京林业大学研究生英语教学为例[1]

# Improving Academic Communication Ability of Graduate Students Based on Production-Oriented Approach: A Case Study of Beijing Forestry University

北京林业大学外语学院　吴增欣　李　芝

**摘　要：** 当前形势下，传统英语教学不能满足研究生国际交流的需求。产出导向理论（POA）对于提高学生学术英语交流能力具有重要的指导意义。北京林业大学"国际会议英语交流课程"以产出导向理论（POA）为指导，基于学生专业背景和多维度的产出目标选定输入材料，强调学用一体；设定难度适中、形式多样的促成活动，力求学生充分参与、有效产出。本研究能够对国际学术交流课程的实践以及相关教材编写提供有益的参考。

**关键词：** 学术交流　产出导向理论　输入材料　产出活动

**Abstract:** In the current situation, traditional English teaching cannot meet the graduate students' requirement of international academic communication. Production-oriented Approach (POA) is instructive in improving students' communication skills in English. This study is based on the teaching practice of International Conference English Course in Beijing Forestry University. Under the framework of POA, various input materials were selected by integrating students' background knowledge and the output objectives. In addition, various output activities were designed to ensure students' effective participation. This study is beneficial for both the international communication class and textbook compilation.

**Key words:** international academic communication　Production-oriented Approach　input materials　output activity

1　项目资助：中央高校基本科研业务热点追踪项目（2018BLCB02）；北京林业大学"基于产出导向法的研究生国际学术交流英语教学研究"（项目编号：JXGG19024）。

## 一、前言

随着国际学术交流的深入，研究生使用英语进行国际学术交流的需求日益增加。培养具有国际视野的科技创新人才成为大学研究生阶段的重要目标。然而，长期以来，英语作为学习工具的作用比较突出，而其作为交流工具的作用并没有得到足够的重视。在大学英语四、六级考试这一重要指挥棒下，传统的大学英语教学以词汇、阅读、听力、翻译等语言知识的讲授为重点，将应试技能和分数提高作为评价学生英语水平和大学英语教学效果的重要标准。学生进入研究生阶段，虽然多数学生已经达到了大学英语六级的要求，但学生用英语进行学术交流的能力相对滞后。比如，由于传统英语教学体系中针对学术交流相关技能训练不足，学生对英文讲座的结构、基本范式、语言表达、呈现方式等不太了解，学生不能准确地把握英语讲座的结构、要点、结论等重要信息，记笔记能力相对较弱；不能够在学术研讨活动中自由表达观点，融入其他学者的讨论话题也比较困难；在学术展示环节，很多同学还不能够做到使用清晰、简洁、流利、规范的英语汇报自己的研究。

近年来，学术交流能力作为英语教学，特别是研究生阶段的重要内容已经得到普遍认可。不少高校开展“学术英语听说”、“国际会议英语交流”等相关课程。然而，当前的学术交流课程仍然面临一些困难，比如，一些学术交流方面的教材缺乏实用性，教材中话题与研究生专业知识关联性不大。教学中学生参与活动较少，难以调动学生的参与积极性等。因此，高校研究生公共英语教学应该立足本校学生需求，积极探索有效提高学生英语学术交流能力的教学理论和教学模式。

产出导向理论（POA 理论）强调以产出为导向的教学材料输入，并以材料输入为依托，设计一系列促成活动，从而实现有效产出。这一理论较好地克服了外语教学中“学用分离、效率低下”的弊端（常小玲，2017；孙曙光，2017；张伶俐，2017），对于提高学术英语交流课程质量具有重要的指导意义。北京林业大学作为一所知名林业院校，其专业设置具有鲜明特色。该校在研究生英语教学改革和探索方面，一直走在前列。基于校情、教情、学情分析，我校研究生院自 2015 年春季学期起，开设“国际会议英语交流”课程。该课程以产出导向理论（POA 理论）为指导，以产出目标为指南，对输入材料进行挑选、加工，将教学材料转化成一系列形式多样、逐步深入的促成活动，最终实现产出的目标。

## 二、“产出导向法”（POA）理论介绍

21 世纪初期，文秋芳团队提出产出导向教学理论，其目标在于提高学生在真实的交际活动中综合运用英语的能力（文秋芳，2018：396）。POA 教学流程包括三个阶段，即驱动、促成、产出。三者是一个有机整体，相辅相成。“驱动”环节，教师为学生提供真实的交际场景和输入材料，使学生明确教学目标和产出任务；“促成”环节，教师引导学生基于自身的专业背景知识练习产出；产出环节，教师指导学生的产出活动，并根据学生表现进行即时和延时评价。

POA 理论指导下的输入材料选取主要以“目标决定论”和“输入材料服务论”为基本指导原则，即输入材料的选择基于产出目标，输入材料为产出目标服务。教学材料使用是否有效的判断标准主要有如下三个方面：产出目标是否恰当；促成活动是否有效；产出目标是否达成（文秋芳，2017）。

促成环节是指教师需要根据输入材料，为学生设计一系列的促成活动，学生依托材料完成系列促成活动，达到产出目的。在教学过程中，教师通过设置问题或讨论促成活动，引导学生自己归纳，在活动中习得和内化目标。教师进一步设计学生参与活动，以习得内容为基础，在产出活动中应用所学内容。

## 三、以 POA 理论为指导，选择教学输入材料

基于 POA 理论，该课程在输入材料的选取方面主要依据如下三个原则：首先，输入材料与学生专业背景知识相结合；第二，输入材料基于多维度的产出目标，学用一体；第三，输入材料内容难度适中，循序渐进。

### 3.1 输入材料与学生专业背景知识相结合

教师带领学生有效输入是实现产出目标的关键，材料话题和内容选择尤其重要。考虑到本校专业特色和本班学生的专业分布以及学生已有的背景知识，我们根据学生专业知识共核确定话题，选择为产出任务服务的输入材料。比如“物种多样性”这一话题，对于学习林学、自然保护、环境、动物、植物、草业、水土保持等不同研究方向的学生来说，可以结合专业知识，从不同角度提出自己的看法。学生对于这些话题比较熟悉，一方面克服畏难情绪，激发学生学习兴趣，增强学生学术交流的信心。另一方面，不同专业学生从不同视角进行探讨，可以开阔学生视野，有助于同学之间互相激发，互相学习。另外，我们还适时添加国内外研究热点话题的语言材料，用于培养学生的家国情怀、拓宽学生的国际视野。

### 3.2 输入材料基于多维度产出目标，学用一体

产出目标是材料选择的基础，因此，教师需要依据多维度的产出目标，选择和加工材料。输入材料本身不仅用于训练学生的听力和阅读能力，同时也是学生进行相关输出活动的参考，打破“学”与“用”的边界，做到学用一体。

因此音频或视频材料的选择，不仅考虑到对学生听力水平的训练，而且考虑到材料本身在话题、观点、语言、结构、展示策略等方面对学生的示范作用，使学生在听懂讲座的基础上，进一步挖掘材料本身对学生的语言输出活动具有启发作用。

以“转基因作物”这一话题为例，输入材料包括“转基因作物定义”“转基因作物主要特征”“转基因作物优缺点”等内容,这些内容为学生讨论提供依据。学生基于笔记内容，讨论是否认同讲座中的观点，并阐述同意或反对的理由，将文章观点进一步拓展，做到听说一体。另外，选取的视频、音频以及文字材料对于学生在语言表达、词汇积累方面也有帮助。比如介绍演讲主题、解释、举例说明、描述表格等功能性句式的表达，能够起到很好的提示作用。同时，教师可以通过输入材料，为学生讲解演讲结构、语篇特征等方面知识和技能，有意识引导学生对讲座的开头、主体、结论各部分的要素进行分析以及如何将这些要素有机结合等。因此,有效的材料输入可以提高教学活动的针对性和学生学习效率。

### 3.3 输入材料内容难度适中，循序渐进

教师选择的听力输入材料需要充分考虑到学生的英语基础，输入内容的深度和广度要符合“i+1”的特征。对于过于简单的输入内容，学生缺乏新鲜感和挑战性，容易失去耐心和学习兴趣，影响产出目标的实现。而太难的材料会打击学生信心，影响产出效果。因此，教师需要对听力长度、音视频材料的语速、语音语调、背景声音等多方面的内容进行综合评估，选择最优质的音频材料，保证学生迅速进入听力情境。之所以教师需要自己筛

选输入素材，是因为任何一种现成的教材，作者都不可能精准预测教学情境的特殊性，因此，一线教师需要根据本校、本班学生的实际情况，在与学生的互动中把握学生的“最近发展区”，以此来调整教学材料。另外，老师需要根据学生水平差异，在选择的输入材料中体现难度梯度，循序渐进。

# 四、POA 理论指导下设计促成活动

教师的作用是影响教学材料使用效果的一个重要因素（毕争，2019）。本课程教师在促成活动的设计中主要遵守如下两个原则：一方面，保证促成活动中学生能够充分参与；另一方面，确保促成活动的多样性和动态性。

**4.1 促成活动中确保学生充分参与**

为了保证学生充分参与，在设计促成产出活动时，需要注意控制产出难度，体现难度梯度。产出活动的难度既包括对背景知识的考量，也包括语言本身的挑战。在难度较大的输出活动之前需要有比较简单的输出活动作为语言和知识上的铺垫，帮助学生厘清思路，增加活动参与的勇气与信心。比如在讨论“生物多样性”这一话题时，教师首先带领学生以 brainstorming 的方式，列举生物多样性的作用，并对学生的观点进行总结。在此基础上，通过小组合作的方式，探讨生物多样性面临的问题及解决思路，最后要求学生个人展示，即就“生物多样性”的某一特定功能，进行三分钟演讲。前面两个讨论活动，能够帮助学生打开思路，为后面环节的输出活动打下基础。

另一个帮助学生充分参与的途径是小组讨论。由于上课时间有限，无法做到让所有同学都有全班展示的机会。小组讨论可以解决这一难题。为了保证组内输出活动有效开展，教师在组内成员的专业分配、成员英语水平、性别比例等多个方面都要合理安排。保证水平较高同学在小组活动中得到足够锻炼，同时水平较差的同学能够得到同学的带动。学生在组内同学互动过程中，相互促进。

**4.2 促成活动具有多样性和动态性**

多形式的促成活动能够激发学生兴趣，使学生从不同角度、以不同形式思考问题，有效提高学生思辨能力。在听力训练方面，我们根据听力材料的特点，设置“记笔记”“概述 / 复述”“判断主旨大意”“完善细节信息”“内容排序”“搭配”等多种形式的训练活动。这些不同形式的听力活动能够全面提升学生听力技能。同时，口语产出活动也设置了包括访谈、主持、研讨、辩论、模拟会议、论文展示、一分钟演讲、小组研讨等多种形式的学术交流情景。比如模拟学术会议环节，学生依据个人发表的科研论文或者精读的论文，制作五分钟的论文展示 PPT，分享论文的引言、方法、结果、讨论等信息，并回答学生和老师的提问。最后老师和同学就内容、逻辑、展示策略、语音语调、PPT 制作等多个方面给出建议。展示学生参考反馈进行修改，录制成视频，作为期末考量的一部分。这些活动将学生的专业学习和英语学习有机结合起来，有利于提高学生学术素养和学术英语交流能力。另外，教学材料的使用具有动态性，教师需要根据学生参与情况和反馈对教学材料的难度、问题的设置、活动形式等内容进行调整，使学生能够更好地参与其中，最大限度地满足学生的需求。

## 五、结语

本研究基于北京林业大学“国际会议英语交流”课程的教学实践，具体讨论教师如何在 POA 理论指导下，选取、准备和设计教学材料，实现有效产出，培养学生学术交流能力。当然，我们在具体的教学中还有一些需要进一步解决的问题，比如学生自身英语水平的差异会影响输出活动的效果，个别学生对输出活动态度比较敷衍等。这些问题都有待于我们在今后的理论探索和教学实践中寻找更好的解决办法。

## 参考文献

[1] 毕争. “产出导向法”与“任务型教学”比较：教学材料设计与使用 [J]. 外语教学，2019（4）：61–65.
[2] 常小玲. “产出导向法”的教材编写研究 [J]. 现代外语，2017（3）：359–368.
[3] 孙曙光. “师生合作评价”课堂反思性实践研究 [J]. 现代外语，2017（3）：397–406.
[4] 文秋芳. “产出导向法”教学材料使用与评价理论框架 [J]，中国外语教育，2017（2）.
[5] 文秋芳. “产出导向法”与对外汉语教学 [J]. 世界汉语教学，2018（3）：387–399.
[6] 张伶俐. “产出导向法”的教学有效性研究 [J]. 现代外语，2017（3）：369–376.

# 基于任务驱动的学术英语课堂构建
# ——以农林英语为例

# Task-Based Teaching in Academic English: A Case of Academic English for Agriculture and Forestry

北京林业大学外语学院　李　岩

**摘　要**：任务驱动教学法是以任务为载体，学习者通过完成某项任务获取知识与技能的一种开放式、探究式教学模式。任务驱动式的学术英语课堂有利于改善教师的教学效率，提高学习者的学习效果和自我效能感。本文探究基于任务驱动的学术英语课堂构建，选取农林英语课程教学为例，试图探讨有益有效的农林英语课堂教学模式，为农林院校农林学科英语教学改革提供有益的建议。

**关键词**：任务驱动　学术英语

**Abstract**: Task-based Teaching is an open and inquiry teaching mode in which learners acquire knowledge and skills by completing a task. Task-based academic English teaching mode improves teachers' teaching efficiency as well as learners' learning effect and self-efficacy. This paper investigates Task-based Academic English teaching, taking Academic English for Agriculture and Forestry as an example, trying to find the beneficial and effective teaching mode and provide useful solutions for the teaching reform of Academic English for Agriculture and Forestry in relevant universities.

**Key words**: Task-based Teaching　Academic English

## 一、引言

任务驱动式教学法在20世纪80年代逐渐形成，源于西方的交际语言学派和第二语言习得研究，逐渐发展成了以建构主义为理论基础，重视理论与实践相结合的一种教学法，广泛应用于教学（马畅，2018：1）。20世纪90年代初期，Long和Crookes（1992）以第二语言习得、教学纲要和课程设计原则等为研究依据，提出任务式语言教学（Task-based Language Learning）。该方法是让学习者执行与语言相关的任务来提高他们学习第二语言的知识与技巧。强调在任务完成后教师引导学生留意任务执行过程中所接触到的一些相关的语言现象。Jane Willis（1996）在*A Framework for Task-based Learning*一书中认为教师必须给语言学习者提供三大语言学习基本条件：接触真实语言的机会，将语言运用于真实情境的机会以及学习使用语言的动机（刘艳，2006：123）。

任务驱动式教学法通过任务驱动，以任务为主线，帮助学习者建构知识、完善知识结构框架、有效知识内化，能够培养学生的自主学习能力，更好地促进学生听说读写译能力乃至综合素质的全面发展。任务驱动式教学法将任务驱动与实践教学融合，引导学习者自主学习、完成任务，是构建课程知识体系的一种有效教学方法。本文通过应用任务驱动式教学法的分析，探讨任务驱动式教学模式的设计与应用。

## 二、学术英语教学

目前，国内高校纷纷展开学术英语（通用学术英语和专门学术英语）教学，学术英语课程相关研究也蓬勃发展。学术英语可以提升学生学术能力、学术素养，提高学生综合运用英语的能力，有助于培养复合型人才（邹庆武，2018）。然而在实际课堂教学中尤其是学术英语阅读教学方面的应用研究还比较有限。阅读教学是学术英语教学的重要组成部分，对培养学生的语言能力、思辨能力等都起着重要的作用，但在学术英语阅读教学中还普遍存在着以教师为中心等现象和教学效率不高等问题。

任务驱动式教学的构建在提高阅读教学效果方面有一定的帮助。首先，任务驱动式教学强调任务主线的教学理念，有助于构建丰富多元的英语课堂；其次，任务驱动式教学在任务构建、任务完成等过程中，要体现以学生为中心的主体地位。再次，任务驱动式教学有助于形成师生教学良好互动。任务驱动式教学对于提高教学质量、创建多元化活动交流机制、构建师生和谐互动、构建有效学术英语教学，有一定的推动作用。

## 三、任务驱动式教学在学术英语课堂教学中的重要性

### 3.1 发挥以学生为主体的作用

学术英语课堂学习任务重、学习材料体系复杂、练习繁多，因此一方面教师要做好引导，要体现教师指导作用，另一方面更要发挥学生的主体作用。因此，教师可以以此为突破点，将任务驱动式教学应用到课堂教学中，激发学生的学习热情，有效提高学生的学习兴趣，促使学生的学习方式发生极大的转变，从原来的被动学习转向主动学习。任务驱动式教学模式能提高学生学习主动性，可以有效促进学术英语课堂教学效率。

### 3.2 促进学生自我效能感

构建任务驱动式的学术英语课堂教学模式改变了以往学生被动学习的状态，通过提前布置任务，让学习模块前移，课堂上通过充分小组讨论与小组展示，完成知识传授，提高学生学习主动性。这一教学模式需要师生良好互动，形成良好的课堂生态，学生在学习中可以主动关注学习的重点难点，关注到差距，从而更好地完成学习目标，有利于促进学生自我效能感，

### 3.3 促进学生学术英语能力的提高

任务驱动式教学应用到课堂有利于打破传统以教师为中心的情况，能够促使学生理论联系实际，促进学生英语综合运用能力的提高。任务驱动式教学可以通过任务实施，在培养学生听说读写译综合能力的基础上，让学生的知识得到内化，培养学生探索精神和钻研态度。同时，构建任务驱动式的学术英语课堂教学模式有利于促进师生之间良好的互动与交流，有助于培育良好的课堂生态，相应促进学生的学术英语能力。

# 四、任务驱动式农林英语课堂教学模式的构建

**4.1 以学生为主体设计学习任务**

教师在设计英语学习任务时，要坚持“以学生为主体”的原则。教学设计上考虑到学生的主体地位，应该从学生的角度来考虑其接受能力和个体差异，把握知识点的难易度。与教学内容相联系，与教学大纲相联系，设计的任务要具体可行，促进教学的有效开展。在农林英语课程中，教师要深入剖析课本，分析其体系和各单元的逻辑关系，在此基础上设定任务，应以教学大纲为本，设计教学任务时考虑难易度、区分度、可行性，体现循序渐进的原则，指导学生自主探究式学习。教师可以在析读教材基础上，按照单元设计任务，利于学习者消化吸收。

以我校学术英语模块农林英语课程为例，我们选用的主教材是《农林学科英语》，补充教材为《现代农林英语》《农林英语》。这几部教材内容丰富翔实，体系完备，逻辑清晰，涵盖了农林学科英语听说读写译等各个方面技能的训练，对培养学术英语能力，提高学术英语素养有非常大的裨益。针对农林英语教材，以阅读教学为例，分析教材，我们可以把教程分成以下几个板块：篇章框架、写作要素、语言运用、听说练习等。通过系统讲解农林英语的核心要素，帮助学生掌握农林学科英语相关技能。

例如，在讲解农林英语精读“Unit 1　Forestry Challenges and Opportunities for Forests”这一篇时，教师可以应用任务驱动式教学模式，设定相应的学习任务。首先将班级学生分组，准备活动做好后，教师开始进行任务的布置，要求学生在网上查阅相关资料，就森林资源面临的挑战和机遇，全球有哪些具体的事例。教师可以联系实际，就亚马逊森林大火、澳大利亚山火等近期发生的有关森林的大事进行讲述，有包括亚马逊森林火灾的原因、持续过程、对当地生态环境的影响、对全球生态环境的影响等，辅助以图片、表格、数据等形象直观的资料。教师选择小组代表将本组的讨论用英语进行表达。学生对此任务很感兴趣，在充分查询资料后，以小组为单位，做了口语展示，这一过程中还有充分的师生互动、学生提问、教师答疑等，十分生动形象，给学生留下了深刻的印象。将生活实际与枯燥晦涩的理论联系在一起，教学效果要远远好于单纯的阅读课本文章，这个任务能够充分调动学生参与课堂学习的积极性，从而让学生潜移默化地掌握本节课的知识点，取得了较好的教学效果。

**4.2 以任务为出发点，促进课堂的良好生态构建**

在任务驱动式英语课堂中，学生是学习的主体，教师是学习的促进者，对学生的任务进行指导和分析。教师可以通过提问、答疑等多种灵活的方式，提高英语学习效果。教师要起到任务指导者、促进者的作用，指导学生分析任务，帮助学生多角度、全方位地看问题，提高学生思辨能力。在此过程中，教师要以问题为出发点，调动学生参与英语课堂的积极性，促进课堂良好生态构建。以教学大纲为基础，拓展教学内容，以求能够在课堂学习的基础上，开拓学生的视野。教师提出的任务要与教学内容密切相关，并根据学生的实际水平层次，适当地进行区分，对学有余力的学生适当地进行任务的深化，使学生在完成任务的过程中进一步提高学术英语学习能力。

**4.3 知识内化**

在课前，教师应结合教学大纲与教学计划，在此基础上进行教材梳理，突出教学内容的重点与难点，明确教学目标、教学效果，帮助学生理解学习内容，在学习过程中有的放矢。要充分考虑学生的差异性，满足学生的个性需求。这一教学方式教师需明确教

学重点，布置学习任务，让学生在课前对所学知识有所了解。在教学中，教师要善于利用现代信息手段，通过多媒体和现代化教育技术，为学生提供丰富的学习资源，并增加与学生的交流。

教学反馈有利于提高学生学习英语的自信心和自我效能感。教师反馈结果在课堂活动进行中实施。教师应鼓励学生的积极性和主动性，将所学的英语知识应用于交际中，调动学生参与课堂交流的积极性。教师可以就学生的问题提供帮助，进行有针对性的解答。教师根据学生完成任务的情况进行及时反馈评价（林蔚，2016）。要重视形成性评价，侧重对于学生英语全方位能力的评价。教师在对学生的任务完成情况进行评价时，可以采用形成性评价方式，从而提高学生学习英语的积极性。

**4.4 通过多种手段提高学生的阅读能力**

基于文本的学术英语阅读能力对培养学生的思辨能力具有重要的作用。教师应灵活采用多种方法促进学生的思辨能力。在篇章组织上，课程构建应对篇章结构的安排、连贯性、紧扣中心、论据论证等方面尽量进行深入浅出的讲解。例如，农林英语阅读的课堂教学可以设定任务，采用以下方法：精读和泛读、总结文章主旨、快速阅读、分析文本结构等，以提高学生的语篇分析能力。综合多种技巧和练习，使学生扎实掌握学习农林英语的方法和技巧。

在语言学习方面，帮助学习者梳理中英文在词汇运用、句型结构、逻辑语序等方面的差异，让学生体会与通用型英语有何不同，都需要在哪些方面寻找差距、查缺补漏，通用型英语又在哪些方面为学术英语打下良好的基础等。应聚焦于解决学生学习中的实际困难和问题，提供有效的帮助与指导。

## 五、结论

传统教学方法存在“以教师为中心”、教学手段方法单一、教学效率低下、教学效果不够理想等问题。为更好地适应丰富多元的教学改革，发展切实有效的农林学科英语教学，应积极构建开放式、多元化的英语教学，实现农林英语教学的创新性发展。本文探讨了任务驱动式教学的理论基础，并且结合农林英语课堂教学构建探讨了任务驱动式教学模式的重要性、设计、流程、具体应用等。在教学中，教师可以聚焦应用能力培养，坚持以学生为主体的原则，将任务的设计更贴近于现实，调动学生的学习兴趣，提高了学习者的自我效能感。通过教学方法的优化、教学模式的创新，推动教学改革。任务驱动式农林英语教学的构建，就是践行以“学生为主体”的理念，创新教学方法，优化教学理念，推动农林英语教学的有益尝试。当然，还有一些问题，比如如何提高任务设计的难度、效度、区分度等，如何使其更好地与形成性评估结合在一起，提高其科学性等还需要我们在教学实践中进一步探究。

## 参考文献

[1] Long M H, Crookes G. Three approaches to task-based syllabus design [J]. TESOL quarterly, 1992, 26(1) : 27–47.

[2] Willis J. A framework for task-based learning [M]. London: Pearson Education Ltd, 1996.

[3] 林蔚 . 任务驱动式大学英语翻转课堂教学模式的构建 [J]. 高等教育，2016（12）：61–62.
[4] 刘艳 . 任务式教学法在大学英语阅读教学中的应用 [J]. 文教资料，2006（11）：123–124.
[5] 马扬 . 任务驱动式阅读教学法初探 [D]，2018.
[6] 邹庆武 . 通用学术英语阅读课程构建研究 [J]. 吉林省教育学院学报，2018（2）：72–74.

# SPOC 模式下提升学生参与度策略研究——以“科技英语写作”课程为例[1]

# Strategies to Improve Students' Participation under SPOC Mode: A Case Study of Scientific English Writing

北京建筑大学　窦文娜

**摘　要：** 与传统教学模式相比，在线远程教学给当下教师提出更多的挑战，尤其是如何提升学生的参与度问题，成为教师在线教学实践中关注的重点。本文基于“科技英语写作”课程，结合实践教学和 Andreas M. Kaplan & Michael Haenlein 提出的远程教育中驱动学生的内在动机的 5C 框架理论，探讨 SPOC 模式下增强学生在线学习参与度的教学策略。研究发现：教师通过“优化组合”的教学策略从互动教学平台、教学内容载体以及教学任务难度三个维度提升学生对于在线课程的参与度，为探索在线教学实践过程中提升教学有效性提供新的视角。

**关键词：** SPOC 参与度　5C 框架理论　优化组合　在线教学

**Abstract:** Compared with the traditional teaching mode, online distance teaching brings more challenges to teachers, especially the strategies to improve students' participation in teachers' online teaching practice. Based on the course of Scientific English Writing, and combined with practical teaching and the 5C framework theory which aims to promote students' intrinsic motivation in distance education proposed by Andreas M. Kaplan & Michael Haenlein, this paper discusses the teaching strategies of enhancing students' participation in online learning under SPOC mode. The research found that teachers can improve students' participation in online courses from three dimensions of interactive teaching platform, teaching content carrier and teaching task difficulty through "the optimized combination" teaching strategy, which provides a new perspective for improving teaching effectiveness in the process of exploring online teaching practice.

**Key words:** SPOC Participation　5C Framework Theory　Optimized Combination　Online Teaching

1　基金项目：2018 年北京建筑大学市属高校基本科研业务费专项（项目编号：X18220）；2019 年外教社全国高校外语教学科研项目（项目编号：2019BJ0006B）。

# 一、前言

网络科技的蓬勃发展极大推进了教育现代化的进程，强大的教学技术改变了传统教师与学生面对面的授课模式，跨越了时间与空间的障碍，激发了远程在线教学的蓬勃发展，使得教学模式发生了翻天覆地的变化。MOOC（大规模在线开放课程）一词是加拿大爱德华王子岛大学的 Dave Cormier 在 2008 年创造的，并结合利用多种社交媒体应用，例如博客、论坛等（Kaplan & Haenlein，2009；Kaplan & Haenlein, 2014）。基于 MOOC 教学模式的拓展，SPOC（小规模限制性在线课程）将 MOOC 与传统课堂教学相结合，融合线上线下混合式教学模式。针对以往参与 SPOC 模式下进行学习的学生研究显示，取得显著的学术成就的学生具有较高的内在动机和自律能力（Gottfried, 1985; Rieber, 1991）。

我国对于 SPOC 的研究始于 2014 年，针对 MOOC 的发展和创新展开思考（康叶钦，2014；罗九同等，2014）。根据中国知网的核心数据库检索显示 2015 到 2016 年间相关研究达到高峰。SPOC 模式更加关注学生的个性化发展和个体差异，是对 MOOC 教学模式的超越（曾明星等，2015）。针对在线学习效果的研究，国内学者提出学习参与度是提升学生在线学习效果的关键（沈欣忆等，2015；郑勤华等，2016；吴静涛等，2020）。

目前国内外文献对于学生在线学习参与度的研究主聚焦 MOOC 模式或是从学习者视角展开，鲜有研究就 SPOC 教学模式且基于教师教学视角进行探索。因此，本文试图以《科技英语写作》课程为例，在建构 SPOC 教学模式的背景下，结合 Andreas M. Kaplan & Michael Haenlein 提出的远程教育中驱动学生的内在动机的 5C 框架理论，探讨 SPOC 模式下增强学生在线学习参与度的教学策略，为教师提升在线教学有效性提供参考。具体研究问题如下：

1）教师如何合理运用现有的在线教学互动平台提升学生的在线课堂参与度？

2）教师如何有效突破传统利用课堂讲授进行知识传播途径来提升学生的在线课堂参与度？

3）教师采用何种教学任务的布置可以有效提升学生的在线课堂参与度？

# 二、驱动学生内在动机的 5C 框架理论

基于前人就远程在线学习中学习内在动机促进学习成就研究的基础，Andreas M. Kaplan 和 Michael Haenlein 于 2016 年提出从五个维度驱动学生的内在动机，从而使其更好地参与远程教育教学实践，如图 1 的 5C 框架理论所示。该理论从“投入性”（Commitment）、“挑战性”（Challenge）、“控制性”（Control）、“竞争性”（Competition）和“共时性”（Contemporaneous）维度深度剖析了学生内在动机的驱动机制。

“投入性”（Commitment）具体指通过创造更大的群体归属感，使学生对在线教育更加投入。“挑战性”（Challenge）指教学任务具有一定的难度，能够激发学生解决问题的兴趣与思考。“控制性”（Control）指的是学生对于教学时间和地点的把控度，把控度越高，学习效果越好。“竞争性”（Competition）指学生在完成教学任务中要合作与竞争并存，使学生可以看到自己在实现目标方面的进展，在竞争中彰显学生的成就感和自豪感。“共时性”（Contemporaneous）指的是在教学过程中同时交叉运用多种媒体交流平台，使课程内容保持与时俱进的同时，加强与学生的互动。

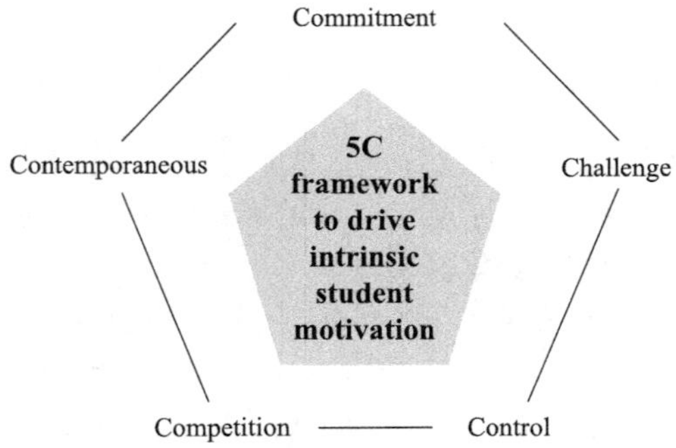


**图 1　驱动学生内在动机的 5C 框架理论**

## 三、研究设计

### 3.1 课程介绍

笔者基于所教授的《科技英语写作》课程，研究生一年级第二学期的英语必修课，每周两个学时，共 32 学时，2 个学分。课程着重从三方面来进行讲授：第一，夯实学生学术英语阅读与写作的能力，助力学生发表高水平的国际论文；第二，培养学生的批判性思维，通过文献的阅读和分析，培养学生的总结研究成果、聚焦研究问题、正确评价前人研究的能力；第三，结合课文和自编文献，培养学生观察分析英语为母语的作者的写作思路和分析问题的能力。

### 3.2 研究对象

参与学习本课程的学生来自两个自然班，编号 10 班和 11 班，每个班有 52 人。10 班学生同属电信学院，涉及二级学科领域有两个，主修控制科学与工程专业有 14 人，攻读学术学位；剩余 38 人主修建筑与土木工程，攻读专业学位。10 班学生同属机电学院，涉及二级学科领域有三个，主修机械工程专业 41 人，其中攻读学术学位 11 人，专业学位 30 人；主修载运工具运用工程专业有 2 人，攻读学术学位；剩余 9 人主修工业工程专业，攻读专业学位。由于今年疫情影响，学生无法返校，遂本学期本课程采用 SPOC 教学模式。

### 3.3 研究方法与操作步骤

首先，就教学平台使用方面，按照学校及学院的要求，笔者在开课之初，对各种在线教学辅助软件进行系统的学习，在熟悉软件应用的过程中，记录各个软件的功能。结合每个单元的教学设计，根据各个环节教学目的的不同，梳理对应的可操作的平台及其功能。在教学过程中将 10 班作为实验组，采用教学互动平台相结合的方式进行授课，11 班作为对照组，对其使用单一教学平台进行授课，教学实践周期为 8 周。同时定期收集学生对平台应用的反馈，记录线上学生互动情况。其次，就教学知识传授途径方面，针对不同班级采用不同方式：10 班采取教师讲授为主，辅助微视频的模式，11 班采用教师讲授的方式。最后，教师布置一系列教学任务，记录学生作业完成情况，作为教学效果的数据支撑。具体操作如表 1 所示。

表 1　SPOC 教学模式下实验组和对照组教学实践比较

| 组别 | 教学平台使用 | | 教学知识传授途径 | | 一系列教学任务 |
|---|---|---|---|---|---|
| | 学习通 / 雨课堂 | ZOOM/ 腾讯会议 | 教师讲授 | 微视频 | |
| 10 班（实验组） | √ | √ | √ | √ | √ |
| 11 班（对照组） | | √ | √ | | √ |

# 四、结果与讨论

在为期 8 周的实践教学基础上，根据学生的定期反馈和教学反思，结合 5C 框架理论，提出现阶段 SPOC 模式下增强学生在线学习参与度的教学策略——“优化组合”策略，如图 2 所示。“互动教学平台”指的是可用于在线远程教学的各种智慧教学工具和移动办公软件；“教学内容载体”指的是知识传播的渠道；“教学任务难度”指的是教学实践过程中发布的以检测学生学习效果为目的的各类活动。

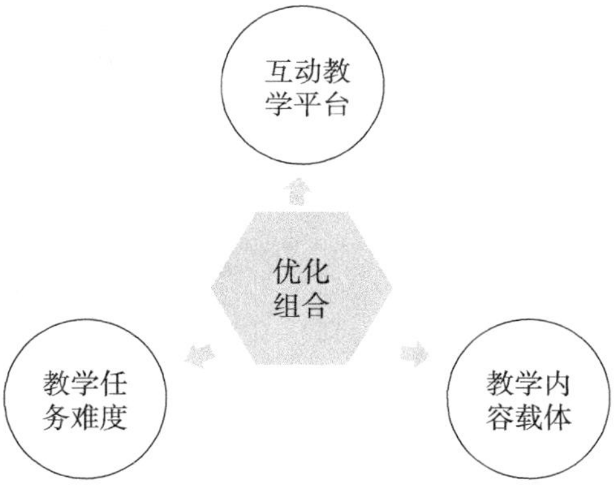


图 2　“优化组合”策略

**4.1 互动教学平台的优化组合**

基于在线互动教学平台种类繁多的现状，对于任课教师来说，需要熟悉各个软件的优点，根据教学目的的不同，结合 5C 框架中的“投入性”和“控制性”原则，实现平台的“强强联合”，才能在 SPOC 教学模式下增强学生课上参与度，提升教学有效性。

4.1.1 精选智慧教学工具

笔者本学期主要教授的课程是“科技英语写作”，教学重点是二语学术写作技能的指导与应用。相较于传统面对面教学模式，SPOC 模式下任课教师面临的巨大挑战就是对学生的“掌控”，掌控学生听课状态、掌控学生对教学内容的理解程度以及实时对学生的提问给予反馈等。反观学生，增强课堂的参与度是提升学习效果的有力保障。因此，根据以上教学目的，结合 5C 框架中的“投入性”和“控制性”原则，笔者将以往的教学内容进行进一步细分，以 10 分钟作为一个小节，搭配在线实时小测，同时结合在线软件中提供的“选人”“讨论”等功能，实时检测学生的学习状态，增强教师对课堂整体把控的同时提高了学生对授课内容的关注度。经过前期对比两种主要在线教学互动平台雨课堂和学习通以及学生以往试用反馈，最终选择雨课堂作为本课程主要在线教学互动平台。教师通过该软件发布的各种信息嵌入到学生的微信中，学生在关注微信的同时，也会随时关注到课程信息，无形中增强学生对在线课程的投入度。

4.1.2 搭配移动办公软件

除了以上提到的常规课堂互动外，针对科技英语写作课堂特殊性，教师需要实例剖析学术文章中词语选用、语法使用及文章结构布局等，学生需要在远程看到教师剖析语篇全过程的同时，实践参与语篇分析。根据这个教学目的，具有共享屏幕以及远程协作功能的会议视频软件就可以满足需求。在这里，笔者采用 ZOOM 软件的“共享屏幕”和“注释”功能，可以在线与学生进行语篇分析互动。

4.1.3 辅助教学预案设计

SPOC 模式的优势是打破教学时间和空间的壁垒，但是要以稳定的平台网络为前提，根据前期技术部门检测，任何一款互动教学平台在全国大规模在线教学使用中，都会出现不稳定的状态，因此，教师在进行备课过程中教学预案的设计是必不可少的一个环节。笔者根据软件的特点选取学习通作为教学预案，把每一堂课的知识重点呈现在软件中，方便学生进行课前预习、重点知识回顾和课后作业提交（如图 3）。课程搭建是备课过程中最费时费力的环节，但也是教师对其所教授课程内容进行梳理优化的过程。

**图 3 “科技英语写作”在线课程门户**

**4.2 教学内容载体的优化组合**

SPOC 模式下，除了教师在课堂上的讲授之外，贯穿课下阶段的知识传播途径应当多元化，才能增强学生课下参与度。笔者根据课前预习和课后复习两个主要教学目的，结合 5C 框架中的“共时性”原则，提出教师在教学不同阶段对教学知识内容载体进行个性化与共性化的划分，合理使用多种媒体交流平台进行发布，让学生通过多渠道多角度进行深度学习与探讨，提升学生学习兴趣的同时，增强教师与学生的互动。

4.2.1“个性化”教学内容载体

“个性化”教学内容载体指的是教授学术写作过程中，关注学科特性，自制微课，引入课堂，实现 SPOC 模式下“科技英语写作”课程建设的“私人定制”。笔者根据学生的学科特点，制作具有小班授课特色的微课并将其引入教学中，充分利用学生的碎片化实践的同时，满足不同学科的个性化需求。微课制作的内容包括三个方面：第一，针对不同学科挑选具有重复性和陈述性的理论知识录制成 10 分钟的小视频附带一道测验题，要求学生在课前进行学习。第二，通过录屏功能将具有操作性强的程序性知识制作成动画视频，方便学生课后模仿操练。第三，精选往期学生作业 PPT 配有评语制作成 5 分钟速课，给学生起到典范作用的同时，规范学生作业完成的质量。

4.2.2“共性化”教学内容载体

“共性化”教学内容载体指的是高水平教学视频，即国家级精品慕课，里面的每一节课都经过授课教师多年打磨和数万名学生的参与实践。因此，笔者根据实际教学情况，有效地将其融入到自己的课程中。具体操作如下：筛选国家级精品慕课中与所教授课程内容具有共性的知识点片段，通过短视频的方式分享给学生作为课堂知识的补充，在拓宽了学生视野的同时，也提升了教与学的有效性。

**4.3 不同难度教学任务的优化组合**

教育部高教司司长吴岩提出课程是人才培养的前提，明确了打造中国“金课”的标准，包括“高阶性”和“挑战度”，前者指知识能力素质的有机融合，培养学生解决复杂问题的综合能力和高级思维；后者指课程有一定难度，需要跳一跳才能够得着，对老师备课和学生课下学习有较高要求（新华网，2018）。笔者根据以上“金课”的两点要求，同时结合 5C 框架中的“挑战性”和“竞争性”原则，通过布置具有不同难度梯度的任务，夯实学生对所学知识的理解与运用。教学任务的发布贯穿课上和课下两个阶段，实现 SPOC 模式下“科技英语写作”课程建设的全景视角，夯实学生在线学习参与度。

4.3.1 语篇案例剖析、展示与评优

笔者所教授的《科技英语写作》课程，侧重从语用学视角剖析文章的内容结构和语言的运用，本课程的特色是融入简单实用的语言学理论知识，帮助学生对“语言的形式、意义与功能”的关系进行深入理解，进而提升其学术写作的能力。以科技语篇框架结构为单位划分授课内容，在课堂上对每一部分进行深入的剖析，每节课的课后任务就是让学生运用上课所学的理论知识就自己研究领域的英文论文进行剖析，然后在课上展示并评选出“最优演讲者”。该项教学任务的开展，不仅可以辅助教师检测学生的学习效果，还可以激发学生内在“竞争”意识，深化学生对课程的参与度。

4.3.2“中西作者文化身份认同对比研究”科研项目驱动

教学中同时实施以“科研项目”为驱动，引领学生深度剖析语言与文化关系，从语言学视角对比中西作者学术论文中文化身份的展现，树立正确的价值观，增强文化自信（杨欣然，2015；王晶晶，吕中舌，2017）。学生进行项目实施的具体步骤如下：检索自己感兴趣的科研领域，建立中西作者英文文献小型语料库。运用上课所学的 Hyland（2002）提出的“自我指称语”功能理论，分析中西作者英语写作的差异性。最后融合“跨文化”的视角，剖析学术写作作者文化身份的不同，进而探索导致差异性背后的因素。该项教学任务难度系数提升，对于学生来说具有一定的“挑战性”，在完成任务的过程中，夯实学生的科研能力，同时提升其思辨能力。

## 五、小结

本文结合驱动学生内在动机的 5C 框架理论，提出三种“优化组合”教学策略来提升学生在线学习参与度，进而提升在线教学的有效性。这里需要说明的是，在线教学互动平台的“强强联合”以及移动办公软件的交叉运用，并不是使用越多就越好，根据学生的前期反馈，在实际教学环节中，每一环节使用一种软件贯穿始终，学生表现出较好的适应性。

同时教师也会省去用于软件切换的解释说明时间，大大提升了课堂授课的效率。对于教学任务来说也是一样，布置适合学生能力水平的任务才能有效夯实学生学习的内容。因此，搭建适合实际教学内容和目标学生群体的教学模式才是成功的教学模式。

## 参考文献

[1] Kaplan A M, Haenlein M. Higher education and the digital revolution: About MOOCs, SPOCs, social media, and the cookie monster. Business horizons, 2016, 59(4): 441–450.

[2] Gottfried, A. E. Academic intrinsic motivation in elementary and junior high school students. Journal of educational psychology, 1985, 77(6): 631–645.

[3] Hyland K. Authority and invisibility: authorial identity in academic writing[J]. Journal of pragmatics, 2002, 34 (8): 1091–1112.

[4] Kaplan A M, Haenlein M. The fairyland of Second life: about virtual social worlds and how to use them. Business horizons, 2009, 52(6): 563–572.

[5] Kaplan A M, Haenlein M. Collaborative projects(social media application): about Wikipedia, the free encyclopedia. Business horizons, 2014, 57(5): 617–626.

[6] Rieber L P. Animation, incidental learning, and continuing motivation. Journal of educational psychology, 1991, 83(3): 318–328.

[7] 康叶钦 . 在线教育的“后 MOOC 时代”——SPOC 解析 [J]. 清华大学教育研究，2014，35（01）：85–93.

[8] 罗九同，孙梦，顾小清 . 混合学习视角下 MOOC 的创新研究：SPOC 案例分析？ [J]. 现代教育技术，2014，24（7）：18–25.

[9] 沈欣忆，胡雯璟，Hickey D. 提升在线学习参与度和学习效果的策略探究及有效性分析 [J]. 中国电化教育，2015（2）：21–28.

[10] 王晶晶，吕中舌 . 理工科博士生学术英语写作中的作者自我指称语研究 [J]. 外语界，2017（2）：89–96.

[11] 吴静涛，朱秋霞，孙经纬 . 提高学生在线学习参与度的策略研究 [J]. 电脑知识与技术，2020，16（1）：225–226, 301.

[12] 教育部高教司司长吴岩：中国“金课”要具备高阶性、创新性与挑战度 . 2018. [2020–04–15] 新华网 . education.news.cn/2018–11/24/c_1210001181.htm.

[13] 杨欣然 . 二语学术写作中的自我指称与作者身份建构 [J]. 外语与外语教学，2015（4）：50–56.

[14] 曾明星，李桂平，周清平等 . 从 MOOC 到 SPOC ：一种深度学习模式建构 [J]. 中国电化教育，2015（11）：28–34，53.

[15] 郑勤华，于畅，陈丽 . 基于学习者视角的 MOOCs 教学交互状况调查研究 [J]. 中国电化教育，2016（6）：77–85.

# 博士生国际期刊论文发表中的文本塑造者——兼论为发表科研论文的英语写作教学的启示[1]

# Text Shapers in Doctoral Students' International Publication of Journal Articles: Its Implication for Teaching English for Research Publication Purposes

中国农业科学院研究生院　卢　鹿

**摘　要：** 博士生发表的国际期刊论文通常是多个文本塑造者合力修改的成果。导师、同伴、在线论文修改服务、英语教师是最常见的四类博士生国际期刊论文文本塑造者。与其他文本塑造者相比，英语教师对帮助博士生掌握国际期刊论文体裁知识具有独特的优势。文章建议英语教师积极参与研究生国际期刊论文文本塑造活动，化解面向科研发表的英语写作教学中的两大矛盾：课程目标与英语教师学科知识之间的矛盾、教学内容与学术写作实践之间的矛盾。

**关键词：** 国际发表　文本塑造者　面向科研发表的英语写作教学

**Abstract:** International publication of journal articles by doctoral students is usually the outcome of joint efforts of their text shapers. Supervisors, peers, online editing services, and English teachers are four common types of doctoral students' manuscriptshapers. Compared with other text shapers, English teachers have unique advantages in helping students develop genre knowledge of international journal articles. This paper suggests that English teachers should take an active part in the text shaping activities of postgraduate international journal articles, so as to resolve the two major contradictions between ERPP (English for Research Publication Purposes) course objectives and English teachers' subject knowledge and between teaching content and academic writing practices in the teaching of English for research publication purposes.

**Key words:** International publication　Text shapers　Teaching English for research publication purposes

---

1　资助项目：2020 年中国农业科学院研究生院基本科研业务费专项“英语科技论文写作课建设与农科博士生国际期刊论文写作能力提升研究”(1610042020003)。

# 一、引言

近年来博士生科技论文国际发表数量显著增加（李艳等，2015），博士生已成为我国科技论文国际发表的生力军。然而，由于存在语言不规范、缺乏英语学术论文写作发表技巧等问题（Cargill et al., 2012; 黄萍、赵冰，2010），博士生撰写的论文通常需要经过多人多轮修改，其国际发表是合力修改的成果。Burrough-Boenisch（2003）将参与国际期刊论文修改者称为“文本塑造者”（text shapers）。导师、同侪、在线论文修改服务、英语教师是面向科研发表的英语写作（English for Research Publication Purposes, ERPP）相关文献中常见的四类博士生国际期刊论文文本塑造者。本文将探讨这四类文本塑造者具有的优势和可能存在的问题，并据此提出相应提升 ERPP 教学效果的对策建议。

# 二、博士生国际期刊论文文本塑造者

### 2.1 导师

导师对博士生的指导通常是一对一“师徒式”指导（Austin, 2009）；这种指导是博士生进入本学科话语共同体社会化过程中关键的学习资源。在博士生撰写和发表国际期刊论文过程中，导师经常作为共同作者指导论文写作、参与论文修改，是博士生国际期刊论文重要的文本塑造者。

导师作为博士生国际期刊论文文本塑造者有以下优势。第一，博士生对导师的信任度和对导师修改论文的认可度较高，有助于高效塑造论文文本。导师一般具有丰富的科研和论文写作经验，熟悉博士生研究课题，能够针对论文的内容、语言、结构、修辞、格式等多层面进行修改或提出修改建议（Burrough-Boenisch, 2003; Li, 2012）。研究表明，尽管学生有时不完全认同或接受导师的修改建议，但通常欢迎、信任导师的修改（Li & Flowerdew, 2007）。第二，导师的责任意识有助于塑造高质量的论文文本。一方面，很多国内导师视修改学生论文为己任；另一方面，由于理工科博士生通常在导师带领的学术团队中工作，其论文发表被视为团队科研成果，作为论文共同作者的导师通常会严把论文质量关。第三，师徒式指导方式具有潜在的时空便利性，有利于导师和博士生顺畅修改论文沟通渠道。导师的多元化反馈（书面反馈、与博士生面对面讨论等）有助于精准定位论文中存在的问题、快速找到问题解决方案。第四，导师反馈具有向学生传授学科内容、写作技巧、语言使用、修辞文体等知识的功能，在授之以鱼的同时，也授之以渔。

值得注意的是，导师作为博士生国际期刊论文文本塑造者，也存在一些不容忽视的问题。首先，导师在教学科研、行政管理、家庭生活等方面均会消耗大量的时间和精力，且随着国内研究生招生规模的不断扩大，导师指导的研究生数量可能越来越多，导师很难对每篇学生论文做出精细化反馈和修改。研究表明，尽管导师发现博士生论文初稿中存在失范的文本借用行为，但受限于自身时间和精力及博士生迫切的国际发表需求，导师会选择放弃指导学生修改而改为自己重写的策略（Li, 2012）。导师重塑（部分）论文固然会增加论文发表的概率，但如果学生缺乏与导师的充分沟通，能否从导师的大段重写中隐性习得国际期刊论文写作修辞技巧依然存疑。其次，导师自身的英语水平、国际期刊论文写作和发表经验、文本塑造能力、对修改任务的态度、指导交流技巧等因素也会影响其对博士生论文文本塑造的方式和效果（Huang, 2010; Li & Flowerdew, 2007）；导师对博士生研究课题过于熟悉也可能会削弱他们批判性审读和修改论文的能力（Burrough-Boenisch, 2003）。

**2.2 同侪**

同一研究领域或学术团队中具有丰富写作发表经验的博士生可能受邀为同伴塑造国际期刊论文；一些导师也会请自己指导的博士后或高年级博士生帮助低年级博士生修改论文。

同侪作为博士生国际期刊论文文本塑造者有两点优势。第一，具备相应的专业知识有助于同侪批判性审读论文，可对论文内容存在的问题给出建设性的修改建议。第二，同济在论文文本塑造的时间、空间和权力地位关系方面具有独特优势。相较于导师，同侪可以更为灵活地支配时间，且同学、同伴间相对平等、融洽的人际关系及更多面对面沟通的机会也有助于高效塑造论文。研究发现，语言能力、专业能力、写作发表能力和沟通讲解能力强的高年级博士生有可能成功指导低年级博士生写作和修改论文，达到较好的论文文本塑造效果（Li & Flowerdew, 2007）。

博士生作者选择同侪作为国际期刊论文文本塑造者，除需关注同侪的英语学术写作能力和专业能力外，还需要特别关注论文作者署名问题（Li & Flowerdew, 2007）。目前学界对期刊论文文本塑造者的文章署名问题仍有争论（Jones, 2000），但博士生作者应在论文文本塑造活动开始之前与同侪友好协商相关问题，并应在文末致谢中对文本塑造者表示感谢。

**2.3 在线论文修改服务**

为国际期刊论文提供在线修改服务在全球已逐渐产业化。常见的有偿在线修改服务资源包括国际学术期刊、国际出版公司、海外论文编辑学（协）会、在线学术资源平台、国际论文修改平台或个人（Li & Flowerdew, 2007; Luo, 2017）。

与其他类型的文本塑造者相比，有偿在线论文修改服务的最大优势在于其易得性。但选择使用该服务时，需要关注以下几个问题。第一，信任问题。很多作者对在线修改者是否会不道德、不合法地处理未发表论文的数据和结果存疑。第二，修改质量问题。由于在线论文修改服务通常由机构或在线平台提供，作者无法与在线论文修改者建立直接沟通渠道。修改者的修改能力和经验、对中国学生英语写作习惯的熟悉程度、对修改任务的责任感等都会影响其论文修改质量。第三，费用问题。一些大型国际出版公司或论文编辑学（协）会根据作者需求，将论文分配给与作者专业相近或相关的母语修改者或修改丰富经验的二语修改者进行语言编辑，但费用不菲。

**2.4 英语教师**

随着学术英语成为高校英语教学改革的新方向，教授学术英语课程，特别是教授ERPP课程的英语教师逐渐成为宝贵的博士生国际期刊论文文本塑造者资源。尽管一些研究者认为，相比导师或其他学科专家，英语教师缺乏对论文内容信息敏锐的洞察力，难以实施有意义的修改（如 Lillis & Curry, 2010）；但近年来有关英语作为附加语（English as an Additional Language, EAL）作者学术写作研究的相关发现质疑了这一观点，表明英语教师不仅能够帮助 EAL 作者解决论文语言和语篇层面问题，也能够帮助作者对论文内容进行有意义的修改（Flowerdew & Wang, 2016）。

英语教师作为博士生国际期刊论文文本塑造者具有两大独特的优势。第一，英语教师具备系统的语法词汇和学术写作修辞知识，可以帮助博士生解决论文中常见的语言问题，如语法、词汇广度和深度、选词策略等问题（Daly, 2016），有效传递作者预期表达的意义。同时，英语教师也能够针对论文中的体裁及修辞问题，如无法实现创作意图的无效表达、逻辑思维混乱、语篇连贯性差、语篇修辞模式不当等，给出修改建议和方案。第二，英语教师具备丰富的教学及师生沟通经验。通过运用英语元语言知识、期刊论文体裁知识、写作反馈知识等，在多元化论文文本反馈和修改中融入相关知识点讲解，教之以法，帮助学生最大化地提升学术英语写作发表技能和国际期刊论文目标体裁的产出能力（Flowerdew & Wang, 2016; Harwood et al., 2012）。

与作者建立有效的沟通渠道是英语教师充分发挥文本塑造者优势、成功修改博士生国际期刊论文的关键。研究发现，面对面交流有助于英语教师利用博士生的学科内容知识弥补自身学科知识的短板、明晰学生的写作意图，实现对论文语言、内容、修辞层面的精准修改，提升论文修改效率和效果（Luo & Hyland, 2017）。同时，与博士生作者进行修改讨论，向学生解释修改的理据，使得英语教师对博士生国际期刊论文文本塑造具有鲜明的“互动性和教学性”特点（Burrough-Boenisch, 2003）。

## 三、结语及对 ERPP 教学的启示

导师、同侪、在线修改服务、英语教师是四类常见的博士生国际期刊论文文本塑造者。与同侪和在线修改服务相比，导师和英语教师作为论文文本塑造者具有专业、便利、经济、认可度高等特点（Li & Flowerdew 2007; Luo & Hyland, 2016）。与导师相比，英语教师在帮助博士生解构国际发表相关体裁特征、掌握体裁知识方面具有独特的优势。尽管 ERPP 研究已关注到英语教师作为国际期刊论文文本塑造者的有利条件，但学界似乎很少对英语教师参与国际期刊论文文本塑造活动对其学术英语教学的反哺作用展开讨论。倡导英语教师积极参与研究生国际期刊论文文本塑造活动，有助于解决 ERPP 教学中的两个问题。

### 3.1 ERPP 课程目标与英语教师学科知识之间的矛盾

ERPP 课程的教学目标是提升学生学术英语写作与发表能力。由于学术语篇具有多样性、复杂性和学科特殊性的特点，需要结合具体的学科背景进行有效教学（胡光伟、刘焰华，2020）。尽管国内大部分高校为研究生开设了 ERPP 课程，但鉴于成本效益和师资限制，由学科专家或由学科专家和英语教师合作开展的团队教学依然鲜见；通常这类课程由英语教师主讲，学生可能来自相同学科大类的不同专业。英语教师的学科背景以语言学、应用语言学为主，学科知识构成缺乏教学对象的学科专业知识。为实现 ERPP 教学目标、满足学生的学习需求，英语教师需要具备培养学生有关语篇实践的学科差异性意识。教师可以通过考察学术语篇，拜文本为师（Casanave &Vandrick, 2003），间接了解特定的学科文化；也可以积极参与研究生的学术论文发表过程，在帮助学生塑造论文文本的同时，从师生交流中汲取养分，直接、直观、深入地了解、学习学科文化，提升对某些特定学科知识建构的理解，发展 ERPP 教学能力。

### 3.2 教学内容与写作实践之间的矛盾

ERPP 课堂授课内容通常以“如何写”为主，侧重通过体裁分析提升学生对相关体裁形式知识（如词汇语法知识、语篇结构知识等）和修辞知识（如写作目的、作者读者关系等）的掌握，但缺乏关注写作和发表过程中的程序性实践知识。写作的本质是社会活动，作者的主体作用不容忽视；教授学生写作不仅限于教授实用表达或交流技巧，也需要教授学生如何参与相应的社会实践活动。英语教师参与研究生国际期刊论文修改实践活动，能够帮助教师积累宝贵的教学素材，不仅收集论文的修改稿，还能够获得更多机会观察、记录学生修改和发表国际期刊论文的心路历程，了解他们在复杂的国际发表中遇到的困难和困惑，发生的或欢喜或悲伤的有趣故事，同时积累与学生共同解决问题的经验。这些实践能够形成有效的教学案例，不仅能够丰富课堂内容、活跃课堂气氛，也可以反哺教学，尤

其是学术写作教学的反馈和修改环节，帮助学生贴近真实的创作场景，发展学生对国际期刊论文写作、修改和发表过程的认知，引导学生发展自主发现问题、解决问题的策略和行动力。

# 参考文献

[1] Austin A E. Cognitive apprenticeship theory and its implications for doctoral education: A case example from a doctoral program in higher and adult education [J]. International journal for academic development, 2009, 14(3): 173–183.

[2] Burrough–Boenisch J. Shapers of published NNS research articles [J]. Journal of second language writing, 2003, 12(3): 223–243.

[3] Cargill M, O'Connor P, Li Y. Educating Chinese scientists to write for international journals: Addressing the divide between science and technology education and English language teaching [J]. English for specific purposes, 2012, 31(1): 60–69.

[4] Casanave C P, Vandrick S. Preface [A] //Casanave C P, Vandrick S. Writing for scholarly publication: behind the scenes in language education [C]. Mahwah, NJ: Lawrence Erlbaum, 2003: xi–xv.

[5] Daly N P. Common words, uncommon uses: The most "discoursally significant" language edits in a corpus of Chinese medical manuscripts [J]. Journal of English for academic purposes, 2016, 21: 34–47.

[6] Flowerdew J, Wang S H. Author's editor revisions to manuscripts published in international journals [J]. Journal of second language writing, 2016, 32(2): 39–52.

[7] Harwood N, Austin L, Macaulay R. Cleaner, helper, teacher? The role of proofreaders of student writing [J]. Studies in higher education, 2012, 37(5): 569–584.

[8] Huang J. Publishing and learning writing for publication in English: Perspectives of NNES PhD students in science [J]. Journal of English for academic purposes, 2010, 9(1): 33–44.

[9] Jones A H. The changing tradition of authorship [A] // Jones A H, McLellan F. Ethical issues in biomedical publication [C]. Baltimore, MD: John Hopkins University Press, 2000: 46–51.

[10] Li Y. "I have no time to find out where the sentences came from; I just rebuild them" : A biochemistry professor eliminating novices' textual borrowing [J]. Journal of second language writing, 2012, 21(1): 59–70.

[11] Li Y, Flowerdew J. Shaping Chinese novice scientists' manuscripts for publication [J]. Journal of second language writing, 2007, 16(2): 100–117.

[12] Lillis T M, Curry M J. Academic writing in global context [M]. London: Routledge, 2010.

[13] Luo N. Chinese scientists writing for international publication: The use of mediation services [D]. Hong Kong: The University of Hong Kong, 2017.

[14] Luo N, Hyland K. Chinese academics writing for publication: English teachers as text mediators [J]. Journal of second language writing 2016 (1): 43–55.

[15] Luo N, Hyland K. Intervention and revision: Expertise and interaction in text mediation [J]. Written communication, 2017, 34(4): 414–440.

[16] 胡光伟，刘焰华. 学科性与学术语篇 [J]. 外语教学，2020（2）：29–33.

[17] 黄萍，赵冰. 中国内地及香港地区学者国际期刊英语论文发表之对比研究 [J]. 外语与外语教学，2010（5）：44–48.

[18] 李艳，马陆亭，赵世奎 . 理工科博士学位获得者学术论文发表情况及影响因素分析 [J]. 高等工程教育研究，2015（2）：143–147.

# 《英语科技论文写作》的评价与优化[1]

# Evaluating and Optimizing *English Scientific Paper Writing*

北京林业大学外语学院　黄佩娟　孙　莹

**摘　要**：本文结合内部评价和外部评价，从教材编写的指导思想及体现的教学法、教材内容的选择和安排、教材的组成部分，以及教材是否符合学生的学习要求、是否符合教师的教学需要等方面对学术英语写作教材《英语科技论文写作》进行系统评价，并在此基础上对教材提出优化建议。

**关键词**：英语写作教材　教材评价　教材优化

**Abstract:** Based on the internal evaluation and external evaluation, this paper discusses the guiding ideology and teaching methods embodied in *English Scientific Paper Writing*, the selection and arrangement of the textbook contents, and the components of the textbook. This paper also investigates whether the textbook meets the learning requirements of students and the teaching needs of teachers. On the basis of the systematic evaluation, this paper puts forward some suggestions for the optimizing *English Scientific Paper Writing*.

**Key words:** English writing textbook　textbook evaluation　textbook optimization

## 一、引言

公开发表的学术论文尤其是英文学术论文的质量是衡量高层次人才学术水平的重要标准。新形势下为培养更高质量的学术人才，2011 年 4 月北京林业大学研究生院及外语学院提出硕士研究生英语一外课程增加学术论文写作教学板块，教材《英语科技论文写作》（中国人民大学出版社，2013）应运而生。作为北京林业大学非英语专业研究生英语教学改革的产物，该教材在编写和使用过程中受到外语学院和研究生院的大力支持，在几轮教学的使用中也得到学生们的普遍认可，但由于时间仓促、编者水平有限，书中难免存在一些问题。本文针对《英语科技论文写作》进行全面评价，找出不足之处，提出优化教材建议，以便让教材更好地服务教学，提升研究生公共英语教学水平。

## 二、教材评价体系

20 世纪 80 年代末至 90 年代初，欧美国家对英语教材评价的理论研究已经日益成

1　基金项目名称：北京林业大学研究生公共英语中的人文类学术写作建设，项目编号：JXGG19025。

熟，并产生了一大批颇具影响力的学者和研究成果。在英语教材评价方法上，研究影响较大的有 Hutchinson & Waters，Grant，Sheldon 等人。Hutchinson & Waters（1987）首先提出了教材评价的对照法，即将“主观需要分析”（subjective analysis）和“客观对象分析”（objective analysis）相互对照的客观评价方法。Grant（1987）把教材评价分为初步评价（initial evaluation）、细节评价（detailed evaluation）、使用中评价（in-use evaluation）。Sheldon（1988）中提出通过整体印象评定和定性评价两种方法进行评价。Cunningsworth 于 1995 年提出了整体印象（impression overview）评价和深入评价（in-depth evaluation）两种方法。他还根据教材评价的时间提出三种评价类型：使用前评价（pre-use evaluation）、使用中评价（in-use evaluation）和使用后评价（post-use evaluation）。

结合前期理论研究，笔者提出对《英语科技论文写作》的系统评价从内部评价和外部评价两个出发点展开（图 1）。内部评价是评价教材本身或其内在的科学性、合理性和有效性，即通过评价了解教材本身体现或包含的外语教学思想、教学目的、教学方法、教学内容、教材的各个组成部分、教材的设计形式等方面。外部评价是评价教材对于某一使用对象群体的适用性。换句话说，外部评价就是考察教材是否能满足学生学习和教师教学的需要。

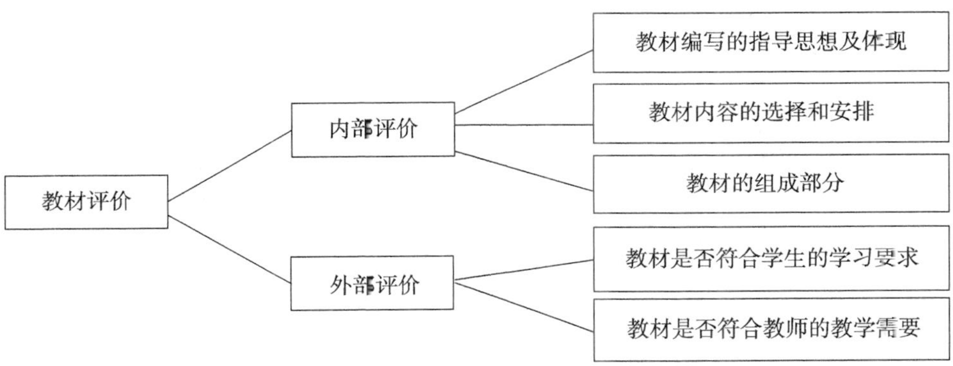


**图 1　教材《英语科技论文写作》的评价体系**

# 三、评价结果

**3.1 内部评价**

3.1.1 教材编写的指导思想及体现的教学法

《英语科技论文写作》的编写是以建构主义及语言共核（linguistic common core）理论为指导，坚持语言有意义的信息输入，引导不同专业背景的学生研究共同的功能语言，习得一般的语言规律。教材强调写作的实践性和内容的实用性，尽可能与将来科研工作中的需求相结合。建构主义指导下的教材编写理念主要强调以“学”为中心，充分发挥学生自主性的学习，教师在整个学习过程中主要起组织者、指导者和帮助者的作用（唐磊，2000）。语言与技能的共核理念（the notion of a common core of language and skills）是指在不同的学科和职业行为中，存在着通用的语言特征和语言技能。该理论认为，不同学科在语法、功能和语篇结构方面的变化并不多，在不同专业学科的语言运用中，存在着相同的思维和表达过程，如定义、描述、分析、辩论等，这些表达过程在不同学科中所使用的修辞策略基本一致，并不具备任何学科的特殊性（段平，2007）。《英语科技论文写作》编写的另一大特征是以学习者为中心，注重与学习者的互动。教材以本校的授课讲义为基础，在编写过程中不断根据学生的反馈意见更新完善。另外，教材的指令语言全部采用第二人称，这样的指令性语言具有对话特征，让学习者感到亲切，易于接受。

3.1.2 教材内容的选择和安排

《英语科技论文写作》按照论文通常采纳的篇章结构逐节进行讨论的思路构建体系。理论上遵循了语言学界关于学术论文讨论趋于一致的 IMRD 模式，实践上借鉴了多年来北林博士论文写作教学丰富的经验。

教材共分为九个单元，分别是 Unit 1 Information Searching、Unit 2 Research Paper and Title、Unit 3 Abstract、Unit 4 Introduction、Unit 5 Materials and Methods、Unit 6 Results、Unit 7 Tables and Figures、Unit 8 Discussion and Conclusion、Unit 9 References and Notes。每个单元由四个部分构成，1）讨论相关篇章结构的特定功能，帮助学生悟出或总结科研论文的实质与规律；2）通过各种语言练习使学生习得特定语言功能和规范用法，并掌握学术语境中英语语言教学的常见内容，如恰当的选词、得体的语体、篇章层面的连贯等；3）对本章节要点回顾的单元总结部分；4）课后练习。通过总序、目录和单元总结，学生和教师可以一目了然地了解该教材的总体结构和各单元重点，这为学生进行有针对性的学习和教师备课提供了便利。

3.1.3 教材的组成部分

现在许多外语教材不再像以前那样只有一本书，而是由学生用书、教师用书、练习册、卡片、多媒体光盘乃至网络资源等组成的立体教材。这种立体教材有助于从不同角度和凭借不同媒介向学生提供多种学习形式和学习渠道，有利于不同学习风格的学生充分发挥他们的学习潜力（程晓堂，2012）。

与市面上大多数立体式英语教材不同，《英语科技论文写作》仅包括学生用书以及以电子版形式提供的与教材配套的教师用书、教学 PPT 课件、12 篇 SCI 论文。各部分之间有时不能形成有机整体，例如在学生用书里多次涉及的附录论文只提供电子版，必须使用电脑才能阅读，这给教与学造成很大障碍。

**3.2 外部评价**

3.2.1 教材是否符合学生的学习要求

对参加公共英语必修课的硕士研究生发放问卷以调查学生使用教材的情况。之后，对参与问卷调查的不同专业的硕士生进行访谈，进一步了解学生学习需求的满足程度，调查结果和分析如下。

总体而言，《英语科技论文写作》能够满足学生提高英语学术写作的需求。访谈的结果印证了这一点："从前我对英文论文写作一无所知，现在我能够清晰地把握一篇论文的整体结构，收获很大。""通过学习我敢于动笔纂写英语学术论文。""《英语科技论文写作》使我懂得英语论文写作是有章可循的，学习之后我基本能把握它的规律。""英语学术写作能力是我们研究生应该发展的能力，《英语科技论文写作》教材为我们这种能力的提高起到了很大的作用。"

学生基本满意教材各章节之间及内部结构安排，并对教材提供的学习内容表示认可。《英语科技论文写作》的编者查阅了大量文献作为指导编写的依据，例如编者阅读文献时发现在引言部分引入体裁分析概念对于规范英语学术论文写作很有必要（徐有志 2007），因此在第四单元以 Swales 提出的 CARS（Created-A-Research-Space）语篇分析模式为理论依据，介绍了学术论文引言部分的体裁结构，即"三语步"。语步一：建立研究领域，通过回顾该领域的前期研究成果，阐述所研究问题的重要性和必要性。语步二：确立研究地位，通过指出前期研究的不足提出某一论题研究的必要性。语步三：占据研究地位，告诉读者论文中提出的问题将在正文中如何得以解决。为了帮助读者更好地理解并运用“三语步”这一概念，编者列举了达到每一语步交际目的的诸多表达方式。

对于学术用语语言特征的重视是教材的亮点，并贯穿整本教材，这基于编者对学术英语写作实质的认识：语言问题是影响英语论文能否在国际权威杂志上发表的重要因素，读者必须掌握学术用语不同于日常用语的方面。第三至第八单元中除了具体介绍各部分写作要素之外还详细解释说明了语言的具体应用，如时态语态的用法、特定的句式结构等。例如在引言部分教授了如何使用不同句式表达研究目的，在研究方法部分强调一般过去时态是主导时态，在研究结果部分需要使用大量的被动语态体现研究结果的客观性，涉及某个图或表的描述应采用一般现在时态，在讨论和结论部分通过使用情态动词体现学术语体的特点等等。

问卷中“教材练习及老师布置的有关作业对你提高论文写作帮助很大”这一项的调查结果显示练习和作业的效果并不尽如人意。在访谈中有的学生对教材练习的效果表示疑惑。“虽然感觉学到了不少东西，但是写作水平没有太大的长进。”“真正要我们写的练习实在太有限了。”“我还是不太会写文章。”“我觉得练习的类型挺多但真正要求我们真正去写的练习并不多。”

教材中的练习主要涉及两方面：论文的写作内容和论文的写作语言。两种练习的比例大体相当。在涉及语言的练习中真正的不折不扣地要求学生动笔写英语的实践性练习总数仅有 21 题。形式上只有填空、翻译两种，比较单调。提高学生英语论文写作能力不是仅仅要学习有关的知识和规则，更为重要的是要从英语语言表达能力的提高上下工夫。引导学生总结、归纳、牢记英语学术语篇中的一些程式化的语言表达方式，以及本学科领域国际上认可的、接受的和习惯的语言表达形式。要通过语言实践让学生学会使用字、词、句的本领，因此基础还应该是落实在“写”上，应该通过设计更多有效的练习为学生提供最大限度的英语写作实践机会。

在满足自学要求方面，仅有 46% 的学生表示《英语科技论文写作》能满足他们的自学要求。访谈时学生们纷纷表达了教材在很大程度上不能满足自学需求。“因为要做野外实验，我有两周没有上英语课，但回来之后发现落下来的学习内容很难靠自学课本补上。”“课本中有些练习老师课上没有时间讲，我在课下自己做了也不知道结果对不对。”

学生们在课堂上在教师的指导下通过对实际范例的观察和总结，经过一系列讨论，归纳出英语科技论文写作的规律和特点，领悟和习得目标语言，这是教材编者的初衷，所以教学内容大部分是以问题讨论的形式而不是以内容陈述的形式呈现出来，这对自学而言无疑带来巨大挑战。另外没有配以学习指导、参考答案等内容的教辅材料，学生的自学困难更是雪上加霜。

3.2.2 教材是否符合教师的教学需要

通过对参与北京林业大学研究生公共英语一外教学的教师进行访谈来了解教材是否符合教师的教学需要。总体而言，《英语科技论文写作》一书有明确的使用对象和教学目标，视角专业规范，编排系统科学，但是也存在明显的不足之处：首先，除了练习题的参考答案和上课使用的 PPT 课件的电子版之外，教材没有配有便于使用的正式教参。教师无法一开始就十分清晰地把握教学的基本内容和目标，在教学方法和教学活动的设计方面也没有任何可以依靠的建议，因此一切教学活动都是在摸索中进行。教师需要花费大量的课外备课时间提炼每节课的教学基本内容和目标，设计教学方法和教学活动。另外，PPT 课件制作比较简单，不能完全满足上课的需要。第二，教材中没有足够的语言练习，“真正要求动笔写的练习明显不够，学生们具备了一定的学术论文写作知识，但不去写，他们的写作技能永远得不到真正提高。”有的课后练习的可操作性较差。第三，教材没有配备用于复习和测验的材料不利于教师对所教授的内容进行有效的检测。

# 四、优化建议

### 4.1 针对学生们的学术发展需求，充实教材内容

《英语科技论文写作》仅提供的 SCI 期刊论文主要涉及农林专业，应该拓宽专业面，增加经管、艺术、人文方面的文章。

在体裁分析的基础上，增加一些微观篇章结构的介绍。论文中的一些微观篇章结构，如例证、因果关系、对照对比、定义、分类、描述等应该是学术论文写作课的重要组成部分，也是学习的难点，在教材中应给予足够的重视。

学术英语中的一项重要内容是培养学术素养，它是大学生在专业学习和专业研究中必备的基本素质，如何鉴别各种文献资源的真假，如何理解、解释和组织这些资源，如何合理引用这些资源而避免学术剽窃等等。教材中应该增加提高学术素养方面的内容，例如节选不同信息来源的文章，引导学生阅读并鉴别可靠的学术信息来源。

### 4.2 从英语语言表达能力的提高上下工夫，增加语言实践练习，学习任务多样化

除了引导学生总结、归纳、牢记英语学术语篇中的一些程式化的语言表达方式之外，教材应该提供最大限度的英语写作实践机会，使学生具备使用准确恰当的语法和词汇用英语进行写作的能力，切实提高写作水平。学习外语不是为了学关于它的知识和规则，而是要通过语言实践来学会使用它的本领，每个单元都应该结合讲授内容安排更多的写作练习，必须不折不扣地要求同学动笔写英语，因为大量的写作实践是学会写英语最重要的保证。此外，教材中的任务应该多样化，鼓励学习者反思、交流、发表意见以及互评。

### 4.3 完善配套资源，建立立体化教材

首先，附录部分应该印刷出来放在教材主要内容之后以方便查阅。其次，应提供给学生学习指导用书、教师参考用书等教辅材料。编写学生学习指导用书，提供练习答案、学习指导等内容以帮助学生进行有效的自学。编写教师参考用书，在教参中清晰地提供各个单元教学的基本目标，并在教学方法和教学活动的设计方面提出建议，提炼每节课的教学基本内容和目标，设计教学方法和教学活动。第三，利用网络创建自主学习平台。在学习平台上放置与学术论文写作相关的海量学习资源，学生可以自我掌控学习节奏，有效利用碎片化时间，大幅提升学习自主性。网络通过给予学生自主学习的空间在写作教学中的优势非常明显：网络不受时间、地域的限制，非常适合研究生实验多、科研任务紧张的特点，可弥补写作课时少的缺陷。研究生更愿意对自己的学习承担责任，要充分发挥他们的自主学习能力，采用课堂、网络相结合的方式在学习的不同阶段给予学生全方位支持。

# 五、结语

《英语科技论文写作》根据新形势下国家对高级学术人才的要求和我校研究生教学的实际情况进行编写，它的出版是研究生英语教学改革的一次有益尝试。然而，通过系统评

价我们发现教材存在许多值得改进的方面，建议以此为基础进一步开发满足师生需求的论文写作教材，促进研究生英语教学质量的提高。

## 参考文献


[1] Cunningsworth A. Choosing your course book [M]. Macmillan Education, 1995: 20–25.

[2] Christophe M, Shaw C. Materials and methods in ELT: A teacher's guide [M]. Wiley-Blackwell, 1993:13–16.

[3] Grant N. Making the most of your textbook [M].Addison-Wesley Longman Ltd, 1987: 12–15.

[4] Hutchinson T, Waters A. English for specific purpose: A learning-centred approach [M]. Cambridge: Cambridge University Press, 1987: 15–18.

[5] Sheldon L E. Evaluating ELT textbooks and materials. ELT Journal, 1988, 42: 237–246.

[6] 程晓堂 . 英语教材分析与设计 [M]. 北京：外语教学与研究出版社，2012.

[7] 段平 . 专门用途英语的共核理念与实践意义 [J]. 北京航空航天大学学报（社会科学版），2007（3）：67–70.

[8] 唐磊 . 外语教材编制理论初探 [J]. 课程 · 教材 · 教法，2000（12）：22–31.

[9] 徐有志 . 学术论文体裁教学不可或缺——英语专业硕士学位论文引言写作情况调查 [J]. 中国外语，2007（7）：47–51.

# 浅谈人文类学术写作的选题[1]

# How to Select Topic in Humanities Academic Writing

北京林业大学　孙　莹　黄佩娟

**摘　要：** 论文题目的选择在人文学科的学术写作中有着非常重要的作用。一个好的题目不但要有新意和意义，如何把握好题目的深度和广度也是初学者容易遇到的难题。由于深受课本篇章布局的影响，初学者的文章往往不能够紧密围绕一个主题展开论述，以小见大。在本文中，笔者首先剖析了人文类学术论文在选题方面的四点要素，然后以教材和课堂为例，来进一步解释如何在这一过程中更好地发挥教师的作用，引导和帮助学生选好题目。

**关键词：** 人文类学术写作　选题　维度　创新　逻辑

**Abstract:** Selecting topic is an important step in Humanities academic writing. A good topic should be innovative, creative, meaningful, in proper dimension and further exploration, all of which seem hard to most of graduate students who are starting their research. Due to widely influenced by textbooks' structure and style, it is impossible for new-learners to describe and analyze his/her research around a central idea. To help students know how to choose a topic in academic writing, in this passage, four key elements concerned with topic selecting are discussed firstly. And then, the role of an English teacher is shown through some class activities.

**Key words:** Humanities academic writing　selecting topic　dimension　innovation　logic

## 一、人文类学术写作的基本特点

研究生教育是中国高等教育中非常重要的一环。研究生教育强调学生需具备独特的创新精神和较强的学术研究能力，而撰写学术论文则是其中非常重要的一个考查环节。为了能够培养出更高层次人才，2011 年，北京林业大学外语学院研究生公共英语教研室启动英语科技论文教改项目并编写相应教材。近年来，随着人文、经管类研究生数量的增多，一个新的问题愈发清晰，即如何帮助更多的文科类研究生提高学术写作能力。标准的理工类学术论文大体上是遵循标题、摘要、引言、材料与方法、结果、讨论和结论的写作思路来开展的，然而，传统的文科研究在很大程度上是围绕“描述一件有意义的事情”来展开的，强调对学生逻辑思维能力的培养和挖掘、重新解读材料的能力，并从该事情中学到某些道理。文理科在写作上的明显不同为英语老师在开展自己的教学活动中提出了诸多挑

1　本论文由北京林业大学研究生院科研反哺教学项目赞助，项目编号 JXGG19025。

战。而同自然科学相比，人文社会科学的论文受很多因素的影响，没有那么标准、严格和精确，因此，写作范式也大相径庭。由于学术论文关乎专业知识的积累和写作锤炼的感悟，很多文科类研究生视学术论文写作为一个痛苦的炼狱过程：对选题的困惑、对创新的茫然、对文献资料梳理的不知所措（尉天骄，2007）。

## 二、人文类学术写作的选题注意事项

文科类学术论文的写作训练涵盖诸多方面，选题作为其中的第一步有着非常重要的作用。一个题目选取的失败往往预示着整篇文章都是不成功的。选题关乎学术论文的创新程度及学术水平的高低。然而，在很多时候，尤其是在初学论文的写作阶段，不少文科类研究生在钻研了部分庞杂的专业知识以后，仍然面临着不知从何入手的困境。根据笔者本人多年来的科研经验，笔者认为，在选题过程中需要注意以下几个问题：

1. 所选题目的广度。同理工科类研究相比，文科的研究范围是更加模糊和隐秘的。它更多的是要求研究者集中一点，就一个问题展开详细的论述，对其进行证伪，并且需要提出作者自己的独家观点。学术论文与教材是不同的。一般来说，教材主要是向学生介绍基础的知识，帮助学生理清知识线索，建立一个基本的知识体系和框架，以便学生在未来能够更好地运用这些知识来学习。教材不强调对每个概念都要寻根究底（实际上，大多数的教材都不这样做）。举个例子来说，二语习得的教材会向学生介绍兴趣在学生学习中的重要性，但教材和绝大部分相关书籍却几乎不会向学生展示为了最终形成这一结论，研究人员所进行的大量的实验和实验数据。同样，历史教科书会给学生列举工业革命中那些被发明和创造出来的机器的名称，但几乎不会提及它们的工作原理、发明和制作过程。受限于知识量和篇幅，教科书重视知识的传播，然而，学术论文往往要求学生就某一点深入下去。由于深受教科书式写作的影响，题目过大是文科类学生经常出现的一个问题。对于研究生阶段的学生而言，文科类论文应该选择小切口。教师应帮助学生将一件小事、一个小元素、一个小细节同社会的热点联系起来，在有限的篇幅内，从不同的角度、立意或者用新的材料来进行阐释。

2. 所选题目的意义。意大利历史学家克罗齐（1982）认为“一切历史都是当代史”，这是因为对于任何历史的解读和分析都是站在当下的角度的。以历史研究为例，在新冠病毒肆虐的背景下，对于黑死病、1918 年大流感的研究就明显会比对英国宪政史的研究更有价值。同理，在现阶段，对于研究生学术写作能力的研究往往会比提高阅读能力的研究更加吸引人。一篇好的论文需要具有时代感，因此，在选择研究方向的时候，导师不但需要引导学生来把握时代脉搏，更需要在研究的深度上不断地启示学生，使其能够深挖其中的内涵。在文科类研究中，越是小的题目，越需要进行深入的挖掘，越能体现作者的研究能力。例如“后现代主义在中国的传播反思”从选题的角度看就要优于“后现代主义在中国的传播”；而“俄罗斯白银时代文学的大众化叙述”也远远好于“俄罗斯白银时代的文学”。

3. 学术领域的创新是学生在选题过程中必须重视的另外一个问题。季羡林认为：“没有创见，不要写文章，否则就是浪费纸张”（刘宗劲，2012）。创新的领域有区别。它可以体现为新观点、新理论的建立，也可以是新方法的运用，是新材料的发现。创新也并不排斥旧有的材料，通过对原有材料重新安排得出新的观点，或者通过实验对象的变化使原有理论获得新的价值在学术研究中都是值得提倡的。因此，以调查事实、整理材料或者考证真伪为主要内容的研究，只要提供了新的学术信息，同样可以具有一定的学术价值。衡量创新的标准有区别。创新有大有小，可以是全新的、体系性的，也可以是局部的、与他人微殊的。

4. 所选题目开展研究的可行性。可行性研究对于任何一篇论文而言都是至关重要的。举个例子来说，在月球上种植水稻是非常有意义的实验，但却是不可行的，它同时受到月球气候环境以及人类登月花费的双重影响。同理，如果我们来研究《失乐园》的作者弥尔顿的保皇思想也是非常困难的，因为弥尔顿曾担任过英国护国主克伦威尔的秘书，《失乐园》中的撒旦角色就是以克伦威尔为原型来进行创作的。一方面，选择的题目必须有能够开展研究的可能；另一方面，学术研究对于任何人而言都是一种挑战，而这一点在初学者身上体现得更加明显。材料的缺失、逻辑思维的混乱和组织编排的模糊都会导致学术研究不能开展。论文和书籍在写作方法上有着很大的区别。然而，由于深受书籍模式的影响，学生经常会将一个问题的外延不断地扩大。写作中表现为抓不住重点，结构过于分散，不能紧扣主题。学术论文的写作要求学生就一个很小的问题进行材料挖掘和对原有材料重新加工，并针对已经搜集到的材料和掌握的内容进行不断质疑和重新编排。而对于逻辑思维能力和把握全篇能力的训练就在其中扮演至关重要的角色。在选题过程中，教师需要引导学生自己去考查独立解决一个新问题的可行性。教师可以鼓励研究生将自己的理由陈述出来，并通过帮助学生进行不断的修改和深挖使学生明白学术并非是让学生对已经掌握的知识再次进行复述。学术论文是一个创造过程，因此，批判性的思考是非常重要的。选择一个合适的论文题目不仅能反映作者对某学科研究的广度，还体现了他的思想深度和研究能力，一个好的标题能起到画龙点睛的作用。因此，除了了解选题的重要性之外，教师还必须根据课程的特点来设计相关练习，对学生加以引导。

## 三、人文类学术论文的选题训练

鉴于选题在整个学术论文写作中具有非常重要的作用，如何引导和帮助学生掌握正确的选题思路就成为了英语公共课老师们的授课重点之一。以北京林业大学研究生公共英语教材中一篇讲述公众对转基因食品态度变化的文章为例，来看一下选题中的各种启发式训练：

As can be seen, for all samples in 2002—2012, nearly half of respondents (47%) did not have a clear stance on GM food safety, and the remainder of respondents were almost equally distributed between two groups of consumers who perceived GM food as being either unsafe or safe. The relatively high amount of consumers with no stance on GM food safety compared to those with either positive or negative perceptions may reflect the general public's lack of knowledge on the GM technology. Compared with 10 years ago, a substantially higher number of consumers now perceive that foods produced using GM technology are not safe for consumption. The major changes on consumer perception have occurred after 2010. While the exact reasons for these changes are unknown, we expect that the increasing influence of negative media reports on GM technology and the safety of GM food may largely account for the rising concern of consumers on the safety of GM food since 2010（李芝、吴增欣、刘真，2017）. 本文讨论的是有关公众对于转基因认知变化的话题。由于转基因食品和我们的饮食以及健康状况息息相关，该话题的受众度很高，非常便于开展讨论。围绕本练习，教师会提出如下问题：

1. Please list those points concerned in this paragraph?

2. How many research topics can be found through reading the above paragraph?

3. According to your opinion, which one of the following topics is much suitable for academic writing?

A. The Exploration of the Lack of Public Stance on GM Food

B. The Exploration of Public Attitude on GM Food

C. The Exploration about the Increasing of Negative Attitude on GM Food

D. Scandal and Public Negative Attitude on GM Food

How to carry out your own research (your method, your material and your data analysis)?

转基因丑闻和公众对转基因食品的态度变化显然是本段讨论的重点。相信大多数同学都会和本文作者类似，将研究的重点首先放在民众对于转基因食品态度的变化上，或者是探讨公众消极态度增加的原因。然而，作为一个早已被深入讨论过的话题，如何让观点和材料有新意，旧瓶盛新酒是非常具有挑战性的事情。创新和有意义是所有的作者在论文写作中必须首先考虑的问题。显然，研究民众对于转基因食品的态度或者是研究民众在转基因食品中消极态度日益高涨的原因不但缺乏新意，而且由于文章涉及的内容过于庞大而容易写得零散。相反，一个与此话题类似，但划分得更为细致的内容——“丑闻与公众对转基因食物的消极态度”则显得更有新意。将丑闻作为研究的重点，其实就是将原有导致消极态度产生的原因中的一点放大成整篇文章讨论的内容，同 B.C. 相比，具有新意，但在材料的选择上则对学生的搜索和选取材料的能力提出了更高的要求。笔者认为，A 选项“公众对于转基因食品观念缺失的探析”是一个非常好的题目，因为该题目不但内容新颖而且具有很强的现世关怀。搜索知网，会发现与此相关的内容是凤毛麟角的。然而，正是这一题目会对文章作者的搜集整理材料和驾驭全篇的能力提出更高要求，因此也就更具有挑战性。

逻辑和推理的训练也是科技论文写作中不可缺少的环节，仍然以北京林业大学学术论文写作教材为例，培养学生通过阅读来获得对逻辑推理的初步印象：

People from agricultural areas... bring problems to cities. ① They came to city and work in factories, the environment becomes worse and worse.... ② For another thing, once they cannot get jobs, they will get money in some illegal ways（李芝、吴增欣、刘真，2017）.

本段文字是一篇学生的作业，重在讲述农民工进城给城市生活带来的种种不便。在笔者看来，在本文中，笔者的逻辑推理存在着明显的误区和缺陷，是完全经不起推敲的。然而，在实际的论文写作中，不经事实调查，不去大量地搜集资料，仅凭想当然就得出结论又是学生非常容易存在的问题。因此，根据这种情况，笔者会向学生提出问题：What are the logical fallacies in the two sentences? 笔者希望可以通过不断的发问、质疑，让学生自己来发现并解决自身的问题。

## 四、结论

科技论文写作的训练是一种复杂而且耗时的工作，但作为一个好的授业者，老师能够通过自己的讲解，帮助学生去了解应该如何开展研究，如何更好更快地直入主题。反之，对于一个具备了良好的研究能力的学生而言，如何将自己的研究用语言清晰地展示出来也是非常重要的。因此，科技论文写作能力的培养是非常必要的。选题是科学研究的开始，也是科技论文写作的第一步，掌握好的选题方法至关重要。在自己的授课过程中，笔者会利用课本中现有的材料来加强对学生在论文写作方面的引导，鼓励学生思考如下几个问题，例如，论文的选题范围是否合适、选材是否具有新意、文章的创新点、应用价值、项目的实施难度、如何基于原有研究做进一步推进等。笔者相信，经过正确和有效的学习和引导，大多数的研究生都可以在科技论文写作方面取得质的提高。

## 参考文献

[1] 克罗齐 . 傅任敢，译 . 历史学的理论和实践 [M]. 北京：商务印书馆，1982：336.

[2] 尉天骄 . 学术论文的特点与选题——学术论文写作研究之一 [J]. 山西青年管理干部学院学报，2007（3）：87–89.

[3] 李芝，吴增欣，刘真 . 英语学术论文写作教程 [M]. 北京：中国人民大学出版社，2017：94–95，8.

[4] 刘宗劲 . 文科类博士研究生学术论文写作：三个常识 [J]. 学位与研究生教育，2012（6）：10.

# 第四部分

# 翻译教学与研究

# 成果导向教育（OBE）指导下的商务笔译教学模式初探

# Discussion on an OBE-Based Business Translation Teaching Model

北京林业大学外语学院　陈晓颖

**摘　要：** 成果导向教育（OBE）强调以预期学习成果为导向进行反向教学设计，并用最终成果反馈来衡量教学设计的优劣，以便进一步改进教学设计。商务英语专业的商务笔译教学重在培养学生的实践能力，课程目标的设置应该基于学生的最终学习成果，这一点与 OBE 的理念如出一辙。本文将从教学思路、教学目标、教学内容、考核方式等方面对 OBE 指导下的商务笔译教学进行探讨。

**关键词：** 成果导向教育（OBE）　商务笔译　教学模式

**Abstract:** Outcome-based Education (OBE) locates great emphasis on the backward impacts on teaching models exerted by the study outcomes, which will not only help evaluate the quality of the former but also give impetus to its follow-up improvement. The course of Business Translation, aimed at honing students' practical translation skills, should consider as much the eventual outcomes that students have produced as what OBE upholds. The article exemplifies how an OBE-based Business Translation Teaching Model can be materialized in terms of teaching principles, objectives, contents as well as assessments.

**Key words:** OBE　Business Translation　Teaching Model

## 一、前言

成果导向教育（Outcome-based Education），简称 OBE，是 William Spady（1994）等人 1981 年提出的一种先进的教育理念，随后不久，OBE 就得到了教育界的普遍认可，成为美国、英国、加拿大等国家教育改革的主流理念。OBE 提倡让所有学习者获得成功（Spady，1994），并表示课程目标的设置应基于学生的最终学习成果。北京林业大学商务英语专业的商务笔译课程作为专业核心课程具有涉及面广、实用性强等特点，传统的教学方法很难调动学生的学习兴趣，因此无法真正实现商务笔译能力的提升，也就是说，传统的以课堂讲解、技巧传授和练习的方式进行的教学，其效果十分有限。针对这种困境，本文提出了 OBE 指导下的教学模式，因为它在解决上述问题上具有天然的优势：OBE 的课程设置以学生学习成果为依据，教学内容和方法充分考虑到了学生学习风格、认知特点以及现有的能力水平，考核方式也在以学习成果为基础上做到了持续和多元。

**1.1 OBE 的内涵**

20 世纪 80 年代，Spady（1994）等人在欧洲兴起的由目标引导教学行为的风潮及美国兴起的能力本位教育理念影响下提出了 OBE 理念，并将其定义为“清晰地聚焦和组织教育系统，使之围绕确保学生获得在未来生活中获得实质性成功的经验。”在后来的实际应用中，西澳大利亚教育部门把 OBE 解释为“基于实现学生特定学习产出的教育过程。”（Willis & Kissane，1995）再后来，Amy Driscoll 和 Swarup Wood（2007）又把 OBE 定义为“课程大纲、教学方法和教学评估都围绕学生学习成果的教育模式。”尽管不同人、不同机构对 OBE 的表述各有差异，但该理念普遍认为教育者必须对学生毕业时应达到的能力及其水平有清楚的构想，从而寻求适宜的教育结构来保证学生达到这些预期目标（顾佩华等，2014）。

**1.2 OBE 的实施**

OBE 以产出为核心，其总体思路是反向设计，持续优化（李志义，2015）。OBE 教育理念从需求开始反向设计、正向实施，“需求”既是起点又是终点，在最大程度上保证了教育目标与结果的一致性。

OBE 的实施强调四个问题：我们想让学生取得的学习成果是什么？为什么要让学生取得这样的学习成果？如何有效地帮助学生取得这些学习成果？如何知道学生已经取得了这些学习成果？（周志新、王艳文，2018）这里所说的学习成果即学生经过某一阶段的学习之后所能够达到的最大能力。鉴于此，OBE 的实施可以分为四个部分，即定义学习成果、实现学习成果、评估学习成果和使用学习成果，而具体到 OBE 指导下的教学模式，设计者则需充分考虑学习成果、教学活动和成果评价三大要素：即从对应的毕业要求指标出发，制定课程教学目标；选取支撑教学目标的教学内容，以学生为中心展开教学；以学生的学习产出为核心，采取多样化的考核方式（梁志芳，2018）。

## 二、OBE 指导下的商务笔译教学

传统的商务笔译教学采用的是教师先解释某种翻译技巧，然后学生做翻译练习，而后教师讲评的教学模式。这种模式一定程度上可以有效地让学生掌握基础翻译理论和技巧，但“不利于培养他们高水平的翻译技能和实践操作能力，并在一定程度上扼杀了学生学习翻译的主动性与创造性”（孙伟，2011）。

而在 OBE 指导的商务笔译教学模式下，教学目标、教学内容和方法、教学评价都需要严格参考学生的成果需求，只有这样才能设定合理的教学目标，制定适当的教学内容，开展有效的教学活动，进行全面的教学评价。

**2.1 教学模式的总体思路**

OBE 的金字塔结构提出了“5 个实施要点”，具体包括确定学习成果、构建教学体系、明确教学策略、形成自我参照评价、逐级达到高峰流程（申天恩、洛克，2016）。对于商务笔译课程来说，其预期成果自然是学生商务笔译能力的提升，这既是 OBE 指导下的教学的终点，也是其起点；明确了学习成果，接下来要做的就是构建课程体系。

Tyler（1949）提出的课程四要素包括课程目标、内容、组织和评价。OBE 教学模式的实施要点也已经涵盖了这几个要素。能力结构中的每一种能力都要有明确的课程来支撑，能力结构与课程体系结构的映射关系要求学生完成课程体系学习后应该具有预先设定的能力结构（李志义，2015），商务笔译技能就是该课程需要支撑培养的能力结构，即教学目标；明确了教学目标，接下来要做的就是确定教学策略，设计教学内容和方法；最后，为了检查教学成果，还要对教学对象进行全面的教学评价。

**2.2 教学目标**

Biggs & Tang（2011）认为“任何的课程都是为了达到特定的目的而建立。”Sawyer（2011）也阐述了课程设计与教学目的和目标的关系，认为“教学设计的目的和目标决定教学设计,同时也为教学的实施预设框架”。而教学成果指的正是一门课程应达到什么目标，是对整个教学目标的进一步细化（HU,2018），即描述学生在教学过程中被期待学习到什么。

OBE 理念采用反向设计，即内外需求→培养目标→毕业要求→课程体系→教学活动的设计思路，重视培养符合社会需求的高质量人才。商务笔译课程是北京林业大学外语学院商务英语专业的专业核心课程，具有“理论教学和实践教学相结合、以实践翻译能力培养为核心”的特点。根据教学大纲，其教学目标为：“通过安排各种文体的翻译实践，运用翻译基础理论，训练学生在词义、语序、语法形式、句子结构、习惯表达方式、修辞手段等方面对比汉英两种语言的异同，掌握翻译的基本技巧，从而培养学生独立从事英汉互译的能力。”本文以为，这样的教学目标与传统翻译教学的教学目标无异，无法体现商务笔译的真正特点。因为教学目标传统，从而导致教学内容及方法的传统：教师课上布置给学生的练习材料往往是为了配合翻译技巧的讲解，并非学生今后工作中真正会接触到的翻译材料，导致学生仅仅把课程当成一种翻译练笔而非真正的翻译应用。

而 OBE 指导下的商务笔译教学提出的目标更加关注学习成果的输出以及人才的培养，具体可以分为三个层次：1）掌握商务笔译技巧及方法；2）拥有较强的商务翻译实践能力；3）具备商务翻译领域持续发展的能力。

在 OBE 的指导下，本课程的目标设定应结合商务英语专业特点和发展现状，应以知识—能力—素养为主线，突出商务背景下商务笔译技能的获得及应用以及利用相关知识、技能有效解决实际翻译问题能力的培养。

**2.3 教学内容和方法**

Kiraly（2005）认为通过完成“真实的项目”可以赋权给学生，即让学生完成真实的翻译项目可以帮助学生从真实的翻译经历中习得职业技能、培养解决复杂翻译问题的能力，为进入真实的语言服务市场做好准备。

传统商务笔译课程通常从概括性角度、从横向切分角度组织教学内容，是一种平面式的教学内容设计和组织方式，关注的重点是单个知识点技能的传授，不利于对学生进行综合系统的训练。比较而言，OBE 指导下的课程教学内容可从翻译对象、商务场景两个不同维度进行立体的教学内容设计和组织。其中，翻译对象维度与传统类似，可分为名片翻译、企业简介翻译、产品介绍翻译、商务文书翻译等，而商务场景维度则可以分为商务接待与拜访、商务谈判与合同签订、售后及纠纷处理等。这种立体式的内容设计和教学活动组织，有利于学生更加系统而全面地融入课程的学习和训练，更好地掌握相关的实践知识和技能，更真实地带入现实翻译场景，从而实现可持续发展。

OBE 指导下的商务笔译教学应该从课程特点出发，综合两个不同维度，重新梳理和整合教学单元及教学内容，将教学内容模块化处理，利用模块化围绕特定场合和情景将商业专业知识、语言知识、翻译技能应用进行整合和优化，实现教学内容的真实或拟真实效果。

因为将教学内容做了真实或拟真实化处理，名片、简历、邀请函、会议记录、企业简介、商务信函等翻译活动便不再是空洞的讲解和练习。实际操作中，教师可以先对商务翻译的性质、特点、内容、标准和模式等进行提纲挈领的讲解，为学生构建一幅商务英语翻译的整体图景，然后将真实或拟真实的翻译任务布置下去，引导学生借助现代技术、工具软件等完成翻译任务，并在课堂上对成果进行讨论和讲评。比方说，在名片或简历的翻译模块中，翻译的任务和过程都有效地增加了学生的参与度，学生不仅学习了相关的翻译原则及技巧，更能在翻译任务完成时获得实际的翻译成果，即未来学习或工作中用得到的简历或名片。再如，在公文翻译模块中，教师利用学生在现实中举办的活动，要求他们将中文邀请函译成英文并发给林业大学及周边大学的留学生群体。学生为了顺利完成邀请任务，在完成翻译作业时不再只是敷衍，而是认真地学习、调研、商讨，这一成果导向的教学内容和方法再次激发了学生的学习热情和动力，而送出的真实的英文邀请函也成了他们完成现实翻译任务的成果。同样地，公司简介、演讲文章等翻译内容都是学生在生活、实习、兼职过程中必然会遇到的实际翻译任务，此类以成果为导向的翻译内容均可加强学生的课程参与度，从而提升他们的商务笔译能力。

### 2.4 考核方式

评价学习成果是课程教学的重要环节。传统商务笔译教学的评价体系非常单一，大多以期末考试成绩作为唯一的评价标准。而 OBE 指导下的商务笔译教学，其评价则尊重学生的个性化差异，分类设计考核指标，旨在创造机会逐步引导所有学生成为成功的学习者。分类多元的考核方式可以包括分组讲解、相互点评、总结报告等形式，可以涵盖对教学中多个模块进行的多次考核。课程考核是对学生学习效果的检验，要真正遵循“成果既是起点也是终点”的教学理念，依据预定的教学目标，对学生进行多元化、综合型的考核，充分反映整个教学活动过程的真实成果产出。

## 三、结语

OBE 指导下的教学模式更加关注学习成果及阶段效果，因此才会在商务笔译的教学中发挥巨大作用。OBE 强调个人在整体中的作用，引导学生纵向发展，改变了传统商务笔译教学模式下的课程体系设置、实施模式和评价标准，提高了学生在实践中的应用能力和综合能力。在具体的实际操作中，教师应该做到以下几个统一：1）认真设计教学内容，做到学习成果及产出成果的统一；2）更新课堂使用的翻译材料，做到学生水平和材料难度的统一，同时保证材料内容与时代发展的统一；3）鼓励学生不断修改翻译作品，产出高水平成果，做到翻译过程与真实实战状态的统一。

## 参考文献

[1] Biggs J, Tang C. Teaching for quality learning at university [M]. 4th Ed. New York: Open University Press, 2011: 117.

[2] Driscoll A, Swarup W. Developing outcomes-based assessment for learner-centered education: a faculty introduction [M]. LLC: Stylus Publishing, 2007: 4.

[3] Hu W. Education, translation and global market pressures [M]. Singapore: Springe Nature, 2018: 83.

[4] Kiraly D. Project-based learning. A case for situated translation [J]. Meta, 2005, (50), 1098–1111.

[5] Sawyer D B. Fundamental aspects of interpreter education: curriculum and assessment [M]. Shanghai: Shanghai Foreign Language Education Press, 2011: 6.

[6] Spady W G. Outcome-based education: critical issues and answers [M]. Arlington: VA: American Association of School Administrators, 1994.

[7] Tyler R W. Basic principles of curriculum and instruction [M]. Chicago: The University of Chicago Press, 1949.

[8] Willis S, Kissane B. Outcome-based education: a review of the literature [R]. Prepared for the education department of Western Australia, 1995.

[9] 顾佩华，胡文龙，林鹏等．基于“学习产出”(OBE) 的工程教育模式——汕头大学的实践与探索 [J]. 高等工程教育研究，2014（1）：27–37.

[10] 李志义．成果导向的教学设计 [J]. 中国大学教学，2015（3）：32–39.

[11] 梁志芳．OBE 导向的商务翻译实务教学改革研究 [J]. 当代教育理论与实践，2018（7）：122.

[12] 申天恩，洛克．论成果导向的教育理念 [J]. 高校教育管理，2016（5）：57–61.

[13] 孙伟．解读《高等学校翻译专业本科教学要求》（试行）[J]. 北京第二外国语学院学报，2011（10）：58–62.

[14] 周志新，王艳文．基于 OBE 教育理念的大学生英语应用能力培养教育模式研究 [J]. 英语教师，2018（7）：7.

# 从学科身份构建视角论法律翻译研究学科建设和发展[1]

# Construction and Development of Legal Translation Studies as Interdiscipline from the Perspective of Discipline Identity Construction

中国政法大学外国语学院　王　芳

**摘　要：** 随着增强国家文化软实力战略的提出，中国法律翻译事业不断发展，法律翻译研究已经成长为一门独立的交叉学科，但国内的法律翻译研究学科现状与当前中国社会发展的客观需要严重脱节，法律翻译研究尚未在制度层面获得学科建制上的一席之地。身份构建对个体形成总的身份认知并进行行为选择具有重要意义。笔者在对法律翻译研究发展进行综述的基础上，从完善制度建设、完善跨学科方法论、增强学术话语权和建设兴趣群体几个方面探讨构建法律翻译学科身份的途径，试图推动法律翻译研究学科建设。

**关键词：** 学科身份　法律翻译　学科建设

**Abstract:** With the proposal of the strategy of strengthening the national cultural soft power, legal translation in China has been developing continuously, and legal translation studies has grown into an independent interdiscipline. However, the status quo of legal translation studies in China is seriously out of step with the objective needs of China's social development and legal translation studies has not yet acquired its place in the disciplinary hierarchy at the institutional level. Identity construction plays an important role in the formation of overall identity cognition and the choice of behavior. On the basis of a review of the development of legal translation studies, the author explores ways to build the identity of legal translation studies from the aspects of improving system construction, perfecting interdisciplinary methodology, enhancing academic discourse power and building interest groups, in an attempt to promote the development of legal translation studies.

**Key words:** Discipline identity　Legal translation　Discipline construction

1　资助项目：中国政法大学 2020 年校级教育教学改革项目“外宣法律翻译人才培养模式研究——以提高法律外宣成效为视角”(JG2020A007)；中国政法大学 2019 年 MTI 翻译硕士研究生教育教学改革项目“‘一带一路’语境下外国法律制度汉译与 MTI 研究生国际视野的培养”。

# 一、引言

经过几十年的不断巩固和发展，翻译研究在实践和研究层面的专业化显著增强。起初，研究者们强调在以语言学为导向的理论之外建立一套独立的概念模型，这为找到更为精确的方法研究与其他学科相关联的特定翻译分支奠定了基础。自20世纪八九十年代出现“文化转向”（Snell-Hornby，2006）以来，翻译研究日益向以新的研究路径和“技术转向”为特征的“跨学科转向”发展，而计算机工具以及与信息技术交互作用有益于这种转向。翻译本质上是跨领域知识的载体，大量影响因素促使了当代翻译理论的形成，翻译研究因此呈现跨学科发展的趋势。翻译研究与其他学科的关联性很大程度上是由于它们对交际的共同关注；反过来，译者和翻译研究学者利用其他领域的有益成果充实已有的分析模型，从而领会和传达细微差别。到目前为止，法律翻译研究已经成为最为突出的翻译研究领域之一。

新学科通常随着现存学科的相互关联应运而生，因此最初大多具有交叉学科的特质。本文将法律翻译研究视为一门交叉学科，涉及法律文本翻译的方方面面，包括翻译过程、翻译成果和翻译主体。法律翻译研究的发展体现了当前社会发展的一种客观需要，但与此同时，我国外缘体制对法律翻译的认知远远落后于法律翻译研究学科体制的正常发展需要，这不可避免地制约了该学科在我国的顺利发展。

经过一段时期的飞速发展之后，对法律翻译研究这一研究群体的共同点进行考察有助于巩固该领域共同的愿景和特征。正是经过不断累积的发展历程，法律翻译研究才在翻译研究、法律和法律语言学之间的交叉点找到了自己的位置。新学科的诞生不仅伴随着知识的发展和传播，还伴随着学术界内部权力关系和声望的变化。将法律翻译研究视为一门“学科”或者“交叉学科”通常取决于学术机构对学术成果的认可度以及该领域的自治程度，而认可度和自治程度在一定程度上又会促进学科的身份认同。

# 二、法律翻译研究综述

法律翻译的语言分析和法律分析之间的交汇点是一个研究连续体，在吸收了新的翻译研究方法后，也被塑造成为这个发展过程中一个具有推动力的特征。为了识别出共同特征和方法以促进更深层次的结合和发展，下文关注的要素能够清晰描绘出围绕核心交汇点的法律翻译研究特征。

**2.1 研究范围**

过去几十年间，将法律翻译本身视为一个独立范畴这一观点几乎从未受到质疑。法律翻译研究的独特之处就是对法律翻译的方方面面都予以系统关注，因此学者们注意到一个备受争议的问题，那就是如何界定法律文本。

依据主要的文本功能（Šarčević，1997）或者依据语篇情形参数（Gémar，1995；Cao，2007），学者们识别出三种主要的法律文本：规范文本、司法文本和法律学术文本。但同时，学者们认为需要进一步区分法律文本中各种功能的融合（例如，普通法中具有规范价值的判决书），以及文本具有的高度互文性（例如，在跨法律文本类型学的语言使用中，成文法法律渊源的典型作用就是作为主要参照物），因此他们在审查法律文本的过程中继续对基于情境因素的模型进行了细分。例如，合同根据基本功能属于“规范文本”，但在后来的模型中，合同被列入“私人法律文本”范畴（例如，Cao，2007），或被列入“法律适用文本”范畴（Borja Albi，2000）。

对于法律翻译而言，最重要的是对符合法律语言特定种类或风格的大量文本进行描述，而在交际情境中这通常是语篇生产者的问题和文本目的的问题。正如在其他社会科学中那样，详细的分类最终取决于看问题的角度，透过这些角度，我们可以观测到文本的实际情况；反过来，法律文本类型是由各种各样的法律体裁和次体裁组成的（例如，不同类型的合同）。AlcarazVaró 和 Hughes（2002: 103）提倡“更为系统地认识文本类型学”，并认为，“如果译者不辞劳苦去识别特定源文本中正式的文体惯例，那么他其实为成功翻译文本已经付出了很多。”法律语言是一组相关的法律语篇，而不是一种统一的语言，法律翻译者们需要区分源文本所反映出的不同风格的特征，这正是以翻译为导向进行分析。强调文本的不同类型就会反映出每种法律制度的特性，而具体的法律体裁在不同的法律制度下未必总是相同的。一方面，分类越详细，就会激活更多有关语篇惯例的信息层；但同时，这些信息层就会在一定程度上丧失普适性，也会更多地受制于文化。各种分类模式之间尽管存在差异，但它们都承认法律文本具有混杂性，这反映出在处理生活中方方面面问题的时候法律所具有的高度跨学科性特征。

在勾勒法律翻译研究文本版图的时候，在一些边缘问题上仍然存在差异。特别是有些时候，文本本身并非处理法律问题，也并非服务于法律目的，但却被用于法律情境中，那么很难将其视为法律文本。例如，在法庭程序中作为证据的私人信件或科学报告可能由法律翻译人员进行翻译，在国外也可能被要求对其进行公证或宣誓翻译，但是一些学者认为不能将这些文本称为法律文本（Harvey，2002: 178）。Harvey（2002: 178）指出，这是法律程序中的外行参与者做出的“非权威性陈述”，专家报告和法庭文件属于“律师和法律翻译工作者的‘基本’”活动，同时认为，“更宽泛的法律文本应该包括那些成为或可能成为司法程序一部分的文本”Cao（2007: 11–12）将“普通文本（例如商业或私人信函、记录和证书、证人证言和专家报告）”视为一部分“为实现普通法律或司法目标而进行的法律翻译”，并且强调，“并非由法律专业人士用法律语言写成的普通文本”构成了“法律翻译工作者主要的翻译任务”，但是，在法律翻译研究所分析的法律情境中，虽然可以将这些文本交由法律翻译工作者进行翻译，但不能将它们系统地视为法律文本。

可见，法律主题和功能与语言特征之间的联系是所有法律文本最小的共同点，只是程度有所差异。因为要根据文本生产者和文本目的识别出法律文本类型，也要根据更具体的文本功能和惯例识别出法律体裁，所以这些文本功能要遵循某些语言模式，这些模式具有不同语篇情境下各种法律语言的特征。此外，法律文本也可能包括大量源自受法律调整但非法律领域的专业语言，而法律学术著作则包含各种各样普通体裁的子类别，例如期刊论文和教科书。

基于法律功能、主题和语篇进行分类有助于将法律翻译与其他翻译区别开来。根据主要功能，法律文本包括调整公共或私人法律关系的文本、在特定情境下适用的法律文本，以及表达有关法律渊源和法律关系的专业知识；根据文本类型，法律文本包括立法文本、司法文本、其他公共法律文本或法律施行文本、私人法律文本和法律学术著作；根据体裁，法律文本指的是那些实现特定法律功能的文本，例如，不同的法庭命令或合同。此外，在大陆法系国家，公证文件可能被视为一类特定的范畴。

上述分类意味着法律翻译工作者必须掌握多种技能，要建立普遍有效的概念模型就必须在法律翻译研究中认识到这一点。从事法律翻译研究的学者通常关注的是特定的法律关系和文本类型，并在此基础上对法律翻译进行概括总结，然而，法律语言现象和翻译情境的可变性要求定期更新语篇特征，特别是关于更为动态的部门法以及超国家的趋同化过程对这些特征的影响。

**2.2 研究方法**

法律翻译研究包括对翻译过程和翻译作品，以及对法律文本翻译的施事者进行研究，涵盖专业的方法论和翻译能力、质量控制、译员培训和社会学等方面的问题。

首先，法律翻译研究建立在翻译研究理论核心概念的基础上，包括翻译方法论的所有方面，即翻译过程和解决问题过程的说明性和操作性知识。当把翻译作为研究对象的时候，这些概念和元语言是研究包括法律翻译研究在内的任何一个翻译分支的关键。反过来，特别是在发展其自身的交际方式、文化方式和认知方式的过程中，翻译研究从交际研究、文化研究和心理学中吸收了很多概念，而翻译教学法、翻译社会学和翻译技术研究的出现则是翻译与其他学科交叉研究的结果。

其次，正是在翻译研究和法律的交叉点上，法律翻译研究找到了其在学术领域的天然地位。为了构建跨学科理论和方法，法律翻译研究的关键有赖于法律知识网络。无论是为了进行法律翻译而做研究，还是对法律翻译进行研究，对不同制度和部门法进行分类和分析至关重要。

再次，法律解释学和比较法提出了解释法律文本的一些实用技巧，并且对不同法律制度中的法律概念和法律渊源进行对比分析。法律比较方法论与法律翻译尤其相关，其对法律翻译研究的重要性已毋庸置疑。与法律翻译实践的目的不同，法律比较是阐明法律问题而不是运用翻译技巧。但是，为了确定决策的对应程度，两者都致力于解构各自法律语境下的语义要素。比较方法是法律制度间进行语言调解最为重要的手段，而法律专家在比较这些法律制度时常常需要进行翻译。在很大程度上，正是将普通翻译方法论与法律分析结合在一起，法律翻译研究的方法论特征才得以巩固。

最后，翻译研究大量借鉴的主要相邻学科是语言学，尤其是应用语言学领域的子域或方法，这些子域和方法不仅提供了语言使用的相关变量，还提供了一些工具来进行以翻译为导向的对比分析，例如，篇章语言学、语篇分析、对比语言学、语料库语言学、术语学和语用学等等。法律语言学这一相邻学科也对法律语言予以跨学科的关注，法律语言学从整体上分析法律语篇的特征，包括对比法律语言学中的比较研究 。但是，法律语言学缺乏翻译研究这一核心特色，而法律翻译研究的方法论核心是以翻译研究为基础的。

**2.3 翻译质量模型**

追求法律翻译的质量一直是法律翻译研究的核心内容。对通常意义上的法律确定性而言，不尽充分的法律翻译产生的后果极其可怕，这在很大程度上说明了法律翻译领域对译文质量的高度期待。在愈发碎片化的翻译市场上，证明并保障翻译质量价值的呼声越来越高。对翻译质量的要求已经成为一种催化剂，促使我们将法律翻译特别是多语种背景下的法律翻译视为专业实践，并促使我们大力发展法律翻译研究。

20 世纪 90 年代，在提高翻译质量方法这一问题上，文本理论、语用理论和功能理论的影响开始盛行，从占据主导地位的语言学考量转向进一步强调翻译的交际性、文化性和情境性。例如，Hönig（1997: 6–34）提出了功能主义的观点。自那时起，翻译研究领域就越来越多地关注于寻找重要的评估标准。法律翻译质量具有何种特征、影响法律翻译质量的因素是什么、谁有权评估质量标志、如何改进这些标志等等，这些问题一直困扰着学者和法律翻译实践工作者。目前法律翻译质量评估主要的问题是：首先，学术界大多数提高翻译质量的方法均提及“充分性”、“适宜性”或“得体性”这类笼统的概念，应用中仍要依靠译者和修订者的判断。其次，在微观文本层面，术语决策评估法进一步证明普通翻译质量评估模式和法律翻译方法论之间存在差异。这种方法是翻译质量评估模型的基础，而翻译质量评估模型并未将其视为策略充分性的核心要素。再次，尽管以目的为导向的提高翻译质量的方法取得了长足进步，但实际应用中仍存在不适用性。尽管很多学者都为翻译质量评估方法设定了不同的评估项目和标准，然而，从业者常常认为这些方法适用起来过于复杂，甚至在现实情境中无法施行。最后，虽然翻译行业质量标准的出现可能对法律翻译质量的整体产生积极影响，但是并不一定能确保法律翻译的质量。

保证翻译质量的一般方法达不到法律翻译的交际条件所要求的标准。为了实现法律翻译产品的充分性并对这种充分性做出评估，如果不同时凭借专业能力检测误差并处理翻译中出现的问题，那么任何一种评估标准分类都是无效的。这就说明有必要为法律翻译量身定制质量模型，用这些模型将相关决策参数和能力要求整合起来，运用这些参数在宏观文本和微观文本层面评估译文的充分性。

## 三、身份构建与法律翻译学科建设

随着中国融入世界步伐的加快，法制现代化进程的推进，“法律翻译的发展呈现规模化、体系化、多元化”（郑子敏，2014:127）。新的国际经济发展及对外贸易形势下共建“一带一路”倡议构想的制定，更是对培养专业法律翻译人才提出了迫切需求。翻译的快速发展吸引了国内语言学界的诸多学者致力于法律翻译领域的研究，并在过去的十几年间取得了一定的研究成果。法律翻译研究在各个方面显示出不同于翻译学研究的学科属性和发展逻辑，从事法律翻译研究的师生不断从新的学科实践中获取新的身份认知。

然而，法律翻译研究学科现状与当前中国社会发展的客观需要严重脱节，其中最主要的就是法律翻译研究尚未在制度层面获得学科建制上的一席之地。一方面，法律翻译在我国高校只能作为翻译专业的一个方向进行宣传，法律翻译学科建设常常被视为翻译专业学科建设的子课题，相关讨论基本局限在翻译专业范围内；另一方面，从事法律翻译研究的学者申报相关课题时处境尴尬，法律翻译学的研究领域被语言学、翻译学和法学所肢解。法律翻译研究这一新兴交叉学科为广大师生提供了多元化选择和多样化发展的巨大潜力，这与学科发展面临的瓶颈形成巨大矛盾，这种学科身份的冲突严重影响了从事法律翻译教学、研究和学习的师生的信心。这一矛盾能否有效化解决定着法律翻译能否获批成为一个独立的专业，并进而决定了法律翻译研究能否有序发展为一个开放式的学科体系。

身份认同因其对个人或群体的认知、情感和行为具有重要影响，一直是文化研究领域一个热点问题，也成为心理学、政治学和经济学等多个学科领域经常使用的分析工具。身份认同的形成与变化一般被认为跟主体所处的社会环境相关（Smith，1992: 55–76）。社会环境经过主体的吸收和确认形成其对自我身份的相应认知和理解，并影响主体在特定环境下的行为选择。身份构建对个人形成总体身份认知，并进行行为选择具有重要意义。下文将探讨如何构建法律翻译研究的学科身份，进而解决法律翻译研究学科发展的瓶颈问题。

### 3.1 完善制度建设

个人身份的一个来源是社会组织和权力机构，它们规定了个人的制度身份。与基因、天赋等自然力赋予的自然身份不同，制度身份源于社会组织和权力机构授予的某种社会地位及其包含的权力和责任。学科身份的建构需要明确的制度平台和学科特色的逐步凝练（胡剑萍，2015：337）。

在法律翻译研究最早发展起来的国家和地区，翻译职业化以及伴随而来的从制度上对翻译质量的关注刺激了该领域的研究和培训。具体到法律翻译研究的学科建设，教师和学生选择法律翻译相关课程和研究说明其对自身天赋和兴趣的确认；目前国内很多高等院校陆续开设的法律翻译相关课程或者以法律翻译方向为中心的翻译专业、专门研究机构中设立的法律翻译研究所、法律翻译方向硕士和博士生的系统培养等，都是强化其自然身份的一种制度选择，对师生学科身份的构建具有基础意义。

从现状来看，如果在制度上仍然把法律翻译研究置于翻译学之下，势必会制约该学科的健康发展，而课程体系的重大调整以至建立独立的法律翻译专业进行招生是这一学科制度建设的基础。法律翻译本科生的培养目前在国内高校主要是作为翻译专业的一个方向进行招生（比如中国政法大学），MA 硕士生的培养大都是将法律翻译置于外国语言学及应用语言学之下作为一个方向（如西南政法大学和中国政法大学），或者在翻译硕士招生时侧重于法律翻译方向（如中国政法大学）。各高校不必局限于语言文学专业或翻译专业的课程模式，可以根据各自对法律翻译研究学科特色和培养目标的定义，灵活制定课程组合的内容结构和学分权重，逐渐在学科特色、培养目标和课程模式上体现专业培养的核心能力、特色能力和竞争优势，从而奠定其学科身份的基础。

此外，在科研建设上不能简单沿用传统模式，高校和科研机构在平台建设、学术交流、项目申报和成果激励等制度建设上要积极鼓励和支持法律翻译教学和研究上的新观点、新思路和新成果。

**3.2 完善跨学科方法论**

法律文本特征千变万化，只有学术见解满足了有效法律交际的要求，法律翻译工作者才能够从中受益；反过来，这就意味着要接纳法律翻译多面性的本质，根据不同的交际情景确定翻译目的。只有以包容的视野为基础并证明其实际价值，法律翻译研究才能够巩固其特征在学术界内外的真正相关性，从而提高其在学科和专业上的身份认可度。从这个角度来说，法律翻译研究者不仅应该掌握所研究的翻译情境下的质量标准，也应该在可靠的经验基础上通过研究和培训努力提升这些标准。此外，鉴于广阔的翻译市场关于翻译质量问题的两极分化现象，从专业角度证实并评测翻译质量的价值是符合从业者以及学者利益的。

在构建法律翻译研究中普遍有效的方法论模型时，一个难题就是法律翻译中情境因素的巨大变化，这说明许多理论框架的适用性有限。如果仅仅将文本视为独立的自生实体，而未将其视为一种决策过程以及语言使用者之间的交流实例，那么对翻译本质的理解就会受损。然而，如果在评估过程中更多地考察翻译过程，能够对评估过程本身的相对性和任何规范性判断的相对性进行更密切的调查研究，那么学者们提出的翻译质量评估模型在实践中可能会更具适用性。

在提升法律翻译质量标准这一问题上，日内瓦法律翻译研究学院倡导的整合研究法值得学者深入研究。这种方法将贯穿翻译过程不同阶段的法律变量、语境变量、宏观文本变量和微观文本变量整合到一起对翻译充分性进行再定义，并在能力评估和产品评估中将这些变量整合起来，作为检测适用性和影响翻译质量的依据。这种整合、系统化和检测的循环过程始于观察到实践中方法论的缺失，以及考虑到不同语境下的专业需求。我们必须以生产出能够提高法律翻译质量的知识为基本目标，在法律翻译研究迅速发展的背景下，法律翻译方法论的研究是整体的，不能只见树木不见森林，这样才能不断发展。

**3.3 增强学术话语权**

教学活动本身就为师生在课堂内提供了充分的话语机会。但是法律翻译这门专业性很强的学科容量过于庞大，教学内容使用的专业话语过于抽象，因此以项目和任务为核心的崭新教学模式逐渐得到认可。这种教学模式将乏味的理论学习和术语记忆转变为具体项目和任务展开，使得教学内容变得立体生动，将教师—学生的单向信息交流变为师生互动的开放式信息流通。中国政法大学在法律翻译方向硕士生的培养过程中，课程设置体现出较为成熟的以翻译职业化为视角的培养模式，学生围绕具体项目的实施积极开展必要的沟通活动，这个过程也是师生确认其学科身份的重要途径（参见王芳、李立，2016）。

法国后现代学者福柯说过，“话语即权力。”作为课堂内话语建设的延伸，在课堂之外，中国政法大学翻译研究所积极同国内外知名学者开展法律翻译方面的交流，聘请来自美国、法国、日本等国家和我国香港地区的学者担任法律翻译中心的研究员。外国语学院于 2010 年主办了第一届“全国法律英语教学与测试研讨会”,2011 年主办了第一届“法律、翻译与文化国际研讨会”，两次会议的成功举办使我校法律翻译研究在国际上产生了较大影响，确立了在国内法律翻译研究领域的领先地位。由该校李立教授担任主编的《法律英语国际期刊》(*International Journal of Legal English, IJLE*) 是学者出版集团与中国学界联合创办的第一份法律英语国际期刊，国内外诸多法律翻译研究领域的专家学者在该期刊上刊文。在这些对外交流活动中，学院也为学生提供了更多的话语机会，鼓励学生参加会议，在学术期刊投稿发声，以此增强学生的学科身份。

**3.4 建设兴趣群体**

一个学科兴趣相投的爱好者可以以各种方式组成团体，围绕这一学科主题开展各类活动，使群体成员在参与和分享的过程中获得身份感。目前，国内与法律翻译研究相关的学术团体主要有上海市法学会法学翻译研究会、中国翻译协会法律翻译委员会和中国行为法学会法律翻译中心等。以中国政法大学为例，该校法律翻译学科的团队成员大都具有交叉学科教育研究背景，团队重视学科研究的实践性与研究成果的转化，与国际、国内法律学术研讨会、论坛等有紧密联系和积极合作。

借助团体优势，中国政法大学翻译研究所的教师积极整合校内外法律和翻译研究领域的专家资源，先后主持国社科重点项目、教育部哲学社会科学项目、司法部项目、中国行为法学会项目、北京市项目、中国政法大学重点学科建设项目等交叉学科研究项目，同时完成了大量法律法规翻译的横向课题，完成了《美国刑事诉讼法》《刑法的分配原则》《法官语言》等多部法律专著的翻译，承担国务院法制办、《中国法学》（英文版）、《中国法律》及多家企业法律文件的翻译。这种依靠群体网络和群体活动而产生的特定交往经过个人确认，形成对其身份的认知。

此外，中国政法大学外国语学院还依托学生社团组织各种法律翻译活动，比如围绕特定的研究兴趣举办法律翻译口笔译大赛、合同翻译大赛、法律文书写作大赛、法庭辩论赛等等，鼓励学生们积极参与。这些都有助于从整体上形成师生共建的统一的学科身份。

# 四、结论

法律翻译研究是一门正在成熟的交叉学科，其主题类似于法学的研究主题，要解决国家层面和超国家层面关于不同法律文本分支的具体问题。对一门新兴的交叉学科进行界定就必须识别出该学科的具体问题及其解决方法。随着法律翻译研究领域的蓬勃发展，具体问题的数量成倍激增，法律翻译理论正被应用于世界各地的法律文本及调解语境中。我们要继续在国内和国际层面阐明具体翻译体裁和出现的问题，这有利于激发实践以及对现存问题和新兴需求进行深入研究。

关于整体翻译研究，在构建跨学科方法论过程中，一个传统难题就是需要具有广泛主题领域内的专业知识，然而，个体研究者原始的学术背景必然决定了他们各自的方法所关注的焦点。这同样适用于法律翻译研究，这门特殊的学科相对来说仍然年轻，真正的跨学科培训还没有成为规范。迄今为止，多数研究的出发点是这个非常宽广的学科中某一领域的具体经历，因此提出的理论概念无论多么可行，通常都只是他们那个适用范围内最全面的。学者们对法律翻译研究学科身分和发展的认知表明，对于法律翻译研究作为翻译研究的分支学科或交叉学科这一身份，他们的态度从非常犹豫一直发展到更加自信。法律翻译研究学科身份的构建对解决法律翻译研究学科发展的瓶颈问题至关重要。

当今，大多数学科都在某种程度上与其他学科存在交融。然而，正如翻译研究历史所呈现出来的那样，学术解放可能需要通过极大的努力才能实现。虽然法律翻译研究出现的相对较晚，在某些学术领域还没有得到充分认可，但显然这一领域得益于翻译研究总体上的巩固发展。如果说曾经最重要的事情就是宣称翻译研究在相邻领域间占有自己的一席之地，那么法律翻译研究领域的学者如今正在根据翻译研究的特殊范式将交叉学科引入到新的学术版图。在这个转变关头，翻译研究所担负的跨学科使命逐渐呈现，远远超过了将翻译研究纳入学术版图时曾有过的探讨和产生的影响。

## 参考文献


[1] Alcaraz Varó E, Hughes B. Legal translation explained [M]. Manchester: St. Jerome Publishing, 2002.

[2] Borja Albi A. El texto juridico ingles y su traduccion al espanol [M]. Barcelona: Ariel, 2000.

[3] Cao D. Translating law [M]. Clevedon: Multilingual Matters, 2007.

[4] Gémar J. Traduire ou l'art d'interpreter. Tome I: Principes. Fonctions, statutet esthetique de la traduction. Tome II: Application. Langue, droit et societe: elements dejurilinguistique. Sainte–Foy: Presses de l'Université du Québec, 1995.

[5] Harvey M. What is so special about legal translation? [J]. Journal des traducteurs, 2002, 47(2): 177–185.

[6] Hönig, Hans G. Propositions, power and practice: Functionalist approaches and translation quality assessment [J]. Current issues in language and society, 1997, 4(1): 6–34.

[7] Šarčević S. New approach to legal translation [M]. The Hague: Kluwer Law International, 1997.

[8] Smith A. National identity and the idea of European unity [J]. International affairs, 1992, 68(1): 55–76.

[9] Snell-Hornby M. The turns of translation studies: new paradigms or shifting viewpoints [M]. Amsterdam: John Benjamins, 2006.

[10] 胡剑萍 . 从学科身份构建视角论商务英语学科建设和发展 [J]. 第九届全国国际商务英语研讨会论文集，2015：337.

[11] 王芳，李立 . 翻译职业化视角下的法律翻译课程设置 [J]. 中国 ESP 研究，2016.

[12] 郑子敏 . 国内法律翻译研究述评 [J]. 上海理工大学学报，2014：127.

# 试论涉外法律文书译者的创造性：语用充实视角[1]

# Creativity of Translator in Foreign-Oriented Legal Documents: A Pragmatic Approach

中国政法大学外国语学院　张鲁平

**摘　要：** 本文以语用充实理论为视角，概括总结涉外案件法律文书翻译过程中译者创造性的具体表现。通过解析诈骗案、走私毒品案和非法拘禁案等的刑事判决书和知识产权等相关领域的民事法律文书的翻译实践，本文从相对性时间、专有名词解释、话语关系与隐含意思等四个方面论述语用充实对涉外法律文书翻译中译者创造性的指导作用，以期对该领域的翻译实践提供参考。

**关键词：** 语用充实　译者创造性　涉外法律文书

**Abstract:** This paper intends to summarize how translator's creativity could be demonstrated during the foreign-oriented legal documents translating. Through the anatomy of Chinese-English legal document translation in criminal cases in fraud, drug-smuggling and illegal detention as well as such documents in civil cases and intellectual property rights, the author argues that pragmatic enrichment could help the translator to better cope with the difficulties they may face on the translation of time deixis, proper term, discoursal connection and implicature, hence provide reference to such translators in their future work.

**Key words:** pragmatic enrichment　translator's creativity　foreign-oriented legal document

近年来，随着中外交往的日益增多，各类涉外案件也呈现频发之势，尤其以刑事案件为主。[2] 从法理的角度看，外国公民的合法权利应受我国法律公平公正的保护，其犯罪行为也应经正当的庭审程序，并以具有法律效力的判决书加以惩处。

在涉外案件中，译者对落实“法律面前人人平等”原则和维护外国公民的合法权利发挥着举足轻重的作用。特别是在涉外法律文书的翻译中，译者不仅应注重精确翻译法言法语，做到公平公正，以彰显中国法律的庄严正义，还应充分发挥自身的创造性，准确描述案件事实，还原案发真实情景，解释相关法律术语，尊重和维护各方当事人的合法权利。如此看来，译者实际上就是不同法系理解之桥。

本文以真实的涉外法律文书为样本，通过语用充实理论解析译者在翻译实践中如何以语用充实理论为指引，创造性地进行翻译。

---

1　中国政法大学第五批青年教师学术创新团队（18CXTD009）；教育部人文社会科学规划基金项目（18YAJAZH131）。

2　以广州市中级人民法院的庭审公告粗略估计，每周均有不少于 3 起涉外案件开庭，其中绝大多数为刑事案件。

## 一、译者在涉外法律文书翻译中发挥创造性之肇因

翻译活动不仅仅是不同语言的转换过程，还是不同文化背景下双方的交流理解过程。在跨文化意识的影响下，需要译者不单单"忠实"地翻译涉外案件法律文书的内容，更要通过自己的表达让参与诉讼的双方当事人理解判决书等法律文书的内容，不造成"误解和矛盾"，以此来维护我国司法的庄严和公平。

在对涉外案件法律文书的翻译过程中，特别是在刑事判决书的视译中，由于在"审理查明"的证据事实部分会出现很长、很复杂的描述，而且在不同的问题的说明过程中也很有可能用到相同的点。如果译者按部就班地进行翻译，读者甚至听众会很难跟得上节奏。而且在一些专有名词的翻译中，读者会在理解方面产生困难。为了使读者理解明白判决书等法律文书的内容，译者发挥自己的创造性进行翻译显得尤为重要。

## 二、语用充实理论与涉外案件法律文书的翻译

由于中国的大陆法系和英美的普通法系之间存在着各类差异，在涉外翻译中需要译者充分发挥自己的创造性进行翻译活动。译者必须借助某些或某一专业性理论，以符合目的语专业规范的语言对已经充实的立法思想加以明示表征，在明示过程中还必须对目的语读者的认知语境、听取期待、专业交际规范和法律文化等信息加以正确评估，以便读者能够以较小的处理努力获得最佳语境效果。

Xosé Rosales Sequeiros 其文"Interlingual Pragmatic Enrichment in Translation"[1] 中提到的四种语用充实的方法，是解释涉外法律文书翻译的最佳选择，即对相对性时间进行语用充实、用语用充实解释专有名词、基于话语关系的充实和基于隐含意思的充实。这四种充实方法在内容和形式上全面体现了翻译涉外法律文书的严谨科学性，又是译者创造性之所在。因此，用这四种语用充实方法指导涉外案件法律文书翻译是非常适合且必要的。

## 三、语用充实理论指引下译者的创造性解析——角度

### 3.1 对相对性时间进行语用充实

在中文的刑事判决书中，由于中文本身写意的特点及行文连贯的需要，有时公诉机关描述查证的一些证据时会出现相对性的时间词语，比如出现"今天""同年""两个月前""一年后"这样的时间词语。这种非客观的时间词语会导致不确定的时间点，进而影响读者对案情的理解。由于刑事判决书是正式的司法文书，具有严肃性和权威性的特点，其法律后果将直接发生于原告人和被告人身上。因此，译者需要发挥自己的创造性，帮助降低读者的认知努力，对相对性时间进行语用充实。下面笔者将以刑事判决书中时间充实为例阐述译者发挥创造性的表现：

**例一：**

原文：今年 6 月 5 日曾帮他带过一双鞋子到中国广州。

译文：On June 5,2009, I helped him carry a pair of shoes to Guangzhou.

1　Journal of pragmatics, 2002, 34: 1069–1089.

**例二：**

原文：同年 12 月 10 日晚上，被告人安多·保罗在中华人民共和国广东省广州市白云区壹心大厦附近找到被害人马提斯 。

译文：On the evening of December 10, 2007, the defendant Paul found the victim Martins in the vicinity of Yixin Building in Baiyun District, Guangzhou, Guangdong, the People's Republic of China.

**例三：**

原文：至次日 7 时许，被害人马提斯乘被告人安多·保罗不备之机向楼下的路人求救。

译文：Not until at around 7:00 on December 11, 2007 did the victim Martins, taking the opportunity when the defendant Paul was off guard, called passengers downstairs for help.

**例四：**

原文：一个月前，安多·保罗到其档口批发 800 部冒牌诺基亚手机。

译文：One month before, Paul came to his shop and purchased 800 counterfeited Nokia mobile phones at wholesale price.

由于中文刑事判决书中案情的完整性和行文的连贯性，在列举上述描述性的证据时出现了相对性的时间词语（划线部分），这时译者需要发挥创造性，帮助读者理解原意。在例一至例三中，译者很好地发挥了自己的创造性，没有逐字逐句地翻译，而是添加了案中的年份，使听者更加清楚了解案情；例三甚至添加到年月日的信息，进行时间充实。这样一来，读者听到了案件发生前后的具体时间，也就对案情会有正确、客观的认识。而在例四中，“一个月前”这个时间很不明确、很模糊，容易导向很多不同的时间点，译者没有发挥自己的创造性对这一时间进行解释，使得读者不清楚“一个月前”到底是什么时间的事情，影响了判决书传达给读者应有的效果，易造成读者的误解。

### 3.2 用语用充实来解释专有名词

涉外案件法律文书涉及法律法规的部分，会出现很多法律专有名词。译者在翻译这些词语时，不能简单地翻译这些名词的意思，应该发挥自己的创造性，考虑不同国家的法律法规、文化差异，尽量地贴近这些专有词语的本质意思进行翻译，使听者完全明白涉外案件法律文书中这些专有名词的内在意思，对原文的意思快速形成正确的反应。

**例五：**

原文 1：因本案于 2007 年 12 月 11 日被羁押，次日被刑事拘留。

译文 1：In suspicion of his involvement in this case, he was detained on December 11, 2007 and put into investigative detention the next day.

原文 2：因本案于 2009 年 8 月 9 日被羁押，次日被刑事拘留。

译文 2：In suspicion of his involvement in this case, the Defendant was detained on August 9, 2009 and kept in custody for investigative purposes the next day.

从例五中可以看出，“羁押”和“刑事拘留”是两个法律专有名词，并且从原文中可以看出，这两个词的联系非常紧密。在一份刑事判决书中，翻译好这两个词是非常关键和必要的。因为中西文化存在差异，译者在了解这两个法律专有名词含义的基础上还要通过对该词的演绎，发挥译者翻译的创造性，尽可能地让听者明白“羁押”和“刑事拘留”的先后顺序及意义，了解我国的刑事司法程序。

既然译者想要在翻译“羁押”和“刑事拘留”时发挥创造性，就要先弄清楚这两个词的含义及区别。根据百度百科的解释不难发现，“羁押”基本上是一种逮捕、拘留决定以后的，依附于拘留、逮捕的剥夺公民人身自由的当然状态，不是一种独立的强制措施。

而“刑事拘留”是指公安机关或人民检察院在刑事案件侦查中，对现行犯或重大嫌疑分子，暂时采取的一种强制措施。可见，“羁押”应该是在“刑事拘留”之后的一种当然状态。然而，在例五的两个刑事判决书中，被告人先被“羁押”，于次日后被“刑事拘留”，这显然不符合中文解释的顺序。这时候，译者需要通过查阅刑法的相关知识来理解。根据《刑事诉讼法》的解释，此处的“羁押”应理解为一种没有经过任何司法部门批准而对犯罪嫌疑人实施的一种关押或拘留，通俗的来说就是“先将嫌疑人抓起来”。而“刑事拘留”是由公安机关负责人批准，对嫌疑人采取的一种强制措施，因而在嫌疑人被关押的第二天执行。

译者应根据刑事判决书中上述两词所表达的意思而不是我国法律的本意进行翻译了。根据英国国家语料库的数据显示，“detain”在表示“扣留、关押”时使用最多，也可以表达出嫌疑人被拘留又没有命令的状态，因此前一词“羁押”就应翻译成“detain”。而后一词的翻译，例五的译文中采取了“investigative detention”这一表达。先看“detention”这个词。*Black's Law Dictionary* 的解释是：将某人实行监护、监禁或强制扣留的行为或事实。再看“investigative detention”，即在侦察阶段拘留犯罪嫌疑人，而没有正式逮捕。从词典的解释可以发现，“investigative detention”和“刑事拘留”是完全契合的，可以这样翻译，也可以像译文 2 一样，翻译成同样有监护意义的“custody”。(《元照英美法词典》) 例五的翻译就是译者结合了相关法律规定和自己对全句的整合做出来的，简单明了，便于听者理解。由此可见，译者在翻译判决书时发挥创造性对原文进行解释整理是多么的重要。

**例六：**

原文：根据该下载图片上的署名，结合重庆外运公司未提交相反证据的事实等具体情况认定下载图片的署名人为作者。

译文：In terms of an authorship on the downloaded pictures and Chongqing Branch of China National Foreign Trade Transportation Corporation having no opposite evidences and other specific situations, the court confirms those who download the picture are authors.

从这个关于知识产权方面的译文可以看出，译者将“署名”译成了 authorship。那么，在《元照英美法词典》中，authorship 的原意是：“创作；作者身份”。似乎这两个意思都和“署名”无关，那么译者为什么把“署名”这样一个专有名词译成了“authorship”呢？

在中文原文中，有这样的解释：“署名在本质上是表明作者身份资格的行为，署名反映了作者与作品的关联关系”。译者正是看到了这样的解释，才会发挥创造性，将由“author”变形而成的“authorship”对应解释成了“署名”。而且，在《布莱克法律词典》中，work of authorship 被解释为“The product of creative expression such as literature, music, art and graphic designs”，作者的署名正好符合了其中列举 literature 的一项。

由此可见，“署名”一词可以用 authorship 进行语用充实解释。

**例七：**

原文：现两注册商标均在有效期内。

译文：Until then, both of the two trademarks were valid.

可以看出，译文将“注册商标”解释成为“trademark”。而在《元照法律词典》中，“trademark”的意思是“商标”。那么，“商标”和“注册商标”是一个概念吗？

商标是用来区别商品或服务来源的标志，也就是我们通常说的“牌子”。它既是一种知识产权，一种脑力劳动成果，又是工业产权的一部分，是企业的一种无形财产。而注册商标是一种法律名词，指已获得专用权并受法律保护的一个品牌或一个品牌的一部分。在我国商标实行自愿注册原则，因此可以只使用而不注册，但是我国法律只保护注册商标的专用权。可见，“商标”和“注册商标”在法律效力上还是有本质差别的。那么，该译文就翻译的有些问题了。译者没有根据“注册商标”的本义将基本单词“trademark”充实变成“registered trademark”，而是简单译成了“trademark”，这样没有创造性的死板的翻译和原文的意思是不相契合的，会误导读者，因此是不好的翻译。

**例八：**

原文：为此，法院对法国馆建筑物进行现场勘验。

译文：To clear up this point, the court conducted an on-the-spot investigation to the construction of the France Pavilion.

“现场勘验”是刑法上的专有名词，在刑事判决书中出现频率很高，那么对它的翻译既不能随意，也不能僵化。其中，“发生犯罪、事故、发现尸体或遗留犯罪痕迹的地点统称为现场”,扩展意义的现场指“一切能与案件或事件相关的地点”。在《元照法律词典》中，“spot”有“现在的、即时的”之意，“on”作为表示位置的地点介词，和“spot”连用就会有“在现场的、在此处的”意思。其次，为了发现与案件相关的线索，查明案件的性质，证实并揭露犯罪行为的一系列侦查行为称为勘验，其本意即“调查”，因此“investigation”正好契合。

通过上述对于“现场勘验”这一专有名词的分析，译者在熟悉了相关法学知识的基础上是可以通过语用充实将其翻译出来的，这也正是译者创造性之所在。

**3.3 基于话语关系的充实**

涉外案件法律文书作为一种特殊的法律文书，就其本质而言也是几种文书体裁的集合。其词句之间、段落之间是像文学作品一样有上下文联系的。为了涉外案件法律文书的整体性和连贯性，原文有时会进行些许的省略。这时需要译者发挥自己的创造性，将原文意思完整清晰地翻译出来，以达到令听者明白的效果，这时就要进行基于话语关系的语用充实了。下面，我将举一些具体涉外案件法律文书中的例子来进行说明。

**例九：**

原文：2010 年 10 月 17 日 2 时许，被告人乘坐 ET606 航班在埃塞俄比亚联邦民主共和国首都亚的斯亚贝巴起飞，途径泰国曼谷，飞抵中华人民共和国广东省广州市。

译文：At around 2:00 on October 17, 2010, defendant took off at Addis Ababa, capital of the Federal Democratic Republic of Ethiopia, by Flight ET606 and then arrived in Guangzhou, Guangdong, the PRC, via Bangkok, Thailand.

在这一例子中，译者根据刑事判决书原文的上下逻辑联系和意思判断，得出“被告人从起飞到飞抵是一个完整重要的过程”，而“中间途经一个地方”则是为了清楚描写事实而写上的。因此，译者发挥自己的创造性，对译文句子结构进行语用充实，重点强调“飞抵的地点”，把途经地作为状语插入句中。这样一来，听者对原文的意思了解变得清晰而直接，利于中外读者理解该判决书内容。

**例十：**

原文：请求判令被告停止侵权行为、赔偿损失、消除影响。

译文：And asking the defendants to stop actions of infringement, make corresponding compensations and clear up consequences.

这一句原文，通过三个句式统一的短语将原告对被告的要求表明于此。然而根据前后文话语间的意思，简单的直译在这里就不适用，需要基于话语关系进行语用充实。在译文中，译者通过发挥自己的创造性，将“赔偿损失”进行了合理的语意解释，通过添加形容词“corresponding”，表明了原告要求赔偿的诉讼的合理性和正当性。这样的译文既表达清楚了原告的合理诉求，又不失法言法语的严谨性质，充分说明在翻译涉外案件中进行语用充实的重要性。

**3.4 基于隐含意思的充实**

在涉外案件法律文书中，由于中文的语言特点，难免会出现很多隐含的意思，这时译者需要发挥自己的创造性，通过理解其中的内在真意，将这些隐含意思合理地翻译出来，运用语用充实的方法。

**例十一：**

原文：我国海关关员对其进行人身检查时发现其肠道内有多个异物。

译文：When conducting a physical inspection on him, the Chinese customs officers found there were numerous abnormal objects in his intestines.

从这个例子可以看出，原文中没有说哪个国家，只是用“我国”一词，而译者如果直接翻译成“our customs officers”就会对外国听者造成混乱和歧义。译文译者充分发挥了其创造性，基于案件发生的实际情况和原文中隐含的国别信息进行充实，使得读者接受到的信息准确且明晰。

**例十二：**

原文：与原告专利权利要求一中记载的技术特征之一……既不相同，也不等同。

译文：…，which was neither identical nor equal to one of the technical features described in the plaintiff's number one patent claim…

从上面的译文可以看出，译者将“相同”和“等同”用不同的词语表达了出来，可谓做了不少功课。日常生活的对话当中，人们对于“相同”和“等同”是很少区别看待的，甚至在研究涉外法律文书的翻译之前，笔者也不清楚这两个词语的异同，说明其中的不同点是隐藏在这两个源词语和上下文之中的。通常稳妥的翻译都是直接将两个相近意思的词语合二为一，进行整体翻译，效果也是便于理解的。而译者要想发挥创造性，在翻译中高度还原“相同”和“等同”的中文意思，需要从这两词的中文差别研究开始。

在中文解释中，“相同”是指两种事物对比其中一方没有任何变化，强调同一性。“等同”是指内容、数量等方面的均等和平等，侧重两者之间的比较。可见，虽然两词意思大致相同，但还是有差别的。

在《元照英美法律词典》中，“identical”的意思为“相同的、性质上同类的”。“equal”则表示“相等的、均等的、平等的”，该词用于法律中，不意味着同一性，而是指二元性，指以一事物作为衡量另一事物的尺度。“identical”之于“相同”，“equal”之于“等同”，正是非常契合的法律翻译。从这个例子可以看出，在翻译涉外案件法律文书时，译者通过隐含意思进行语用充实，会为翻译带来贴切又完整的效果。

**例十三：**

原文：使得双方当事人的利益关系发生逆转。

译文：And then beneficiary relationship between two parties has been completely changed.

在元照、韦氏、布莱克法律词典中，beneficiary 都是表示“受益人”的意思，而原文中没有提到“受益”的字眼，因此译文的翻译究竟是无中生有，还是译者根据原文所讲话题的主旨进行的语用充实的创造呢?

从这句话所在的段落不难发现，整段都在说明署名所带来的利益分配问题。而本句作为承上启下的总结性话语，有点明主旨的作用。译者在理解整段的意思之后，需要进行原意的简单化和明确化处理，因此由“利益”这一中性词语推断出“受益”这一层隐含的积极含义，这样就可以使得译文更加便于读者理解。

## 三、总结

本文以语用充实为指导，探讨涉外案件法律文书翻译中译者的创造性。作者按照相关法律规定、词典定义、文化交流等三个维度，结合实例解读以刑事判决书、民事判决书等为代表的涉外案件法律文书的翻译，力图呈现“译者充分发挥其创造性”的策略。毋庸讳言，新时代的涉外案件法律文书的翻译不能只拘泥于逐字逐句的“直译”，而应以语用充实理论做指导，译者充分发挥创造性来与外国诉讼参与者进行沟通。

## 参考文献

[1] Bhatia Vijay K. Translating legal genre[Z] //MarySnell-Hornby Z. Jettmarova, Kaindl K. Translations intercultural communication. Amsterdam: John Benjamins Publishing Company, 1997: 203–213.

[2] Garner B A. Black's law dictionary(8th ed).

[3] Mikkelson H. 法庭口译导论 . Shanghai: Shanghai Foreign Language Education Press.

[4] Leech G N. Principles of pragmatics [M].London: Longman Group Limited, 1983.

[5] Merriam-Webster Inc. Merriam-Webster's dictionary of law.

[6] Newmark P. Textbook of Translation [M].London: Prentice Hall, 1988.

[7] Sarcevic S. New Approach to legal translation [M]. The Hague: Kluwer Law International, 1997.

[8] 鲍刚 . 口译理论概述 . 旅游教育出版社，1998：103–105.

[9] 陈建平 . 应用翻译研究 . 苏州：苏州大学出版社，2013.

[10] 胡爱梅 . 从交际视角审视口译中译员的主体性 . 安庆师范学院学报，2011，30（7）：64–67.

[11] 胡庚申 . 翻译与跨文化交流：整合与创新：第二届海峡“两岸四地”翻译与跨文化交流研讨会论文集 . 上海：上海外语教育出版社，2009.

[12] 胡志勇 . 英汉法律新词库 . 上海：上海科学技术文献出版社，2007.

[13] 贾文波 . 应用翻译功能论 . 北京：中国对外翻译出版公司，2004.

[14] 李斐南 . 法律英语实务 . 广州：中山大学出版社，2005.

[15] 任文 . 联络口译过程中译员的主体性意识研究，外语教育与研究出版社，2010：108–110.

[16] 任文，梅森 . 对话口译中的权利 . 四川大学学报，2011（6）：61–69.

[17] 申嘉 . 美国侵权法 . 北京：中国民主法制出版社，2007.

[18] 陶博 . 法律英语：双语法律文书的解释 /（美）. 上海：复旦大学出版社，2013.

[19] 王士如 . 法律基础双语教程：汉英对照 . 天津：南开大学出版社，2002.

[20] 王士如 . 法律基础双语教程 . 法律与案例精选，天津：南开大学出版社，2003.

[21] 王天华 . 论口译中的文化因素极其影响 . 哈尔滨工业大学学报，2004，6（6）：115–118.

[22] 王晓东 . 口译中的灵活性——从跨文化交际角度看口译，[ 硕士学位论文 ]，上海外国语大学英语语言文学，2010.

[23] 魏微 . 论口译员的跨文化意识极其培养 .[ 硕士学位论文 ]，哈尔滨工程大学，2005.

[24] 曾文雄 . 语用学翻译研究 . 武汉：武汉大学出版社，2007.

# "政治等效"翻译原则框架下《习近平谈治国理政》中国特色隐喻英译研究

# Research on Translation of Metaphors with Chinese Characteristics in *Xi Jinping: The Governance of China* from the Perspective of Political Equivalence

中国政法大学外国语学院　孙晓磊

**摘　要：** 政治隐喻的使用和翻译历来是语言学研究的热点之一。《习近平谈治国理政》作为具有代表性的政治话语文本，其中使用了大量的中国特色隐喻，其原文与译文的对比研究成为政治隐喻翻译研究的极佳素材。本文以翻译学的"政治等效"理论框架为指导，对已出版的两卷《习近平谈治国理政》中国特色隐喻的语言特点和语用功能进行归纳总结，并对其英译本的隐喻翻译实例进行分析，总结习近平话语中国特色隐喻的跨文化翻译策略。

**关键词：** 习近平谈治国理政　中国特色隐喻政治　等效翻译理论英译策略

**Abstract:** The use and translation of political metaphors has always been the focus of linguistic research. As a representative political discourse text, *Xi Jinping: The Governance of China* boasts a large number of metaphors with Chinese characteristics. The comparative study of its source text and the target text has become an excellent material for studying translation of political metaphors. Based on the "Political Equivalence" translating theory, this paper aims to summarize language features and pragmatic functions of metaphors with Chinese characteristics in the two volumes of *Xi Jinping: The Governance of China*, analyze its translating cases, and summarize cross-cultural translating strategies of Xi Jinping's metaphors with Chinese characteristics.

**Key words:** *Xi Jinping: The Governance of China*　Metaphors with Chinese characteristics　"Political Equivalence" translating theory　Translating strategies

## 一、引言

古今中外，卓越的政治家善于在自己的言论中大量使用隐喻，更好地表达其意图，以达到治国、为政、劝君、政辩等目的。在政治演讲中，习近平也善于使用大量贴近民众生活的文化特色隐喻，具有独特的文体功能和语义功能。研究习近平话语中的中国特色隐喻及其英译，在“中国文化走出去”的宏观背景下，具有语言学、政治学、传播学、外交学等多个领域的现实意义，有助于提升中国的国际话语权，让中国文化更好融入世界文化格局，构建全球文化多样化格局（杨静，2016:109）。

《习近平谈治国理政》到目前为止共出版了两卷，其中第一卷收录了习近平从 2012 年 11 月 15 日至 2014 年 6 月 13 日期间发表的 79 篇重要讲话。第二卷收录了习近平从 2014 年 8 月 18 日至 2017 年 9 月 29 日期间发表的 99 篇重要讲话。两卷《习近平谈治国理政》是习近平新时代中国特色社会主义思想集中体现的权威性文本。其英文版由权威专家翻译而成，可视为同类政治文本的“翻译原型”（朱晓敏、曾国秀，2013：83）。因此研究习近平政治话语中国特色隐喻的翻译，势必会为其他政治文本隐喻翻译提供可靠的参考依据。本文旨在从“政治等效”翻译理论视角对《习近平谈治国理政》中具有代表性的中国特色隐喻进行汉英对比分析，研究习近平政治话语中国特色隐喻的跨文化翻译策略。

## 二、习近平政治话语中国特色隐喻的特征

作为一种特殊的政治隐喻，习近平话语中国特色隐喻既具有政治隐喻的共性特征，同时也具有更鲜明的特征和语用功能。

### 2.1 用具体、简单的语言体现政治意图

政治语言承载了政治家的政治意图，意在用更加有效的讲话方式向民众传达思想、方针、政策，希望获得民众认可与支持。习近平政治话语中国特色隐喻的运用则从民众普通生活经验出发，通过使用具体、简单的概念启发引导民众理解复杂生涩的政治理念，体会高深的政治意图，体现了隐喻在政治文本中的核心语用功能。比如，习近平在提到国家深化改革的问题时，指出中国改革目前已经进入“深水区”，容易的、皆大欢喜的改革已经完成，“好吃的肉都吃掉了，剩下的都是难啃的硬骨头”（习近平，2017：101），用极其接地气的隐喻向民众传达当前国家领导层在深化改革方面面临的困难以及必胜的决心。

### 2.2 用生动、新颖的语言修饰枯燥的政治演讲

传统的政治演说理论性较强，对于普通民众而言难免深奥枯燥。习近平政治话语的一大特色就是使用更加贴近民众生活的生动、新颖的隐喻，更加能够吸引听者，引发共鸣，从而使其得到更为广泛的认同和传播。在谈及培养青年社会主义核心价值观的时候，习近平将青年时期这一重要的培养阶段比作“穿衣服扣扣子”，“如果第一粒扣子扣错了，剩余的扣子都会扣错。”“人生的扣子从一开始就要扣好。”（习近平，2014：172）习近平使用简单的生活隐喻，生动且创新性地将价值观的形成比作“系扣子”，鲜活、新颖的表达方式，使民众眼前一亮，其中道理可见一斑。类似的隐喻还有：党员干部在面对工作困境时要有“钉钉子的精神”（习近平，2014：400）；中美合作好了，就可以做世界稳定的“压舱石”、世界和平的“助推器”等（习近平，2014：279）。

### 2.3 用精练、委婉、意象的语言改进政治演讲的文风

习近平曾在中央党校某年开学典礼上提出“短实新”的文风要求，而其中国特色隐喻的广泛使用就是鲜明的体现。在反腐工作中，习近平将贪腐高官及百姓身边的腐败现象分别比作“老虎”和“苍蝇”，要坚持“老虎苍蝇一起打”（习近平，2014：388），用精练的比喻委婉含蓄地表达了对贪腐问题的严肃态度。在博鳌亚洲论坛 2013 年年会上，习近平发言指出，国家无论大小、强弱、贫富，都应该做和平的维护者和促进者，不能这边“搭

台"、那边"拆台"，而应该相互"补台"、好戏"连台"（习近平，2014：331）。四个词语的连贯使用，道出了中国领导人劝说世界各国维护世界和平发展的政治意图，用词准确精练，让听者脑海瞬间浮现出几个一连串的和"台"字相关的"意象"，令人印象极其深刻。在脱贫攻坚座谈会的讲话中，习近平提出扶贫干部要真正沉下去，扑下身子到村里干，同群众一起干，不能"蜻蜓点水"，不能"三天打鱼两天晒网"，不能"神龙见首不见尾"（习近平，2017：92）。习近平并列使用三个"不能"加三个特色隐喻，形象地在听众脑海中勾勒出扶贫干部要做到身体力行的生动意象。

## 三、"政治等效"翻译理论框架下的翻译标准

在翻译理论中，"对等"这个术语最早由西方学者提出，在诸多对等学派中，美国翻译理论家奈达的功能对等理论较为突出。1964 年，奈达在其著作 *Toward a Science of Translating* 中首次提出"动态等效"的学说，后来改为"功能对等"，认为翻译就是把原语的信息用译入语中最切近、最自然的对等语再现传递出来，首先是就含义而言，其次是就文体而言（Nida & Taber, 1969:12）。这一学说强调译文要重现语义，然后可能的话也要重现风格。

2008 年，国内学者杨明星基于奈达"等效"翻译理论的普适性及局限性以及外交语言的特殊性，提出了一项专门针对外交语言的翻译原则——"政治等效"原则。其核心理念认为：外交翻译必须一方面准确、忠实反映源语和说话者的政治思想和政治语境，另一方面，要用接受方所能理解的译入语来表达，使双方的政治含义信息等值，使译文能起到与原文相同的作用和交际功能（杨明星，2008：91）。"等效"与"政治等效"之间既有联系又有区别："政治等效"是对"等效"的继承和发展，两者一脉相承，紧密相连。"等效"具有普遍意义，主要适合一般领域的翻译实践，关注含义和文体等方面的对等，但对外交语言翻译而言，如沿用一般的"等效"标准，则很难达到真正理想的政治上的等值。而"政治等效"是适用于外交语言翻译这一特殊领域的具体标准，更加强调政治内涵上的对等（杨明星、闫达，2012：73）。

杨明星总结了"政治等效"翻译学说的三个突出特点：（1）政治性。要实现"政治等效"，首先必须保持翻译的政治性，政治性是"政治等效"最显著的特点，是外交话语翻译的灵魂。（2）动态性。翻译的过程是一个动态的等效过程：译者必须与时俱进，紧贴源语和说话者的时代内涵和译入语的最新发展及其语境。要关注源语的动态发展和变化，时刻跟踪源语和目的语相应的政治语境。（3）平衡性。译者在源语和目的语之间、说话者和受众之间必须保持平衡、和谐的关系不偏向一方（杨明星、闫达，2012：74）。

认知隐喻学原理认为，从喻体向本体的映射过程能够激发受喻者对某喻体产生"语义联想"的本能认知反映，在心智中形成"意象"。所谓"意象"是指人在某物不在场时心智中还能得出该物的形象，即在没有外界具体事物刺激输入的情况下，人在心智中依旧能够获得其印象的一种认知能力（Langacker，1987：110）。杨明星根据外交隐喻的特殊性，将之前提出的"政治等效"原则结合认知隐喻学中的"隐喻意象"映射原则，进一步提出了"政治等效 + 意象再现"的外交隐喻复合性翻译标准，即 PEIR 标准（Political Equivalence+Image Re-presentation），主张外交隐喻的翻译一方面要准确传达隐喻的政治内涵，另一方面要成功激活异质文化中的受喻者对喻体的感知，在心智中成形成像（杨明星，赵玉倩，2020：154）。这一新的标准在传承"等效"论的基础上，从认知的视角，能更加

深刻地体现和把握隐喻跨语言转换的认知过程，使隐喻转换的过程和策略的把握变得更加具有系统性和深刻性。

# 四、“政治等效”翻译理论框架指导下的习近平政治话语中国特色隐喻英译策略

习近平政治话语中国特色隐喻从本质上属于政治隐喻，其受众范围涉及国内外广泛的人群，尤其是进行英译之后，其话语功能就等同于外交话语和外交隐喻。因此，上述的“政治等效”翻译标准自然就适用于分析、评判和指导习近平话语中国特色隐喻的英译。

20 世纪 70 年代，M. B.Dagut 在研究隐喻翻译的时候，将隐喻划分为两类：共享隐喻（shared metaphors）和非共享隐喻（non-shared metaphors）（M. B.Dagut，1976：29）。基于上述分类，习近平话语中国特色隐喻也可以进一步具体划分为通用隐喻、冲突隐喻、陌生隐喻三种形式。针对不同类型的隐喻，在具体翻译的时候，结合“政治等效”翻译原则，可以采用不同的翻译策略。

**4.1 保留源语隐喻，采用相同词汇表达**

这一翻译策略适用于通用隐喻，即源语隐喻和译入语隐喻。基于两个民族思维方式和认知体验的相似性，因此具有共通的特征，这样译者在翻译这类隐喻时，只需使用相似的词汇表达即可，是比较简单的转化过程。

4.1.1 完全保留源语隐喻

对于两种语言中的通用隐喻，当出现一个喻体或者多个喻体但彼此功能不同，则翻译时需要完全保留源语喻体，符合“等效”的翻译原则。比如，2017 年习近平在联合国日内瓦总部进行“共同构建人类命运共同体”主题演讲时指出，邻居出了问题，不能光想着“扎好自家篱笆”，而应该去帮一把（习近平，2017：542）。这里译员将这一喻体保留，翻译成“strengthening one’s own fences”（Xi Jinping，2017：593）。当提到各国面临共同发展的问题时，习近平指出：我们要正视并设法解决，但不能“因噎废食”（习近平，2017：543）。这一中国特色隐喻原意是指因为有人吃饭噎死了，就想让天下人都不吃饭。比喻要做的事情由于出了点小毛病或怕出问题就索性不去干。译员也是保留喻体，将其翻译为“One should not stop eating for fear of choking”（Xi Jinping，2017：595）。当然，针对这一隐喻，英文中也有类似语义的喻体，即“Throw away the apple because of the core”，显然，译员并没有使用这一喻体，而是保留了汉语特色喻体。还有若干类似的案例，比如在强调家庭教育的重要性时，习近平指出广大家庭要帮助孩子“扣好人生的第一粒扣子，迈好人生的第一个台阶”（习近平，2017：355）。这两个隐喻被完整保留地翻译成“button the first button in their lifetime and take the first step on the ladder of life”（Xi Jinping，2017：384）。上述翻译案例中的隐喻皆是共通隐喻，采用通过直接保留喻体的翻译策略，就可以引发受众对于喻体的相似共鸣，符合“政治等效”的翻译原则。

4.1.2 部分保留源语隐喻

当源语中出现两个或者两个以上隐喻并列使用的情况，且语义和功能相似的话，翻译时为了避免重复和冗长，只需要保留一个隐喻即可。此时一般会选择省去文化负载程度较高的隐喻，而保留相对共通的隐喻。

习近平在提到办好中国的世界一流大学时，强调中国特色的重要性。如果没有特色，

跟在他人后面"亦步亦趋","依样画葫芦",是不可能办成功的(习近平,2014:174)。译员将这两个隐喻翻译成"copy others mechanically"(Xi Jinping,2014:194)。"亦步亦趋"是汉语特色隐喻,比喻由于缺乏主张,或为了讨好,事事模仿或追随别人。"依样画葫芦"也是中国特色隐喻,意思是照着真葫芦去画葫芦,比喻单纯模仿,没有创新。可见习近平此处连用的两个隐喻,其语义和功能是类似的,都是强调模仿他人而缺乏创新。译文保留了第一个隐喻,采用了部分保留源语隐喻的翻译策略。类似的案例还有,习近平在谈抓社会主义法制建设时,将一些党员干部的不良做法描述为"练虚功、摆花架"(习近平,2017:116),这两个隐喻都形容只注重表面文章,只顾面子上好看,于是译员翻译时只保留了一个隐喻,翻译成"put on appearances"(Xi Jinping,2017:123)。以上两个案例都是采用部分保留源语隐喻的策略,避免了重复和累赘,同时也满足了接近"等效"的翻译原则。

**4.2 改变源语隐喻,采用不同词汇表达**

由于习近平话语中国特色隐喻具有较强的民族特色和文化负载,为了国外民众更容易理解和接受,翻译中有时需要改变汉语特色隐喻,使用英语文化常用的隐喻,也符合"政治等效"翻译的标准。

习近平在十八届中央政治局常委同中外记者见面会时讲道,中国共产党取得了举世瞩目的成就,但是决不会"躺在过去的功劳簿上"(习近平,2014:4)。"功劳簿"是中国古代战场上记录将士们战绩的竹简册,用来比喻过去取得的功绩,尤其是指老本。这一隐喻如果采用保留源语隐喻的方法,可以翻译成为"rest on bamboo books of military exploits"。然而,对于西方受众而言,这一陌生隐喻不太容易使其在头脑中产生相似的政治意象,因此,译员采用了改变源语隐喻的译法,翻译成"rest on one's laurels"(Xi Jinping,2014:4)。"laurel"意思是月桂树,在古希腊文化中,在竞技中的获胜者即被授予由月桂叶子编制的花冠,象征荣誉。因此"rest on one's laurels"这一隐喻比喻满足于过去取得的成绩,吃老本。这样的翻译就会使西方受众产生同样的意象联想,也更加符合"政治等效"的翻译原则。

**4.3 舍弃源语隐喻,省略词汇表达**

在很多情况下,由于中国特色隐喻的民族特色过于强烈以至于在西方文化中缺乏与之对应的隐喻,此时为了满足语义上的"等效"原则,不得已只能舍弃源语隐喻,而采用意译的方式间接表达源语语义。

习近平在强调创新的重要性时指出,抓住了创新,就抓住了牵动经济社会发展全局的"牛鼻子"(习近平,2017:201)。"牛鼻子"这一汉语特色隐喻,比喻事物的主要矛盾或影响全局的关键。译员将这一隐喻舍弃,意译为"the key to...",即"关键因素"(Xi Jinping,2017:221)。在2017年世界经济论坛年会开幕式演讲中,习近平指出,中国人民深知实现国家繁荣富强的艰辛,对各国人民取得的发展成就都点赞,都为他们祝福,都希望他们的日子越来越好,不会犯"红眼病"(习近平,2017:484)。人在忌妒时,严重时会因生气而使眼部充血、变红,和"红眼疾病"的症状相似,因此汉语中也有"眼红"、"眼热"这样的隐喻表达。所以,在中国文化中,"红眼病"比喻羡慕别人有名或有利而心怀忌妒的毛病。译员将其翻译为"We are not jealous of others' success",省略了源语隐喻,采用了意译的翻译手法。这样的策略好处是减轻西方受众理解和接受中国隐喻的难度,而弊端则是不利于中国文化在西方的传播。

一种可取的做法是尽量使用"保留源语隐喻+意译"的翻译策略。譬如,在谈到广大党员可能会受不良作风影响时,习近平强调,如果针对这些问题不加控制,后果将不堪设想,就可能会发生毛泽东同志比喻的"霸王别姬"。"霸王别姬"这一汉语历史典故在现代比喻执政者独断专行，脱离群众，最终垮台。习近平使用这一隐喻，旨在表明如果党采取脱离群众的路线，会有失败的巨大风险。译员将这一隐喻翻译为“the tragedy of Farewell My Concubine, which Mao Zedong used as a metaphor for losing power”，前半部分保留了喻体，后半部分用意译的方式解释其语义。此种策略符合“形状相似、功能相似、心理相似”的隐喻相似性标准（束定芳，2002：103），最大限度地满足了“政治等效”的翻译原则。

## 五、结语

作为一种特殊的政治隐喻，习近平政治话语中国特色隐喻的语言特征和语用功能体现在用具体、简单的语言体现政治意图，用生动、新颖的语言修饰枯燥的政治演讲以及用精练、委婉、意象的语言改进政治演讲的文风。这样的隐喻使用体现了“习式”特色话语风格，是有意识的、成功的隐喻使用策略。杨明星基于奈达的“功能对等”翻译理论提出的“政治等效”翻译原则能使隐喻转换的过程和策略的把握更具针对性、系统性和深刻性，是指导政治隐喻、尤其是习近平中国特色隐喻翻译的有效原则和评判标准。在这一原则的指导下，可以针对不同的特色隐喻采用不同的翻译策略，如保留源语隐喻，采用相同词汇表达；改变源语隐喻，采用不同词汇表达；舍弃源语隐喻，省略词汇表达；保留源语隐喻使用意译的翻译策略等。只有灵活运用不同的翻译策略，才能有效地完成习近平政治话语的对外译介任务，从而有助于中国文化走出去，加强中国国际话语权等国家战略的实施。

## 参考文献


[1] Dagut M B. Can metaphor be translated? [J]. Babel, 1976(1): 21–33.

[2] Langacker R W. Nouns and verbs [J]. Language, 1987(1): 53–94.

[3] Nida E A, Taber C. The theory and practice of translation [M]. Leiden, E. J. Brill, 1969.

[4] Xi J P. Xi Jinping: the governance of China [M]. Beijing: Foreign Languages Press Co. Ltd., 2014.

[5] Xi J P. Xi Jinping: the governance of China(II) [M]. Beijing: Foreign Languages Press Co. Ltd., 2017.

[6] 束定芳 . 论隐喻的运作机制 [J]. 外语教学与研究，2002（2）：98–106.

[7] 习近平 . 习近平谈治国理政 [M]. 北京：外文出版社，2014.

[8] 习近平 . 习近平谈治国理政第二卷 [M]. 北京：外文出版社，2017.

[9] 杨静 . 从中西翻译史研究现状看中国典籍英译史的研究方向 [J]. 外语教学，2016（3）：109–112.

[10] 杨明星 . 论外交语言翻译的“政治等效”——以邓小平外交理念“韬光养晦”的译法为例 [J]. 解放军外国语学院学报，2008（5）：90–94.

[11] 杨明星，闫达 .“政治等效”理论框架下外交语言的翻译策略——以“不折腾”的译法为例 [J]. 解放军外国语学院学报，2012（3）：73–77.

[12] 杨明星，赵玉倩 .“政治等效 +”框架下中国特色外交隐喻翻译策略研究 [J]. 中国翻译，2020（3）：151–160.

[13] 朱晓敏，曾国秀 . 现代汉语政治文本的隐喻模式及其翻译策略——一项基于汉英政治文本平行语料库的研究 [J]. 解放军外国语学院学报，2013（5）：82–86，128.

# 政治化翻译思潮影响下外宣翻译研究

# International Publicity Translation under the Influence of Politicalization Translation Thoughts

国防大学国际防务学院　边菲斐　麻　兰　高　波

**摘　要：** 当前，世界主要国家普遍把加强对外传播作为增强国家文化软实力的重要手段。要做好中国外宣翻译工作，讲好中国故事，传播好中国声音，就必须构建中国特色大国外交话语体系，推动外交语言和外事外交翻译的科学研究和学科建设。外宣翻译工作者应熟知并运用外宣贴近中国发展的实际，贴近国外受众对中国信息的需求，贴近国外受众的思维习惯的三原则，使外宣翻译工作达到"体现时代性、把握规律性、富于创造性"的要求。

**关键词：** 政治化　翻译　思潮　外宣翻译

**Abstract:** At present, the main countries in the world generally regard strengthening external communication as an important means to enhance the national cultural soft power. For better work in China's international publicity translation to tell Chinese stories and spread Chinese voice, a diplomatic discourse system with Chinese characteristics should be established to promote the scientific research and discipline construction of diplomatic language and foreign affairs diplomatic translation. International publicity translators should be familiar with and apply the three principles of being close to the reality of China's development, close to the needs of foreign audiences for Chinese information and close to the thinking habits of foreign audiences, so as to achieve the requirements of "reflecting the times, grasping the regularity and being creative."

**Key words:** Politicalization　Translation　Thoughts　International Publicity Translation

## 一、引言

当前，世界主要国家普遍把加强对外传播作为增强国家文化软实力的重要手段。可以说，如果一个国家没有较强的国际传播能力，在国际上就会陷入有理没处说、说了也传不开的被动境地。虽然近年来中国的对外传播能力不断提升，但总体上仍处于西强我弱的态势，不断增强中国的国际传播能力仍任重道远。

在外宣工作中，中国从来不缺好故事，要把中国故事讲好，就需要卓有成效的翻译。建设具有中国特色的话语体系是一个系统工程，对构建国际话语体系意义重大。发达的经济、强大的文化影响力、在国际事务中的作用和地位等客观条件都具备后，才有可能建设自己的话语体系。具体到国际传播实践中，各个环节都需要不断完善运行模式、增强工作效果，外宣翻译工作作为中国对外传播的关键纽带环节，一定程度上决定了国际传播的最终效果。外宣翻译工作也是衡量一个国家国际传播能力和文化软实力的重要指标。

## 二、政治化翻译思潮及外宣翻译的“三贴近”原则

### 2.1 政治化翻译思潮的兴起

国际著名的翻译理论家、英国曼彻斯特大学教授蒙娜·贝克（Mona Baker）所在的英国曼彻斯特大学翻译研究中心，建构了很庞大的“翻译英语语料库”对各类翻译文体进行研究。贝克教授主要研究了叙事理论与翻译的结合性，她现在关注的焦点是叙事学、框架理论与翻译研究，与流行的翻译文化研究范式具有明显的差异（赵文静，2011）。贝克教授最为关注的是译者干预政治重塑叙事的主动性，而不是各种政治权力对译者和翻译过程的影响，其叙事翻译理论首次将叙事理论与翻译问题相结合，为翻译研究提供了崭新的视角。贝克教授十分关注中东问题，认为译者可以通过操作译本叙事来消解偏见和霸权、重塑文化权利关系，并在此基础上提出了其翻译伦理观。贝克教授提到了“对等”的概念，即译者其实是在目标语言和文化中找到源语言和文化的一种对等。同时也指出，对于理论的学习一定要秉承批判式思维方式，不拘泥于形式，具体问题具体分析并给予适合的翻译对策，要究其根本才能真正做好学问。

贝克教授本人的翻译思考已经远离语言学、文本、技能、转换、准确等翻译理论常常关注的议题，更多地关注文明冲突、霸权以及对抗、边缘社群公平、社会干涉等敏感话题。2002 年前后，即美军在伊拉克和阿富汗展开军事行动并在阿拉伯世界积极开展反恐军事行动期间，这个大环境不可忽视，她首次推出翻译加冲突、翻译加叙事、行动主义加翻译的说法，提倡翻译可以并且必须积极参与社会冲突和政治运动（段佳慈，2016）。2016 年贝克教授又开展一项名为翻译加知识谱系（translation and genealogy of knowledge）的项目，主张翻译要主宰自身及其职业和工作，且利用这种控制力进行并推动自认为是正当的社会运动或政治活动。我国现在推行的中国好故事工程，提倡翻译要讲好中国故事，要把故事讲得能让外国人愿意听、乐于听，并且听得明白。这些外宣翻译的新思路、新做法，若隐若现地闪现着贝克教授关于翻译加叙事的思想理念。

### 2.2 外宣翻译的“三贴近”原则

外宣翻译可以从广义和狭义的角度去理解。广义的外宣翻译涵盖各行各业、各级部门从事对外宣传方面的翻译活动，即人们常说的“大外宣”的翻译概念。狭义的外宣翻译是指各种政府文件公告、媒体报道、政府及企事业单位的介绍等实用文体的翻译。外宣工作中的翻译有一个突出的特点，即基本上都是中译外，也就是把大量有关中国的各种信息由中文翻译成外文，通过图书、期刊、报纸、广播、电视、互联网等媒体以及国际会议，对外发表和传播。这一特点决定了除去所有翻译工作都需要遵循的“信、达、雅”标准之外，外宣翻译更需要翻译工作者熟知并运用“外宣三贴近”（贴近中国发展的实际，贴近国外受众对中国信息的需求，贴近国外受众的思维习惯）的原则（粟千，2019）。首先，外宣翻译工作应树立政治意识。外宣翻译工作，往往政策性强、敏感度高、涉及层次多，以其鲜明的思想性、强烈的战斗性、广泛的群众性发挥着巨大的传播力、影响力和不竭的创造力作用，事关国家、地区的形象和根本利益，具有深刻的政治意义。其次，外宣翻译工作

应服务于经济发展。外宣翻译工作直接服务于经济社会建设，“是一种造就生产力的生产力”（粟千，2019）。第三，外宣翻译工作应树立形象意识。做好对外翻译宣传是树立和扩大国家形象的最佳途径，有助于一国提升政治力、吸引力、竞争力、生产力。

# 三、构建中国特色大国外交话语体系

要做好中国外宣翻译工作，讲好中国故事，传播好中国声音，就必须构建中国特色大国外交话语体系，推动外交语言和外事外交翻译的科学研究和学科建设。

**3.1 建设外交话语翻译平台**

紧密对接国家发展战略，搭建外交话语及翻译学术交流平台，为“一带一路”建设和国家总体外交提供语言服务和政策咨询，并积极探索和创建外交语言及外事外交翻译研究的学科方向。加快探索翻译与传播、中国特色大国外交话语体系建设、“讲好中国特色大国外交故事”的话语模式与翻译路径、中央外交文献翻译与融通中外话语体系建设、外交语言、外交话语研究现状、问题与前景等（王永平，2019）。对重要经典、重要语句进行集中校对，形成共识，及时传播。例如：“政简易从。规则越简约透明，监管越有力有效。”翻译为“Simple regulations are easy to follow. The simpler and more transparent the rules are, the more robust and effective the regulation is.”其中“政简易从”应结合中国政治情况译为“simple regulations are easy to follow”，突出了中国政治管理理念特色。“对标全面建成小康社会任务，扎实推进脱贫攻坚和乡村振兴。”翻译为“We will make solid progress in poverty alleviation and rural revitalization and move closer to completing the tasks of building a moderately prosperous society in all respects.”其中“全面建成小康社会”应译为“building a moderately prosperous society in all respects”，这是我国政府重大政策在外交话语体系中权威的翻译，必须统一翻译口径。“落实粤港澳大湾区建设规划，促进规则衔接，推动生产要素流动和人员往来便利化。”翻译为“In developing the Guangdong-Hong Kong-Macao Greater Bay Area, we will work to ensure the implementation of plans, achieving compatibility between each region’s rules, and facilitating flows of factors of production and the movement of people.”其中“粤港澳大湾区”应译为“Guangdong-Hong Kong-Macao Greater Bay Area”，这是对我国经济建设重大举措进行对外宣传时权威的外交话语翻译，有利于促进我国经济发展。（新华网，2019）

**3.2 分析国际传播的受众习惯**

中国特色大国外交话语体系建设还要融入“一带一路”建设，发出中国声音。因此外事外交翻译不但要有坚实的语音基础，还得熟悉政策。坚持对我有利、以我为主原则；要对不同国家和地区、不同层次的文化需求和受众习惯进行分析，对国际传播的相关数据和实际效果进行跟踪分析（聂雯，2020）。这项工作不能仅仅依靠中国人，还应吸引外国学生学习中国文化，了解中国发展，进而帮助讲好中国故事。例如：精心译制的电视剧《木府风云》在东南亚掀起“中国风”，译制纪录片《舌尖上的中国》用地道的中国美食和鲜明的民族特色征服了大批海外“粉丝”，译制影视作品已经成为中国和不同国家、人民进行文化交流的桥梁，国外观众通过生动的中国的影视剧了解中国的历史、文化及当代社会，有利于切实提高中国文化在国外的知名度和影响力。

**3.3 建设高级翻译人才库**

中国应积极组建高级翻译人才库。在全球经济一体化及人类命运共同体的全球发展大背景下，需要培养和吸引大量既懂外语又懂专业、多语种和跨学科的翻译人才，服务于中国重要涉外文件和重大外事活动翻译工作，提升翻译队伍的整体水平。由外交部、国家外文局、中央编译局、新华社建立联席会议，统筹对外翻译和传播的各方面专业资源，行使翻译专业研究、翻译出版规划、翻译人才培养和外译监督管理的职能等。

## 四、推进外宣翻译工作科学发展对策

中国外文局局长周明伟认为，“讲好中国故事，要有中国视角，用国际眼光，进行国际表达。”（刘彬，2015）因此，推进外宣翻译工作科学发展，要着重处理好三种关系。首先是处理好长远发展与当前建设的关系。把抓外宣翻译工作与抓外宣翻译队伍建设结合起来，通过多渠道多途径培训，逐步培养一批内知国情外知世界，并熟悉国际新闻规律的外宣翻译队伍。其次，处理好继承传统与创新发展的关系。外宣翻译是最需要创新的领域，只有把握时代脉搏，贴近国内外受众多层次、多样性、多方面需求的外宣翻译新方式，引领人民思想的外宣翻译，才能始终成为社会进步的先导。第三，处理好全面建设与创造特色的关系。外宣翻译特色是全面工作的牵引，体现了外宣翻译工作方向和工作高度的导向。应紧紧围绕外宣翻译工作全面建设需要创特色。要通过深入细致的调查研究，及时准确掌握代表外宣翻译工作发展方向的新生事物，在积极培植和大力扶持的基础上全面推开，实现“从全面到特色，从特色到全面”的新跨越。只有这样，才能使外宣翻译工作达到“体现时代性、把握规律性、富于创造性”的要求。（翟石磊，2013）

## 参考文献

[1] 段佳慈，贝克．“叙事理论”对国内翻译研究的启示 [J]. 译苑新谭，2016（1）：128–134.

[2] 刘彬．中国外文局局长周明伟：讲好中国故事要具备国际眼光 [N]. 光明日报，2015–10–12（2）.

[3] 粟千．英语外宣翻译理论探究 [J]. 海外英语，2019（22）：46–47.

[4] 聂雯．“一带一路”背景下的外宣翻译研究 [J]. 科学大众（科学教育），2020（1）：117.

[5] 王永平．外宣翻译研究趋势、热点与前沿——基于 CiteSpace 的可视化分析 [J]. 西安航空学院学报，2019（6）：61–68.

[6] 新华网．2019 年政府工作报告（双语全文）（2019–03–18）. http://language.chinadaily.com.cn/a/201903/18/WS5c8efa3da3106c65c34ef20c_4.html.

[7] 翟石磊．中国式话语与国际话语权——以外宣翻译中的中国特色词为例 [J]. 复旦国际关系评论，2013（11）：62–66.

[8] 赵文静，贝克．翻译与冲突——叙事性阐释 [M]. 北京：北京大学出版社，2011：65–80.

# 涉外案件处置中翻译相关问题研究

# Related Issues on Interpretation and Translation in Foreign-Related Case Disposals

中国人民公安大学涉外警务学院　曾范敬

**摘　要：** 从交际学角度来看，多数的涉外案件是一种双语甚至是多语的跨文化交际现象。刑事司法权是国家主权的重要组成部分，在刑事司法案件处置过程中，使用本民族语言办案是国家主权的一种体现。翻译人员在涉外案件处置中的中介地位至关重要。本文在借鉴国外有关涉外案件处置中翻译相关研究成果的基础上，归纳梳理我国有关涉外刑事行政法律中对翻译问题的有关规定，考查公安机关在处置涉外案事件中的翻译实践，发现涉外案件处置中的翻译存在着相关法律规定模糊、翻译人员资格标准缺乏、翻译人员法律地位不明确、翻译质量缺少监控，翻译行为规范不健全等问题。为此提出了完善我国翻译人员介入涉外案件处置的制度和程序、开发警务英语资格证书考试、规范翻译人员职业操守，加强涉外警务翻译人员培训等建议。

**关键词：** 涉外案件　案件处置　翻译问题　执法规范

**Abstract:** From viewpoint of communication, most of foreign-related cases are intercultural communicative events, concerning two or more languages. Criminal investigative power is an important part of state sovereignty. In order to guarantee the impartiality and equality of judicial process and protect legal rights of suspects, the study of interpretation and interpreter in police interviews should not be ignored. With reference to the theoretical studies and practices of interpreted police case disposals in Anglo-American legal system like the USA, Australia, and the UK, related laws and regulations concerning interpretation and interpreter in foreign-related case disposal and translation/interpretation practices of Chinese public security agencies are analyzed, problems are discovered and suggestions are provided in terms of significance of interpretation, the role, accreditation, ethics and standardization of interpretation and translation in foreign-related case disposals.

**Key words:** foreign-related cases　case disposal translation　interpretation issue　law enforcement standardization

## 一、涉外侦查讯问中的翻译问题概述

随着世界经济全球化、一体化进程，尤其是我国加入 WTO 以后，国际交往日益频繁与活跃。人员、资本、货物、信息等在国际间的流通已经大大跨越了传统意义上的边界概念。全球化、移动互联技术的飞速发展深刻影响了当今犯罪的形式和模式，跨国犯罪和有组织犯罪日益增多。其次，国际交往日益加深，带来人口大流动，我国出入境人数猛涨，在华外国人的数量激增。在此背景下，涉外违法犯罪案件数量呈现出日益增多的趋势。涉外案件的涉外性、复杂性及其敏感性对涉外案件处置能力提出了全新的挑战，成为公安机关面临的重大考验。涉外案件，是指由我国司法机关处置的具有涉外因素的案件。所谓涉外因素，一般是指我国司法机关立案处置在境内涉及外国的或者是在境外涉及我国的刑事案件，以及涉及国际法、国际合作等因素的案件（向党，2011）。

从交际学角度来看，由于涉外案件的涉外性质，多数的涉外案件是一种跨越双语甚至是多语的跨文化交际现象。涉外案件处置中侦查人员需要经由翻译人员的中介讯问嫌疑人，以获得利于案件侦破的信息和情报，搜集嫌疑人违法或有罪的证据。它是涉外案件处置过程中极其重要的环节，是涉外案件处置能否成功的关键。这势必会引发一系列的问题，值得深入探讨。

## 二、涉外案件处置中翻译相关问题研究的意义

### 2.1 有利于实现涉外案件处置机构目的的实现

涉外案件处置就是通过对嫌疑人的讯问，获取嫌疑人真实、自愿的供述，便于案件的侦查终结和证据的收集。翻译人员介于侦查人员和犯罪嫌疑人之间，起着沟通桥梁的作用。翻译人员的水平直接影响到侦查人员问话目的的实现，影响到公安机关机构目的的实现。对涉外案件处置中翻译问题的研究，有利于提高翻译质量，提高涉外案件处置的效果。

### 2.2 有利于保障犯罪嫌疑人司法话语权

在翻译人员介入的涉外案件问话中，嫌疑人的话语权几乎都要由翻译人员来代行。翻译人员的翻译质量、角色和立场都关乎嫌疑人诉讼权利的实现和保障，关乎公平正义。翻译人员对嫌疑人话语目的和供述事实传达的准确性会直接关乎嫌疑人的切身利益。

### 2.3 有利于促进涉外案件处置问话的规范化

在涉外案件处置问话中，对翻译人员以及翻译活动进行研究并加以规范，既是程序正义也是实体正义的需要。由于涉外案件的涉外性和复杂性，如若处理不当容易引发外交交涉。西方重视嫌疑人权利的保障，涉外案件讯问翻译活动如果不够规范，极易成为外交交涉的借口。另外，我国涉外案件日渐增多，对其处置中的翻译活动和翻译人员进行规范也是十分必要的。

## 三、国内外研究现状

### 3.1 国内研究现状

对涉外侦查讯问中的翻译问题进行研究在国内刚刚开始进入人们视野。传统上，法学研究者、侦查人员等对翻译人员的作用认识上存在着误区，想当然地认为翻译只是起到传声筒的作用，对翻译的作用认识不清、重视不够。另一方面，语言学者对翻译的研究，多集中于文学翻译的标准、原则、技巧等。虽然目前对非文学翻译如法律英语、警务英语、医学英语、科技英语、商务英语的口译、笔译研究有所增多，但仍处于将专业外语语料的

所谓新酒装入传统翻译理论和技能这一旧瓶的阶段，仍未脱离语言学、功能语言学研究的范式与窠臼。

随着哲学研究语言转向，法学研究亦不可避免地发生语言转向。法学和语言学的交叉研究日渐显荣，一批语言学者开始从语言的角度来研究和解决法学问题，开始研究语言学在法学大背景下的应用。本研究正是这一思潮在涉外案件处置中的尝试。它将翻译活动及翻译人员放到涉外案事件处置这一刑事司法实践中，突破语言学和法学割裂的桎梏，从崭新的角度审视涉外案件处置中的翻译问题。

**3.2 国外相关研究**

国外对涉外案件处置中翻译人员介入的研究起步早于国内，而且已经取得一定成绩。

3.2.1 理论层面

1）翻译人员角色与话题控制

传统观点以为，法律翻译人员只是一种“管道（conduit）”，翻译过程与法庭证据毫无关联。使用翻译人员的一方也倾向于把翻译人员看作是不可见的、公正的、客观的。译者职业规范（Code of Ethics）要求翻译人员要翻译准确，要求译者“不能改动、增加或是省略翻译任务的任何内容，所有情况下进行翻译任务时都要保持专业中立”（AUSIT, 2012）。换句话说，翻译人员不应该让他们的私人观点影响到他们的翻译表现。中根育子（Nakane, 2007）审视了澳大利亚警察使用英语询问说日语嫌疑人的案例，还利用参与框架理论分析探讨了警察询问中翻译人员的角色转换和话语控制。研究表明（Nakane, 2007），法律翻译人员所起的作用远远超出了“管道”的角色，而是参与到了各种类型的话语管理之中。这样的角色转化可能会影响到侦查人员和被询问人员间的互动结果。因此，翻译人员是交际事件的参与者之一，而不是“不可见的”中介者的角色。翻译过程中翻译人员不仅翻译了原文，还参与到了询问过程中，翻译人员了解到最初发言者的社会、制度、个人需要后，也在对话过程中改变了自己的立场，同时影响到了参与对话的框架。这样的翻译参与谈话的行为有可能会影响到整个告知程序的最终结果。对此话题的相关研究仍需深入开展。

2）涉外侦查讯问翻译语言问题研究

首先，如果翻译人员未经历过法律程序，那么对他们来说，把握复杂的警察讯问语言语法结构并将其翻译成目标语言是十分困难的工作（Berk-Seligson, 2000）。警察讯问话语是典型的混合文体，其中会涉及法律语言、科技语言、警务术语、犯罪术语等等，未经长期实践和对中外警察制度、法律、文化的相当了解难以胜任。如果翻译人员用目标语言的对等句法结构逐词翻译，那么有可能会使句子的含义发生变化。因此，把握原语言外之意，保持其法律原义，同时使其翻译符合“翻译准确”的法律期望之间的平衡是相当困难的。其次，对警务语体，警务英语特征与翻译理论技巧的研究也在探讨法律翻译的大背景下得到广泛开展。第三，涉外案件处置中翻译人员资格认定和翻译能力的培训问题也是研究的热点之一。

3）涉外案件处置中翻译人员的法律地位问题研究

此话题涉及涉外案件处置中翻译人员的法律地位、行为规范、责任义务、资格认定等相关法律的规定。涉外案件处置中的翻译人员在整个刑事诉讼程序中的地位与作用如何，翻译人员介入相关的法律制度和程序的构建等等。这一方面的研究目前还是初期阶段，尚待创新性的成果出现。

3.2.2 实践层面

1）美国

美国法庭翻译方面的研究也有相当的成果可资借鉴。美国是一个多民族的国家，英语是其通用语言，但对一些语言水平较低的外国人，或是英语能力有限的少数族群参与涉外诉讼过程，它们往往会借助翻译人员进行司法活动。为了保障犯罪嫌疑人的诉讼权利，美国密苏里外语法庭口译员手册（2015）对介入侦查讯问的翻译人员从法庭翻译人员应具有的知识、技巧和能力、译员角色和伦理、翻译资格的取得、职业责任、法庭翻译行为规范等等方面做了严格的规定。

2）澳大利亚

澳大利亚在处理涉及外国人或是本国土著居民的诉讼案件时对翻译人员也有相类似的规定。澳大利亚翻译协会（AUSIT）制定了法庭翻译人员职业道德准则（2001），从职业操守、保密原则、胜任能力、翻译公正性、准确性、执业质量、水平提升、业内团结等8个方面制定了法庭翻译道德伦理原则，并对各条原则进行了详细阐释，列出了具体准则。

3）欧盟

欧盟刑事诉讼程序中有翻译权的专门规定。2009年12月30日，欧洲委员会通过加强刑事司法程序中犯罪嫌疑人和被告人权利的路线图的决议。通过循序渐进的方式，路线图要求各成员国采取措施来加强笔译与口译权利，权利和被控罪名的知情权，法律建议和法律帮助权，与亲友、老板和领事沟通权，弱势犯罪嫌疑人和被告人特别保护权。2010年10月，欧洲议会和欧洲委员会通过了《刑事诉讼程序中的笔译和口译权利的决议》（2010），其目的是贯彻落实路线图中的第一项措施。为增强各成员国间的互信，制定了刑事诉讼程序中口译和笔译领域中适用的最低限度的规则。

4）日本

据杜建人（1996）的研究，《日本刑事诉讼法》第223条第1项规定："在侦查犯罪时，如果有必要可以委托他人口译或笔译。"第175条规定："在让国语不通者作陈述时，必须由翻译做出口译。"以此为依据，日本裁判所、检察厅和警察厅都在实践中采取了积极措施，来解决外国人刑事案件审理中所发生和面临的一些问题。同时辩护律师和部分学者也在批判日本目前审查中存在的某些弊端的同时，提出了一些新建议。

## 四、我国涉外侦查讯问过程中的翻译问题及思考

### 4.1 有关翻译问题的相关法律规定

我国宪法对于涉外刑事案件处置活动中的翻译问题做出了原则性规定。《中华人民共和国宪法》第18条和第32条对外国人在中国的法律地位做出了明确规定：中华人民共和国保护在中国境内的外国人的合法权利和权益，在中国境内的外国人必须遵守中华人民共和国的法律。《中华人民共和国刑事诉讼法》第9条规定"各民族公民都有用本民族语言文字进行诉讼的权利。人民法院、人民检察院和公安机关对于不通晓当地通用的语言文字的诉讼参与人，应当为他们翻译。在少数民族聚居或者多民族杂居的地区，应当用当地通用的语言进行审讯，用当地通用的文字发布判决书、布告和其他文件。该法第16条规定"对于外国人犯罪应当追究刑事责任的，适用本法的规定。"

公安部《公安机关办理刑事案件程序规定》第324条规定："公安机关办理外国人犯罪案件使用中华人民共和国通用的语言文字。犯罪嫌疑人通晓中国语言文字而不需要他人翻译的，应当出具书面声明；不通晓中国语言文字的，公安机关应当为他翻译。经公安机关批准，外国籍犯罪嫌疑人可以自己聘请翻译，但翻译费由犯罪嫌疑人承担。"

公安部《公安机关办理行政案件程序规定》第215条规定："办理涉外行政案件，应

当使用中华人民共和国通用的语言文字。对不通晓我国语言文字的，公安机关应当为其提供翻译；当事人通晓我国语言文字，不需要他人翻译的，应当出具书面声明。经县级以上公安机关负责人批准，外国籍当事人可以自己聘请翻译，翻译费由其个人承担。"

《中华人民共和国刑法》第305条规定："在刑事诉讼中，证人、鉴定人、记录人、翻译人对与案件有重要关系的情节，故意作虚假证明、鉴定、记录、翻译，意图陷害他人或者隐匿罪证的，处三年以下有期徒刑或者拘役；情节严重的，处三年以上七年以下有期徒刑。"

**4.2 涉外侦查讯问翻译中存在的相关问题**

我国法律规定了涉外案件处置对象享有使用本民族语言文字参与刑事诉讼和行政案件的权利，体现了我国尊重和保护外国人在华合法权益的立场。但是，其规定多为原则性规定，缺少具体可操作性的程序保障。主要问题有：

4.2.1 涉外侦查讯问中使用何种语言规定模糊

我国法律规定，涉外案件处置的主体即公安机关在处置外国人犯罪案件使用中华人民共和国通用的语言文字，体现涉外案件处置的主权原则。但在刑事案件处置中没有就此条款的义务性强制词"应当"，但在行政案件处置程序规定使用了"应当"一词。

4.2.2 涉外翻译人员来源庞杂，缺少规范

我国法律规定，在涉外刑事案件和涉外行政案件规定中，对不通晓我国语言文字的，应当为其提供翻译。但是公安部《公安机关办理刑事案件程序规定》与《公安机关办理行政案件程序规定》中相关法条的表述不同。《公安机关办理刑事案件程序规定》中规定"应当为他翻译"，《公安机关办理行政案件程序规定》表述为："应当为其提供翻译"。两个规定都明确了公安机关是翻译的主导机关。但是，翻译人员的主体资格规定不够明确。从《公安机关办理刑事案件程序规定》中看出，应该是公安机关为犯罪嫌疑人或外籍当事人翻译，即翻译人员应该是公安机关工作人员。从《公安机关办理行政案件程序规定》可以看出，翻译人员可以是公安机关工作人员，也可以由公安机关聘请的第三方翻译人员提供翻译服务。从公安机关办案实践看，翻译人员主要来自：1）公安机关懂外语的警务人员；2）所在地大专院校的外语教师及学生；3）社会翻译公司聘请；4）建设翻译人才库；5）与各地翻译协会合作；6）通晓我国通用语言文字和外国语的外国人。

4.2.3 翻译费用支付不明确

我国法律规定，外国人可以自己聘请翻译，费用由其个人承担。外国人自己聘请翻译人员的资格水平无从审核，翻译质量难以保障。另外，外国人自己聘请的翻译很难保障其中立性。实践中，如果是公安机关聘请的翻译人员，则由公安机关支付费用。因相关法律规定不够清晰，存在着不规范问题。

4.2.4 涉外警务翻译质量造成的后果缺乏法律规定

涉外处置中讯问的目的就是通过对犯罪嫌疑人的讯问，获取外籍当事人真实、自愿的供述，便于案件的侦查终结和证据的收集。翻译人员介于侦查人员和犯罪嫌疑人之间，起着沟通桥梁的作用。翻译人员的水平直接影响到侦查人员讯问目的的实现，影响到侦查讯问机构话语目的性的实现。《中华人民共和国刑法》规定："翻译人对与案件有重要关系的情节，故意作虚假证明、鉴定、记录、翻译，意图陷害他人或者隐匿罪证的，处三年以下有期徒刑或者拘役；情节严重的，处三年以上七年以下有期徒刑"。其规定罪名是"妨碍司法罪"，但就翻译人员翻译质量所造成的法律后果则缺乏明晰规定。

4.2.5 涉外警务翻译人员法律地位规定不明确

涉外警务翻译人员在整个涉外案件处置和诉讼程序中发挥了重大作用，但是在法律文

书及相关案件卷宗中却没有体现出来，如同透明人，翻译人员姓名、翻译聘请的流程程序、翻译人员的资质认定等等在材料案卷中都没有体现。翻译人员应持中立立场，但在涉外案件处置中，翻译人员都由公安机关来主导安排，或由公安机关人员担任，或由公安机关聘请。此情况下，翻译人员极有可能会违背中立立场，而偏向一方，进而引发司法不公。翻译人员的翻译质量、角色和立场都关乎犯罪嫌疑人诉讼权利的实现和保障，关乎公平正义。翻译人员对犯罪嫌疑人话语目的和供述事实传达的准确性会直接关乎犯罪嫌疑人的切身利益。另一方面，如果有外籍当事人自行聘请翻译，而公安机关人员不懂该语言文字时，极易造成翻译人员与外籍当事人暗中勾连、对抗讯（询）问的情况。

4.2.6 翻译人员参与涉外案件处置应该遵守的行为规范没有提及

对翻译人员以及翻译活动进行研究并加以规范，既是程序正义也是实体正义的需要。涉外刑事案件的涉外性，如若处理不当容易引发外交交涉。西方重视犯罪嫌疑人权利的保障，涉外刑事讯问翻译活动如果不够规范，极易成为外交交涉的借口。另外，我国涉外刑事案件日渐增多，对其处置中的翻译活动和翻译人员进行规范也是十分必要的。

## 五、结论

如前所述，涉外案件中的翻译问题涉及涉外案件处置的公正性、公平性，既是实现程序正义保护人权又是实现实体正义打击犯罪的不可或缺的环节。对于涉外案件处置中的翻译问题还需要进行深入细致的研究与探讨，研拟详细而又可操作的翻译人员操作手册是非常必要的。为此，我们建议，1）借鉴西方翻译人员介入的司法实践做法，取长补短，完善我国涉外案件处置中翻译人员介入的制度和程序建设。2）成立由翻译协会、警察院校等中立学术组织牵头的法律警务语言翻译中心，负责翻译人员的能力培训、资格考评、质量监督，提高翻译质量，确保翻译的中立地位。3）设立警务英语资格考试，作为从事涉外案件翻译人员的资格准入门槛。4）成立警务法律语言专家证人数据库，参与因警务翻译而引发的语言证据的鉴别与认定。5）规范警务法律翻译从业人员的职业操守教育，制定从业道德规范。6）就涉外案件程序进行规范化研究，统一涉外法律文书格式与模板，体现涉外警务翻译的参与性。7）建立涉外警务翻译质量监督机制与是否聘请翻译裁决的上诉机制。8）加强涉外警务翻译人员的培训工作。

## 参考文献

[1] AUSIT. Code of ethics and code of conduct. 2012. http://ausit.org/ausit/documents/code_of_ethics_full.pdf.

[2] Berk-Seligson S. Interpreting for the police: issues in the pre-trial phases of the judicial process [J]. Forensic linguistics: the international journal of speech, language and the law, 2000, 7(1): 213–238.

[3] Directive 2010/64/EU of the European Parliament and of the Council of 20 October 2010 on the right to interpretation and translation in criminal proceedings, OJ 2010 L 280 of 2010–10–26, pp. 1–7. http://db.eurocrim.org/db/en/vorgang/211.

[4] Missouri foreign language court interpreter handbook[OL]. https://www.courts.mo.gov/file.jsp?id=10400.

[5] Nakane I. Problems in communicating the suspect's rights in interpreted police interviews [J]. Applied

linguistics, 2007, 28/1:87–112.

[6] National accreditation authority for translators and interpreters. 2001: 14. http://www.naati.com.au/hcme_page.html.

[7] 杜建人 . 日本的外国人犯罪及诉讼上的翻译问题 [J]. 政治与法律，1996（1）: 61–63.

[8] 向党 . 涉外案件处置 [M]. 北京：中国人民公安大学出版社，2011.

# 弗米尔目的论在立法文本汉英翻译中的应用
## ——以《中华人民共和国合同法》为例

# Application of Vermeer's Skopos Theory in C-E Translation of Legislative Texts: Take the Contract Law of the People's Republic of China as an Example

北京工商大学　杨怀恩　李常鹏

**摘　要：** 随着国际化程度的日益加深，我国与世界各国的交流越来越多，随之产生的各种矛盾与冲突也越来越多。为了让国际社会更加了解我国的法律体系，对我国当前适用的立法文本的翻译就显得尤为必要。本文将以弗米尔目的论为指导，简要介绍立法文本的语言特点，以《中华人民共和国合同法》部分条款为例，分析该理论如何应用于立法文本翻译，以期能丰富当前法律翻译研究。

**关键词：** 目的论　法律翻译　立法文本　合同法

**Abstract:** With the deepening of internationalization, the exchanges between China and other countries in the world are increasing, resulting in more contradictions and conflicts. In order to let the international community better understand China's legal system, it is necessary to translate the current applicable legislative texts into English. Under the guidance of Vermeer's Skopos theory, this paper briefly introduces the linguistic characteristics of legislative texts, and takes some provisions of the Contract Law of the People's Republic of China as examples to focus on how the theory is applied to the legislative texts translation, so as to enrich the current research of legal translation.

**Key words:** Skopos theory　legal translation　legislative texts　contract law

## 一、弗米尔目的论的主要思想

赖斯（Katharina Reiss）于 1971 年出版《翻译批评的限制与可能性》一书。她在该书中提出了功能派翻译理论的雏形。一方面，她坚持以原作为中心的等值理论，另一方面，她在实践中发现有些对等是不可能实现的，而且有时也不应该追求完全对等（毛永冰，2012）。这为弗米尔（Hans Vermee）目的论的提出奠定了基础。随后，弗米尔在赖斯理论的基础上，突破了传统理论的局限，提出了一个较为完整的翻译新观点，即目的论（Skopos theory）。该理论的核心是强调翻译是一项有目的的行为，翻译所要遵循的首要原则是“目的原则”，此外就是连贯与忠实原则。目的原则中的目的主要有三种：译者目的、译文目的、使用某种翻译手段达到的目的（仲伟合等，1999）。连贯原则指的是语内连贯，即让译文接受者理解。忠实原则指的是语际连贯，强调的是原文与译文的关系，译文须在各方面忠实于原文。

## 二、立法文本的特点

法律翻译学者萨斯维奇认为，法律文本根据其功能可以分为三类，即规范性功能为主的文本（例如法律、法规、法典、合同、条约和公约等）、描述性功能为主兼有规范性功能的文本（例如司法决议、申诉书、判决书等）和纯描述性功能的文本（例如法律论文、教科书等）（Sarcevic,1997:11）。立法文本作为法律法规法典制定后形成的文本，旨在规范和约束人们的行为，属于典型的规范性功能为主的文本，具有专业性、正式性、规范性、逻辑性、严谨性、准确性、庄重性和权威性等特点。因此，对于立法文本的翻译也应该慎重。

## 三、弗米尔目的论三原则在立法文本翻译中的应用

### 3.1 目的原则

目的原则是最核心的原则，根据仲伟合的观点，这个目的有三种解释：译者的目的；译文的交际目的；使用某种特殊翻译手段所要达到的目的。翻译目的论的核心观点是翻译目的决定翻译方法、翻译手段的使用。从利用翻译手段达到某种翻译目的的角度来看，有时候为了突出、优先表达原文想要表达的意义，可以通过适当调整语序，通过主句分句的错开使用，达到强调的效果。为了达到强调的目的，在翻译过程中，译者可以通过将表达的内容提前、将强调的内容放在主句等技巧，以达到翻译目的。

例如在下列例句中，译者认为“应当遵守诚实信用原则”是应该着重表达的，应该强调的，所以在翻译过程中打破原文语序将“应当遵循诚实信用原则”提前，并放在主句中突出其重要性，以达到翻译目的。

**例 1**

第六条　当事人行使权利、履行义务应当遵循诚实信用原则。

Article 6 The parties shall abide by the principle of good faith in exercising their rights and performing their obligations.

在一些中文的固定表达中，如“民事权利能力和民事行为能力”，在翻译成英文中，为了避免重复累赘，达到便于译文接受者理解的目的，可以采取省译的技巧。例如在翻译“民事权利能力和民事行为能力”时，保留一个“能力”即可。

**例 2**

第九条　当事人订立合同，应当具有相应的民事权利能力和民事行为能力。当事人依法可以委托代理人订立合同。

Article 9 In entering into a contract, the parties shall have corresponding capacities for civil rights and civil conduct. The parties may entrust an agent to conclude the contract according to law.

**3.2 连贯原则**

此处的连贯原则主要是指语内连贯原则，所谓语内连贯是指译文必须能让接受者理解，并在目的语文化以及使用译文的交际环境中有意义（仲伟合等，1999）。连贯原则（coherence rule），也叫作一致原则，该原则认为译文必须遵循语内连贯（intra-textual coherence），即译文文本内及其与目的语文化之间的关系，译文所具有的可接受性和可读性，应使受众清楚并在译入语文化及使用译文的语境当中有意义（王军等，2017）。连贯原则就像是一座沟通译者与译文接受者的桥梁。通过该桥梁，译文接受者得以明白译者的意图，即原文的意图。为了让译文接受者更好的理解，可以通过运用调整语序、合译等技巧达到连贯效果。

3.2.1 语序调整

由于中英文语序排列不同，有时候为了避免在语序排列中出现头重脚轻的问题，让句式更加符合目的语的表达习惯，让译文接受者更好理解，或是为了强调译者本人想要优先表达的内容，译者会打破原有语序结构，重新遣词造句，在翻译过程中使用调整语序的策略。

**例 3**

第一条　为了保护合同当事人的合法权益，维护社会经济秩序，促进社会主义现代化建设，制定本法。

Article 1 This law is enacted to protect the legitimate rights and interests of the contracting parties, maintain social and economic order and promote socialist modernization.

在上述例子中，“制定本法”是表意的核心，是应该优先表达的内容，另外英文习惯将需要重点表达的内容提前，故在译文中，将“This law is enacted”前置。

又如下例，同时有多个定语修饰“协议”一词，为了更加符合英文表达习惯，避免头重脚轻，为接受者所理解，在译文中特意将“agreement”一词提前，并在修饰语之间加上诸如“between”“with”等词衔接以达连贯效果。

**例 4**

第二条　本法所称合同是平等主体的自然人、法人、其他组织之间设立、变更、终止民事权利义务关系的协议。

Article 2 A contract referred to in this law is an agreement between natural persons, legal persons or other organizations with equal status to establish, alter or terminate a relationship of civil rights and obligations.

3.2.2 合译

当多个短句糅杂在一起时，将两个或两个以上的句子合译，并通过连接词衔接，也可以达到连贯效果。例如在下列例子中，该例句由两个完整的句子组成，前一个句子中的“the parties”充当了后一个句子的主语，为了句式更加紧凑、逻辑更加清晰，译者在翻译过程中通过在两个句子中间添加连接词“each of whom”将两个句子衔接在了一起，达到了连贯的效果。

**例 5**

第八条　依法成立的合同，对当事人具有法律约束力。当事人应当按照约定履行自己的义务，不得擅自变更或者解除合同。

Article 8 A lawfully formed contract is legally binding on the parties thereto, each of whom shall perform their obligations in accordance with the contract and may not alter or rescind the contract without authorization.

### 3.3 忠实原则

忠实原则指原文与译文间应该遵循语际连贯（intertextual coherence）。语际连贯类似于通常所说的忠实于原文，而忠实的程度和形式则由译文目的和译者对原文的理解决定（仲伟合等，1999）。也就是说，忠实原则强调的是在翻译过程中，译者应该理解原文并根据译文目的尽量使译文忠实于原文。在立法文本的翻译中，可以体现在词汇、句式、译文整体风格等方面。

3.3.1 用词的忠实

在立法文本翻译中，译者应首先理解原文，在此基础上，译文中选用的词汇在语义、语用等方面应该与原文中的词汇对等或尽量对等。作为强制规定与命令式的语言文本，立法文本中经常会出现“可能”“可以”“应该”“必须”等不同情态的表达，这就要求译者在翻译过程中，必须先正确理解原文的情态量值，然后在译文中选用恰如其分的情态动词表达原文意思。

在下列例子中，第十条讲到当事人订立的合同形式种类，具体采取哪一种形式，取决于当事人自由意志，法律不做要求与规定，故在翻译中，情态动词用 may 表达“可能、可以”之意；而第十三条，则是对订立合同的方式作出要求，内涵意义是订立合同必须采取要约、承诺方式。故在翻译中，情态动词取用 shall 以表达“必须、一定”之意。

**例 6**

第十条　当事人订立合同，有书面形式、口头形式和其他形式。

Article 10 The parties may use written, oral or other forms in entering into a contract.

第十三条　当事人订立合同，采取要约、承诺方式。

Article 13 The parties shall conclude a contract in the form of an offer and an acceptance.

除了情态动词的正确使用外，用词的忠实还体现在冠词以及一些意义相近词的正确使用。例如在下列例子中，“撤回”与“撤销”是一对意义相近词，在日常生活中，有时可以混用，但在合同法的第十七和十八条，着重强调了撤回与撤销是完全不同的两种情形，所以要求译者在翻译中，必须正确理解撤回与撤销的含义，并恰当用词以忠实于原文。

**例 7**

第十七条　要约可以撤回。撤回要约的通知应当在要约到达受要约人之前或者与要约同时到达受要约人。

Article 17 An offer may be withdrawn. The withdrawal notice shall reach the offeree before or at the same time when the offer arrives.

**例 8**

第十八条　要约可以撤销。撤销要约的通知应当在受要约人发出承诺通知之前到达受要约人。

Article 18 An offer may be revoked. The revocation notice shall reach the offeree before it has dispatched a notice of acceptance.

在下述例子中，共有两处出现“当事人”一词，前一处特指订立合同的当事人，而后一处则为泛指。这就要求译者准确理解“当事人”所指，准确使用冠词，遵守忠实原则。故在翻译中，分别使用“the parties”和“a party”两个不同冠词。

**例 9**

第九条　当事人订立合同，应当具有相应的民事权利能力和民事行为能力。当事人依法可以委托代理人订立合同。

Article 9 In entering into a contract, the parties shall have corresponding capacities for civil rights and civil conduct. A party may entrust an agent to conclude the contract according to law.

3.3.2 句法的忠实

句法的忠实，强调的是，译文的句法应该忠实于原文的句法，在立法文本中，主要体现在句式结构、句子类型、时态、语态、语气等。法条的基本逻辑结构可以表述为如下公式：如 P，则 Q。也就是说，只有满足结构 P 的条件时才能履行 Q。因此，用条件句式表达法条就再自然不过（赵军峰等，2017）。在立法文本翻译中，同样适用。在下列例子中，后半句可理解为，条件“泄露或者不正当地使用该商业秘密给对方造成损失”满足时，则履行“承担损害赔偿责任”，为典型的条件句式，在翻译中应该忠实该句式，也将其译为条件句。

**例 10**

第四十三条　当事人在订立合同过程中知悉的商业秘密，无论合同是否成立，不得泄露或者不正当地使用。泄露或者不正当地使用该商业秘密给对方造成损失的，应当承担损害赔偿责任。

Article 43 A party may not disclose or improperly use any trade secret which it has come to know in the course of concluding a contract, whether or not the contract is formed. If the disclosure or improper use of the trade secret causes losses to the other party, it shall be liable for damages.

在下列例子中，“合同的内容由当事人约定，一般包括以下条款”前半句为被动句，后半句为主动句，本着遵守句法忠实的原则，译文中也该保持前半句为被动句，后半句为主动句。另外，条款列举采用列数方式，译文中也应该保持一致。

**例 11**

第十二条　合同的内容由当事人约定，一般包括以下条款：

（一）当事人的名称或者姓名和住所；

（二）标的；

（三）数量；

（四）质量；

Article 12 The contents of a contract shall be agreed upon by the parties and generally include the following clauses:

(1) the names and domiciles of the parties;

(2) the subject matter;

(3) quantity;

(4) quality;

3.3.3 语篇的忠实

除了词汇、句法等方面的忠实原文，从宏观层面上来看，译文的整体风格也应该契合原文的风格，与原文保持一致。法律文本讲究措辞谨慎、言简意赅，所以译文也需要做到庄重严肃、表意清晰（徐钰涵，2018）。从目前的总体情况来看，语篇类型的研究主要从两个角度来进行：一是体裁，二是功能（张法连，2017）。具体分析立法文本的语篇，也可以从体裁与功能两方面考虑。笔者认为，立法文本，尤其是法律法规中的语言，其主要功能是说明法律规章，介绍法律条文，因此其体裁应该属于说明文。本着忠实原文语篇的原则，译文也应该达到相同目的，并体现出说明文的文体风格，与原文契合。

## 四、结语

目的论一经提出便对翻译界产生重要影响，随着该理论的不断深入发展与完善，其对各类翻译尤其是字幕、广告、文学、旅游宣传文本等的翻译影响颇深。鉴于各国法律制度、法律文化等的不尽相同，立法文本翻译的目的性又极其突出，将目的论应用于立法文本、指导法律翻译意义重大。本文以弗米尔目的论为理论基础，简要介绍立法文本的特点，着重分析在该理论的目的、连贯与忠实原则的指导下，可以使用调整语序等翻译策略或技巧应用于立法文本翻译。但鉴于笔者理论理解能力及相关知识储备等有限，导致翻译理论与翻译实践的连接不够紧密，所选翻译技巧与策略等也不够典型全面。为了更好地达到翻译目的，将中国的法律体系通过翻译对外传播，还需要不断加强各方面能力与素养，以更好地传播中国声音，讲好中国故事。

## 参考文献

[1] Sarcevic S. 1997. New approach to legal translation [M]. The Hague: Kluwer Law International.

[2] 毛永冰．翻译目的论综述 [J]. 市场周刊（理论研究），2012（10）：119–120.

[3] 王军，陈诗月．翻译目的论研究综述 [J]. 现代交际，2017（18）：102–103.

[4] 徐钰涵．浅析目的论与法律文本翻译 [J]. 科技经济导刊，2018，26（17）：155.

[5] 张法连．中西法律语言与文化对比研究 [M]. 北京：北京大学出版社，2017：158.

[6] 赵军峰等．法律翻译新探 [M]. 北京：高等教育出版社，2017：132–133.

[7] 仲伟合，钟钰．德国的功能派翻译理论 [J]. 中国翻译，1999，20（3）：48–50.

# 中西生态翻译研究 2.0 范式之同名异质——兼《生态翻译：人类世时代的翻译与生态学》述评

# Homonymy and Heterogeneity in the 2.0 Paradigm of Chinese and Western Eco-Translation Studies: A Review of *Eco-Translation: Translation and Ecology in the Age of the Anthropocene*

北京林业大学外语学院　武立红

**摘　要：** 生态是新世纪的热点词汇，它影响到各个学科和领域。中国学者胡庚申教授早在2001 年就开启了翻译研究 2.0 范式，即“翻译 + 生态”复合型跨学科的研究，并取得了长足的进展。然而，西方直到 2017 年，第一部以“生态翻译”为标题的专著才面世。经过比较研究，作者发现，中西方在“生态翻译”研究上同名异质。论文主要对西方专著 *Eco-Translation: Translation and Ecology in the Age of the Anthropocene* 进行述评，以期为中国学者了解西方生态翻译范式提供帮助。

**关键词：** 生态　翻译研究　2.0 范式　述评

**Abstract:** Ecology is a hot word in the new century, and it has exerted influence in various disciplines and fields. Professor Hu Gengshen, a Chinese scholar, opened the paradigm of Translation Studies 2.0 as early as 2001, that is, to conduct a complex interdisciplinary study of “ecology + translation,” and made considerable progress. However, it was not until 2017 that the first monograph with the title of “eco-translation” appeared in the West. After a comparative study, the author finds that there is a homonym difference in the study of “eco-translation” between China and the West. This paper mainly reviews the book *Eco-Translation: Translation and Ecology in the Age of the Anthropocene* in order to help Chinese scholars understand the paradigm of eco-translation in the West.

**Key words:** ecology　translation study　2.0 paradigm　review

# 一、引言

当今世界，生态已成为人类社会生存与可持续性发展的核心问题，引起了各领域学者们的关注与聚焦。在翻译界，早在 2001 年 10 月，胡庚申教授在香港浸会大学的翻译学讲座“从达尔文的适应与选择原理到翻译学研究”（From the Darwinian Principle of Adaptation and Selection to Translation Studies）开启了生态翻译学研究的 2.0 范式，即“生态－翻译”的复合型研究模式。同年 12 月，在国际译联第三届亚洲翻译家论坛上，他宣读了论文“翻译适应选择论初探”，为生态翻译学研究的“立论”打下了基础。

2004 年，胡庚申教授在前期不断探索的基础上，完成了“立论”的首部专著《翻译适应选择论》。杨自俭教授在为此书作序时曾对胡庚申教授这一阶段的研究进行了高度概括：生态翻译学研究“属于借用不同学科理论来创建新的译学理论系统的研究模式”。胡庚申教授把达尔文进化论中的“适应／选择”学说，“自然选择”“适者生存”的基本原理引入翻译学的研究。他认为翻译活动和生物界之间的活动是关联和通融的，翻译过程中存在着大量的“适应”“选择”“生存”“淘汰”现象，翻译是译者不断“适应”和优化“选择”的过程，译者在翻译过程中不断排斥“差的”，保留“好的”，即“汰弱留强”。

2008 年，胡庚申教授对生态翻译学概念之基础与研究范畴进行了进一步的阐释。生态学奠基于整体主义，着眼于翻译生态系统的整体性，使译学理论研究由单一学科视角转向跨学科整合。生态翻译学以东方生态智慧为依归，立足于翻译生态与自然生态的同构隐喻，是一种生态学途径的翻译研究（an ecological approach to translation studies）范式，其本质特点是跨学科、多学科交叉。生态翻译学的研究，致力于从生态视角，以“适应／选择”理论为基石，系统探讨翻译生态、文本生态和“翻译群落”生态及其相互关系和相互作用。近 10 年来，胡庚申教授（2010，2011，2013，2017）通过论文和专著，对“生态翻译学”研究的基本内涵、产生背景、发展基础、研究焦点、研究成果、现有研究的局限与不足以及未来研究的发展空间等问题进行了更加全面深入的阐述。

然而，国外生态翻译研究一直处于沉寂之中。直到 2017 年，第一部以“生态翻译”命名的专著 *Eco-Translation: Translation and Ecology in the Age of the Anthropocene*（《生态翻译：人类世时代的翻译与生态学》）（下文简称为《生态翻译》）出版面世了。这部专著是 Routledge 出版的“口笔译新视野系列丛书”中的一部，系列丛书由知名学者撰写，研究主题紧扣时代热点脉搏，选题具有创新性，为相关领域的研究者提供了新视角。

《生态翻译》的作者是爱尔兰都柏林城市大学的翻译学教授 Michael Cronin，他曾出版过多部专著，例如 *Translation and Globalization*（《翻译及全球化》，2003）、*Translation and Identity*（《翻译与身份》，2006）、*Translation Goes to the Movies*（《影视中的翻译》，2009）和 *Translation in the Digital Age*（《数字化时代的翻译》，2013）。下文将对 Cronin 教授的著作《生态翻译》进行述评。

# 二、全书结构及内容简介

在《生态翻译》中，作者探讨了生态危机对翻译实践和研究具有的深远影响，并阐明了在建设更加丰富多彩、可持续发展的未来翻译的作用。全书包括引言和正文五个部分，探讨了如下五个方面的问题：人类环境所发生的根本变化，翻译与食物之间的生态关系，翻译如何描绘人类与其他物种之间的相互联系，在生态脆弱时代中技术和翻译的地位，文学游记的作用。下面对该书的主要内容进行简述。

**前言　地球公民（Earthlings）**

作者首先解释了“eco-translation”术语的来源。2015 年，Clive Scott 在 University of Exeter 的一个讲座中曾使用它，用来指译者在翻译过程中“心理-生理”（psycho-physiological）的全情投入。本书中，作者对“eco-translation”的含义进行了拓展和丰富，指出它是在翻译过程中，为应对人类所导致的环境变化带来的各种挑战，译者进行的一切所思所为。译者及其翻译行为都不是与世绝缘的，而是处于一个无法逃避的大物质的生活环境中；作为人类和社会科学研究领域之一的翻译研究不可避免地会受到生态变化的影响。《生态翻译》的目的是在人类所赖以生存的星球进入了危机时刻，提出对一些翻译议题进行重新思考和讨论的必要性。此外，这部分还对全书的内容进行了概述。

**第一章　关注（Paying Attention）**

本章主要介绍了一些概念：后人类中心主义（post-anthropocentrism）、地区、复原力和关联性（place, resilience & relateness）、关注（attention）、可见性（visibility）、反向逻辑（logic of inversion）、转型（transition）和能源（energy）等，作者特别提醒人们要注意“关注”这个概念。在人类世时代（Anthropocene）（由人类导致气候变化的新地质时代 /the new geological era of human-induced climate change），人类从生物体走向地质体（biological to geological agent），这种地位的转变意味着地球的历史和人类历史开始趋同。从这种新的认识中，需要发展一种后人类中心主义的身份，这自然影响所有人类的活动，包括翻译。地球的未来，而不是我们人类自身的未来，将是我们关注的中心。

那么，“被关注”意味着什么？“注意力的生态”对于译者有什么意义？希望别人注意的原因之一是使工作被看见或得到重视。当代的难点在于翻译产品可能是可见的，但翻译过程却是不可见的，也没有得到应有的重视。从社会人类学的一个关键概念“反向逻辑”看，翻译所需的手段往往屈服于直接性、透明度和即时性的翻译目的，这种目的高于手段的暴政与更普遍地隐瞒地球资源有关，也使人类的行动成为可能。其结果是，人们长期对能源形式（例如从人类奴隶作为被驱使的劳动力到矿物资源作为驱动燃料）漠不关心，而新能源形式使得文明得以出现。“转型学”（transitology）的任务之一——管理向更可持续、更有复原力和更有活力的经济和社会过渡的科学和艺术——是认真对待手段，它们决定着社会将如何发展、朝着什么方向发展。本章得出结论，翻译是一种手段，一种可能更适应循环原理的能量形式，而不是基于非互惠逻辑的提取主义（extractivism）的线性逻辑，也不是以支配地球为基础的关系。

**第二章　饮食语言（Eating Our Words）**

本章详细探讨了翻译与食物之间的生态关系。食物是物种生存的基本手段之一，粮食的生产、分配和消费已成为政治生态的核心问题，目前粮食的生产、分配和消费方式对碳排放产生了巨大的影响。人类会走动，食物会流通。如果人类和食物在多语种世界中“旅行”，那么翻译一定会成为这一运动的组成部分。

在流通过程中，食物的某些特征及其路径通过翻译而被掩盖了。在信息传递中存在着一种暴政，即遵循预定的套路。实际上，翻译如同准备一道菜，允许不可预知的、计划外的情况出现。食物翻译悖论之一表明，越是一个地区的特色食物，它就越可能远离这个地区。本章探讨了捕捉食物和地区之间关系的不同方式，并将它们嵌入更符合生态彼此关联的概念中，说明其特殊性及地区来源。在政治经济领域中，人们越来越强调第二机器时代的社会后果，即向数字化和自动化形式生产的转变，以取代更高水平的人类认知活动。

在这些活动中，其中之一恰恰是需要说话和被理解，即翻译。工业化的粮食生产及其对更多词语、对翻译的需求日益增长。如果“慢食运动”（Slow Food movement）最终对农产工业（agro-industry）的做法提出质疑，是否会对语言翻译的大规模工业化生产进行同等的抵制？是否需要开发类似“慢语运动”（Slow Language movement）的东西？语言是否像土地、地球、空气和水一样，一直贬值，因为语言是我们共同的，因此不被重视吗？在这些问题的背景下，如何通过翻译，对食物的描述、食物的消费和食物的制备引导我们走向一个新的翻译生态？

**第三章　解读动物世界（Translating Animals）**

本章主要讨论的是有机体和无机体沟通的意义，即：人类与动物和植物之间的交流和沟通。在与地球上许多其他物种的关系中，翻译扮演了什么样的角色。可以以批判的视角来看待人类例外论（human exceptionalism），即人类与动物王国的其他成员截然不同，而且具有不可估量的优越性。在人类空前大规模灭绝其他物种的时期，为了形成一种与其他物种的团结意识，物种间的相互关联需要对翻译进行反思，如何跨越差异进行交流。本章中讨论的不同动物彼此之间的交流系统的复杂性说明，这是一项具有挑战性的任务。译者需要思考如何利用翻译处理后人类中心与世界的关系，这对任何形式的生态生存都至关重要。

根据殖民主义的历史经验，作者通过翻译探讨了动物主体的复兴，即翻译可以以更开明的方式为被压迫者提供发言权的可能性。这里，需要以差异参与，不能消灭差异，应考虑到拟人论（anthropomorphism）的危险。在翻译与不可通约性（incommensurability）问题的关系中，作者审视了以人类主观幻想推测来否认差异的问题。处理意义的不确定性一直是实践和研究翻译的人所关注的，那么需要思考的是如何指导人们处理物种之间的交流问题。

人类世时代挑战的结果不仅是有必要与周围的动物世界进行深入的接触，而且需要重新审视现有的学科工具（disciplinary tools），并思考它们是否适合我们要达到的目的。翻译的假设之一是专门处理人类语言。然而，这一假设必须质疑。此外，还需要考虑是否需要将生命形式以外的实体也纳入更加复杂或更加宏观的理解范畴之中。翻译的意义是什么？翻译可以做什么？这种思路隐含着地球人必要的谦卑，即意识到他们只有一个星球，其福祉取决于所有其他实体的福祉和可理解性，因为地球也是他们的家园。谦卑不仅要跨越边界，走向同情和理解，而且还要尊重边界，以争取获得尊重和可持续性。

**第四章　大变革（The Great Transition）**

本章考察了技术与翻译在生态脆弱时代的地位。本章的核心论点是，虚拟带来的结果并不虚拟。创造信息和通信技术的非物质世界，从提取贵重金属到不断消耗能源及资源，都对环境产生了非常真实的物质影响。

技术，作为当代翻译实践的一个不可或缺的组成部分，依赖于不可持续的能源。强调能源效率，一个自相矛盾的后果是，节省的能源越多，需求的能源就越多。从局部看来，ICT 发展得贪得无厌，是由一个无休止的物质增长的经济模式所驱动的。在这样的世界中，增长模式不再可持续，翻译技术的未来会是什么？作者特别指出，从“高科技”转向“低技术”（“high-tech” to “low-tech”）的翻译实践成为可能。这种转变的部分动机不仅是需要重新考虑能源使用和资源供应，而且还需要重新审视诸如译者的劳动得不到重视甚至得不到应有报酬的问题。对当代技术的任何分析都必须解决对数据积累的渴望，这种愿望对环境具有非常明显的影响。那么，追求一个无休止的翻译增长模式是否具有生态责任？

翻译生产力的最大化有利于创造单一语言的单一文化，但这种文化对复原性和多样化的知识空间的生存非常不利。本章探讨了知识组织的替代模型如何影响翻译与技术之间的关系以及其他关键领域。在考虑避免生态崩溃需要什么样的变革时，不可否认的是，人类使用的工具从本质上来看很重要。正是本着重新评估技术在翻译中的作用，翻译作为一种“手艺”的概念被重新提出，以探索译者和机器翻译的未来。

**第五章　语言世界（Language Worlds）**

本章分析了文学，特别是游记在生态、旅游与翻译之间的作用。旅行作家穿梭于不同的文化和语言世界中，这些世界是如何构成的，部分取决于他们所用来描述的语言。也就是说，世界可能看起来像一个完全不同的地方，这取决于旅行者是用全球广泛使用的语言还是用较少使用或翻译的语言来描述的。

翻译作为一种变革能量，能够关注世界和改造世界。如果语言差异对文化多样性至关重要，那么如何描绘这些差异和多样性，对如何围绕语言和翻译培养一种生态敏感性，将会产生必然的结果。以生态开放精神为核心的游记希望具有语言的多样性，但发现快速运行的现代社会的价值体系可能导致少数民族语言和文化的高度物化和熵化（reified and entropic）。对文化主义而非对差异和背景的政治解释的偏爱意味着整个社会都脱离了时间领域，进入了永恒的返祖现象（atavism）。

当然，如果生态哲学（ecosophy）的核心价值是让人类活着以见证生命和非生物的多样性，翻译对这些信息的揭示至关重要。作者探讨了由此造成的一些道德困境，包括由少数民族语言和土著民族与翻译方面的复杂关系所导致的道德困境。人类世的时代必然是翻译时代，因为它需要翻译人员尽其所能，号召人们努力恢复受到严重破坏的生态系统。

## 三、简要评价

### 3.1 创新术语，拓展思维疆域

《生态翻译》以诸多的新术语、新概念，使读者脑洞大开，其中最重要的两个新术语是“anthropocene”和“tradosphere”，丰富了读者对“时代”和“翻译”概念的理解和视野。

在第一章，作者提出了“anthropocene”，这个词语最早是由诺贝尔化学奖获得者 Paul Crutzen 和 Eugene F. Stoermer 提出的，意思是近三个世纪，人类对全球环境造成的影响急剧上升，二氧化碳的排放很可能对其后的几千年的气候持续产生严重影响。因而，“anthropocene”指的是人类统治的地质年代（8-9）。在 anthropocene/ 人类世时代，道德责任更为重大。然而，只有把翻译实践定位于生态符号学的不同领域，这些领域构成一个可理解的世界，这种问责制才能开始运作（72）。

“tradosphere”指的是地球上所有翻译系统的总和，即信息在生物体和非生物体之间循环并被翻译成一种语言或代码，供接收实体处理或理解的所有方式。提出“tradosphere”概念，在翻译活动方面，作者希望人们关注两点（71）：其一，纵观历史，我们面对的是人类 / 非人类彼此相互联系的叙事。没有非人类，人类是不可想象的。然而，这种联系是建立在翻译实践基础上的。其二，像生物圈一样，“tradosphere/ 特拉多圈”也处于不断的进化状态。在生态危机时期，容易受到一系列风险的影响，可能威胁到其生存。在与“他者”的沟通中，在试图理解有机体或非感性物体（non-sentient object）所表达的意义时，重点不是拟人化的推测，而是要与不同的生物进行沟通。

### 3.2 重新定义，打破定式思维

《生态翻译》打破了关于翻译内容和研究对象的定式思维，拓展了翻译的定义、对象、内容、手段和理论等相关问题的理解边界，开阔了翻译领域的相关研究的视角，将翻译研究引入了超越人类学的生物符号学领域。

在人类世时代，翻译的对象不再局限于研究人类的语言，而是不同物种之间（inter-species communication）的交流。翻译的内容是符际翻译（intersemiotic translation），翻译实践和操作可以是在人类和其他物种或动物之间进行（64-65）。翻译研究必须关注差异，与差异进行互动。不同的理论必然需要关注人类和非人类感知和认知的生理结构。此外，作者提出了以地球本体论来看待翻译。地球本体论观点意味着，翻译不仅需要从物种间交流的角度来考虑，而且需要考虑地球上所有实体之间的各种交流形式或方式。翻译研究必须以地球未来作为当前优先考虑的事项（90-92）。

在翻译实践操作方面，作者提出了翻译方式的反向转型（reverse transition）（102-105）：在资源稀缺和全球变暖时期，翻译需要反向转型，从“高科技”转为“低技术”，从根本上减少稀缺材料的消耗。生产这些装置，优化其回收能力，减少、再利用、再循环的生态要求必须嵌入翻译人员使用的工具中，这样翻译的机器设备才能与资源环境的急剧变化环境相适应。从劳动的角度看翻译，技术被用来剥夺译者的权力，使译者陷入贫困状态，而“高科技”浪费人力和物力资源。

### 3.3 中西生态翻译学，同名异质

胡庚申教授的生态翻译学研究，将整个翻译生态系统纳入其研究范畴之中，是一种生态学途径的翻译研究，其译学理论研究由单一学科的 1.0 视角转向 2.0 复合型跨学科、多学科交叉的翻译研究范式。具体而言，生态翻译学研究从生态视角，尤其是依据“适应 / 选择”理论，系统地研究了翻译生态、文本生态和“翻译群落”生态及其相互关系和相互作用。翻译过程是不断地“适应”“选择”“生存”“淘汰”，即译者不断“适应”和优化“选择”的过程，译者在翻译过程中的各种思考、决策与行动是在“汰弱留强”。

Cronin 教授的生态翻译，指翻译过程中译者为应对人类所导致的环境变化带来的各种挑战而进行的一切思考和行动。翻译是一种手段，一种可能更适应循环原理的能量形式，翻译的对象不再是局限于人类的语言，而是人类 / 非人类之间的语言和符号，以期理解有机体或非感性物体（non-sentient object）所表达的是什么，本质上是与人类不同的生物体进行沟通。

由上可见，从学术名称上看似相同的“生态翻译”2.0 复合型研究范式，中西方学者对其实质研究的内容、范畴、方法、思维路径却大相径庭，研究范式显示了东方的系统具体与西方的宏观抽象。

## 四、结语

胡庚申教授生态翻译 2.0 复合型研究范式借鉴了生态理论和术语，讨论的仍然是人类的语言和翻译实践。他的生态翻译学研究概念描述清晰，翻译方法明确具体，对翻译实践具有较强的可操作性。

Cronin 教授的《生态翻译》2.0 复合范式为翻译领域研究开疆扩土，突破了传统翻译内容和对象的园囿，为翻译领域的研究引入了众多的新概念和新思路，具有启发性和创新性，极大地挑战了人们的固有思维。书中的新术语、新概念丰富了读者对相关领域的理解

维度，拓宽了视野。由于中西方学者的思维图式完全不同，中国读者或许会感到本书的部分内容在安排和阐述上略显泛化，逻辑性不够强，部分术语抽象难懂，对翻译实践指导缺乏具体方法。然而，《生态翻译》的观点具有极大的前瞻性和突破性，跨学科研究特点明确，对生态翻译学、生态文学、生物学等学科均具有启示意义，值得学术界关注；部分内容阐释得不够清晰具体，也为该领域的后续研究留下了更多的空间。

## 参考文献

[1] Cronin M. Eco-Translation: translation and ecology in the age of the anthropocene[M]. London: Routledge, 2017.

[2] 胡庚申 . 翻译适应选择论 [M]. 湖北教育出版社，2004.

[3] 胡庚申 . 生态翻译学解读 [J]. 中国翻译，2008（6）: 11–15.

[4] 胡庚申 . 生态翻译学：产生的背景与研究基础 [J]. 外语研究，2010（4）: 62–67.

[5] 胡庚申 . 生态翻译学研究的焦点与理论视角 [J]. 中国翻译，2011（2）: 5–9.

[6] 胡庚申 . 生态翻译学：建构与诠释 [M]. 北京：商务印书馆，2013.

[7] 胡庚申 . 若干生态翻译学视角的应用翻译研究 [J]. 上海翻译，2017（5）: 1–5.

# 化境论视域下《边城》英译本文化负载词英译策略

# Translation Strategies of Culture-Loaded Expressions in *The Border Town* from Perspective of Sublimation

北京林业大学　李　岩

**摘　要：**《边城》是沈从文先生的代表作，在中国现代文学史上有重要影响，在国内外也有众多读者，迄今已有四个译本。本文选取《边城》两个流行较广的英译本——杨宪益、戴乃迭译本和美国汉学家金介甫的译本作为研究案例，在钱钟书“化境论”的视域下，对《边城》文化负载词的翻译策略进行研究。试图为译介中国现代文学及中国文化翻译策略研究提供有益的建议。

**关键词：**《边城》　化境论　翻译策略

**Abstract:** *The Border Town* is Mr. Shen Congwen's representative work, which has a significant influence on modern Chinese literature and has many readers at home and abroad. So far, there are four English versions abroad. Taking two popular English versions of *The Border Town* by Yang Xianyi & Gladys Yang and Jin Jiefu respectively as research cases, this paper laborates on the translation strategies of culture-loaded expressions in *The Border Town* from the perspective of Qian Zhongshu's theory of Sublimation. This paper attempts to provide some useful suggestions for the translation strategies of modern Chinese literature and culture.

**Key words:** *The Border Town*　Sublimation　Translation strategies

## 一、《边城》英译本概述

沈从文是中国20世纪最伟大的作家之一，其代表作《边城》被誉为“现代文学史上最纯净的一个小说文本”、“中国现代文学史牧歌传说中的顶峰之作”。小说以20世纪30年代湘西边城小镇茶峒为背景，在人情质朴的边远小城，生活着靠摆渡为生的祖孙二人。通过主人公翠翠的故事，描写了湘西秀丽的山水风光、丰富的人文、浓郁的民族风情。表现了作者对田园牧歌式生活的向往和对质朴的人性光芒的赞颂，寄托了作者“爱”与“美”的美学理想。

《边城》共有四个英译本，其中翻译家杨宪益、戴乃迭（Gladys Yang）的译本和美国汉学家金介甫（Jeffrey Kinkley）的译本流传较广，接受度较高，为研究《边城》的英译提供了一定参考意义。本文选取了这两个译本作为研究对象，试图分析小说中文化负载词英译策略。

## 二、钱钟书化境论

在我国翻译史上，不同时代、不同翻译家提出了各自的翻译理论。中西贯通的钱钟书这样论述："把作品从一国文字转变成另一国文字，既能不因语言习惯的差异而露出生硬牵强的痕迹，又能完整保存原作的风味，那就算得入于化境。"（钱钟书，1984：696）。"化境"（sublimation）即"出神入化"，指出了翻译艺术的极致，是文学翻译的最高理想，也是最高标准。在"化境论"视角下研究《边城》英译，有助于我们更好地分析译者主体性及翻译策略。

## 三、《边城》文化负载词英译策略

美国著名语言学家、翻译家尤金·奈达认为，文化负载词可分为五大类：语言文化负载词、物质文化负载词、生态文化负载词、社会文化负载词和宗教文化负载词。

本文根据奈达对文化负载词的分类，将《边城》中的文化负载词分成相应的五个大类，选取两个译本中的译例，来进行分析。《边城》两个英译本中，译者主要运用了直译和意译、归化和异化的翻译策略来翻译文化负载词。

### 3.1 生态文化负载词翻译

《边城》中生态文化负载词的翻译主要采取直译的方式，采用直译的方式不仅保留了原汁原味，还能够直观地表现源语作者的文体风格。

**例 1** 由四川过湖南去，靠东有一条官路。这官路将近湘西边境到了一个地方名为"茶峒"的小山城时，有一小溪，溪边有座白色小塔，塔下住了一户单独的人家。这人家只一个老人，一个女孩子，一只黄狗。

杨译：The highway running east from Sichuan to Hunan comes, just west of the border, to Chatong, a small town in the hills. Nearby a stream flows past a small pagoda, at the foot of which lives a solitary household: an old man, a girl and a dog.（Yang Xianyi）

金译：An old imperial highway running east from Sichuan into Hunan province leads, after reaching the West Hunan border, to a little mountain town called Chadong. By a narrow stream on the way to town was a little white pagoda, below which once lived a solitary family: an old man, a girl, and a yellow dog.（Jeffrey Kinkley）

茶峒，意指汉人居住的小块平地。茶在苗语中的意思是指汉人的汉；峒的意思是指山中的小块平地。杨译在 Chatong 后加注释"s small town in the hills"。金译为"to the West Hunan border to a little mountain town called Chadong"。都在直译后加了注释，使目的语读者更好地了解文章的背景。作者在文章中用了一系列的"一"字，文字舒缓又具有音韵美。通过看似平淡、质朴的笔法，将茶峒优美的风景、善良的风俗和淳朴的人情等娓娓道来，仿佛将一个世外桃源展现在读者的面前。

### 3.2 语言文化负载词的翻译

语言是文化的载体，反映了文化，反映了不同时代的人文地理等特色。以书中文本为例：

2a. 小溪流下去，绕山岨流，约三里便汇入茶峒的大河。人若过溪越小山走去，则只一里路就到了茶峒城边。溪流如弓背，山路如弓弦，故远近有了小小差异。

杨译：The stream winds down three li or so through the rocks to join the big river at Chadong, and once you cross the water it is only one li over the hills to the town. Since the channel curves like a bow, the path through the hills, like a bow-string, is slightly shorter.

金译：As the stream meandered on, it wrapped around a low mountain, joining a wide river at Chadong some three li downstream, about a mile. If you crossed the little stream and went up over the heights, you could get to Chadong in one li over dry land. The water path was bent like a bow, with the mountain path the bowstring, so the land distance was a little shorter.

这里的“溪流如弓背，山路如弓弦”，两译本都用了 bow、bowstring，采用了直译的方法，给读者一目了然的印象。同时一笔描绘出边城优美宁静的风光，引人入胜。

2b. 为了住处两山多篁竹，翠色逼人而来，老船夫随便为这可怜的孤雏拾取了一个近身的名字，叫作“翠翠”。

金译：Because of the compelling deep, emerald green of bamboo stands covering the mountains on either side by the stream where they lived, the old ferryman, without a second thought, named the girl after what she was close at hand: Cuicui, or “Jade Green.”

篁竹意为“幽深的竹林”。作者笔下湘西风景优美，令人心醉，译者在处理文本时也颇费心思。金译用异化的翻译方法，“the compelling deep, emerald green of bamboo” 来处理，很精妙。

2c. 翠翠

杨译：Emerald

金译：Jade Green

翠翠是小说女主人公，人名的英译举足轻重，直接关系到译文的美感和意蕴。金介甫译为 Jade Green，而杨戴译本译为 Emerald。从词义来看，jade 是 a hard stone，而 emerald 是 a valuable stone。此处我们参读原文“翠色逼人而来”，可知 emerald 更好。因此此处杨译主人公名为 Emerald 更趋化境。

### 3.3 社会文化负载词英译

3a. 我一定每夜到这溪边为翠翠唱歌。

杨译：In a couple of years, if I am able to roost in Chatong instead of flying off in all directions, I’ll come to this stream every eight to serenade her!

这里的唱歌不是一般意义上的“唱歌”，而是指湘西特有的文化现象。湘西习俗，有男子站在溪边、山崖上、竹林旁唱歌给女子听，独唱或两人对唱，在唱歌中了解和认识对方，直到结亲——所谓的湘西文化中独特的民俗现象——走马路。在此特指茶峒男子为心爱姑娘在夜里唱山歌的传统。这个词的翻译其实相当难把握，如何既传达湘西特有文化现象，又使目的语读者能够接受理解，相当考察功力。译者采取了异化的方法，翻译为 serenade，释义为“对所爱慕的女子唱小夜曲，奏小夜曲”，这样的翻译准确传达了源语的语义，又使目的语读者较好地理解了文章的内涵。可谓入“化境”，非常精妙。

3b. 远处鼓声已起来了，她知道绘有朱红长线的龙船这时节已下河了。细雨依然落个不止，溪面一片烟。

杨译：Meanwhile drums sound up in the distance. The long crimson dragon boats will soon staring their race. A light rain falls steadily, the stream is misted over.

金译：When there is drumbeat from a distance, she knows that a scarlet and long-line dragon boat has already been on the river. It is still raining with smoke covering the brook.

此处提到茶峒端午节龙舟赛事。龙舟赛是当地最隆重的活动，深受人们喜爱，每年赛舟后，还要放 30 只大雄鸭到河里去，军民人等，谁都可以下水捉鸭子，谁捉住就归谁。从早到晚，热闹一天。在这浓郁的民情乡俗中，展示了湘西淳厚朴实的人情世态和风俗习惯，从而呈现出一幅秀美别致的乡土人情画卷。人与人之间仁爱宽厚的道德美更是动人。也正是在端午节，女主人公翠翠去看龙舟赛，与青年水手傩送相遇，打开动人恋歌的序幕。

此处杨译可谓达到"神似"的境界，译者采用异化的翻译方法，把自己的美学想法融入到翻译中，写景抒情，表达出翠翠朦胧的情感，情景交融。相比之下，后者译文似乎更忠实于原文，但措辞略显平淡、缺乏音韵美。

**3.4 物质文化负载词英译**

4a. 小溪既为川湘来往孔道，水常有涨落，限于财力不能搭桥，就安排了一只方头渡船。这渡船一次连人带马，约可以载二十位搭客过河，人数多时则反复来去。渡船头竖了一枝小小竹竿，挂着一个可以活动的铁环，溪岸两端水槽牵了一段废缆。

杨译：The water level fluctuates considerably, and while there is no money to build a bridge a ferry has been provided, a barge which holds about twenty men and horses—more than that and it has to make a second trip. A movable iron hoop is attached to a bamboo post in the bow while a hawser spans the stream.

金译：This little stream was a major chokepoint for transit between Sichuan and Hunan, but there was never enough money to build a bridge. Instead the locals set up a square-nosed ferryboat that could carry about twenty passengers and their loads. Any more than that, and the boat went back for another trip. Hitched to a little upright bamboo pole in the prow was a movable iron ring that went around a heavily worn cable spanning the stream all the way to the other side.

4b."来往孔道"，杨译采用注译，而金译为 a major chokepoint for transit between Sichuan and Hunan，chokepoint 意为"阻塞点；交通枢纽点"。

4c."方头渡船"，杨译为"barge"，释义为驳船（运河、河流上运载客货的大型平底船），船体应该比较大，语义上不太贴合原文；金译为 a square-nosed ferryboat，此处金译更为贴合原文语义。

4d. 有人过渡时，把铁环挂在废缆上，船上人就引手攀缘那条缆索，慢慢的牵船过对岸去。船将拢岸了，管理这渡船的，一面口中嚷着"慢点慢点"，自己霍的跃上了岸，拉着铁环，于是人货牛马全上了岸，翻过小山不见了。渡头为公家所有，故过渡人不必出钱。

杨译：To cross, all you need do is slip the hoop over the hawser and pull yourself slowly to the other side. As the boat nears the bank, the ferryman with a shout of "Steady, now!" leaps ashore holding the hoop; then passengers and horses disembark to disappear over the hills. Since this ferry is public property, no toll is paid.

金译：To ferry across, one slowly tugged on that cable, hand over fist, with the iron ring keeping the boat on track. As the vessel neared the opposite shore, the person in charge would call out, "Steady now, take your time!" while suddenly leaping ashore holding the ring behind. The passengers, with all their goods, their horses, and their cows, would go ashore and head up over the heights, disappearing from view. The ferry landing was owned by the whole community, so the crossing was free to all.

“慢点慢点”，普通译者可能会译为“slowly”，而两译本都没有用“slowly”来翻译。杨译为“Steady ”, 金译为“Steady now, take your time!”，此处可以看到直译和意译的应用，同时金译加了补充说明 take your time, 更便于目的语读者理解。

**3.5 宗教文化负载词的翻译**

湘西文化保留着较多的神话和宗教色彩，在翻译时需要加以注意，采取适合的翻译策略。

5a. 长子取名天保，次子取名傩送。

杨译：...for the younger, giving him the name Nuosong, his brother that of Tianbao.

金译：...to name the elder son Tianbao (Heaven-protected), and his younger brother Nuosong (Sent by the Nuo Gods).

傩神是湘西文化中特有的宗教元素，沈从文在《从文自传——我生长的地方》中曾提及傩神。杨译本采取了音译的办法，以减少由于宗教差异而可能引起的麻烦，从而更好地传播湘西文化（邓高峰，2015）。

金介甫将“天”译为 Heaven，“傩神”译为 Nuo Gods。此处直译有可能引起目的语读者误解。

5b. 道士

金译采用直译，将“道士”翻译成“Daoist priest”，将原文语义翻译出来了，又便于目的语读者领会道士也是神职人员，和神父类似。

5c. 假如另外高处真有一个玉皇上帝

杨译为 If there really is a Jade Emperor up in the sky.

玉皇上帝，即玉皇大帝，杨译用直译“Jade Emperor”。“Jade”在中国传统文化中又有“高贵、尊贵”的意向，此处译文很恰如其分。

在小说中，我们可以看到文化负载词的英译可以根据具体语境进行相应的处理，而不必拘泥于一定采用直译、意译，以及归化、异化等，这样才能更好地传达源语作者的意图，并让目的语读者更好地理解。同时可以向目的语读者更好地介绍湘西民俗文化，增强了小说的艺术价值，讲好中国故事。

## 四、结语

通过分析，可以看到杨宪益和金介甫的《边城》译本根据文化负载词的类别，采取了不同的翻译策略。总体来看，意译多于直译，归化和异化各有不同的应用。两译本文化负载词的翻译策略基本符合“化境论”的精神，直译能够忠实通顺，符合原文，意译能入得“化境”。“化境论”是翻译的理想境界。在一些译例中，杨译本贴合沈从文质朴的文风，表现出“优美，健康，自然而又不悖乎人性的人生形式”（沈从文，1984）；有时如钱钟书的化境之美，使目标读者体会到原文之美，产生相似的审美愉悦（唐萍，2016）。在某些译例中，金译本可以更好地使目的语读者接受和理解。翻译文学名著需要译者中西贯通，有极其深厚的语言文化功底，又要是个“杂家”，了解各种不同的文化。译文要尽可能地传达源语读者意图，还原中国传统民俗文化，让更多的人了解中国，了解中国的传统文化和风俗人情。在跨文化交际当中，要想更好地传播中国传统文化，讲好中国故事，我们需要了解文化语境，在翻译中根据情境采取相应的翻译策略。

# 参考文献

[1] Kinkley J. The border town [M]. New York: Harper Collins Publishers, 2009.
[2] Nida E A. Language, culture and translating [M].Dell Hymes Publisher, 1964.
[3] 邓高峰 .《边城》英译比较研究：湘西文化对外传播的视角 [J]. 英语广场，2015（10）：11–13.
[4] 钱钟书 . 林纾的翻译 [M]. 北京：商务印书馆，1984：696.
[5] 沈从文 . 边城 [M]. 北京：人民文学出版社，2003.
[6] 沈从文 .《沈从文文集》第 11 卷 [M]. 广州：花城出版社，1984：45.
[7] 唐萍 . 从化境论对比探究《边城》的三个英译本 [J]. 湖北函授大学学报 (9)，2016：174–175.
[8] 杨宪益，戴乃迭 .《边城》& *The Border Town* [M]. 南京：译林出版社，2013：1–180.

# A Comparative Study of Two English Translations of *Dao De Jing*

北京交通大学　马智鑫　王建荣

**Abstract:** Historical translation is hard to realize especially when there are controversial readings of the source text. For this reason, the authors offer their suggestions for translation of Chinese classical works based on the comparative study of Moss Roberts' *Dao De Jing* and Arthur Waley's *The Way and Its Power*. That is philological translation plus paratexts with multiple interpretations.

**Key words:** *Dao De Jing*　comparative study　two English translations

*Dao De Jing* is a book of wisdom that covers multiple disciplines, such as philosophy, ethics, politics and the like. Early in the Tang Dynasty, it was translated into Sanskrit. Five-thousand-character *Dao De Jing* consists of eighty-one chapters.

## 1. Introduction

Moss Roberts is a professor in New York University and an expert at studying East Asia. He has profound knowledge in Chinese literature and philosophy; while Arthur Waley is a famous British sinologist who is proficient in Chinese as well as Sanskrit. During his lifetime, he translates more than two hundred works, most of which are associated with Chinese culture.

As to *Dao De Jing*, apart from the received texts, Mawangdui silk manuscripts A and B and The Guodian Chu bamboo slips can all function as source texts, so the translator must determine which one to follow. It is generally accepted that The Guodian Chu bamboo slips should be used as the source text since it has the longest history and is closest to *Dao De Jing*'s historical context. However, it only has two thousand Chinese characters or so. Compared with later versions, its order of the chapters is quite different. Now comes the hard part: Is this version a sample of the five-thousand-character one? With more versions prior to The Guodian Chu bamboo slips found by the archaeologists, this question may be solved. Therefore, it is not enough to translate this canon by referring to Guodian version only. Moss Roberts mainly refers to the received texts whereas in comments and notes he also refers to silk manuscripts as well as Guodian bamboo slips. Thanks to his great effort, readers can have some insight into their discrepancy of all aspects.

As to Arthur Waley, his rendition is mostly from one received text that is annotated by Wang Bi, and he refers to some other annotated editions at the same time. Besides, Arthur Waley's version enables readers to know his understanding of this Chinese classic. Arthur Waley holds the idea that the significance of this philosophical canon does not lie in its literariness so he tries to interpret every Chinese character in Laozi's social context, at the expense of the style. Hence, Arthur Waley achieves adequate translation (Toury, 2012: 79-84).

## 2. Literature Review

Xin Hongjuan (2008) concentrates on describing the accepted imageries of *Dao De Jing* in the English world and tries to explain the main reasons for variations among the translations. Her survey of *Dao De Jing* translations identifies three historical phases characterized by different agendas.

Cui Yinghui (2012) explores the constructive theory of *Laozi* translation on the basis of the authentication of the all-embracing critical system via systematic study of *Laozi* and the abundant practice of its translation.

Yao Zhenjun (2010) puts forward the theoretical framework of descriptive translation studies criticism and constructs the bilingual domain ontology of the translation of Chinese classics to English in order to combine the qualitative and quantitative approaches.

Westerners produce many a *Dao De Jing* text and apply the philosophy of Laozi to deal with the problems in their daily lives. However, there are few researches abroad, concerning the translation studies on *Dao De Jing*. That is partly due to the status of translation studies since it has become an independent discipline merely in recent decades.

The reason why the author studies Moss Roberts and Arthur Waley is that both of them are sinologists with great love of Chinese culture. Besides, there exist few researches on Moss Roberts' version of *Dao De Jing* and until now no research has focused on the comparative study between Moss Roberts'*Dao De Jing* and Arthur Waley's *The Way and Its Power*. Compared with Arthur Waley's philological translation, Moss Roberts names each chapter a stanza and his literary translation is also widely read. Both of them try to find out the original meaning of *Dao De Jing*, so the common feature of the two versions lies in historical translation.

## 3. Comparative Studies

### 3.1 Dao

Without doubt "Dao" is the core concept in this work, also the foundation of Laozi's complete system of philosophy. Thirty-seven out of eighty-one chapters mention "Dao" and Laozi discusses "Dao" up to seventy-four times. In the first chapter, Arthur Waley translates this concept as "the Way." In fact, "Dao" is widely used before the period of Laozi. In *Dao De Jing,* "Dao" is so complex with rich connotations. For example, "Dao" can indicate the very beginning of the universe. Since everything in physical world has its roots in embryo, "Dao" emcompasses all things but is not nothingness. "Dao" indicates the laws of motion and exists in every object in the form of power, which is not quiescent. It directs things to develop in a specific way. To some degree, it is the nature of the universe. "Dao" in Chapter Fourty-six also refers to the norm of human society. Laozi reckons that "Dao" happens prior to all things and the existence of "Dao" is absolute. It transcends empirical world and cannot be perceived by humanity. For the sake of convenience, "Dao" is used to describe and define such intangibility.

Six out of thirty-seven chapters use "Dao" in Moss Roberts' version. At other times, he translates it as the way. That is to say, Roberts also notices the differences between "Dao" and the way. In addition, he regards the way as the equivalence of "Dao" more often than not. In fact, the English word "way" does have various meanings and in some cases, way can replace "Dao". It is noteworthy that twenty-three out of thirty-seven chapters use "Tao" in Arthur Waley's version. From Chapter Fifteen, transliteration is frequently applied in his version. This demonstrates that Waley's understanding of "Dao" deepens during his translation process. In Chapter Twenty-four, Thirty-seven, Fourty-one and Fifty-one, they both use transliteration to explain "Dao". Transliteration here not only implies that it is home to China but also adds to the mysteries of this concept, which achieves functional equivalence (Baker, 2001: 77-78) between source text and target text.

### 3.2 Xuan De

"Xuan" is another key word in *Dao De Jing* and the philosophy of Laozi is commonly referred to as metaphysics. Hence, it is this notion that helps to decode Laozi's thought. The fact is that no one agrees on what counts as "Xuan." Chinese exegesis interprets it as water. Apart from the original meaning, this concept has its extended meaning, which is also associated with water.

Laozi aims to ideally standardise political and personal behaviors that is "Xuan De"( 玄德 ). *Dao De Jing* defines "Xuan De" three times. In Chapter Ten and Fifty-one, Moss Roberts translates this concept as hidden power whereas Arthur Waley translates it as mysterious power. However, in Chapter Sixty-five this concept is slightly different. Furthermore, the characteristics of "Xuan De" can be seen in this chapter. It is obvious that the adjectives are all related to water. Moss Roberts translates it as sublime virtue as a result of his observation of such difference. Waley still uses mysterious power to interpret this notion. In addition, it is quite hard to say whether "De" is virtue or power. The explanation of "Xuan De" can be seen in notes of Moss Roberts' version. He translates it as dark virtue, which belongs to philological translation. Besides, it is not developed further. Note, as a kind of paratexts, should be used to offer cultural information. As likely as not dark virtue here bemuses readers. The author suggests philological translation and paratexts with cultural interpretations so that various readings of this concept can be known by readers.

### 3.3 Numeral

Example 1: 五色、五音、五味 ( 第十二章 )

Arthur Waley (1934:156): the five colours, the five sounds, the five tastes

Moss Roberts (2001:53): the five colors, the five tones, the five flavors

Numerals are frequently seen in ancient Chinese, but they do not stand for particular numbers. Instead they refer to abstract concepts. Take "the five tones" as an example. Arthur

Waley's version is "the five sounds." The author finds the term "The Five Notes" from the Terminology Library of Chinese Thought and Culture. The term represents the five musical notes, namely gong, shang, jue, zhi and yu. But in this chapter, these three terms have broader meanings, which stand for a riot of color, various types of melodies and hearty meals respectively. Though Waley and Roberts use different words to express these terms, they both use "five" without any annotations. Facing the two versions, Westerners are bound to be perplexed due to different categorization of such notions between China and the West. Since the two sinologists try to achieve historical translation, the loss of some Chinese cultural elements in their renditions is a great pity.

Example 2: 道生一。一生二。二生三。三生萬物。(第四十二章)

Arthur Waley (1934:195): Tao gave birth to the One; the One gave birth successively to two things, three things, up to ten thousand.

Note 1: i.e. everything.

Moss Roberts (2001:116): The number one of the Way was born.

A duad from this monad formed.

The duad next a triad made;

The triad bred the myriad.

This chapter relates to Laozi's point of view of the formation of the universe. Numerals in this sentence do not stand for specific figures likewise. Instead, everything is derived from Dao and this process is from simplicity to complexity. So the numerals are used to convey this layer of meaning. It is noteworthy that Waley adds things after two and three so that the abstract concepts turn into concrete objects. As a sinologist, Waley should know the phenomena in ancient Chinese. His literal translation reflects his understanding of philological translation. And it is challenging for most readers to accept his rendition. Moss Roberts uses philosophical terms to convey meanings, such as monad and triad. Myriad means having an extremely large number and this word is really well chosen by Roberts.

### 3.4 Other Key Concepts

Example 3: 六親不和，有孝慈。(第十八章)

Arthur Waley (1934:165): It was when the six near ones were no longer at peace

That there was talk of "dutiful sons".

Note 1: Father, son, elder brother, younger brother, husband and wife.

Moss Roberts (2001:68): When kinsmen lost their kind concord,

They honored child and parent love.

Here, Arthur Waley applies literal translation and notes to illustrate this Chinese element. But the meaning extends greatly owing to long-term development of Chinese characters. Therefore, Moss Roberts provides a better translation. Besides, Moss Roberts gives each stanza a comment in his version. And he provides readers with the literal meaning of the source text as well as the explanation of the six roles in the comment. The philological translation that Waley applies is too faithful to express the exact meaning in the target text. In addition, Waley only mentions dutiful sons to express filial piety, whereas the source text encompasses children's filial duties and parents' love for their children. Accordingly, Moss Roberts''child and parent love' is more accurate.

Example 4: 是謂玄牝。(第六章)

Arthur Waley (1934:149): It is named the Mysterious Female.

Moss Roberts (2001:41): The valley called the dark world womb;

This is another example which reflects Waley's philological translation. "Mysterious" and "Female" are the literal meaning of the two Chinese characters. In fact, Laozi uses them together to refer to the inception of the universe. The two Chinese characters constitute a concrete image, which expresses an abstract notion. Waley realizes it as an important Chinese cultural element so he begins the two words with capital letters. In addition, there is no annotation explaining the Mysterious Female in Waley's version. Since readers cannot understand the meaning of the strange women, they may misunderstand Laozi's philosophy and regard the canon as a sheer nonsense. Some of them may feel monotonous. Hence, Waley's translation seems not so proper here.

Moss Roberts chooses the word "womb," which is more appropriate. Womb refers to women or female animals. It is also the place where the new life is born. This metaphor is frequently seen in *Dao De Jing*. As far as Laozi is concerned, infant is the nearest state to Dao, which is the genesis of all things. Therefore, the word chosen by Roberts reproduces the deeper meaning of the source text.

Example 5: 穀神不死。(第六章)

Arthur Waley (1934:149): The Valley Spirit never dies.

Moss Roberts (2001:41): The valley's daemons never die.

Valley is the literal and original meaning of the Chinese character "gu." In fact, this is a complex symbol, which has many interpretations by scholars. Moss Roberts provides several understandings in the comment part. In addition, ancient Chinese is unpunctuated, so where readers should make pauses is undefined. As to this example, there exist at least two ways of sentence-breaking. Moss Roberts chooses the genitive case and it is clear that he regards the first two Chinese characters as a group. As to Waley, he puts two nouns here without showing their relationship. Thus, philological translation can include the two controversial understandings. It is a pity that the capitalization of "Valley Spirit" may make readers consider it as a whole. And in order to achieve historical translation, the author suggests this translation: The valley spirit never dies. Then paratexts should be adopted to expound multiple readings.

According to some scholars, *Dao De Jing* mostly rhymes if it is read by means of the ancient sound of Luyi. This Chinese classical work is also a literary one accordingly and Moss Roberts tries to reproduce the literariness of the source text. But compared to philological translation, his version is more accurate more often than not. Literary translation (Mundy, 2016: 98-99) and philological translation are like two poles and the best translation will always be in the middle. Waley chooses one end and it seems that he goes to extremes. His philological translation backfires since it attempts to translate every Chinese character in the source text. Nevertheless, philological translation has its unique strength, especially during the process of translating Chinese classical works. Since certain words that belong to the source culture have multiple interpretations, it is not easy to judge which one is correct. Then at least philological translation cannot make severe mistakes. If the translator can offer various interpretations by using paratexts, readers will get the picture. Faced with such circumstances, those who devote themselves to the translation of Chinese classics can consider adopting this method.

# 4. Conclusion

It is really challenging to grasp the original meaning of *Dao De Jing* since the canon dates back two thousand years and since most dynasties in China preferred Confucianism so Daoism was not much recorded. In addition, *Dao De Jing* is a sort of philosophical classic so some concepts are elusive. Apart from the received texts, silk manuscripts and The Guodian Chu bamboo slips can all function as source texts. Although there are several source texts, they are not markedly different from one another. Lastly, the script of Chinese changes several times and punctuation cannot be found, which result in multiple interpretations. Hence, those who devoted to historical translation are criticized by some scholars, but we cannot deny the fact that those sinologists contribute to overseas promotion of Chinese culture.

Translators always encounter controversial readings of the source text during their translation of Chinese classical works. In order to achieve historical translation, the study suggests philological translation plus paratexts with multiple interpretations.

Furthermore, the study argues that the best translation achieves an equilibrium between literary translation and philological translation as some scholars believe the best translation achieves an equilibrium between adequate translation and acceptable translation. That explains why the author suggests philological translation facing such a dilemma. Historical translation seems to be impossible more often than not and if the translator chooses one interpretation, it may be the exact opposite of the original meaning the author wants to convey so that it cannot achieve historical translation. Philological translation here functions as some level of equilibrium and renders the target text more faithful and more objective. At other times, philological translation goes to extremes and backfires because it only provides a one-sided understanding or the shallow layer of meaning.

# Reference

[1] Baker M. Rouledge encyclopedia of translation studies [M]. Shanghai: Shanghai Foreign Language Education Press, 2001: 77–78.

[2] Mundy J. Introducing translation studies: theories and applications (fourth edition) [M]. London: Routledge, 2016: 98–99.

[3] Roberts M. Dao de jing [M]. Berkeley: University of California Press, 2001: 1–226.

[4] Toury G. Descriptive translation studies and beyond (revised edition) [M]. Shanghai: Shanghai Foreign Language Education Press, 2012: 79–84.

[5] Waley A. The way and its power: a study of the tao te ching and its place in chinese thought [M]. London: George Allen & Unwin LTD., 1934: 1–262.

[6] 崔莹辉 .《老子》英译研究 [D]. 山东大学，2012：1–217.

[7] 李耳 . 老子 [M]. 王弼 . 杭州：浙江古籍出版社，2011：1–88.

[8] 辛红娟 .《道德经》在英语世界：文本行旅与世界想象 [M]. 上海：上海译文出版社，2008：1–411.

[9] 姚振军 . 基于双语领域本体的典籍英译批评研究 [D]. 大连：大连理工大学，2010：1–148.

# 李清照词意象英译的是与非[1]

# Right and Wrong—Translating Imagery in Li Ch'ing-Chao's Ci-Poems

北京林业大学　张　琰　北京语言大学　高明乐

**摘　要：** 李清照不仅在中国文学史上占有显著地位，在英语世界的译介中也位居"最受欢迎与重视的中国古代十大词人"之首。截至目前，将李清照词译成英语的国内外翻译家达60组以上。本文针对李清照词中典型意象的翻译进行了研究和讨论，讨论李词现有英译本中出现的翻译偏误，同时探究翻译错误产生的原因。

**关键词：** 李清照　词意象翻译　翻译偏误原因

**Abstract:** Ci-poems of Li Ch'ing-Chao are typically significant in Chinese classic literature and well known to the English-speaking world as well. Li is the most popular Ci poet in English translation field. Up to now, over 60 groups of translators at home and abroad have translated Li's Ci-poems. This article studies and discusses translation of typical images in Li's Ci-poems. The authors not only figure out mistakes in current English translation versions of Li's Ci-poems, but also explore the reasons of certain mistakes made.

**Key words:** Li Ch'ing-Chao　imagery translation of Ci-poems　reasons of mistakes in translation

李清照词的意象英译具有代表性意义。李清照不仅在中国文学史上占有显著地位，在英语世界的译介中也位居"最受欢迎与重视的中国古代十大词人"之首。国内外对于李清照词的英译实践工作较多，且起步较早（张琰，2014：140）。截至目前，将李清照词译成英语的国内外翻译家达60组以上。从李清照词的现有译本中，我们可以发现很多误译现象。误译分为有意为之和无意为之两种情况。其中，无意导致的翻译错位为真正的误译，有意的"误译"则多是从以读者为中心的角度采取归化翻译的策略，比如王红公早期对李清照词作的翻译作品中就存在较多误译现象。我们认为，无论是出于文化差异的考虑，还是为使英美读者更好地理解译文，都属于不合适的翻译。

## 一、英译标准

关于诗词的英译，不同学者持有不同的学术观点。茅盾曾于1921年发表在《小说

1　本文得到中央高校基本科研业务费专项资金项目"中国古典诗词意象的翻译策略探究——以李清照词意象英译为例"（项目编号BLX2016-21）资助；本文得到北京市优秀人才培养资助青年骨干个人项目（项目编号2017000020124G149）资助。

月报》的《新文学研究者的责任与努力》一文中提出中诗英译的“神韵”说（李红英，2008:127-128），认为诗最重要的部分便是神韵，同时指出，神韵的保留是可能的，韵律的保留却是不可能的。茅盾所提出的“神韵”说是由傅雷的“神似”说发展而来。实际上,“神韵”便是“意境”的另一种说法。显然，我们还可看出，茅盾将神韵的保留与韵律的保留对立了起来，他认为，中诗英译中，“神”与“韵”二者不可得兼。林语堂（1987）提出了同茅盾相似的观点。他认为，“译诗，可用韵，而普遍说来，还是不用韵妥当”（林语堂，1987：52），林先生同时认为译诗以意境为第一（林语堂，1987：52）。茅盾和林语堂都强调了意境保留，或称神韵保留对于中诗英译的重要性，同时也表示，翻译中国诗词时，韵律不可或不应保留。

然而，也有学者认为，韵律在译诗中并非无法保留。例如，赵彦春（1996）教授于1996年提出，“日前，中诗英译无论在理论还是实践方面都十分混乱”。赵教授此处所指的“混乱”是针对译者与学者关于韵体、无韵体及中间态三种“中诗英译”的存在形式而提出的。同时，赵教授通过翻译实例对比分析，强调翻译中保留韵体形式的重要性和可能性，对当时“占上风”的无韵体翻译提出批评，并指出，“艺术的追求是无止境的……翻译是一门开放性的学科，不可人云亦云，更不可下硬性结论，尤其不可唯书、唯上、唯权。”近年，赵教授又针对中国文化走出去谈到经典外译的文学性要求，提出形式转换对于翻译作品文学性保留的重要性。赵教授认为，形式是文学翻译中的中心性问题，译文如果对原文形式采取忽略的态度则会导致意义的严重损失。

许渊冲（1979）先生较早前针对诗歌翻译提出了“三美论”。所谓“三美”,指的是“音美”、“形美”与“意美”，即译诗要和原诗一样能打动读者的心，这是意美；要和原诗一样有悦耳的音律，这是音美；还要尽可能保持原诗的形式（如长短、对仗等），这是形美。许渊冲先生（1983）又指出，“三美”之中，最重要的是“意美”，其次是“音美”，再次是“形美”。“三美论”的“三美”正好可与庞德1929年于《纽约先驱论坛报》发表的《怎样阅读》一文中提出（周建新，2012：89）的三个概念相对应，即表示形美的“phanopoeia”、表示意美的“logopoeia”以及表示声美的“melopoeia”。

除了庞德，英国著名汉学家翟理斯及翻译家阿瑟·韦利都曾进行过大量中国古诗的英译工作。阿瑟·韦利对中国古诗的翻译不仅只停留在翻译实践的层面，他曾明确提出中诗英译的翻译原则。韦利（1918）主张直译中国古诗，并着重强调了意象保留对于中诗英译的重要性。他认为，意象是诗歌的灵魂，在翻译时既不能增添，也不可删减。

## 二、意象替换

从现有李清照词作英译版本中可以看到，有的译者会用英美读者所熟悉的物象替代原词作中的意象。这里以王红公早期的李清照词英译为例，以下这首《蝶恋花·暖雨和风初破冻》及其王红公的英译译文，收录于1956年出版的王红公《中国诗百首》当中。

**蝶恋花·暖雨和风初破冻**

暖雨和风初破冻，柳眼眉腮，
已觉春心动。
酒意诗情谁与共？泪融残粉花钿重。
乍试夹衫金缕缝，山枕斜欹，
枕损钗头凤。

独抱浓愁无好梦，夜阑犹剪灯花弄。

**Alone in the Night**

The warm rain and pure wind
Have just freed the willows from
The ice. As I watch the peach trees,
Spring rises from my heart and blooms on
My cheeks. My mind is unsteady,
As if I were drunk. I try
To write a poem in which
My tears will flow together
With your tears. My thought is stale.
My hairpins are too heavy.
I throw myself across my
Gold cushions, wrapped in my lonely
Double quilt, and crush the phoenixes
In bitter loneliness, without
Even a good dream, I lie,
Trimming the lamp in the passing night.

读此英译，不难发现，译者从形式到内容都对原词作进行了很多改动，对原词作中的一些意象进行了替换，我们可以称之为一种“创造性的想象”。原词的第一句说明这首词应该是创作于初春，“初破冻”显示具体季节应该是冬春交替的时节。下一小句“柳眼梅腮”则是进一步描写春天，是一种十分生动的写法，“柳眼”形容柳芽的形状好似眼睛，“梅腮”则是描述梅花的颜色如同美丽女子的脸颊颜色。王红公在他的英译中将原词中的“梅”翻译为“peach”，也就是用“桃”来代替“梅”，这样的代替难言妥当，因为梅花与桃花在中国文化中均是季节的典型代表，梅花代表冬季，桃花代表春季，如果用桃花取代梅花，就不能体现出季节的变化。

与此相仿，还有词作中的“山枕”一词，译者将其翻译为“cushion”，即‘软的垫子”，这样的翻译未免有些滑稽。“山枕”指的是中国古代的一种枕头，多用木、瓷等制作，中间低，两端突起，形状如山，故名“山枕”，“山枕”是对枕头形状的形容。如果把“山枕”翻译为英美读者所熟悉的“cushion”，似乎十分闲适惬意，那就将原意象的形状及质地等等都进行了改变，原文散发出的中国传统的古典美以及忧愁意境也就随之消失殆尽。

意象替换并非王红公一人的做法，其他的译者进行李词翻译时也有类似的现象。比如刘殿爵将李清照词中的词句“争渡，争渡，惊起一滩鸥鹭”（《如梦令·常记溪亭日暮》）中的“欧鹭”翻译为“water bird（水鸟）”，属于用上义词替代下义词，同样不是很妥当，因为“欧鹭”在中国古代文化中代表着积极向上的意思，而“water bird”难以体现这层含义。类似的例子还有唐安石、詹姆斯·克莱尔等。唐安石将词作《渔家傲》首句“天接云涛连晓雾”中的“天”翻译为“heavens”。中国传统文化中的“天”通常只是单纯指“天空”，有时指的是“上苍”，总之不是西方带有宗教色彩的“天堂”，这句词句中的天就是“天空”的意思，因此该翻译同样不能将意象所应有的文化色彩传递过去。詹姆斯·克莱尔将《浣溪沙·淡荡春光寒食天》中“玉炉沉水袅残烟”的“玉炉”翻译为“jade brazier”。“brazier”的意思是“火盆”，“玉火盆”让人读来不禁感到奇怪，将原句中“玉炉”所具有的精致典雅之特点完全抹杀了。

造成意象替换的原因很多时候并非由文化障碍引起，因为进行诗词翻译的外国译者大多具有较好的古汉语基础。英国译者唐安石深谙古汉语，曾有大量的中国古诗词翻译，并有相关的译论发表。詹姆斯·克莱尔同样不仅对英语具有难得的天赋，还在英国牛津大学、美国普林斯顿大学及美国北卡罗来纳大学教堂山分校进行过多年的古汉语学习，并于北卡罗来纳大学教堂山分校教授过中文，出版了《李清照词全译本》。前面提到，实际上，他并没有将李清照的词作全部翻译过来。根据我们的统计，在他的《李清照词全译本》中有51首词作为李清照的词作（含存疑词作）。显而易见，即便作为多年的古汉语学习者，译者仍会因对原词理解的局限性造成一些翻译错误。可以说，意象替换是典型的归化翻译手法，译者多是考虑到中西方的文化差异会导致西方读者误解诗词，从而采取“迎合”西方读者的态度。但这种译法并不可取，因为这样的处理无利于中国文化语境的构建（张琰、高明乐：2020：121–123）。

## 三、取象视角

在李清照的词作英译中，对于同样的意象，不同的译者在处理方式上有的十分相似，有的则相去甚远。这里，我们以李清照《声声慢》中的一个意象“黄花”的翻译为例。我们知道，该词中的“黄花”一词实际上是指菊花。菊盛开于秋，秋天往往给人萧条肃杀的感觉，所以菊花在中国文化中象征着哀悼，寄托着人们对逝者的怀念，有一种悲伤、忧愁的意味。经整理，在17个英译版本中，“黄花”一词共有6种译法，具体译法分别为（括号中为相应版本的数目）：

chrysanthemum（7个）
yellow flower（4个）
yellow chrysanthemum（2个）
golden chrysanthemum（2个）
yellow petal（1个）
flower（1个）

译者把“黄花”分别翻译为“黄花”、“菊花”、“黄色的花瓣”、“黄色的花”以及“黄色的菊”。将“黄花”直接翻译为“菊花”的翻译版本有7个，而与其类似的译法，即翻译为“金色的菊花”或者“黄色的菊花”的版本有4个。实际上，“菊花”在各国具有不同的文化寓意。在欧洲国家，菊花象征死亡、祭奠；在中国、日本、韩国，菊花代表忧伤和哀悼。而在其他一些国家，菊花表示积极的意义，例如美国文化中菊花代表积极、愉快，而在澳大利亚文化中，菊花又是对母亲表示感恩的媒介。

也许有人会说，由于“菊花”在不同国家代表不同的寓意，将词作中的“黄花”直接翻译为“菊花”的“chrysanthemum”，或者加上修饰“黄色的”，译为“yellow chrysanthemum”或“golden chrysanthemum”并不是好的方法，因为这会让美国、澳大利亚的读者对这一词语产生错误理解，从而对整首词作的基调产生误解。然而，基于图式理论与文化传播的途径（张琰，2014:21-23），我们认为，尽管在不同的文化中，“菊花”代表了不同的文化含义，我们也不应故意避免这样的翻译，这就好比即便中文中的“龙”表示富贵、吉祥，而英文中的“dragon”表示凶恶、不祥，但是我们还是选择将“龙”翻译为“dragon”。如此，久而久之，西方人的概念里慢慢就会有两种“dragon”，一个是英语的“dragon”，而另一个则是带有中国文化内涵的“dragon”。同样的例子还比如“月亮”

和“moon”虽然在中英文化中有着不同的内涵，但是不影响我们将两个单词作为中英文的对等翻译。可以认为，“chrysanthemum”也能被赋予中国文化中表示哀悼、悲伤的色彩。因此，把“菊花”直接翻译为“chrysanthemum”、“golden chrysanthemum”及“yellow chrysanthemum”都是比较好的处理方式。

有一个译者将“黄花”直接翻译为它的上义词“flower（花）”，这样的处理应该说是不准确的，甚至可以说是错误的。另外，在现有版本中，还有4个版本的译者将“黄花”一词处理为“yellow petal（黄色花瓣）”或“yellow flower（黄色的花）”。其中，选择将“黄花”译为“yellow flower”的有中国译者许渊冲、外国译者组合科沃克与文森特·麦克休以及外国译者朱莉·兰多；欧阳桢的译本选择将“黄花”翻译为“yellow petal”。这4组译者所采用的方法是直译法，也就是没有对原文进行任何解释，相对来说同样是可以接受的处理方法，因为这样的翻译处理方式既不会造成文化内涵方面的误解，同时也是准确的翻译，而“petal（花瓣）”一词似乎更妙，因为它微妙地体现出了凋落花瓣的苍凉之感。当然，这种处理方式也有需要注意的地方，为了让读者对于原文有充分的理解，译者或许需要在翻译的同时加上注释，说明此处的“黄花”指的是在中国文化中具有哀悼、悲伤之意的菊花。如此翻译，既可以避免文化歧义，也使得翻译更加完整，同时保留原作用词和风格。实际上，从文化的角度来看，在现有的17个译本中，除了将“黄花”译为“flower”的版本，另外16个译本针对“黄花”所采取的翻译策略都属于异化翻译方式，只是“chrysanthemum”自带有一定的解释性，而“yellow petals”或“yellow flowers”本身不具备解释性。有些人或许认为将“黄花”译为“chrysanthemum”是归化的翻译方式，原因在于“chrysanthemum”是英文中原有的词，但是，根据我们前面的分析，我们可以看出，此“chrysanthemum”非彼“chrysanthemum”，不同文化背景下的同一物象可以具有不同的文化内涵。因此，在依照具体翻译实例来界定“归化”和“异化”翻译方式时还是有一番讲究的。译者如果选择归化翻译策略，则会倾向于迎合译入语文化，会导致源语文化的缺失和损失，从而无以传递源语文本的文化特色及精神内涵。与归化策略相反，采取异化翻译策略，则可以实现对源语文本及源语文化的忠实，也就可以保留源语文本的个性，保留不同民族文化的特色和魅力（张琰、高明乐，2020：120）。我们不能简单地以英文本身是否有某个词语来判断翻译策略，而是要将词语所代表的文化内涵进行具体的判断。

意象的翻译有很多“讲究”，诗词中的很多意象不仅具有独特的文化内涵，同时还十分生动形象。下面我们来看李清照词作《渔家傲·雪里已知春信至》的原文：

渔家傲

雪里已知春信至，
寒梅点缀琼枝腻。
香脸半开娇旖旎，
当庭际，
玉人浴出新妆洗。
造化可能偏有意，
故教明月玲珑地。
共赏金尊沈绿蚁，
莫辞醉，
此花不与群花比。

在这首词中，有一个意象“绿蚁”很有特点、也颇有意思，它指的是新酿的酒。酒在刚酿成且尚未滤清时，酒面会浮起酒渣，表面的泡沫细如蚁，色微绿，因此在中国古代被称为“绿蚁”。经我们的统计，国内外翻译李清照这首词的译者共有五组，分别为许渊冲、王红公与钟玲、詹姆斯 · 克莱尔、王椒升及胡品清。不同的译者对于意象“绿蚁”同样进行了不同的处理，如王红公与钟玲将其翻译为“thick green wine”，王椒升直接用“emerald（翠绿色、宝石）”来代表这一意象，而许渊冲则在翻译时避开了对于这一意象的翻译。可以说，这几种翻译方式都没有将原意象的形象及鲜明特色体现出来。译者詹姆斯 · 克莱尔将“绿蚁”翻译为“green lees”。这个译法看似更加贴近原文，然而，“lees”的意思为酒中的沉淀物或渣滓，但“绿蚁”指的并非酒的沉淀，而是漂浮物。翻译中一个词的误用将新酒变成了陈酒（陈渣），甚为遗憾。

## 参考文献

[1] Waley A. A Hundred and seventy Chinese poems[M]. London: Constable and Company LTD, 1918: 20.

[2] 李红英 . 茅盾的文学翻译思想 [J]. 社会科学论坛（11 下），2008: 127–129.

[3] 林语堂 . 论译诗 [C]//《中国翻译》编辑部 . 诗词翻译的艺术 . 北京：中国对外翻译出版公司，1987：51–54.

[4] 许渊冲 .“毛主席诗词”译文研究 [J]. 外国语（上海外国语学院学报），1979（2）：9–17，39.

[5] 许渊冲 . 谈唐诗的英译 [J]. 中国翻译，1983（3）：8，18–22.

[6] 张琰 . 宋词英译策略探究——以李清照〈声声慢〉为中心 [J].《中国文化研究》春之卷，2014：140–146.

[7] 张琰 . 图式理论与中国文化对外传播 [J]. 前沿，2014（9）：21–23.

[8] 张琰，高明乐 . 中国古典诗词意象翻译策略——兼谈中国文化对外传播 [J]. 前沿，2020（1）：116–123.

[9] 赵彦春 . 论中国古典诗词英译 [J]. 现代外语，1996（2）：31–36.

[10] 周建新 . 论庞德的语言“三诗”观探析 [J]. 外语教学，2012（1）：89–92.

# 冯玉祥泰山“丘八诗”概述及英译例析

# An Overview of Feng Yuxiang's *Qiuba*-Styled Poems Regarding Mount Tai with an Analysis of English Translation Examples

山东农业大学外国语学院　倪庆行

**摘　要：** 本文扼要介绍了冯玉祥泰山“丘八诗”的来历，分析其语言特点，阐述将其译介的意义，结合译诗过程的实际，通过典型译例说明译文所体现的翻译标准和翻译策略，旨在对翻译教学实践有所裨益。

**关键词：** 冯玉祥　“丘八诗”　翻译策略

**Abstract:** This paper briefly introduces the origin of Feng Yuxiang's*Qiuba*(soldier)-styled poems regarding Mount Tai, analyzes the language features of these poems, expounds the significance of introducing them to the outside world through translation. In the light of the reality of translation process, this paper also illustrates the translation standards and translation strategies embodied in the translation through typical translation examples, aiming to be of some benefit to translation teaching.

**Key words:** Feng Yuxiang　*qiuba*(soldier)-styled poems　translation strategies

## 一、引言

冯玉祥（1882—1948），杰出的爱国主义者、著名的政治家、军事家。于1932至1935年间，先后两次隐居泰山，潜心治学，以“救国安有息肩日，革命方为绝顶人”自勉，探求救国之道，正如他在《我》中写道，“此志不移，誓死抗倭。尽心尽力，我写我说。咬紧牙关，我便是我。”诗中的“我写我说”就包括了诗人在泰山隐居期间所写的48首泰山“丘八诗”。迄今为止，冯玉祥“丘八诗”研究没有形成规模，遑论深入。中国知网尚未收录以冯玉祥泰山“丘八诗”为关键词或主题词的文章，只是在全文搜索中才出现64篇文章，这些文章中与泰山“丘八诗”相关的仅有十余篇，并且“丘八诗”的英译本尚付阙如。习近平总书记指出，“要系统梳理传统文化资源，让收藏在禁宫里的文物、陈列在广阔大地上的遗产、书写在古籍里的文字都活起来”。（习近平，2018）2019年山东省政府工作报告提到“编制泰山文化保护传承发展总体规划”（山东省政府工作报告，2019），将泰山文化保护与传承工作提升到一个更高层次。正是在这一大背景下，笔者将泰山烈士纪念祠院内配画碑文上冯玉祥泰山“丘八诗”译成英文，为弘扬泰山文化尽绵薄之力。

## 二、冯玉祥泰山“丘八诗”的由来

1932 年，冯玉祥看到《大公报》连续登载的画家赵望云（1906—1977）农村写生画，产生了浓厚的兴趣，并把每期的写生画从报纸上剪下来装订成册。后来赵望云得知此事，感动不已，很快给冯玉祥寄来写生画合订本。冯玉祥根据赵望云的农村写生画的画面内容用自创的“丘八”体一一配诗，由此形成配画“丘八诗”。《赵望云农村写生集 · 冯玉祥题诗》一书于 1932 年 11 月由天津大公报社出版发行，共收集赵、冯合作的 130 首诗配画，发行量达数万册，这在当时颇为轰动。1933 年底，应冯玉祥盛情邀请，赵望云来泰山进行讲学、写生、考察民情。两人结伴同行，共访泰山，体察民情，每有感悟，画家诉诸画笔，诗人即兴赋诗，诗配画相得益彰，共计四十八首，后请石工镌刻在泰山大理石上。全部刻石于 1937 年夏竣工，放置在泰山科学馆内。1937 年底，泰山科学馆在日寇的炸弹轰炸下化为焦土，四十八块石碑也荡然无存，令人痛心。幸亏赵望云在石碑镌成之际逐一拓片，得以将诗画石刻原貌保存。1938 年初，为扩大诗画石刻的影响，根据拓片汇编成册，冠以书名《泰山社会写生石刻诗画集》出版，著名作家老舍欣然作序。1984 年泰山管委会根据存于岱庙的拓片重新复制，形成了现在普照寺景区冯玉祥泰山纪念馆内的诗配画碑。

四十八块石碑上的诗用“丘八诗”体写就。“丘八诗”是冯玉祥的独创，“丘八”乃“兵”字的上下分离，“丘八诗”，意为大兵之作，这也契合冯玉祥行伍出身的身份。“丘八诗”通俗自然，朗朗上口，针砭时弊，切中要害。周恩来总理 1941 年为冯玉祥先生 60 寿辰撰书的祝寿词中提到，“丘八诗体为先生所倡，兴会所至，嬉笑怒骂，都成文章。”（张用衡，2015）冯玉祥在 1941 年为诗集写序：“二十九年，不算多产，百余首诗，酸辣苦甜。或为自叙，或为闻见。总而言之，多为抗战。若谈风月，那是扯淡。区区之心，永远不变。胜利是求，光照无限。丘八小诗，大众贡献。高希大家，赐示高见。”（于舟，1982）冯玉祥自谓丘八小诗显然有自谦的成分。作家老舍为《泰山社会写生石刻诗画集》所写的近 2 500 字的序言，全面介绍了冯玉祥创作这些泰山民众生活写真诗的目的，介绍了赵望云为之作画的原委，以及诗画产生的经过，并阐述了这本诗画集的意义。冯玉祥的丘八诗正是为现实而创作，诗人目睹了旧中国千疮百孔、民不聊生的黑暗现实，从理性的言志到感性的言情，将自己同情人民、反抗压迫、热爱祖国、反对侵略、憎恨黑暗、向往光明等种种情感诉诸笔端，挥洒写来，深情抒写了人民的疾苦，抒发了对和平、民主和科学真理的追求，表达了对民主革命的忠贞，倾吐了诗人忧国忧民的心声。

冯玉祥泰山“丘八诗”反映了 20 世纪 30 年代泰山脚下的历史风貌、风土人情，尤其对农民的生产生活做了大量的描述，为泰山文化打上了深深的烙印。诗中的主题涉及方方面面，其中包括提倡科学、教育办学、反对侵略、兴修水利、兴办医院、反对迷信、男女平等、吃苦耐劳、耕者有其田、倡导机械化、兴修公路网等。这些平白如话的诗歌教育意义不可低估。前世不忘，后事之师。通过阅读这些诗歌，读者今昔对比，更加感受到新时代生活的美好。

## 三、冯玉祥泰山“丘八诗”语言特点

“丘八诗”直白通俗，简洁明快。在这 48 首诗中，读者找不到冷僻晦涩、朦胧难懂的字眼，看到的都是晓畅、明白的语言。诗人在修辞手段的运用上，善于用比喻、对比和夸张。运用这些修辞手段能更真切地打动读者，从而留下深刻的印象。带有“如”“似”“若”的诗句有多处，例如“汗流如雨滴”“太阳炎炎如烈火”“峰崖如壁”“夏日太阳如火烈”“热天如蒸笼”“汹涌如瀑”“终日眼泪如麻”“石头如卵草似茵”“唇舌焦如铁”“爱惜似金钱”、“浑身似火烧”“娇贵若天神”“全国若狂”“有如笼中蒸煮”。这些诗句通过比喻进行描绘和渲染，使所叙述的对象生动化、具体化，并能激发读者联想，给人留下鲜明深刻的印象，极富感染力。譬如“热天如蒸笼”就能让读者感受到酷热难当，蒸笼的热度可想而知。诗人为了表达自己鲜明的情感态度，常诉诸对比这一修辞手段，通过把相反或相对的人或事物并置一起，相互映衬，使各自特征愈加明显。如《泥瓦匠》中的“年年盖大厦，都做富家第。自己土房住，既破又矮低。”通过对比生动地揭示了泥瓦匠盖大厦住矮屋的残酷现实，这与宋代诗人张俞写的《蚕妇》“昨日入城市，归来泪满巾。遍身罗绮者，不是养蚕人。”有异曲同工之妙。《割谷》中的“富家一门笑，贫农千家哭。”很容易使人联想到诗圣杜甫的“朱门酒肉臭，路有冻死骨”。鲜明的对比，使天壤之别的贫富悬殊一目了然，触目惊心。此外诗人还借助夸张，如《上山烧香》中的“双足千斤重，步步自知疼。”将缠足老妇登山的艰难通过夸张的修辞手段淋漓尽致地刻画出来，双足不能有千斤重，但诗人夸张到千斤重，这种扩大夸张反而增强了表达效果，能引起读者的共鸣，产生对老妇的同情，并对裹足这一陋习深恶痛绝。

## 四、冯玉祥泰山“丘八诗”英译策略

英译冯玉祥泰山“丘八诗”总的原则就是要忠实于原文。每首诗在动笔翻译前，要进行通读，小到每个词语的准确意义，大到整首诗的含义，都要彻底弄清。在翻译的过程中，要结合英语的语言特点，从措辞上、句式上都要细细斟酌。在翻译的过程中，特别注重以下策略。

**4.1 透彻理解原文是翻译忠实的前提**

翻译的要旨就是最大限度地忠实表达原文本意，绝不能信马由缰，肆意发挥。而做到忠实的前提则是透彻理解原文，切不可想当然地望文生义。着手翻译前，一定要结合语境厘清所译词语在原文中的准确语义，从而为选择正确的英文表达奠定基础。倘若理解错误，即使译文可读性强，实则南辕北辙，与原文的真正内涵背道而驰，违背了翻译标准信的原则。冯玉祥泰山“丘八诗”中有些词语具有很大的干扰性，稍不留神就有可能误导。因此翻译时要格外谨慎。例如，

1.《开垦》中“大妇锄铲不稍停”的“大妇”指的是大儿媳妇，因此翻译成 the eldest son's wife。The eldest son's wife hoes and shovels without a moment's rest.

2.《打场》中的前四句：

绿礴团团滚转，　A stone roller rolls on,
农夫牵骡打场。　And a farmer leads a mule to thresh grain,
秃头冒着烈日，　Scorching sun above, hatless,
手持短棍叱嚷。　Holding a short club, shouting.

此处的“秃头”不能直接翻译成 bald head，而应当根据上下文翻译成 hatless，意思是没戴帽子。

3.《石工》中有两句：

君知德国世界运，　You know the 11th Olympic Games held in Germany,

我们一分未得上。 Where we failed to gain even one point.

其中的“世界运”指的是1936年8月在德国柏林举行的第十一届夏季奥运会，所以译文是 the 11th Olympic Games，而不是 world sports。

4.《小饭馆》中“晋尚清谈国祚衰”的“清谈”指的是魏晋时期社会上盛行“清谈”之风。士族名流相遇，不谈国事，不言民生，不谈俗事，专谈老庄，空谈玄理，指不切实务的谈论。因此将“清谈”翻译成 empty talk 接近原诗本意，而“尚”用 prevailing 表示盛行、流行比较恰当，因而此句就翻译成“Prevailing empty talk led Jin to decline in its reign duration.”

**4.2 译文要符合英语重形合的语言特点**

针对英语重形合的语言特点，译文力求做到句子主次分明、层次井然。英语语法严谨，主谓结构中的主语不可或缺，谓语动词是句子的核心，统领各种关系，各句子成分之间或词语之间必须在人称、数、性、意义诸方面保持协调一致。冯玉祥泰山“丘八诗”在叙述时采用的动词比较多，所以在翻译这类动词连用的句子时，关键是要找出主干动词，厘清非主干动词与主干动词的关系，然后借助英语丰富的形态，将非主干动词以适当的形式表现出来。例如，

1.《割谷》

“裤管高卷上膝盖，
两腿黑皮裹筋骨。
镰刀挥不住，
热汗满身出。”

这四句诗中共有“卷”“上”“裹”“挥”“住”“出”六个动词，翻译时要厘清主次，先找出主干动词“挥”，用谓语动词 wield 翻译出来，其余动词借助英语丰富的形态进行消解，“卷”译为独立主格结构中的过去分词 rolled，“上”则借助副词 up，“裹”译为独立主格结构中的现在分词 wrapping，“住”则与“不”字一起翻译成了 all the time，“出”则译成了表伴随状况的现在分词 dripping，通过对这些动词的适当处理，形成了下面的译文：

Their trousers rolled high up to their knees,
The black skin of legs wrapping sinews and bones,
They wield sickles all the time,
Dripping sweat soaking their bodies all over.

2.《耕地》

“老农六十一，
赶骡耕山地。
右手拿着鞭，
左手把着犁。
吁吁喘不住，
汗流如雨滴。”

这六句诗中共有八个动词，分别是“赶”“耕”“拿”“把”“喘”“住”“流”和“滴”。翻译时，将“赶”作为主要动词作谓语，其余动词则采取了动词的非谓语形式，借助不定式、现在分词，使译文前后衔接紧密，一气呵成，没有支离破碎的感觉。译文如下：

This farmer, who is sixty-one years old,
Is driving a mule to plow the hilly field,
His right hand holding a whip,

His left hand steering the plow in a firm grip,
Panting out of breath,
And perspiring like rain dripping.

**4.3 适时押韵追求音美**

冯玉祥泰山“丘八诗”大多押韵，朗朗上口。翻译时，译者本着不因韵害义的原则，没有刻意地追求完全押韵，然而在有些可操控的诗行，也进行了押韵处理，以追求音美。例如，

1.《零货摊》

| | |
|---|---|
| 卖货郎，坐马扎， | A peddler sits on a folding stool. |
| 一副担子搁地下。 | On the ground are loads and a carrying pole. |
| 零货杂件装满匣。 | Daily-use goods are fully loaded in the case, |
| 缠足妇，来买货， | And a foot-binding woman has come to purchase. |

2.《担水的老人》

| | |
|---|---|
| 多掘蓄水池， | Many reservoirs should be built |
| 预防天干旱。 | In case there be drought. |
| 凡事皆当恃人为， | All are dependent on people’s deed. |
| 切莫靠天来吃饭。 | Never, never rely on heaven to feed. |

**4.4 采取异化的翻译策略翻译具有浓郁中国特色的词语**

在翻译具有浓郁中国特色的词语时，译者采取了异化原则翻译策略，旨在保留原诗具有的民族文化特色，保存原诗的意象以及语言风格，从而丰富目的语文化和目的语的语言表达方式，促进文化交流。例如，“旱烟袋”翻译成 a long-stemmed tobacco pipe，“庙会”翻译成 a temple fair，“元宝”翻译成 paper ingots，“拳猜”翻译成 a finger-guessing game，“打恭作揖”翻译成 bowing and clasping one’s hands in salute，“女红”翻译成 needle work，“趺坐”翻译成 sit with legs crossed in the lotus posture，“缠足妇”翻译成 a foot-binding woman，通过这样的处理，可以让以英语为母语的读者了解到原诗体现的特色文化。

## 五、结语

冯玉祥泰山“丘八诗”特点鲜明，形式别样，时代烙印明显，已成为泰山文化的一个不可或缺的组成部分。在新时代背景下挖掘其诗歌新内涵并为其赋予时代意义，这是研究者责无旁贷的使命。将“丘八诗”进行完整英译，让更多的英语读者通过“丘八诗”这扇窗口了解并热爱泰山文化，逐步扩大泰山文化的国际影响力，这一开创性工作本身就意义非凡。笔者将翻译冯玉祥泰山“丘八诗”时的感悟和翻译过程中所采用的策略，通过典型的译例进行了分析。冯玉祥泰山“丘八诗”英译翻译实践，既为宣传中华泰山文化尽了绵薄之力，又为翻译教学提供了可参照的素材。

## 六、附录

| **耕地** | **Plowing** |
|---|---|
| 老农六十一， | This farmer, who is sixty-one years old, |

| | |
|---|---|
| 赶骡耕山地。 | Is driving a mule to plow the hilly field, |
| 右手拿着鞭， | His right hand holding a whip, |
| 左手把着犁。 | His left hand steering the plow in a firm grip, |
| 吁吁喘不住， | Panting out of breath, |
| 汗流如雨滴。 | And perspiring like rain dripping. |
| 一亩未耕完， | One mu has hardly been plowed yet |
| 太阳渐偏西。 | When the sun is going to set. |
| 身体疲欲死， | Exhausted almost to death, |
| 犹自不肯息。 | Yet, he is reluctant to rest. |
| 老农且休息， | Old farmer, please have a rest |
| 听我说道理。 | And listen to me telling the truth. |
| 欧美用机器， | Machines are used in Europe and America, |
| 我国用人力。 | While in our country we resort to manpower. |
| 人力耕一亩， | For every mu manpower can plow, |
| 机器耕百里。 | Machines can plow a hundred miles. |
| 贫富迥不同， | The gap between the rich and the poor is wide, |
| 强弱亦大异。 | And great differences exist between the strong and the weak. |
| 若要想富强， | In order to be rich and strong, |
| 大家科学习。 | We must acquire science all along. |

冯玉祥。二六，三，八。　Feng Yuxiang　March 8, 1937

| **零货摊** | **A Retail Stall** |
|---|---|
| 卖货郎，坐马扎， | A peddler is sitting on a folding stool. |
| 一副担子搁地下， | On the ground are loads and a carrying pole. |
| 零货杂件装满匣。 | Daily-use goods are fully loaded in the case, |
| 缠足妇，来买货， | And a foot-binding woman has come to purchase. |
| 洋货倒比土货多， | Foreign goods exceed domestic goods in number, |
| 针线亦多出外国。 | Even needles and threads are mostly made overseas. |
| 穷小贩，生活苦， | A poor peddler leads a miserable life, |
| 贩货谁管洋与土， | Disregarding if goods are foreign or domestic when peddling. |
| 金钱外流须补救。 | The outflow of currency must be remedied. |
| 要补救，不宜缓， | To remedy allows no moment’s delay, |
| 发达交通快生产， | It is urgent to develop advanced transportation and fast production. |
| 多设国货陈列馆。 | More exhibition halls should be established. |
| 增关税，防走私， | If we are to increase tariff and to prevent smuggling, |
| 万众一心齐抵制， | If we resist it when we are united as one, |
| 国货自有抬头日。 | Our domestic goods can have a promising day. |

冯玉祥。二六，三，一八。Feng Yuxiang　March 18, 1937

### 割谷 Cutting Millet

坡下山地二农夫， On the patches of mountainous land below the slope,
弯腰低头正割谷。 Two farmers are cutting millet, bending and lowering their heads.
裤管高卷上膝盖， Their trousers rolled high up to their knees,
两腿黑皮裹筋骨。 The black skin of legs wrapping sinews and bones,
镰刀挥不住， They wield sickles all the time,
热汗满身出。 Dripping sweat soaking their bodies all over.
自朝至暮不稍歇， From dawn to dusk they barely rest,
所收不过十数斛。 Yet their harvest is no more than ten hu of millet.
除去拿租税， After the rent and tax are paid,
不足熬稀粥。 What remains does not suffice to boil thin porridge.
粒米何止半斗汗， Every grain is more than half dou of sweat,
劳苦所得难饱腹。 What one's toil begets is not enough to fill one's stomach.
富家一门笑， One rich family smiles
贫农千家哭。 While a thousand poor farmer families are crying.
生活如果不平等， If inequality exists in life,
大众哪里有幸福。 How can masses have happiness?

冯玉祥。二五，十二，一。Feng Yuxiang December 1, 1936

### 担水的老人 The Old Man Carrying Water

天不雨，已数月， It hasn't rained for several months,
涧中水，多枯竭。 And many ravine streams are almost dried up.
居民多恐慌， The residents are in panic,
饮食两告缺。 For their food and water are both insufficient.
有时发现一泉源， Once a fountain is found,
珍惜有如身上血。 They value it as if it were their own blood.
此老人，住山隈， This old man, living in mountain recess,
数里路，来担水。 Has come to carry water after covering several lis.
来往许多次， Having shuffled many times,
疼痛在腰腿。 He is aching both in waist and legs.
放下水桶且休息， Putting the barrels down to have a rest,
抽袋老烟解苦累。 He smokes a pipe to relieve toil and fatigue.
民间苦，说不完， People's endless suffering is beyond description,
水取用，如此难。 Just to fetch water is so difficult.
多掘蓄水池， Many reservoirs should be built
预防天干旱。 In case there be a drought.
凡事皆当恃人为， All are dependent on people's deed.
切莫靠天来吃饭。 Never, never rely on heaven to feed.

冯玉祥。二六，四，五。Feng Yuxiang　April 5, 1937

## 参考文献

[1] 冯玉祥 . 我 .1940 年诗作 . 泰山冯玉祥墓志铭 .
[2] 连淑能 . 英汉对比研究 [M]. 北京：高等教育出版社，2012.
[3] 泰山管委竹林寺管理区．冯玉祥泰山丘八诗．泰安，1984.
[4] 王渝 . 赵望云写生作品：一手伸向生活 , 一手伸向传统．中国艺术报，2015–04–22.
[5] 习近平 . 习近平谈治国理政 [M]. 北京：外文出版社，2018.
[6] 于舟 . 冯玉祥诗选 [M]. 成都：四川人民出版社，1982.
[7] 张用衡 . 泰山石刻全解 [M]. 济南：山东画报出版社，2015.
[8] 赵望云 . 赵望云农村写生集 [M]. 济南：山东画报出版社，1999.
[9] 2019 年山东省政府工作报告 .http://www.shandong.gov.cn/art/2019/2/15/art_114892_8449570.html.

# 小说汉译中的语境作用
## ——*The Gift of the Magi* 三种译文比较评析

# Influence of Context on E-C Translation of Fiction: A Comparative Study on Three Versions of *The Gift of the Magi*

北京交通大学语言与传播学院　徐　诺　王建荣

**摘　要：** 翻译一般从较小的单位——词、句入手，语境对词、句有重要的制约作用。本文通过对欧·亨利小说 *The Gift of the Magi* 三种译文展开比较评析，探究语境对汉译小说中词或词组的影响作用，提出汉译句子时必须满足四个基本要求，并对相关译法提出建议。

**关键词：** 语境制约　译词　译句　译文比较

**Abstract:** Translating work usually starts from smaller units—words and sentences, and the context plays a critical role in controlling the meaning and communication. By comparing and analyzing three versions of *The Gift of the Magi* written by O. Henry, this paper studies the influence of context on translating words or phrases of fiction from English to Chinese, and puts forward basic requirements for rendering sentences and recommends relevant translation methods.

**Keywords:** Context Controlling　Word-translation　Sentence-translation　Comparison

## 一、前言

"语境"概念最早是由波兰人类学家 B. Malinowski 于 1923 年提出，他认为"话语和环境紧密地结合在一起，语言环境对于理解语言来说必不可少。"（Malinowski，1923；307）王建平将语境定义为"交际过程中语言表达式表达某种特定意义时所依赖的各种表现为言辞的上下文或不表现为言辞的主客观环境因素。"（王建平，1989；24）之后 J. R. Firth、Halliday、J. Lyons 及胡壮麟等语言学家对语境的要素、分类等问题进行了系统探索，推动了相关领域的发展。"翻译工作，尤其是文学翻译一定会受到语境的制约已经成为翻译界的一个共识"（韩思远，2016）。小说翻译作为文学翻译的一个重要分支，其"情节性、环境性"等特点使得"语境"成为了译者翻译小说时首先需要考虑的关键因素。

*The Gift of the Magi* 是 20 世纪初期美国最广为人知的作家欧·亨利（O. Henry）的重要代表作之一。本文拟从语境对词、句翻译的制约作用出发，比较评析 *The Gift of the*

*Magi* 众多汉译版本中较为权威、传播度较高的三个版本：牛振华译本（2011；3）、王永年译本（2002；3）以及张经浩译本（1991；3）。

## 二、语境对译词的作用

理解词义是翻译文本的第一步，对词义理解的偏颇可能导致全句甚至全文的误译。把握词义必须依托语境。

**2.1 褒贬义**

**例 1**：And then she did it up again nervously and quickly.

牛译：接着，她又**神经质地**飞快梳理好头发。

王译：她又**神经质地**赶快把头发梳好。

张译：接着她赶快又盘起来，**六神不安**。

"神经质"是贬义词，形容某人精神不正常。而据语境可知，作者这里仅是形容德拉在纠结要不要把头发剪了卖钱时内心的不安，毫无贬低之意。根据《牛津高阶英汉双解词典》，"nervous"的第一个意思是"anxious about sth. or afraid of sth.；焦虑的，担忧的"，结合上下文，张译的"六神不安"更为恰当。

词语的褒贬义会直接表现原作者对小说人物、情节等的态度，若译者误将原文中的中性词译为褒义词或贬义词，难免会将错误信息传给译入语读者，无法保证译入语读者在阅读时产生和源语读者一样的反应。故译者要结合上下文体会原作者的意图和态度，从而保证翻译的准确性。

**2.2 歧义**

**例 2**：Twenty dollars a week doesn't go far.

牛译：一周二十美元**的收入**实在**不经花**。

王译：一星期二十块钱**的收入**是**不经用的**。

张译：20 块一星期**不好花**，开销比她估计的大，周周如此。

本句在原文中指丈夫吉姆每月仅二十美元的工资，不够家里开销。张将"doesn't go far"译为"不好花"会产生歧义，既可以理解为"钱少不够花"，也可以表示"钱多花不出去，不容易花光"。相比之下，牛译和王译的版本更合适。此外，直接译为"20 块"读来感觉突兀，"二十美元的收入"更加准确，交代清楚这是这个家庭每月仅有的收入。

在同一语境中，可能产生歧义的词或词组有许多，译者须保持较高的敏感度，根据语境调整译法，避免使译文产生歧义，让读者感到困惑。

**2.3 一词多义**

**例 3**："Jim, darling," she cried, "don't look at me that way."

牛译："吉姆！亲爱的，"她**喊**道，"别这样盯着我。"

王译："吉姆，亲爱的，"她**喊**道，"别那样盯着我。"

张译："吉姆！"她大声**喊**了起来。"别这样看我，亲爱的！"

**例 4**：And then Della leaped up like a little singed cat and cried, "Oh, oh!"

牛译：随后，德拉像只被烫着的小猫一样跳了起来，**叫道**："哦！对了！"

王译：接着，德拉像一只给火烫着的小猫似的跳了起来，**叫道**："喔！喔！"

张译：接着德拉像只被烫着的小猫般跳起来，**大声嚷嚷**："哎呀，哎呀！"

根据《牛津高阶英汉双解词典》，"cry"既有"to produce tears from your eyes because you are unhappy or hurt；哭泣”的意思，也有“to shout loudly；喊叫”的意思。例 3 中“喊”表示“大声”，根据上文语境得知德拉被丈夫的反应吓坏了，她动作很轻，慢慢走到丈夫面前，此时不可能突然“喊”起来，所以这里应取“哭泣”之意，遂改译为“她哭着说道”。例 4 是形容德拉突然想起给丈夫买的礼物时，像只被烫着的猫一样兴奋地叫起来，张译的“嚷嚷”有“喧哗、吵闹，发出嘈杂的声音”（《汉语大词典》）的意思，用在此处不合适。故此句选用“喊叫”之意，牛、王译本更好。

一词多义现象在英语中极为普遍，有时单看一个词，多个意思放在句中都能说得通，这时需要译者结合上下文语境，选取最优义。

## 三、语境对译句的作用

语境对翻译小说类文本中的句子尤为重要。小说是虚构，与现实世界的客观规律可能一致或者相悖，译者不能想当然地落笔，必须结合上下文语境，认真揣摩句子在文本中的意思。针对此类翻译，可以归纳出四要求和三步骤。

**3.1 四要求**

四要求即为保证译文通顺、达意，译者在翻译各类句子时须满足以下四个基本要求：准确传达原句意思、符合译入语表达习惯、符合小说人物个性、具有逻辑连贯性，再在此基础上继而发挥主观能动性，采取不同的方法进行翻译。

3.1.1 准确传达原句意思

**例 5：**While the mistress of the home is gradually subsiding from the first stage to the second, take a look at the home.

牛译：这位家庭主妇的悲伤正**从第一阶段缓缓步入第二阶段**，还是让我们先来看看这个家吧。

王译：这个家庭的主妇渐渐从**第一阶段退到第二阶段**，我们不妨抽空儿来看看这个家吧。

张译：趁这家人家的女主人**哭得声音渐渐小的时候**，我们来看看她的家。

根据上下文语境，此句指德拉已经没有刚才那么伤心，慢慢平静下来了。牛译和王译的“第一阶段”“第二阶段”译法刻板，却不能传达本义，会让读者感到不知所云，也是对原文意义的不忠。相比之下，张译版本能很好地传达本义。

3.1.2 符合译入语表达习惯

**例 6：**There was no other like it in any of the stores, and she had turned all of them inside out.

牛译：她找遍了每一家商铺，哪儿也没有这么合适的东西了。

王译：她把所有店铺都兜底翻过，各家都没有像这样的东西。

张译：哪家店的哪件礼物都比不上，她已把所有店上上下下找遍了。

英语习惯先表达结果后交代原因，而汉语往往是先因后果。这里根据全文可知，因为德拉已经把所有店铺都找遍了，所以她才认为没有比这个更适合吉姆的东西了，故从句子顺序来说牛和王的译本更好。此外，王译的“兜底翻过”有瞎翻乱找之意，显然德拉不可能这样做，相比之下牛译版本更好。

3.1.3 符合小说人物个性

**例 7：**“I buy hair,” said Madame. “Take your hat off and let’s have a sight at the looks of it.”

牛译：“我买头发，”夫人说，**“把帽子摘下来，让我看看你头发的成色。”**

王译：“我买头发，”夫人说，**“脱掉帽子，让我看看头发的模样。”**

张译：“我买头发。”女店主说。**“你把帽子取下来让我看看头发什么样。”**

上文对这位女店主的描述是“large, too white, chilly”，这样一个人物形象所说的话一定也是冷漠的，而以上三个版本中的“让”字都使说话人的语气温柔了不少。其次牛、王两个译本中将“成色”和“模样”与“头发”搭配略有不妥，笔者认为可译为“脱了帽子，我要看看头发的质量。”

3.1.4 具有逻辑连贯性

**例 8：**With that chain on his watch Jim might be properly anxious about the time in any company. Grand as the watch was, he sometimes looked at it on the sly on account of the old leather strap that he used in place of a chain.

牛译：配上这条链子，无论在任何场合，吉姆都可以大大方方地看时间了。原来，虽然这只表华丽珍贵，但因为用的是旧皮带凑合充当的表链，吉姆只敢偶尔偷偷瞥上一眼。

王译：吉姆有了那条链子，在任何场合都可以毫无顾虑地看看钟点了。那只表虽然华贵，可是因为只用一条旧皮带来代替表链，他有时候只是偷偷地瞥一眼。

张译：金表配上这条表链，吉姆在任何场合都可以大大方方看时间。金表虽然华贵，但他没有表链，仅用根旧皮带，有时只好偷偷看时间。

翻译时应注意句与句之间的逻辑关系。根据上文得知这里有对比之意，即换新表带前吉姆的状态，和换上新表带后吉姆可能出现的状态的对比。王译和张译完全失去对比之意，牛译中的“原来”二字稍好，仍读来生硬，故笔者改译为：“有了这条表链，吉姆在任何场合都可以大大方方地拿出表看时间了。虽然这只金表华贵，但从前因为没有条像样的表链，只能用旧皮带凑合，吉姆有时只好偷偷地看时间。”

**3.2 三步骤**

在满足以上四个基本要求的前提下，译者可根据具体语境依次选取以下三种翻译方法。

3.2.1 直译

翻译句子时译者可首选直译的方法，在形式、意义上尽量无限贴近原文，不要有大的改动。

**例 9：**It was a platinum fob chain simple and chaste in design, properly proclaiming its value by substance alone and not by meretricious ornamentation—as all good things should do.

牛译：那是一条白金表链，款式简洁大方。它质地上乘，品质优良，单凭这点就足以彰显非凡价值，而无需庸俗花哨的装饰——所有好东西都是如此。

王译：那是一条白金表链，式样简单朴素，只是以货色来显示它的价值，不凭什么装潢来炫耀——一切好东西都应该是这样的。

张译：原来是根白金表链，款式简朴，不以外表装饰而单靠本身质地就能显示其身价。但凡好商品都应该如此。

张译版本在没有必要的情况下改变原文使用破折号的句式，造成对原文形式的不忠；牛译的“质地上乘”与“品质优良”语义重复，取一即可；王译“装潢”一词搭配不当。故结合众家之长笔者将此句译为“那是一条白金表链，款式简洁大方。单凭其上乘的品质就足以彰显非凡的价值，无需庸俗花哨的装饰——所有好东西都是如此。”

3.2.2 直译加释

这里的“释”既表示在文中直接增加简练的解释性话语，不打断读者阅读，也表示在无法用简练的话语解释清楚时，译者可增加注释，如脚注、尾注等。有时以上两种方法也可同时使用。

**例 10**：Madame, large, too white, chilly, hardly looked the "Sofronie."

牛译：那位夫人身材庞大，面色苍白，冷若冰霜，**同"索弗罗妮"的雅号一点儿都不匹配。**

王译：那位夫人身躯肥硕，肤色白得过分，一副冷冰冰的模样，**同"莎弗朗妮"这个名字不大相称。**

张译：那位夫人个子大，白得出奇，一副面孔冷冰冰，**叫索弗罗尼名不符实。**

张译脚注：索弗尼罗是意大利诗人塔索史诗《耶路撒冷的解放》中的人物，舍己救人的典型。

牛译的"雅号"二字很好地解释了在源语文化语境中，"Sofronie"是个文雅的名字，所以作者才认为与这位夫人的形象不符；但"雅号"二字稍显正式，与文章语言风格不符。王译的"莎弗朗妮"较好，因汉语文化语境中"莎"和"妮"常用于女孩名字。而张译的优点在于其精练的脚注。综上，笔者改译为"那位夫人又高又胖，肤色白得过分，一副冷冰冰的样子，同'莎弗朗妮①'这个文雅的名字一点都不般配。"（脚注：①莎弗朗妮：意大利诗人塔索史诗《耶路撒冷的解放》中的人物，舍己救人的典型。）

3.2.3 意译

在直译或直译加释均无法将原句形神兼备地翻译出来时，既要做到结合上下文理解句意，突破原句模式，摆脱生硬的表达，又要做到不随意删减难译的信息或增加原文没有的信息，导致对源语文本的不忠。

**例 11**：Which instigates the moral reflection that life is made up of sobs, sniffles, and smiles, with sniffles predominating.

牛译：这不由得让人感慨万千：**生活不过是哭泣、抽噎和微笑三者而已，其中抽噎的时刻占据了一大部分。**

王译：这使一种精神上的感慨油然而生，**认为人生是由啜泣、抽噎和微笑组成的，而抽噎占了其中绝大部分。**

张译：她这一哭叫人顿生感慨，**觉得人生就是哭哭笑笑，以哭为主。**

牛译和王译的版本基本属于直译，略有生硬。张译版本后半句没有拘泥于原文句式，且用"哭哭笑笑"的叠词形式，弥补原文"sobs, sniffles, and smiles"三词押头韵的手法。

**例 12**：In the vestibule below was a letter-box into which no letter would go, and an electric button from which no mortal finger could coax a ring.

牛译：楼下的过道里有个信箱，可从来没有信件被投递进去；还有一个电铃按钮，**也从没有谁能按响电铃。**

王译：下面门廊里有一个信箱，但是永远不会有信件投进去；还有一个电钮，**除非神仙下凡才能把铃按响。**

张译：楼下的过道里有个信箱，却绝不会有信放进去；还有个电铃按钮，**那要等神仙下凡来了才会按响。**

牛译虽然把该句核心意思"保守"地翻译出来了，但省译"mortal"一词，导致语义亏损，且可能引起歧义"是否是电铃坏了才没人能按响"。相比之下，王和张意译的"神仙下凡"更能体现原文韵味，但仍未消除歧义。其次，对于"could"一词，牛译为"能"，王译为"才能"，意为"该电钮只有神仙才有能力去按它"。而根据前文"不会有人给他们寄信"可知，德拉和吉姆不怎么与人来往，原文言下之意是"没人会来拜访他们，没人会去按这个电铃"，强调的是人的意愿而不是能力。综上，笔者将此句改译为"楼下过道里有个信箱，但绝不会有信放进去；还有个电铃按钮，除非神仙下凡，否则没人去按。”

**例 13：**Della wriggled off the table and went for him.

牛译：德拉扭身**从桌上跳了下来**，向他走去。

王译：德拉一扭腰，**从桌上跳下来**，走近他身边。

张译：德拉慢慢地、慢慢地**从桌子边站起身**，向他走去。

牛和王译的“跳”字未必合适。根据下文得知德拉被吓坏了，所以她的动作一定是缓慢小心的，“跳”这个动作太大；且原文并没有表明桌子高低，没有表明德拉是“跳下来的”，所以译者不宜擅自增译。其次，张译的“桌子边”也略有不妥。根据上文“sat on the corner of the table near the door”得知，德拉是坐在桌子上面等吉姆的，而不是旁边。综上，笔者改译为“德拉慢慢地从桌子上下来，走到他身边。”

## 四、结语

众所周知，翻译一般是从较小的单位——词、句入手，而语境对词、句都有较强的制约作用。在汉译英文小说中处理较难译的词或词组时，要使源语文本和译入语文本褒贬义一致；避免使译文产生歧义，让读者感到莫名其妙；正确分析多义词在不同语境中的不同意义。在汉译句子时，首先要保证译文符合四要求，即准确传达原句意思，揣摩作者意图；符合译入语表达习惯，弱化翻译痕迹；符合小说人物个性，在译文中再现人物形象；具有逻辑连贯性，使句与句衔接紧密，避免简单的堆砌。然后，可根据不同情况依次选择不同的三个翻译方法。首选直译，不要对原文进行大幅度改动；若直译无法体现原文韵味，则可在适当的情况下增加解释部分；如果以上两种都不恰当，则采取意译的方法，尽量使译文形神兼备。总之，实践证明语境对小说的理解和翻译都有至关重要的作用，译者和广大理论研究者都应加以重视。

## 参考文献

[1] Maiinowski B. The problem of meaning in primitive languages. Ogden. C K, Richard I A. The meaning of meaning. London: Roufledge，1923.

[2] 韩思远 . 文学翻译中人物形象与语境对比研究——以《雪国》为例 [J]. 语文建设，2016（36）：82–83.

[3] 牛振华 . 欧 · 亨利中短篇小说选 [M]. 江苏：意林出版社，2011.

[4] 王建平 . 语言交际中的艺术——语境的逻辑功能 [M]. 北京：求实出版社，1989.

[5] 王永年 . 欧 · 亨利短篇小说选 [M]. 北京：人民文学出版社，2002.

[6] 张经浩 . 圣贤的礼物 [M]. 上海：上海人民出版社，1991.

# Comparison Between Yu Guangzhong's and Zhang Nanfeng's Translations of *The Importance of Being Earnest* Based on Gideon Toury's Translation Norms

北京林业大学 刘晓希

**Abstract:** This essay looks at how translation norms bear on the translator's decisions made during the translation process by comparing the two Chinese translations of *The Importance of Being Earnest* by Yu Guangzhong and Zhang Nanfeng. The analysis is based on Gideon Toury's concept of three kinds of translation norms that direct translation activities from macro-level to micro-level: preliminary norms, the initial norm and operational norms. It is found that Yu's and Zhang's translations of *The Importance of Being Earnest* are subject to those translation norms functioning at different stages of the translation process, proving that Toury's theory of translation norms is a useful tool in the practical analysis of translation products and a guiding tool for translators.

**Key words:** Translation Norms  Gideon Toury  *The Importance of Being Earnest*

## 1. Introduction

The concept of translation norms is introduced into translation studies by Gideon Toury during the 1970s. Applying a target-oriented approach, he highlights the "norms" regulating the translator's choices and strategies in a multi-dimensional framework. Toury defines norms as "the translation of general values or ideas shared by a community—as to what is right and wrong, adequate and inadequate—into performance instructions appropriate for and applicable to particular situations" (2004, p. 206). Viewing translation activity as a socio-cultural behavior, he regards translational norms as the reflection of the values shared by a community. Toury elaborates three kinds of translation norms that direct translation activities from macro-level to micro-level: preliminary norms, the initial norm and operational norms (2004, pp. 207–210).

The concept of translation norms is useful in a dual way: firstly, it is a guiding tool for translators to make decisions before and during the translation process; secondly, it is a methodological tool for translation studies in a social, historical and cultural context. According to Jiri Levy (1967), translating is a decision-making process. The translator has to decide which one to select among a variety of available alternatives. Translator's choices are more or less governed by translation norms, showing "the interplay between the translator's responses to existing expectations, constraints and pressures, and his or her intentional goal-directed action or agency" (Hermans 1999, p. 51). To understand translational behavior, the effect of translation norms on the translation products should be put into analysis.

Oscar Wilde's plays have been translated into Chinese since the 1920s, when the May Fourth Movement called for the introduction of Western works and the establishment of "New Literature" in China. The most acclaimed translations of Wilde's *The Importance of Being Earnest* during the 1980s were Yu Guangzhong's version published by China Friendship Press Corporation in 1986 and Zhang Nanfeng's version published by Haixia Literature Press in 1990.

This essay explores how Gideon Toury's translation norms bear on the translator's decisions made during the translation event by comparing these two Chinese renderings. As "norms are not directly observable" (Toury 2004, p. 213), the regularities in the choices made by different translators of the same work can help us identify the effectiveness of translation norms in a certain socio-cultural context.

## 2. Preliminary Norms

To begin with, the preliminary norms that dominate the two renderings will be analyzed. Preliminary norms decide the translator's and the publishing houses' choices of the texts to be translated (translation policy), and the option for a direct translation from the original language or an indirect translation from languages other than the ultimate source language (Toury 2004, p. 209). Both Yu's and Zhang's translations are based on the original English text—in the 1980s direct translation prevailed in China. As for translation policies, Yu chose to translate Wilde's play out of his personal appreciation of the witty style of the play, which is based on coincidence and wordplay. Unlike Yu, who stated his experience of translating Wilde in the preface of his translation (1986, pp. 1–16), Zhang put emphasis on the moral implications of the play. In his preface, Zhang criticized the affected performance of the play by the actors who merely displayed the entertaining aspect of the play but failed to bring about the educational purpose of the play (1990, p. 8).

## 3. The Initial Norm

Next, I will examine how Yu's and Zhang's translations are affected by the initial norm. The translator's decision to subject either to the source text or to the target culture is governed by this norm. The adherence to the source norms determines the translation's adequacy, whereas the subscription to the target norms determines its acceptability (Toury 2004, p. 208). The translator has to find a balance between the two extremes implied by the initial norm. *The Importance of Being Earnest* is a play full of allusions, puns, paradoxes, and other rhetorical devices, so it poses a great challenge for the translator. What translation strategies should the translator apply in order to make the translation acceptable to the Chinese readers who are unfamiliar with the Western literary traditions?

The title translation can be taken as an example. As a pun of homophony, the title has two layers of structures, namely the surface structure of form and the deep structure of meaning. In the surface structure, "earnest" (a quality) has the same pronunciation to "Ernest"(a name), while in the deep structure, the title implies the importance of being not only "earnest" but also "Ernest"—a name for an ideal husband in the minds of the two female characters in the play. It is ironic that as far as the two male characters, Jack and Algernon, are concerned, they can never be "Ernest" and "earnest" at the same time except that in the end, Jack finds himself to have been originally baptized as "Ernest." Yu's version of the title, *bukeer xi* (*不可儿戏*), presents the deep structure of the pun at the expense of its surface structure, since the pun can hardly be preserved in Chinese as it is in English. The non-English-speaking readers may miss the opportunity to appreciate Wilde's ingenious pun, but they can easily obtain an overall impression of what the play is going to deal with from the Chinese title. Yu's translation of the title into a Chinese idiom shows that he conforms to target-culture norms. The same is true with Zhang's version. In an earlier version published by China Drama Press in 1987, Zhang rendered the title as *renzhen de zhongyao* (*认真的重要*), whereas in the 1990 version under present discussion, he changed the Chinese title into *renzhen wei shang* (*认真为上*). Through this change, the translationese has been diminished. The earlier version, rigid and serious, resembles a title for an expository essay; while the latter, more literary and idiomatic in style, employs a playful tone which is not uncommon in Wilde's plays. Thus, the change shortens the distance between the play and its readers. Although the phonetic trick of the pun is lost in Zhang's translation, the meaning of the title is preserved to a large extent.

Apart from the textual sources (the translated texts), the extratextual sources such as statements made by translators should also be taken into consideration for identifying translation norms (Toury 2004, p. 213). To perceive the activity of the initial norm, it is necessary to analyze Yu's and Zhang's statements concerning their translation of *The Importance of Being Earnest*. Yu's remarks on the translation of the play can be found in the postscript entitled "Tug-of-war with Wilde." The title itself reveals the fact that during the translation, he was confronted with a strong force from the norms of the source text and trying to pull the imaginary rope toward a translation product in accordance with norms of the target language and culture. Yu concludes that he presents Oscar Wilde in "a new version of Sinicism" (Yu 1986, p. 86). Obviously, the "tug-of-war" between Wilde and Yu winds up with the priority of acceptability over adequacy. Likewise, Zhang's tendency towards the norms of the target culture manifests itself in his criticism on translation. For instance, in order to achieve the humorous effect on the Chinese stage, Zhang suggests moderate addition of explanatory lines where the Chinese audience fails to grasp the meaning of the original text. In his opinion, not only addition, but also omission and other editing methods are legitimate if properly adopted to achieve the effect of the play (Zhang 2004, pp. 34–38). Guided by his principles, Zhang opts for translation strategies that to a certain degree collide with the mainstream translational behavior in his times.

The discussions above illustrate that the initial norm that regulates both Yu's and Zhang's decisions in translation is a target-oriented norm. When facing a dilemma, both Yu and Zhang opt for acceptability norms, abandoning the phonetic structure of the source text. Their translations of the title preserve the message of the original one and use an idiomatic language that is familiar to the Chinese readers. Moreover, their translation strategies also lean towards the norms of the target language and culture.

# 4. Operational Norms

Operational norms control the decisions made during the actual act of translating. They are further divided into matricial norms and textual-linguistic norms. The former determines the macro-structure of the text, while the latter concerns the micro-level of the text (Toury 2004, pp. 209–210). Compared to the initial norm, operational norms pertain to lower and more specific levels in the translation process, and are more tangible from the analysis of the translation products.

First, I will analyze the effect of matricial norms on Yu's and Zhang's translations. Matricial norms govern the omissions, additions, changes of location and textual segmentation in the translated texts. *The Importance of Being Earnest* originally consisted of four acts. However, at the request of the first director of the play, George Alexander, Wilde revised the play and finally produced this three-act version adherence to standard dramatic form of the late Victorian period. The omitted material was "the Gribsby Episode" originally appeared in Act Two (Wilde 2000, p. 40). Yu's translation is based on the three-act version. In the postscript, he argues that the revision makes the play much more concise (Yu 1986, p. 86). In contrast, Zhang regards the loss of "the Gribsby Episode" quite pitiful. As a result, in Zhang's version, there is an appending part presenting the important lines in the four-act version for the readers' reference. It may be hard to settle the dispute with respect to the appropriate structure of the play, but the more references that the translator gives, the more likely that the readers are able to make a judgment on their own. In this case, Yu and Zhang have different responses to the regulation of marticial norms, each making a decision with regard to his understanding of the expectations of the readers.

Next, I will examine to what extent Yu and Zhang are influenced by the textual-linguistic norms. Textual-linguistic norms govern the choice of certain textual and linguistic material in replacement of the source text to formulate the target one. The shifts between the foreign and translated texts during the translation process well reflect the power of the textual-linguistic norms. Here is an example of the translation of the same dialogue in the play by Yu and Zhang respectively:

> CECILY. [...] When I see a spade I call it a spade.
>
> GWENDOLEN (satirically). I am glad to say that I have never seen a spade. It is obvious that our social spheres have been widely different.
>
> (Wilde 1985, p. 165)
>
> 西 [……] 我要是见到一头鹿，就不会叫它做马。
>
> 关（嘲讽地。）我倒乐于奉告，我从来没见过一头鹿。显然我们的社交圈子大不相同。(Yu, 1986, p. 53)
>
> 赛 [……] 不过，跟你这种人顶牛儿我可没兴趣。
>
> 温 [ 挖苦地 ] 顶牛儿？我可没跟牛打过交道。看来很明显，你我的社交圈子相差很远哪！ (Zhang, 1990, pp. 58–59)

This dialogue is featured by the witty use of the pun "spade." The irony of the original pun lies in Gwendolen's intentional distortion of Celia's meaning of "spade," a term in poker games, into a farming tool with the implication of laboring. "Call a spade a spade" is an English idiom which means "to speak frankly," but Gwendolen ignores the rhetorical meaning of the idiom so as to deride Cecily's social background (Wang 2008, p. 82). In Yu's translation, he replaces the original English idiom with a Chinese idiom "指鹿为马", which means rhetorically "to call white black" and literally "to call a deer horse." Yu's choice is acceptable, since "鹿" (deer) is a kind of wild animal which may be unfamiliar to an aristocrat girl like Gwendolen, just as a "spade" (referring to a farming tool) is only used by the people of lower social status such as farmers and gardeners. Furthermore, Yu's shift from the pun "spade" used in the source text to the pun "鹿" in the target text to some extent preserves the satirical effect of the original pun. Therefore, this translation strategy Yu adopts clearly shows his concern for the cultural background of the Chinese readers and the influence of the textual-linguistic norms. In contrast, Zhang has gone further by abandoning the original meaning of the English idiom "call a spade a spade" and replacing it with a different expression "顶牛儿". "顶牛儿" means bicker and wrangle, and "牛" refers to a bull, which is also a type of farm-related animal. Zhang's shift from the original pun to his new pun is more radical than Yu's since the original meaning of the pun in the source text is sacrificed.

The shifts from the source text in both Yu's and Zhang's translations are mostly non-obligatory shifts that are governed by the textual-linguistic norms. Given that the Chinese and English linguistic systems and cultural traditions differ greatly, occurrence of deviations at linguistic and textural levels are regular in the translations. Those shifts work to generalize and clarify meaning (Levy 1965, p. 78).When the rhetoric device and the meaning of the text can hardly be transformed at the same time, Yu, more often than not, prioritizes the meaning over the structure of the puns, whereas Zhang tries to make up for the loss of the original puns by inventing new puns which are supposed to make sense in the Chinese context.

## 5. Conclusion

Yu Guangzhong's and Zhang Nanfeng's translations of *The Importance of Being Earnest* are subject to the translation norms functioning at different stages of the translation process. Under the framework of Gideon Toury's theory of translation norms, the two versions are explored from a new perspective, which goes beyond the notion of equivalence in the traditional approach.

Considering the effect of preliminary norms, Yu and Zhang differs in translation policies, though sharing the common ground in the directness of translation. Yu's choice of translation is due to personal preference, whereas Zhang's choice has moral concerns. Both Yu's and Zhang's versions are target-oriented and featured by a high degree of acceptability. It could be assumed that both translators are aware of the similar initial norm when making decisions during the translation process. Both Yu and Zhang lean towards the norms active in the target setting when balancing between the norms of the source language and culture and their counterparts of the target language and culture. They try their best to render the play into what can be easily understood and appreciated by the Chinese readers. The effect of operational norms on Yu's and Zhang's choices of specific translation strategies echoes to that of the initial norm. Yu prioritizes the meaning over the structure of the language and would not deviate too far from the textual-linguistic features of the source text, while Zhang, also target-oriented, is more experimental, employing the strategies which may alter the content of the source text but reinforce the dramatic effect of the play in the target context.

Toury's theory of translation norms is useful in the practical analysis of translation products. A further study into his theory may help the translators gain a better understanding of their translational behavior.

## Bibliography


[1] Hermans T. Translation and normativity[A] // Schaffner C. Translation and norms[C]. Clevedon: Multilingual Matters, 1999: 50–71.

[2] Levy J. Will translation theory be of use to translators?[A] // Italiaander R. Ubersetzen[C]. Frankfurt: Athenaum, 1965: 77–82.

[3] Levy J. Translation as a decision process[A] // To honor Roman Jakobson II[C]. The Hague: Mouton, 1967: 1171–1182.

[4] Toury G. The nature and role of norms in translation[A] // Venuti L. The translation studies reader[C]. New York: Routledge, 2004: 205–218.

[5] Wang Y. Reproducing language tension: a look at two Chinese versions of *The Importance of Being Earnest*[J]. Journal of PLA University of Foreign Languages, 2008, 31: 79–83.

[6] Wilde O. The importance of being earnest and other plays[M]. New York: Signet Classics, 1985.

[7] Wilde O. The complete works of Oscar Wild[M]. Zhao WP. Beijing: Chinese Literature Press, 2000.

[8] 余光中 . 不可儿戏 [M]. 北京：中国友谊出版社，1986.

[9] 张南峰 . 王尔德喜剧选 [M]. 福州：海峡文艺出版社，1990.

[10] 张南峰 . 中西译学批评 [M]. 北京：北京大学出版社，2004.

# 第五部分

# 语言、文化、文学研究与教学

# 从专业篇章的视角谈法律和语言的关系

# Relationship Between Law and Language from the Perspective of Professional Text

中国政法大学　霍颖楠

**摘　要：** 语言和法律当属人类社会两项最伟大的古老发明，两者具有密不可分的关系，对其进行深入的探讨和研究不仅为法学研究开辟了新路径，而且也丰富了语言学的研究领域。本文旨在从专业篇章的角度探究“语言和法律”的关系如何体现在“篇章—人—世界”的三元互动模型中，强调不能仅仅关注篇章内的语言与法律的关系，而应从宏观视角更多关注篇章之外的因素对二者关系的影响，以期对法律外语教学甚至法学研究提出有益建议。

**关键词：** 法律　语言　专业篇章

**Abstract:** Language and law, two of the greatest ancient inventions of human society, are inextricably linked, and their in-depth study not only opens up new paths for legal research, but also enriches the field of linguistic research. This paper aims to explore how the relationship between “language and law” is reflected in the triadic model of “text-human-world” interaction from the perspective of a specialist text, emphasizing that the relationship between language and law should not be focused only on the internal text, but also on the influence of external factors on the relationship from a macro perspective, with a view to making useful suggestions for the teaching of legal foreign languages and even legal research.

**Key words:** law　language　specialist text

## 一、引言

任何一门学科，无论是自然科学还是社会科学，在研究和教学中都离不开语言，所以语言对法律的教学和研究也会起到重要的作用。法律与语言是密不可分的，将语言学研究方法运用到法学研究中来，既是法学家们对自身研究范式的突破和创新，是法学研究的一个新路径，也是语言学为学术研究提供的重要智力资源，同时也拓宽了语言学的研究领域。本文旨在通过分析法律和语言的关系，进一步探讨法律和篇章的关系，在此基础上深入思考如何有效地完善法律外语教学改革。

## 二、语言和法律的交叉与融合

法律和语言虽具有本质的差别，但又相互依赖和影响。人类不是因为法律而创造语言，也不是因为语言而创造法律。但是，法律的产生、发展、变化，在很大程度上依赖语言。成文法的产生，从习惯法到成文法的发展，都是典型的例证。反过来，在语言发展、变化的过程中，法律也起着不可或缺的作用（宋北平，2012）。法律语言是不同于一般语言的具有权威性和约束力的法律载体。法律的约束力通过语言实现（杜金榜，2004）。

一方面，众多法学家和哲学家都探讨过法律与语言的关系问题。比如英国哲学家 Hume 曾指出，法与法律制度是一种纯粹的"语言形式"。法的世界肇始于语言（舒国滢，1995）：而且法律行为和法律决定也都涉及言辞思考和公开的表述或辩论。法律语言与概念的运用，法律文本与事实关系的描述与诠释，立法者与司法者基于法律文本的沟通，法律语境的判断等等，都离不开对语言的分析。Gibbons 认为法律构建了日常生活赖以运转的框架，并代表了一个社会的价值体系。他指出法律"绝对是一种语言机构。法律由语言来编码，而构建法律的概念也只能通过语言来理解。庭审案件、警察调查和管理囚犯等法律程序主要是通过语言来完成的。"（Gibbons，2003）美国法学教授 Tiersma 在其著作《法律语言》（*Legal Language*）中指出："我们的法律是词语的法律。……法律是通过语言形成的。无论法律形式是制定法、法规还是司法意见，法律职业的本质就是专注于研究构成法律的词语。"（Tiersma，1999）

另一方面，越来越多的语言学家将目光放在法学上，他们希望运用语言学的方法研究法学问题。事实上，语言学方法对法学问题的贡献在近些年来越来越突出。语言不仅仅是法律权力借以展开运作的工具，而且在许多至关重要的方面，语言就是法律权力。权力因此既由法律实践的语言细节所决定，也决定着法律实践的语言细节。因此，Kaufmann 认为法学家是实践着的语言学家。法典和法律条文是从事法律和语言研究的学者取之不尽的语言素材。语言的重要特点之一是它的动态性，法律语言亦如此。语言的动态性主要在于使用，在于使用者对语言施加的影响。当然，语言和使用者之间关系的形成也离不开特定的场景条件。法律语言从立法者使用立法篇章将法律规范确定下来时就已经产生意义，但这种意义的实现和完整解释则在于法律规范的适用。因此只有顾及这三者，才能对法律语言进行更为全面深入的分析。

此外，在法律活动中，语言是基本的构成成分，没有语言作为最有效的符号，法律中的抽象概念便无法表达。因此语言影响着人们的思维，影响着人们对思维的表达，影响着社会互动的效果以及活动中的各种关系（杜金榜，2004）。作为法律的载体，法律语言的实质是社会关系的体现。如果说一般语言无一例外地表现人与人的关系，那么在程度上来说，远不及法律语言。

## 三、从专业篇章视角探讨语言与法律的深层关系

虽然篇章是语言的重要表现形式，但是运用现代的篇章语言学理论和方法研究并处理法律篇章的历史并不长。实际上，法律篇章的工作必须分析篇章的基本结构和规律性，因此这项工作只能在跨学科的视角下才能完成。也就是说，从法学理论、篇章语言学以及社会学的视角进行分析。因为法律篇章属于专用语的研究范畴，所以有必要从专用语和专业篇章的角度对其进行定位和理解。在下文中笔者首先介绍与本文研究对象相关的专用语研

究的理论和成果，然后着重论述专业篇章的一种特殊类型——法律专业篇章，以此视角进一步探讨语言与法律的深层关系。

**3.1 专业篇章的特点**

20 世纪 80 年代至今的专用语研究已经发展成为一种非常复杂的专业交际研究，其研究要素主要包含文化背景和认知等。将认知科学和功能理论引入到专用语的研究有助于提高专业理解的效率，加速信息处理的过程，这对某一领域的外行和专家来说非常有利。因为这样可以消除人们对于某些专业领域知识的恐惧，从而推动相关专业领域的科学和研究工作。Roelcke 认为专用语的交际模式要考虑到以下的基本要素及其相互关系：专业篇章的生产者、专业篇章及其接受者（Roelcke：2005）。他指出，篇章生产的过程伴随着所谓的“反馈过程”，也就是说，在这个过程中生产者负责监督其篇章的生产和接受的情况，而篇章的接受同样也是一个积极主动的过程，在这一过程中接受者独立领会篇章的内容。生产者和接受者各自拥有自己的专业语言符号系统、篇章知识及百科知识，而专业交际就是以此为前提的。

早在 20 世纪 80 年代末，Hoffmann 就提议用“专业篇章”的概念取代“专业语言”的概念。专业篇章是指在专业化的社会生产行为中进行的语言交际活动的工具和结果；专业篇章是由许多逻辑、语义以及句法上连贯的句子或者相当于句子的单位组成，这些篇章单位作为复杂的语言符号可以表达复杂的人类意识中的复杂主题和客观现实中的复杂事实（Hoffmann，1985）。通过这个定义可以看出专用语的研究已经由以语言交际为基础的语言系统研究转到将专用语看作语言表达及专业交际的结果来研究。这一变化与普通语言学总的发展趋势是一致的，但又符合专用语研究本身的需要，因为仅从词汇和部分语法现象的角度已无法解决有关专用语研究的交际功能、界线划分等一系列理论和实践问题。从语言学角度对专业篇章进行定义时，已经日益重视其交际以及认知的功能，而结构主义语言学的理念在该定义的表述中已经逐渐被削弱或淡化。

此外，专业篇章还具备一些其他的特征：目的性、可接受性、信息性、情状性和互文性（Heinemann，1991）。专业篇章的目的性是指在某个领域的交际中设定某个目标，该目的性至少包含三个方面：篇章中特殊的信息和指令、其特殊的接受者群体以及其特殊的表达方式；专业篇章的互文性主要是指，专业篇章不仅和其使用的场景融合在一起，而且也和许多其他的篇章建立了各种联系。从一方面来看，这种互文性会涉及其他专业篇章：包括逐字复述，有些也会按意义进行复述，或者至少在某个篇章中提及另一个专业篇章；另一方面，每个专业篇章都和其他的专业篇章拥有相同的传统，这也成为其特殊的专业表达形成的背景，比如一篇文章所描述的专业内容基本都会和本专业的历史有关，而且该篇章的形式结构也一定符合其专业篇章类型的传统。虽然互文性并不是专业篇章所特有的，但是由于专业篇章追求解释的明晰性这个目标，其互文程度往往比其他类型的篇章高出许多。

总而言之，专业篇章在语言表述方式上的规律性和量化特征可以保证其传递的信息更加密集而客观，而这本质上是由其所承担的篇章功能决定的，也就是尽可能准确而且经济有效地表述专业内容。反之，精确性和经济性是专业内容对专业篇章提出的首要要求，而该要求也决定了专业篇章的语言表达形式在各个层面上的特征。

**3.2 篇章语用学视域下的法律专业篇章**

在语言学研究和人们的日常理解中，法律语言经常被看作是专用语的原型（Busse，1999）。与其他类型专用语相同，法律专用语也需要将法律专业内容准确无误又经济有效地表达出来。因此，法律专用语应具备精确性和经济性的特征。司法篇章和立法篇章同为法律篇章，它们的共同点是确立在真实的客观世界中人与人之间相互必须承担的社会责任和义务，以及在出现纷争和犯法时代表国家权力和公众利益提供协调和惩罚的标准或做出裁决（钱敏汝，2001）。Sandrini 曾指出，法律专业篇章研究最重要的方面是将全面的交际过程考虑在内，也就是说，考虑法律体制的框架，尤其是国家法律体制的界定和局限。实际上，国家法律体制必须被看作所有法律交际的框架，它不仅影响所涉及的语言，而且明显地影响法律篇章的术语、内容和结构。

立法篇章和判决书是法律专业篇章中最重要的体现形式，它们在整个法律体系中处于核心的地位，影响和决定了其他类型的法律专业篇章。法律所设定的权利与义务涉及全社会所有成员，因此法律专业篇章与很多其他类型的专业篇章相比具有更加广泛的社会影响性（Neumann，1992）。然而，法律专业篇章作为一种特殊的机构语言形式，在许多方面都有别于日常语言。对其进行研究的目的就是通过使用结构的、语义的、功能的、统计的以及比较的方法，准确描述法律专业篇章及其在各个层面的构成成分。篇章分析的相关研究为法律专业篇章的研究提供了坚实的理论基础和丰富的研究方法，有助于对法律篇章的结构进行系统描写，深入揭示影响法律篇章生成和理解的各种因素。杜金榜认为在研究法律语言时，“语言应看作语篇，语言的研究应重在研究行为，语言的研究目的是揭示法律活动中人们的社会关系，语言的研究以人们在法律活动中的关系为出发点……”（杜金榜，2001）。因此，法律语言各部分，可以作为言语行为进行分析和解释。言语行为从法律语言使用者与立法篇章的相互作用过程中表现出来，这种相互作用表现为两个方面：一是解读法律规范，二是使用法律规范。解读法律规范时，根据文本所传达的信息，解读者在理解法律规范所传达的法律指令、倾向、观念时，感受到立法者的言语行为。从言语行为角度进行的思考能清晰地反映法律篇章、篇章使用者以及篇章接受者之间的相互关系，能为其他角度的法律语言语用分析提供一条主线。法律规范表达定义的行为依赖读者的意识和理解。法律使用者与立法篇章的相互作用的第二个方面是使用法律规范，主要体现在司法者运用法律篇章（法律条文）使其对规范对象产生实质性的作用。这时立法者的言语行为通过司法者的具体言语行为化为实际得以实施，对规范对象及其他相关人员产生效果。

**3.3 法律专业篇章视域下语言与法律的关系**

在本节中笔者希望根据钱敏汝的动态篇章观的理念并结合对法律和语言的关系问题的思考探讨法律专业篇章（以立法篇章为例）的理解问题。为了研究的需要，笔者绘制了如下模型图：

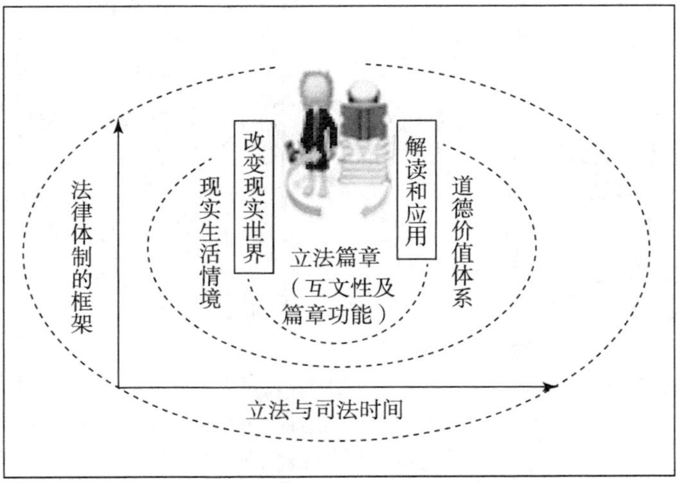


**图 1　基于“篇章—人—世界”三元关系的立法篇章理解模型图**

图 1 所展示的模型图的理论依据是钱敏汝的动态篇章观、以 Müller 为代表的德国法律语言学界提出的法律工作者的篇章工作方式（[ 德 ] Juristische Textarbeit）以及语境理论。法律为了完成其在社会团体生活中的规范功能就需要将语言作为媒介。为了使法律能够得到应用，法律使用者就必须提前对用语言形式表述的法律规范进行解释。因此，法律也可以看成是对语言的阐释，也就是理解语言所表述的内容。正如 Busse 所说，对法律阐释学来说重要的是，法律思考的对象从来不是事实情况，而是通过语言所描述的事实（Busse，1992）。

下面笔者将详细论述图 1 中所体现的如何基于篇章与人和世界的三元互动关系模型改善立法篇章的理解效果。笔者首先用“篇章与人和世界的三元互动关系”中的三大要素对应图 1 所示的研究对象。

● 世界

理解立法篇章就必须结合其所处的“世界”。也就是说，要考虑到其法律体制的框架，此处着重以德国联邦层面的国家法律体制、立法和司法的时间与空间背景以及当时所发生的事件和出现的现象等为例。国家法律体制的框架主要体现为，由德国《基本法》、《民法典》《刑法典》以及《行政法》等其他部门法所共同组成的德国环境法的“外部系统”，同时还必须考虑到理解某个立法篇章时所处的时间和空间等情景因素。另一方面，如前文所述，法律概念是由大量实例的普遍特征抽象而形成，它是植根于国家的法律体制，受制于该社会特定时间起主导作用的道德价值，并和特定社会中“现实生活情境”（包括处理这些情境所涉及的法律条文）密切相关的。这些“现实生活情境”成为立法者立法意图形成的渊源，因此也会体现在其所生产的立法篇章之中。

● 篇章

本文在探讨了法律和语言的关系之后，进一步分析法律和篇章的关系，笔者认为可以从篇章语用学的角度进行立法篇章理解研究，主要着眼点在于篇章的功能特征。De Beaugrande 和 Dressler 认为专业篇章的特征包括：衔接、连贯、意图性、可接受性、信息性、情状性以及互文性（Heinemann，1991）。其中互文性是立法篇章，当然也包括环境领域立法篇章的主要特点。笔者认为需要研究的立法篇章并不是孤立的，而是由许多篇章通过主题上的关联而结合成一个立法篇章网络。基于以上原因，对每一个立法篇章的理解和分析都是跨篇章的，是在由多个篇章组成的篇章网络中进行的。而且立法篇章接受者实际上在很大程度上依赖一种围绕法律规范而存在的、具有互文关联的知识网络。法律体系和某个部门法的特殊属性决定了法律条文间语言层面上以及概念层面的互文，同时也都为进一步以法律适用为目的的知识输出做好准备。

● 人

立法篇章实现其功能的重要前提就是要为相关的法律使用者所理解并使用。法律使用者通过处理篇章开展工作的情况非常符合篇章与人和世界的三元互动关系模型。因为立法篇章创建了一个法律的世界，它存在的理据是要作用于现实的世界，而人使用立法篇章的活动是架构这两个世界的桥梁。这里的“人”主要指立法者和法律使用者，他们通过将现实世界与立法篇章建立起关联，使立法篇章规定的法律效果作用于现实世界，从而改变了现实世界的某些状态。可以说，法律人既是社会进入法律的媒介，又是法律进入社会的途径。因此，在研究德国立法篇章的理解问题时，“人”这个因素不容忽视，既要考虑到立法者作为篇章生产者的意图，又不能忽视法律使用者在接受篇章时是否正确再构建了篇章生产者的意图。另外，通过接受和使用立法篇章，“人”对世界的认知也会发生改变。这也印证了篇章的接受过程是动态的交际过程。

## 四、结语

综上所述，从法律语言的特点看，它既具有普通语的基本成分，同时又属于专用语的范畴，再加上与法律科学知识体系的融合，因此对法律和语言关系的研究实际上涉及多个领域，必须以多个领域的理论、方法和原则为依据。运用篇章语用学的篇章与人和世界的三元关系可以指导法律篇章理解研究的有效开展，从专业篇章视角去探讨法律和语言的关系问题就需要结合篇章内和篇章外的因素，尤其要考虑到不同的文化和专用场景因素对篇章理解的影响，从而建立一种全方位、立体化的法律篇章理解的分析模型。

## 参考文献

[1] Busse D. Recht als Text. Linguistische Untersuchungen zur Arbeit mit Sprache in einer gesellschaftlichen Institution[M]. Tübingen, 1992: 6.

[2] Busse D. Die juristische Fachsprache als Institutionensprache am Beispiel von Gesetzen und ihrer Auslegung [J]. Hoffmann L, Kalverkämper H, Wiegand H E. Fachsprachen: ein internationales Handbuch zur Fachsprachenforschung und Terminologiewissenschaft, Berlin, 1999: 1382.

[3] Gibbons J. Forensic linguistics: an introduction to language in the justice system[M].Oxford, 2003: 1.

[4] Heinemann. Wolfgang/Viehweger D. Textlinguistik[M]. Tübingen, 1991: 76.

[5] Hoffmann. L. *Kommunikationsmittel Fachsprache. Eine Einführung*[M]. Berlin, 1985: 233.

[6] Neumann. U. Juristische Fachsprache und Umgangssprache[J]. Grewendorf, G. Rechtskultur als Sprachkultur, Frankfurt am Main. Neumann, 1992: 113.

[7] Roelcke T. Fachsprachen[M]. Berlin, 2005: 15.

[8] Tiersma P M. Legal language[M]. Chicago, 1999: 1.

[9] 杜金榜 . 立法语言的限定语与言语行为 [A]. 中国的语言学研究与应用（2001）. 上海：上海外语教育出版社，2001：413–424.

[10] 杜金榜 . 法律语言学 [M]. 上海：上海外语教育出版社，2004：1.

[11] 钱敏汝 . 篇章语用学概论 [M]. 北京：外语教学与研究出版社，2001：116.

[12] 宋北平 . 法律语言 [M]. 北京：中国政法大学出版社，2012：34.

[13] 舒国滢 . 战后德国法哲学的发展路向 [J]. 比较法研究，1995（4）：337–355.

# On Conversion from Instrumental Nouns to Verbs: A Perspective of Conceptual Metonymy

北京林业大学 周文慧

**Abstract:** Noun-to-verb conversion is an important research topic. Previous studies mainly focus on the analyses of the noun-to-verb conversion at the macro-level rather than that at the micro-level. From the perspective of conceptual metonymy, this paper examines the reason and the realizing way of the conversion of instrumental nouns. The result shows that the conversion of the basic-level instrumental noun is more accessible than other noun types in that the instrumental noun is a preferred metonymic reference point based on the cognitive principles. The realization of instrumental noun-to-verb conversion is the consequence of double metonymy.

**Key words:** noun-to-verb conversion conceptual metonymy reference point instrumental noun

## 1. Introduction

As part of people's daily communication, interests has been steadily growing in the noun-to-verb conversion. Many studies have tried to investigate the conversion from the perspective of semantics and pragmatics. Clark and Clark (1979) argues that instrumental nouns are most productive in converting into denominal verbs. As instruments are used in people's daily lives with a high frequency, they are closely related to people's actions in most conditions, and thus they can become metonymic focuses according to cognitive principles. Without instruments, most action cannot be conducted fluently. Therefore, it is reasonable that instrumental nouns have their value in the noun-to-verb conversion, but they do not draw much attention from scholars.

With the development of cognitive linguistics, attention has gradually turned to the cognitive process of the noun-to-verb conversion. Many cognitive linguists study the conversion from the perspective of conceptual metonymy which is fundamental in people's cognitive ability, arguing that conceptual metonymy is the fundamental motivation of the noun-to-verb conversion. Conceptual metonymy becomes pervasive in the research of the noun-to-verb conversion. However, the important role of instrumental nouns in noun-to-verb conversion still needs a more in-depth exploration because it is often neglected despite the frequent occurrence of instruments in people's lives.

Exploring the instrumental noun-to-verb conversion from the perspective of conceptual metonymy helps identify the mental process of people's interaction with the instrument. It gives a more in-depth exploration of the noun-to-verb conversion and conceptual metonymy, contributing to people's understanding of instrumental noun-to-verb conversion. In addition, this paper also seeks to provide some references for later studies and contribute to a further application of conceptual metonymy which is of significant theoretical and applied value.This paper argues that the conversion of instrumental nouns is more accessible than other types of nouns, so it aims to figure out the realization of the conversion of instrumental nouns.

## 2. Previous Studies on Noun-to-Verb Conversion

As a major type of conversion in English, many studies of the noun-to-verb conversion were conducted mainly from three aspects, including semantic studies, pragmatic studies, and cognitive studies. In semantic studies, many scholars paid their attention to the semantic relationship between nouns and denominal verbs. Quirk et al analyzed the semantic relationship between nouns and denominal verbs (Xu, 2001). Xu (2001) put forward the Hypothesis of Mutual Inclusion of Semantic Contents of Noun and Verb, arguing the reason of noun-to-verb conversion was that the semantic content of a noun included some semantic meanings referring to action and that of a verb included some semantic meaning referring to things as well. Song (2018) conducted her study from the perspective of nouns rather than verbs. She examined the qualia structure of parent nouns at the semantic level and pointed out that the noun-perspective study helped to figure out what kinds of nouns that tended to conduct the conversion.

In terms of the pragmatic studies, Clark and Clark (1979) collected more than 1,300 denominal verbs and gave specific classifications to those verbs. They called those converted from parent nouns as innovative denominal verbs and asserted that the mutual knowledge held by speakers and listeners was one of the motivations of the noun-to-verb conversion. Gao and Xu (2000) proposed that the process of pragmatic inference could interpret the meaning of a noun-to-verb sentence.

With the development of cognitive linguistics, more research was conducted from the cognitive perspective. Instead of focusing on word formation, many studies began to discuss the cognitive process of the conversion. At the early stage, some studies insisted that metaphor was the primary motivation of the noun-to-verb conversion (Goatly, 1997: 93; Liu, 2000). With further studies of cognitive linguistics, metonymy was considered more fundamental than metaphor (Lakoff & Johnson, 1980: 40; Panther, Thornburg & Barcelona, 2009: 24), and it was employed to analyze the noun-to-verb conversion by many scholars (Peng & Liu, 2007; He, 2010; Zhang, 2010). According to Gao (2009: 164), Dirven was the first one who studied the conversion from the perspective of cognitive linguistics. By using the Idealized Cognitive Model (ICM), Radden and Kovecses (1999) argued that the noun-verb conversion was a kind of metonymy. Both Gao (2009) and Wang (2010) studied the conversion of Chinese nouns. They agreed that the noun-to-verb conversion was related to conceptual metonymy. More detailed research was conducted from the perspective of metonymy. As Wei (2015) pointed out, Panther was the first one who viewed the noun-to-verb conversion as predicational metonymy. Moreover, Wei held that the primary motivation of noun-to-verb conversion was grammatical metonymy and he gave his analysis from four specific aspects.

Significant progress has been made in this field. However, studies in both English and Chinese mainly focus on analyzing the noun-to-verb conversion based on the general classifications of semantic roles of the nouns, without further studying them at a more specific level. Therefore, it is necessary to carry out more studies of some specific categories of the noun such as the instrumental noun. This paper is to analyze the conversion from instrumental nouns to verbs from the perspective of conceptual metonymy.

## 3. Brief Introduction of Conceptual Metonymy

Traditionally, metonymy is viewed as a rhetorical device, and scholars do not attach much attention to it. Even in the 1980s when cognitive linguists started to regard metaphor and metonymy as conceptual systems of humans, metonymy was discussed in the shadow of metaphor (Lakoff & Johnson, 1980; Lakoff, 1987), but in that period, metonymy was emphasized as a cognitive ability of people which was as systematic as metaphor. Lakoff and Johnson (1980: 40) claim that metonymic concepts help people not only in structuring their language, but also in their thoughts, attitudes, and actions. With the development of cognitive linguistics, metonymy is considered more fundamental than metaphor, and many scholars begin to focus on the study of metonymy by discussing the interaction or differences between metaphor and metonymy (Goossen,1990; Croft, 1993; Dirven, 2003). Moreover, more and more scholars have given deeper explorations to metonymy, publishing their papers or monographs (Panther & Radden, 1999; Dirven & Poring, 2003; Panther, Thornburg & Barcelona, 2009; Denroche, 2015).

Cognitive linguistics considers that conceptual metonymy operates within the Idealized Cognitive Model (ICM), which was proposed by Lakoff (1987). ICM represents the sum of the experience and stored knowledge for a specific field of an individual. Similarly, other scholars also proposed their terms of cognitive models. According to Langacker (1987: 150), the abstract domain is essentially equivalent to the ICM and other terms that are given by different scholars such as frame, scene, or schema. Langacker (1999: 199) regarded metonymy as a reference point phenomenon, which means an entity that is represented by a metonymic expression acts as a reference point referring to the desired target through a mental process. Besides, some scholars like Ruiz de Mendoza viewed metonymy as a process of meaning elaboration, and the occurrence of metonymy is based on the relationship between domain and subdomain (Zhang & Lu, 2010: 11).

### 3.1 Classifications of Conceptual Metonymy

Ruiz de Mendoza and Campo (2002: 58–59) classify metonymy into two types and believe that all the metonymic types can be reduced into these two types: target-in-source metonymy and source-in-target metonymy. The main domain of these two metonymies is called the matrix domain. Domain reduction is involved in the target-in-source metonymy in which the target domain is a subdomain of the source. On the contrary, Domain expansion is involved in the source-in-target metonymy in which the source domain is a subdomain of the target domain. Based on the classification, Ruiz de Mendoza and Campo (2002: 70–74) offer an analysis of the interaction between two metonymies which they call "double metonymy." There are three basic patterns of double metonymy: (1) the interaction of two source-in-target metonymies, (2) the interaction of two target-in-source metonymies, and (3) the interaction of a target-in-source metonymy and a source-in-target metonymy.

From the perspective of semantics, Panther and Thornburg (1998) classify metonymy into three types, including referential metonymy, predicational metonymy, and illocutionary metonymy. Based on this classification, Kovecses and Radden classify metonymy into low-level metonymy and high-level metonymy (qtd. in Zhang & Lu, 2010: 20). Both low-level metonymy and high-level metonymy can be further divided into propositional metonymy and situational metonymy. Propositional metonymy is the referential metonymy termed by Panther and Thornburg. High-level metonymy later is used by some scholars to refer to the metonymic mapping which is based on a generic ICM, such as action, process, and result (Ruiz de Mendoza & Velasco, 2003).

### 3.2 Conceptual Metonymy as a Reference Point Phenomenon

As is mentioned in 3.1, Langacker argues that metonymy is a reference point phenomenon. To human beings, the reference point ability is fundamental, which makes the metonymy prevalent. Moreover, people have a natural inclination to think and talk clearly and precisely about those entities that are of the highest cognitive salience in their eyes (Langacker 1999: 199). Therefore, in the metonymic process, people tend to choose a prominent entity that serves as a reference point to represent the thing as a whole. The choice of the metonymic reference point is restrained by cognitive principles (Langacker,1999: 200) and it was further discussed by Radden and Kovecses (1999). Some of the principles are listed as follows: *interactional over non-interactional, functional over non-functional, visible over non-visible*, *concrete over abstract,* and *human over non-human.*

### 3.3 Connection Between Conceptual Metonymy and Conversion

Cognitive grammar regards noun-to-verb conversion as an operation of conceptual metonymy (Wang, 2010: 28). According to Langacker (1999: 9–10), a noun is symbolic which represents a physical object, and a verb shows the interaction between an agent and a patient in the same event. Therefore, the action and the physical object interrelate with each other. Shen (2010) argues in his paper that the object is conceptually independent, but the concept of action is dependent and always relates to specific objects. Therefore, it is impossible to ignore the object, especially the instrument, when people's action is mentioned. The conversion from nouns to verbs operates in a metonymic way in which a symbolic noun is taken to represent an abstract concept of action. The instrumental noun is a typical example. When people carry out their actions with tools, people focus their attention on the tools they use.

Langacker argues that the noun-to-verb conversion expands the meaning of a concept (qtd. in Wei, 2015), so according to the definition of source-in-target metonymy, the noun-to-verb conversion belongs to source-in-target metonymy for it involves domain expansion. On the other hand, the noun-to-verb conversion is regarded as predicational metonymy by Panther (qtd. in Wei, 2015), and it can be further defined as high-level metonymy. Dirven is the first one who studies the noun-to-verb conversion from the perspective of cognitive linguistics, and he claims that the conversion shares some similarities with the referential metonymy in nature, and both of them can be attributed to conceptual metonymic ability (Gao, 2009: 164). Dirven (1999) purposes five classes of denominal verbs which are converted from nouns based on their semantic roles that include instrument verbs. He also summarizes three types of event schemata, one of which is the action schema in which an agent acts upon a patient via an instrument and involves specific actions. The instrumental noun-to-verb conversion occurs in the action schema. Besides, Panther and Thornburg claim that most metonymies in the conversion are operated based on the speech act scenario (qtd. in Zhang & Lu, 2010: 94 ). The speech act scenario, or action scenario, consists of three components, including BEFORE, CORE, and AFTER (Panther & Thornburg, 1998).

# 4. Analysis of Conversion from Instrumental Nouns to Verbs

In this paper, the discussion of instrumental nouns is based on the classification by Clark and Clark (1979). The purpose of this paper is to analyze the realization of the conversion from instrumental nouns to verbs by using clear and common examples rather than studying the usage and conversion of each instrumental noun. Based on the classification of Clark and Clark (1979) and the general knowledge of people, most instruments are the tools that are made and used by people. Therefore, this paper focuses on human-made instruments in accord with people's general knowledge of the instrument.

Colman and Anderson define the noun-to-verb conversion as the "label for an entity is used for an event in which the entity plays one of a set of semantic roles (2004: 555). The label can be understood as the noun which is used by people to represent a person or a thing in reality. Therefore, instrumental nouns are the labels for instruments.

Song (2013) points out that the conversion of instrumental nouns is more accessible than other types of nouns. However, this paper considers that Song's argument can be more detailed. Lakoff (1987: 297–299) argues that people always feel they know things best on the condition that those things are related to their basic-level experience which includes basic objects, actions, and relations in the physical domain. As nouns are labels of entities in the conversion, it is considered that the basic-level nouns are in accord with the condition of basic entities that Lakoff mentions above. Therefore, this paper assumes that the conversion of the basic-level instrumental nouns is more accessible than other nouns.

## 4.1 Instrumental Noun as a Preferred Metonymic Reference Point

People tend to focus their attention on prominent things. "As Gibbs states, 'Metonymy is a fundamental part of our conceptual system: People take one well-understood or easily perceived aspect of something to represent or stand for the thing as a whole' " (qtd. in Denroche, 2015: 84). Moreover, Denroche (2015: 84) argues that the power of metonymy comes from its use in picking out particular characteristics, so the prominent feature of an object contributes to the noun-to-verb conversion which is a metonymic process. In this paper, the instrumental noun is considered as a preferred metonymic reference point which is more accessible than other nouns in conducting the conversion. The explanation in the following passage concerns why the basic-level instrument is the preferred entity and concludes the conditions of basic-level instrumental nouns that represent the basic-level instruments.

4.1.1 Interactional over non-interactional

Cognitive linguistics insists on the embodied philosophy and argues that the understanding of language phenomena should be based on people's perceptual experience and cognitive process (Wang, 2011: 13). People's knowledge of the world mainly acquires from their interactions with the world. Therefore, people prefer the entities they interact with rather than those they do not interact with. Besides, basic-level instruments are used by people with a high frequency because they are closely related to people's lives and help people carry out different tasks. Hence, basic-level instruments have more opportunities to interact with people and become the preferred entities.

4.1.2 Functional over non-functional

It is obvious that the utilization of a specific instrument is due to its function which helps people accomplish some tasks in an event. When people use the instrument, their first consideration is the function of the instrument rather than the appearance of it. For example, mobile phones are used by people to call someone and exchange instant messages. There are different types and shapes of phones, and one of the famous brands is the iPhone. Various versions of the iPhone have diverse appearances. Generally speaking, they are all colorful flat cuboids and being upgraded every year. However, people will not say calling someone as they are going to cuboid someone or iPhone someone or iPhone 8 someone. Instead, they will say they are going to phone someone. It is the designed function of the phone that is stressed in people's actions rather than the phone's brand or appearance.

Besides, people's interaction with the instruments is closely related to their function. Hence, the principles of *interactional over non-interactional* and *functional overnon-functional* are complementary to each other (Zhang, 2010). When people have frequent interactions with a specific instrument, the function of the instrument is fully utilized because people attach more attention to the instrument that is more interactional in people's lives. Based on the connection between the two principles above, basic-level instruments have frequent interactions with people, and their functions are fully utilized in the interaction, making the role of instruments prominent in action and contributing to the prominence of instrumental nouns.

4.1.3 Other cognitive principles

Another cognitive principle can also be applied to explain why instruments are more prominent than other objects, and similarly, the former is more prominent than the latter: *visible over non-visible, concrete over abstract,* and *human over non-human*. As concrete objects are visible and abstract things are non-visible, the principle *concrete over abstract* entails *visible over invisible* (Radden & Kovecses, 1999). Most people's experience is related to concrete objects. Therefore, instruments which are included in physical objects, are more salient to human beings than abstract objects.

As to *human over non-human*, Radden and Kovecses (1999) claim that people gain experiences from their anthropocentric view of the world and the ways they interact with the world. Langacker (1999: 199) shares a similar opinion with Radden and Kovecses. However, Dirven (1999) mentions that the noun-to-verb conversion process is mainly applied to non-human participants in which instruments are included. He argues that "since human beings are already the focus of attention in most linguistic structures, they cannot be focused upon again in the conversion process (Driven, 1999: 285). The other reason is related to the conflicts between the cognitive principle of anthropocentrism and the principle of metonymic focusing. As a result, human roles, such as agents, do not easily enter into conversion processes. Therefore, the instrument is more preferred than the human role.

To sum up, these cognitive principles explain the high salience of the instrument, proving the high possibility for the instrument to be a preferred entity and thus contributing to the instrumental noun to be a preferred metonymic reference point in the noun-to-verb conversion. Based on the discussion above, the conditions of the basic-level instrument should be as follows: (1) it is included in people's daily lives and has frequent interactions with people; (2) it should achieve its normal function in the action; and (3) its name, which is represented by the instrumental noun, is general rather than specific. Based on the conditions, this paper has examined the instrumental nouns in Clark and Clark's article (1979) by the Oxford Dictionary and iWeb corpus. It shows that most basic-level instruments are in accord with the conditions. For example, in the GO instruments, which include tools for transportation and transmission, most of the basic-level instrumental nouns can be verbalized, such as *bicycle*, *sail*, *truck*, *bus*, *motor*, and so on. However, those instruments which are too specific or not commonly used are not easy to conduct the conversion from nouns to verbs. For instance, in the denominal verbs given by Clark and Clark (1979), the words "Queen Mary," "Buick," "747," "sports-car," and "yacht" seldom conduct conversion. "Queen Mary," "Buick," and "747" are the specific names or brands of a ship, a car, and a plane, while the "sports-car" and the "yacht" are usually owned by the rich rather than ordinary people. These names are uncommon in people's daily lives and thus cannot conduct frequent interactions with people, and although they are all defined as denominal verbs by Clark and Clark, they do not have fixed meanings in the dictionary.

### 4.2 Realization of Instrumental Noun-to-Verb Conversion in Double Metonymy

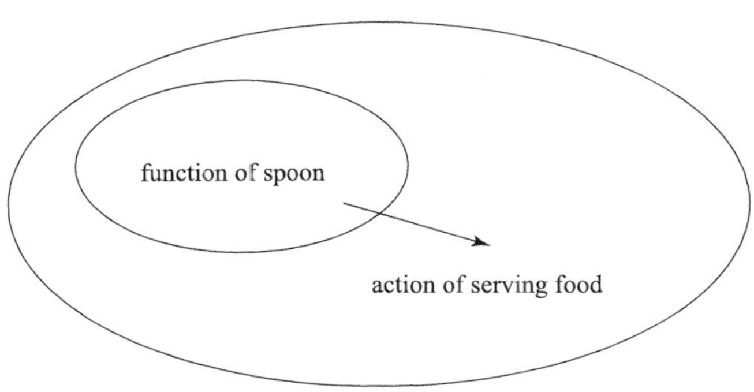


**Figure 1**

The importance of the function of the instrument has been emphasized in 4.1.2. As to instruments, people stress the importance of their function and interact with instruments because their functions can help people to accomplish some tasks. Therefore, this paper argues that the conversion of instrumental nouns is realized through double metonymy which contains the interaction between two metonymic models.

The first metonymic model is created in the relationship between *the entity of the instrument* and *the function of the instrument*. Take the instrumental noun *spoon* as an example.

*(1) Mary eats her soup with a spoon.*

In the Oxford Dictionary, the noun *spoon* is defined as an instrument that is used for stirring, serving and eating food (Hornby, 2014: 2011). It is obvious that the function of the spoon is to help people to stir, serve, and eat food. In (1), *spoon* refers to *the function of the spoon,* which helps Mary to eat her soup and thus gives rise to a target-in-source metonymy as illustrated in figure 1.

In 3.3, this paper mentions the speech act scenario which plays an important role in the metonymies included in the conversion. Similarly, Seto (1999) mentions that there is a basic structure of an event, including PRECEDING SITUATION, PROCESS, and ENSUING SITUATION. PRECEDING SITUATION consists of four major factors in which instrument is included. In the classification of Seto (1999), he defines the noun-to-verb conversion as PRECEDING SITUATION TO PROCESS metonymy, in which the instrument is used to refer to the action. He argues that the instrumental noun is the most frequent and productive type in converting to the denominal verb. This paper agrees to Seto's idea and considers that the conversion of instrumental nouns is based on its function. The second metonymic model is conducted in the relationship between *the function of the spoon* (the source) and *the action of serving food* (the target). In this model, the target domain (*the function of the spoon*) of the first metonymic model becomes the source domain. The instrument *spoon* continues to be an example.

*(2) Mary spoons the sauce into the bowl.*

Oxford Dictionary defines the verb *spoon* as an action to lift and move food with a spoon (Hornby, 2014: 2011). In (2), the *function of the spoon* is being used by Mary to carry out the action of serving food, making the sauce move from one place to the bowl. The second metonymic model is illustrated in figure 2.

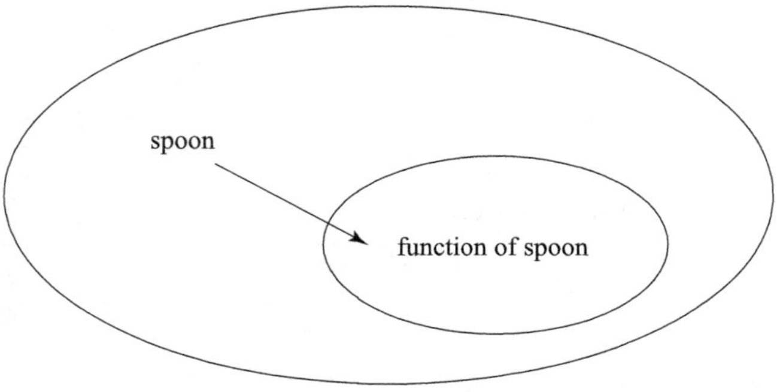


**Figure 2**

From the discussion above, the pattern of the instrumental noun-to-verb conversion combines a target-in-source metonymy and a source-in-target metonymy. The model of this double metonymy is presented in figure 3:

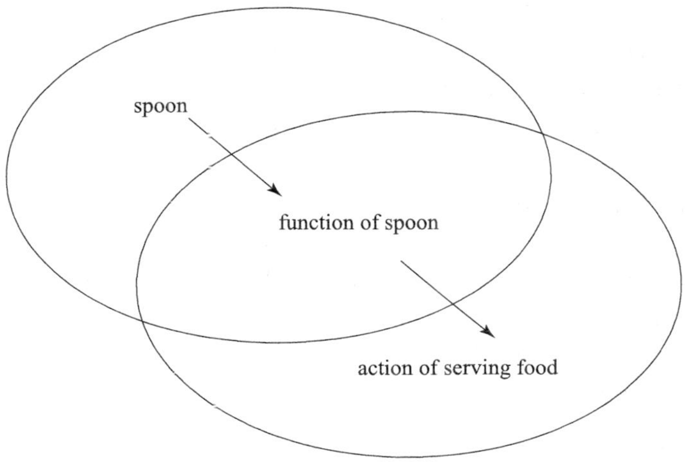


**Figure 3**

The first metonymic mapping, which is of the target-in-source type, has *spoon* as its source domain and *the function of the spoon* as its target domain. From *spoon* to *the function of the spoon,* the mapping involves domain reduction as a consequence. The second metonymic mapping is of the source-in-target metonymy type, with *the function of the spoon* as its source domain and *the action of serving food* as its target domain. Like all source-in-target metonymies, it involves domain expansion. As is mentioned before, Langacker argues that the noun-to-verb conversion expands the meaning of a concept (qtd. in Wei, 2015), which is similar to the domain expansion. Therefore, the instrumental noun-to-verb conversion is realized in double metonymy, with domain expansion as its consequence.

The analysis above presents that the conversion of instrumental nouns is conducted in the interaction between two metonymic models. The process of the conversion is as follows: the entity of the instrument → the function of the instrument → the action. The process best illustrates that the conversion from instrumental nouns (labels of the instrument entities) to verbs (representations of the action) is not directly conducted, but with the function of the instrument as their mediator.

## 5. Conclusion

This paper focuses on the discussion of the conversion from instrumental nouns to verbs. It attempts to figure out which kind of instrument is more accessible to conduct the noun-to-verb conversion. The result shows that the conversion of the basic-level instrumental nouns is more accessible than other types of nouns. By analyzing the instrumental noun as a preferred metonymic reference point, this paper proposes the conditions of the basic-level instrument: (1) it is included in people's daily lives and has frequent interactions with people, (2) it should achieve its normal function in the action, and (3) its name which is represented by the instrumental noun is general rather than specific. The conversion of the basic-level instrumental noun is more accessible than other types of the noun in that the instrumental noun is a preferred metonymic reference point. Based on the cognitive principles, the instruments have frequent interactions with people, and their functions are fully utilized in the interaction, making the role of instruments prominent in the action and contributing to the prominence of the instrumental nouns. The realization of instrumental noun-to-verb conversion is the consequence of double metonymy, and the process of the conversion is from the entity of the instrument to the function of the instrument, and finally to the action. This paper has shed light on the conversion of instrumental nouns, but the examples cited from Clark and Clark's paper may have their limitations. Therefore, it would be better to add some new examples into the analysis of instrumental noun-to-verb conversion. We believe that future studies would have deeper explorations of the instrumental nouns and other types of nouns can also be studied.

## References

[1] Clark E V, Clark H H. When nouns surface as verbs[J]. Language, 1979(4): 767–811.

[2] Colman F, Anderson J. On metonymy as word-formation: with special reference to old English[J]. English studies, 2004, 85(6): 547–565.

[3] Croft W. The role of domains in the interpretation of metaphors and metonymies[J]. Cognitive linguistics, 1993, 4(4): 335–370.

[4] Denroche C. Metonymy and language: a new theory of linguistic processing[M]. New York: Routledge, 2015.

[5] Dirven R. Conversion as a conceptual metonymy of event schemata[A] // Panther K-U, Radden G. Metonymy in language and thought[C]. Amsterdam: John Benjamins, 1999: 274–287.

[6] Dirven R, Porings R. Metaphor and metonymy in comparison and contrast[C]. Berlin: Mouton de Gruyter, 2003.

[7] Dirven R. Metonymy and metaphor: different mental strategies of conceptualization[A] // Dirven R, Porings R. Metaphor and metonymy in comparison and contrast[C]. Berlin: Mouton de Gruyter, 2003: 73–111.

[8] Goatly A. The language of metaphors[M]. New York: Routledge, 1997.

[9] Goossens L. Metaphtonymy: the interaction of metaphor and metonymy in expressions for linguistic action[J]. Cognitive linguistics, 1990, 1(3): 323–340.

[10] Lakoff G, Johnson M. Metaphors we lived by[M]. Chicago: University of Chicago Press, 1980.

[11] Lakoff G. Women, fire, and dangerous things: what categories reveal about the mind[M]. Chicago: University of Chicago Press, 1987.

[12] Langacker R W. Foundations of cognitive grammar. Vol. Ⅰ: Theoretical prerequisites[M]. Stanford: Stanford University Press, 1987.

[13] Langacker R W. Grammar and conceptualization[M]. Berlin: Mouton de Gruyter, 1999.

[14] Panther K-U, Thornburg L L, Barcelona A. Metonymy and metaphor in grammar[C]. Amsterdam: John Benjamins, 2009.

[15] Panther K-U, Radden G. Metonymy in language and thought[C]. Amsterdam: John Benjamins, 1999.

[16] Panther K-U, Thornburg L. A cognitive approach to inferencing in conversation[J]. Journal of pragmatics, 1998, 30(6): 755–769.

[17] Radden G, Kovecses Z. Towards a theory of metonymy[A] // Panther K-U, Radden G. Metonymy in

language and thought[C]. Amsterdam: John Benjamins, 1999: 17–59.

[18] Ruiz de Mendoza F J, Hernandez L P. Metonymy and the grammar: motivation, constraints and interaction[J]. Language & communication, 2001, 21(4): 321–357.

[19] Ruiz de Mendoza F J, Otal J L. Campo. Metonymy, grammar, and communication[M]. Granada Comares 2002.

[20] Ruiz de Mendoza F J, Velasco D. Patterns of conceptual interaction[A] // Dirven R, Porings R. Metaphor and metonymy in comparison and contrast[C]. Berlin: Mouton de Gruyter, 2003: 399–532.

[21] Seto K-I. Distinguishing metonymy from synecdoche[A] // Panther K-U, Radden G. Metonymy in language and thought[C]. Amsterdam: John Benjamins, 1999: 91–120.

[22] 高芳，徐盛桓 . 名动转用与语用推理 [J]. 外国语，2000（2）：7–14.

[23] 高航 . 认知语法与汉语转类问题 [M]. 上海：上海交通大学出版社，2009.

[24] 何爱晶 . 名 – 动转类的转喻理据研究——基于内涵外延传承说的分析 [J]. 中国外语，2010，7（5）：36–41，61.

[25] 霍恩比 . 牛津高阶英汉双解词典 [M]. 北京：商务印书馆，2014.

[26] 刘正光 . 名词动用过程中的隐喻思维 [J]. 外语教学与研究，2000（5）：335–339.

[27] 彭月华，刘正光 . 名词动用研究中的几个问题 [J]. 外语学刊，2007（6）：40–45.

[28] 沈家煊 . 从“演员是个动词”说起——“名词动用”和“动词名用”的不对称 [J]. 当代修辞学，2010（1）：1–12.

[29] 宋作艳 . 逻辑转喻，事件强迫与名词动用 [J]. 语言科学，2013，12（2）：117–129.

[30] 宋作艳 . 名词转动词的语义基础——从动词视角到名词视角 [J]. 中国语文，2018（3）：295–310，383.

[31] 王冬梅 . 现代汉语动名互转的认知研究 [M]. 北京：中国社会科学出版社，2010.

[32] 王寅 . 什么是认知语言学 [M]. 上海：上海外语教育出版社，2011.

[33] 魏在江 . 名词动用的语法转喻理据 [J]. 当代修辞学，2015（6）：37–46.

[34] 徐盛桓 . 名动转用的语义基础 [J]. 外国语，2001（1）：15–23.

[35] 张辉，卢卫中 . 认知转喻 [M]. 上海：上海外语教育出版社，2010.

[36] 张媛 . 英语人体器官名词动用的语法转喻阐释 [J]. 山东外语教学，2010，31（3）：107–112.

# 英语中具有歧视内涵的敏感性词汇

# Sensitive English Words with Discriminatory Connotation

中央党校外国语言与文化教研室　刘丽丽

**摘　要：** 英语词汇种类繁多，这些词汇是语言的建筑材料，是语言知识的一个重要组成部分，是学生能力发展的基础。词汇教学是英语教学的重要组成部分，其中，具有歧视内涵的敏感词应引起教师在语言教学中特别关注。既要为学生讲解词汇的意义，又要让学生了解词汇产生的历史和文化背景。本文试图对英语中含有种族歧视内涵的词汇进行研究和总结，以期对英语词汇教学有所帮助。

**关键词：** 英语教学　敏感词汇　歧视性内涵

**Abstract:** English words are diversified so they are the building stones of the language and the basis for the development of students' abilities. Among them sensitive words with discriminatory connotations should be attached importance in vocabulary teaching. It is necessary to explain the meaning of the words to students, and at the same time help the students understand the relevant historical and cultural background. This article attempts to research and summarize the vocabulary with discriminative connotations in order to benefit English teaching.

**Key words:** English teaching　sensitive vocabulary　discriminative connotation

美国1776年颁布的立国文件《独立宣言》宣称：人人生而平等，但直到1870年通过的宪法第15条修正案，美国才真正在法律上禁止联邦或州政府依据公民的种族、肤色或曾经是奴隶而限制其选举权。自此，反种族歧视观念逐步在美国根深蒂固，并成为了一个政治正确的原则。尤其在20世纪50年代以来的平权运动影响下，各种涉嫌种族歧视的言行陆续成为禁忌。因此，在美国社会生活中，对于涉及种族歧视的言辞，人们尽量不去触碰，避免说出不受欢迎的言论，否则将招致来自各方面的强烈抗议。对于这些英语语言中涉及歧视的敏感性言辞，我们在语言教学中应该尤为注意，既要为学生讲解这些词汇的意义，又要让学生了解这些词汇产生的历史和文化背景。本文将就英语中这些带有种族歧视性的言辞进行总结。

## 一、对华人的歧视性言辞

2020年2月3日，美国《华尔街日报》发布标题 *China Is the Real Sick Man of Asia*“中国是真正的亚洲病夫”的文章，借我国的冠状病毒疫情与我国屈辱近代史进行种族主义色彩的攻击，“唱衰”中国经济。对此，中国外交部已经严正回应，敦促《华尔街日报》删文并道歉。这一荒谬的言论不会打击中国人抗击疫情的志气，只会让我们看清西方反华者的真实面目。我们有自信，这个世界上早已没有“东亚病夫”，中国人可以战胜疫情。

这并不新鲜，美国人抹黑中国不是一天两天。2014 年 7 月，美国福克斯有线新闻频道的一名主持人在和嘉宾讨论中美网络安全问题时说道：“中国人是美国国家安全最大的威胁……我们把他们带到这儿，还教这帮中国佬（Chinamen）……如何使用电脑，然后他们回到中国再来黑我们。”主持人在节目中所使用了“Chinamen”这个词语，在美国这是属于带有严重的种族歧视的侮辱性词语，此举遭到华人的强烈抗议。单纯从英语的角度，Chinaman 似乎看不出什么歧视来，它应该跟 Englishman（英国人）或 Frenchman（法国人）等词汇一样，特指出身于某个国家的人。但是 Chinaman 不一样，在美国历史上这个词曾被用来称呼那些人口普查时不愿意提供姓名的华人。1892 年，美国政府通过了禁止中国人入境的杰瑞法案（Geary Act），其中就使用了 Chinamen 这个词。当代美国社会，特别是华人群体，都认为这个词带有种族歧视色彩，并呼吁避免使用它。

除了 Chinaman 这个词之外，另外一个著名的敏感词是 Ching-Chong。2002 年，美国著名 NBA 球星奥尼尔在接受福克斯体育台采访时，当着镜头开起了休斯敦火箭队的来自中国的中锋姚明的玩笑：“告诉姚明，ching-chong-yang-wah-ah-soh。”这里，奥尼尔所使用的并不是蹩脚的中文，这一串发音其实是对华人歧视的言辞。奥尼尔的“玩笑”同样遭到了华人的强烈抗议，后来不得不出来道歉。关于 Ching-Chong 这个词，一些词典给出的解释是：傲慢的非亚裔人士认为所有亚裔都会说的唯一的词。在美国，Ching-Chong 被认为是一个百分百的种族歧视词语，就如同希腊人称呼所有非希腊人为“野蛮人”一样。另外的辱华词汇还有 Chink 和 Oriental 等，都是对华裔或亚裔的一种侮辱性称呼。Chink 在英语中的原义是“狭小的缝隙”，因此，对它最直接的解释是：讽刺亚裔眼睛小。Oriental 这个单词的正确使用方法是形容具有东方地理特征的无生命的物体，比如说“oriental rug store”（东方毛皮地毯商店）。如果有人用这个词来形容亚裔人，这在政治上是不正确的，也是绝对不可以容忍的。

## 二、对黑人的歧视性言辞

第一批非洲黑人被作为奴隶运到美洲新大陆始于 1619 年，自此黑人便长期在美国备受歧视与奴役。美国黑人受教育程度和文化素质参差不齐，大部分处于社会底层。在美国社会，人们普遍认为“黑人处处不如白人，属于劣等民族”（郑立信，1998），对黑人的歧视性称呼中最严重的就是 Nigger 这个词。这个英语单词一般指黑鬼，延伸意思为“社会地位低下的人”。“黑鬼”这个词现在可能是英语中最令人反感的单词。这个词一般在说话者故意希望造成严重冒犯时使用，它的贬损性和冒犯程度近年来显著提高。由于对于黑人来说 nigger 是极其具有侮辱性的称呼，人们在日常生活中都尽量避免使用这个词。nigger 最早起源于 16 世纪，来自于拉丁语 nigger（阳性），引至英语里，意思也差不多是“黑的东西”，所以是蔑称。根据《牛津英语词典》，到了 18 世纪这个词最初被用于贬义，是白人奴隶主对黑人奴隶的称呼。到了 20 世纪中期，它开始在美国被广泛用于贬义，是一种种族主义的侮辱性称呼。因为这个词被认为是非常令人反感的，所以通常被委婉称为“N 字”。到 20 世纪 60 年代后期，民权运动带来的社会变革使得种族身份词 Black 合法化，成为美国主流英语用法，用来表示非洲裔美国人。托马斯 · 杰斐逊总统在他的《关于弗吉尼亚州的笔记》（1785 年）中就曾使用了这个词来指他的奴隶。20 世纪 90 年代以来，人们更多地使用“非洲裔美国人”（African American）来指代黑人。

但是，有时非裔美国人会以中立或熟悉的方式使用，通常不会被视作贬低。这个词还指与黑人相似的偏见受害者；在经济、政治或社会上被剥夺权利的人。爱尔兰著名作家罗迪·道尔（Roddy Doyle）在他的小说 *The Commitments*（《承诺》）中写道：“爱尔兰人是欧洲的黑人”（The Irish are the niggers of Europe）。除此之外，这个词在其他用途中都被认为是轻视和敌对的。

除了 Nigger 这个词之外，Negro 这个词来自表示“黑色”的拉丁语 nigra（阴性），也是具有侮辱性的词。2007 年 2 月 28 日，纽约市禁止用这个攻击性的语词，含有此语词的的歌曲不予颁发格莱美奖。2014 年 11 月 9 日，美国陆军政策文件中禁止使用“黑人”（Negro）一词，代之以 Black 或 African American。

## 三、对拉美人的歧视性言辞

对拉美裔美国人的歧视性称呼首推 Spics。这个词具体是对来自中美洲、南美洲或加勒比地区讲英语时带有浓重西班牙语口音的拉美裔移民的一个蔑视称呼。长期以来，拉美人民为了逃避贫困、动乱、暴力或自然灾害，跋山涉水，穿越警察障碍，不断向着与墨西哥接壤的美国得州和加州前进，美国是他们的终点。在他们看来，美国代表着自由与平等，也象征着幸福。尤其在奥巴马执政期间，承诺免税福利、食品券和投票权，导致大量拉美人非法通过美墨边界进入美国。然而对美国而言，大规模的拉美裔移民却未必是件好事，虽然许多美国人希望这些新移民可以提供廉价的劳动力来源，但他们不仅在工作中不够勤奋，而且为美国社会增添了犯罪和帮派暴力等不安定因素。2008 年金融危机爆发以来，底层白人的生活方式受到了很大的冲击，他们认为移民抢走了他们的工作机会，反移民的情绪在整个美国社会逐渐积聚，恶性事件不断发生。

Spics，也被称为 beaners、wetbacks。美国的拉美裔移民之所以被称为 beaners，是因为他们在生活上喜欢吃豆子。这个词通常是指代那些刚刚越过美国边境的非法移民。此外，1920 年 6 月 20 日的《纽约时报》上首次登刊了“湿背移民”（Wetback）的说法，后来这个词又在 1954 年被美国政府官方使用过——“湿背行动”（Operation Wetback）：美国政府驱逐非法移民的行动。由于 20 世纪出现大量非法移民的影响，“湿背移民”已经成了一些移民大州的侮辱性词汇，比如加利福尼亚州、亚利桑那州、新墨西哥州，这个词最有可能被用到罪犯或失业者身上。以西班牙语为母语的合法移民或子裔有时也会使用“湿背移民”这个词来侮辱那些非法移民。

## 四、对犹太和意大利人的歧视性言辞

对犹太裔美国人的歧视性的言辞当属“Kyke”。这个词最早在 20 世纪初被使用。根据《牛津英语词典》，它可能是由 20 世纪初移民到美国的东欧犹太人的名字中的结尾 -ki 或 -ky 变异或扩展而来。这个词通常被德裔犹太人用来识别东欧和俄罗斯犹太人，因为许多俄罗斯犹太人的名字以“ki”结尾，他们被称为“kikes”。这个词随后在美国社会中被广泛使用，后来被用作一般的贬低犹太人的歧视性词汇。

Fredo（弗雷多）这个词是对意大利裔美国人的贬低性词语。对他们来说，叫他们Fredo（弗雷多）相当于叫黑人为Nigger（黑鬼，对黑人的侮辱性称呼）。弗雷多这个名字来源于美国作家马里奥·普佐1969年出版的长篇小说《教父》（*The Godfather*）。该小说主要描写了1945至1955年间，意大利移民柯里昂家族（Corleones family）三代人在困境中的挣扎和生存之道，这个家族是美国五大黑帮集团之一，使用了各种残忍的手段实现了对美国黑帮势力的统一。弗雷多就是第一代教父柯里昂（Don Vito Corleone）的第二个儿子。他不但性格软弱，而且愚蠢和自负，为了利益他背叛并出卖了自己的兄弟，也就是第二代教父麦可尔（Michael Corleone）。总之，弗雷多是一个不受信任也不值得信任的人，这也是为什么意大利裔美国人听了这个称呼之后会感到恼火的原因。过去的140年里，在美国的意大利人受到包括懒惰在内的各种指责，而懒惰又会变成无能，正如《教父》中的弗雷多表现的那样。

总之，在美国社会中，各族裔美国人都曾经遭受过巨大的磨难，非洲裔美国人经历过奴隶制，犹太人也经历过种族灭绝，华人经历过排华法案的迫害……都承受过白人没有经受过的苦难。在美国这个民族大熔炉中，每一个种族都应得到应有的尊重，用平等开放的心态去对待彼此，避免使用歧视性的言辞，并在心理上真正消除歧视。2016年5月20日奥巴马总统签署法案，从联邦法典中删除“东方”（oriental）和“黑人”（Negro）。该法律旨在“现代化与少数民族有关的术语”。在当前特朗普执政的美国，这一目标尤其显得任重而道远。

## 五、结语

词汇教学在英语教学中的重要性不言而喻，如果没有语法，我们可以表达出屈指可数的事物；但如果没有词汇，我们则表达不出来任何事情（Wilkins,1972）。语言作为人类最主要的交际工具，往往反映出语言使用者的社会价值观和文化积淀。因此，在英语词汇教学过程中应当注重提高学生的文化意识。其中，针对英语语言中具有歧视内涵的敏感性词汇，我们在语言教学中应该特别注意，既要为学生讲解这些词汇的意义，又要让学生了解这些词汇产生的历史和文化背景。这样，不仅能够增加学生对英语的学习兴趣，而且能开阔学生的眼界，提高学生的文化内涵。

## 参考文献

[1] Nigger. TheFreeDictionary (2020-02) https://www.thefreedictionary.com/nigger.

[2] The declaration of independence in congress. The unanimous declaration of the thirteen United States of America, 1776.

[3] Wall street journal reporters protest sickman headline. (2020-02-22). https://www.washingtonpost.com/lifestyle/media/wall-street-journal-reporters-protest-sick-man-headline-in-wall-street-journal/2020/02/22/2435ab86-55ab-11ea-929a-64efa7482a77_story.html.

[4] Wilkins D A. Linguistics in language teaching[M]. Arnold, 1972.

[5] 郑立信 . 美国英语与美国文化 [M]. 长沙：湖南教育出版社，1998：127.

# 硬核与硬 N 构式

# Hardcore and Hard+NP Structure

北京理工大学外国语学院　陈　政

**摘　要：**“硬核”是“2019 年度十大网络流行语”之一，源自英语单词 hardcore。随着该词在互联网上的大量使用，其意义从最初的“坚固、稳定”演变为“厉害、强劲”，并且在特定语境下有较强的感情色彩。本文采用语料库数据分析的方法从概念整合的角度对硬 +NP 进行构式分析，发现网络流行语“硬核”在本地化过程中受到汉语硬 N 构式的影响。

**关键词：**硬核　硬 N 构式　概念整合

**Abstract:** “Hardcore,” comes from the English word “hardcore,” is one of the 2019 top 10 popular buzzwords. As the word is extensively used on the Internet, its meaning has changed from “solid, stable” to “powerful, strong,” and it can express emotion in specific context. This paper adopts the method of corpus data analysis to analyze the construction of hard+NP from the perspective of concept integration, concludes that the buzzword “hardcore” is affected by Chinese hard+NP construction during the localization process.

**Key words:** Hardcore　Hard+NP Structure　Conceptual Integration

## 一、前言

### 文献综述

随着世界各国文化交流的日益密切，许多网络词语进入汉语词汇系统。“硬核”是国家语言资源监测与研究中心发布的“2019 年度十大网络用语”之一，从生成方式看，“硬核”一词源于直译英语单词 hardcore，是“中国人利用英文因素产生的语言变体。”（张京涛、赵荣改，2019）

值得注意的是，外来词在本民族化的过程中不是一成不变的，往往经过概念整合。概念整合理论（Conceptual Blending Theory）由美国语言学家 Gilles Fauconnier 于 20 世纪 90 年代提出，Gilles Fauconnier 和 Mark Turner 认为新概念的产生需要经过概念整合网络完成，包括输入空间Ⅰ（Input Space Ⅰ），输入空间Ⅱ（Input Space Ⅱ），类属空间（Generic Space），和合成空间（Blending Space）。沈家煊在 2006 年基于概念整合理论进一步提出，对于以复合手段为主要构词方式的汉语来说，概念整合理论在构词方面可分为糅合和截搭两种方式。

王勇、白解红（2013）在《英源汉语网络词及其意义衍生》中认为，英源汉语网络词的形成在很大程度上同语言使用者认知识解和选择有关，即通过概念的选择与整合完成英源词到汉语网络外来词的重新词汇化。“硬核”作为英源流行语也经历了重新词汇化的过程，引起了学者们的关注。刘娜娜、彭嫷（2019）从历时角度对词源进行追溯，对硬核在汉英语境下的不同意义进行对比，更多学者的研究集中在对“硬核”的共时语义分类、语法分析上（李静莹、史妮君，2019；田经香，2019），对语义变化的原因目前还没有相关系统化的解释。《汉语流行语“硬核”释义》（陈熹，2019）的语义分析较为全面，文章认为流行语“硬核”在不同语境中意义有所区别，和英语单词 hardcore 并不完全等同。本文在此基础上通过语料库检索发现，“硬核”虽然产生于英文单词 hardcore 直译，但在词语本地化过程中受到汉语固有“硬”+名词结构的影响，导致其在汉语语境中产生新的概念意义。

## 二、“硬核”溯源

笔者通过语料库检索发现，中国古代已有“硬核”这个词语，并且绝大部分都出自医学典籍，如：“窦汉卿曰：重舌，乃舌下生一小舌，其舌鲜红，其外证颏下浮肿，有硬核。此心经受热，毒瓦斯出于舌下。”据此可推测“硬核”一词是古代汉语中医学领域的一个专有名词，与现在的网络流行语“硬核”没有联系。

网络词“硬核”（hardcore）是一个外来词语，根据《剑桥词典》，hardcore 具有名词词性和形容词词性，分别有“骨干力量”、“赤裸裸的性行为”和“难以改变的”之意。《牛津在线英语大辞典》的解释也与之类似，有“极端的”“强硬的”“核心”等意。“硬核朋克”（HardPunk）也简称为“硬核”。朋克摇滚在 20 世纪六七十年代逐渐发展起来，起初并不讲究音乐技巧，其内容倾向于思想解放和反主流的尖锐立场，是劳工阶层的青少年用来表达对社会的不满、抗拒现实的一种音乐形式。而“硬核朋克”正是从朋克摇滚中分化出的最激烈、最极端的一个分支，它用更快的节奏、更聒噪的音量和更僵硬的模式，融合喊叫式的演唱方式、邋遢肮脏的录音效果，即便旋律非常简单，但速度更快，力量也更强。由此可见英语中的“硬核”较早便与重金属朋克音乐联系在一起，也是其具有“强硬”这一义项的来源。汉语流行语“硬核”最初的含义也和音乐、游戏领域相关，如“硬核说唱”“硬核游戏”等。“硬核说唱”是指具有较强力量感的音乐形式，节奏动感奔放；而“硬核游戏”是指那些具有较高难度的游戏，一般有特定的受众，专门研究游戏相关的玩法攻略。在网络环境中逐渐流行起来的“硬核”，随着使用的增多，它的词义随语境不断丰富，使用范围也更加广泛。但是，笔者通过调查发现，汉语的“硬核”在本地化过程中存在概念整合，具有新的浮现意义。

## 三、“硬核”词义变化

刘娜娜（2019）认为，国内在 1950—2009 这一时间段内，“硬核”一词的意义为“坚固、坚定、稳固”并且大都出现在“用于报道欧美事件”的新闻中。如下例（均来自人民日报）：

（1）人数增加了十七万九千人，达到一百四十三万一千人。那些被联邦经济学家称为“硬核”的失业者，即失业超过二十七周的人，在 2 月中旬不仅比 1 月中旬增加，而且比去年同期经济衰退最严重时……

（2）欧盟的 4 个成员国德国、法国、比利时和卢森堡提出联合建立一支“欧洲军队”

的设想，作为欧盟中的一个“小小的硬核”。但是，在欧盟防务……

（3）当然，这些基本原理也要丰富和发展，它们的内容和形式都要进一步深刻化、精确化；但它们的“硬核”至今没有动摇。

例句（1）中的“硬核的失业者”既可以被理解为“固定的，长期的失业者”，也有“该状态不可轻易改变”的意思，意为这些人员的失业状态难以改变，后者符合剑桥词典的解释：“unlikely to change, or difficult to change”。例句（2）中的“小小的硬核”笔者不同意刘把它认为是“坚定，稳固的力量”，而应该是“核心组成部分”，即剑桥词典中的释义：“a small group of people within a larger group, who strongly believe in the group's principles and usually have a lot of power in it”，强调这四个国家在欧盟中起着举足轻重的作用。例句（3）中的“硬核”既有“基本、中心”的意思，也可以被理解为“核心组成部分”，即使原理有不同的表现形式，但它们的内在核心保持稳定不变。在1950年至2009年这段时间里，“硬核”一词的意思并不像今天这么丰富，笔者认为原因有以下几点：首先该词语在国内并没有在互联网被广泛地引用，大部分还只是出现在报刊上，传播途径相对单一，并且从例句中也能发现许多“硬核”的使用都和国外新闻事件相关，或者是直接从国外新闻中翻译而来，所以在这种语境下，“硬核”的意义也最接近英文辞典对hardcore的释义，也就是“硬核”的本义。

2009年之后，“硬核”具有了更加丰富的意义，陈熹（2019）从人民网共搜索到含有“硬核+NP”的用例1174条，在总结归纳后将它们按用法意义划分为五大类：

（一）表示实在、直接、真实。例如，

不搞“走秀”，不开“空头支票”，答应给群众的“好处”，都真正给到群众手上；代表委员提出的意见建议，都认真对待和解决。用硬核举措兑现承诺，解决老百姓最关心最直接最现实的利益问题，把人民作为一切工作的出发点和落脚点。……老百姓都喜欢讲信用、办实事的干部，反过来，最痛恨的就是不担当、不作为，搞形式主义、官僚主义那一套。

（二）表示刚强、刚硬。例如，

当双节棍功夫遇上浪漫烟花，效果不是一般的酷炫！来看看“硬核直男”兵哥哥是怎么秀烟花的。

（三）形容实力或水平等过硬。例如，

《独孤皇后》首播至今能取得过硬的口碑，也得益于实力演员的硬核演技。剧中，陈乔恩的表演没有脸谱化的模式感，伽罗前期命运多舛，不同场“崩溃戏”用不同的方式来演绎。

（四）以……为核心。例如，

狱中多场硬核打戏拳拳到肉，监狱外郑嘉颖带领ICAC调查人员上演玩命追捕戏码，危机四伏的剧情一度让观众捏一把汗。

（五）泛指厉害。例如，

视频里的主人公——亲手为孙子制作“硬核佩奇”的留守老人李玉宝，在短片结尾时听从儿子儿媳的建议，去城里过年。

笔者认为，“硬核”的意义由最初表示难以改变、骨干分子到今天表示实在、刚强、厉害等意思，并且在使用中意义不断丰富，是因为受到汉语中硬N构式的影响。

## 四、硬 N 构式

汉语中常见“硬”和其他名词搭配的现象，如硬骨头、硬道理等，笔者将这种搭配称为硬 N 构式。本文试图通过观察 BCC 语料库报刊和微博语料样本中的硬 N 构式词语[1]，抽象概括出硬 N 的词义概念。硬 N 在报刊样本中共有 13 392 例语料，下图是出现频率前十的词语。

**表 1　报刊语料库中的硬 N 构式频率[2]**

| 词语项目 | 样本量 | 出现频率 |
|---|---|---|
| 硬道理 | 1 663 | 23.3% |
| 硬本领 | 965 | 13.5% |
| 硬环境 | 909 | 12.7% |
| 硬功夫 | 841 | 11.3% |
| 硬立场 | 652 | 9.1% |
| 硬措施 | 635 | 8.9% |
| 硬态度 | 545 | 7.6% |
| 硬政策 | 390 | 5.5% |
| 硬汉子 | 301 | 4.2% |
| 硬煤 | 231 | 3.2% |

微博语料库中硬 N 构式的词语共有 8 945 例，出现频率排在前十词语和报刊语料库的结果不同，可能是口语与书面语不同语体造成。语料检索结果如下图。

**表 2　微博语料库中的硬 N 构式频率**

| 词语项目 | 样本量 | 出现频率 |
|---|---|---|
| 硬道理 | 2 041 | 44.6% |
| 硬菜 | 1 015 | 21.7% |
| 硬派 | 589 | 12.6% |
| 硬皮 | 274 | 5.9% |
| 硬糖 | 203 | 4.3% |
| 硬妹 | 144 | 3.1% |
| 硬幣 | 132 | 2.8% |
| 硬汉子 | 95 | 2.0% |
| 硬核 | 94 | 2.0% |
| 硬梆[1] | 93 | 2.0% |

1　需要说明的是，本文中语料数据来源若无特殊说明，均来源于 BCC 语料库（http://bcc.blcu.edu.cn/，搜索日期为 2020 年 4 月 8 日）。考虑到“硬核”这一词语主要在报刊和网络环境中使用，所以在语料收集时笔者限定了搜索范围。

2　出现频率 = 样本量 ÷ 总样本量×100%，下同。

从以上使用频率我们可以看出，硬N构式中的“硬”在不同构式中可表示本义和引申义，本义表示坚硬，与“软”相对，如硬煤、硬糖、硬皮等，使用频率在两类语料库中分别占3.2%和15%。在本义基础上经过通感隐喻引申出“刚强有力、能力强或质量好”等意义，比如硬道理、硬汉、硬功夫等。网络流行语“硬核”中的“硬”也更多地表达“抽象”的意思，如硬核游戏、硬核摇滚等。那么在词语的使用中，由英语翻译过来的“硬核”在使用中是否受到硬N构式的影响呢？

李静莹和史妮君（2019）认为在本土化过程中，人们首先将“硬核”一词与英语中的“hard”“hardcore”和汉语中的“硬”的含义进行融合。这一观点为解释“硬核”词义变化提供了线索，“硬核”在使用中受到汉语固有的硬N构式词语影响导致词义发生变化。硬N构式词语属于糅合造词的方式，存在概念整合的过程，沈家煊（2006）在概念整合理论基础上提出糅合和截搭这两种汉语复合式构词方式。以糅合构词“墙角”为例，首先人和脚（人体底部）是一组概念，视为一根绳子，墙与墙体底部是一组概念，视为第二根绳子。概念“人体底部”已经有词项“脚”，为了产生一个简单形象的词项来表达“墙体底部”这个概念，抽取第二根绳子的一股“墙”和第一根绳子的一股“脚”，把二者“糅合”成“墙脚”一词，填入y位置后形成完整的方阵格局（带下划线表示已经存在的词项，未加下划线表示概念）：

a，人；b，人体底部（脚）

x，墙；y，墙体底部（-）← xb 墙角

糅合构词指的是由两组相似但不一定相关的概念整合在一起构成新词，人与人体底部这组概念和墙与墙体底部有相似性，但人与墙二者并不相关，所以通过将两组概念糅合产生新词“墙角”。以糅合理论为基础，我们再来看硬N构式的生成机制，以语料中的“硬道理”为例：

a，结实、牢固；b，可靠、强而有力（硬）

x，道理；y，理性、讲得通（-）← xb 硬道理

“硬”的本义是“结实、牢固”，是一种客观具体的概念，由此引申出“可靠、强有力”的抽象意义，视为一根绳子。道理本身具有正确性、可靠性是另一根绳子。概念“可靠、强而有力”已经有词项“硬”，为了产生一个简单形象的词项来表达“强而有力的道理”这个概念，抽取一根绳子的一股“硬”和另一根绳子的一股“道理”，二者“糅合”而成“硬道理”一词，填入y位置后形成完整的方阵格局。“硬道理”概念的整个加工过程如图：

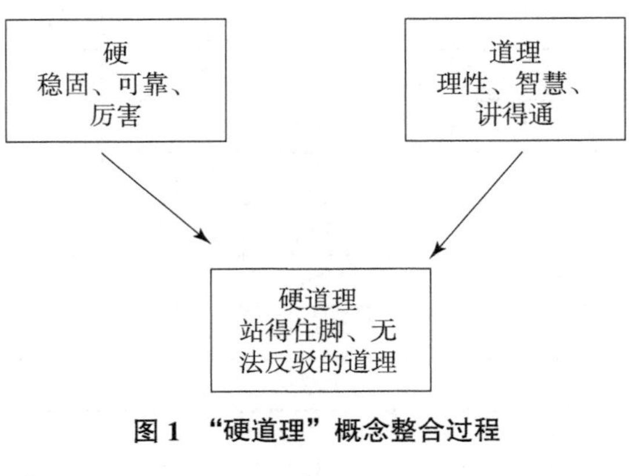


**图1 “硬道理”概念整合过程**

这里的“道理”也可以换成其他名词组成新的硬N构式，如硬道理、硬本领、硬环境、硬功夫、硬立场、硬措施、硬态度、硬政策、硬汉子等，随着使用范围的扩大，“硬”

的意义逐渐泛化，在陈熹（2019）总结的“硬核”五类主要意义中，有四类意义是和硬N构式的隐喻意义符合，并且与英文原义无关：

（一）表示实在、直接、真实。例如，

硬道理、硬菜、硬汉子

（二）表示刚强、刚硬。例如，

硬立场、硬措施、硬态度、硬派

（三）形容实力或水平等过硬。例如，

硬本领、硬功夫

（四）泛指厉害。例如，

硬汉子

通过以上论证，我们发现同属硬N构式的词语“硬核”在本地化过程中逐渐被硬N构式影响，在具体语境中行使表意功能时更加符合汉语思维习惯，意义向硬N构式靠近，并随着使用范围的扩大成为网络流行语。

## 五、结语

“硬核”一词从英语单词hardcore直译而来，表示“难以改变、骨干分子”，但是通过语料库我们发现随着时间的推移和使用的增加，“硬核”的浮现意义逐渐更多地偏向“硬”的隐喻意义，表示“真实、可靠、强有力”等。通过对语料进行分析，笔者得出结论：“硬核”意义的改变受到汉语中硬N构式的影响，反映出汉语概念整合的认知加工特点。“硬核”成为流行语的在互联网上被大量使用，这一本地化过程赋予“硬核”新的意义，体现了汉语的思维方式。

萨丕尔（1985）曾说：“没有任何一种语言是一成不变的。”汉语也在不断吸收并创造新的词汇。互联网宽松自由的环境有助于流行语的产生和使用，并且这些词本身具有新奇性、趣味性的特点，容易被大众所接受并逐渐流行，但流行语本身仍是汉语在网络环境中的新发展。通过对流行语生成方式进行探源，我们能够从中看到词语发展变异的轨迹，预测其发展趋势，从而更好地规范语言，促进科学的语言接触。

## 参考文献

[1] Fauconnier G, Turner M. The way we think: conceptual blending and the mind's[M]. New York: Basic Books, 1988.
[2] 陈熹 . 汉语流行语“硬核”释义 [J]. 现代语文，2019（8）：87–93.
[3] 李静莹，史妮君 . 锐词“硬核”及其拓展探析 [J]. 学语文，2019（6）：90–92.
[4] 刘娜娜，彭嬿 .“硬核”一词的古今中外 [J]. 中国民族博览，2019（12）：93–95.
[5] 萨丕尔 . 语言论 [M]. 北京：商务印书馆，1985.
[6] 沈家煊 . 糅合和截搭 [J]. 世界汉语教学，2006（4）：5–12.
[7] 田经香 . 小议“硬核”释义 [J]. 神州，2019（15）：65–65.
[8] 王勇，白解红 . 英源汉语网络词及其意义衍生 [J]. 海南大学学报人文社会科学版，2013，31（4）：80–84.
[9] 张京涛，赵荣改 . 英源流行语生成方式探源 [J]. 语文建设，2019（7）：74–75.
[10] 中华人民共和国教育部 . 汉语盘点：2019 年十大网络用语发布 . 2019. http://www.moe.gov.cn/jyb_xwfb/gzdt_gzdt/s5987/201912/t20191202_410477.html.

# 北京市历史名园景区语言景观研究现状探析

# A Probe into the Present Research of Linguistic Landscape in Beijing Historical Scenic Areas

北京林业大学外语学院　李雯芳　李　芝

**摘　要：** 本文以“语言景观”为关键词，通过 CNKI 中国期刊全文数据库进行全文检索，截止到 2020 年 1 月份，对 2010—2020 年我国核心期刊及 CSSCI 发表的 36 篇语言景观研究论文进行梳理，发现国内近十年对语言景观的研究主要分为两部分：对已有语言景观研究理论的归纳总结和对公共空间内语言景观所进行的具化描述，对语言现象的理论研究较少。因此，本文尝试将 Huebner 的 SPEAKING 语言景观分析模型应用于北京市历史名园景区语言标牌研究中。经分析发现，北京市历史名园景区语言景观呈现汉语、英语、韩语、日语、俄语、德语共存的双语或多语现象；此外，以 SPEAKING 语言景观分析模型“目的”和“行为次序”两个角度对历史名园景区语言景观进行分析，发现该区域呈现出较为清晰的语言强弱格局，具体为汉语、英语、日语（或韩语）、俄语（或德语）；英文在汉英对照中出现的频次和汉语出现的频次不相上下，体现了英语作为国际通用语在历史名园景区的应用。

**关键词：** 语言景观　标牌　公共空间　理论框架　多语现象

**Abstract:** This paper made a retrieval through CNKI with the key words “Linguistic Landscape.” Up to January in 2020, this paper analyzed 36 academic papers published by Chinese scholars in Chinese Core Journals and CSSCI from 2010–2020. Through the classification, there are two major points around the domestic researches on “linguistic landscape.” One is the summary of the existing systematic framework on linguistic landscape, and the other is the material description of the public signs. This study attempts to combine the theoretical framework of linguistic landscape with specific linguistic phenomena and to apply Huebner (2009) SPEAKING modal into the analysis of signage in Beijing Historical Scenic Areas. The recent research found that bilingual and multilingual phenomena of Chinese, English, Korean, Japanese, Russian, German exist in Beijing Historical Scenic Areas; besides, this area presents a relatively clear pattern of language arrangement and the order of appearance frequency is Chinese, English, Japanese (or Korean), Russian (or German); the frequency of English in the Sino-British comparison is similar to that of Chinese, reflecting the application of English as a lingua franca.

**Key words:** Linguistic Landscape　Signage　Public Space　Theoretical Framework　Multilingualism

# 一、前言

伴随全球化趋势日益加强，全球范围内经济、政治、技术、文化等多方面呈现一种整合的复杂态势，体现在语言层面即言语社区由原来的单一、同质化语言转变为动态多种语言。语言景观以可视性的公共标牌形式将文化在公共空间中呈现出来，已经成为一种研究多语现象的新途径。语言景观通过分析公共空间语言标牌上的语言使用情况，不仅可以让我们了解当地的语言生态，还可以让我们看到语言景观背后的经济发展和全球化趋势，以及多语景观表现出的不同文化、语言之间的接触与碰撞。国内对这方面的研究尚未深入开展。

# 二、语言景观研究概述

### 2.1 语言景观定义及发展过程

Landry & Bourhis（1997）第一次正式提出语言景观（linguistic landscape）这一术语，并对其展开描述，认为："公共路牌、广告牌、街名、地名、商铺招牌以及政府建筑的公共标识上的语言共同构成某个特定领域、地区或城市群的语言景观。"除此之外，也有不少其他学者对语言景观作出界定。

梳理近 20 年语言景观的定义和描述如下：Ben Rafael et al.（2006）将语言景观定义为"对公共空间起标记作用的语言物体"；Backhaus（2007）认为语言景观是一种符号，提出了语言景观的互动性；在语言景观的分析单位上，Backhaus（2007）认为"在空间可定义的框架内的任何文本"，从小的手写贴纸到巨大的商业广告牌都可被认作分析单元；Gorter（2006）在商店、银行和其他企业的案例中决定将所有文本作为一个整体，因此每个营业场所而不是每个单独的标志都成为分析的单位。

### 2.2 语言景观研究理论综述

许多从事语言景观的学者尝试对语言景观的理论体系进行构建，通过对近年来语言景观理论体系进行梳理，其理论框架主要包括 Scollon & Scollon（2003）的场所符号学（place semiotics）理论、Ben-Rafael et al.（2006）提出的语言构建原则、Huebner（2009）提出的 SPEAKING 语言景观分析模型。

Scollon & Scollon（2003）的场所符号学（place semiotics）作为地理符号学属下的一个子系统，是一套用以分析现实环境中的语言符号系统的框架，由语码取向（code preference）、字刻（inscription）、置放（emplacement）等子系统构成。

现实世界中的语言景观看似杂乱无章，实则有内在的构建规律。Ben-Rafael et al.（2006）等从社会学的相关理论出发，提出形成语言景观的四条构建原则。包括凸显自我（presentation of self）原则、充分理性（good-reasons）原则、集体认同（collective identity）原则、权势关系（power relations）原则。

Huebner（2009）在美国人类语言学家 Hymes（1972）提出的 SPEAKING 人类语言交际模型的基础上认为，语言景观研究也可参照 SPEAKING 模式进行语言学分析，以梳理语言与社会意义之间的多重关系。SPEAKING 中的 S 代表背景与场合（setting and scene），语言景观研究可以考察标牌放置的即时语境所构建的社会意义；P 代表参与者（participants），包括语言景观的创设者和读者等；E 代表目的（ends），可以从语言标牌的功能角度进行分析；A 代表行为次序（act sequence），指语言景观中语言排列的先后顺序、凸显程度等；K 代表基调（key），语言景观研究要考察文字的密度、语码选择等；I 代表媒介（instruments），即语言景观的传播形式，可以从词汇选择、句法角度进行解读；N 代表规约（norms），指语言景观构建过程中需遵守的各种社会规则；G 代表体裁（genre），语言景观研究可按标牌内容的类型（景点介绍语标牌、警示牌、广告牌等）进行分析。

**2.3 语言景观研究内容国内外综述**

梳理国内外近年来研究发现，语言景观的研究聚焦于语言现状的研究，主要集中在语言景观多语现象、语言政策与语言景观的关系等内容，具体整理如下。

2.3.1 多语语言景观

多语现象指在日常生活中，社会、机构、团体、个人在基于规律的时间空间基础上，用多于一种语言相互交往的能力（John C. Maher，2017）。传统的多语现象研究主要以口头语体为研究语料，书面语体涉及较少。Gorter（2006）认为语言景观以其公共标牌的可视性成为多语现象研究的新途径。伴随国际间文化交流日益频繁，语言多样性日益成为一种常态，而语言景观作为人类生活的“一面镜子”，呈现多语状态不足为奇。Gorter（2006）出版了首部语言景观的综合性专著《语言景观：多语现象研究的新路径》，构建了语言景观研究的整体框架，并以东京为例，对其语言景观中多语组合、标牌类别、地理位置分布、优势语码选择等展开个案研究。俞玮奇等人（2016）对北京望京地区和上海古北地区韩国侨民聚居区的多语语言状况展开研究，发现政府与民间设置的标牌在语言种类、类型和优势语言上明显不同。

2.3.2 语言景观与语言政策

语言景观通过分析公共空间语言标牌上的语言使用情况，不仅可以让我们了解到当地的社会语言生态，而且可以看出该区域内的语言权势、政策取向及族群的身份认同与社会地位，并为语言政策和语言规划提供参考性建议（尚国文、赵守辉，2014）。俞玮奇、马蔡宇（2018）将异质、多元、开放的跨国移民上海浦东碧云国际社区作为研究对象，探讨其中的语言生活和社区语言规划，发现社区内的官方语言标识以汉语为主导语言，Huebner（2006）认为官方标牌反映了显性的语言政策和语言意识，从中可以看出社区主管的官方语言意识。

# 三、研究设计

**3.1 背景（Setting and Scene）**

在互联网经济与旅游产业融合发展的新时代，游客对景区的要求尤其是语言服务的需求不断增加。旅游景区管理者需转变管理思路，具备全球化策略和跨文化交际意识，在语言方面提升服务质量，为景区的进一步发展助力。

在 Huebner（2009）的语言景观分析模型中，背景或场合带有社会和文化的特定含义，多指抽象的环境。圆明园遗址公园作为著名历史名园，参观游客文化来源复杂，语言需求多样，为了激发游客的游览欲望，更好地实现跨文化的语言服务，圆明园景区官网首页设置了汉英日法四语简介，体现了园区管理者在全球化背景下为适应来自不同国家人群参观提供多种语言服务的跨文化意识，如图 1 所示。

**图 1　圆明园遗址公园官方网站首页**

全球化是一个全球范围内经济、政治、技术、文化等多方面整合、同化和异化并生的复杂过程，其伴随状态是多语和混杂状态。北京作为国际化大都市，人口处于移动状态，体现在语言层面则表现为：单一的言语社区逐渐被模糊，多语现象日益常态化。通过对圆明园遗址公园、颐和园、北海公园三个景区内语言景观的语言样本类型进行统计，发现历史名园景区语言使用类型多样化。

如表 1 所示，圆明园遗址公园、颐和园、北海公园三个景区 372 块标牌中，汉英双语标牌共 300 张，其他各类多语标牌共计 72 张，所占比例分别为 80.6% 和 19.4%。标牌语言呈现形式则有单语、双语、三语、四语等多达 9 种，使用频率最高的标牌类型依次为汉英双语标牌、汉语单语标牌、汉英日韩四语标牌、英语单语标牌，分别占 80.6%、6.5%、4.3%、4%。

**表 1　历史名园景区语言样本类型**

| | 单语样本 | | 多语样本 | | | | | |
|---|---|---|---|---|---|---|---|---|
| 语符使用模式 | 汉 | 英 | 汉英 | 汉英日韩 | 俄韩日 | 汉英俄韩日 | 汉英德韩日 | 其他 |
| 个数 | 24 | 15 | 300 | 23 | 1 | 1 | 7 | 1 |
| 百分比 | 6.5% | 4% | 80.6% | 6.1% | 0.3% | 0.3% | 1.9% | 0.3% |
| 总计 | 10.5% | | 89.5% | | | | | |

该地区内的语言景观中出现了包括汉语、英语、日语、韩语、俄语、德语在内的六种语言。其中，汉语、英语、日语、韩语是该地区语言景观使用频率最高的三种语码，出先频率分别为 45.7%、44.4%、4.2%、4.2%（见表 2）。

综上所述，北京市历史名园景区由于人口流动性较强，语言景观呈现双语或多语现象，整体呈现出较为清晰的语言强弱格局，汉语是该地区使用频率最高的语码，英语作为第一辅助语码，日语和韩语为第二辅助语码，俄语和德语同为最弱势语码。上述多语格局在更具体的语言环境中呈现出何种特征，将从语言景观的目的角度进一步分析。

表 2　各语码在标牌中使用频率统计

| 语码 | 出现频次 | 比例（%） |
|---|---|---|
| 汉 | 357 | 45.7 |
| 英 | 347 | 44.4 |
| 日 | 33 | 4.2 |
| 韩 | 33 | 4.2 |
| 俄 | 3 | 0.4 |
| 德 | 8 | 1 |

### 3.2 目的（Ends）

不同类型的语言标牌，实现的目的也不同。语言标牌中所体现的目的是指在游览交际过程中满足游客期待所达到的目标。Spolsky & Cooper（1991）认为可以根据标牌的功能和使用分类，将标牌分为街牌、广告牌、警示牌、建筑名、信息牌、纪念牌、物品名牌及涂鸦等。根据圆明园景区语言标牌功能对其进行分类，可分为景点介绍语标牌、警示语标牌、游览导向语等提示语标牌。表 3 呈示了对不同功能类型的标牌所使用语言的统计结果。

景点介绍语标牌主要是为游客提供景点、基础设施介绍，让游客在旅游的同时了解相关景区的人文地理知识。以颐和园著名景点苏州街景区为例，此标牌采用汉英双语介绍苏州街景区建造时间和商业文化等内容，意在达到向中外游客介绍清乾隆时期历史文化的目的。在历史名园景区介绍的 247 块标牌中，出现最多的是汉英双语标牌（占 84.2%），其次是汉英日韩多语标牌（占 6.5%），再次为汉语单语标牌（占 5.3%）以及英文单语标牌（3.2%）。

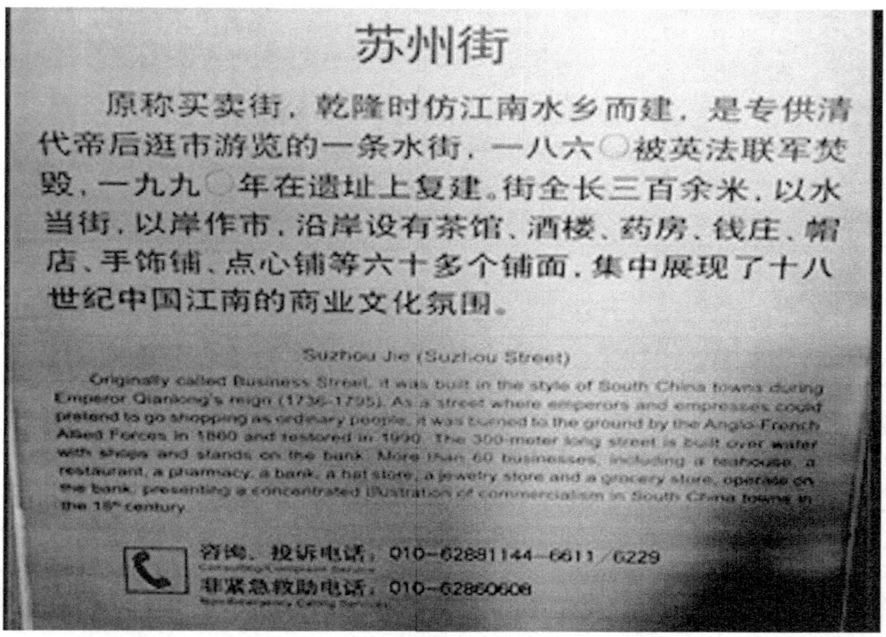


图 2　颐和园景点标牌示例

**表 3　不同功能类型标牌语言景观差异**

| 语言类别 | | 景点介绍语标牌 | | 广告标牌 | | 警示、导向等提示语标牌 | |
|---|---|---|---|---|---|---|---|
| | | 数量 | 比例 | 数量 | 比例 | 数量 | 比例 |
| 单语 | 汉语 | 13 | 5.3% | | | 11 | 9.1% |
| | 英文 | 8 | 3.2% | | | 7 | 5.8% |
| 双语 | 汉英 | 208 | 84.2% | 4 | 100% | 88 | 73% |
| 多语 | 汉英日韩 | 16 | 6.5% | | | | |
| | 汉英韩日 | | | | | 7 | 5.8% |
| | 俄韩日 | 1 | 0.4% | | | | |
| | 汉英俄韩日 | 1 | 0.4% | | | | |
| | 汉英德韩日 | | | | | 7 | 5.8% |
| | 其他 | | | | | 1 | 0.8% |
| | 总计 | 247 | 100% | 4 | 100% | 121 | 100% |

广告语标牌主要是推销商品、服务或推广活动的商业性标牌。历史名园景区的广告语标牌主要向游客出售纪念品或食物、饮料。调查样本中出现四块广告语标牌均为汉英双语标牌；警示语标牌主要传达警告和禁止信息；游览导向牌主要是指示方向、提供语言服务的标牌。在历史名园景区，警示语、游览导向语标牌以汉英双语为主（占 73%），其次是汉语单语标牌（占 9.1%）。综上所述，无论是景区介绍语标牌，还是广告语标牌，抑或是警示、游览导向等提示语标牌，汉英双语标牌出现数量最多，进一步论证了该区域内以汉英为主的双语现象极为突出。

**3.3 行为次序（Act Sequence）**

在多语景观研究中，行为次序指各种语言之间的优先关系。Huebner（2009）借鉴 Kress & van Leeuwen（1998）的视觉设计模板分析多语标牌设计中语言的空间排布与其重要性的关系，认为语码和文字的组织与其含义和地位密切相关，观察图 3 可知，景区在介绍景点时，汉语作为优势语码出现在景区标牌上方，非优势语码英语置于汉语之下。由此可知汉语处于首选地位，并且被选为首选语码，而英文只起到了辅助汉语的作用。

图 3　景点介绍语标牌

根据 Scollon & Scollon (2003) 的观点，结合语码的置放顺序对多语标牌中的优势语码进行分析，得到的结果如表 4 所示。372 块语言标牌中，多语标牌为 333 块，占 89.5%，其中 89.2% 的多语标牌以汉语为优势语码，4% 以英语为优势语码，而其他弱势语码除俄语出现一次外，无一作为优势语码。汉语在与其他语码组成的多语标牌中处于绝对主导地位；而英语在与除汉语之外的多语标牌中也处于优势地位。俄语在与汉语或英语共同使用时多处于劣势地位，仅在 1 块标牌中作为优势语码出现。日韩德在与汉英俄共同出现的多语标牌中适中,处于从属地位。这一调查结果进一步印证了语言使用状况所揭示的汉—英—俄—德语、日语及韩语这一由强及弱的语码地位关系。

**表 4　多语标牌的优势语码**

| 优势语码 | 标牌语言呈现形式 | | | | | | |
|---|---|---|---|---|---|---|---|
| | 中 (n=24) | 英 (n=15) | 汉英 (n=300) | 汉英日韩 (n=23) | 俄韩日 (n=1) | 汉英俄韩日 (n=1) | 汉英德韩日 (n=8) |
| 中 | 24 | / | 300 | 23 | | 1 | 8 |
| 英 | / | 15 | / | / | / | / | / |
| 俄 | / | / | / | / | 1 | / | / |
| 日 | / | / | / | / | / | / | / |
| 韩 | / | / | / | / | / | / | / |
| 德 | / | / | / | / | / | / | / |
| 总计 | 39 | | | | 333 | | |

# 四、趋势展望及启示

本文以语言景观的定义及发展过程、理论体系、多语语言景观、语言景观与语言政策为基本框架，对 2010—2020 年十年间国内语言景观研究的重要文献进行了概括性评述，发现对语言景观的国内研究主要集中在语言景观理论体系完善和对具体语言景观现象的描述性研究，将理论体系与实例相结合分析较少。

本次研究已对北京市圆明园遗址公园、颐和园、北海公园共计 372 张语言景观进行分析，将其语言景观进行分类，分别为景点介绍语标牌、广告语标牌和警示语标牌、游览导向牌及服务设施等提示语标牌。此研究发现，北京市历史名园景区由于人口流动性较强，语言景观呈现汉语、英语、韩语、日语、俄语、德语共存的双 / 多语现象；此外，通过从理论中目的和行为次序对历史名园景区语言景观进行分析，发现该区域整体呈现出较为清晰的语言强弱格局，汉语是该地区使用频率最高的语码，英语为第一辅助语码，日语和韩语为第二辅助语码，俄语和德语同为最弱势语码；英文在汉英对照中出现的频次和汉语出现的频次不相上下，体现了英语作为国际通用语在历史名园景区的应用。

# 参考文献


[1] Backhaus P. Linguistic landscape: a comparative study of urban multilingualism in Tokyo[M]. Clevedon: Multilingual Matters, 2007.

[2] BenRafael E. Linguistic landscape as symbolic construction of the public space: the case of Israel[J]. International journal of multilingualism, 2006(1): 7–30.

[3] Gorter D. Linguistic landscape: a new approach to multilingualism[M]. Clevedon: Multilingual Matters, 2006.

[4] Huebner T. Bangkok's linguistic landscapes: environmental print, code-mixing and language change[J]. International journal of multilingualism, 2006(1): 31–51.

[5] Huebner. A framework for the linguistic analysis of linguistic landscape[M]. London: Arnold, 2009.

[6] Hymes. Models of the interaction of language and social life[M]. London: Blackwell Publishing Ltd, 1972.

[7] Kress G, van Leeuwen. Reading images: the grammar of visual design[M]. London: Routledge, 1998.

[8] Landry R, Bourhis Y. Linguistic landscape and ethnolinguistic vitality: an empirical study[J]. Journal of language and social psychology, 1997(1): 23–49.

[9] Maher J. Multilingualism—a very short introduction. Oxford: Oxford University Press, 2017: 1–40.

[10] Reh M. Writing and reading in English and L1: attitudes among pupils in Lira and Mpigi, Uganda[M]. Berlin: Mouton de Gruyter, 2004.

[11] Scollon R, Scollon S. Discourse in place: language in the material world[M]. London: Routledge, 2003.

[12] Spolsky B, Cooper R L. The language of Jerusalem[M]. Oxford: Clarendon Press, 1991.

[13] 尚国文，赵守辉 . 语言景观的分析维度与理论构建 [J]. 外国语教学与研究，2014（6）.

[14] 俞玮奇，王婷婷，孙亚楠 . 国际化大都市外侨聚居区的多语景观实态 [J]. 语言文字应用，2016（1）: 36–44.

[15] 俞玮奇，马蔡宇 . 上海浦东国际社区的语言生活调查 [J]. 云南师范大学学报（哲学社会科学版），2018（6）: 25–31.

# 种族问题与“美国化”理念[1]

# Race Matters and Ideas of Americanization

中央财经大学外国语学院　吴新云　钟　琦

**摘　要：**美国作为多种族、多民族国家面临如何解决移民“美国化”的问题：“熔炉”论强调文化和血缘融合产生新文化新族群；“番茄汤”论践行移民向盎格鲁–撒克逊人文化归化；而“沙拉”论主张多元文化平等，尊重移民保留母国文化。此三种“美国化”理念关系到美国国家认同，美国未来愿景是多元文化带来的种族平等。

**关键词：**种族问题　美国化理念　美国国家认同

**Abstract:** The USA, a nation of varied races and ethnics, has attempted ways to deal with the "Americanization" of immigrants: the theory of "melting pot" stressed integration of blood and cultures, hence to produce a new nation and culture; the theory of "tomato soup" emphasizes the conformity to Anglo-Saxon tradition; the theory of "Salad" maintains multiculturalism, which respects the culture of immigrants from motherlands. The above three ideas on Americanization affects America's national identity and the ideal of multiculturalism might bring out the racial equality in the USA.

**Key words:** race matters　ideas on Americanization　America's national identity

近来美国种族骚乱有愈演愈烈之势，这一现象促使我们思考：一系列针对移民和种族问题的“美国化”理念能否解决美国人之间的认同问题。作为移民国家，美国拥有大量的种族和民族，“人种和民族属性是美国人一个敏感话题”（亨廷顿，2005：45）。历史上许多的国家按照“民族国家”的模式来进行国家认同在美国似乎是行不通的。移民就是移居而来的人民，其并非一张白纸，而是带着自己的文化来到新的土地，如何让其“美国化”是个问题：美国化是否意味着新来移民可以而且应该吸收先辈定居者的盎格鲁–新教文化并被吸收到这一文化之中？或者，美国化是否意味着他们应该与先辈定居者、奴隶、征服者和先前的移民的后裔一起，共同创造一种新的美国文化和创造“新美国人”？或者，美国应该是不同文化的人们的一个混合体？这些问题涉及美国种族、文化、国家认同的核心。

就种族、民族和国家认同的理想关系而言，移民“美国化”的理念用比喻的方式表达为“熔炉”论、“番茄汤”论、“沙拉”论等，分别对应新文化新族群论、盎格鲁–撒克逊人文化归化论、多元文化论。各理念都面临理想和现实的冲突，没能解决美国国内各种族矛盾，未来美国种族问题将持续，而国家认同或许受到一定影响。

1　国家社科基金“莫里森文学创作与美国国家认同”（项目号 15BWW065）阶段性成果。

## 一、移民美国化的"熔炉论"

"熔炉"论认为，美国不同移民的混血融合会使美国人成为一个崭新的民族，拥有一个与欧洲任何民族都不同的传统与文化。"熔炉"论的思想基础可追溯到18世纪80年代，美国刚刚成立，法裔移民赫克托·圣约翰·克雷夫科尔在《来自美国农场主的信》中说，"你在任何国家都找不到的混血人在这里，来自世界各国的人融合成一个新的民族，总有一天，他们付出的劳动及他们的后代将使世界发生巨大的变化。"这种新的美国人是"英格兰人、苏格兰人、爱尔兰人、法兰西人、德意志人和瑞典人的合成体"。他还说，新的美国人"撇下其祖先的一切偏见和习俗，而接受新的思想和习俗，其来源是他所拥抱的新的生活模式、他所服从的新的政府以及他所具有的新的地位"（qtd in O'Neill, 1992:27）。这里，不但美国人是各民族的人通婚而成的一个新民族，而且美国社会的文化是这些人原有的文化融合而成的一种新的文化。

作为一种比喻，"熔炉"论的名字来自一出戏剧。1908年，美国犹太人伊斯雷尔·赞格威尔的剧本《熔炉》上演，写一名俄裔犹太移民青年作曲家，希望能完成一部雄伟的美国交响曲，来表达对收养自己的美国的深深谢意，通过音乐传达把美国作为神圣熔炉的理念：他感叹美国是上帝的熔炉，"在这里，这样的一个熔炉里，人类所有的民族将抛弃宿仇而融合成一个情同手足的团体，""当我在艾丽丝岛看到他们时，我想，你们站在这里，善良的人们；这里，你们站在你们50个团体之间，你们有50种血仇和竞争。但是，你们将不再如此，兄弟们，因为这里是上帝之火，你们的积怨和深仇算得了什么。……上帝正在造就美国人！"这里，美国的人种和民族范围扩大到西北欧以外，包括了"凯尔特人和拉丁人，斯拉夫人和条顿人，希腊人和叙利亚人，黑人和黄人，犹太人和非犹太人"（Zigwill, 1909:37）。剧本作者也像前面的农场主一样，认为美国人的"融合"和"再造"不但包括种族之间的通婚，还包括创建一种新的共同文化（亨廷顿，2005：109）。《熔炉》剧本提出了当时大量涌入美国的新移民是否有可能同化和如何同化这一问题，表达了移民共同在新大陆创造新民族、新文化的美好愿景，曾得到西奥多·罗斯福总统（任期1901—1908年）的"热情赞许"（亨廷顿，2005：109）。

"熔炉"论表述了美国人融合的特色，指出美国正在成为一个由不同民族共同聚合的崭新的民族，创造了崭新的文化，没有对移民的来源加以区分，没有评论移民的某国文化孰优孰劣，也没有规定新型的美国人是以哪个民族为模本的，很是吸引人，一下子就成为移民同化的标志形象："1916年福特公司还组织了大型爱国主义演出，舞台中心是一座大熔炉，大批的身着异国服装和原国名标语的移民工人从后台出来，鱼贯进入大熔炉，然后源源走出熔炉，这时都整整齐齐穿着西装，一人打着一面小的美国国旗"（亨廷顿，2005：111）。这形象化的表达，说明"熔炉"论的巨大影响力。

"熔炉"这个词非常强调"国民一体"性，又不歧视任何族群来源，被不少人引用，甚至被偷梁换柱，比如下面的"番茄汤"论后来就一直披着"熔炉"的外衣，以某一族群文化为熔炉，把其他族群打造成自己的类似项。

## 二、移民美国化的"番茄汤"论

如果说"在美国，各民族的个人都熔合成一种新人"的"熔炉"论有血缘的融合，相比之下，“番茄汤”理念更强调文化上的同化：由于“是定居者创建了美国，然后移民才来到美国。定居者和移民是有区别的”（亨廷顿，2005：35），各移入种族被要求顺应建国者的文化，虽然“人不能改变自己的种族，但能改变自己的文化”（亨廷顿，2005：28），移民要以先辈定居者的文化为中心，并使之长存，将盎格鲁–新教文化比喻为一锅番茄汤，移民可以往里面添加种种辅料和调味品，使之更加味美汤浓，但这基本上依然是一锅番茄汤（亨廷顿，2005：108）。

“番茄汤”论的基础是种族主义的，这一模式是以盎格鲁–新教文化为基准的同化，也就是“盎格鲁–新教文化至上论”。以盎格鲁–撒克逊人为主的主流文化强化种族优越论，认为，盎格鲁–萨克逊新教徒是优等民族，身材高大，头发金黄，眼睛蔚蓝，外表上就优势明显；而其他民族属于劣等民族，会威胁到传统美国人及美国文化。比如一位教育学家在1909年公然说，“与北欧人不同，东欧人无知温顺，缺乏自力更生的能力及创造力，不具备盎格鲁–撒克逊人的法律、秩序和政府的理念”（Cubberly, 1909:15–16）。“番茄汤”论者对美国种族混杂感到焦虑，想改变这种状态。

美国人在18世纪末期定出了“移民”这一名词的含义和理念，这也就定出了美国化的含义和理念。他们看到了有必要使新来到这里的人成为美国人。约翰·杰伊说，“我们必须使我们的人民更加美国化。”杰斐逊也表达过类似的意见。这方面的努力在19世纪末和20世纪初达到了高峰。西奥多·罗斯福最初曾赞成赞格威尔的“熔炉”论，但后来转而支持“番茄汤”论，他说，“熔合为一的是形成于1776年至1789年那一时期，就是说华盛顿时代的人们已经把我们民族特色的种种要素明确加以固定了”；路易斯·布兰代斯法官1919年宣布移民美国化意味着“必须采用这里普遍流行的服装、举止和习俗”和“英语”来确保“利益和情感均扎根于此地”，还要“与我们的理想和愿望达到完全和谐，并与我们合作促其实现”（亨廷顿，2005：111）。所以，移民进入美国后都得被混合、冶炼，向白人文化靠近，移民的个体、群体才有望被认同为“美国人”；移民的原文化如果有作用，也只能是作为“番茄汤”调味品；移民如果不能“美国化”（Americanized），即与盎格鲁–撒克逊文化同化，那就会被视为异类受到歧视和排斥。

“番茄汤”论在实际生活中明里暗里大概是美国有史以来最流行的同化论，最能说明直到20世纪60年代为止的移民同化情形。尽管“熔炉”一词在“番茄汤”论那里被提起，但“熔炉”是番茄汤的容器，盎格鲁撒克逊文化是锻造移民的模板。

## 三、移民美国化的“沙拉”论

“熔炉”论和“番茄汤”论二者以不同的方式表达了美利坚民族主义，描绘了“文化一体性”的美国特性，熔炉强调全新，“番茄汤”论强调依据盎格鲁–撒克逊的传统，两者对新移民都进行熔炼、改造。而“沙拉”论则是拒绝改造的，是“多元文化”指向的。

作为一种政治哲学思想，“多元文化主义”（multiculturalism）脱胎于19世纪末20世纪初的“文化复数主义”（cultural pluralism）。杜威、杜波依斯等理论家和思想家提出“文化复数”观点，来展现建立各民族、各种族人群一起建设更美好、更平等社会的愿景。1915年，哈佛大学校友、著名霍瑞斯·卡伦强烈主张各种族移民文化在美国形成“沙拉”式融合：迁移到美国来的不同民族团体居住于特定的区域，并倾向于保持他们自己的语言宗教公社制度及祖先文化。与此同时，移民们又在学习英语，力图参与到整个美利坚民族的政治经济中来，美国不仅应该成为地理型的联邦，而且应该成为一个不同民族文化的联邦（Yetman, 1985:142）。卡伦列举了如下理由来支持他的观点，第一，容许多元文化共存并不违背美国历史上创建的政治准则，相反，它恰恰是美国民主思想的结果。维护文化多元主义，完全符合美国政治和社会传统理想，任何把盎格鲁–撒克逊文化强加于人的做法，都是对这些理想的破坏。第二，容许多元文化共存，各民族群体都可以把自己文化遗产中的积极因素纳入美国整体文化，后来登陆美国的其他民族的文化可以与盎格鲁–撒克逊文化相互竞争，互相渗透，整个国家的文化会更加丰富多彩。第三，创造来源于多样化的影响，如果美国社会和文化像管弦乐那样，是由不同的地域、民族、职业、宗教和社区构成的联合体，那么美国的社会与文化将生机无限，青春鲜活，前景广阔（Yetman, 1985:144–145）。

“沙拉”论反映了美国非盎格–鲁撒克逊人的愿望，是针对当时很得人心的熔炉理念和“番茄汤”理念作出的一种反应。“熔炉”论以理想的形态来描述美国人的未来：没有冲突、没有纠结，没有歧视，欢欣鼓舞地从旧我蜕变为新我，所有族群从血缘到文化融合成新的民族。“番茄汤”论则是让人抛弃原来的文化，遵照一个“优越的”的模板来转变，蕴含自身种族和文化的劣等性。然而，过去不是蛇蜕皮，蜕变的过程，特别是被压着蜕变的过程，不能说没有痛苦。亚瑟·曼指出，“卡伦是处于守势而提出文化多元论，想以此取代熔炉理念和盎格鲁–撒克逊至上论”（亨廷顿，2005：111）。卡伦的观点在学术界引起了一定的兴趣，对公众态度和流行的民族主义思潮没有多大影响。一些权威人士谴责卡伦的主张是要让美国“巴尔干化”。曼指出，支持卡伦的“是两种人：犹太复国主义者，以及虽非犹太人但却亲犹太教的知识分子，这些人着迷于美国城市生活的种族多样化”。面对根深蒂固的“熔炉论”和“番茄汤”的强大势力，在20世纪前期多元文化的“沙拉论”没能推广开来。

“沙拉论”到1960年代重新引发关注，一方面，为应对冷战，美国需要塑造自由、民主的国际形象，有必要接纳各种族的移民进入美国，而且对这些移民不能表现出歧视；另一方面，美国国内少数族裔不满种族歧视的现实，开始抗拒“熔炉”论、“番茄汤”论式的“美国化”，倡导不同族裔的文化平等，希望多元文化的发展能带来种族平等。到21世纪前夕，有调查者发现，拥护多元文化的理由，有的是理想主义的，说是“有必要拓宽自己”；有的则很务实，“要是反对多元主义就会遭到解雇”（Wolfe, 1998:160）；还有从移民的归属感考虑，说多元文化“让每个人感受到自己的价值和自己的传统”；一些人从经济的角度考虑，认为“当今要赚大钱，需在全球投资，孩子们应该了解世界各种成分”（Wolfe, 1998:162）。可以说，如今多元文化主义给美国社会打上了深深的烙印。从启蒙时代开始，自由主义承诺的自由和平等就是西方社会的标志，而多元文化现在已成为自由和平等的代名词。然而，美国不断的种族冲突告诉我们，反种族歧视任务艰巨，多元文化的实践之路还很漫长。

总之，多种族、多民族的美国在国人怎样融合、怎样实现国家认同方面进行了探索，也走了弯路，白人至上者或从文化上挑移民的毛病，或从生物特征上歧视其他移民，种族冲突等，影响到美国人，尤其是少数族裔的国家认同。相对文化美国化，移民生物学上的种族属性的“美国化”几乎是不可能的，所以大家应该致力于反对种族歧视，实现多元文化，也带动经济、政治等诸多方面的平等，这个美国少数族裔的愿景变为现实的时间尚不可期。

# 参考文献

[1] Cubberly E P. Changing conceptions of education[M]. Boston: Houghton Mifflin, 1909.
[2] O'Neill T. Immigration, opposing viewpoint[M]. New York: Greenham, 1992.
[3] Wolfe A. One nation, after all: what middle-class Americans really think about: God, country, family, racism, welfare, immigration, homosexuality, work, the right, the left, and each other[M]. New York: Viking, 1998.
[4] Yetman N R. Majority and minority: the dynamics of race and ethnicity in American life[M]. Boston, MA: Allyn and Bacon, Inc., 1985.
[5] Zagwill I. The melting pot[M]. New York: MacMillan, 1909.
[6] 亨廷顿 . 我们是谁：美国国家特性面临的挑战 [M]. 程克雄，译 . 新华出版社，2005.

# 中国在德交换生跨文化适应调查研究

# Study on Intercultural Adaptation of Chinese Exchange Students in Germany

北京理工大学外国语学院　王万仪

**摘　要：**随着中德交流的不断加深，中德交换项目也在日益增多。本文以问卷调查、访谈的形式对中国在德交换生的社会适应和心理适应两方面进行研究，并采用 SPSS 软件进行数据分析，从而观察其在德国的文化适应性，分析不适应方面的主要成因，旨在提出建议来帮助其他交换生适应中德文化差异。

**关键词：**中国在德交换生　跨文化适应　社会文化适应　心理适应

**Abstract:** As the exchanges between China and Germany continue to deepen, the exchange projects between China and Germany are also increasing. This article studies the social and psychological adaptation of Chinese exchange students in Germany in the form of questionnaires and interviews. SPSS software is used for data analysis to observe its cultural adaptability in Germany and analyze the main causes of non-adaptation. It aims to make suggestions to help other exchange students to adapt to the cultural differences between China and Germany.

**Key words:** Chinese exchange students in German　intercultural adaptation　social cultural adaptation　psychological adaptation

## 一、前言

中国和国外的经济、政治、文化等交流日益丰富。除了主流的英语国家之外，欧洲大陆的中国交换生数量也有所增长。其中，德国以它一流的教学资源和丰富的奖学金受到中国学生的追捧。我校就与德国大学有密切交流，和德国高校在学生交换与联合培养的广度与深度提供了重要平台。但学生们不可避免地在交换期间会在生活环境、人际交往等方面产生不适应的现象。因此，对中国在德交换生的社会适应、心理适应进行调查研究具有重要启发意义，能够让我们了解其在德期间的文化适应特点，并对适应程度与不适原因进行分析，以便给以后的交换生或旅居者提出更好的应对策略。

## 二、研究背景

根据德国联邦教育及研究部在其 Ausländische Studierende in Deutschland 2016（2018）

给出的官方的数据统计所示，来德留学生中有 9% 来自东亚地区，在所有的东亚学生中，中国学生约占比 77.8%。由此可见，中国学生占据东亚地区在德留学的主要学生来源。

国外学者沃德（2001）认为，跨文化适应分为两种，即社会文化适应和心理适应。社会文化适应指融入特定社会文化环境的能力，以及能与当地人进行有效交流的能力。心理适应是在跨文化接触中的情感幸福度、满意度，以及心理健康。这为本研究提供了理论支持。

观察国内现有关于中国在德人员的主要研究成果，发现分为如下三个方面：

一些研究侧重考察不同客观因素对跨文化适应的结果有何影响，如严文华（2007），通过前测后的问卷调查，将预测变量应激源分为社会、学习 / 工作两方面，结果变量应激分为生理、心理、文化三个方面，探讨了二者的关系；毛学勤（2015）通过问卷与访谈的形式，从留学生的个体差异，如性别、年龄、旅居时间长短、德语水平、受教育程度、收入水平，考量了这些因素对庞大的被试群体的文化适应性影响。

跨文化适应中的文化休克现象有何成因也受到部分研究者的关注：谢琼、戚一娇（2018）采用抽样调查的研究方法，从霍夫斯泰德的文化维度理论视角为出发点，对跨文化适应性分别从生活、学业以及人际交往三方面着手研究，分析中国在德留学生产生文化休克与跨文化不适的主要成因。

此外，有关中德教育领域差异的对比研究也是研究热点之一，如郭晓暹、曹闻闻（2018）着眼于中德两国大学教育领域的差异，采用了质性研究方法，从跨文化交流角度浅谈了一名中国留德学生的文化适应，并认为只有建立跨文化交际的意识、展现培养跨文化交际的能力，理解与沟通的桥梁才能顺利建成。此外，近年来还有一些硕博论文，如：赵倩茹（2010）讨论了中国在德留学生群体中的文化休克现象；张颖（2017）讨论了中国留德学生跨文化策略选择的影响因素和跨文化交际能力培训。

综上所述，我国学生作为东亚地区留德学生的主要来源，但国内对于这一群体的关注度并不高，鲜有针对留德学生的研究，仅有上述三种，而国内跨文化适应研究多数关注中国学生在英语国家的适应情况。因此，本文以沃德的跨文化适应理论作为出发点，在前人的研究基础上，通过调查问卷与访谈相结合的方法，将研究对象限定为仅在德国生活、学习半年的交换生，目的是聚焦于短期留德这一群体，探究其跨文化适应特点，并给出更有针对性的启示和建议。

## 三、研究对象

本文的研究对象是北京理工大学 2017 级本科德语专业的 14 名学生，20 岁左右。他们均在大学入学后才开始学习德语，并在达到德语水平 B2 的成绩后前往德国进行为期半年（2019 年 9 月—2020 年 2 月，即大三上学期）的交换学习。除了其中 3 位学生曾于大二参加过为期两周的夏校以外，其余 11 人此前均未有过在德国学习或生活的经历。

## 四、研究方法

本研究采用调查问卷和访谈两种形式对 14 名中国在德交换生的社会适应、心理适应两方面进行研究分析。其中调查问卷采用在线平台“问卷星”发放共 14 份，问卷语言为中文，在学生们回国一周内发放。为保证数据来源的可靠性，问卷是在联系了各个同学并成立微信群后，才发至群内填写。统计数据采用 SPSS 软件进行分析。

**4.1 问卷设计**

4.1.1 社会文化适应调查量表

本文中使用的社会适应调查量表借鉴了 Ward C & Kennedy A 的《跨文化适应量表》（SCAS）（1999），并按照中国在德交换生的实际情况和文化差异进行了修改，将原问卷中的“Followingrulesandregulations”和“Dealingwithunsatisfactoryservice”分别细分为“商店服务”和“餐饮服务”、“垃圾分类”和“交通规则”这些具体的方面。

本文的中国在德交换生社会适应调查量表共计 16 个项目，可归类为 4 个方面，即“生活条件”“人际交往”“服务模式”“公德意识”，具体内容如下表所示：

**表 1 社会文化适应调查量表**

| 分类 | 序号 | 题目内容 |
| --- | --- | --- |
| 生活条件 | 1 | 我喜欢德国的食物。 |
| | 2 | 我在德国的住宿环境好。 |
| | 3 | 我能适应德国的气候。 |
| | 4 | 我能适应当地的生活节奏。 |
| | 5 | 我认为购物十分便利。 |
| | 6 | 我认为当地的交通系统非常便利。 |
| 人际交往 | 7 | 我和当地人交流没有困难。 |
| | 8 | 课下时间里我更多与当地人进行来往。 |
| | 9 | 我和德国的老师相处很融洽。 |
| | 10 | 我能领会德国人的幽默。 |
| | 11 | 我经常参加校园活动或聚会。 |
| | 12 | 我会主动沟通消除交际中出现的误会。 |
| 服务模式 | 13 | 我喜欢德国商店的服务态度。 |
| | 14 | 我喜欢德国餐厅的服务态度。 |
| 公德意识 | 15 | 我能遵守德国的垃圾分类规则。 |
| | 16 | 我能遵守德国的交通规则制度。 |

4.1.2 心理适应调查量表

本文中使用的心理适应调查量表参考了 ZUNG W. W. K 提供的自评抑郁量表（SDS）（1965）以及亓华的泰国留学生心理适应量表（2015），考察中国在德交换生的心理适应情况。

表 2　心理适应调查量表

| 分类 | 序号 | 题目内容 |
| --- | --- | --- |
| 思乡症状 | 1 | 我经常想家。 |
| | 2 | 我想念家乡的风俗习惯和行事方式。 |
| | 3 | 我真正的朋友都是我的同胞。 |
| 不良的心理状态 | 4 | 我觉得闷闷不乐、情绪低沉。 |
| | 5 | 容易发火、吵架，但因语言水平不够而心情郁闷。 |
| | 6 | 我不能掌握我的生活节奏。 |
| | 7 | 我觉得自己对他人来说是个负担。 |
| | 8 | 自从来了之后，我经常心烦意乱。 |
| | 9 | 我觉得在德国生活就像一次冒险。 |
| | 10 | 来德国以后我无法学习。 |
| | 11 | 我有时不能理解发生在周围的事情。 |
| | 12 | 我比平常更易烦躁。 |
| | 13 | 比在国内敏感多疑，很在乎别国人对自己的态度。 |
| | 14 | 我晚上睡不好觉。 |
| 良好的心理状况 | 15 | 感到德语水平越来越好，我对未来充满希望。 |
| | 16 | 我的身体毫无问题。 |
| | 17 | 平时感兴趣的事，我现在仍喜欢做。 |
| | 18 | 日常交际顺利，很开心，我的生活很有意思。 |
| | 19 | 我吃饭跟平时一样多。 |
| | 20 | 我发现做决定很容易。 |

在两个量表的填写过程中，研究对象用 1 到 5 的评分标准来说明交换期间在这些不同的方面中各类症状的程度。其中，分数 1 代表没有难度（表示学生适应得很快），分数 2 代表轻微难度，分数 3 代表中等难度，分数 4 代表很大难度，分数 5 代表极其困难（表示学生很难适应或无法适应）。

需要注意的是，心理适应量表总计为 100 分。其结果显示未满 50 分，表示正常；51~65 分，表示轻度抑郁；66~80 分，表示中度抑郁；81 分以上，表示重度抑郁。

**4.2 访谈**

访谈同样采用线上进行的方式。本研究仅有一位同学达到中度抑郁，具有研究意义，因此仅有一个采访对象，访谈的问题与回答融入在 2.2 心理适应的结果分析中。访谈问题为："你在哪一方面遇到的问题较大？"、"这半年的整体感受是怎样的？"以及"是否有一些建议给以后在德交换的学弟学妹？"。

# 五、研究结果与分析

### 5.1 社会文化适应调查结果与分析

在社会文化适应量表回收后，根据学生填写问卷给出的 1—5 分，从生活条件、人际交往、服务模式、公德意识这四个类别为出发点，对比分析中国在德交换生每一类别的适应是快是慢。

具体计算方法如下：先统计每个类别每一分数的平均选择人数，然后用平均选择人数分别乘以每个分数的对应数值，再把 5 个分数的数值相加，得出这 4 个类别的适应总分数，即为该类别的平均适应度，最后将这 4 个类别的平均适应度进行比较。

5.1.1 调查结果

如图 1 所示，每一个图柱显示出一种类别的平均适应度，分数最高的是人际交往类别，43.48 分，即学生们适应得最慢；分数最低的是服务模式类别，28.5 分，即适应得最快，生活条件类别与公德意识类别相差分数不多，分别是 32.49 分与 30 分。

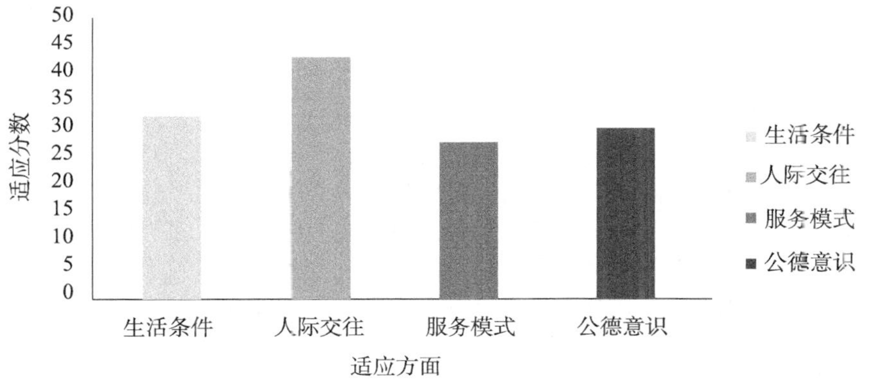


**图 1　社会文化适应：平均适应度**

5.1.2 结果分析

对社会文化适应的结果分析，本文采用 SPSS 中描述性统计分析的方式，对调查问卷中的 4 种适应类型进行分析，以达到对数据的总体特征有较为准确的把握。

1）生活条件：

**表 3　生活条件的描述性统计分析**

| 生活条件 | 最小值 | 最大值 | 平均值 | 标准差 | 中位数 |
|---|---|---|---|---|---|
| 1. 我喜欢德国的食物。 | 1.000 | 5.000 | 2.714 | 1.139 | 3.000 |
| 2. 我在德国的住宿环境好。 | 1.000 | 4.000 | 1.929 | 0.997 | 2.000 |
| 3. 我能适应德国的气候。 | 1.000 | 5.000 | 2.214 | 1.424 | 2.000 |
| 4. 我能适应当地的生活节奏。 | 1.000 | 4.000 | 2.000 | 1.109 | 2.000 |
| 5. 我认为购物十分便利。 | 1.000 | 5.000 | 2.500 | 1.401 | 2.000 |
| 6. 我认为当地的交通系统非常便利。 | 1.000 | 5.000 | 2.571 | 1.399 | 2.500 |

本文在生活条件这一类别中分别调查了“德国食物”“住宿环境”“气候适应”“生活节奏”“购物便利”“交通便利”这 6 个项目。其中值得注意的是，“住宿环境”“生活节奏”的最大值为 4 分，平均值分别为 1.9 分和 2 分，表明他们在这两个项目上能够较为快速地适应，学生表示德国的住宿条件为单人间，干净整洁，学习、生活的节奏比国内慢。学生适应最慢的是“德国食物”，平均值达 2.71 分、中位数是 3 分，因为中德饮食文化差异较大，相比之下还是中国的饭菜更符合他们的饮食习惯。从整体数据来看，中位数在 2 分至 3 分之间，说明交换生对德国的生活条件整体适应情况适中。

2）人际交往：

表 4　人际交往的描述性统计分析

| 人际交往 | 最小值 | 最大值 | 平均值 | 标准差 | 中位数 |
|---|---|---|---|---|---|
| 7. 我和当地人交流没有困难。 | 1.000 | 5.000 | 3.071 | 0.997 | 3.000 |
| 8. 课下时间里我更多与当地人进行来往。 | 1.000 | 5.000 | 3.286 | 1.326 | 3.000 |
| 9. 我和德国的老师相处很融洽。 | 1.000 | 5.000 | 2.286 | 1.383 | 2.000 |
| 10. 我能领会德国人的幽默。 | 2.000 | 5.000 | 3.429 | 0.852 | 3.500 |
| 11. 我经常参加校园活动或聚会。 | 2.000 | 5.000 | 3.857 | 1.027 | 4.000 |
| 12. 我会主动沟通消除交际中出现的误会。 | 1.000 | 5.000 | 2.714 | 1.139 | 3.000 |

人际交往作为社会文化适应中最难适应的一类，调查了“无困难交流”、“与当地人来往”、“与德国教师相处”、“理解幽默”、“聚会活动”、“消除误会”这 6 个项目，是本文重点分析的部分。学生们虽有一定的德语基础，但课本上的内容大多偏向书面语，和日常用语相比要更为正式；而且在和德国同学交谈时，他们会使用德国社会当下流行的青年用语（何涛，2003），这样的词汇会随着时间而更替，可能只是作为新鲜词被使用一阵子。所以交换生所掌握的基本词汇量还不能够让他们在各种话题上与人无障碍交流沟通（平均值为 3.07 分，中位数为 3 分），存在彼此听不懂对方说的德语的情况。他们也不能完全领会德国人的幽默（平均值居第二位，3.43 分），时而有互相不理解的情况发生。虽然大家比较愿意积极主动地消除误会（平均值为 2.71 分），但德语水平有限导致多数情况下误解很难解释清楚，所以更多选择和中国的本班同学来往（平均值居第三位，3.29 分）。“聚会活动”这一项目的最小值为 2 分、平均值为 3.86 分、中位数为 4 分，特别说明了中国学生在交换期间存在着人际交往困难，缺少一定的社会支持网络的支撑促进他们对环境的适应（王丽娟，2011），很难参与到当地的社交活动中。

引人注目的是，适应最快的为“与德国教师相处”这一项，平均值为 2.29 分、中位数为 2 分，1 分和 2 分的选择比例高达 71.4%。学生们表明这与他们能随时提问、课堂氛围较国内相比更为轻松有关。霍夫斯泰德文化尺度理论中的个体主义与集体主义、权力距离理论（2015）解释了该现象：德国这样的西方国家崇尚个人主义，权利距离低的价值取向让师生之间的距离感小，中国学生在德国的课堂上敢于提问和互动；同时，良好的教师话语特点能够促进学生的学习兴趣、增加他们和老师交流沟通的意愿（周军平，2006），因此他们能与德国教师相处融洽。

3）服务模式：

表 5　服务模式的描述性统计分析

| 服务模式 | 最小值 | 最大值 | 平均值 | 标准差 | 中位数 |
|---|---|---|---|---|---|
| 13. 我喜欢德国商店的服务态度。 | 1.000 | 4.000 | 2.071 | 0.997 | 2.000 |
| 14. 我喜欢德国餐厅的服务态度。 | 1.000 | 3.000 | 2.000 | 0.877 | 2.000 |

服务模式这一类别的平均值和中位数都是 2 分，说明交换生对德国的服务模式适应性较强，大多数同学对德国的服务模式比较满意。

4）公德意识：

**表 6 公德意识的描述性统计分析**

| 公德意识 | 最小值 | 最大值 | 平均值 | 标准差 | 中位数 |
|---|---|---|---|---|---|
| 15. 我能遵守德国的垃圾分类规则。 | 1.000 | 5.000 | 2.500 | 1.225 | 2.000 |
| 16. 我能遵守德国的交通规则制度。 | 1.000 | 4.000 | 1.786 | 0.893 | 2.000 |

公德意识的这一类别中，“遵守交通规则”平均值为 1.79 分，说明相比“做到垃圾分类”，学生能更快适应过马路、不要占用紧挨人行道的自行车道、乘坐公交等规则。德国的垃圾分类规则十分复杂，做到牢记黄、蓝、棕、黑四色垃圾桶的垃圾分类，准确辨别超市中的塑料瓶回收系统、电视回收桶、街角设置的旧衣物回收箱都需要一定的时间。

**5.2 心理适应调查结果与分析**

5.2.1 调查结果

**表 7 心理适应调查结果**

| | 心理正常 | 轻度抑郁 | 中度抑郁 | 重度抑郁 |
|---|---|---|---|---|
| 人数 | 10 | 3 | 1 | 0 |
| 百分比 | 71.43% | 21.43% | 7.14% | 0% |

根据表 7 所示的心理适应调查结果，结合上文所描述的评分标准，可观察到：总共有 10 位同学未满 50 分，占 71.43%，尚未达到抑郁值，心理正常；有 3 位同学是轻度抑郁，占 21.43%，分数分别为 51、57、60；还有一名同学达到了中度抑郁的程度，分数为 77 分，占 7.14%。

5.2.2 结果分析

**表 8 心理适应描述性统计分析**

| | 最小值 | 最大值 | 平均值 | 标准差 | 中位数 |
|---|---|---|---|---|---|
| 1. 我经常想家。 | 1.000 | 5.000 | 2.500 | 1.401 | 2.000 |
| 2. 我想念家乡的风俗习惯和行事方式。 | 1.000 | 5.000 | 2.643 | 1.393 | 2.000 |
| 3. 我真正的朋友都是我的同胞。 | 1.000 | 5.000 | 2.643 | 1.499 | 2.500 |
| 4. 我觉得闷闷不乐、情绪低沉。 | 1.000 | 5.000 | 2.071 | 1.207 | 2.000 |
| 5. 容易发火、吵架，但因语言水平不够而心情郁闷。 | 1.000 | 4.000 | 2.000 | 0.961 | 2.000 |
| 6. 我不能掌握我的生活节奏。 | 1.000 | 4.000 | 2.286 | 1.139 | 2.000 |
| 7. 我觉得自己对他人来说是个负担。 | 1.000 | 4.000 | 1.643 | 1.082 | 1.000 |
| 8. 自从来了之后，经常心烦意乱。 | 1.000 | 5.000 | 2.000 | 1.240 | 2.000 |
| 9. 我觉得在德国生活就像一次冒险。 | 1.000 | 5.000 | 2.143 | 1.231 | 2.000 |
| 10. 来德国以后我无法学习。 | 1.000 | 4.000 | 2.071 | 0.917 | 2.000 |
| 11. 我有时不能理解发生在周围的事情。 | 1.000 | 4.000 | 2.071 | 0.997 | 2.000 |
| 12. 我比平常更易烦躁。 | 1.000 | 5.000 | 2.071 | 1.207 | 2.000 |

续前表

| | | | | | |
|---|---|---|---|---|---|
| 13. 比在国内敏感多疑，很在乎别国人对自己的态度。 | 1.000 | 5.000 | 2.286 | 1.204 | 2.000 |
| 14. 我晚上睡不好觉。 | 1.000 | 4.000 | 1.571 | 1.089 | 1.000 |
| 15. 感到德语水平越来越好，我对未来充满希望。 | 1.000 | 5.000 | 2.500 | 1.345 | 2.000 |
| 16. 我的身体毫无问题。 | 1.000 | 5.000 | 1.929 | 1.492 | 1.000 |
| 17. 平时感兴趣的事，我现在仍喜欢做。 | 1.000 | 3.000 | 1.500 | 0.760 | 1.000 |
| 18. 日常交际顺利，很开心，我的生活很有意思。 | 1.000 | 5.000 | 2.143 | 1.167 | 2.000 |
| 19. 我吃饭跟平时一样多。 | 1.000 | 5.000 | 1.714 | 1.204 | 1.000 |
| 20. 我发现做决定很容易。 | 1.000 | 5.000 | 2.786 | 1.311 | 3.000 |

如表 8 所示，心理适应的整体均值在 1—3 之间，说明各项目间的离散度差别大，但整体适应性相对较好。均值最高的是第 20 项和第 2、3 项，分别为 2.79 分和 2.64 分，说明交换生一人在陌生环境中做决定时独立自主的能力仍需要提高，心理上仍习惯于家乡文化的“舒适圈”，具有一定的依赖性，更倾向于和中国人来往；均值最低的是第 17 项和第 14 项，分别为 1.5 分和 1.57 分，表示学生们虽然有不适应的经历，但仍努力保持良好作息并坚持爱好，有着积极生活的态度。

经研究发现，3 位之前参加过高校举办的夏令营，有过德国生活或学习经验的同学，所得分数大小排列依次为 30 分、35 分、38 分，心理适应很快。他们认为在柏林体验过的 15 天学习生活让他们形成了一些对德国情况和文化的直观认识，对他们在德交换半年的心理适应有所帮助，遇事能采取已经获得的策略解决问题。

4 位有轻度抑郁和中度抑郁的同学，此前均没有在德国生活或学习的经历。其中特别访谈了中度抑郁的一位同学，询问她“你在哪一方面遇到的问题较大？”、“这半年的整体感受是怎样的？”以及“是否有一些建议给以后在德交换的学弟学妹？”，她表示来到德国之后在社会文化适应方面，饮食、与当地人交往都存在着文化冲击（高佑梅，1999：51–52），导致自己在德交换的半年期间心情很糟糕、适应性差，很不喜欢在德国的生活，她的建议是以后的学弟学妹在交换前明确自己为什么来、要更多地与德国人交流。

**5.3 心理适应与社会文化适应的关系分析**

本文运用 SPSS 相关分析中的 Pearson 相关系数进行分析，还考察了学生在德交换期间的心理适应与社会文化适应是否有关系，以及相关性强弱的情况。首先计算出每一位学生的社会文化适应和心理文化适应的平均值，然后把社会文化适应的数值设定为分析项 x、心理适应的数值设定为分析项 y，置入软件经计算得出下表：

**表 9　心理适应与社会文化适应的关系分析**

| r | 心理适应 |
|---|---|
| 社会文化适应 | 0.809** |

从表 9 可知，心理适应和社会文化适应之间的相关系数值为 0.809**，并且呈现出 $p<0.01$ 水平的显著性，因而说明心理适应和社会文化适应之间有着显著的正相关关系，社会文化适应得越好，心理适应程度就越好。

## 六、总结与启示

综上所述，通过本文研究，显示中国学生在短期交换项目中在社会文化适应和心理适应方面遇到了不同程度的不适感，但整体适应程度良好。其中，心理适应程度是与社会文化适应程度呈现显著正相关，社会文化适应中的人际交往方面适应的最慢、遇到的困难最多，适应水平由低到高依次是“人际交往”“生活条件”“公德意识”“服务模式”，心理适应中大部分学生能够克服自己的负面情绪，保持正常的心理状态。

从交换生的角度看，他们在德期间的跨文化适应属于短期旅居适应，德国的优势在于空气清新、环境优美、购物与交通十分便利，而且德语的语言环境适合语言学习，是理想的生活与学习环境；需要注意的是中德饮食文化、人际交往模式存在较大差异，学生在异国他乡的陌生环境，和国内熟悉的亲友、起居环境存在距离，甚至时差，会加大交换生在德短期之内适应的难度。

因此笔者提出以下建议：在学生正式开展交换生活以前，高校应重视培养交换生跨文化适应能力，针对所交换的目的语国家开设跨文化交际课程，旨在让学生了解跨文化交流基本知识、理解文化差异；已有短期留德经验的学长学姐可以进行经验分享，让尚未出国的学生从同学的经历中知悉可能遇到的问题并收获一些跨文化适应策略；学生本人应明确自己的动机，同时降低高期待值，以应对不适来临时的落差感；除此以外，学生也应注意自身文化适应性问题，出国前做好各方面的物质准备以及充分的心理准备，出国以后努力学习德语、多结交外国朋友，缩小自己和德国文化的差距，积极调整自身状态。针对适应困难最大的人际交往方面，中国学生应熟悉社会交往习俗和禁忌，尊重对方的文化，以更积极的态度，更平和的心态与德国人相处（谢琼，2018）。

本文对中国在德交换生的跨文化适应问题进行了研究，希望通过本次调查，能够让我们更加了解中国在德交换生社会文化适应和心理适应的特点和不适成因，有助于在今后的留德交换中，更加有针对性地帮助中国在德交换生适应学习与生活，处理好人际交往，克服不适感，取得满意的交换效果。

## 参考文献

[1] Bundesministerium für Bildung und Forschung. Ausländische Studierende in Deutschland 2016[M]. Peine: Fischer Druck, 2018: 15.

[2] Ward C, Kennedy A. The measurement of socio-cultural adaptation[J]. International journal of intercultural relations, 1999(23): 659–677.

[3] Ward C. The A, B, Cs of acculturation[M] // Matsumoto D. The handbook of culture & psychology. New York: Oxford University Press, 2001: 428–462.

[4] ZUNG W W K. A Self-rating depression scale[J]. Archives of general psychiatry, 1965(12): 63.

[5] 高佑梅．跨文化交际与外国语言教学——文化冲击 · 文化饥饿 · 文化适应 [J]. 山东农业大学学报（社会科学版），1999（3）：51–52.

[6] 郭晓暹，曹闻闻．从跨文化交流角度浅谈中国留学生在德国的文化适应 [J]. 教育教学论坛，2018(21)：58–59.

[7] 何涛．德语青年用语的两种现象 [J]. 德语人文研究，2003：20–22.

[8] 毛学勤．留德中国大学生的跨文化适应现状 [J]. 世界教育信息，2015（7）：56–59.

[9] 亓华．在京泰国留学生跨文化适应调查研究 [J]. 云南师范大学学报（对外汉语教学与研究版），2015（6）：81.

[10] 王丽娟．跨文化适应研究现状综述 [J]. 山东社会科学，2011（4）：44–49.

[11] 谢琼，戚一娇．基于文化维度理论的留学生跨文化适应性研究——以留学德国半年以上的 77 名中国学生为例 [J]. 北京第二外国语学院学报，2018（5）：111–122.

[12] 严文华．跨文化适应与应激、应激源研究：中国学生、学者在德国 [J]. 心理科学，2007（4）：244–246.

[13] 张颖．中国留德学生跨文化策略选择的影响因素研究及跨文化交际能力培训 [D]. 青岛大学，2017.

[14] 赵倩茹．试论中国在德留学生群体中的文化休克 [D]. 北京理工大学，2010.

[15] 周军平．教师话语与第二语言习得 [J]. 外语教学，2006（3）：69.

[16] 祖晓梅．跨文化交际 [M]. 北京：外语教学与研究出版社，2015，58–61.

# 课程思政视域下“自然文学与生态批评”课程改革[1]

# Course Reformation of “Nature Literature and Ecocriticism” from the Perspective of Ideological and Political Construction

北京林业大学外语学院　南宫梅芳

**摘　要：**为深入贯彻习近平重要讲话精神和教育部《高等学校课程思政建设指导纲要》，本教学团队对研究生专业选修课“自然文学与生态批评”从课程思政建设角度进行了改革。通过对教学内容、教学团队、教学模式等系列教学元素的探索，团队将“探索学科前沿，建立民族自信”作为课程思政建设的主要目标，将“中西对比”作为课程思政建设的主要方式，全面修订了教学大纲、教学方法和考查模式，将思政元素有机融入教学之中，潜移默化地实现研究生专业教学过程中的思政教育，落实立德树人的根本任务。

**关键词：**课程思政　中西对比　教学内容　教学团队　考查模式

**Abstract:** In order to thoroughly implement the spirit of Xi Jinping’s important speech and the Ministry of Education’s “Guideline for Curriculum Ideological and Political Construction in Higher Education,” our teaching team has reformed the graduate course “Natural Literature and Ecocriticism” from the perspective of curriculum ideological and political construction. Based on detailed exploration of the crucial teaching elements of teaching content, team construction and teaching mode, the teaching team decided to set up “exploring the frontiers of ecocriticism and building national self-confidence” as the main goal of curriculum ideological and political construction, and “comparison between Chinese and Western elements” as the main approach. Comprehensive revision was thus made on the teaching syllabus, teaching methods and examination mode to ensure an organic integration of ideological and political elements into the classroom, to subtly realize the ideological and political education of postgraduate students, and fulfill the fundamental task of higher education.

**Key words:** ideological and political construction　comparison of Chinese and Western elements　curriculum　teaching team　examination mode

1　资助项目：北京林业大学 2020 年研究生课程建设项目“‘自然文学与生态批评’课程思政建设”（KCSZ2011）。

2016 年 12 月，习近平总书记在全国高校思想政治工作会议上指出，要用好课堂教学这个主渠道，将思政教育作为价值导向，课程教学作为载体，使各类课程与思想政治理论课同向同行，形成协同效应（吴晶、胡浩，2016）。2020 年 5 月 28 日，教育部印发《高等学校课程思政建设指导纲要》，提出要“把思想政治教育贯穿人才培养体系，全面推进高校课程思政建设，发挥好每门课程的育人作用，提高高校人才培养质量”（教高 [2020] 3 号）。纲要不仅指出要“全面推进课程思政建设”，同时也对具体学科提出了具体任务，在课程思政建设目标和内容重点方面给予了指导性建议。《纲要》还明确提出，课程思政的建设,教师队伍是“主力军”,课程建设是“主战场”,课堂教学是“主渠道”。本课程——“自然文学与生态批评”自 2014 年开设以来，在教学理念、教学方法和网络技术应用等方面都进行了不断的探索。2020 年初，围绕国家和教育部的要求，我们在课程内容、教学方式、课程考核方式等方面结合课程思政建设要求和本课程的特点进行了更为具体细致的探索和实践。

## 一、课程思政改革的必要性和可行性

课程思政并不是硬式地并入思政内容，而是要求在专业课的教学中挖掘出思政教育有机融合点，丰富创新教育教学方法，深度教学以达到“德智并行”的目的（伍醒、顾建民，2019），将理论知识和专业技能的获取上升至人格的建立和素养的提升，教育教学从教授知识上升到培养更加优秀的人，这是一种从战略高度对思想政治体系的构建，关乎国家教育发展的未来（高德毅、宗爱东，2017）。以此为目标，我们首先对照培养目标，认真做好本课程的教学大纲修订工作。英语语言文学专业的硕士研究生应具有扎实的英语语言文学基础理论及系统的专业知识，对有关学科的目前状况及发展趋势有全面透彻的了解，应有独立从事科研工作的能力并在此基础上撰写有质量的、有独立见解的论文及发表著作。因此，这就要求学生首先要有扎实的专业基础，同时又对学科前沿具有敏锐的感知力和一定程度的研究能力。

本课程是英美文学方向硕士研究生的专业选修课。本课程建设之初，就将“前沿性”作为课程建设的首要任务。生态文明建设是 21 世纪的关键词之一，影响着人类当下和未来的生存和命运，也是我国重要的战略任务，而本课程旨在引导学生重读经典文学作品，了解生态思想在经典中的表现方式和基本主题。要求学生熟悉英美生态思想的形成和发展，掌握西方，尤其是英美自然文学与生态批评的历史发展轨迹、基本主题、重要理论和研究方法，培养把文学批评纳入全球生态意识和生态伦理的思考方式，并能够完成从生态批评角度入手的学术论文。但是，当把本课程纳入课程思政视域时，我们发现本课程的设计和教学内容在有些方面仍有不足之处，主要表现在对中国自然文学和生态批评的学习和研究有很大欠缺。经过认真调研，我们对原有的课程计划进行补充和分析，制定了符合本课程培养目标的课程思政建设目标和方案，即“探索学科前沿，建立民族自信”。

在教学理念上，我们对改革的必要性和可行性进行了分析，制定出以中西比较为基本方法、客观分析中西异同的教学思路，主要基于以下两点考虑:（一）中西自然文学和生态批评的出现与发展具有时代的同步性。首先，对自然的关注是中西文学的共同点，西方文学的自然文学最早可以追溯到古希腊的忒奥克里托斯（Theocritus）的《田园诗》（*Idylls*）和维吉尔的《农事诗》（*Georgics*）和《牧歌集》（*Eclogues*）；而中国的自然文学则可以追溯到《道德经》和《庄子》，基本处于相同的时代，即古代自然观孕育和形成的阶段。从

16 世纪到 19 世纪是文学发展的高峰期，同时也是中西自然观的成熟期和各种传统生态思想的形成期，英美的诗歌、小说、戏剧对生态思想有着不同的表达，而中国的山水诗和散文类的自然写作更是集中表达了中国传统文化中的生态思想。到了 20 世纪，随着生态环境的恶化，中国和西方都先后出现了相关文学作品，警醒人类对大自然的破坏，并伴有深刻的哲学反思，催生了生态批评的出现和发展。生态批评的出现和发展也几乎同步在 20 世纪 90 年代。（二）中西自然文学与生态批评呈现出明显的交流痕迹。英美自然文学与中国自然文学有着各自的发展脉络和传统构建，但是随着中西交流的不断增多，也有着明显的互相借鉴、互相影响的痕迹。例如美国 19 世纪最重要的思想家拉尔夫·爱默生（Ralph Emerson）就曾受到过中国道家思想和禅宗自然观的影响，而中国于 20 世纪初在大量译介西方文学和文化典籍的过程中，无疑对西方各个领域都有所借鉴，以反观中国现实。随着全球化的不断深入和中西交流的不断加强，不论是自然文学还是生态批评，在学术上都已经无法进行简单的国别区分，生态研究领域已经呈现出非常明显的全球化合作的特点。

基于以上两点原因，虽然本课程的目标对象是英语专业的硕士生，但是不了解中国自然文学和生态思想，就无法全面理解英美相关领域的形成和发展根源，也无法从全球化的视角对自然文学和生态批评进行全面的理解和分析。然而，需要注意的是，中西自然文学与生态批评虽然有交流、有借鉴，但因为其萌芽、形成和发展的历史、社会与文化的环境具有很大差异，大致有以下两点：（一）中西自然文学在概念上的差异。中西方对于如何理解“自然”和“生态”这些关键概念存在很大的差异。英美传统二元对立的主流自然观将自然与人类相对立进行理解，自然是与人类相对的“他者”，是人类征服与改造的对象；但是中国传统的自然观中“天人合一”和“万物齐一”的思想则完全不同，“自然”不是与人类相对的概念，而是互相交融、互相支撑的关系。（二）中西生态批评在目标上的差异。由于中西传统自然观存在很大差异，这就导致英美生态批评与中国生态批评的产生和发展也具有很大的差异，因为英美生态批评所力证的万物平等的概念在中国传统文化中本就存在，所以中国生态批评与英美生态批评的侧重点就有很大不同。英美侧重解构传统的二元对立思想，构建新的万物平等的生态伦理思想；而中国生态批评则常常关注对中国传统生态思想和生态哲学、生态伦理的某种程度上的回归。因此，在中西对比过程中，除了关注相关性，还应对中西自然文学和生态批评的差异进行分析，理解中西差异中深刻的历史、社会、文化根源，才能清醒理解自然文学与生态批评的多样性和多维度性，以防以偏概全、一叶障目。

在以上分析的基础上，我们认为，“自然文学与生态批评”课程思政建设具有本课程的内在必要性，也具有实际的可行性。因此，我们重新制定了本课程的教学目标：学生在掌握英美自然文学和生态批评发展史的同时，学会用比较和辩证的方法对中西方自然文学与生态批评的形成和发展进行对比和分析，掌握相关学术研究方法，学会客观分析中西相关领域的异同和历史缘由，用学术的眼光审视中西当代自然文学与生态批评，学会发出中国声音。

## 二、教学内容的修订与增补

基于以上课程思政教学目标，我们重新修订了教学大纲，增补了中国自然文学与生态批评教学和研究内容，使教学内容更加全面。同时在修订时，注意做到将显性教育和隐性教育相统一，弘扬中华优秀生态智慧和生态思想传统，在潜移默化中坚定学生理想信念，厚植爱国主义情怀，加强品德修养，引导学生深刻理解中国当代生态文明建设的伟大意义，自觉弘扬中华优秀传统文化，具体如下：

| 作家作品选读 | 增补中国内容 | 主要教学方法 |
|---|---|---|
| 西方古代生态观（古希腊田园诗、古罗马牧歌、基督教圣经、英国史诗等） | 中国古代生态智慧（增补阅读：《道德经》、《庄子》） | 1. 相关文本细读与分析。<br>2. 课堂研讨：中西古代自然观和相关哲学的异同。 |
| 生态视域中的英国经典文学（莎士比亚、弥尔顿、华兹华斯、玛丽·雪莱、哈代等） | 中国唐代山水诗及其所隐含的自然观 | 1. 相关文本细读与分析。<br>2. 课堂研讨：中西浪漫主义的异同、中西生态美学的源头。 |
| 生态视域中的美国经典文学（梭罗、爱默生、狄金森、弗罗斯特、凯瑟等） | 中国传统自然观和禅宗思想对美国超验主义的影响 | 1. 相关文本细读与分析。<br>2. 课堂研讨：中西经典生态哲学的异同。 |
| 当代英美生态思想（卡尔森、利奥波德、艾比、施耐德等） | 中国当代生态文化发展和环境史研究 | 1. 相关文本细读与分析。<br>2. 课堂研讨：中西环境史对比。 |
| 当代英美自然文学（贝里、莱辛、石黑一雄、麦克法兰等） | 中国当代自然文学（李青松、徐刚等）与生态批评 | 1. 相关文本细读与分析。<br>2. 课堂研讨：全球化视野下中西当代生态建设的路径。 |

例如在第一单元“西方古典自然文学”的教学中，教师首先带领学生梳理了西方古代生态观的脉络，分析西方古典生态思想的人文和神学两个哲学和思想分支，并以英国史诗《贝奥武甫》为例，分析和解读哲学和神学两种自然观如何在英国早期生态观中进行融合，并如何为18世纪启蒙思想和二元对立思想的产生提供了思想基础。其次，选读涉及中国古代生态思想的文献《道德经》和《庄子》，并对其中所蕴含的生态哲学进行分析，体会中国古典的“万物齐一”理论及其历史影响。在此基础上，教师给出相关思考题引导学生以对比的方式进行课堂研讨：中西古代自然观和相关哲学的相似之处和差异主要集中在哪些方面？中西古代生态思想与当时的历史和文化有什么样的相关性？对各自文化产生了哪些影响？等等。学生在回答这些问题的同时，首先能够对中国古代的生态智慧进行重新学习和更为深入的理解，同时，更重要的是，理解了中西生态思想的历史根源，帮助他们从历史的语境理解当代中西生态问题的差异。

课程思政是一个系统的体系，是基于教育对象的身心特征，通过科学规划和系统设计，使思想政治教育与专业课程设计及实施紧密结合，目的在于把价值观培育和“基因式”的塑造融入专业课程，将教书育人的要求落实在课堂教学上（虞丽娟，2017）。通过一学期的教学实践检验，我们感觉到这一安排在专业内容上实现了广度的涵盖和深度的要求，具有体系性，教学脉络清晰；同时，在课程思政的融入中，做到了有机融合，不生硬，不刻意。

## 三、教学团队建设

不论是课程改革还是课程思政的建设，教师队伍都是绝对的“主力军”。高水平的教学团队是高质量完成教学任务的保证。本课程早在2014年就采用了团队授课的模式。起初由两位教师共同承担32学时的教学任务，但是为了应对课程思政建设的需要，我们扩充了教学团队，从原来的 2 人扩充到现在的 5 人。一方面是由于教学内容增补后，有些内容现有的教师力所不能及，另一方面，教学团队的扩充更有利于我们在教学和研讨时做到更加全面和细致。因此，我们将全部的教学任务分成 5 个模块，即上表中提到的西方古代生态观、生态视域中的英国经典文学、生态视域中的美国经典文学、当代英美生态思想、当代英美自然文学，由长期承担英美文学和文化教学的 5 位教师共同分担。5 位教师全部具有本专业领域博士学位，具有扎实的专业知识和研究基础，同时，研究领域具有多样性和互补性。其中两位教师的主要研究方向为英国文学，一位美国文学，一位圣经文学，一位比较文学，在教学中可发挥每位教师的特长，对教学和研究进行深挖细作。

首先，我们立足团队建设，提升教师课程思政建设的意识和能力。我们邀请了本校思政课专职教师为我们讲座，甚至参加我们的教研活动，为我们的课程思政教学设计把关、提建议。其次，集体备课和研讨是我们团队建设的法宝。我们以每周一次的“读书会”形式开展本课程的集体教研，并邀请本院的相关老师和学生参加，将我们对每个单元的教学内容以读书的形式呈现出来，请与会教师和学生提意见，以最终确定我们的教学内容和教学方法。比如针对“当代英美自然文学”这一教学单元，我们一起阅读程虹教授的《宁静无价》一书和我国当代生态作家李青松的《穿山甲》。前者从美国、英国、女性、跨文化四个维度，梳理了从 18 世纪到当代，18 位英美作家和艺术家的自然写作。后者则是中国自然写作的代表作。在阅读过程中，我们尤其关注了英美当代自然写作与中国当代自然文学的关系和对比，邀请与会的师生提出自己的见解，并搜集了相关问题。师生所提的问题在一定程度上反映出当代对自然文学研究的关注点和侧重点，对这些问题的关注也就有益于我们在教学内容的增补和设计中注意与实际生活和社会需要相结合，因为自然文学与生态批评的研究动因就是对生态和环境问题的重视，生态批评本身就是要致力于改善人们的生态意识。

研究生的课程思政教学不是思想和知识的灌输，而是在对比分析的研究过程中潜移默化。这就首先要求教师不仅具有很强的专业水平，还要学会设计合理的课堂活动，用自然可行的方式将思政内容有机融入，同时还要在学术研究层面提升或深化。对于我们这个长期从事英美文学和文化教学的团队来说，仍然有着这样那样的难度与问题。因此，团队建设就成为课程思政建设中的重要一环。在整整一个学期的集体备课和教学研讨中，我们不仅用集体的力量修订了教学大纲，设计了详尽的教学方法，还使得我们的教学内容更具有体系性和完整性。

## 四、发挥学生的能动性，提升文献搜集和综述能力

实行课程思政不是孤岛式教育，而是一个延续式、精进式过程，要加强顶层设计、整体规划，建立有效监督机制及绩效评价机制（刘淑明等，2019）。如果说教师是课程建设的主力军，那么学生就是课程建设的辅助者，此处的辅助不仅是作为教学对象和教学内容的接受者、教学活动的实践者，也是教学内容制定和教学模式设计的参与者。研究生与本科生不同，总体来说，他们年龄略大，认知水平和分析理解能力也较强，他们的学习目标不仅是掌握知识，更重要的是掌握学术研究的方法，提升科研能力。因此，在课程改革的过程中，我们大大加重了学生参与的比重，从教学内容到课堂教学方法，乃至考核方式上，都发挥了学生的能动性。

在与课程思政相关的教学内容的设计阶段，我们要求学生针对不同单元自己搜集相关

文献，形成文献综述，并提交相关问题或切入点。这既锻炼了学生的文献搜集和综述能力，也帮他们养成学术研究过程中的问题意识，即研究对象的学术和实践意义。例如在“英国经典文学”这一单元，我们要求学生搜集与浪漫主义相关的中国自然文学及相关文献。在学生所提交的文献目录中，有中国唐代的山水诗，有宋代歌咏自然的词，还有相关文艺美学文献，包括《文心雕龙》《人间词话》等。他们所提交的问题包括中国唐代山水诗是不是属于浪漫主义？英国浪漫主义诗歌，如华兹华斯中的自然观与唐代山水诗中的自然观是否相似？为什么山水诗的出现比英国浪漫主义诗歌早了近千年？诸如此类的问题一方面表现出学生的思考能力，另一方面也为更深入的学术研究提供了思路。学生的问题为我们的教学内容提供了不少借鉴和参考，学生的问题意识也成为我们教学的切入点。

其次，在课堂活动的设计上，我们根据学生的提问开展有针对性的活动。对于学生问题较多的部分，我们以分析讲解为主；对于学生综述较好的部分，我们要求学生进行课堂展示；对于学生提供观点较多的部分，我们则多采用课堂讨论的形式。比如学生对西方古代文学和文献不熟悉，对忒奥克里托斯的田园诗和维吉尔牧歌讲解较多，而对于大多数同学都比较熟悉的浪漫主义诗歌和田园诗，我们鼓励学生参与讨论，展示自己的观点和见解……这些活动以满足学生的需要为目标，具有很强的针对性，学生参与度非常高，对于祖国优秀的自然文学和生态思想有了更深入的理解，气氛非常活跃，也常常能衍生出很好的涉及中西生态文学对比的论文题目。

课程思政虽然更为注重潜移默化，注重学生精神层面的熏陶和行为习惯等方面的养成，但并不意味着不需要对课程思政进行评价。评价的目的在于发现课程思政的实施效果及其对学生的影响，以改进课程思政的设计和实施等（陆道坤，2018）。在考核方式上，我们不以考试和考查为最终目的，而是希望在课程论文的写作过程中，再次提升学生的知识和研究水平。如果说课程教学是一种输入，那么课程论文写作就是对应的输出。我们在课程教授过程中鼓励学生注意总结，培养问题意识，同时发现自己的兴趣点和适合自己的学术研究角度。我们要求学生的课程论文要做到：首先，研究对象是英美自然文学作家作品；其次，论证过程尽量以中西对比的方式进行横向研究；第三，要有与现实性结合的问题意识，即所作研究的现实意义。学生在课程结束前确定自己的课程论文选题，并从5位任课教师中选择一位作为自己的课程论文指导教师，主动与指导教师进行交流，最终完成论文写作，通过考试的压力和要求进一步提高学生的学习和科研水平，在深入的研究过程中进一步提升学生的专业和思想政治水平，完成高质量的课程论文。

## 五、结语

“课程思政”不是要改变专业课程的专业属性，更不是要把专业课改造成和“思政课程”一样的模式或者将所有专业课程当作“思政课程”，而是提炼专业课程中蕴含的文化基因和价值范式，充分发挥课程的德育功能，将其转化为社会主义核心价值观具体化、生动化的有效教学载体。综上所述，我们在本课程的改革中，利用课程的优势，采用中西文学文化和相关思想哲学相对比的方式，将课程思政教学内容不着痕迹地融入其中，寓价值观引导于知识传授和能力培养之中，引导学生建立民族自豪感，正确看待中西差异。为了实现这个目标，我们对教学大纲进行全面修订教学大纲，将课程思政建设落实到课程目标设计、每个教学环节的具体内容之中，对教学方法和考核方式也进行了积极的探索，将专业教学目标和课程思政目标融入全过程，在“润物细无声”的知识学习过程中融入理想信念层面的精神指引。

## 参考文献

[1] 教育部关于印发《高等学校课程思政建设指导纲要》的通知 [N]，教育部网站，教高〔2020〕3 号。网页链接：http://www.gov.cn/zhengce/zhengceku/2020-06/06/content_5517606.htm, 最后登陆日期：2020 年 11 月 7 日 .

[2] 高德毅，宗爱东 . 从思政课程到课程思政：从战略高度构建高校思想政治教育课程体系 [J]. 中国高等教育，2017（1）：43–46.

[3] 刘淑明等 . 论高校课程思政的实施策略 [J]. 教育理论与实践，2019，39（15）：44–45

[4] 陆道坤 . 课程思政推行中若干核心问题及解决思路 [J]. 学科与课程建设，2018：64–69.

[5] 吴晶，胡浩 . 习近平在全国高校思想政治工作会议上强调把思想政治工作贯穿教育教学全过程，开创我国高等教育事业发展新局面 [N]. 光明日报，2016-12-09（01）.

[6] 伍醒，顾建民 . “课程思政”理念的历史逻辑、制度诉求与行动路向 [J]. 大学教育科学，2019（3）：54–60.

[7] 虞丽娟 . 从“思政课程”走向“课程思政”[N]. 光明日报，2017-07-20（14）.

# 《一小时的故事》之生态女性主义解读[1]

# An Interpretation of *The Story of an Hour* from the Ecofeminist Perspective

中国农业大学 柯婧仪 曾庆敏

**摘　要：** 女性问题与社会和生态二者的发展有着密不可分的关系。本论文首先概述了生态女性主义的基本概念和发展简史，然后以美国女作家凯特·肖邦的经典作品《一小时的故事》为对象，分析小说的创作背景及生态女性主义文学特征，对其生态女性主义意识的萌芽进行解析。尽管《一小时的故事》中女性意识的觉醒具有一定的局限性，但其所表现出的生态女性主义意识，恰好体现了女性与自然之间互相关照、彼此映射的亲和关系。

**关键词：** 凯特·肖邦　《一小时的故事》　生态女性主义

**Abstract:** Women problem is closely related to the development of society and ecology. This paper briefly summarizes the conceptual principles and historical development of ecofeminism. The study takes Kate Chopin's classic work *The Story of an Hour* as an example, explores this short story's background and its ecofeminist characteristics, and analyses the germination of its ecofeminist consciousness. Although the female's consciousness in the short story is illustrated with certain restrictions, the ecofeminist female consciousness revealed in it has contributed to show the intimate relationship and affinity between female and nature.

**Key words:** Kate Chopin　*The Story of an Hour*e　cofeminism

## 一、凯特·肖邦与《一小时的故事》之创作背景

凯特·肖邦（Kate Chopin），本名凯瑟琳·欧福拉赫蒂（Katherine O'Flaherty），是一位美国女作家。凯特1851年出生于密苏里州圣路易市，父母分别是来自爱尔兰的成功商人和法国移民的后裔。五岁之前，凯特过着极其富庶的童年生活。1855年，凯特的父亲去世，而后她与母亲、曾祖母关系愈加亲密，并进入天主教会学校就读，开始勤于阅读童话、诗歌以及小说。可以说，自童年伊始，凯特的人生经历便与女性、文学都密不可分。

1869年，年仅20岁的凯特与奥斯卡·肖邦成婚。凯特的丈夫奥斯卡在1882年死于疟疾，并给她留下12 000美元的债务。直到母亲恳请她迁回圣路易，她和子女才在圣路易安顿下来。1885年母亲去世后，凯特抛弃了自己的天主教身份，逐渐开始接受达尔文主义以及进化论的观点。在凯特罹患精神疾病的一段时间里，她在医生的建议下开始写作，希

1　基金项目：中国农业大学人文与发展学院“马克思主义中国化”研究课题资助（2018RF002）。

望借此方法舒缓精神压力，这样便开启了她后半生的作家生涯。

尽管在文学领域颇具才华，写作给凯特带来的苦恼却远多于欢愉。1899年，凯特的第二部长篇小说《觉醒》出版，在美国文坛上引起了轩然大波，各报刊杂志大肆抨击《觉醒》"污秽粗俗""怪异病态"，凯特本人也被圣路易斯文艺社取消会员资格。转往短篇小说创作后，她创作了诸多挑战传统社会行为的作品，如《一小时的故事》，也多次被杂志社编辑拒绝发表。

1904年8月20日，凯特在参观圣路易世界博览会期间因中风去世，年仅五十四岁，可谓憾事，但她留给后世读者的文化遗产却极为丰厚，值得我们深切关注。凯特·肖邦身处的19世纪末到20世纪初，正值西方妇女解放运动第一次浪潮时期。当时参与女权运动的通常是欧美发达国家的妇女，其核心目标是为妇女争取公民权和政治上的平等权利，反对贵族特权和一夫多妻制度，要求受教育和就业的机会，强调男女在智力上和能力上没有区别。这一阶段的女权运动仍旧处于较为早期的阶段，仅关注政治、教育以及就业上的平等权益，尚未对性别本身差异有所研究或进行客观的评价，女权运动也没有发展至文化和艺术领域，人们依旧从父权社会的角度来评判文学作品。长期以来，由于艺术创造性被视为男性的独有特征，写作被视为男性的活动，妇女在文学中的形象更被视为男性幻想的产物；妇女作家被剥夺了创造女性形象的权利，而必须服从传统父权制的标准（文晶，1999）。

在这样的社会背景之下，凯特·肖邦的诸多作品由于以同情的笔调刻画了女主人公"性意识"的觉醒，大胆表露她们追求自由的爱情观、摆脱男权社会和伦理道德束缚的欲望，震惊了当时全美的书评人和读者，对美国文学领域造成了不小的冲击（苏秀玲，2017）。一方面，凯特的作品在一定程度上带动了女性自身意识的觉醒，她本人也被后世称为美国女权主义文学创作的先驱之一；然而另一方面，由于时代的局限性，她的作品及本人在当时都遭到了文坛的排斥和打压，在其所处的时代中一直未能获得公众的承认。

## 二、女性主义与生态女性主义的发展概况

达尔文在进化论中所提出的自然选择学说认为，物种普遍具有过度繁殖倾向。部分物种寿命较短，在自然选择过程中存活率低，只有依靠过度繁殖来维持物种出生率和死亡率的平衡，将物种延续下去。然而随着人类智能上的进化和文明的发展，人类对于工具的使用更为得心应手，在长期与野兽、疾病、自然灾害斗争的过程中不断总结规律，存活率得以提升。这个时候，氏族人数扩大，传统的采集工作不足以满足人口的需求，繁殖也不再是人类延续生命的唯一手段，女性的生育能力不再是稳固其自然属性中重要地位的筹码。自此，女性与男性天生的生理差异逐渐引导两性的生态属性向男尊女卑的状态过渡。拥有更为强大体魄和力量的男性所负责的狩猎、房屋修筑工作成为了人类生存更为重要的手段，男性的社会地位提高，女性逐渐成为附属品。母系社会因此向父系社会过渡并延续至今。

西方女性主义发展共经历过三次浪潮。女性主义第一次浪潮指19世纪末到20世纪初欧美发达国家的妇女运动，其主要目标是为妇女争取政治上的平等权利，例如争取受教育和就业的机会，反对女性的屈从地位，否定一直以来女性与男性智力上存在差别的认知。女性主义第二次浪潮指20世纪60年代到80年代间，以激进女性为主导开始的妇女研究思潮，这一阶段的女性运动者赞同二元论主义，认为女性应当超越男性、高高在上。直到20世纪80年代到90年代的第三次女性主义浪潮，西方女性主义学家开始挑战以往女性

主义运动中二元论的权威地位，承认女性客观存在的多样性和差异性。这是基于女性主义第二次浪潮基础上的发展与进步，生态女性主义即萌芽于这一时期。

生态女性主义一词最早可追溯到20世纪70年代法国女性主义者弗朗索瓦·德奥博纳提出的术语，希望能够借此让人们意识到女性在生态革命中的重要潜力。早期生态女性主义者倾向于构建女性地位与生态环境之间的桥梁。到20世纪80年代，生态女性主义理论不再局限于将女性与被人类文明侵略的自然进行对等，而是从社会、政治、伦理等多重角度探讨性别歧视与自然破坏之间的关系，开始对男权社会的压迫性进行批判。至21世纪，由西方工业文明国家发源的生态女性主义开始向第三世界扩散，肯定了地域、文化带来的差异性，逐渐凸显出其包容和谐的特性（吴琳，2011）。

生态女性主义是女性主义与生态学交织融合的产物，是女权运动第三次浪潮中的重要流派之一。生态女性主义认为，社会环境中的女性问题与生态环境中的自然破坏之间存在着某种联系，认为人类社会中普遍存在的种族歧视、环境污染等行为同女性问题一样，均源于人类文明中的剥削性和压迫性。女性生态主义的原则在于肯定和尊重差异性，同时否定和批判统治性。生态女性主义认为应当注重人与自然的关系，而非侧重于人类对自然的权利；人类是生态环境中的一部分，同时又与生态群体中的其他成员有所区别。同样，生态女性主义肯定了女性与男性在客观事实上的差异，同时反抗男性中心的压迫思想，力求在客观差异存在的条件下，力促自然生态与社会生态和谐共存、健康共生的环境（胡志红、胡湉湉，2013）。

## 三、生态女性主义理论视域下的《一小时的故事》

《一小时的故事》讲述了马德拉夫人的故事，她患有心脏病，在得知丈夫的意外死讯后，没有如姐姐和朋友所忧虑的一般绝望失控，而是从丧夫的悲痛中觉醒，感受到了前所未有的轻松和解脱。正当她沉浸于自由的快乐、憧憬着美好的未来时，却发现丈夫侥幸逃过一劫平安返回。受惊的马德拉夫人心脏病发作，不幸去世（肖邦，1995）。

### 3.1 马德拉夫人形象塑造与生态女性主义意识萌芽

《一小时的故事》从马德拉夫人这一女性角色的心理角度切入，对这一段戏剧性的、发生在一小时之间的故事进行了叙述。马德拉夫人是文中代表女性主义觉醒的主人公。她一方面为丈夫的“不幸离世”感到无比的悲痛，另一方面却“违背伦理道德”，为自己未来的自由生活感到前所未有的欣喜与解脱。这个角色内心的冲突和矛盾所反映的，正是男权社会和陈旧意识对女性的要求束缚，与当时女性自身对自由的渴望之间的冲突和矛盾。得知丈夫去世的消息之后，马德拉夫人在深感解脱的同时自认有罪，这是男权社会的道德伦理意识长期施加于女性，并在潜移默化中将之同化的结果。而马德拉夫人一波三折的死亡悲剧、矛盾且强烈的自我毁灭倾向，不仅是作者凯特·肖邦本人的内心写照，也恰恰反映出女性主义第一次浪潮时期的时代特征——女性对平等、自由充满了渴望，却同时遭受着自身心理和外界社会共同施加的压迫，她们饱受男权枷锁的束缚，又不甘放弃挣扎，在纠结与矛盾中往返徘徊，甚至不堪重负走向死亡。

小说中以“暴风雨”来形容马德拉夫人得知丈夫去世之噩耗后的悲伤，以“洋溢着初春活力的轻轻摇曳着的树枝”和“空气中阵雨的芳香”来烘托马德拉夫人随即感受到的无与伦比的自由与解脱。作者以这种与生态自然相呼应的写法描绘马德拉夫人在丈夫去世后如获新生的心境，恰好体现了受男权社会压迫的女性与被以男性为中心的人类社会剥夺的自然之间互相关照、彼此映射的亲和关系。这正是生态女性主义意识萌芽的写照。

与马德拉夫人相比，朱塞芬和理查德的人物形象则显得较为扁平，他们所展现出来的是一种愚昧而可叹的善良。他们真诚地为马德拉夫人的身体健康感到忧虑。但讽刺的是，他们站在男权社会的立场，全然不知马德拉夫人心脏病发作而身亡的真相。这些人物形象是男权社会背景的一部分，他们同故事本身戏剧性的转变一样，更加凸显了男权社会与女性意识冲突下的悲剧性。

**3.2 变化的叙述视角与生态女性主义叙事特征**

从叙述角度而言，尽管本篇小说叙述的故事仅发生在一个小时之间，但小说的叙述视角却在第三人称全知视角与人物有限视角之间不断发生着变化。小说的第一段至第四段采用了传统的第三人称全知视角，简明扼要地介绍了故事发生的背景、人物身份与马德拉先生的死讯。作者对马德拉夫人听闻丈夫死讯之后的描写是客观而冷静的，而她非同寻常的表现也与后续表现出的对未来自由生活的欣喜与渴望、得知丈夫未死时的心脏病发形成了鲜明的对比，突出了婚姻于马德拉夫人犹如枷锁的现状。第五段至第八段，小说由全知视角转入马德拉夫人的视角，使读者真正体会到马德拉夫人心中自由意识的觉醒。“麻雀”“树梢”等自然环境的描绘将故事的气氛衬托得欢快而喜悦，与前文“虚假的悲痛”形成对比，具有明显的讽刺意味。自第九段开始，小说进入高潮部分，全知视角与人物有限视角相互融合，马德拉夫人的内心意识逐渐觉醒，男权社会的束缚与女性对自由的渴望之间的冲突逐渐凸显，人物对于追求自由的挣扎和矛盾更加深入。在最后五段，小说回到第三人称全知视角，故事达到高潮，马德拉先生的“生还”与马德拉夫人心脏病发死去的结局为故事增添了强烈的戏剧效果，使结局更加富有悲剧性和讽刺性（刘晓榕，2019）。

小说中以全知视角囊括了理查德等人物所代表的男权社会背景，又从马德拉夫人的角度进行了心理叙述，让我们在了解社会冲突的同时得以知晓马德拉夫人于悲痛与欣喜中无比矛盾的意识和感受。这种文学手法让我们能够与小说中的女性代表角色间构筑平等的桥梁，有助于我们体会其在婚姻枷锁中饱受压迫的遭遇，也更加能够感受到社会期待与女性自由意识互相矛盾互相冲突的悲剧性。在婚姻幸福的表面假象之下，女性不仅在政治、经济上全无地位，在人权和自由意志上也不能拥有自己的尊严。

生态女性主义学家认为，第一人称角度叙述是生态女性主义小说的特征之一。其目的在于更加直白地表述情感，避免隐喻所造成的叙述者与聆听者之间不平等的地位。尽管本篇小说未采用第一人称角度叙述，但采取了第三人称全知视角与人物有限视角相交融的混合叙述手法，在效果上与第一人称叙述有异曲同工之妙。在凯特·肖邦身处的 19 世纪末到 20 世纪初，可谓是一种进步的体现。

**3.3 生态女性主义特色话语**

生态女性主义推崇直白的语言表达。女性生态主义学家认为，文学与文学批评作为意识表达的载体，难以避免统治与被统治、压迫与被压迫关系意识的渗透。在传统文学中存在诸多如同“大地母亲”“油田是对大地的强暴”“处女林”等隐喻，这类隐喻反映出作者认可了男性对自然界的主宰和摆布，强化了男性支配自然和女性的观念。生态女性主义文学反对这种思维暗示和文学表达方式，批判此类间接统治自然、压迫女性的话语形式，认为直白的语言表达能够消除话语者的统治地位和相关对象之间的隔阂，反映关联对象之间真实客观的联系。

《一小时的故事》诞生于女性主义第一次浪潮时期，此时的生态女性主义理论尚未形成体系，小说中所表现出的女性主义意识究竟是否真实觉醒也在后世的文学批评中饱受争论，但这没有妨碍小说中生态女性主义思想的表达。

《一小时的故事》的作者运用直白的语言对人物的心理加以描述，没有掩饰马德拉夫人在听闻噩耗后觉醒的喜悦与快乐，这使读者能够更为直观地体会到马德拉夫人对自由的渴望，而不会在阅读的过程中被“男权意识”“道德伦理”等观念束缚。但作者同时也运用了“暴风雨”“空气中阵雨的芳香”等隐喻进行心理刻画，此类叙述既反映了作者懵懂的生态女性主义意识，也体现了女性主义第一次浪潮时期女性意识的局限性。

## 四、结语

当今社会，由于力量和生理结构上的差异，女性遭受着职业上、社会上、家庭上的不公正待遇。有研究显示，“二战”之后，美国女性完成高等教育的人数逐年大幅上涨，并且成功反超了男性，然而职场上女性依旧面临着因性别差异而带来的诸多不公。另一方面，就现今普遍存在的自然破坏与环境问题而言，生态女性学家认为由于社会发展而产生的生态环境问题并非是孤立的，而是一种现代性的普遍危机，它与人类的文化、哲学、价值观念、思维方式等深层因素都息息相关。从自然的角度来说，阴阳、雌雄之间的关系应当是彼此平衡的，而现代社会中女性面临的问题就如同人类生产方式和技术手段所造成的生态环境问题一样，是对自然平衡的一种破坏（王影君，2017）。

生态女性主义既强调女性向男性争取平等的权益，也提出了解决女性问题的办法，在不回避女性与男性本身性别差异的基础之上，提倡消除男权社会对女性的压迫、对自然的掠夺所导致的失衡。生态女性主义理论与早期女性主义思想相比，不再局限于将女性与被人类文明侵略的自然进行对等，也不再激进地将女性置于高高在上的地位，而是从社会、政治、伦理等多重角度分析性别歧视与自然破坏之间的关系，对男权社会的压迫性和统治性进行批判。

在生态女性主义视角下解读美国女作家凯特·肖邦短篇小说《一小时的故事》，从小说的女主人公形象、叙述视角和特色话语三个方面分析小说中所展现的男权社会期待与女性自由意识互相矛盾的悲剧性，有助于我们加深对这一经典名篇的理解。尽管从时代和思想的多重角度而言，《一小时的故事》中女性意识的觉醒具有一定的局限性，但其所表现出的生态女性主义意识萌芽，正是为了构建一个更加平等、更加包容的世界，具有经久不衰的文化魅力。

## 参考文献


[1] 胡志红，胡湉湉 . 走向生态女性主义批评：生态女性主义对女性主义的生态解构与重构 [J]. 当代文坛，2013（5）：31–34.

[2] 凯特 . 一小时的故事 [J]. 金莉，秦亚青，译 . 外国文学，1995（4）：53–54.

[3] 刘晓榕 .《一小时的故事》叙事视角分析 [J]. 长江丛刊，2019（3）：64–65.

[4] 苏秀玲 . 生态女性主义视角下凯特 · 肖邦作品分析 [J]. 长春师范大学学报（人文社会科学版），2017，36（3）：108–110.

[5] 王影君 . 西方生态女性主义文学批评之理论辨析 [J]. 山东外语教学，2017，38（1）：68–74.

[6] 文晶 . 嬗变——开创“女性写作”先河的凯特·肖邦与她的《觉醒》[J]. 黑龙江教育学院学报，1999（5）：100–101.
[7] 吴琳 . 美国生态女性主义批评理论与实践研究 [M]. 北京：人民出版社，2011：40–42.

# "Supreme, Artistic View of Life": Walter Pater's Conception of Art and Life

中国政法大学 谢 娟

**Abstract:** In the Victorian Age of Criticism, Walter Pater was a great synthesizer of the best that was thought and said into a reasonably coherent aesthetic program, which is summarized by Pater as "supreme, artistic view of life." As a transitional figure between Victorianism and Modernism, Walter Pater restores aesthetics to its legitimate role in his vision of remedying social ills and uses aesthetics as cohesive lubricant in orchestrating the symphony of invigorating resources under modern conditions, so that the religious, philosophical, historical, and aesthetical dimensions of everyday life can come into productive interaction for the vivification of individual intellect and refreshment of human spirits.

**Key words:** Walter Pater Victorianism Modernism aesthetics

## 1. Introduction

Nowadays, it has been almost a universally acknowledged consensus that Walter Pater plays a significant role in the history of aesthetics and cultural criticism. In the past century, the critical evaluation of Pater underwent a radical shift of focus: from sole attention bestowed on Pater the stylist to multi-pronged assessment of the religious-historical-philosophical-aesthetic dimensions of Pater's works. This holistic perspective can help us better approach Pater's authorial intention, and make more judicious judgments. Against this background, the aspects that used to be obscured in Pater's works begin to emerge into our critical vision, which enables us to see a Pater with profound humanistic concerns, rather than a socially disengaged hermit self-enclosed in aesthetic ivory tower. The widely-ranging repercussions of Walter Pater's critical efforts can be fully appreciated only when his name is no longer violently yoked together with the somewhat stigmatized aestheticism movement.

In his monograph entitled *The Rhetorical Use of Provocation as a Means of Persuasion in the Writings of Walter Pater (1839–1894), English Essayist and Cultural Critic: Pater as Controversialist*, John Coates scrutinizes Pater's responses to various contemporary social issues embodied in his critical essays. The juxtaposition of "provocation" and "persuasion" in Coates's title states in explicit terms the social impact of Pater's ideas and his renovation project of the *status quo* in late Victorian society. Different from the prophetic preaching of Carlyle, Arnold and Ruskin, Pater's "persuasion" unfolds via his vision of an ideal way of life as embodied in ostensibly private writing. If other Victorian critics resort to "telling" as their mode of persuasion, Pater prefers "showing" via the embodiment of his ideals in his representation and interpretation of fictional and historical figures, as well as particular works of art, and thus these figures and works of art as interpreted by Pater become the visible manifestations of Pater's ideals. In other words, Pater tends to show his readers the aesthetic and intellectual charisma of his proposed ideals, in order to lure his readers into subscribing to his reform project, rather than win the verbal fencing combat via argument.

Kate Hext attributes Pater's mode of persuasion to his "personal modesty" and his awareness that "he has no authority to legislate for the world" (Hext, 13). Quite contrary to Percy Bysshe Shelley's vocational aspiration towards the "unacknowledged legislator of the world," Pater shies away from this romantic ambition. When we are put in mind of Pater's conviction of relativism and subjectivity of knowledge as the irreversible trend under modern conditions, we will find little difficulty in understanding Pater's "modesty" concerning the applicability of his proposed ideas to others. Despite their different approaches, we find striking similarity in their major concerns among Victorian critics, and in this sense, Pater figures prominently as the active participant and molder of cultural trends during the transition from Victorianism to Modernism, which finds eloquent evidence in Pater's relevance to modernist texts. In *The Sensible Spirit: Walter Pater and the Modernist Paradigm*, F. C. McGrath elaborates upon Pater's impact on the philosophical thinking and modernist literature of the 20th century. He points out that Pater's texts "present a conceptual paradigm that constitutes a substantial portion of the intellectual foundations of Modernist aesthetics and that consequently elucidates many of the premises, themes, motifs, and techniques of the major Modernist texts" (McGrath, 3).

The profound impact exerted by Walter Pater upon the intellectual life and cultural life of the 20th century can be attributed to his attempted synthesis of all those cultural and intellectual resources used to be segmented by artificial dichotomies, as well as his unique strategies adopted during this process. In *Coleridge*, Walter Pater contends that different forms of intellectual and spiritual culture that ever crop up in human history constitute "an unbroken continuity of life," and what has been here will never vanish without a trace. Instead, they "exercise their subtlest and most artful charm when life is already passing from them" (*Appreciations*, 65). Therefore, Pater's historical consciousness lies behind his synthesizing effort. For F. L. Mitchell, Pater was the scholar who "stood, quiet and receptive, at the spot where the greatest number of vital forces, travelling down from age to age… united, were focused as it were, and blazed in their purest energy" (Ward, 17), and this "spot" is what Pater terms *House Beautiful*. In his discussion of Romanticism and Classicism, Pater contends that "in that *House Beautiful*, which the creative minds of all generations—the artists and those who have treated life in the spirit of art—are always building together, for the refreshment of the human spirit, these oppositions cease" (*Appreciations*, 241). Pater's "these oppositions" refer to the artificial dichotomies such as paganism vs. Christianity, art vs. nature, mythology vs. history, body vs. soul, life vs. death, eternity vs. change, and etc. The way for this synthesis is to "treat life in the spirit of art," while "the spirit of art" refers to "supreme, artistic view of life" as interpreted by Pater in "Winckelmann": "the proper instinct of self-culture cares not so much to reap all that those various forms of genius can give, as to find in them its own strength. The demand of the intellect is to feel itself alive. It must see into the laws, the operation, the intellectual reward of every divided form of culture; but only that it may measure the relation between itself and them. It struggles with those forms till its secret is won from each, and then lets each fall back into its place, in the supreme, artistic view of life." (*Renaissance*, 183) Therefore, Pater's *House Beautiful* is just such a land where "controversy has no breathing-place"（*Renaissance*, 21）. For Pater, the Renaissance becomes the embodiment of such synthesizing efforts, as well as the microcosm of Pater's *House Beautiful*, wherein sculptors, painters, poets, art critics, and philosophers all exhibit kindred spiritual aspirations for the refreshment of human spirit. That is why Pater deems the Renaissance an "enchanted region," where we shall find "no fixed parties, no exclusions" and "whatsoever things are comely are reconciled, for the elevation and adorning of our spirits" (*Renaissance*, 20–21). The enchantment exerted by the Renaissance stems from the synthetic potential of the "supreme, artistic view of life" whereby various forms of intellectual and cultural life come into productive interaction for the vivification of individual intellect and for the refreshment of human spirits.

## 2. The Four-Dimensional Matrix of Pater's Works

To equate Pater's ideas with vulgarized "art for art's sake" type of aestheticism is without any doubt very problematic and misleading. The label of "hedonist" attached to Pater obscures the other significant dimensions in his works. For a fuller grasp of Pater's idea in its entirety, all these once obscured dimensions must be thrust into the spotlight.

### 2.1 Philosophical Dimension

According to Kate Hext, Pater is "one of the first and most significant figures to re-conceive the scope and style of philosophical discourse in light of the external challenges that threatened its authority" under modern conditions (Hext, 8). Pater's concern for philosophy, —its interaction with aesthetics and its role under modern conditions—finds eloquent expression in his oeuvre.

Practicing his own admonition against any facile orthodoxy, Pater imbibes intellectual food from various philosophical schools and philosophers, but not a single philosophical school or philosopher can claim him as its own. In Hext's words, "It will not do to subsume Pater under any single thinker, or even any single school of thought: be it the German Idealists or the Romantics, or the French aesthetes, or the philosophers of ancient Greece, or British Empiricism, or the Oxford of his own day. He abides by no system or single philosophy" (Hext, 11). All these philosophical legacies are incorporated and transmuted in Pater's works, but different from the academic philosophers, flourishing occult argumentations, Pater adopts an idiosyncratic form of philosophical discourse, which can be glimpsed in his interpretation of Plato's contribution to Western philosophy in *Plato and Platonism*.

For Pater, Plato's contribution to Western philosophy can be largely attributed to his innovation of the philosophical discourse with "his encyclopedic view of the whole domain of knowledge," in successfully fashioning a "crude or turbid" inquiry into a "perfectly finished philosophical literature." Philosophy in Plato's hands begins to be endowed with a "compass and power and charm" that has been unprecedented and unrivalled (*Plato and Platonism*, 2). In other words, Plato's contribution is a novel and impressive expression of the "half-developed instincts of the human mind itself" (*Plato and Platonism*, 1). What is new is but the new face assumed by old things after innovation, as there is nothing absolutely new under the sky. What can be called new are "the life-giving principle of cohesion," and "the new perspective, the resultant complexion, the expressiveness which familiar thoughts attain by novel juxtaposition." In a word, only the form is new. Therefore, "form, in the full signification of that word, is everything, and the mere matter is nothing" (*Plato and Platonism*, 3–4). This comment on Plato is Pater's conception of the ideal combination of philosophy and literature. Due to his acute awareness of the incongruity and anachronism of traditional forms of philosophy in a modern, fluctuating, irreducibly subjective world, Pater embarks on his search for alternative modes of philosophizing, which are appropriate and competent in light of the new conditions of modernity. That is why Pater is obsessed with the question of "how philosophy might be other than it is," and tries to "reweave philosophy and aesthetic discourses into a new mode of philosophizing in essay form to befit the modern world, aspiring always beyond philosophy to art, in his attempt to reconcile discourse with the uncertain, subjective, conditional nature of modernity" (Hext, 13).

### 2.2 Historical Dimension

In *Plato and Platonism*, Pater summarizes three approaches of criticism. One is "dogmatic method of criticism," judging a given cultural product by its congruity with the assumptions of his preferred thinker. The second is "eclectic or syncretic method," selecting "various grains of truth" dispersed among contending schools of thoughts. The defect of such method is that it tends to "misrepresent the true character of the doctrine it professes to explain," for a harmonious effect between this new comer and the pre-conceived system. The third one is historic method, which gradually supplants the first two methods, thanks to the increasing popularity of Hegel and his theory of "time spirit," or *Zeit-geist*. This historic method bids one restore the subject matter under discussion as far as possible to "the group of conditions, intellectual, social, material, amid which it was actually produced" for a genuine understanding of it.

Therefore, in reading Plato, what is expected from the readers is "not to take his side in a controversy, to adopt or refute Plato's opinions, to modify, or make apology for, what may seem erratic or impossible in him; still less, to furnish himself with arguments on behalf of some theory or conviction of his own." Instead, one is expected to "follow intelligently, but with strict indifference, the mental process there," and to witness "the spectacle of a powerful, of a sovereign intellect, translating itself, amid a complex group of conditions …into a great literary monument" (*Plato and Platonism*, 6). Historical consciousness, in Pater's eyes, is the imaginary tracing, interpretation and reconstruction of historical facts, which is called by Pater "imaginative sense of fact" (*Appreciations*, 8). According to Pater, what should be fore-grounded and highlighted in a piece of writing is "not fact, but his peculiar sense of fact," or in other words, "his peculiar intuition of a world," which can be manifested in Pater's idiosyncratic interpretation of representative figures and works of art in his works. Pater's writing always presents a transfigured world filtered through his subjective consciousness, and this writing strategy is called by Carolyn Williams the "transfigured aesthetic historicism"in her monograph *Transfigured World: Walter Pater's Aesthetic Historicism*.

### 2.3 Religious and Aesthetic Dimensions

In the eyes of Edmund Gosse, whether it be the pagan aesthetics symbolized by Apollo, or the Christianity symbolized by Jesus, neither can monopolize Pater's mental landscape. Instead, they co-exist in a symbiosis: "When he tried, as he bade us try, to burn always with the hard, gem-like flame of aesthetic observation, the flame of another altar mingled with the fire and darkened it" (Gosse, 270–271).

In terms of human's spiritual needs, religion and aesthetics are inherently interdependent. Whether it be the consolation of religion, or the redemption of aesthetics, they both aim at the inner tranquility. Religion in practice must resort to language for transmission of its messages, and the use of language foregrounds aesthetic dimension. In terms of means of expression, Pater embraces the concrete and spurns the abstract; in terms of the function of language, Pater accentuates the expressiveness of language; in terms of the content-form dynamics, Pater emphasizes the significance of form and ritual. For Pater, religion is sensible morality, which can only touch human's soul via aesthetics. Religion and aesthetics are two means for human's redemption and spiritual fulfillment. Therefore, in Pater's writings, the religious concern and aesthetic concern co-exist and inter-penetrate, as embodied in *Marius the Epicurean: His Sensations and Ideas*, as well as *Plato and Platonism*.

## 3. Conclusion

In "Winckelmann," the last but one essay from *The Renaissance*, Pater quotes Hegel's comment on Winckelmann's writings: "Winckelmann, by contemplation of the ideal work of the ancients, received a sort of inspiration, through which he opened a new sense for the study of art. He is to be regarded as one of those who, in the sphere of art, have known how to initiate a new organ for the human spirit" and Pater gives his own comment immediately that the initiation of "a new sense" and "a new organ" is "the highest that can be said of any critical effort" (*Renaissance*, 141). This is also what Pater aims at in his own critical efforts. In terms of Pater's influence on the cultural landscape of the 20th century, we can say that Pater's seminal ideas fall on fertile ground among generations to come, and he did successfully open "a new sense" and "a new organ" for our appreciation of art and life.

## References

[1] Coates J. The rhetorical use of provocation as a means of persuasion in the writings of Walter Pater (1839–1894), English essayist and cultural critic: Pater as controversialist[M]. Lewiston: The Edwin Mellen Press, 2011.

[2] Gosse E. *Critical Kit-Kats*[M]. London: William Heinemann, 1913.

[3] Hext K. Walter Pater: individualism and aesthetic philosophy[M]. Edinburgh: Edinburgh University Press, 2013.

[4] McGrath F C. *The sensible spirit: Walter Pater and the modernist paradigm*[M]. Tampa, Florida: Florida University Press, 1986.

[5] Pater W. Appreciations[M]. London: Macmillan and Co, Ltd, 1924.

[6] Pater W. Plato and Platonism: a series of lectures[M]. London: Macmillan and Co, Ltd, 1928.

[7] Pater W. The renaissance: studies in art and poetry (the 1893 text)[M]. Donald L. Hill. Berkeley: University of California Press, 1980.

[8] Pater W. Marius the Epicurean: his sensations and ideas[M]. New York: Cosimo Classics, Inc, 2005.

[9] Ward A. Walter Pater: the idea in nature[M]. Worcester: The Trinity Press, 1966.

[10] Williams C. Transfigured world: Walter Pater's aesthetic historicism[M]. Ithaca: Cornell University Press, 1989.

# 罗伯特·弗罗斯特叙事诗的戏剧性概述

# A Brief Introduction to the Dramatic Features of Robert Frost's Narrative Poems

中国政法大学　刘瑞英

**摘　要：**戏剧性是弗罗斯特叙事诗的一个重要特征。本论文结合弗罗斯特本人有关戏剧性的言论及国内外学者对"戏剧性"的定义，对弗罗斯特叙事诗的戏剧性进行了简要概述，包括以下三个方面：对话和独白的运用；戏剧性冲突；语言的动作性。这一研究将有助于全面深入理解弗罗斯特的叙事诗。

**关键词：**弗罗斯特　叙事诗　戏剧性

**Abstract:** Based on Robert Frost's remarks about the importance of dramatic representation and scholars' definition of dramatism, this article gives a brief introduction to the dramatic features of Robert Frost's dramatic narratives, namely, the use of dialogues and monologues, the dramatic conflict and the language of action. A closer examination of these dramatic features can help us better understand Robert Frost's poetry on the whole.

**Key words:** Frost　narrative poems　dramatic features

## 一、综述

戏剧性是弗罗斯特叙事诗的一个显著特性，弗罗斯特的研究者们无一不谈到这一点。著名的文学批评家弗林特（F. S. Flint）称弗罗斯特《波士顿以北》中的诗歌为"小戏剧"（Parini，1999：132）。弗罗斯特最早的传记作者罗伯特·纽迪克（Robert S. Newdick）曾经于1937年撰文介绍弗罗斯特在平克顿中学和新罕布什尔州立师范大学的戏剧教学、他的戏剧创作和他诗歌的戏剧特色（Newdick，1937：262–269）。"毫无疑问，弗罗斯特的大多数诗歌都充满戏剧性——它们有情节，有语言游戏（linguistic intrigue），有事件，有变化，有结局"（Squires，1963：77）。这是20世纪60年代的评论家斯夸尔斯（Radcliffe Squires）对弗罗斯特诗歌戏剧性的概括。而几乎所有的评论家在谈到弗罗斯特的叙事诗时都会用"戏剧性叙事诗"（dramatic narratives）这一词组。布罗茨基对弗罗斯特的叙事诗进行了如下评价："在我看来，弗罗斯特写于1911—1926年间的叙事诗最有趣。弗罗斯特叙事的主要力量不仅在于叙述，还在于议论。一般来说，弗罗斯特的运动发生在四堵墙内。两个人在对话。（全部的可怕在于，他俩啥也不互相说！）弗罗斯特的议论包括最必需的作者场景说明，所有舞台提示。"他还说："弗罗斯特的诗是非常简略、浓缩的埃斯库罗斯文本。"（布罗茨基 & 沃尔科夫：2008）

弗罗斯特确实与戏剧有着很深的渊源。1910 年春天，短短几周内，弗罗斯特在平克顿中学指导学生上演了包括叶芝的作品在内的五部戏剧。1911—1912 年间，弗罗斯特在新罕布什尔州立师范大学讲授心理学，然而他经常在夜晚读现代戏剧，有时还大声读给家人和朋友听。戏剧性是弗罗斯特第二部诗集《波士顿以北》的突出特点。其中的《家葬》和《雇工之死》曾被改编成剧本并成功搬上舞台，这进一步证明了弗罗斯特的叙事诗有着突出的戏剧性特色。他自己也曾希望继《波士顿以北》之后写一本完全是戏剧的书，不过，这一愿望最终没有实现（Herren，2001：84）。事实上，弗罗斯特重视作品的戏剧性，希望通过纸上的文字给读者以观看戏剧表演的效果。他曾经说过"诗歌的最高成就在于戏剧性的你来我往（give and take）。戏剧是诗歌艺术的顶峰"（Newdick，1937：252）。1929 年，在为剧本《出路》所写的序言中弗罗斯特这样写道：

> 任何文学作品实际上都富于戏剧性。它没有必要声明其体裁，但它是戏剧，不然就什么也不是。……戏剧性是句子本质中必不可少的东西。若句子没有戏剧性，其差异就不足以引起读者的注意，无论其结构变化多精妙也不管用。……在真正动笔写剧本之前，我的创作一直都尽可能地接近戏剧性……（弗罗斯特，2002：889，917）

时隔 30 年后，弗罗斯特同肯尼·韦瑟斯（Kenny Withers）、罗伯特·沃伦（Robert Warren）和克林斯·布鲁克斯（Cleanth Brooks）谈论诗艺时重申戏剧性是所有好诗的基本特质，是好诗能够流传的根本原因。可见戏剧性与弗罗斯特的诗歌创作无法分开。

## 二、戏剧性

那么何为戏剧性？简而言之，就是戏剧的特性。人们从不同的角度去解释它，各有各的说法，莫衷一是。德国 19 世纪浪漫主义理论家奥·威·史雷格尔（A. W. Schlegel）认为人物之间的相互较量和影响是戏剧性的关键。他在《戏剧艺术与文学教程》一书中说过："什么是戏剧性？在许多人看来，这个问题似乎很容易回答：在戏剧里，作者不以自己的身份说话，而把各种各样交谈的人物引上场来。然而对话不过是形式的最初的外在基础。如果剧中人物彼此间尽管表现了思想和感情，但是互不影响对话的一方，而双方的心情自始至终没有变化，那么，即使对话的内容值得注意，也引不起戏剧的兴趣"（史雷格尔，2010：2128）。他指出：看戏之所以是"有趣"的，是因为"在戏里可以看到人们在朋友或敌人的往来中互相较量……以各人的见解、情操、情感互相影响，断然决定他们的相互关系"（史雷格尔，2010：2129）。根据王珏的考察，"戏剧性呈现"（dramatic presentation）一词最早出现于 1859 年，被乔·亨利·刘易斯（George Henry Lewes）用来评论简·奥斯汀的人物描写技巧，后来被美国小说家亨利·詹姆斯（Henry James）和英国文学批评家兼传记作家珀西·卢伯克（Percy Lubbock）大力推崇并理论化（Wang Jue，2005：47）。根据卢伯克的理论，戏剧性有两层含义：第一是人物之间的戏剧关系，即不同动机之间的矛盾冲突，结局取决于矛盾的解决；第二是读者的参与，即读者需要根据上下文推测人物的真实意图（Wang Jue，2005：73–74）。柏拉图研究专家戈登也认为戏剧性对话意味着读者的参与，他在《作为诗人和戏剧人的柏拉图》一文中指出"对话让读者在其中扮演了一个角色"（戈登，2007：64，65）。

我国戏剧艺术理论家谭霈生教授在《论戏剧性》一书中对古今中外的现实主义戏剧作品进行了分析，将"戏剧性"概括为三个主要方面：其一，动作是戏剧艺术的基础，也是"戏剧性"的根基；其二，戏剧艺术要求将各种各样的生活矛盾典型化为各种性格冲突，性格冲突是“戏剧性”的一个重要内涵；其三，戏剧情境及其包含着的悬念是“戏剧性”的中心问题（谭霈生，2009：314—315）。另一位戏剧学家、文学史家董健也对“戏剧性”这一概念进行了详尽的阐释。他系统区分了“文学构成中的戏剧性”和“舞台呈现中的戏剧性”。董健指出，“文学构成中的戏剧性为舞台呈现中的戏剧性提供了思想情感的基础、灵感的源泉与行为的动力；后者则赋予了前者以美的、可感知的外形。”董健认为二者的完美结合便是戏剧性的最佳状态（董健，2006：16—17）。有关戏剧性的来源，董健指出“戏剧性存在于人的动作之中。戏剧性就是动作性”（董健，2006：19）。董健认为戏剧性的另一个来源是“人的意志冲突”，即冲突性（董健，2006：21）。他将戏剧性的艺术特征归纳为集中性、紧张性和曲折性三个方面。集中性即戏剧化的情节必须紧凑、集中；紧张性指事件、心理本身的紧张性及其在观众中引起的相应的紧张感；曲折性指的是情节的突转和激变（董健，2006：23—29）。

综上所述，构成戏剧性的最为重要的因素有以下几点：第一是人物对话的突显和叙述者的引退；第二是人物之间的冲突与较量；第三是人物的动作。

## 三、弗罗斯特叙事诗的戏剧性

由于篇幅有限，本文只讨论弗罗斯特叙事诗的文学构成中的戏剧性，不涉及根据他的叙事诗改编的舞台剧。弗罗斯特叙事诗中的描写性叙述很少，主要通过人物的对话和独白揭示人物的性格和人物冲突的性质，推动情节的发展。其戏剧性体现了上述三个因素：

### 3.1 对话和独白的运用

纯对话体叙事诗有《蓝浆果》和《西去的河流》，戏剧性独白有《仆人们的仆人》和《克拉夫顿的乞丐女巫》。事实上，既使是存在客观讲述者的叙事诗中，人物的对话也占据了主要篇幅，如《雇工之死》、《山》、《一百条硬领》、《家葬》、《规矩》、《世世代代》、《当家人》、《恐惧》、《谋求私利的人》和《有文化的农夫和金星》。有的叙事诗只包含寥寥几句叙述，大量篇幅集中于一个人物的独白，如《黑色小屋》、《科阿斯的女巫》和《篝火》。在这几首诗中，某一人物的讲话占据了大量篇幅，其他人物的讲话只是陪衬。请看《蓝浆果》的开篇：

“You ought to have seen what I saw on my way
To the village, through Mortenson’s pasture to-day:
Blueberries as big as the end of your thumb,
Real sky-blue, and heavy, and ready to drum
In the cavernous pail of the first one to come!
And all ripe together, not some of them green
And some of them ripe! You ought to have seen!”
“I don’t know what part of the pasture you mean.”
“You know where they cut off the woods— let me see—
It was two years ago— or no!— can it be
No longer than that?— and the following fall
The fire ran and burned it all up but the wall.”

这首诗通篇都是两个人的对话，通过他们的对话，我们了解了蓝浆果生长的环境及他们采摘蓝浆果的愉悦，更重要的是，我们了解到他们的一个邻居因贫困而试图对野生蓝浆果独占及由此引发的邻居之间的猜忌。

《家葬》一诗中的叙述主要集中在诗的开头：

He saw her from the bottom of the stairs
Before she saw him. She was starting down,
Looking back over her shoulder at some fear.
She took a doubtful step and then undid it
To raise herself and look again. He spoke
Advancing toward her: "What is it you see
From up there always—for I want to know."
She turned and sank upon her skirts at that,
And her face changed from terrified to dull.
He said to gain time: "What is it you see,"
Mounting until she cowered under him.
"I will find out now—you must tell me, dear."
She, in her place, refused him any help
With the least stiffening of her neck and silence.
She let him look, sure that he wouldn't see,
Blind creature; and awhile he didn't see.
But at last he murmured, "Oh," and again, "Oh."
"What is it—what?" she said.
"Just that I see."
"You don't," she challenged. "Tell me what it is."

诗人以简洁的笔触交代了主要人物的位置变化（男主人公从下至上，女主人公自上而下）及引起位置变化的动作详情（saw, start, look, raise, advance 等），简短的叙述中还包含了女主人公表情的细微变化（terrified to dull）。这些叙述就像舞台说明，而下文的大部分篇幅是男女主人公的对话。

**3.2 戏剧性冲突**

在弗罗斯特的叙事诗中，弗罗斯特戏剧性地展现了种种紧张的对立关系：男人与女人，感性与理性，城市与乡村，理想与现实。需要指出的是，弗罗斯特的大部分叙事诗生动地展现了种种矛盾冲突，却并没有提供解决冲突的结局。

《家葬》通过夫妻间的对话揭示了二人在看待自己的孩子夭亡这件事上的不同态度及由此引发的冲突。上文引用的诗的开篇便显示了夫妻二人的对立状态。丈夫问窗边的妻子在看什么，她拒绝回答。而当丈夫站到妻子原来站的位置往窗外看并恍然大悟时，妻子却说他并没有看到自己看到的东西。上述引文最后一行中的“challenge”很形象地表现了妻子对丈夫的挑衅。

《一百条硬领》则生动再现了离开家乡成为学者的大人物与小镇乡巴佬之间的格格不入。诗的前两行便暗示了全文的冲突所在：小镇（a little town）和大人物（a great man）。小镇出生成为大人物的马古恩博士偶然重返故土，却感到浑身的不自在。他无法亲近旧日朋友，而那些早年的朋友也似乎害怕他。

LANCASTER bore him—such a little town,
Such a great man. It doesn't see him often
Of late years, though he keeps the old homestead

And sends the children down there with their mother
To run wild in the summer—a little wild.
Sometimes he joins them for a day or two
And sees old friends he somehow can't get near.
They meet him in the general store at night,
Pre-occupied with formidable mail,
Rifling a printed letter as he talks.
They seem afraid. He wouldn't have it so:

### 3.3 语言的动作性

人物的行动是其内心世界的外在表现。性格化的语言常常同人物的行动相互衬托，相辅相成。在这样的动作性语言中，人物的行为举止跃然纸上，其心理状态和性格也展现在观众或读者面前。在弗罗斯特的叙事诗中，这一点主要表现在对人物动作的叙述上，有时也表现在人物自身的语言中。弗罗斯特的叙事诗通过对人物动作的描写揭示人物的性格，暗示情节的发展。

上文引用的《家葬》第一段中，妻子“正要下楼”（starting down）、“回过头去看”（Looking back over her shoulder）、“迟疑地走了一步”（took a doubtful step）、“退回”（undid it），这些对妻子动作的描写揭示了她心中的恐惧和不安，为下文夫妻二人的对话做了铺垫。

在弗罗斯特的戏剧性叙事诗中，不仅对人物的描述具有动作性，人物本身的语言也富于动作性。比如在《一百条硬领》中，拉夫向马古恩博士讲述自己在乡间坐着马车挨家挨户收钱并了解民情的情景时就通过动词非常生动地表现了自己与当地村民的融洽关系：

And I lie back and ride. I take the reins
Only when someone's coming, and the mare
Stops when she likes: I tell her when to go.

## 四、结论

弗罗斯特的叙事诗因其戏剧性而在美国现代诗歌史上留下浓重的一笔。读者通过这些戏剧性叙事诗听到了新英格兰乡村形形色色的人物的声音，体验着他们并没有被现代化进程放过的生活。这些对话或独白深刻影响了后来的美国诗歌形式，尤其是 20 世纪 80 年代在美国盛极一时的新叙事诗运动。对于弗罗斯特戏剧性叙事诗的进一步研究，将有助于我们理解弗罗斯特选择戏剧性叙事的原因及戏剧性叙事诗的艺术效果，进而对戏剧性叙事诗有更深入的了解。

## 参考文献


[1] Faggen R. "Introduction" to *The cambridge companion to Robert Frost*[M]. Cambridge: Cambridge University Press, 2001: 5.

[2] Herren G V. Drama // Tuten N L, Zubizarreta J. The Robert Frost encyclopedia[M]. Greenwood Press, 2001: 84.

[3] Newdick R S. Robert Frost and the dramatic. The new England quarterly[J]. 1999, 1937, 10(2): 262–269.

[4] Parini J. Robert Frost: a life[M]. Henry Holt and Company, 132.

[5] Poirier R. Robert Frost: The work of knowing[M]. Oxford University Press, 1977: 22.

[6] Squires R. The major themes of Robert Frost[M]. The University of Michigan Press, 1963: 77.

[7] Wang Jue. The narrative strategy in Yeats's lyrics of the middle period[D]. Shanghai International Studies University, 2005: 47.

[8] 史雷格尔 . 戏剧性与其他 [A]. 古典文艺理论译丛（卷四）[C]. 因生，译 . 北京：知识产权出版社：2010：2128.

[9] 董健 . 戏剧性简论 [M]. 南大戏剧论丛（贰）[C]. 中华书局，2006：16–17，19，21，23–29.

[10] 戈登 . 作为诗人和戏剧人的柏拉图 [A] // 戏剧诗人柏拉图 [C]. 华东师范大学出版社，2007：64，65。

[11] 弗罗斯特 . 弗罗斯特集——诗全集、散文和戏剧作品 [M]. 曹明伦，译 . 沈阳：辽宁教育出版社，2002：889，917。

[12] 谭霈生 . 论戏剧性 [M]. 北京大学出版社，2009：314–315。

[13] 布罗茨基，沃尔科夫 . 布罗茨基谈话录 [M]. 马海甸，刘文飞，陈方，编译 . 东方出版社，2008：84。

# 奥德利夫人的悲惨结局
## ——从荣格原型理论解读《奥德利夫人的秘密》

# Mrs. Audley's Tragic Ending: An Interpretation of *Lady Audley's Secret* from the Perspective of Jung's Archetypal Theory

北京林业大学外语学院　李文韬　白雪莲

**摘　要:**《奥德利夫人的秘密》是十九世纪英国著名作家玛丽·伊丽莎白·布雷登的一部通俗小说。本文试图运用瑞士心理学家荣格的原型理论，从心理学角度分析小说女主人公奥德利夫人及其身边两位非中心人物的人格，揭示奥德利夫人的悲惨结局不仅与其自身的人格有关，这些非中心人物的人格也都无意识地参与其中。

**关键词:**《奥德利夫人的秘密》　人格面具　阴影　阿尼玛

**Abstract:** *Lady Audley's Secret* is a popular novel by Mary Elizabeth Braddon, a famous British author in the 19th century. This paper attempts to apply archetypal theory of Swiss psychologist Jung to analyze the personalities of the novel's heroine, Mrs. Audley, and other two non-central characters around her from a psychological perspective, revealing that Mrs. Audley's tragic ending resulted not only from her own personality, but also from unconscious involvement of the non-central characters.

**Key words:** Lady Audley's Secret　persona　shadow　anima

## 一、引言

英国小说在十九世纪进入了繁荣的黄金时代，先后涌现了许多杰出的女性小说家，玛丽·伊丽莎白·布雷登（1835—1915）就是其中一位。《奥德利夫人的秘密》是布雷登在1861年至1863年间发表的一部长篇通俗小说，也是奠定其文学地位的代表作之一。小说讲述了一位原名为海伦的有夫之妇在丈夫乔治去澳大利亚掘金期间，抛下襁褓中的婴儿和年迈的父亲，离家出走。为了彻底地告别过去，又或是过去的贫穷在她看来是人生的耻辱，海伦便隐瞒自己的身世，化名露西，在外科医生道格森家当上了家庭女教师。在一次舞会上，迈克尔·奥德利爵士被海伦的美貌与才华吸引，几番追求后便娶海伦为妻。海伦也摇身一变，成为了众人仰慕的奥德利夫人。就在海伦沉浸在奥德利夫人的身份中时，远在澳大利亚求得财富的乔治回来寻找自己的妻子了。可是刚到英国，乔治就看到了自己妻子的讣告，多方查证后确定妻子海伦已死，于是便伤心欲绝，一蹶不振。自乔治回来，一直陪伴乔治左右的罗伯特不忍心看着自己的朋友如此颓废，于是带着乔治去往伯父奥德利爵士的庄园参观。谁知在奥德利庄园，乔治竟然意外失踪了。随着罗伯特对乔治下落的调查，奥德利夫人的秘密也渐渐浮出水面。最终罗伯特将一个个线索联系起来，找到了乔治失踪的真相，公布了奥德利夫人重婚、杀人、纵火的罪行。被揭开真面目的奥德利夫人则发疯，被送进了疯人院。

关于这部小说，现有不少以女性主义为视角的研究，所研究的人物多聚焦于小说的女主人公——奥德利夫人，最后的落脚点皆论证了女性敢于违背维多利亚时期社会赋予女性的角色要求，即使在小说最后，奥德利夫人的秘密被拆穿，但至少她在与男权社会周旋的斗争中，冲击了庄严传统的男性统治的世界。而本文试图从心理学角度解读《奥德利夫人的秘密》。迄今为止，虽已有关于人物心理的研究，但这些研究只关注了小说里的女主人公——奥德利夫人，忽视了其他非中心人物。因此，此次研究，作者试图运用瑞士心理学家荣格的原型理论，分析小说女主人公奥德利夫人及其身边两位非中心人物的人格，揭示奥德利夫人的悲惨结局不仅与其自身的人格有关，这些非中心人物的人格也都无意识地参与其中。

## 二、荣格的原型理论

原型理论是由瑞士心理学家卡尔·古斯塔夫·荣格（1875—1961）创立的著名人格分析心理学理论。该理论认为人的人格具有三个层次：意识、个体潜意识和集体无意识。原型是集体无意识的内容。荣格曾经确定和描述过几十种不同的原型，但主要的原型是人格面具、阿尼玛和阿尼姆斯、阴影和自性。

人格面具的本义是指演员为了角色塑造的需要而佩戴的面具，在原型理论中则指一个人公开展示的一面，其目的在于给人一个很好的印象以便得到社会的承认（霍尔 & 诺德贝，1987：48）。换言之，人格面具掩盖了人的真我，故同其真正的人格不一致。弗尔达姆认为它用我们所能期待于他人的人格来简化我们的交往，并在总体上，把这些交往变得更加轻松愉快（1988：45）。但一个人如果对某一种人格面具过于专注，太倾心于自己所扮演的角色，那么，其人格的其他方面将得不到发展（周丽 & 胡向华，2011：61–66）。小说女主人公奥德利夫人的仆人菲比迷恋于自己的人格面具，对丈夫百般顺从，最后失去理性，成为自身人格面具的受害者。阴影是人类心灵中最黑暗、最深入的部分，是集体无意识中由人类祖先遗传而来的，包括动物所有本能的部分。它使人具有激情、攻击和狂烈的倾向（胡经之，1989：146）。奥德利夫人深受其阴影原型的支配，犯下了杀人纵火的罪行。阿尼玛和阿尼姆斯原型是男性和女性无意识中的异性人格部分，主要是通过将原型投射到现实日常生活中的对象身上得以实现的（向倩，2012）。在小说中，作家布雷登将阿尼玛这种原型赋予了奥德利庄园主迈克尔·奥德利爵士。爵士阿尼玛原型的投射对象是自己的妻子。对此，其表现出了对奥德利夫人的疯狂迷恋。这种迷恋使得奥德利爵士为妻子的谎言所蒙蔽，间接地纵容了妻子的违法犯罪。

## 三、自身罪恶的阴影原型

人格面具是人类希望展示给外界的虚假的特征，而阴影则是人类希望隐藏的人格，是人类最原始、黑暗的本能和特征（吴丽敏 & 李春华，2006：86–90）。如果一个人的状态良好，恶的因素在意识中就不会显现出来，但是如果面临精神危机，处于人生困境时，阴影就会利用这样的机会把恶的因素表现出来并对自我产生巨大的负面影响（侯书华 & 王婷婷，2019：30-32）。在小说中，奥德利夫人处心积虑地编织谎言，甚至杀人纵火，无一不是在其自身利益受到威胁、内心处于焦虑之时所做出的举动。换言之，正是这些威胁与焦虑唤醒了奥德利夫人的阴影人格。

奥德利夫人生活在十九世纪的英国社会。这一时期的社会并没有给女性提供足够的自由发展空间和环境。女性想要改变现状，追求更高的财富和地位，必须依靠男性和婚姻。在小说中，奥德利夫人在丈夫乔治出海谋生后，曾试图凭借自己的力量，作为一名音乐老师改变家庭的经济现状，但生活依旧拮据。最终，无法继续忍受贫困的奥德利夫人弃自己作为母亲和子女的责任与义务于不顾，离家出走。当奥德利爵士向自己求婚时，太渴望幸福生活的奥德利夫人对当时的英国社会作出了妥协，将与爵士的婚姻视为脱离苦海的契机，并最终凭借这场婚姻提升了自己的社会地位。生活的艰难，早已使奥德利夫人焦头烂额，在人生的交叉路口选择听从自己阴影人格的支配，一味地贪慕虚荣，放弃责任，违反婚姻法。

然而，这种建立在谎言之上的身份和地位终究是不稳固的。这种不稳固常常使奥德利夫人陷入身份被揭穿的危机当中。为了解除危机，奥德利夫人用尽一切残忍的手段。为阻止乔治打听其下落，丝毫不顾及乔治的感受和心情，精心伪造自己死亡的假象，编织新的谎言掩盖旧的谎言；在乔治察觉奥德利夫人就是自己的妻子时，奥德利夫人将其推入井里，杀人灭口；得知罗伯特识破自己的谎言，奥德利夫人诽谤罗伯特发疯后仍不罢休，之后在卢克的旅馆纵火企图烧死罗伯特。奥德利夫人撒谎、杀人、纵火的这些恶行和邪恶手段正是其阴影人格的表现。

不论是嫁给奥德利爵士，还是为了保护现有的身份和地位，奥德利夫人一直在为改变自身命运而挣扎努力。这种挣扎努力实质上是奥德利夫人阴影人格驱使的结果。罪恶的阴影人格也使奥德利夫人的努力变为不顾道德与法律约束的不择手段。最终，奥德利夫人不仅失去了高贵的身份和地位，而且被送进疯人院，再无翻身的机会。所有的挣扎到头来却是一场空。这样的命运结局无疑是悲惨的。

## 四、仆人顺从的人格面具

在小说中，奥德利夫人的仆人菲比在丈夫卢克面前始终戴着顺从的人格面具，对卢克唯命是从，处处讨好。之所以这样是因为在菲比的内心深处充满着对卢克的恐惧，生怕自己与卢克发生冲突，引起卢克的不满，进而威胁到自身的安全。关于与卢克的婚约，菲比曾向奥德利夫人表明自己内心并不愿意嫁给出于对卢克的了解，“恰恰正是像他那样的人，会把他们的情人诱骗到冷僻的地方，因为她们不信守诺言而谋杀她们”（布雷登，1998：116），这种自身生命受到威胁的恐惧使得菲比不敢向卢克提出解除婚约的要求，而是戴着顺从的人格面具伪装对卢克的真实感情，坚持履行婚约。菲比在儿时曾看见卢克在和他母亲的争吵中拿起了刀子。如今在奥德利庄园与卢克的每一次见面，菲比也都看见卢克在把玩同样一把小刀。因此为保证自己与卢克的和睦相处以及出于对自身生命安全的考虑，菲比继续戴着面具处处迎合卢克的想法，生怕其有一丝不满。当卢克第一次来奥德利庄园，菲比兴致勃勃地与其讲述自己陪同奥德利夫人的旅行体验，本想要获得卢克的认同与支持，卢克却只有嘲笑，认为菲比不适合“温文尔雅”（布雷登，1998：28）。菲比觉察到了卢克的不满，于是立马结束话题，带着卢克去参观奥德利庄园。再后来卢克要求菲比离开奥德利庄园，菲比也都不敢反抗。

对卢克的恐惧心理，使得菲比产生了对人格面具的过度依赖。直到卢克卧病在床，似乎对菲比已经构不成威胁了，菲比都未曾摘下自己的面具。根据荣格理论，当一个人过分依赖自己的人格面具时，就会成为其人格面具的受害者。在一次次的顺从中，菲比虽然避免了来自卢克的人身伤害，但却渐渐失去了自身人格中的理性。她做一切决定都只考虑卢克的感受。在旅馆着火的前一晚，奥德利夫人提出要亲自去旅馆帮助卢克还债。但奥德利夫人的意图果真如此单纯的话，其本可以把卢克欠的钱交给菲比，自己也免受大半夜出门徒步去旅馆的辛苦。可是一心想着可以尽早解救自己丈夫的菲比不曾意识到这一点，反而是对奥德利夫人的这一善行充满了感激，并陪同奥德利夫人来到了旅馆。最后，菲比稀里糊涂地促成了奥德利夫人纵火杀人的阴谋，成为杀害罗伯特的帮凶。在菲比觉察到这一切，歇斯底里地质问奥德利夫人时，奥德利夫人却说菲比是“傻瓜、白痴、胆小鬼”（布雷登，1998：338），并告诉菲比“站起来，走吧；我用不着你了”（布雷登，1998：338）。由此可知，菲比由于沉迷人格面具导致的理性缺失，不仅没能使自己及时阻止奥德利夫人犯罪，还使自己成为奥德利夫人达成阴谋的一颗棋子。

## 五、丈夫阿尼玛的迷恋

阿尼玛和阿尼姆斯是存在于人类集体无意识中的重要原型之一。荣格（1997）指出，阿尼玛形象通常都是在女人身上得到外象化的。不管是在男性身上还是女性身上，都伏居着一个异性形象。其所说的男性身上伏居的异性形象就是阿尼玛，女性身上伏居的异性形象则是阿尼姆斯。阿尼玛和阿尼姆斯主要是通过将原型投射到现实日常生活中的对象身上得以实现的。阿尼玛和阿尼姆斯原型的发展阶段，代表了在不同的生命阶段男性和女性将阿尼玛和阿尼姆斯原型投射到了特定的对象上。荣格曾描述了阿尼玛的四个发展阶段，其中一个阶段表现为性爱对象。因为阿尼玛的作用，所投射对象对男性有着非常的吸引力，让男性不顾一切为之疯狂（向倩，2012）。

在小说中，作家布雷登将阿尼玛这种原型赋予了奥德利庄园主迈克尔·奥德利爵士。爵士阿尼玛原型的投射对象就是自己的妻子，奥德利夫人。爵士以前从来没有恋爱过。他同自己第一任妻子的婚姻在其看来不过是一桩交易。而当爵士第一次见到奥德利夫人时，“那柔和酥融的蓝眼睛的温柔的魅力，那细颈垂首、满头淡黄鬈发的文雅之美，那柔和低沉的动听嗓声，那渗透到这个女人的每一种诱人之处、使之加倍妩媚迷人的完美的和谐，这一切令他再也无法抗拒了，正如他不能抗拒命运一样”（布雷登，1998：8）。奥德利夫人的美貌激发了爵士的阿尼玛原型，在“五十五岁这个头脑清醒的年龄，竟生了一场叫做爱情的可怕热病”（布雷登，1998：9）。因为这一原型的作用，奥德利夫人对奥德利爵士产生了极大的吸引力。求婚成功后，爵士完全宠溺迷恋自己的妻子。作为一名十九世纪的英国贵族，其在家庭中对奥德利夫人唯命是从，完全信赖。

根据荣格原型理论，在美丽妻子面前表现出阿尼玛的人格特征，是男性与生俱来的无意识。但爵士的妻子不仅仅是一位拥有美貌的年轻女子，她还是一个抛弃孩子的母亲，骗子，重婚者，杀人犯和纵火犯。爵士的阿尼玛原型，不仅使得爵士丧失了独立思考能力和质疑精神，而且造成了严重的后果——为妻子的谎言所蒙蔽，间接地纵容了妻子的违法犯罪。对于罗伯特的失踪，爵士没有表现出一点男性的责任意识和主见。当罗伯特来到庄园向爵士打听乔治的下落时，奥德利夫人成为爵士的代言人。爵士只是静静地听着妻子与罗伯特之间关于乔治去向的谈话，并"为她的美丽和魅力自豪地感到喜悦"（布雷登，1998：93）。爵士对妻子的痴迷和信赖，使得妻子可以在罗伯特面前编织关于乔治失踪的谎言来掩盖杀害乔治的罪行。之后，这种迷恋还险些让罗伯特丧生。因为担心爵士会宁可认为自己的侄子是疯子，也不肯相信自己的妻子犯了罪，于是罗伯特在发现奥德利夫人的谎言和罪行之后，决定先找到乔治，再将奥德利夫人的罪行公之于众。然而，这样一个间隙，却给了奥德利夫人纵火、杀人灭口的机会。

## 六、结语

在《奥德利夫人的秘密》中，奥德利夫人结局的悲惨性在于其为改变自己的命运所付出的努力最终换来的是一场空，甚至使自己永无翻身机会。本文运用荣格的原型理论解读了小说中奥德利夫人及其身边仆人菲比与丈夫奥德利爵士的人格，揭示了导致奥德利夫人悲惨结局的人格原因。首先，奥德利夫人由于受自身阴影原型的支配，使其所做的一切努力都成为为达目的的不择手段，最终永远失去奥德利夫人的身份和地位，被送进疯人院直至死去。其次，在奥德利夫人犯罪的道路上，女仆菲比和奥德利爵士因为自身顺从的人格面具和对妻子疯狂迷恋的阿尼玛原型，不仅没能及时阻止奥德利夫人的罪行，反而无意识地成为奥德利夫人阴影原型的帮凶——菲比做了奥德利夫人达成阴谋的棋子，而奥德利爵士则间接地纵容了妻子违法犯罪。

## 参考文献

[1] 布雷登，伊丽莎白 . 奥德利夫人的秘密 [M]. 上海：上海译文出版社，1998.
[2] 弗尔达姆 . 荣格心理学导论 [M]. 沈阳：辽宁人民出版社，1988：45.
[3] 侯书华，王婷婷 . 佩科拉的悲剧——以荣格原型理论解读《最蓝的眼睛》[J]. 吉林广播电视大学学报，2019（9）：30–32.
[4] 胡经之 . 西方文艺理论名著教程 [M]. 北京：北京大学出版社，1989：146.
[5] 霍尔，诺德贝 . 荣格心理学入门 [M]. 北京：生活 · 读书 · 新知三联书店社，1987：48.
[6] 荣格 . 荣格文集：让我们重返精神的家园 [M]. 北京：改革出版社，1997：67.
[7] 吴丽敏，李春华 . 从兽性到阴影——对《蝇王》的原型探索 [J]. 江西师范大学学报（哲学社会科学版），2006（3）：86–90.
[8] 向倩 . 荣格"阿尼玛"和"阿尼姆斯"原型理论——基于性别批评视角的研究 [D]. 广西师范大学，2012.
[9] 周丽，胡向华 . 人格面具与阴影——安德森《小城畸人》心理探究 [J]. 天津外国语大学学报，2011（1）：61–66.

# Keats's Political Inclinations in *To Autumn*[1]

中国农业大学人文与发展学院外语系　娄嘉丽

**Abstract:** Disguised in a plentiful autumnal scenery, *To Autumn* indicates Keats's political inclinations through words and images. This essay locates the poem in the social context of the year 1819 and elaborates on the connections between the ode and the Peterloo Massacre. It finds that each stanza contains unique features and metaphorical meanings. The first stanza demonstrates the shadow of political pressure.The second stanza transgresses the temporal boundary. The third stanza dissolves the spatial boundary. Accordingly, *To Autumn* is not Keats's escape from social affairs, but conveys Keats's denouncement of the oppressive regime and his sympathy for the oppressed people.

**Key words:** John Keats　*To Autumn*　Political inclinations　Conspiracy

## 1. Introduction

John Keats has long been recognized as an aesthetic poet whose poems are beautiful in language but silent in social discourses. The English critic Thomas De Quincey commented in 1846 that Keats was nothing when viewed as a man and in relation to social objects (2005: 295). His reaction to Keats's poetry influenced Keatsian scholars for a long time. Among Keats's poems, *To Autumn* (1978: 476-477) is acclaimed as a mature one with rhythmical language and fascinating imagery. In Helen Vendler's view, for instance, *To Autumn* is "a lyric music appropriate to every hour and to every season" (1983: 286). Although Keats's political attitudes are not overtly depicted in the ode, this essay locates the poem in the social context of the year 1819 and elaborates on the connections between the ode and the Peterloo Massacre in order to gain a new understanding of the poem. It finds that each stanza contains unique features as well as metaphorical meanings: the first stanza demonstrates the shadow of political pressure; the second one transgresses the temporal boundary; the third one dissolves the spatial boundary. Accordingly, *To Autumn* is not Keats's escape from social affairs, but conveys Keats's denouncement of the oppressive regime and his sympathy for the oppressed people.

## 2. Shadow of Political Pressure

The first stanza breathes a heavy shadow of pressure with political connotation. In "Close

1　2020 年中国农业大学本科生科研训练计划（URP 项目）：济慈颂诗批评史研究。

bosom-friend of the maturing sun, / Conspiring with him how to load and bless," the word "conspiring" and the phrase "load and bless" dissolve the poetic tranquil tone and convey a wicked sense of pressure, so that the autumn is more a "season of mists" than a joyful harvest time. The following line "To bend with apples the moss'd cottage-trees" reinforces the impact of pressure by the verb "bend." Disguised in the pleasant "mellow fruitfulness," the autumn imposes a burden on the nature. Verbs such as "load," "bend," "fill," "swell," and "plump" add up to the external stress to such an extent that the summer finally has "o'er-brimm'd" the honeycombs. So far, a long trajectory of ripening has come to an end with the bursting of honey.

With the aid of the word "conspiring" as well as the consequently shadowy tone in the first stanza, the ode echoes with the Peterloo Massacre, which took place about one month before Keats composed "To Autumn." On 16 August 1819, a large peaceful crowd gathered in St Peter's Fields, Manchester, asking for democratic rights and universal suffrage. This mass meeting was the culmination of a series of political rallies held in 1819, a year of industrial depression and high food prices. Presided over by the radical leader Henry Hunt who orated passionately and appealed for political reform, the meeting was intended to demonstrate common people's discontent over the oppressive regime. Tragically, local magistrates ordered the yeomanry, amateur cavalry used for home defence, to barge into the crowd and arrest Henry Hunt. Eleven demonstrators were killed, and hundreds of unarmed people were injured at the scene (Tombs, 2015: 425).

In the wake of this turmoil, the word "conspire" was prevailing in public debate in August and September 1819, while the interpretations of the event were variable. According to Nicholas Roe, two sides were conflicting with each other: on behalf of the government, the Home Secretary Lord Sidmouth and the Chancellor Lord Eldon advised that the leading reformists were to be accused of a treasonable conspiracy to alter by force the constitution of the realm as designated by law; on the other hand, two opposition newspapers the *Examiner* and the *Champion* both referred to the massacre as a conspiracy in which the powers of the state were aligned against people's democratic aspirations (1995: 199–200). Keats is a frequent reader of news reports, and he takes the liberal side. The word "conspiring" implies Keats's support for the protesters at St Peter's Fields. His attitudes can be recognized easily in his letters.

On 13 September 1819, Keats joined the crowd gathering in The Strand (a street) to welcome Hunt on his triumphal arrival in London. Keats expresses his wild excitement in the letter to George and sister-in-law Georgiana, "It would take me a whole day and a quire of paper to give you anything like detail. I will merely mention that it is calculated that 30,000 people were in the streets waiting for him" (2005: 367). In the letter to D.W. Dilke, Keats again exhibits his elation at Hunt's release and declares his political attitude, "I cannot help being very much pleas'd with the present public proceedings. I hope sincerely I shall be able to put a Mite of help to the Liberal side of the Question before I die" (2005: 357). These letters demonstrate that Keats sympathizes with democratic activity and stands by the side of protesters at St Peter's Fields.

"Conspiring" establishes a link between the autumnal beauty and the contemporary political discourse. The word is presumably an allusion to the Peterloo Massacre. Considering the conflicts between the capitalist class and the working class in the event, the shadow of pressure in the first stanza can be taken as a mirror of the society. First, "season of mists" symbolizes the uncertain and unstable situation in the year 1819 when social conflicts abounded. Further on, "mellow fruitfulness" and "bless" symbolize the increased productivity in England after the Industrial Revolution, and "load" suggests the corresponding exploitation imposed by capitalists. The honey over-brimming the clammy cells indicates the final outbreak of the Peterloo demonstration in which the conflict between classes could no longer be hidden by the seemingly harmonious society. The first stanza obscurely points out the social problems in England and reflects Keats's political attitudes with a series of images.

## 3. Transgression of Temporal Boundary

The second stanza conveys the transgression of the temporal boundary, displaying Keats's subliminal defiance against the unfair distinction between classes. Autumn is personified in this stanza, and her actions break the naturally chronological order of autumnal harvesting. Firstly, Autumn sits "on a granary floor," and her hair is "soft-lifted by the winnowing wind." Then, Autumn appears "on a half-reap'd furrow." Next, she turns into "a gleaner" who keeps the corn-laden container steady on the head and walks across a brook. "The winnowing wind" involves threshing. "A half-reap'd furrow" indicates reaping. "A gleaner" suggests gleaning. The sequence of the above-mentioned actions messes up the temporal boundary of the season. The accurate phase of autumn in the ode is ambivalent. The autumn's behaviors switch between the beginning and the ending of the harvesting season, and therefore disobey the natural law.

The figure of the gleaner is the key to interpret the transgression of the temporal boundary in the second stanza. Keats shows his tolerance for the gleaner by highlighting this figure and silencing the legal question of gleaning. In the arrested motion, the thresher sits, the reaper drowses, and the cider-maker watches in vigil, while only the gleaner moves, balancing the laden head and crossing a brook steadily, skillfully, and elegantly. The gleaner who picks up the grain left in the field by the harvesters carries Keats's sympathy for the lower class. She is associated with two things. The first one is the Peterloo Massacre. The gleaner with a laden head resembles the mythological figure of Justice holding up her scales which emblazoned the reformists' banners at St Peter's Fields expressing their call for democratic rights (Roe, 1995: 205). The second thing that comes with the gleaner is the transgression of the law, in other words, the transgression of the legal boundary (Bennett, 1991: 346-347). On the one hand, gleaning was an ancient custom. Gleaner was a common figure in poetry and painting up to and throughout the nineteenth century as a signifier of balancing avarice and charity. On the other hand, at the end of the eighteenth century, landowners complained that gleaning transgressed laws of property and proposed that the practice should be restricted as severely as stealing or robbing. In the autumn of 1819, gleaning was particularly controversial in England and there was a debate over its legality.

The temporal boundary transgression is probably a derivative of the legal boundary transgression shown by the figure of the gleaner. Via the gleaner, the linkage develops between the temporal boundary transgression and the Peterloo issue. The temporal disruption metaphorically conveys Keats's subliminal support for lower-class people's struggle at St Peter's Fields, because the boundary is a metaphor of the biased distinction between the noble class and the common class. At St Peter's Fields, demonstrators protested to crash the shackles imposed on them by the unfair regime and requested for the equal voting rights, which could be interpreted as an effort to deny the boundary of political rights between classes. By resorting to violence, however, the authority was trying to reinforce the impenetrable boundary between the privileged and the underprivileged. Keats denounces the authority's misconduct and acknowledges people's feat at St Peter's Fields in his letter, "They have made a handle of this event in every way to undermine our freedom. They spread a horrid superstition against all innovation and improvement. The present struggle in England of the people is to destroy this superstition" (2005:367). The boundary transgression subtly represents Keats's declaration that the authority's dictatorship should be denied and those who bravely fought against the oppression from the authority should be recognized.

## 4. Dissolution of Spatial Boundary

The third stanza gradually dissolves the boundary through geographical metaphor and conveys Keats's wish for people's liberty. In the third line, the "rosy hue" stretches through "barred clouds" to the "stubbleplains," enveloping everything on the earth. In this way, it combines the sky and the ground, and thereby blurs the distinction between them. And then, small gnats move up and down near the river, "borne aloft / Or sinking as the light wind lives or dies." The vertical movements made by these flies serve as the joint points between the sky and the earth, in part dissolving the geographical division.

The dissolution of the spatial boundary is even more obvious in the last three lines of the ode. With the course of these lines, Keats's vision moves out from the cottage with "hedge-crickets" to the garden with "a garden-croft" and finally upwards to the unbounded skies with "gathering swallows." Correspondingly, the spatial limit is totally dissolved, and a broader horizon in Keats's mind is achieved. The ending three lines further suggest Keats's defiance against the ruling oppressive regime and his vision of a liberal society.

In addition, all animals that appear in the last stanza, namely small gnats, full-grown lambs, hedge-crickets, red-breast, and gathering swallows, are exclusively mild species from lower part of the food chain. What stands out is that all these far from powerful creatures are uttering their own voices, enjoying their own "music" without having to bother about others' songs. If the boundary transgression is a delicate approval for the working class' feat at St Peter's Fields, these little creatures are possibly representatives of demonstrators at the scene who came from the lower class but courageously gathered asking for reform. These sounds illustrate the meaning of the second line of this stanza "thou hast thy music too." Humble as the protesters are, in the ode Keats suggests that they deserve to have their voices and their demands be heard. Their cries constitute the "music" of the functioning democracy. All citizens, whether rich or poor, whether well-educated or not, are an unalienable part of the society and should be granted equal rights. The last line "gathering swallows twitter in the skies" is reminiscent of a pleasant spring, indicating Keats's sincere wish that exploitation and injustice could be eliminated and a fair and harmonious society would be achieved.

## 5. Conclusion

From the above analysis, it can be seen that *To Autumn* is more than an ode that celebrates the pleasant seasonal scenery, and that it represents Keats's political intention because it is strongly associated with the Peterloo Massacre. The beginning stanza flatly discourages a tranquil interpretation and obscurely points out the capitalist society's problem, to which the next two stanzas seem to pose a solution. The central stanza transgresses the temporal boundary and delivers Keats's support for people's struggle against the unfair regime. The ending stanza eliminates the spatial boundary and implies Keats's vision of a liberal society. Unlike the sonnet *On Peace* (Keats, 1978:28) that explicitly engages with political affairs, *To Autumn* projects the contemporary political issue in a mild and figurative way. It negotiates with the social affair through lyrical intervention and emblematic details. Responding to political affairs by aesthetic description, *To Autumn* is a duo of reality and imagination and contains profound power.

## References

[1] Bennett A. Agrarian politics and the economics of writing: Keats's *To Autumn*[J]. Criticism 1991, 33(3): 333–352, 346–347.

[2] Keats J. The poems of John Keats[M]. Cambridge, Massachusetts: The Belknap Press of Harvard University Press, 1978: 28, 476–477.

[3] Keats J. Selected letters of John Keats[M]. Cambridge, Massachusetts: Harvard University Press, 2005: 357, 367.

[4] Quincey T D. De Quincey on Keats[A] // Matthews G M. John Keats: The Critical Heritage [C]. London: Routledge, 2005: 295.

[5] Roe N. Keats's Commonwealth[A] // Roe N. Keats and history[C]. Cambridge, England: Cambridge University Press, 1995: 199–200, 205.

[6] Tombs R. The English and their history[M]. London: Penguin Books, 2015: 425.

[7] Vendler H. The ode of John Keats [M]. Cambridge, Massachusetts: The Belkbap Press of Harvard University Press, 1983: 286.

# Dickens's Philosophy of Money: Based on *Martin Chuzzlewit*

四川大学　成　琳

**Abstract:** Charles Dickens is one of the famous English realistic writers in the Victorian Period. The tragic experiences during his childhood made Dickens form his philosophy of money at an early age. Making himself as the prototype of the protagonist, Dickens finished his "best work" *Martin Chuzzlewit* to show vices and selfishness. Combining with *Martin Chuzzlewit* and Dickens's personal experiences, his philosophy of money could be comprehensively understood.

**Key words:** Dickens　philosophy of money　*Martin Chuzzlewit*　young Martin

## 1. Introduction

Charles Dickens (1812—1870) is one of the greatest novelists of the Victorian era. During his lifetime, he enjoyed wide popularity, and it never ceased. Dickens's body was put in the Westminster Abbey where the great British writers were buried, including Chaucer, Spencer, Dryden, and Milton (Cai, 2016, p.1).He penned such acclaimed and beloved novels as *Oliver Twist*, *David Copperfield*, *Great Expectations*, etc. The range, compassion, and intelligence of his apprehension of the society enriched his novels and made him one of the great forces in the 19th century literature.

However, such a celebrated novelist did not spend a happy childhood in reality and formed his philosophy of money at an early age. He was forced to leave school at twelve and to work at Warren's Blacking Warehouse after his father's imprisonment. Later in 1927, Dickens dropped out of school once again and worked as an office boy to contribute to his family's income. He collected what he had seen and experienced in daily life to create literary works and supported his family. As it turned out, Dickens shaped his attitude towards money from such a young age.

With the purpose of researching on Dickens's attitude towards money, one of Charles Dickens's literary works *Martin Chuzzlewit* can be taken as the reliable material to infer his inner mind towards money. In this book, "Pecksniff" is widely known as a notorious and selfish character. It has also developed to an adjective to describe a person with hypocrisy, meaning the behavioral pattern in which somebody pretends to have moral standards or opinions that he does not actually have.

## 2. *Martin Chuzzlewit* and Previous Researches

*Martin Chuzzlewit* is a satirical and comic story to show vices and selfishness around the members of the Chuzzlewit family, strung by the growth of young Martin. It was first published by Chapman and Hall in April 1843. Later in 2002, the electronic edition was released (Dickens, 1982). This book, also known as *The Life and Adventures of Martin Chuzzlewit*, is an excellent work to illustrate Dickens's philosophy of money explicitly. After knowing old Martin is going to meet his Maker, the Chuzzlewit greedy relatives and friends gradually expose their avarice and greediness, especially Seth Pecksniff, and Anthony Chuzzlewit's (Martin old's elder brother) son Jonas Chuzzlewit. They are not gentle anymore and run to the wealth of old Martin ferociously and voraciously (Dickens, 1982). What sets *Martin Chuzzlewit* apart from other Dickens's works is that it offers a sustained warning of the fundamental importance of magical thinking in a capitalist economic system market.

While Dickens was writing *Martin Chuzzlewit*, he told his friend Forster that this might be his best work (Berard, 2007, p.3). However, the fact is that this book might be one of his obscure works and one of his least popular novels (Hardwick, 1973). About *Martin Chuzzlewit*, Forster in his *Life of Charles Dickens* expands the purpose of Dickens's writing on as "being to show, more or less by every person introduced, the number and variety of humor and vices that have their roots in selfishness" (Forster, 1874, p.24). This book is in some ways an easy novel to understand, because its main theme is so obviously stated throughout. Dickens even tells us, in his Preface to the novel, exactly what he has set out to do, "with the design of exhibiting, in various aspects, the commonest of all the vices" (Dickens, 1982). What Dickens set out was to exhibit in a variety of aspects, the commonest of all the vices, to show how selfishness propagates itself and to what a grim giant it may grow (Selby, 1989).

However, *Martin Chuzzlewit*, the best work in Dickens's perspective, is rarely researched. So far, many scholars have done studies on Dickens's biographies and his famous novels, for example, *A Tale of Two Cities* and *Great Expectations*. And researches on his other less famous novels are insufficient right now. Only a limited number of scholars did researches on his attitude towards money, in another word, his philosophy of money. What's more, it is clear that Dickens himself always created characters from people around him, so was *Martin Chuzzlewit* created. Young Martin could probably be depicted according to the prototype of Dickens himself. The analysis of young Martin's attitude towards money helps to understand Dickens's attitude towards money and have a better understanding of his philosophy of money so as to know him in a more comprehensive and systematic way.

## 3. Philosophy of Money in *Martin Chuzzlewit*

In the novel *Martin Chuzzlewit*, attitudes towards money vary from characters. Some characters are considerably greedy and voracious. Seth Pecksniff, the greedy architect, lives off his apprentices' tuition fee and steals their designing works. After knowing that young Martin loves Mary and his daughter has no chance to marry Martin, Pecksniff kicks Martin out of the house at once. Jonas Chuzzlewit, for example, the nephew of Martin Chuzzlewit, always curses his father Anthony Chuzlewit, eager for his father to die so he could inherit his father's wealth. Jonas marries the younger daughter Merry Pecksniff and abandons the elder one Cherry Pecksniff with an additional 1,000 pounds as the dowry. Additionally, several selfless characters are created in this book, like Tom Pinch and Mark Tapley. Tom Pinch is incapable of believing any of the bad things that others tell him about Pecksniff and he still works exploitatively for Pecksniff at a low price. After knowing Pecksniff assaults Mary indecently in the forest, Tom eventually knows Pecksniff very clearly and goes to London to seek employment. Mark Tapley accompanies young Martin Chuzzlewit to the United States and takes care of him through the whole trip. He is always cheerful even at the time when he drops in the deadly swamp of malaria.

The philosophy of money which this book tries to appreciate comes from young Martin. As the protagonist in *Martin Chuzzlewit*, this role strings up the whole story. His attitude towards money could be revealed from two plots: young Martin Chuzzlewit's breaking off with his grandfather out of his love of Mary and his travel to America.

In young Martin's opinion, love of Mary counts for a great deal, much more than the heritage from his grandfather. Old Martin is distrustful of the world and always suspects that his fortune is schemed to be taken away, so he takes in an orphan named Mary to look after him. As soon as the old Martin dies, she will be thrown out onto the streets without a penny. Whereas, young Martin falls in love with Mary and wishes to marry her. Fearing that Mary will therefore have a reason to benefit from his death, the old Martin orders his grandson to break off the engagement, but the young Martin refuses. In a rage, the old man disinherits his grandson, who must then fend for himself in a hostile and greedy society. Despite of that, when young Martin is leaving for America, he asks Mary out for a meeting and says to her, "if you have changed at all, my love, since we parted, it is only to be more beautiful than ever" (Chapter 14). Thus, readers could distinguish that young Martin is not a person who regards money as life. As the legal successor of old Martin, he could have inherited a great deal of fortune. Whereas, heritage from his grandfather is not as important as the love of Mary in young Martin's eyes.

Young Martin decides to make money on himself, so he travels to America after being kicked out by Seth Pecksniff. He tries to find a promised land of fortune in America with the company of his friend Mark Tapley. While in the United States, the pair are taken advantage of by greedy swindlers and charlatans. They try to arrive unsuccessfully at a malaria-infested settlement called Eden in the midst of swampland at last. Young Martin soon comes down with a fever and spends this time in self-reflection, resolving to mend his character flaws. On his return to England, young Martin begs his grandfatherfor forgiveness. This plot suggests that even though he abandons his grandfather as well as the heritage, he longs for wealth, at least wealth from a legal way, from his own efforts. As an old Chinese old saying goes, "A gentleman makes money in a right way." From this point of view, young Martin Chuzzlewit's attitude has something in common with Charles Dickens's.

Young Martin Chuzzlewit goes to America to find a promised land of fortune, so did Charles Dickens. Their travel experiences are similar, so are their attitudes towards money. We could conjecture that young Martin Chuzzlewit is pictured by the prototype of Dickens himself. Several years later after Dickens got married with Catherine Hogarth, this couple went to America. A few months before this journey, Dickens wrote to his intimate friend, John Forster, "I am still haunted by visions of America, night and day. To miss this opportunity would be a sad thing" (Stone, 1957, pp. 464–478). Actually, Dickens was convinced at this time that America was a land of hope and enlightenment, a land which would surely lead the world to a better and more perfect future. During their visit to New York, Dickens gave lectures and tried to solve the issue of international copyright as well as the pirating of his works in America. Dickens won great reputation and increased his sales volume a lot in America. Later on, during the second visit to the United States in 1867, Dickens made a busy schedule for this American reading tour, even though he had started to suffer from the "true American catarrh" (Forster, 1874, p.363). He enjoyed the reputation and welcome there in America, and ignored his weak health, just like the arrogant young Martin traveling to the malaria-infested place. At that time, money started to become the code of conduct for Dickens. It was the sign of the freedom of action for him. Dickens was eager to get this sign-earning as much money as he could unless he died.

## 4. Conclusion

In *Martin Chuzzlewit*, some characters' attitudes are totally different from Dickens's philosophy of money, while some are very similar. Seth Pecksniff, as the well-known hypocrite, regards money much higher than his social relations. He steals students' architecture works as well as flatters his rich relatives. Jonas Chuzzlewit, as the most sinister character, puts money at a much higher place than life. He marries Merry for additional dowry, murders his business accompany and even intends to poison his own father for the inheritance. Young Martin Chuzzlewit, as the protagonist in *Martin Chuzzlewit*, does not worship money. Unlike the former two characters, he longs for wealth in a legal way, which is the most closed one to Dickens's philosophy of money.

Throughout the whole life, Charles Dickens neither particularly admires money nor regards it as filth. His desire for more remuneration through writing is out of a mere wish to improve the living standards of his family and lead a happy life. He expects to lead a life like the upper class through his own efforts. From the very beginning to the end of his life, Charles Dickens's attitude towards money changes a little bit. This change is closely relevant to Dickens's personal experiences. From a poor boy at the slam to one of the greatest novelists in England, he attaches more value on money as time goes by. Going through the rough and rugged life, Dickens collects every piece of his own experiences as materials for his writing. He exposes the hypocrisy, greediness, humility, and ferocity of the upper echelons of society and the noble people in reality as well as demonstrates the lower class with anger and deep sympathy. At the same time, he eulogizes the trueness, the goodness, the beauty with the pride of idealism and romanticism, longing for a more responsible society and a better life for human nature.

Charles Dickens lived in the Victorian era, when the United Kingdom was under the rule of Alexandrian Victoria. During this time, the Industrial Revolution continued to increase productivity and prosperity, and the middle class was at its much rapid growth. Meanwhile, there were oceans of issues waiting to be solved, for example, crushing workers far and near, wide gap between the rich and the poor, etc. Many girls were even forced to become prostitutes. Indeed, Engels, who lived in London in the 1940s, surveyed that there were as plenty of prostitutes who congested the streets of London every night. In general, the cruel industrialization process made the city a sinful place. Growing up in a poor family under this social background, Charles Dickens formed his attitude towards money at a very young age. From his perspective, money was indispensable in life. As time went by, it started to play an increasingly important role in Charles Dickens's eyes. Later as a celebrated novelist in England, Dickens was consistent with the middle-class taste and propriety, viewing money as the code of conduct.

# References

[1] Berard J H. Dickens and landscape discourse[M]. New York: Peter Lang, 2007:3.

[2] Dickens C. The life and adventures of Martin Chuzzlewit [M]. London: Oxford University Press, 1892.

[3] Forster J. The life of Charles Dickens: 1852 – 1870 [M]. Volume 3. Chapman and Hall, 1874.

[4] Hardwick M, Hardwick M. The Charles Dickens encyclopedia [M]. New York: Scribner, 1973.

[5] Selby K. Martin Chuzzlewit [A] // How to study a Charles Dickens novel. London: How to Study Literature, 1989.

[6] Stone H. Dickens's use of his American experiences in *Martin Chuzzlewit*. PMLA, 1957, 72(3): 464–478.

[7] 蔡熙 . 当代英美狄更斯学术史研究 1940—2015 年 [M]. 北京：中国社会科学出版社，2016：1.

图书在版编目(CIP)数据

现代外语教学与研究. 2020 / 吴江梅，彭工，鞠方安主编. —北京：中国人民大学出版社，2020.10
ISBN 978-7-300-28668-6

Ⅰ.①现… Ⅱ.①吴… ②彭… ③鞠… Ⅲ.①英语－教学研究－研究生教育－文集 Ⅳ.① H319.3-53

中国版本图书馆 CIP 数据核字（2020）第 228916 号

**现代外语教学与研究（2020）**

北京市高等教育学会研究生英语教学研究分会
主 编 吴江梅 彭 工 鞠方安
副主编 张永萍 罗凌志 程子姝 闫佳风
校 核 闫佳风

Xiandai Waiyu Jiaoxue yu Yanjiu (2020)

| | | | |
|---|---|---|---|
| 出版发行 | 中国人民大学出版社 | | |
| 社 址 | 北京中关村大街31号 | 邮政编码 | 100080 |
| 电 话 | 010-62511242（总编室） | | 010-62511770（质管部） |
| | 010-82501766（邮购部） | | 010-62514148（门市部） |
| | 010-62515195（发行公司） | | 010-62515275（盗版举报） |
| 网 址 | http://www.crup.com.cn | | |
| 经 销 | 新华书店 | | |
| 印 刷 | 固安县铭成印刷有限公司 | | |
| 规 格 | 185 mm × 260 mm 16开本 | 版 次 | 2020 年 10 月第 1 版 |
| 印 张 | 29.25 | 印 次 | 2020 年 10 月第 1 次印刷 |
| 字 数 | 760 000 | 定 价 | 68.00元 |

## 中国人民大学出版社外语出版分社读者信息反馈表

尊敬的读者：

感谢您购买和使用中国人民大学出版社外语出版分社的 ______________ 一书，我们希望通过这张小小的反馈卡来获得您更多的建议和意见，以改进我们的工作，加强我们双方的沟通和联系。我们期待着能为更多的读者提供更多的好书。

请您填妥下表后，寄回或传真回复我们，对您的支持我们不胜感激！

1. 您是从何种途径得知本书的：

□书店　□网上　□报纸杂志　□朋友推荐

2. 您为什么决定购买本书：

□工作需要　□学习参考　□对本书主题感兴趣　□随便翻翻

3. 您对本书内容的评价是：

□很好　□好　□一般　□差　□很差

4. 您在阅读本书的过程中有没有发现明显的专业及编校错误，如果有，它们是：

______________________________________________

______________________________________________

______________________________________________

5. 您对哪些专业的图书信息比较感兴趣：

______________________________________________

______________________________________________

______________________________________________

6. 如果方便，请提供您的个人信息，以便于我们和您联系（您的个人资料我们将严格保密）：

您供职的单位：______________________________

您教授的课程（教师填写）：______________________________

您的通信地址：______________________________

您的电子邮箱：______________________________

请联系我们：贾乐凯　吴振良　黄婷　程子殊　王琼　鞠方安

电话：010-62515580，62515538，62512737，62513265，62515573，62515576

传真：010-62514961

E-mail：jialk@crup.com.cn　wuzl@crup.com.cn　huangt@crup.com.cn
chengzsh@crup.com.cn　crup_wy@163.com　jufa@crup.com.cn

通信地址：北京市海淀区中关村大街甲 59 号文化大厦 15 层　邮编：100872

中国人民大学出版社外语出版分社